清华时间简史

工程教育

王孙禺 李 珍 编著

清华大学出版社
北京

图书在版编目（CIP）数据

清华时间简史. 工程教育/王孙禺，李珍编著.—北京：清华大学出版社，2022.7

ISBN 978-7-302-61166-0

Ⅰ.①清… Ⅱ.①王… ②李… Ⅲ.①清华大学-校史 ②清华大学-工科（教育）-校史 Ⅳ.①G649.281

中国版本图书馆 CIP 数据核字（2022）第 110434 号

责任编辑：马庆洲
封面设计：曲晓华
责任校对：王淑云
责任印制：丛怀宇

出版发行：清华大学出版社
    网　　　址：http://www.tup.com.cn，http://www.wqbook.com
    地　　　址：北京清华大学学研大厦 A 座　　邮　编：100084
    社 总 机：010-83470000　　　　　　　邮　购：010-62786544
    投稿与读者服务：010-62776969，c-service@tup.tsinghua.edu.cn
    质量反馈：010-62772015，zhiliang@tup.tsinghua.edu.cn
印 装 者：三河市东方印刷有限公司
经　　销：全国新华书店
开　　本：155mm×230mm　　印　张：38.75　　字　数：591 千字
版　　次：2022 年 9 月第 1 版　　　　　印　次：2022 年 9 月第 1 次印刷
定　　价：168.00 元

产品编号：097092-01

清华大学校史编辑委员会

"清华时间简史"丛书
总　序

　　清华大学走过了110多年的沧桑历程。从一所留美预备学校,到独立培养人才的国立高等学府;从抗战烽火中的西南联大,到新中国成立回到人民的怀抱;从院系调整后的多科性工业大学,到改革开放后逐步发展成综合性、研究型、开放式的世界一流大学,清华见证了中国高等教育的发展壮大,也成为世界高等教育发展的重要组成部分。

　　在一所大学的历史中,学科与院系的建立、变迁与发展是十分重要的方面。1911年清华学堂建立,1912年更名为清华学校;1925年设立大学部,1926年设立了首批17个学系;1928年更名为国立清华大学,此后相继设立文、理、法、工4个学院,下设16个学系;1937年南迁长沙,与北京大学、南开大学合组长沙临时大学,1938年西迁昆明,成立国立西南联合大学,联大共设有5个学院26个学系;1946年复员后,清华大学设有文、理、法、工、农5个学院26个学系,1948年底清华园解放;20世纪50年代的高校院系调整后,清华大学成为多科性工业大学,设有8个系,至"文革"前发展成12个系;改革开放以来,大力加强学科建设,恢复和新设了许多院系,目前共有按学科设置的20多个二级学院,近60个系,以及承担人才培养和学术研究任务的若干研究院、中心等,覆盖理学、工学、文学、艺术学、历史学、哲学、经济学、管理学、法学、教育学和医学等11大学科门类。

　　清华大学始终非常重视校史研究和编纂,早在1959年就成立了校史编辑委员会,下设校史编写组,现已发展成校史研究室、党史研究室、校史馆"三位一体"从事校史研究和教育的专门机构。几十年来,先后编纂出版了《清华大学校史稿》《清华大学史料选编》《清华人物志》《清华大学志》《清华大学图史》《清华大学一百年》等一系列学校层面的校史系列图书。同时,许多院系和部门也结合院系庆等契机,组织编写了纪念文集、校友访谈录、大事记、人物名录及宣传画册等图书资料，多形式、多侧面、多角度地反映了自身历史的发展。但长期以来，全面系统的院系史研究、编写和出版，还是校史研究编纂工作中的空白。

2015 年前后，校史编委会委员、教育研究所原所长王孙禺教授和校史研究室研究人员李珍博士，与相关院系合作，对电机系、人文社会科学学院、教育研究院等院系的历史进行了深入研究，相继编写出版了《清华时间简史：电机工程系》《清华时间简史：人文社会科学学院》《清华时间简史：教育研究院》等图书。这是推进院系史研究的一种有效形式，也是深化校史研究的一个重要途径。经过认真调研和周密筹划，我们提出在全校启动实施"学科院系部门发展史编纂工程"。

这一工程得到学校的充分肯定和大力支持。由校史研究室组织协调，实施"学科院系部门发展史编纂工程"，编写出版"清华时间简史"系列丛书，与档案馆牵头、校史馆参与的"清华史料和名人档案征集工程"，一同被写入清华大学党委颁布的《关于进一步加强和改进新形势下宣传思想工作的实施意见》和学校文化建设等发展规划，2018 年还被列为清华大学工作要点的重点工作之一。从 2017 年起，学校每年拨付专门经费进行资助。先后担任校党委书记的陈旭、邱勇和先后担任校党委副书记分管校史工作的邓卫、向波涛等领导，对这一工作给予了亲切关心和具体指导。

这一工程更是得到各院系、各部门的热烈响应和踊跃参与。2017 年工程正式启动，就有 40 多个院系等单位首批申报。经研究决定，采取"同步启动、滚动支持、校系结合、协力推进"的方式逐步实施。校史编委会多次召开专家会议，对各院系的编纂工作进展情况和经费预算进行评审，校史研究室通过年度检查和专家讲座等加强组织协调和学术指导。许多院系党委书记、院长主任等亲自负责，很多老领导、老同志热情参与，各院系单位都明确了主笔和联络人、成立了编写工作组等，落实编纂任务。档案馆在档案史料查阅等方面提供了积极帮助，出版社对本丛书的编辑出版给予了全力支持。

在大家的共同努力下，"学科院系部门发展史编纂工程"取得初步成效。按计划，首辑"清华时间简史"系列丛书于 110 周年校庆之际出版发行。现在，丛书第二辑也陆续交付出版。丛书在翔实、系统地搜集和梳理历史资料的基础上,全面、生动地回顾和总结各院系、学科、部门的发展历程,全方位、多样化地展示了清华的育人成果和办学经验,不仅有助于了解各院系的历史传承,结合各学科专业特点开展优良传统教育,促进各学科院系的长远发展,而且对更好地编纂"清华大学史"有重要帮助,也可为教育工作者和历史工作者研究高等教育史、学科发展史等,提供鲜活、细化的资料。

习近平总书记指出:"重视历史、研究历史、借鉴历史,可以给人类带来很多了解昨天、把握今天、开创明天的智慧。"学科院系部门发展史的研究与编纂是一项浩大的学术工程,意义重大、任务艰巨,需要持之以恒、不懈努力。我们要进一步加强组织协调、抓紧落实推进,确保"清华时间简史"丛书分批次、高质量地出版,力争"学科院系部门发展史编纂工程"不断取得新的成果,为清华新百年的发展积累宝贵的历史资源、提供有益的历史借鉴,为建设世界一流大学作出独特的贡献。

范宝龙

2022 年 4 月

(作者系清华大学校史研究室主任、研究员)

目　录

概　　述

　　近年来,在国家"双一流"战略提出的新环境下,随着清华大学在国内、国际地位的迅速提升,其校史、学科史、院系史研究受到了极大关注,研究内容涉及清华大学发展历程、知名人物和风物、院系创办和发展及西南联大办学经验等诸多方面,不仅记述过去、留存史料,更是通过系统梳理发展脉络、深入分析演进特征,总结办学经验、凝练精神文化,为推动一流学科和世界一流大学建设提供借鉴。其中,关于工科院系的研究成果,如清华大学建筑技术科学系《清华大学土木工程馆的风云变迁》一书,"从众多校史资料中考证了清华大学土木工程馆的历史、发展与现状,采访了清华大学土木工程馆中走出的杰出人物,介绍了现在清华大学土木工程馆中的清华大学建筑环境与设备工程专业师生的工作现状";清华大学建筑学院《匠人营国:清华大学建筑学院60年》采用大事记方式记述了建筑学院(系)的发展历程;庄惟敏《清华大学建筑设计研究院成立五十周年纪念丛书·历程篇》记述了学院50年发展实录;孙茂松《智圆行方——清华大学计算机科学与技术系50年》记述了计算机科学与技术系自1958—2008年的发展历史;清华大学航天航空学院编辑组《重建学科伟业,再创航空辉煌——清华大学航空宇航学科发展历程》,"记载了从1934年起清华大学筹备航空工程组,直到2004年5月重建航天航空学院,历经七十多年从创立,调整到重建的历史沿革";吴佑寿、张克潜、冯正和等《清华大学电子工程系系史》(第一卷),记述了建系前的电机系电讯组、从建系到搬迁绵阳及绵阳分校的历程;等等。特别是2021年,清华大学110周年校庆之际,出版了第一辑《清华时间简史》丛书,其中包括《清华时间简史:电机系》《清华时间简史:基础工业训练中心》《清华时间简史:信息技术研究院》等。此外还发表有相关论文,如郑青松《清华大学环境工程系的建立——环境科学在中国体制化的案例研究》一文对环境工程系的创建背景、创建过程以及创建后的影响等展开了论述;陈超群《清华大学工学院的创建》一文对工学院创建背景以及初创时期的办学理念、师资扩充、学科布局、教材建设、教学情形、科研资金、实验设备、研究课题、学会学刊等进行了考察;等等。

同时,关于清华大学工程教育的研究还分布于中国近现代教育史、清华大学校史等著作中。如《清华大学校史稿》(清华大学校史编写组,1981)、《国立西南联合大学校史:1937至1946年的北大、清华、南开》(西南联大北京校友会,1996)、《中国近代高等工程教育研究》(史贵全,2004)及《中国工程教育:国家现代化进程中的发展史》(王孙禺、刘继青,2013)等,对清华大学工程教育有所涉及;《清华大学史料选编》(1—6卷)、《国立西南联合大学史料》(1—6卷)等史料编著,收集了有关工科院系增设、课程设置、教职工及学生名录、经费开支、图书仪器购置等相关资料。另有《战时联大理工科研及其特色》(戴美政,2005)、《面向工业化建设的院系调整》(金富军,2008)、《清华大学早期工程教育的发展及其外来影响》(刘继青,2011)、《从历史走向未来:新中国工程教育60年》(王孙禺、刘继青,2010)等论文,及部分师生对清华大学工学院教学、学习等记述。

近年来学术界对清华大学工程教育的研究取得了较为丰硕的成果,不仅深化了清华大学校史、专题史研究,而且进一步充实了中国高等工程教育史研究。但现有成果尚流于分散论述,主要从某一学科院系的演变视角反映清华工程教育不同侧面的历史演变过程,缺乏对不同学科、院系发展间的相互关联和相互影响,及其与不同技术领域发展更迭间的关系等的进一步深入研究;部分校史或高等教育史中虽进行了整体论述,但所占篇幅较少未及展开或局限于某一历史时期。基于此,本书综合已有工科院系发展史研究,分析归纳其内部发展规律和相互关联,针对清华大学工程教育发展历程进行系统论述,以期更好地总结历史经验,为今后学科发展提供有益借鉴。研究内容包括:

第一章《清华学堂时期工程学的萌生》。清华建校之初系一所留美预备学校,派遣的前三批直接赴美留学生中半数以上选习了工程科目。当时的中国正处于风云变幻的大变革时代,晚清政府昏庸腐朽、帝国主义列强欺压凌辱,而与国计民生休戚相关的矿业、交通、水利等领域却极度落后,急需大批掌握现代科技知识的人才来救国图强。因此,清华早期派送的赴美工程留学生正适应了这一历史需求,他们中许多学成归国后在教育、工业、科技等领域做出了开拓性成就,不少成为我国工程学科的奠基者和工程技术的栋梁,对近现代中国的发展产生了深刻影响。同时,清华学堂时期手工科目及相关课程的设置尽管还处于一种萌生状态,但它为清华以后工程学科的发展奠定了基础。

第二章《清华学校时期工程学系的建立》。20世纪一二十年代,帝国主义列强忙于战争而无暇他顾,中国民族资本主义工商业在夹缝中迎来了快速发展的契机。与此相适应,中华民国成立之初为促进社会经济的发展,南京临时政府、教育部注重实利教育并颁布相关政策,加强工程教育,以满足工业发展之需求。该时期清华学校适应社会及自身发展需要,除每年选派赴美留学生外,逐步向大学过渡,工程学系于此间成立并开始自主培养工程技术人才。虽然由于办学理念及学校经费紧张等主客观因素制约,清华学校时期工程学系并没有完全实现预期目标,但总体而言,它的建立为当时社会工业建设培养了急需的实用工程人才,为工程学科及工程教育做出了有益的探索和尝试,同时也为后来国立清华大学时期工学院的创办锻炼了队伍、积累了经验。

第三章《国立清华大学初期工学院的创办》。国民党北伐胜利后,为满足经济、政治及国防等发展的需要,自20世纪20年代末期大力推行"提倡实科、限制文法"的教育政策。该时期,国立清华大学积极适应形势需求创办工学院,广聘良师、招纳贤才,增设建筑设备,其工程教育迎来了一个快速的发展时期。至抗战全面爆发前,国立清华大学工学院在教学模式、课程设置、基础设施、师资队伍、人才培养等方面逐步向本土化和独立化转型,并在当时国内工程教育领域呈现出一定的优势。

第四章《抗战时期西南联大工学院的辗转图存》。抗战全面爆发后,面对日寇的肆意侵略,为使教育事业得以延续,国立清华大学遵政府当局之命,历经长途跋涉,辗转迁徙长沙、昆明,与北大、南开先后合组长沙临大和西南联大。抗战期间大后方的交通、工矿、通讯等获得了发展,急需高校为之培养大批工程技术人才,特别是国民政府对直接服务抗战的工程学科加大了支持力度。抗战期间,面对战时各项工业建设急需大量工程科技人员支撑的局面,西南联大根据形势需要及时对学科设置进行了相应调整,在教学、科研及人才培养等方面均取得了较大成就,有力支援了抗战，同时促进了云南地方经济、教育、科技等的进步，并为民族独立、国家富强和社会发展做出了重要贡献。

第五章《复员时期国立清华大学工学院的恢复与发展》。抗日战争胜利后清华大学回迁北平旧址。这一时期，由于图书资料在战时受到严重破坏和损失，复员后师资也相对不足，加之战后国内政局动荡及经费匮乏，致使该时期国立清华大学工学院的发展受到一定的制约。但总体而言，清华大学工学院院系设置较之战前有所扩充，并承袭战前的办学方针、教学传统，在教学及科研方面取得了一定进展。

第六章《新中国成立至"文革"前清华大学工程教育的重构》。新中国成立后，清华大学进入一个全新的历史发展时期，特别是在全国院系调整中由原来的综合性大学转变为一所多科性工业大学。此后，清华大学工科的师资力量、教学设施、科研条件等不断得到增强，为国家工业发展培养了大批高级技术人才，在国家现代化历史进程中承载着重要使命。但同时院系调整使清华大学的学科发展趋向单一性，对学校的长远发展及学生综合素质的培养造成一定影响。

第七章《"文革"时期清华大学工科的变动》。"文化大革命"期间，清华大学是"重灾区"，正常的教学、科研工作秩序被完全打乱，该时期系科设置变动也较大。

第八章《改革开放后清华大学工程教育的快速发展》。改革开放后，在建设世界一流大学办学目标的指导下，清华大学不断调整、优化学科设置，由多科性工业大学向以工科为主体，兼有理科、管理学科和人文学科的新型综合性大学转变。其中，按照"理工结合、文理渗透"的发展战略，结合学科特点，对工科院系进行了较大调整，积极推进教育教学、人事制度、科研体制等方面的深化改革，以改革促发展，构建了多层次、多类型的工程教育人才培养体系。

工业是国民经济的主导，纵观人类历史上每一次工程科技的重大进步都必将带动着社会生产力的快速发展，引发人类生产方式和生活方式的重大改变。随之，如何培养大批符合时代发展需要的高素质工程技术人才，推动工业经济发展，也一直是高等工程教育面临和思考的主题。清华大学作为我国工程教育的重要基地，在一百一十多年发展历程中，为社会输送了大批优秀工程科技人才。本书拟结合不同时期国家经济、政治、文化、教育的历史背景,对不同时期清华大学工程教育的演变脉络、发展特征、历史影响等进行系统研究。其意义主要在于:第一,有助于深化清华大学校史和专题史研究。中国工程教育自洋务运动伊始之初见端倪,后渐为社会所共识并获得了一定的发展。清华大学自建校伊始即开设有手工等课程,并选派工程留学生;后根据国家和社会发展的需要适时成立工程学系、工学院。清华大学工程教育虽然起步较晚,但发展速度较快,在学科建设、教学科研、师资队伍、人才培养等方面取得了重要成就,有力地支持了抗战和国家建设。特别是新中国成立后历经院系调整,清华大学成为红色工程师的摇篮,在社会主义现代化建设中起到了重要的推动作用。清华大学工程学科和院系是学校的重要组成部分,本书对进一步深化校史和专题史研究、传承师表懿德、深化人才培养、弘扬清华优秀文化传统和精神等具有重要作用。第二,有助于进一步丰富和完善高等工程教育史研究体系。高等工程教育是我国高等教育体系的重要组成,对于国家工业化的发展、社会的进步产生着巨大影响。而清华大学作为国内著名高等学府,所承载的工程教育在教学科研、人才培养等方面取得了骄人成绩,在中国高等工程教育史上书写了光辉篇章。因此,系统梳理清华大学工程教育的发展脉络,探寻其影响因素及内在逻辑,客观反映各个历史阶段的演变特征,对进一步丰富中国近现代工业发展史及高等工程教育史的研究内容具有重要意义。第三,为当今我国高等工程教育的发展提供有益的参考与借鉴。中国近代工程教育肇始于晚清洋务运动,伴随着复杂多变的政治、经济、文化背景,在跌宕起伏的发展历程中既有成功的经验,也有失败的教训,为后人留下了一份内涵丰富、底蕴深沉的历史遗产。作为典型代表之一,清华大学工程教育经历了从萌芽、发展、南迁、复员等演变历程,呈现出不同的时代性特点,是我国近现代高等工程教育的缩影,蕴含有许多值得思考和借鉴之处。因此,回顾清华大学工程教育发展历史,深入研究清华大学工程教育的发展特征,科学总结办学规律和经验教训,对推动学校工科的建设和发展具有重要的现实意义。

清华学堂时期工程教育的萌生

1

十九世纪中叶以后,由于帝国主义列强的入侵,中国逐渐沦为半殖民地半封建社会。为"师夷长技以自强",这一时期国内兴办了大批采用西方先进科学技术的军事工业、民用企业,并催生了近代工程教育。清华正是诞生于清末民族危机和社会动荡之中,自建立伊始便与国家的兴衰和民族的命运紧密联系在一起。清华学堂的前身——游美肄业馆,原是清政府利用美国退还的部分超收庚款创办的一所游美预备学校,后因性质变化而改建为学堂。游美学务处在筹备游美肄业馆期间及清华学堂成立之初共派送出三批直接赴美留学生,其中半数以上选习了工程科目。当时的中国正处于风云变幻的大变革时代,晚清政府昏庸腐朽、帝国主义列强欺压凌辱,而与国计民生休戚相关的矿业、交通、水利等领域却极度落后,急需大批掌握现代科技知识的人才来救国图强。因此,清华早期派送的赴美工程留学生正适应了这一历史需求,他们中许多学成归国后在教育、工业、科技等领域做出了开拓性成就,使积贫积弱的中国社会发生了巨大改变,深刻影响着近现代中国的发展走向。同时,清华学堂时期手工科目及相关课程的设置也标志着清华工程学科之萌生,为清华后来工程课程的拓展及工科院系的创办开启了良好的开端,成为国内工程教育的新生力量之一。

第一节　游美肄业馆时期赴美工程留学生的选派

清华的建立缘于庚子赔款,对其创办背景,目前出版的校史研究成果中已多有论述,这里略作介绍。

1900 年八国联军攻陷北京,并于 1901 年强迫清政府签订了丧权辱国的《辛丑条约》,赔偿白银 4.5 亿两,分 39 年还清,年息 4 厘,共计 9.8 亿两。在当时的历史条件下,各国索要赔款均超过了实际损失,其中美国作为参战国之一,按比例分得赔款 3200 多万两白银(合 2400 多万美元①),而实际损失仅 1100 多万美元②。由于后来金涨银跌,"各国赔款,不允还银"③,庞大的赔款金额致使国内民众负担日趋繁重,各地闹事不断,如资料所记载:"闻两江总督刘宫保电达外务部大意谓:顷据上海道电称有英国议员于议院内质问户部大臣谓,中国内地因担承赔款至激成变乱果应如何办理? 户部答称政府并未接此公报,但事关赔款,中国未有偿款之良法,应于各国银行协议等语。所谓未有良法实由于筹款之策,官民皆已计穷力竭,故中国似亦急宜向各银行协议并与各国互商云。"④

为尽量减少赔款数额,1904 年 11 月 30 日外务部致电中国驻美公使梁诚,令其与美国政府声明按原定办法赔款,即:"惟美曾允照和约第六款甲字所定汇价办理,有康使照会,及零票载明,为据。现与各国另议还金办法,康使颇有须一例均待之言。兹照会康使云,美款应提出另算,并声明还款永照零票所载办法办理。此事美政府既慨允于前,未必因各国办法不同,遽变宗旨。希尊处向美政府声明,并译复。"⑤12 月梁诚会晤美国国务卿海约翰,谈话内容在随后致外务部的函中汇报如下:"海云总统及各部院会议此事,再三斟酌,均谓不与诸国一律窒碍良多,议院万不允行。且金银相抵出入无多,在贵国亦不宜因此小事,遂有两岐办法。诚告以出入虽属无多,惟美国苟允用银,将来别国尚有转机,若一律用金,更难翻案,我政府所争者只此一点,并非于贵国故存岐视。中国财政支绌,贵大臣所深知,现筹赔款已穷罗掘,一概还金,势须加增租税,民间艰于负荷,仇洋之念益张,大局或有动摇,祸患何堪设想。贵大臣素主保全宗旨,当能为我筹也策。海为动容,默然良久,乃谓庚子赔款原属过多,现在各国还金已有成议,美款较少,即使收银亦省无几。"⑥那么,在获知"庚子赔款

---

①　王海军:《试论美国庚子赔款的"退还"》,《山东师范大学学报(社会科学版)》,1998年第 5 期。

②　苏云峰:《从清华学堂到清华大学 1911—1929:近代中国高等教育研究》,北京:生活·读书·新知三联书店,2001 年,第 2 页。

③　罗香林:《梁诚的出使美国》,见《近代中国史料丛刊续编》第六十八辑,台北:文海出版社,1979 年,第 279 页。

④　《赔款协议》,《选报》,1902 年第 18 期。

⑤　罗香林:《梁诚的出使美国》,第 279 页。

⑥　《驻美公使梁致外务部函》(光绪三十年十二月十四日到),清华大学档案,全宗号1,目录号 1,案卷号 1:1。

原属过多"这一信息后，梁诚遂倡议美国核减部分赔款，并多方运动劝说，经努力推动，1908年美国政府决定将部分超收庚款退还给中国政府用于办学，意在培养一代亲美分子，增强其在华利益。

对于退款用途，当时清政府内部有着不同的声音。例如，北洋大臣袁世凯致函外务部："目前中国待办要政极多，正虑无款可筹。美廷既有此盛举，应将此项收回之款，用以整饬路矿，作为举办学务之成本，即以所获余利，分别振兴学校，庶可本末兼权，款归实济，而举一二富强之要政，即为造千百才俊之宏基，亦仍与梁使之意相合。"①但鉴于庚款兴学"为美廷所乐从"②，外务部只能勉强接受。美国"退款办学"之举，显然意在培养一代亲美的中国领袖，以增强美国的在华利益。正如美国伊里诺大学（University of Illinois）校长詹姆士（Edmund J. James）给美国总统西奥多·罗斯福（Theodore Roosevelt）的《备忘录》中所说："中国正临近一次革命。……哪一个国家能够做到教育这一代青年中国人，哪一个国家就能由于这方面所支付的努力，而在精神和商业的影响上取回最大的收获。……为了扩展精神上的影响而花一些钱，即使从物质意义上说，也能够比用别的方法获得更多。商业追随精神上的支配，比追随军旗更为可靠。"③但从另一方面来说，退款办学无疑为大批中国有志青年接受西方现代科学文化教育提供了良好契机。

1909年1月1日，美国正式退款，随后清外务部开始筹办相关事宜。7月10日，外务部与学部在遣派学生赴美拟定办法大纲折中提出，"臣等公同商酌，拟在京师设立游美学务处，由外务部、学部派员管理，综司考选学生，遣送出洋，调查稽核一切事宜。并附设肄业馆一所，选取学生入馆试验，择其学行优美，资性纯笃者，随时送往美国肄业"④，并于遣派游美

---

① 《北洋大臣袁世凯致外务部函》[光绪三十一年四月二十日（1905年5月23日）到]，清华大学档案，全宗号1，目录号1，案卷号1:1。

② 《外务部致驻美国大臣梁函》[光绪三十一年四月二十九日（1905年6月1日）发]，清华大学档案，全宗号1，目录号1，案卷号1:1。

③ 《1906年美国伊里诺大学（University of Illinois）校长詹姆士（Edmund J. James）给美国总统西奥多·罗斯福（Theodore Roosevelt）的〈备忘录〉（摘要）》，清华大学校史研究室：《清华大学史料选编》（第一卷），北京：清华大学出版社，1991年，第72~73页。

④ 《外务部会奏遣派学生赴美拟定办法大纲折》（宣统元年五月二十三日），《政治官报》，1909年第620号。

学生办法大纲中具体规定:"设游美学务处。由外务部、学部会派办事人员,专司考选学生,管理肄业馆、遣送学生及至驻美游学监督通信等事,并与美国公使所派人员商榷一切","设肄业馆。在京城外择清旷地方,建肄业馆一所。(约容学生三百名,其中办事室、讲舍、书库、操场、教习学生等居室均备)延用美国高等初级各科教习,所有办法均照美国学堂,以便学生熟悉课程,到美入学无可扞格。此馆专为选取各省学生暂留学习,以便考察品学而设。"①7月17日,游美学务处开始办公②,周自齐为总办,唐国安、范源濂为会办,"赁得东城侯位胡同民房一所,暂为办公之地"③,不久又迁至史家胡同,分别于1909年8月招考了梅贻琦、金邦正、张子高等第一批庚款留美学生47名,1910年7月招考了杨锡仁、赵元任、胡适等第二批庚款留美学生70名。

对于庚款留学生的选科比例,学部和外务部认为"留学生究应选择何种科目——政治、科学、工程——均属待决的问题。鉴于彼时留日学生,多趋于法政一途,回国后,志在作一小官,或公务员,以资糊口。……因此多数主张学生游美,必须着重理、工、农、商等实际有用的学术与技能,庶几回国后,可望对于祖国的改造和建设,有真正的贡献。少数学生亦可选习文、哲一类的科目"。④ 同时,江苏、浙江教育总会在呈学部请明定选派学生赴美章程文中亦建议:"各省以岁担赔款之故,财力日竭,各项新政无计振兴,非扩张实业,则教育政治均无锐进之希望。此次选派学生故宜分习专门,似尤当注重实科,以为富国之基本。"⑤为培养实用人才、促进社会经济发展,外务部、学部在拟定的派遣美国留学生章程草案中提出:"派出的留学生中有百分之八十将专修工业技术,农学,机械工程,采矿,物理及化学,铁路工程,建筑,银行,铁路管理,以及类似学科。另外百分之二

---

① 《遣派游学生办法大纲》(宣统元年五月二十三日),《政治官报》,1909年第620号。

② 《游美学务处为报宣统元年全年经费事致外务部呈文》(宣统二年三月十四日),第一历史档案馆:《清游美学务处档案史料》,《历史档案》,1997年第3期。

③ 《游美学务处为报本处开办情形及刊刻关防事致外务部呈文》(宣统元年七月十八日),中国第一历史档案馆:《清游美学务处档案史料》,《历史档案》,1997年第3期。

④ 罗香林:《梁诚的出使美国》,第65页。

⑤ 《宣统元年(1909)江苏浙江教育总会合词呈学部请明定选派学生赴美章程文》,朱有瓛:《中国近代学制史料》(第三辑上册),上海:华东师范大学出版社,1990年,第543页。

十将专修法律及政治学。"①后又于遣派学生赴美办法大纲折中再次规定："以十分之八习农工商矿等科，以十分之二习法政理财师范诸学。"②

根据这一要求，第一批、第二批庚款留学生多选理、工、农、医等实科。如第二批庚款留学生竺可桢后来曾回忆："我们这批七十人中，学自然科学、工、农的最多，约占百分之七十以上。……不仅我们这批如此，恐怕全部庚款留学生中学工农理科的都要占百分之七、八十。"③其中尤以工程学居多，据统计，第一批庚款留学生选习科目中包括工程学 24 人（约占总人数 51%），第二批庚款留学生选习科目中包括工程学 43 人（约占总人数 61%）。第一批、第二批庚款留学生选习工程学人数比例及其专业分布具体见图 1-1、图 1-2。从图中可以看出，当时中国急需的一些工程学专业得到了极大重视，选习人数相对较多，如第一批庚款留学生中电气工程 6 人（约占总人数 13%）、化学工程 5 人（约占总人数 11%）等，第二批庚款留学生中采矿冶金 9 人（约占总人数 13%），机械工程 9 人（约占总人数

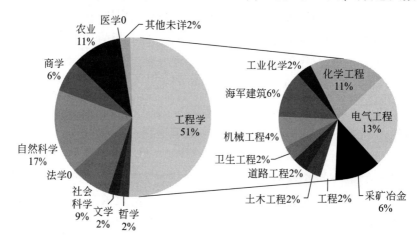

图 1-1　1909 年第一批庚款留学生选习工程学人数分布图

[资料来源：《历年留美学生分科统计表（一、二）》，《国立清华大学二十周年纪念刊》，1931 年]

---

① 《派遣美国留学生的章程草案》，清华大学校史研究室：《清华大学史料选编》（第一卷），第 107 页。

② 《外务部会奏遣派学生赴美拟定办法大纲折》（宣统元年五月二十三日），《政治官报》，1909 年第 620 号。

③ 李喜所：《近代留学生与中外文化》，天津：天津人民出版社，1992 年，第 311～312 页。

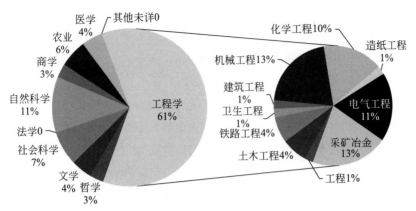

图 1-2　1910 年第二批庚款留学生选习工程学人数分布图

[资料来源:《历年留美学生分科统计表(一、二)》,《国立清华大学二十周年纪念刊》,1931 年]

13%),电气工程 8 人(约占总人数 11%),化学工程 7 人(约占总人数 10%)等;此外,选习专业还有工业化学、海军建筑、卫生工程、道路工程及造纸工程等。①

除游美学务处在京招收一部分学生外,大部分由各省分别招考,经初试后保送来京复试,至于名额分配经学部、外务部议定:"自应按照各省赔款数目分匀摊给,以示平允。其满洲、蒙古、汉军旗籍以及东三省内外蒙古、西藏亦应酌给名额,以昭公溥。"②由于南方沿海省份经济相对发达,所承担赔款额度较大,且文化教育发展较快,因此学生大部分来源于这些地域,有些省份甚至超出了应摊名额。据统计,第一批、第二批赴美工程留学生中以江苏最多,其次为浙江、广东、福建等。③

庚款留学生在选拔上比较严格。例如,"1909 年 9 月 4 日开始的第一次庚款留美学生考试,分前后两个阶段,经过了五场考试。9 月 4 日考国文,9 月 5 日考英文。9 月 7、8 两日校阅试卷,按分数先行录取,张榜晓试,只有通过这两场考试者,才能参加其余各场。9 月 9 日考代数、平面几何、法文、德文、拉丁文;9 月 10 日考立体几何、物理、美术、英国历史;9 月

---

①　《历年留美学生分科统计表(一、二)》,《国立清华大学二十周年纪念刊》,1931 年。

②　《外务部会奏遣派学生赴美酌拟办法折》(宣统元年五月二十三日),《政治官报》,1909 年第 620 号。

③　《清华同学录》,国立清华大学校长办公处印行,1937 年。

11 日考三角、化学、罗马史、希腊史。后三场考试均是随时校阅，各给分数。经过这样五场考试之后，再详校试卷、核定分数，然后由游美学务处将取定学生传至该处核对笔迹，准确无误后，向录取学生'取具愿书'，录取一事才算确定下来。600 余名考生，经过近 10 天的考核，最后录取了 47 名。应该说，无论就考试内容而言（包括了 15 门功课）或是就录取比例而言（仅为 8%）都是相当严格的。1910 年 7 月举行的第二次庚款留美学生考试，难度更大，除功课内容增加外，还要求大部分科目用英文考试"。① 因此，这也就决定了学生多来自于一些注重英文教学或质量较高的教会学校、省立高等学堂等。例如，第二批庚款留学生赵元任曾有记述："被录取的学生中，江浙、广东占多数，七十人当中有江苏二十九人，浙江十四人，广东十人，直隶（今河北）、安徽、福建、四川各三人，贵州二人，湖南、山东、广西各一。他们大都是教会学堂的弟子或有影响的新式学堂的毕业生，七十人中上海的圣约翰有十二人，南洋公学七人，岭南学堂五人，江南高等学堂、复旦公学、南洋中学、唐山路矿学堂各四人。当时人评论说：'留美学生中，由教会学校出者，无虑占其半数。'这主要是这些学校外语过硬。"② 就第一批和第二批工程留学生而言，多集中于邮传部上海高等实业学堂、上海圣约翰书院、南洋中学、复旦公学，此外唐山铁路、顺天高等、直隶高等、岭南学堂、江南高等、福建高等、江苏高等、安徽高等、东吴大学、译学馆等亦有学生录取。③

第二节　清华学堂时期工程科目
设置及赴美工程留学生的选派

在选派赴美留学生的同时，游美学务处积极筹备游美肄业馆。1909 年 9 月 28 日外务部上奏："拟于明年春夏间即行参照原定办法，考选学生入馆肄习，现在应即赶速筹建肄业馆，俾诸生得以及时就学，免至有误进

① 田正平：《留学生与中国教育近代化》，广州：广东教育出版社，1996 年，第 112~113 页。
② 李喜所：《近代中国的留学生》，北京：人民出版社，1987 年，第 212 页。
③ 罗香林：《梁诚的出使美国》，台北：文海出版社，1979 年，第 13~14 页；刘真：《留学教育——中国留学教育史料》（第一册），台北："国立"编译馆，1980 年，第 187~191 页。

修。当经饬行游美学务处于京城附近地方详加相择,查有西直门外成府东北清华园旧址一区,……该园现归内务府官房租库经管,合无仰恳天恩俯准,将该园地亩房屋全行赏拨,作为游美肄业馆之用"①,于 30 日获批②。此后,游美学务处开始着手游美肄业馆校舍等筹建工作,计划于 1910 年秋开学。根据之前中美双方议定,"自拨还赔款之年起,初四年每年遣派学生约一百名赴美游学,自第五年起,每年至少续派五十名"③,但前两批留学生未能按原定名额计划完成,且因时间仓促,第一批和第二批赴美留学生的出国距考试都不足 3 个月,亦未实现原定"第一年就要派出的学生将培训六个月,以后派出的学生则将培训一年"④之方案;同时外务部与学部在招生问题上意见不一,"外务部主张招收十六岁以下的幼年生从小送美培养,否则对外国语言'已绝无专精之望',学部则主张招收三十岁以上的中年人,否则'国学既乏根基,出洋实为耗费'"。⑤ 鉴于以上诸种原因,遂采取了折中的方案,游美学务处提出"专设游美预备学校,先在国内有计划地训练,培养出合格的毕业生送美留学"⑥,并于 1910 年 12 月呈文外务部、学部拟将游美肄业馆改名为清华学堂⑦,"游美肄业馆原为选取各生未赴美国之先,暂留学习而设,故命名之初,取义尚狭。现在该馆分设高等、初等两学堂,学额推广至五百名,以后每年遵照奏案,尚须添招学生,而遣派名额岁有定数,旧生未尽派出,新生相继入堂,自非预定规划,不足以宏作育。现经拟定办法,于该馆高等、初等两科各设四年级,并于高等科分科教授,参照美国大学课程办理,庶将来遣派各生,分入美国大学或直入大学研究科,收效较易,成功较速,而未经派往各生,在馆毕

---

① 《外务部为兴筑游美肄业馆奏稿》[宣统元年八月十五日(1909 年 9 月 28 日)],清华大学校史研究室:《清华大学史料选编》(第一卷),第 3~4 页。

② 《外务部给游美学务处札》(宣统元年八月十七日发),清华大学档案,全宗号 1,目录号 1,案卷号 10。

③ 《外务部会奏遣派学生赴美拟定办法大纲折》(宣统元年五月二十三日),《政治官报》,1909 年第 620 号。

④ 《派遣美国留学生的章程草案》,清华大学校史研究室:《清华大学史料选编》(第一卷),第 108 页。

⑤⑥ 《清华校史组记从游美学务处到清华学校》,朱有瓛:《中国近代学制史料》(第三辑上册),第 550 页。

⑦ 《外务部学部呈明游美肄业馆改名为清华学堂缘由》(宣统二年十一月),清华大学档案,全宗号 1,目录号 1,案卷号 3。

业,亦得各具专门之学,成材尤属较多。如此办理,则该馆学生不仅限于游美一途,自应改定学堂名称,以为循名核实之计。"①1911 年 1 月 5 日,学部札核准游美肄业馆改名清华学堂并应将初等科改名中等科、编定高等中等两科课程报外务部查核。② 1911 年 2 月,游美学务处和筹建中的游美肄业馆迁入清华园。4 月 9 日,外务部会同学部奏请宣统皇帝,隔日获朱批,正式将游美肄业馆定名为"清华学堂"。

根据《清华学堂章程》规定,学堂"参合中国及美国中学以上办法,设高等中等两科。高等科注重专门教育,以美国大学及专门学堂标准,其学程以四学年计,中等科为高等科之预备,其学程以四学年计",学科主要划分为哲学教育、本国文学、世界文学、美术音乐、史学政治、数学天文、物理化学、动植生理、地文地质及体育手工十大类别,"每类学科功课分通修、专修二种。通修种期博赅,专修种期精深"。③ 具体来说,"在这十类课程中,以'通修'课程为主,'专修'课程,则视学生志趣能力及程度,在高等科最后两年才逐渐开设"④,清华学堂学科设置及各学科学分如表 1-1 所示。9 月游美学务处又呈请学部和外务部对章程进行修订,"中等科毕业年限原定四年,今改五年,高等科毕业年限原定四年,今改三年,正与部定中学堂暨高等学堂毕业年限相符",并制定了详细的教授科目,其中包括手工等⑤。这一时期工程科目及课程设置所占比例较小,如在十大学科类别中体育手工合计仅 8 学分,而人文社会科学 5 类 66 学分、自然科学 4 类50 学分(另有专修 16 学分)⑥,但至少可以表明清华学堂自建校伊始即对学生进行工程技术知识的培养。

---

① 《外务部学部呈明游美肄业馆改名为清华学堂缘由》(宣统二年十一月),清华大学档案,全宗号 1,目录号 1,案卷号 3。
② 《学部札核准游美肄业馆改名清华学堂并应将初等科改名中等科编定高等中等两科课程报部查核》(宣统二年十二月初五日),清华大学档案,全宗号 1,目录号 1,案卷号 3。
③ 《清华学堂章程》,朱有瓛:《中国近代学制史料》(第三辑上册),第 552~556 页。
④ 苏云峰:《从清华学堂到清华大学 1911—1929:近代中国高等教育研究》,第 162~163 页。
⑤ 《游美学务处改行清华学堂章程缘由致外务部申呈》[宣统三年七月十四日(1911年 9 月 6 日)],清华大学校史研究室:《清华大学史料选编》(第一卷),第 150~155 页。
⑥ 苏云峰:《从清华学堂到清华大学 1911—1929:近代中国高等教育研究》,第 163~164 页。

表 1-1　清华学堂中等和高等两科八年通修功课学分统计表

	第一	第二	第三	第四	第五	第六	第七	第八
哲学教育							2	2
中国文学	4	4	2	2	2	2		
世界文学	4	4	4	4	4	4	2	
美术音乐	1	1	1	1				
史学政治	2	2	2	2	2	2	2	2
数学天文	4	2	4	4	4	2	2	
物理化学					4	4		
动植生理	2	4	2	2				
地文地质			2	2			2	2
体育手工	1	1	1	1	1	1	1	1

　　[资料来源:《清华学堂章程》,朱有瓛:《中国近代学制史料》(第三辑上册),上海:华东师范大学出版社,1990 年,第 553 页]

　　此外,游美学务处"于宣统二年七月考选第二届留学生时,另外挑选备取生七十多名,编为高等科学生,不久乃送入清华学校肄业,规定于宣统三年(1911 年)派赴美国留学"[①],但因时间问题,1911 年 6 月游美学务处考选了朱起蜇、罗邦杰等 63 名直接赴美。第三批庚款留学生中选习人文社会科学科目的人数虽较之前两批有所上升,但仍以实科为多(见图 1-3),

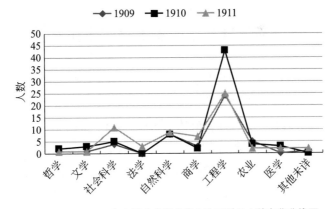

图 1-3　1909—1911 年三批庚款留美学生选习科目人数变化曲线图

[资料来源:《历年留美学生分科统计表(一、二)》,《国立清华大学二十周年纪念刊》,1931 年]

---

　　①　罗香林:《梁诚的出使美国》,第 67 页。

其中包括工程学 25 人（约占总人数 40%），各科目及专业选习人数分布见图 1-4。由该图可以看出，在专业方面，此一时期采矿冶金、机械、土木及电气等选习人数相对较多，如采矿冶金 7 人（约占总人数的 11%）、机械工程 5 人（约占总人数的 8%）等。与前两批赴美工程留学生相类似，第三批赴美工程留学生仍主要来源于江苏、浙江、福建、广东等南方沿海或经济相对发达的地域。

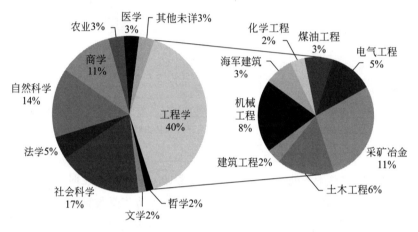

图 1-4　1911 年第三批庚款留学生选习工程学人数分布图

［资料来源：《历年留美学生分科统计表（一、二）》，《国立清华大学二十周年纪念刊》，1931 年］

第三节　清华前三批直接赴美工程留学生在美学习情形

1909 年 11 月，第一批庚款直接留美生在学务处会办唐国安、英文文案唐孟伦的护送下抵美，"适值该地学校学业已过半，且各生程度不一，势难概受同等教育。其优者固宜直入大学，俾无废时之患。其次者亦必及时预备，循序渐进，方无躐等之虞。当经会同驻美监督容揆，将学生金涛等分别送入科乃鲁大学，暨罗兰士各高等学校"。① 另据首批庚款留学生程义藻后来回忆："惜当时美国各大学早已开学，各项课程均已在六星期以上，不宜追赶。为求英文深造兼事采风俗起见，大多依唐先生指导，

---

① 《外务部会奏第一次遣派学生到美入学情形折》，《政治官报》，1909 年第 851 号。

在第一年中先入中学。计分入五校,每校约十人。此五校之名即劳伦斯、菲利普、科兴、和斯得及威立斯登等中学。"①罗惠侨在《庚款第一批派遣留美学生的简况》中亦有介绍:"我们到达华盛顿,已是九月底或十月初了。各校均已开学。我们满以为即可进大学读书了。但留美监督和与我们同去的学务处副监督商议决定(其实是受美帝指示,早已决定,不过瞒着我们罢了),以下列二点理由,要我们分开进入中等学校补习一年:一是:大学已开学多日,功课难以跟上;二是,我们程度不齐——有的是英文不好,有的是学科不好,均须补习一年。……于是,除邮传部高等实业学堂铁路科毕业生金涛和北京汇文大学毕业生魏文彬两人没有理由再叫他们入预备学校外,其余所有学生被分配在葛劳顿、菲列泼斯、威廉斯顿、韦司林及科兴等五个中等学校去受补习教育了。"②尽管程义藻与罗惠侨对庚款留学生所入中学学校名称的回忆有所差异,但大致可以反映当时的情况。其中程义法、梅贻琦、范永增、程义藻、朱维杰、吴清度等进入麻州劳伦斯学院(Lawrence Academy),王琎、吴玉麟、方仁裕、曾昭权、李进隆、戴修驹等进入麻州科兴学院(Cushing Academy)③,等等。

1910年和1911年录取的第二批及第三批赴美庚款留学生因选派准备的相对充分,则直接进入美国大学就读。如《外务部等为报第二次遗派学生赴美入学情形事奏折》记曰:"所有取定分数较优之学生七十名,经臣等委派游美学务处文案候选知县唐彝等护送出洋。现据游美学务处转据唐彝等回京复称,奉委后遵带学生于本年八月初八日抵美,适值开校期迫,当商驻美监督容揆详察诸生学力并就该生等平日所习科学因其性之所近,分别从习农工商矿理医文学等科,即由旧金山至波士顿沿途分送入哥伦比亚各大学及考老乐都各专门大学。该生等入校后,均能安心向学等情呈报前来。臣等查上年遗派各生学力浅深不齐,故到美后,就其科学程度分别送入各大学暨高等学校,分班肄业,尚有未能划一之处。此次考

① 王天骏:《文明梦:记第一批庚款留美生》,北京:清华大学出版社,2012年,第22页。
② 罗惠侨:《庚款第一批派遣留美学生的简况》,中国人民政治协商会议浙江省委员会文史资料研究委员会:《浙江文史资料选辑》(第五辑),杭州:浙江人民出版社,1963年,第187~188页。
③ 王天骏:《文明梦:记第一批庚款留美生》,第25、143、235页。

选各生甄录綦严,颇能整齐一致,该生等到美后,以所学资格,按诸各该学等级尚无差异,遂一律直入各大学暨各专门大学肄业,较第一次所遣派者尤有进步,可期日臻完备,以收速成之效。"①

美国院校分布与其地域的经济发展有着密切关系。一般来说,有名望的大学多集中于中东部,消费相对较高;西部多为一些小的大学,消费稍低。清华留学经费源于美国退还的部分超收庚款,且为确保退款用于兴学,美国政府在退款前曾明确要求"中国应声明每年所减还款拨出若干办学务,或定实用此减收之银若干分,以办所欲办之学务"②;后又进一步采取"先赔后退"的方式进行限定,即"清政府每月仍须按原数向上海花旗银行缴付赔款,再由美国驻上海总领事通知银行应汇美国之数,由上海海关道代表中国政府照数购一汇票交银行汇往美国后,再由美总领事签字核明将下余之款退还上海海关道转交外务部"③,"在这个制度下,原是万不能浪费一个月以上的款项的。美国总统照议决案规定,如果查出中国政府用款不当,可以随时有权制止领事转拨款项给中国政府"④,这无疑在客观上保障了退还庚款的办学用途。自 1909 年至 1911 年美国政府共计退款 150 余万美元⑤,庚款留学生在美学费、生活费、实验费、医药费等由驻美学生监督直接从该经费中支付。由于有庚款这笔较为充裕的经费,加之留学生自身禀赋和基础较好,因此清华前三批直接赴美工程留学生多进入了麻省理工学院、密歇根大学、康奈尔大学、理海大学、伊利诺伊大学、哥伦比亚大学、哈佛大学、科罗拉多矿业大学等在美国声望较高的综合性院校或以工程学科为优势的院校。这些学校师资力量雄厚、试验设备先进、科研条件优越,从而为留学生提供了良好的学习和生活环境。

虽然清政府对赴美留学生选科有着严格的规定,但"清华派定之学校及

① 《外务部等为报第二次遣派学生赴美入学情形事奏折》(宣统二年十一月二十日),中国第一历史档案馆:《清游美学务处档案史料》,《历史档案》,1997 年第 3 期。
② 《外务部发专使大臣唐电》(光绪三十四年十一月十七日发),清华大学档案,全宗号 1,目录号 1,案卷号 1:1。
③ 清华大学校史编写组:《清华大学校史稿》,北京:中华书局,1981 年,第 5 页。
④ 徐仲迪、章之汶、孙坊、康瀚翻译:《美国退还庚子赔款余额经过情形》,上海:商务印书馆,1925 年,第 142 页。
⑤ 刘本钊:《二十年来清华之财政》,《国立清华大学二十周年纪念刊》,1931 年。

专科,只限于到美国后之第一学年。第二年,则每人皆可自由改变矣"。①
由于美国自南北战争以后为促进经济建设,非常注重科学技术,尤其是工
程技术的发展,一些中国学生赴美后亦深受其影响,认为"以商立国者,英
国是也;以工程实业立国者,美国是也。英国三岛之地,土地局促,物产有
数,其盛也在于握世界之商权。美国幅员四百万方里,土地肥饶,物产繁
多,金银钢铁各种矿产松富,其盛也在于发达天然之富而大图之。中国之
形势地利,不与英国同而与美国同者也。美国较以发达其天然之富者,工
艺工程也"②,因此部分留学生便从其他专业转习工程学,如清华庚款留
学生刘寰伟先是于康奈尔大学选习政治经济,后又于陆军服务学校选习
土木工程及军事工程等。当然,学科之间往往具有某种内在关联性,因此
也有一些学生根据自身的知识需求而由工程学转习其他学科,如陈伯庄
在哥伦比亚大学选习化学工程,后又转学经济;高崇德于科罗拉多大学选
习采矿冶金,后于哈佛大学选习物理;张贻志于麻省理工学院选习化学工
程,后于哥伦比亚大学选习工商管理;何杰于科罗拉多大学选习采矿工
程,后于理海大学选习地质;许先甲于威斯康星大学专攻电机工程,后入
哈佛大学学习工业经济和经营管理等。还有不少在工程学专业内转换学
习方向的,如周厚坤在麻省理工学院先后选习了机械工程、造船工程及飞
机工程,施銎先后选习了造船工程(麻省理工学院)及机械工程(哥伦比
亚大学)等。③ 有鉴于此,三批庚款留学生最终获得学位学生的专业与最初
分科时发生了一些变化,通过对交叉学科知识的学习和融会贯通,为庚款留
学生日后奠定了宽厚的基础。同时,关于美国高等教育的层次划分,"由大
学之组织言,初卒业于普通大学者,有专门学卒业生 Colloge 之称,其意为已
修毕专门之学科。由此更修学二年,则得学士(Bachelor of Arts 或 Bachelor
of Science)之学位。于己所研究之学科更出精卓之著述者,则得硕士
(Master)。复就特种学科研究一年者,可得博士 Doctor"。④ 1909 年至
1911 年清华直接赴美工程留学生中,不少获得学士、硕士乃至博士学位。

---

　　① 吴宓著,吴学昭整理:《吴宓自编年谱》,北京:生活·读书·新知三联书店,1995
年,第 184 页。

　　② 李喜所:《近代留学生与中外文化》,第 314~315 页。

　　③ 《清华同学录》,国立清华大学校长办公处印行,1937 年。

　　④ 《美国之大学》,《教育杂志》,1910 年第 1 期。

第四节　清华前三批直接赴美工程
留学生选派及工程科目设置的历史意义

20 世纪之初的中国正处于风雨飘摇之中,晚清政府腐朽无能、社会民生凋敝、中华民族饱受帝国主义列强瓜分与欺凌,变革图强和实业兴国成为挽救中国的重要出路。清华前三批直接赴美工程留学生苦心孤诣、忍辱负重,为了国家的存亡和民族的复兴而负笈海外,学成归国后在近代中国的教育、工业、科技等诸多领域做出了卓越成就,引领了中国工程领域的系列变革,极大促进了近现代中国社会生产力的发展及社会形态的转变;同时,这一时期清华学堂手工科目及相关课程的设置尽管还处于一种萌生状态,但它为清华以后工程学科的发展奠定了基础。

一、庚款留学生的派遣拉开了留美高潮的序幕

鸦片战争后,为培养军工、民用企业所需技术人才,洋务派在创办新式学堂的同时,曾选派大批学生远赴海外学习先进科技知识。其中,1872年至 1875 年间先后派遣 4 批 120 名幼童赴美留学,受当时洋务派实用主义方针的影响,所习多为土木、机械、矿务等专业,"是为中国留学工程教育之始"[①]。这几批学生虽于 1881 年被中途撤回,但"其在美最久者,计已十年矣。故于所习科目,颇具有特殊心得者,归国后颇能有众多方面之贡献"[②]。据统计,留美幼童回国后,"从事工矿、铁路、电报者 30 人,其中工矿负责人 9 人,工程师 6 人,铁路局长 3 人"[③],如詹天佑、吴仰曾、邝景扬(邝孙谋)、唐国安(唐介臣)、陆锡贵、梁普照、梁如浩、邝炳光、钟文耀、罗国瑞、黄仲良、苏锐钊、周长龄、杨昌龄等,另有从事教育、外交、商业、海军等领域。除选派幼童赴美外,为发展海军,清政府自 1877 年至 1897 年先后选派 4 批船政学堂学生及艺徒 80 多人赴英、法等国学习轮机、驾驶、枪炮、鱼雷等[④]。

---

①　李书田:《四十年来之中国工程教育》,《北洋理工季刊》,1936 年第 4 卷第 2 期。
②　陈立夫:《三十年来之工程教育》,《高等教育季刊》,1942 年第 1 卷第 4 期。
③　李喜所、刘集林等:《近代中国的留美教育》,天津:天津古籍出版社,2000 年,第 58 页。
④　田正平:《留学生与中国教育近代化》,第 58~65 页。

甲午战败后，国人继而将目光转向了日本，加之中日两国路近费省、风俗习惯相近等因，随之大批学生负笈东渡，"仅官费、自费留学生一项，1899 年是 200 名左右，1903 年达 1300 余人，1906 年高潮时，人数更在8000 名上下，远远超出同一时期派赴各国留学人员的总数。"①与之前所派学生不同，留日学生"志在贩取舶来品回国出售，借获大利，所以大多数是学习速成科，其次则为普通学。速成科不外法政和师范两门，只要一年半毕业了，就可以回国取得差事，不仅于所谓'实业'无关，且在一年半之内除补习语言所费时间外，实在所得能有几何。"②清政府在推行"新政"的过程中逐渐认识到，学生在日本学习的社科知识远不如在欧美学习的科技知识实用，遂颁布了系列政策对留日进行限制，转而鼓励留学欧美，促使赴欧美学生人数较之前有所增长。例如，"1881 年 120 名留美幼童中途撤回后，赴美留学一度中断。1895 年前，留美生仅十几人。甲午战争后，才渐至上升趋势。至 1908 年已有近 300 人，其中返国服务者有 204人"③；"据 1910 年的统计，留俄学生有 21 名，其中 20 名是 1900 年至 1907年期间赴俄留学的。此外赴奥国、比利时等国留学者也多有人在，特别是赴比利时留学还曾形成一个小的高潮，留学生一度达到 300 余名。"④与留日学生不同，留学欧美的学生多选习实科，"大而别之，留美学生多倾向于工艺技术、农学等科，留学法国、比利时者多倾向于矿山、铁路，留学德国者以陆军为主。"⑤但因经费拮据，大量选派学生赴欧美学习的愿望难以实现，因此，自戊戌变法至 1908 年前后，留日学生的派遣仍是该时期的主流。

1908 年，美国政府宣布将部分超收庚款退还中国政府用于兴学，国内留学教育进入了一个新的时期。自 1909 年至 1911 年，游美学务处共选派三批 180 名学生直接赴美留学，受当时清政府庚款留学政策的影响，其中以选习工程者最多。虽然前三批留学生的绝对人数不多，但"这是继1872 年首批幼童赴美之后，又一次有计划、较大规模的留美学生派遣，它

---

① 田正平：《留学生与中国教育近代化》，第 69 页。
② 陈青之：《中国教育史》，北京：东方出版社，2012 年，第 626 页。
③ 李喜所、刘集林等：《近代中国的留美教育》，第 186 页。
④ 田正平：《留学生与中国教育近代化》，第 94~95 页。
⑤ 田正平：《留学生与中国教育近代化》，第 95 页。

标志着留学欧美高潮的兴起,拉开了第三时期留学生派遣的序幕"。① 同时,庚款留学生的派遣也正式开启了清华工程人才之培养,如 1935 年顾毓琇在《清华的工程人才》一文中所言:"清华虽然有了二十四年的历史,清华自己办工程系到现在不到十年,中间还经过停办的波折,而工学院正式成立以来不过三年,前后毕业生连本届不过五班,一百余人。年代如此的短,人数如此的少,如何谈得到清华的工程人才呢? 但是,清华的生命,实在应该从 1909 年派遣学生赴美留学算起,至今已经有二十六年。而这第一批留学生里,便有学工程的(现在本校的梅校长,便是其中的一位),所以清华的工程人才,亦可以追溯到二十六年以前。"②而且,较于早期留学生的派遣,这些学生选拔严格、择优录取,自身基础较好,加之多在美国有名望的院校接受系统、良好的教育,学成归国后确对中国近代社会发展产生了深远影响。

二、庚款工程留学生对社会发展的历史作用

前三批庚款工程留学生完成学业归国后在教育、实业、科技等领域做出了杰出贡献。这里就其中几个方面展开论述。

(一) 充实国内教育特别是工程教育师资,为社会培养了大批优秀的工程技术人才

鸦片战争后,国内一些有识之士开始发展实业以图自强,并相继开始尝试创办工程教育,但"当时国内受过新式教育、具有一定工程知识的人才十分稀少,而具有大学毕业或研究生毕业学历的人更是凤毛麟角。……所以,在有关章程中同时提出任用教师的变通办法:'暂时除延访有各科学程度相当之华员充选外,余均择聘外国教师充选。'清末大学堂与高等工程专科学校的师资基本是由外籍教师、国内早期新式学堂毕业生以及科举出身的旧式文人三部分组成"。③ 特别以外籍教员居多,如山西大学堂西斋"开办初期共有教师 13 人,其中外籍教师 9 人","清末高等工程专科

---

① 田正平:《留学生与中国教育近代化》,第 99 页。
② 顾毓琇:《清华的工程人才——为清华二十四周年纪念作》,《国立清华大学 24 周年纪念特刊》副刊号外,1935 年 4 月 29 日。
③ 史贵全:《中国近代高等工程教育研究》,上海:上海交通大学出版社,2004 年,第 54 页。

学校,以隶属于邮传部的上海高等实业学堂、隶属于商部的京师高等实业学堂、地处京畿的直隶高等工业学堂等校的师资力量较强。其特点是外籍教师所占比例较大,各科专业课程几乎全由外籍教师担任"。① 针对当时国内院校师资匮乏的情形,一些有识之士就曾呼吁政府派遣学生赴外留学,为日后储备人才队伍,如"今日我国各省之所谓大学堂、高等学堂乎其设置之不备无论矣,其课程犹是中小学之课程也,其教师犹是中小学之教师也,其生徒不过年龄较高,文章策论较清通,具于普通学知识,犹中小学之生徒或且逊焉,故为今日我国计欲养成此等人材宜多选有相当素养之青年,资其学费、宽其岁月,令就学东西列邦,归而供用"②;"祖国之前途,其安危悉系留学界,夫人而知之矣,是留学界者,对乎外为全体国民之代表,对乎内为全体国民之师资,责任之重,无有过于是者,夫成大业者,必有大志,有大志者必有大谋。国家之大而欲以千百留学生之力,革新之必合一固结不可解之,团体勉焉从事学问以期有所成,他日回国各以所学者传之内地,不数年即得同志数万人,此数万人者又各以其所学之传于人,似此互似相灌输,将不待十年而教育之效磅礴乎,境内其民气既勃发而不可遏,则又何事之不可为"。③

清华前三批直接赴美工程留学生的选派无疑适应了这一形势需要,他们中许多人学成归国后充实到国内高校特别是工科院系之中,使师资队伍结构发生了很大改变,整体实力得到极大提升,有不少担任校长、院长、系主任等职务。例如,梅贻琦曾任国立清华大学校长,张廷金曾任交通大学工学院院长、上海交通大学校长,周仁曾任上海科学技术大学校长,胡博渊曾任唐山交大校长,易鼎新曾任湖南大学校长等。另有吴玉麟、邢契莘、贺懋庆、戴修驹、周象贤、柯成懋、周厚坤、曾昭权、王绍瀛等在南洋大学、东南大学、北京大学、交通大学、湖南大学等多所院校任教。他们积极推动学校发展,特别是在创办工科院系、开设相关课程等方面倾注了大量心血,不少成为中国现代科学技术学科的开创者及中国工程教育的中流砥柱。例如,梅贻琦创办了清华工学院;张廷金首开国内无线电课

---

① 史贵全:《中国近代高等工程教育研究》,第 54~55 页。
② 《工业教育谈》,《江苏》,1903 年第 1 期。
③ 《教育通论绪言》,《江苏》,1903 年第 4 期。

程，并创建国内第一个无线电实验室等①；许先甲为我国现代水利电力领域的开创者，曾与沈祖伟、计大雄、周厚坤、顾惟精、范永增、张谟实、杨孝述等在南京创办河海工程专门学校②。此外，工程留学生在理科院系创办及加强理工院系交叉发展等方面也做出了突出成就。例如，何杰曾参与创办了北京大学地质学系，主讲"地质学概论""采矿工程""中国矿产专论"，后在任职中山大学地质系主任期间，"由于当时广东高等学校均未设置矿冶专业，为了满足省内发展，他在地质系增设采矿学、选矿学和冶金学等课程，供学生选修，从而成为国内第一个具有工科性的地质专业"③等。王琎是我国近代分析化学学科的重要创始人之一，"先在湖南长沙高等工业学校任教，后到南京高等师范学校创建理学院及化学系，并在浙江高等工业学校筹建了我国第一个化学工程系"，后曾任四川大学化学系系主任、浙江大学化学系系主任及理学院代理院长和代理校长，浙江师范学院院长等，"讲授过高等分析、微量分析、近代分析化学选论、无机化学、物理化学、工业化学和矿物学等多门课程。每讲一门课，都亲自编写教材。教材中不仅有新材料、新观点，而且有自己的评论和见解"。④ 站在今天的视角沿历史的长轴去看，许多工程留学生归国后成长为工程教育领域的专家巨擘，将西方先进的教育理念与中国实际相结合，创办理工院系，不仅推动了工程学科的大发展，而且为国家培养了大批专业人才，如李薰、汪胡桢、须恺、杨仲健、许杰、王恒升等，其工程教育思想也随之得到广泛传播，对后世工程教育的发展产生了深远影响。

（二）积极投身民族工业，推动国内工程实业的发展

"欧美各国有以农业著者曰农业国，有以工业著者曰工业国，有以商业著者曰商业国，……中国者，实为工业国之资格者也，盖工业所需原料吾国则地大物博、物产丰富"。⑤ 而晚清时期的中国工业能力却非常薄

---

① 蒋国杰：《留学生与西方科学管理思想在中国的传播》，《徐州师范大学学报（哲学社会科学版）》，2007年第33卷第3期。

② 仲维畅：《中国现代水利科学先驱许先甲》，http://www.tsinghua.org.cn/alumni/infoSingleArticle.do? articleId=10079306。

③ 何绍勋：《何杰（1888~1979）》，《中国地质》，1990年第7期。

④ 张家治等：《化学教育史》，南宁：广西教育出版社，1996年，第528~529页。

⑤ 犟客：《论今日宜求为工业国》，《福建商业公报》，1911年第22期。

弱,特别是铁路、电力、矿业、建筑等关键领域常常受制于西方,造成这种落后状况的重要原因之一是相关专业技术人才的匮乏,大量资源得不到有效的开发和利用。如前文所述,鸦片战争后,洋务派兴办新式学堂并选派学生赴海外学习先进的科学技术知识,培养了一大批工程技术人才,但该时期还仅是初级技术人员,且留美幼童中途撤回未能系统完成学业。甲午战败后,留学生主要赴日本学习,所学专业以军事和法政科居多,理工科极少。

1909 年美国政府将部分超收庚款退还中国政府用于兴学,此后至1911 年,游美学务处共选派三批 180 名直接赴美留学。受当时清政府留学政策的影响,清华前三批直接赴美庚款留学生以选习工程人数最多,且多在国外著名大学学习,部分获得了学士、硕士及博士学位,他们以工业报国为己任,学成归国后积极投入到国家工业建设之中。如易鼎新曾担任大冶铁厂、湖南电灯公司、萍乡煤矿等多家工矿企业工程师,期间解决了许多发电、变电等技术问题。许先甲负责创建的"下关电灯厂",为首座完全由国人自主成功创办的官办火力发电厂[①]。周仁归国后曾创办大效机器厂、钢铁试验场及玻璃试验场等。吴玉麟曾担任汉冶萍煤矿公司大冶矿区电务科科长、戚墅堰电厂厂长、苏南电业局副局长等[②],在电力领域中的发电输电方面做出了许多突出成绩。曾昭权在任西山电厂任主任工程师期间曾主持了 2000 千瓦发电机机组安装工程[③]。另有罗惠桥、李鸣龢、程义藻、戴修驹等回国后在工程实业界担任重要职务,在国内电力、矿业、航运等领域的发展中做出了突出贡献。

所谓"制造货物者机器也,驾驭机器者工人也,指挥工人者厂主也,用若干之资料经若干之时间,则其所制成精美物品应获若干之赢利,其能达此程度者,谓之生利力之充分。否则,谓之生利力之不充分,此工业上得失之大较也。……科学的工业管理法者用科学上之研究以解剖之、综合之、确然有统系条理之,可寻使全厂之生利力不复留丝毫之缺憾者也。盖

---

① 仲维畅:《中国现代水利科学先驱许先甲》,http://www. tsinghua. org. cn/alumni/infoSingleArticle. do? articleId = 10079306。
② 王天骏:《文明梦:记第一批庚款留美生》,第 236 页。
③ 王天骏:《文明梦:记第一批庚款留美生》,第 274 页。

工作上之责任,其大部分在于厂主,而小部分乃在工人"。[①] 清华前三批部分工程留学生作为当时工矿企业及政府部门的主要领导者和组织者,参与了工业经营与管理、国家经济发展政策的制定,他们将西方的民主观念融入其管理理念、管理模式之中,如张廷金的科学工厂管理法[②]等,他们对于早期中国工业现代化的作用远远超出了在国外所学的专业范畴和专家学者的职能,为国家的发展做出了突出贡献。此外,清华前三批工程留学生中还有不少积极负责或参与了一系列救国图强的行动中,在抗战期间发挥了重要作用。例如,程义法曾负责汉阳铁厂由湖北至四川重庆的迁移工作,"搬迁则从 1938 年 6 月开始,3.7 万吨体型庞大的机器,一段一段转运,用了一年半的时间完成了逆江而上、迁渝建厂的悲壮历程。在迁移过程中,仅在湖北境内,就遭日机轰炸 9 次,员工死亡 23 人,伤 50 余人。迁建后的重钢前身,成为抗日战争中军械提供的中流砥柱"[③];邢契莘曾任北平航空署机械厅厅长、东北造船所所长、滇西中央飞机制造厂监理官等职,抗战期间曾修建了盟军对日作战基地的南山大型机场[④];杨锡仁曾参与组织了"驼峰航线"物资保障供应。

（三）力倡工业技术研究,掀起了国内工业的科学化运动

随着科学的发展,工业的进步越来越依靠技术的研发与创新,发明创造和提高工业产品技术含量成为推动工业向前发展的主要动力。对于科学与工业之间的密切关系,我国国人在 20 世纪之初也曾提出:"观于今之世,不瞿然者几何人哉? 自然之力,既听命于人间,收纵指挥,如使其马,束以器械而使之;交通贸迁,利于前时,虽高山大川,无足沮核;饥疫之害减;教育之施全;较以百祀前之社会,改革概无烈于是也。孰先驱是,孰偕行是? 察其外状,虽不易于犁然,而实则多缘科学之进步。概科学者,以其知识,历探自然见象之深微,久之实成,改革遂及于社会,继复流行,来溉远东,浸及震旦,而洪流所向,则尚浩荡而未有止也。"[⑤]这一时期,西方飞机、无线电等先进工业产品及技术的出现也已引起了国内的关注,大大

---

① 芳擢:《科学的工业管理法》,《进步》,1911 年第 6 期。
② 张廷金:《科学的工厂管理法》,上海:商务印书馆,1931 年。
③ 童辰:《大搬迁,战略突进再造百年重钢》,《中国经济时报》,2010 年 3 月 6 日第 008 版。
④ 王天骏:《文明梦:记第一批庚款留美生》,第 242 页。
⑤ 令飞:《科学史教篇》,《河南》,1908 年第 5 期。

激发了他们发展工业技术、进行工业科学改造的决心，如"人皆知有线之电，能以传声，千奇百怪。以为未有，不知这个时代，各项学问愈出愈新，有一种无线之电，更是奇了。此电不独于商贾传事、远岛高山、过海行舟，俱臻神妙，实于国家行军，境内有变，大有密切关系。不然，电线有益，一旦遭乱，先砍电杆，是益在于何处？若无线电，从空行走，无有行迹，虽遭大乱，信仍常通，岂不甚妙。近湖南乱起，电线先断，即可发人猛醒。今欲这电靠实有用，无线之电，地方上不可不办"。①

在这一社会形势的促动下以及在美留学期间的所见所闻，不少清华庚款工程留学生回国后在高校担任教学及在工程实业领域担任设计工作的同时，积极投身于工业科学化运动之中，他们将在国外所学的科学知识与国家需求相结合，进行科技研发与创新，有的成为我国工业研究领域的开拓者，极大地推动了工业科学化运动。如我国油漆行业的先行者戴济，专心于油漆研究，为国内公司成功研发了飞虎及双旗等知名产品，同时他还十分注重学术研究工作，著有《颜料》《颜料及涂料》《油漆》（二卷）等，并担任上海交通大学化学研究所研究员及《化学工业》期刊主编等。②周仁在担任国立中央研究院工程研究所所长期间，设立了中央陶瓷试验场，他采用西方的科学方法，通过大量实地考察及试验分析，对我国传统陶瓷进行了深入研究，出版有《中央陶瓷实验场工作报告》，后又对景德镇瓷器进行了全面科学的研究，著有《景德镇陶瓷的研究》等。③ 金涛曾结合自己在铁路工程方面的丰富经验，撰写了《超定结构解法》《刚构解法》两部专著。④ 陆宝淦研究用植物油为原料配制取代进口润滑油，其配方被铁道部通令在全国采用。⑤ 李鸣龢任职汉冶萍公司汉阳铁厂期间研究以碱性炼钢炉耐火材料白云石代替镁砖，著有《抗战时期之矿冶研究》等。⑥还有一些工程留学生亦在各自领域内进行了相关研究，并取得了相应成果，如朱维杰的《八角环四烯烃》《碳原子的奇妙结构——爱克司光照出》

---

① 《无线电》，《丽泽随笔》，1910年第1期。
② 王天骏：《文明梦：记第一批庚款留美生》，第159～163页。
③ 郑康妮：《中央陶瓷试验场与〈中央陶瓷实验场工作报告〉初步研究》，《中国陶瓷》，2012年第48卷第3期。
④ 王天骏：《文明梦：记第一批庚款留美生》，第182页。
⑤ 王天骏：《文明梦：记第一批庚款留美生》，第195页。
⑥ 王天骏：《文明梦：记第一批庚款留美生》，第192页。

《玻璃着色之化学》①，谌湛溪的 *Genetic Classification of Rocks*（《岩石的成因分类》）和 *Calculation of the Depth of a Magnetic Deposit*（《磁性矿床深度计算》）等②。

此外，清华前三批工程留学生为拓展科学知识的传播与普及，还积极参与和创办了一些学术团体及相关学术刊物。如1912年王琲担任《留美学生季报》编辑、梅贻琦任英文书记、周厚坤任会计、邝煦堃任英文报办事员，陈承拭任中文报办事员等；1914年朱起蜇任《留美学生季报》主编、贺懋庆任总干事，1916年张贻志任主编等。③ 此外，1914年，周仁还参与了中国留学生发起创办的《科学》杂志，以"提倡科学，鼓吹实业，审定名词，传播知识为宗旨"④，次年该刊首期由上海商务印书馆出版。不少工程留学生相继在上面发表了多篇科学论文，如杨孝述的《欧姆定律》、周仁的《水力与汽力及其比较》、郑华的《城市给水工程》、陈德芬的《汽铲在筑路上之利用》、王琲的《法国之科学》等⑤；1915年10月25日，中国科学社在康奈尔大学正式成立，工程留学生中除周仁为第一届董事会成员外，计大雄、谌湛溪、卢景泰等工程留学生亦为初创时期的骨干；1918年《科学》杂志和中国科学社迁至国内，直至1960年中国科学社在上海宣布解散为止，在此期间王琲、张廷金、陈宗南、何杰、吴玉麟、徐佩璜、金涛、曾昭权、李进隆、戴济、程义法、程义藻、朱维杰、贺懋庆、卢景泰等工程留学生都是中国科学社的积极参与者。此外，陈体诚、张贻志、胡博渊、曾昭抡、徐佩璜等工程留学生还积极参与创办和组织了中国工程学会，庄俊等成立了中国建筑师学会，徐佩璜、王琲、戴济等筹建了中华化学工业会，何杰发起及参与中国矿冶工程学会、中国地质学会⑥等。这些相关学术团体及学术刊物的创办，无疑为专业人员提供了相互交流探讨的平台，促进了科学知识的传播和应用，对工程行业的发展起到了重要推动作用。

---

① 《化学世界》，1948年第2、4、6期。
② 刘家仁、陈履安：《贵州地学先驱谌湛溪》，《地质学史论丛（5）》，2009年9月26日。
③ 毛为勤：《〈留美学生季报〉研究》，上海：华东师范大学硕士学位论文，2007年，第3页。
④ 胡适：《胡适留学日记》，上海：商务印书馆，1947年，第263页。
⑤ 《科学》，1915年第1卷第1期~1950年第32卷第12期。
⑥ 何绍勋：《何杰（1888~1979）》，《中国地质》，1990年第7期。

三、清华学堂手工科目及相关课程的设置,增强了国内工程教育的力量

工业的发展需要大量高级工程技术人才作为保障,从而促生了高等工程教育,可以说,"工业化是近代高等工程教育产生和发展的最主要的动力因素"。[①] 例如,18世纪中叶英国人瓦特改良蒸汽机之后,由一系列技术革命引起了从手工劳动向动力机器生产转变的重大飞跃,并迅速向英国乃至整个欧洲大陆传播,19世纪传至北美。这种工业化和经济的发展大大刺激了对工程技术人才的需求,美国、法国、德国等国家的高等工程教育随之获得了较大发展,不仅设置工科的院校数量较产业革命前大大增加,而且土木工程、机械工程、矿冶工程、电气工程、化学工程等学科设置得到了不断扩展。

我国高等工程教育起步相对较晚,它萌芽于19世纪中后期,是西方殖民主义入侵对中国社会产生巨大变革背景下西学东渐的产物。中国社会在几千年的儒家传统思想影响下,素来"重人文、轻科技",大学教育的内容主要为《四书》《五经》,尚未设有独立的学科。鸦片战争后,西方列强用坚船利炮轰开了中国封闭的大门,也让一些有识人士开始睁眼看世界,提出"师夷长技以制夷",开启了中国近代工业化之路,特别是甲午战争的惨败使民族矛盾激化,国人强烈呼吁发展工业以兴国。然"所谓振兴工业者,非贸然言工建工厂,购机械聘匠师、役人夫,以开采矿源制造品物已也,工业者何技艺而兼学术者也。现各科学家发明之新理想于实行者也,故工业上事理特别称之曰工学。工学之中又别之为机械工学、电气工学、土木工学、工业化学等,此中子目又不可数计"[②],在这一需求的促动下,清末相继创办一些工程技术学堂,如福建船政学堂、操炮学堂、福州电报学堂、天津电报学堂、广东实学馆、上海电报学堂等[③]。这些学堂为中国早期工矿、铁路等领域培养了一批工程技术人员,但由于师资、生源等因素和条件的制约,这些工程技术人员还只能算作是初级技术工人。[④]

---

① 史贵全:《中国近代高等工程教育研究》,第14页。
② 《工业教育谈》,《江苏》,1903年第1期。
③ 史贵全:《中国近代高等工程教育研究》,第20~25页。
④ 邹乐华:《近代化进程中的中国工程师学会研究》,上海:上海交通大学博士学位论文,2014年,第14页。

20 世纪之初，在义和团运动和八国联军侵华所造成的内外交困形势下，清政府开始实施新政，教育改革亦全面展开。1903 年，天津中西学堂改名北洋大学堂，其本科即设有工科。如陈立夫在《三十年来之工程教育》一文中曾曰："自光绪二十九迄辛亥革命，乃工程教育之建立时期，此时期之开始，应断自北洋大学堂之设立。……大学堂分经学、政治、文书、医、格致、农、工、商八科，工科大学亦正式有其他地位，与第二期学校之泛以储才为目的，徒注重政治教育者不同。"①除北洋大学外，山西大学堂于1907 年设有工科，京师大学堂于 1909 年成立工科，至此，清末仅有的 3 所官办大学均开办了工程教育。此外，各省亦纷纷根据高等农工商实业学堂章程之规定设立高等实业或工业学堂，如湖南高等实业学堂、上海高等实业学堂、京师高等实业学堂、江南高等实业学堂、奉天高等工业学堂、直隶高等工业学堂、唐山路矿学堂、两广高等工业学堂、江西工业学堂、商船学校等，"于是工程教育，遂得植其根基"。②

正如学人所云："二十世纪学界之风潮，不得不汲汲于进化。何也？处生存竞争之世，利害之烈，莫甚于学战，胜利则为全球主人翁，败则入自然淘汰之旋窝，而种族渐归渐灭，地球列国权利之得失，事势之盛衰，变幻纷纭，莫可究诘。自表面观之，鲜不谓兵战、商战、农战、工战之足以兴人国亡人国也。自内部审之，则此兵战、商战、农战、工战之所以胜所以败者，无一不以学战为总枢纽。"③由此可见，面对晚清时期国内实业救国运动的蓬勃兴起，工程教育随之次第发展亦是必然趋势。清华学堂手工科目及相关课程的设置正是顺应了时代发展需要，尽管其尚处于萌生状态，但它开启了清华工程学科发展的序幕，也是该时期我国高等工程教育的新生力量之一。

综上所述，清华建校之初虽尚未自主培养工程技术人才，但其前三批直接赴美工程留学生的选派正处于中国社会内忧外患之际，国将不国、家难为家的国恨家仇激起了广大莘莘学子强烈的民族责任感，他们苦心孤诣、勤奋好学，积极汲取西方先进的科学文化知识，在完成学业后不忘国耻，以拳拳之心回国报效，大大推动了国内工程教育、工程实业的发展，掀

---

①② 陈立夫：《三十年来之工程教育》，《高等教育季刊》，1942 年第 1 卷第 4 期。

③ 《教育通论绪论》，《江苏》，1903 年第 3 期。

起了轰轰烈烈的工业科学化运动,不少成为中国近代工程学科的奠基者和工程技术的栋梁。虽然清华前三批直接赴美工程留学生的选派距今已越百年,但其对中国近现代工程领域及社会发展形态所产生的作用影响至今。不少工程留学生成为工程教育领域中的专家巨擘、工程实业领域中的创办人及工业科学化运动的发起人,这批历史人物的粉墨登场开启了旧中国从一个工程科技极度落后的社会向现代化社会的转型,他们开创的许多事业在今天已成为国家和民族的骄傲,其丰功伟绩将为后世永远铭记。同时,清华学堂工程科目的设置适应了时代发展需求,也成为后来清华工科院系创办和发展的开端。

2

清华学校时期工程学系的建立

"一战"的爆发给世界人民带来了深重的灾难,但却带来了科技上的进步,各国经济、科技、文化以及军事等方面得以加强。同时,清政府洋务运动虽然宣告破产,但其开启的工业化运动仍继续前行,特别是面对甲午战败后帝国主义列强的肆意侵略,国内掀起了大规模"实业救国"运动,中国民族资本主义工商业获得了快速发展,生产力的提高及生产关系的进步使得社会产生了对各种实用人才,特别是工程技术人才的大量需求。与此相适应,为促进社会经济的发展,南京临时政府、教育部相继颁布实利教育相关政策,加强工程教育。该时期,清华学校适应社会及自身发展的需要,除每年选派赴美留学生外,逐步开始改办大学并成立了工程学系,对当时社会经济的发展发挥了重要推动作用,也为后来国立清华大学时期工学院的创办及发展奠定了坚实的基础。

第一节   清华学校时期工程留学生的选派

清华学校成立之初仍为一所留美预备学校,在所派送的赴美留学生中尤以选习工程学人数最多。由于有较为充裕的庚子赔款退款作为经费保障,且自身基础较好、勤奋刻苦,在美国经过系统的学习后不少获得了学士、硕士及博士学位,为国内工程教育及工业发展储备了大量优秀的人才资源。

一、赴美工程留学生的选派

1911 年辛亥革命的爆发推翻了统治中国长达两千多年的封建统治,1912 年 1 月中华民国成立,新的政权随之启动了经济、政治、教育、文化等系列改革。其中教育方面,1912 年 1 月 19 日南京临时政府教育部颁发《普通教育暂行办法》,规定:"从前各项学堂,均改为学校。监督堂长,应一律统称校长。"①与之相统一,清华学堂于该年 10 月 17 日改称清华学

① 《中华民国教育部普通教育暂行办法通令》,《中华教育界》,1912 年第 1 卷第 1 期。

校。清华学校初期,仍主要培养留美预备生,但不同于前三批直接赴美,而须经中等科、高等科毕业后再行派送。如前章所述,各省选送学生名额按庚子赔款摊派比例分配,"每年招收中等科第一年级学生若干名,委托各省教育行政机关考试,选录送校"。① 清华经费有较为稳定的保障、校内条件优越,如1914年庄俞在《参观清华学校记略》中曰:"清华为吾国特殊学校之一,入校八年,即可游学美洲,校内卫生之适宜,学科之完备,而又免收学缮费,故凡有子弟入清华肄业则为父兄者无异以一切养护之职务委之他人,而子弟之稍知自爱者,入此学校未必不可成材,为父兄计为子弟计又何乐而不为哉。"② 随着清华声誉的日益提升,报考者多而录取名额少,选拔难度可想而知,例如,"1915年,直隶省分到5名清华学校的入学名额,报名考试的约有3000余人,初试取10名,复试再遴选5名。复试在天津举行,由省长亲自主持"。③ 选送到校后仍需进行考核,如1917年《清华学校中等科学生入学试验规程》规定:"本年招收一二年级学生共七十六名,各省教育长官按其应得之学额并照本规程认真考取籍隶该省之合格学生送校复试,如有不合格者仍须退送原省决不通融收录,以免班次之参差与教授之困难。"④

该时期清华学校制定了诸多规章制度,对学生严加管理。例如,1915年"近一年内校中管理规则,大加增改,力求上乘,对于高等科学生采自治制度,对于中等科学生采干涉制度,宽严并用,悉臻完善。国内各校多有取本校管理规则为式,而仿行者,又有中外教育家来校参观,于管理细致末节,异常注意。而动赞本校之精密周到者,盖以学校教育之精神不徒在教授生徒以高深之学理,亦当养成其高尚之德性,此管理之进步,足征本校德育发达之一班也"。⑤ 统观之,清华学校期间制定有《学生奖励规则》《学生惩罚规则》《暑假调查论文竞赛规则》《成绩考验规则》《高等科伦理演讲规则》《体育规则》《高等科插班生试验规则》《中等科插班生试验规则》《专科学生赴美留学试验规则》《女学生赴美留学试验规则》《清华学校选派学生赴美游学章程》等一系列章程。在如此严格要求下,也养成了

---

①② 庄俞:《参观清华学校记略》,《教育杂志》,1914年第6卷第5期。
③ 黄新宪:《中国留学教育的历史反思》,成都:四川教育出版社,1991年,第123页。
④ 《清华学校招考学生规程》,《环球》,1917年第2卷第2期。
⑤ 飞渠时:《清华成绩面面观》,《清华周刊》,1915年第1期。

学生勤奋好学之风气。"本校同学皆以远大自期，故尤注意道德之实践，而末节细行亦不轻忽，以积久之功，本年进步更多。……学业之成就，恃自修为之基础也，同学诸君对于学课皆甚奋发，黎明即有携书户外，或坐石而吟哦，或步林间而背诵者，傍晚，则有自往各教员之卧室执经问难者，非在上课之时，非有强迫之令，而勤学如出一辙，非笃于自治力者曷克臻此。"①

除理论学习外，清华学校还通过多种方式和途径加强学生的实践锻炼。如 1917 年 11 月，"赵副校长发起手工科制造鸟屋之竞赛，……请王文显、虞振镛、周永德三先生品评优劣，最优者为郭殿邦、时昭涵、董大酉三君"②。1924 年暑假，施嘉炀到唐山制造厂实习，对于这段经历在其杂记中曰："今年暑假，因此我特地请庄达卿先生，替我介绍到制造厂里去。……我进去当然先进 Machine Shop，这厂一部分又是 Fitting Shop 平常叫打磨厂。机器和打磨合在一起，里面共分八个部分，每部有一个工头：（1）Couple and Connecting Rod（2）Motion（3）Axle Box（4）Spring（5）Brake Mounting（7）Bogie and（8）Piston & Cross Head 头一天我是被派在第一部分作工。工头知道我是生手，所以不拿正经的活给我做。只拿几块热铁叫我把两头击圆。头一天早晨我是满腔热诚，拿分做木工学来的姿势干。卖了十分力气，出了一身大汗结果是击了三块半圆的铁片。……錾，擦，刮，煅炼，磨刀，头星期里干的尽是这个。但是趣味狠浓厚，天天也觉得有进步！第二星期，姿势据那位敝同乡说是狠好了，自己也觉得凿口都不如当初那么费力。左手拿锤不至于打着右手，右手拿锤也不至于往左手报仇了。凿子也不常断，就毁了自己也会磨炼了。总算起来，打磨已经有了六十点钟的程度。若是按学校里每周两点的功课算，至少也有半年的 Credit 了。虽然厂里学徒的规矩打磨要学两年才能学机床，可是我就这一暑假，不能不取急进主义。所以第二星期就同监工商量，居然在钻床 Drilling Machine 上染指了。钻床的活最简单，大眼小眼都是一样的钻法。因为容易，所以干枯。做了两天，钻了一百多螺丝眼，我

---

① 飞渠时：《清华成绩面面观》，《清华周刊》，1915 年第 1 期。
② 《手工竞赛》，《清华周刊》，第 121 期，1917 年 11 月 27 日。

又请监工把我改在旋床 Turning Lathe 上去。旋床倒狠(很)有意思,也狠(很)舒服,配上旋刀,拉上皮带,其余的便是机器自己的责任了。不过我派到的床,机器狠(很)老,不肯十分尽责,还得我时时使手来摇,所以做起活来狠(很)慢。旋床做了有半个多月,中间不时也干些打磨的活。以后便是小刨床。Shaper 末后回到旋床上练习。"①1924 年底,"本校在火车站新辟农场,早已布置就绪。现闻该场为便利灌溉起见,欲知该场各部之高低。刻已得本校测量教授潘文焕先生之同意,请本校测量班同学,从事测量;既可为校尽力,又可自资练习,诚一举两得矣。据闻该场长约一千呎,宽约六百余呎,形状奇异,高下不一,测量颇费时日,大约至少需十数小时云"。②

1913 年夏,清华学校迎来了第一届毕业学生,"高等科特级三年级、中等科四五两年级各生均届毕业,莘莘济济盛集一时。斯为储才之始基,复属毕业之首届"。③ 虽然清华学制、课程等完全仿效美国,设中等、高等二科(各四年),"但清华实际程度,又较高于美国之高级中学"④,故"派赴美国之学生,习文科者大半可入大学三四年级,习实科者大半入一二年级。"⑤费用方面,"最初留美学生,人数无多,每年开支,至多不过四五十万元,而每年退还之款,则近百六十万元,财政极其宽裕。因此对外则设法扩充留美学额……除由本校学生毕业后派送外,复由民国三年起,间年选派女生十名;民五以后,每年又添派专科生十名,均由公开考试决定"。⑥ 由此可见,由于清华学校有美国政府退还的部分超收庚款作为保障,加之早期学生人数较少,因此在留学经费上相对宽裕,但自 1916 年始清华学校为改办大学而"添派学生,增置校产,与添造大礼堂、图书馆、体

① 施嘉炀:《唐山制造厂暑期实习杂记》,《清华周刊》,第 263 期,1922 年 12 月 15 日。
② 《测量农场》,《清华周刊》,第 330 期,1924 年 12 月 12 日。
③ 《清华学校校长唐国安呈大总统拟举行本校学生毕业礼式并恳届时面颁训辞》(1913 年 6 月 22 日),《政府公报》,第 407 号,1913 年 6 月 24 日。由于"辛亥革命"的爆发,清华学堂曾停办约半年时间,1912 年 5 月复学后又出现资金短缺等,种种原因致使名义上称为"清华学校 1912 年毕业生",以"继续班"的名义,留在学校学习,直至 1913 年 7 月才毕业赴美留学。(《侯德榜与清华学校第一届毕业生》,http://blog.sina.com.cn/s/blog_6359347901013xv7.html)
④ 右民:《清华之现在与将来》,《清华周刊》,第 309 期,1924 年 4 月 11 日。
⑤ 《出洋问题上星期内学生方面之消息》,《清华周刊》,第 199 期,1920 年 11 月 19 日。
⑥ 冯友兰:《校史概略》,《清华周刊》,第 511-512 期,1931 年 5 月 2 日。

育馆、科学馆四大建筑"①,致使学校经费用途扩张,1921 年至 1926 年期间学校经费已处于"短绌时期"②。清华学校历年经费(包括大学经费和留美学生经费)收支情况见图 2-1,由该图可以看出,清华岁支和岁入总体上呈逐年接近趋势,收支日渐紧张,特别是 1925 年大学部成立之始大学经费岁出甚至超过岁入 1900 多美元③。鉴于此种情况,加之该时期国内大学迅速扩充,清华学校为节省经费以图久远,"故民国十年已停招中等科学生,十二年遂有正式添办大学之议,十三年停招高等科学生,……旧制学生(即由高等科毕业后派遣留学之学生)在校者,仍继续按年派遣赴美留学。至十八年大学部第一届学生毕业时,同时完结"。④

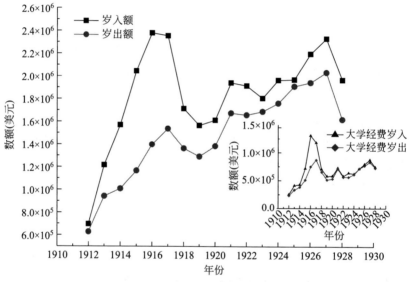

图 2-1　1912—1928 年清华学校历年经费收支比较图

[资料来源:《本大学及留美学生历年经费比较表》(1912—1928 年),清华大学校史研究室:《清华大学史料选编》(第一卷),北京:清华大学出版社,1991 年,第 432~434 页]

为培养经济实用人才,清政府曾明确规定"以十分之八习农工商矿等

---

①② 曹云祥:《清华学校之过去现在将来》,清华大学校史研究室:《清华大学史料选编》(第一卷),第 43 页。

③ 《本大学及留美学生历年经费比较表》(1912—1928 年),清华大学校史研究室:《清华大学史料选编》(第一卷),第 434 页。

④ 冯友兰:《校史概略》,《清华周刊》,第 511-512 期,1931 年 5 月 2 日。

科;以十分之二习法政理财师范诸学"①。清华最初选派的几批直接赴美留学生多遵从这一规定,如 1909 年的 47 名赴美留学生中有 32 人选习农工商科,1910 年的 70 名赴美留学生中选习农工商科的有 49 人,尤以选习工程科目人数居多。② 清华学校之初对赴美留学生选科非常重视,"高四同学将来往美时所选何科,须从速与校长商议酌定"。③ 该时期,"中国社会政治动荡,特别是五四运动的影响,促使留学生对于社会政治问题较为关注,选择社会科学的人多了起来"。④ 关于此一现象,时人亦多有记述,如 1922 年《科学》杂志曾发表一篇文章对留美学生学科之消长情况进行了说明,即:"中国留学欧美学生,最早者多习工艺。辛亥以前此风犹不衰。至民国成立以后,习文科者始日增,此中变迁,于学生之心理,与社会之需要,及中国文化之程度,至有关系。亦留心教育与实业者所当注意也。"⑤ 1926 年《清华周刊》刊载的朱君毅关于丙寅级留美生之学校与选科的文章也谈及:"曩者中国留美学生,多专攻应用科学,而以习工程实业者,为最普通。但吾国近年,兵戈四起,疮痍满目,民不聊生,遑言工业。故工程学生之回学者,多英雄无用武之地。或插足政界,用非所学;或寄身学校,暂为栖止。凡此种种,悉非常态。以是年来习工业者日减,今年大一,亦非例外。虽然,国内工业,以逮本届,均估多数,非无故也。国家混乱,实由政治不良,欲求承平,宜从改良政治始,此近五六年选习政治者日益众多之故欤。军阀之害,外侮之亟,于今为烈,征暴卫国,青年之责,此则习军事者,近一二年来骤形增加之又一最大原因也。"⑥

如前文所述,自 1916 年后清华学校曾招收了一些专科生赴美留学,"招考对象是曾在国内采矿、电机、机械等各专门学校毕业,能直接进入美国大学院(Post-Graduate Course)各专科研修高深学问者"⑦,"各生到美后

---

① 《会奏收还美国赔款遣派学生赴美留学办法折》[宣统元年五月二十三日(1909 年 7 月 10 日)],清华大学校史研究室:《清华大学史料选编》(第一卷),第 116 页。
② 《历年留美学生分科统计表》(一、二),清华大学校史研究室:《清华大学史料选编》(第一卷),第 56~71 页。
③ 《选科》,《清华周刊》,第 49 期,1915 年 10 月 5 日。
④ 孙宏云:《中国现代政治学的展开:清华政治学系的早期发展(一九二六至一九三七)》,北京:生活·读书·新知三联书店,2005 年,第 28 页。
⑤ 佛:《十年来留美学生学科之消长》,《科学》,1922 年第 7 卷第 10 期。
⑥ 朱君毅:《丙寅级留美生之学校与选科》,《清华周刊》,第 383 期,1926 年 6 月 11 日。
⑦ 方惠坚、张思敬:《清华大学志》,北京:清华大学出版社,2001 年,第 747 页。

应即入先时认定之大学进修各该专科非经监督处核准不得改换学校或改习科目"①。初期的几批基本按这一要求，例如，1916年10人中8人选习工科，1917年7人均选习工科，1918年7人中6人选习工科，1919年8人中5人选习工科，1921年10人中5人选习工科，1923年5人中3人选习工科。② 20世纪20年代中后期清华学校专科生的招考科目逐渐发生了变化，如1925年"学额：有理科，（物理，生物），工程科学，（土木，机械，电机），教育科，商业经济科，历史科五种。选习五名。"③1927年门类及名额包括"西洋文学门、哲学心理学门、数学门、地学门、化学门、生物学门，学生资送赴美留学择优录取，以五名为限。"④同时，这一时期专科生中选习工科的学生人数也有所减少，如1925年5人中1人选习工科，1927年5人中竟无人选习工科。⑤ 特别是清华学校中后期因改办大学而大兴土木等，致使经费日趋紧张，加之1924年"江浙乱起，牵动全国，清华官费遂有拖欠之事"⑥，学校为节省经费遂对留学名额进行了限制，"民国九年以后，留美人数增多，专科生及女生均暂停招考，十三年又停招高等科生"⑦等。以上种种原因致使选习工程学的留学生人数逐渐下降（见图2-2）。但整体而言，清华学校期间选派的留美学生仍以选习工程学人数最多，据统计，自1912年至1928年间清华选派赴美留学生中选习工程学的有300多人，约占该时期总人数31%，各学科及工程学专业选习人数比例具体见图2-3。由该图可以看出，当时除土木、机械、电气、化工、采矿冶金几大专业选习人数较多外，建筑、纺织等专业亦获得了较大重视。在直接考送各类留学生之余，清华每年还利用庚款资助部分在美留学自费生及官费生等，其中有不少选习了工程学科，如余籍传、林继庸、席德柄、赵师梅、邓鸿仪（鸿宜）、蓝春池、关颂坚等⑧。

---

① 《北京清华学校赴美留学专科生试验规程》（民国十四年分），《北京大学日刊》，1925年第1666期。

② 《清华同学录》，国立清华大学校长办公处印行，1937年。

③ 《招考处》，《清华周刊》，第338期，1925年3月6日。

④ 《北京清华学校招考赴美留学专科生规程》（1927年），《清华校刊》，第24期，1927年3月29日。

⑤ 《清华同学录》，国立清华大学校长办公处印行，1937年。

⑥ 《留美同学之经济恐慌》，《清华周刊》，第340期，1925年3月20日。

⑦ 王嵩：《清华大学在进步中》，《中央日报周刊》，1948年第4卷第12期。

⑧ 《清华同学录》，国立清华大学校长办公处印行，1937年。

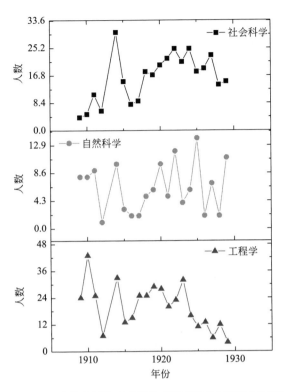

图 2-2　1909—1929 年社会科学、自然科学、工程学留学生选习人数变化曲线图

[资料来源:《历年留美学生分科统计表》(一、二),《国立清华大学二十周年纪念刊》,1931 年]

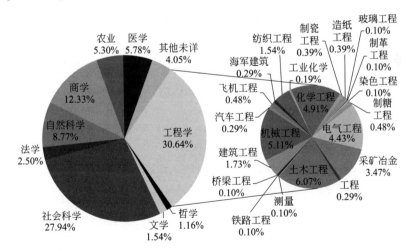

图 2-3　1912—1928 年清华赴美留学生选习科目及工程学专业人数分布图

[资料来源:《历年留美学生分科统计表(一、二)》,《国立清华大学二十周年纪念刊》,1931 年]

　　清华学校时期，"在招生上，一般由学校临时确定中等科人数，然后根据各省所摊庚款数目（清廷为了支付庚子赔款，将数额分配给各省承担），将之分配于各省（每年数目稍有出入），由校方'先期咨行各省教育司，按章考试，选录送校'"①，"高等科插班学生，由该校在京沪等处考收"②，无论是中等科还是高等科均须经过严格的层层选拔。对于专科生要求也极高，"报名者须品行端正，身心健全，年龄不过三十五岁"，"各科大学或大学同等程度之学校毕业，且至少须有一年以上教授或他项服务之经验，能迳入美国大学研究科 Graduate school 进求高深学问者方为合格"③。鉴于该时期国内教育资源分布尚不均衡，"20 世纪初期，一些较有名气的学堂、大学都集中于一些大的通商口岸或洋务经济中心。如上海的圣约翰大学、南洋公学、复旦公学等，直隶的北洋大学、唐山路矿学校等。这些学校的学生自然成为留美的主力"④。对于学生来源地域和学校情况，潘光旦在《清华初期的学生生活》中曾记曰："当时清华分高等、中等两科，各四年，高等科的学生起初大部分是由学校直接考选的插班生，大都来自上海等通商口岸，英文一般不错，其中有不少是南洋、约翰等大学生的转学生，来此加上一两年工，就可以横渡太平洋了。这部分姑且不多说。主要的是中等科学生，他们从进校到'出洋'，多者八九年，少亦六七年，养成清华'学风'的是他们，沾染上清华习气最深的也是他们。他们是由各省考送的，由于各省对美国庚子赔款所负担的比额不同，所能遣送的学额也就不一样，而就一省而论，逐年也有些出入；大抵苏、浙、川等省最多，从五六名到十余名不等，边远省份少些，少到几年中才轮到一名，例如新疆"⑤。据初步统计，1912 年至 1928 年清华工程留学生籍贯分布以江苏、广东、浙江、福建、河北等省份居多⑥。

①　谢长法：《中国留学教育史》，太原：山西教育出版社，2006 年，第 129 页。
②　右民：《清华之现在与将来》，《清华周刊》，第 309 期，1924 年 4 月 11 日。
③　《北京清华学校赴美留学专科生试验规程》（民国十四年），《北京大学日刊》，1925 年第 1666 期。
④　李喜所、刘集林等：《近代中国的留美教育》，天津：天津古籍出版社，2000 年，第 95 页。
⑤　潘光旦：《清华初期的学生生活》，鲁静、史睿：《清华旧影》，北京：东方出版社，1998 年，第 66 页。
⑥　《清华同学录》，国立清华大学校长办公处印行，1937 年。

二、庚款工程留学生在美学习情形

清华学校时期中等科学生一般由各省考送,插班生则由学校直接选考,"由该校直接考收者,因系公开之竞争,大约尚无甚大弊病。其由各省考送者,则黑幕重重,不可究诘"。① 对于这一现象,潘光旦曾记述:"各省遣送,大都经过一些考选手续,表面上公开,实际上至少部分名额受到有权位的人的把持,把自己或亲友的子弟取上。……在北洋政府时代,清华是由外交部主管的,外交部的官僚利用了职权来玩些花样,也不一而足;最掩饰不来的一例是曹汝霖把他的儿子,作为新疆省的名额,送了进来;掩饰不来的是:(一)他冒了籍;(二)未经哪怕是形式上的考试。"②当然,这只是其中的一部分,并不能以此对清华学生给予全盘否定,正如时人所言:"清华中等科学生来源既如此不清,而历年所招学生由各省咨送者又占大多数,故期望该校学生,均为优秀分子,当然为不可能之事。但平心而论,该校成绩,亦颇不乏获得荣誉者。此其故,一因历来所招之插班生,大抵为各校精华,一因中等科之学生被淘汰者,亦复甚多;且该校设备等等,较为完备,学生求学环境较佳,自应易于进步,如该校之图书馆,即他校所不易得也。"③

清华学校的学生经过层层严格选拔而来,而且留美经费较为充裕,所获良好教育的机会也相对容易。"清华学生所享权利之优,不独为国内各校学生所望尘莫及,即求之全世界各校,恐亦未有甚匹也。……据该校当局调查,每年每生实费一千余元。学生毕业后,可以留美五年,来往有川资,临行时有治装费,到美国后,有每月八十金元之月费,而所在学校应缴之学费试验费等等,尚由驻美监督处另行支给。总计每学生一人,在清华七八年,在美五年,所费不下两万余元"。④具体待遇如,"留美学生赴美前,发给置装费二百五十元(后改三百元),除由北京或家乡赴上海等费由学生自理外,所有由沪赴美之手续费、船旅费等,全由学校直接支付。学生在美入学后,按月由监督处发与美金六十元至八十元(第一次欧战时增

---

① 右民:《清华之现在与将来》,《清华周刊》,第309期,1924年4月11日。
② 潘光旦:《清华初期的学生生活》,鲁静、史睿:《清华旧影》,第66页。
③④ 右民:《清华之现在与将来》,《清华周刊》,第309期,1924年4月11日。

二十元），作膳宿生活费；至于学杂费、实验费、医药费等，亦由监督处直接发付。其他特殊费用，尚可视其必要向监督处按时申请补助。学成回国时，监督处发给旅费每人三百美元"。①

对于赴美留学生的院校选择，当时清华师生意见不一，有些认为以小学校为宜，有些则建议以大学校为宜。对于择校标准，诚如有学者所言："虽然大学功课，无论在什么学校，都没有大分别的。但是要学大学院的课程，最好选择大的，有名的学校，庶几可由最著名的教授，得到一等的知识。不过这要看你学什么科。土木工程，则 M. I. T.，R. P. I. 威士康辛最好。威士康辛的动水学，尤为著名。要学电气工程，Worcestr 和 M. I. T. 和 Cornell 和 Stanford 都好。"②清华同学会年报曾有过美国院校专长学科的详细介绍，其中"工程科：（一）化学工程 M. I. T.，Columbia（六年）Michigan，Wisconsin，Illimois，Armom Institute of Technology，（二）土木工程 M. I. T.（卫生）Cornell（河海）Rensselaer Polytechnic Institute，（桥梁）Lehigh，Illinois，Michigan（道路）Wisconsin，Colorado School of mines.（三）电汽工程 Havard，Cornell，Rensselaer Polytechnic Institute，Wiscons in，Califonia，Wocester，California Institute of Technology，M. I. T，Illinois（注）Reusselaer Polytechnic Iusitute 电汽工程进步甚速新安置一无线电台研究 Radio 有志电汽工程而对于 Rabio 更有兴趣者可来试试。（四）机械工程 M. I. T.，Worcester，Illinois，Chuibeuit，Detioit（汽车制造中心点）"③。而各学科之下又细分为很多科目，不同院校亦是各有所长，如李书田在《美国各大学土木工程科之概况》一文中曾提到，"土木工程之发达最早，应用甚多，以故美国各大学各学院各专门以及各农业专校，几无不特设此科，而为社会造就桥路水利等工程。然欲求一校而各土木工程科目，尽美尽善者，不啻缘木以求鱼也。所以后此来美之专习土木者，应视所拟专习土木工程之何系，而定学校之选择……故欲研究测地学者，当择一设有测地学实验室，及有通晓天文之教授之学校。美国各大学以此科著者，当首推康乃尔？以其测地实验室之设备较善，而测地教授亦较优也。……蜜（密）歇根道

① 赵赓飏：《梅贻琦传稿》，台北：邦信文化资讯公司，1989 年，第 32～33 页。
② 萨本栋：《工程科选校琐谈》，《清华周刊》，第 348 期，1925 年 5 月 22 日。
③ 《介绍学校》，《清华周刊》，第 268 期，1923 年 2 月 9 日。

路实验室之设备,亦较为完善,而又有研究道路学之优待生数额,所以习道路者,当择蜜(密)歇根也。……由于人才之需要,意利诺大学分其铁道科,为铁道土木,铁道机械,及铁道电工三科;实验方面,亦大加增备,有机车等,以测验速度与阻力之关系等问题,为美国他校之所无也。其铁道管理亦佳,至电气铁路,则普渡大学当首屈一指,因有哈定(Harding)教授。又有种种设备,可供研究也。……至论建筑材料学,实验室极为重要,如维思康新如意利诺如麻省理工如康乃尔皆称完备。而麻省理工之较新,意利诺之较大,足为称述也。……水电工程康乃尔亦甚善,但麻省理工设有专系,较便研究,维思康新以有著名教授米德(Mcad)氏,学生亦多往趋之。……麻省理工及哈佛之有卫生工程专科,及公共卫生科,均为美国大学中之创举"。① 在文中,李书田对院校的选择也给出了建议,即"于研究生,宜视所习科目之教授,及实验室之设备而定。对于大学一二三年级生,各著名学校,俱无甚大差别,东部之麻省理工学院,康乃尔大学,然色诺耳学院,中部之蜜歇根大学,爱后滢大学,维氏康新大学,西部之加利福尼亚大学,则为所推重也。哈佛及哥伦比亚。不宜于土木工初年级生,小的专校不宜于研究生,亦宜注意也。至谈及费用,中部西部自较东部为省,然所差无几。读书者不必拘拘于每月十余元之节俭,而选择一较次之学校也。不过中部学校,不一定次于东部学校。"②

事实上,清华学校选派的庚款工程留学生赴美后不少进入麻省理工、密歇根、哥伦比亚、哈佛等院校学习。如 1923 年在 MIT 学习的顾毓琇给清华学校的来函中曾提到:"麻工今年来的清华同学很多,直接从中国运到的有徐宗涑,施嘉炀,辛文锜,周传璋,钟春雍,顾毓琇,朱物华,许应期。(以上二位专科生),从他校转来的有陈同白,丁嗣贤,黄慈祥,汪泰经,彭开煦,王宗澄,张闻骏等,连旧有清华同学共有三十五六人之多。麻工共有中国学生六十余人,清华过半数,所以各种团体事业,皆我旧同学担任。……本届麻工毕业得硕士者有钱昌祚君,钱君专攻飞机工程颇有研究,今夏复至纽约习驾驶术,已能应用其学于茫茫天际。"③再如密歇根大学,"华凤

---

① ② 李书田:《美国各大学土木工程科之概况》,《清华周刊》,第 338 期,1925 年 3 月 6 日。

③ 顾毓琇:《麻省理工(M. I. T)新闻》,《清华周刊》,第 300 期,1923 年 12 月 28 日。

翔(造船)、王箴(化学工程)、王世圻(汽车工程)、□去非(工程)、易维箕(飞机工程)、高镜台(土木工程)、李守坤(工程)……米西根大学最著名者为工程学,在中美可以首屈一指。"①伊利诺大学,"校中第一年级程度,与清华母校毕业程度相仿,故母校毕业来此者,能插二年级,方不重习。今年送来者,为巫君振英、吴君惠荣、罗君景崇三人。巫君在清华习文科,来此专习建筑工程,以未带前得之上海约翰大学证书,只插入一年级。……现此间清华学生除三君及余外,尚有陈君荣鼎、孙君恩口、李君恩广、刘君乃予,共八人。中国学生都六十五人,半属自费。"②同时,还有一些工程学学生则进入了美国以工科见长的专门学校,如1923年,"清华同学现在美国纽约滁城 Troy 润色利工业专门学校 Rensselaer Polytechic Institute 第四年者共有七人。今夏毕业姓名及将得学位如下:庚申级:吴启佑,土木工程师;王之海,土木工程师;翟维沣,土木工程师;庄秉权,土木工程师。己未级:留宝琛,化学工程师;林继庸,半清学官费生,化学工程师;关祖兑,机械工程师。又清华学生在该校及学科如下:化学工程:辛酉级:熊祖同、高长庚、汪泰经;土木工程:洪绅(庚申级)、钱昌淦(甲子级)(现为自费生)"。③

清华诞生于中华民族内忧外患之中,因用美国退还的部分超收庚款所建,故又被称为"赔款学校""国耻纪念碑",被打上了深深的民族烙印,这些赴美留学生亦肩负着国人振兴中华的莫大期望,"差不多每年夏间学生将要离开上海放洋的时候,总有好些团体开会欢送,其所以要'欢送',也就是怀着一腔热忱,希望这班学生将来回国,能各展所长,贡献于国家社会,并对于本国旧有不完备之文化,加以改进。"④当时学人在留学生赠言中亦劝告:"人生求学之日至短,而学问之道无穷,诸君远道求师何去何从,自必先有定见。学问正业之外,又当考察其风土人情,以数年之间又或虑其太短矣。然究当以学问为主,余事为辅,功课未能优先,勿及余事,

---

① 陈念宗:《米西根清华同学会消息》,《清华周刊》(国学问题专号),第318期,1924年6月13日。

② 俞希稷:《意利诺大学入学记》,《清华周刊》,第59期,1915年12月15日。

③ 《毕业期近》,《清华周刊》,第268期,1923年2月9日。

④ 苏宗固(一九二九级):《本届清华同学选择学科旨趣》,《旅行杂志》,1929年第3卷第8号。

求于数年之中得真实之学问,以归蔚为国用,毋徒知彼土社会若何,交际若何,铺张若何,仅袭其皮毛而未习其精神则不至入宝山而空返,又难谓掷黄金于虚牝哉。"①因此,这些赴美留学生择校的标准主要缘于对知识的渴望和诉求,即如 1923 年赴美留学生李迪俊所言:"许多人说大的学堂人多课繁,人们老死不相往来,一点 college life 也没有,于是主张先进小的学堂,享受一点美国'学校福'。这种主张,我不敢十分赞同。我们远离家国,为的是学问,决不是'享福'。我们在天堂也似的清华园住了八年,学校的'福',也算享够了! 不趁此求点真实学问,更待何时? ……若说考察美国社会,那么什么地方也行,更无大小之分。……怎么知道哪一个学堂长于哪一科呢? 看教授! 哪一科的教授好而且多定然不差……"②清华学校派遣的庚款留学生入读的美国著名院校不仅有良好的师资、设备,且教学要求极为严格,优越的学习环境为其日后成材奠定了扎实的基础。例如,据就读于 MIT 电气工程的金龙章介绍:"麻校工课较他校为重。各科有一定之标准,不及格者不能毕业。选科颇可伸缩。清华毕业生之来此者,若能用心读书兼住暑期学校,二年即住完下院。此校之设备与教授均极优美。实言之,来此读书者,无丝毫之闲暇娱乐可寻也。……然欲作一出类拔萃之科学家,苦读之训练诚不可少,因虽难不必介意也"③;再如,"康乃尔大学校舍宽畅,地址幽雅,东美最著名之一校也。该校土木机械电机三科均极佳,……此校教员极多,初级课程亦有 Professer 教授。各科试验室器具亦颇完备"④;"普渡校最著名的科目是电工和机工。机械工场设备完美,久已闻名。电工方面新近办了个完备的高引力试验室,(High Tension Lab)因之与机工"并驾齐驱"了。总之,普渡是个习工程者很好的大学,(Undergrad vate work)决无异议"⑤;米省矿校"以矿科著名,而野外测量(Surverting)矿穴测量(Mine Surveying&mining Field work)及采矿学(Mining Engineering)尤为矿科中最驰名之课目。校内试验外,每周

① 《赠言》,《清华周刊》,第一次临时增刊,1915 年 6 月 26 日。
② 李迪俊:《游美一夕谈》,《清华周刊》,第 318 期,1924 年 6 月 13 日。
③ 金龙章:《麻工通讯》,《清华周刊》,第 327 期,1924 年 11 月 21 日。
④ 徐仁铣:《康奈耳大学情形》,《清华周刊》,第 298 期,1923 年 12 月 14 日。
⑤ 葛益炽信,鑫译:《普渡(Purdue)大学和赖成》,《清华周刊》,第 291 期,1923 年 10 月 26 日。

师生率往附近矿冶工场参观,实地练习,得益良多"①;加州工专"其校虽新,名与麻省工专不相上下。……校中功课为数虽不多,然皆颇费准备。教授之方法尽属回讲式,向无演讲式之课。……此校近亦颇负盛名,美之最著名科学家如米理根,诺哀士皆在斯。校中最声重研究院,……此校之成立虽仅十载,名声居然与麻省工专并驾齐驱,进步之速,实不可预测也。所有科目以物理化学及电气工程为最善,设备亦皆齐全。"②

虽然清政府对赴美留学生选科有着严格的规定,但"清华派定之学校及专科,只限于到美国后之第一学年。第二年,则每人皆可自由改变矣。"③其中一些留学生由其他专业转习工程学,如乐森璧先于 Yale Univ 选习化学,后于 MIT 选习化学工程;李瑞圭先于 Washington 选习商科,后于 New Bedford 选习纺织工程;陈希庆先于 Tufts Col. 选习化学,后于 Cornell 选习造纸工程;曹寿昌先于 Univ. of Wash. 及 Chicago 分别选习市政和政治学说,后于 Greer Col. 选习汽车工程等。也有由工程学转习其他学科,如程瀛章先于 Purdue 选习化学工程,后于 Chicago 选习理论化学;陈廷锡先于 Pittsburgh 选习煤油,后于 Univ. of Penn. 选习经济;洪深先于 Ohio State Univ. 选习陶器,后于 Harvard 选习戏剧;李志仁先于 Mich, Mines 选习采矿,后于 Univ. of Penn. 选习经济;余青松先于 Lehigh 选习土木工程,后于 Pittsburgh 及 California 选习天文数理;黄博文先于 Ohio 选习化学工程,后于 Columbia 选习国际公法、Harvard 选习商科;梁思成先于 Univ. of Penn. 选习建筑,后于 Harvard 选习美术;闵启杰先于 Purdue、MIT 选习电机工程,后于 Univ. of Penn. 选习工商管理;任之恭先于 MIT 选习电工,后于 Harvard 选习物理;赵访熊先于 MIT 选习电工,后于 Harvard 选习算学;赵诏熊先于 MIT 选习机械,后于 Harvard 选习文学等。还有不少转换工程学专业的,如薛绳祖于 R. P. I. 先选习土木工程,后改习电机工程;张可治先于 Carnegie 选习冶金,后于 MIT 选习机械工程;陈器先于 Louisiana

---

① 汤家宝:《记美国米省矿校》,《清华周刊》,第 280 期,1923 年 5 月 4 日。
② 《加州工专》,《清华周刊》,第 338 期,1925 年 3 月 6 日。
③ 吴宓著、吴学昭整理:《吴宓自编年谱》,北京:生活·读书·新知三联书店,1995 年,第 184 页。

Univ. 选习制糖工程,后于 Stanford 选习电机工程;陈烈动先于 Ohio 选习化学工程,后于 Mains 选习造纸工程;苏乐真先于 Louisiana State 选习制糖工程,后于 Cornell Univ. 选习机械工程;张佶先于 Lowell 选习纺织工程,后于 N. C. State Col 选习机械工程;周兹诸先于 R. P. I. 选习土木工程,后于 Worcester,P. I. 及 MIT 选习电机工程;施嘉炀于 MIT 先后选习机械工程、电机工程和土木工程等。① 因此,清华学校选派的工程留学生最终获得的学位与最初分科时发生了一些变化,同时这种交叉学科知识的学习也为他们日后成长奠定了深厚基础。

清华学校学生经过中等科和高等科八年预备学习,一般在二十岁左右赴美留学,"在国内受到初步系统的近代教育之后,不仅有了出洋进一步深造的基础,而且具有比幼年生更独立、稳固的思想,具有比大龄留学生更强的吸收、接受知识的能力和更敏捷的思维能力"②,加之国外院校良好的学习环境、学生又多学习刻苦,因此取得了优异的成绩。如 1923年普渡大学"个人第一为时君昭泽,孙君家齐次之。时君于一年中读完六十余积点,为向来他国学生所未有,颇惹起一时人之注意"。③ 在明城大学,清华留学生"除一二人外,个个都是功课狠(很)好,如宋国祥,黄大恒君在矿校考第一第二,不算回事。"④再如,"顾君(按:顾毓琇)于一九二五年得学士位,(S. B)翌年得硕士位,(M. S)去年三月得博士位。(Sc. D)学问渊博,即洋孩子也莫望其项背。曾参加 A. I. E. E. 年会,提出论文,(名Transieut Anavysiiof A. C. Machinevy)大受荣誉。历任留美学生会,工程学会,留美季刊会经理等要职。君复富有文学天才,著有《芝兰与茉莉》等集。在美时曾在西渥(Westinghourg)及奇异公司(Gehergl Elehic Co.)实习,游欧时经英法比瑞德参观各电机制造厂,及无线电台等"。⑤ 赴美工程留学生所获奖励亦不在少数,如 1918 级顾宜孙曾获"麦克劳"奖学金,1925 级庄前鼎荣获金钥匙,1918 级鲍国宝被授予"金钥匙奖",1924 级胡竞铭曾分获康奈尔大学、密歇根大学两校毕业生金钥匙奖等。

① 《清华同学录》,国立清华大学校长办公处印行,1937 年。
② 李喜所、刘集林等:《近代中国的留美教育》,第 100 页。
③ 锡嘏:《普渡大学生活情形 Purdue Life》,《清华周刊》,第 298 期,1923 年 12 月 14 日。
④ 王化成:《明城大学》,《清华周刊》,第 314 期,1924 年 5 月 16 日。
⑤ 琼:《老同学消息:联袂归国,旧地重临》,《清华周刊》,第 454 期,1929 年 3 月 29 日。

第二节　清华学校时期工程学系的建立

面对晚清封建王朝造成的满目疮痍的中国社会,中华民国成立之后,为促进社会经济的发展,注重发展实利教育。为适应这一局势之需要,清华学校初期开设有工程课程并创办有手工教室;后期随着国内高等教育的快速发展,清华学校由留美预备学校开始向大学过渡,在内外因素的催生下,工程学系亦正式建立,虽然由于经费等条件所限,但仍获得了初步发展,其科目及课程设置逐步走向系统化和正规化。

一、清华学校前期工程学课程设置

清华早期是一所留美预备学校,"是校定章,参酌美国学制,又因美国赔款关系及将来升入美国大学之故,故与民国教育部所颁学制不同,现分高等中等二科,凡八级。而一级学生较多者,又分数班,各以四年毕业。高等分文实二科,而二科之中,各有必修科及选科之别,中等科则预备升入高等之普通学校也"。① 其中课目方面,中等科开设有手工,高等科开设有手工、用器画(均为必修科)②,"园之东部为高等科教室,其手工教室至佳,与中等科合用"。③ 1915 年 10 月,清华学校设置了测量科,邀请教师做一些演讲课程并结合实地练习。如 10 月 16 日,由庄俊"演讲测量初义及实地练习法,并于校中草地上练习测量步行",23 日"演讲量地法,计学习者现有十二人,分为三队:第一队先测量高等科房屋美教员住所及工字厅三处;第二队先测量中等科房屋及工字厅二处;第三队先测量医院古月堂花厂及巡警住所四处。测量完毕即须绘图一纸,呈庄先生检阅",30 日演讲"三角测量用具原理及用法"等④。此外,学校还经常还安排"手工、机器画生之往财政部、印刷所,及研究校中新建筑各工程"⑤等进行参观,加强学生的实践感知。

---

① 庄俞:《参观清华学校记略》,《教育杂志》,1914 年第 6 卷第 5 期。
② 《北京清华学校近章》,清华大学校史研究室:《清华大学史料选编》(第一卷),第 160~164 页;庄俞:《参观清华学校记略》,《教育杂志》,1914 年第 6 卷第 5 期。
③ 庄俞:《参观清华学校记略》,《教育杂志》,1914 年第 6 卷第 5 期。
④ 《测量进行》,《清华周刊》,第 52 期,1915 年 10 月 26 日。
⑤ 《一年来全校之进步》,《清华周刊》,第二次临时增刊,1916 年 6 月。

20 世纪 10 年代之木工课

（黄延复：《图说老清华》，武汉：长江文艺出版社，2002 年，第 80 页）

20 世纪 20 年代初手工教室

（黄延复：《图说老清华》，武汉：长江文艺出版社，2002 年，第 82 页）

　　晚清以来，清华庚款留学虽然掀起了赴美留学生的热潮，但同时也致使大量经费外流，此举招致社会各界人士的指责。如 1914 年胡适在《非留学篇》一文中提出："留学者，吾国之大耻也！留学者，过渡之舟楫而非敲门之砖也；留学者，废时伤财事倍功半者也；留学者，救急之计而非久远之图也。……政府不知振兴国内教育，而惟知派遣留学，其误也，在于不务本而逐末。前清之季，政府以廷试诱致留学生。其视国外之大学，都如旧日之书院，足为我储才矣。当美国之退还赔款也，其数甚巨，足以建一大学而有余。乃不此之图，而以之送学生留学美国。其送学生也，又以速成致用为志，而不为久远之计。于是崇实业工科，而贱文哲政法之学。又不立留学年限，许其毕业即归，不令久留为高深之学。其赔款所立之清华学校，其财力殊可作大学，而惟以预备留美为志，岁掷巨万之款，而仅为美国办一高等学校，岂非大误也哉！"①同时，"'五四'运动后，我国文化教育事业有较快发展，全国中小学校及其在校学生人数成倍的增长，文化程度也有较大提高。特别是其时教育界出现了'改大潮'，全国公立和私立大学，1912 年 4 所，1915 年 10 所，1922 年 19 所，1925 年猛增到 47 所；在校学生，1912 年 1976 人，1925 年增至 21483 人"。② 鉴于上述情形，为"广育高才，撙节经费藉图久远之大计"，周诒春校长于 1916 年向外务部呈文提出"逐渐扩充学程预备设立大学事"，"拟以原定学程上，分年扩充增加，俾于数年之后，得完全成一大学本科之程度，以应时势之需要。"③周诒春认为，"中国之基本问题在经济匮乏，引起政治不安，解决之道，在发展经济。在一般教育上应重视实业教育，培养聪明独立而对社会有用的公民"④，因此在改办大学报告获外交部批准后，他即进行课程改革、教员选聘及建筑设备购置等工作。但客观而言，这一时期清华工程课程设置规模还相对较小，例如，"在高等科必修课程中，各学科所占比重，仍以语文课程占必修总学分的 68.1% 为最高。其次为数学和自然科学为课程，合计为 21.3%，社会科学为 8.5%，工艺技艺最低"⑤（见图 2-4）。

1918 年周诒春辞职离校，此后清华几易校长，致使改办大学进程滞缓。如 1924 年《清华周刊》记载："民八以后，清华当局谋提高程度，改办大学，决定将中等科逐渐裁撤，而于高等科之上加办大学班。然迟之又久，仅将中等科一年级裁去，直至去岁，始裁去中等科二年级。至加办大学之举，不过将高等科四年级改名大学一年级而已。清华为改办大学一事，风潮屡起。张煜全金邦正两校长，皆因此为学生所驱。"⑥"清华学校

---

① 胡适：《非留学篇》，《留美学生年报》，1914 年第 3 期。
② 孙敦恒：《清华国学研究院史话》，北京：清华大学出版社，2002 年，第 9 页。
③ 《详外交部文为逐渐扩充学程预备设立大学事》（1916 年 7 月 27 日），清华大学档案，全宗号 1，目录号 1，案卷号 3。
④ 苏云峰：《从清华学堂到清华大学 1911—1929：近代中国高等教育研究》，第 15 页。
⑤ 苏云峰：《从清华学堂到清华大学 1911—1929：近代中国高等教育研究》，第 166 页。
⑥ 右民：《清华之现在与将来》，《清华周刊》，第 309 期，1924 年 4 月 11 日。

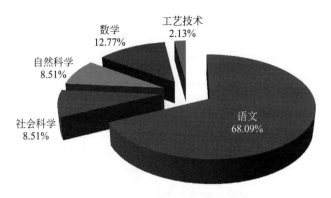

图 2-4　清华学校高等科必修学科学分分布图

(资料来源:苏云峰:《从清华学堂到清华大学 1911—1929:近代中国高等教育研究》,北京:
生活·读书·新知三联书店,2001 年,第 167 页)

自从周校长添筑校舍以来,早有增设大学的计划。张校长接任,招考章程
里便把'清华大学'的字样明白宣布出来,张校长去后,严校长对于这问题
没有什么主张。进行的风声也因而停顿。"①金邦正任清华学校校长后,
"自谓有心整顿清华学校,这个问题便是第一重要的,因为这个问题实在
是本校办理上一切问题的先决问题。什么出洋不出洋,人数加不加限制;
课程如何改良,如何增减,经费如何分配,如何预算,以后如何招生,如何
取消中等科;种种问题,都要待增设大学问题解决过后,然后才能有一定
的方针"。②在其长校期间,"曾勉强成立大学二年级,但其后又复取消。
故现在之清华,有大学一年一级,有高等科一二三年三级,及中等科三四
年两级,合计共为六级。论其程度,最高之班次,略可当美国所谓初级大
学。按其名义,则大部分仍只是高级中学而已,不足谓大学也"。③ 同时,
金邦正强调,"本校学科似偏重文科,以后实科方面理应加高程度"④,但
由于人事变更频繁,在此期间虽曾拟设工程科,但后因校长更迭而未能
实现。

————————

　　①② 费培杰:《清华学校应不应速设大学?》,《清华周刊》,第 195 期,1920 年 10 月
22 日。

　　③ 右民:《清华之现在与将来》,《清华周刊》,第 309 期,1924 年 4 月 11 日。

　　④ 《出洋问题上星期内学生方面之消息》,《清华周刊》,第 199 期,1920 年 11 月 19 日。

二、清华学校后期工程学系的建立

虽然中华民国成立之后即强调要发展实利教育、促进社会经济发展，但近 10 年内，高等工程教育乃至整个高等教育进展仍较为滞缓。20 世纪 20 年代以后，民主资本主义工商业的快速发展迫切需要大量高级工程技术人才，加之教育部进行学制改革放宽了大学成立的条件①，以及诸多留学生学成归国使师资力量得以补充等，大大促进了国内高等工程院校数量的增长。清华学校工程教育在这一时期也获得了较大进展。1922 年 4 月 18 日，曹云祥奉外交部令暂兼代理清华学校校长②，自此改办大学进入了具体的实施阶段。同年 11 月，清华学校提出部长制度，即"因各部课程，多寡不等，所以把性质相似的课程并为部分，又凡是一部内课程太多的，便把他分为数部，共分十一部"，其中"实用科学（测量，画法几何，学木工属之）"。③ 该年高等科课程表中设有艺术部，包括木工（贺尔）、机械画（罗邦杰）两门④。1923 年下学年，清华学校决定改用新学制，"下学年无中三，中四即改为高级中学一年级，高一即变为高中二年级，高二即变为高中三年级，高三变大一，大一变大二。如课程委员会课程定好，则或本年之大一级，即改称大二级，以免到美时，因文凭名称上发生插班障碍，亦未可知"。⑤ 同年 9 月，曹云祥提出"审订大学课程"等 6 项该学年计划，"设置课程委员会审订课程与筹划学校教育方针，张彭春为主席"。⑥ 此后，以张彭春为首所进行的系列改革"被认为是清华体制改革的转折点，清华的新课程改革体现了实用化的趋势"。⑦ 例如，1924 年 10 月清华

---

① 1912 年 10 月 24 日教育部颁布《大学令》："大学以文理二科为主，须合于左列各款之一方得名为大学：一、文理二科并设者；二、文科兼法商二科者；三、理科兼医、农、工三科或二科一科者。"（《大学令》，《中华教育界》，1913 年第 2 期）1917 年 9 月 27 日教育部修正公布《大学令》："大学分为文科、理科、法科、商科、医科、农科、工科；设二科以上者，得称为大学，其但设一科者，称为某科大学。"（《东方杂志》，1917 年第 14 卷第 11 期）

② 《清华学校曹校长就职通函》，《北京大学日刊》，第 1018 期，1922 年 5 月 4 日。

③ 蔡竞平：《讨论教务长提出的部长制度》，《清华周刊》，第 258 期，1922 年 11 月 10 日。

④ 《高等科功课表》，《清华周刊》，第 254 期，1922 年 10 月 14 日。

⑤ 《特别谈话：与曹校长谈话记》，《清华周刊》，第 286 期，1923 年 9 月 20 日。

⑥ 清华大学校史研究室：《清华大学一百年》，北京：清华大学出版社，2011 年，第 38 页。

⑦ 刘继青：《清华大学早期工程教育的发展及其外来影响》，《高等工程教育研究》，2011 年第 1 期。

学校通过《清华大学之工作及组织纲要》,明确规定要加强大学职业训练,"职业训练,即对于社会上确有之职业为直接之预备。工程师之训练,必令其在特选之一门工程上,得有切实把握……"①同年11月,《清华周刊》刊发曹云祥《西方文化与中国前途之关系》一文,提出"本校已决计于民国十四年起,改立清华大学部"②,并对改办理由予以了详细说明。

由于清华学校将于1925年"下半年添办大学及研究院",而"现有之新大楼高等科中等科各舍名称,均不适宜",故1925年2月23日"职员会议决新名称",其中"手工教室因机器甚多,实习者不用'手工',屋宇广大,岂止一'教室'。更名工艺馆;与科学馆,图书馆,体育馆,齐名。"③对于工艺馆内部的情况,据雍光记述:"工艺馆是清华最新造的一所建筑,不知道为了什么缘故,建造得非常之丑,但里面的生活却是充满着理智,筋力,与奋斗精神。馆中分三部,楼上是画法几何,和器械画;楼下是铁工木工。你若走进木工教室,就可以看见许多学生,毫无'斯文之气'地工作。起初是用手来作,连一块木头也鞄不平,到后来一天进步一天,居然能用隔壁的机器了,可是'机器无情',小心为妙。铁工室的生活,无非'张打铁,李打铁',但火星乱迸的磨光机器,也颇有意味。费了劲,黑了脸,而制作成工,则心中亦有莫大的欣慰。据闻作木工铁工对于'马索儿'(Muscle)大有好处,其长进的程度,较之体育馆内加油的成绩,有过之无不及。"④

1925年4月,《北京清华学校大学部暂行章程》规定:"清华学校暂分两部:(甲)留美预备部(旧有),(乙)大学部(新设)"⑤,旧制新制并存期间工程学科目设有机械技艺、工厂实习、测量等⑥。5月,大学部正式成立,招生了清华历史上第一级学生。按照《北京清华学校大学部暂行章程》规定,大学部设普通科、专门科及研究院,其中"普通科为大学之前二

① 《清华大学之工作及组织纲要》(十三年十月二十一、二日经筹备大学委员会之课程及计划组通过),《清华周刊》,第332期,1924年12月26日。

② 曹云祥:《西方文化与中国前途之关系》,《清华周刊》,第326期,1924年11月14日。

③ 《校舍更名》,《清华周刊》,第336期,1925年2月20日。

④ 雍光:《清华生活一瞥》,《清华周刊》,第426期,1927年。

⑤ 《北京清华学校大学部暂行章程》,《清华周刊》,第358期,1925年11月6日。

⑥ 《1924—1925年的课程表》,清华大学校史研究室:《清华大学史料选编》(第一卷),第307~327页。

年或三年,以使学生知中国之已往与世界之现状,藉以明瞭中国在此过渡时代之意义,并鼓励学生使为择业之考虑为宗旨……专门科系大学之后二年(或数年),为已选就终身职业或学科之学生作专精之预备而设。由民国十六年起逐渐开办。"① 专门科大致分文理类、应用社会科学类及应用自然科学类,其中工程属于应用自然科学类,"文理类当于十六年先开办数系,其他门类俟调查国内情形再行决定,此项调查当于十四年秋间着手"。② 9 月 2 日,大学部普通科召开第一次教务会议,议决"研究院及普通科现已开办,专门科则俟两年后开设"③。

1925 年大学部第一级学生

(资料来源:清华大学校史馆提供)

但事情的发展并没有按照原定计划进行。由于普通科存在培养目标不明确等问题,如沈有鼎所提出:"大学部现行课程制度,其症结果何在乎?一言以蔽之:其所谓'普通'者不普通,而所谓'专门'者不专门也。分言之则有二端:(甲)'普通训练'超过其应占之成分。(乙)'专门训练'不足其应占之成分。盖 人之一生,时间与经历俱有限,故乙项为甲项自然之结果。所谓'"普通训练"超过其应占之成分'者,谓不应入'普通

---

① 《北京清华学校大学部暂行章程》,《清华周刊》,第 358 期,1925 年 11 月 6 日。

② 《清华学校大学部课程大纲》,《北京大学日刊》,1925 年第 1668 期。

③ 《普通科教务会议》,《清华周刊》,第 350 期,1925 年 9 月 11 日。

训练'之范围者,亦使入'普通训练'之范围;换言之,'普通训练'之大部分,皆普通训练之名,而不适当之专门训练其实。故曰:其所谓'普通'者不普通也。所谓'"专门训练"不足其应占之成分'者,谓应入'专门训练'之范围者,不能入'专门训练'之范围;换言之,适当之专门训练过多,因而失去其'专门'之效用。故曰:其所谓'专门'者不专门也。"①因此,实施不久即遭到师生抵制,新课程改革被迫终止。针对此一情形,学校决定缩短普通科学时,提前建系。对当时的情况夏坚白曾记曰:"民国十四年,大学正式成立,学校的制度同现在的稍有不同,当时学校主张在大学开始的三年内不论你是文科或理科都得受相同的'普通训练',三年卒业再受二年或三年的'专业训练'。故一切的分科都在'专门训练'内才能谈得到。事实上这种制度没有澈底的实行,于是民国十五年内各系都纷纷地成立了。"②

因改办大学所导致的经费支绌,学校计划先将发展重点放在传统强项文理科上,推迟几年再添设工科。如1924年曹云祥、张彭春拟订的学校改组计划中说:"大学开办,大概先开文理商等类易于设备之科目,以后再开工程等科。"③同年,曹云祥在《西方文化与中国前途之关系》中再次提及:"于民国十四年起,先办文理教育新闻外交诸部,以次办农工商等科,每年招生百名,半由各省分送,其半为自费生。四年毕业,授以学士学位。毕业者与国内各大学毕业生,受同等之留美试验。如此则美国退回之庚子赔款,本校与本国内各大学共享之。凡大学毕业之优等学生,皆有留美机会。以上为本校第一种之大计划,关于大学部建设之大略情形也。"④对于这一时期学科设置,钱端升在呈大学筹备委员会会长之意见书中亦指出:"自十四年起,本校即开办文理科大学,再逐渐凑于完美。……清华大学,除文理科外,宜设何科,应视大学教育之范围而定……至于工程,则不如是矣。工程在美为专门学问,故完备之大学往往有工科;在欧陆即视为技术,故仅有工业专门学校,而大学中无工科。……吾国现时,何者为专门学问,可为大学之分科,何者为技术,当另设专校,尚无定

---

① 沈有鼎:《大学部课程改良刍议》,《清华周刊》,第376期,1926年4月23日。
② 夏坚白:《土木工程系的过去和现在》,《清华周刊》,第514-515期,1931年6月1日。
③ 右民:《清华之现在与将来》,《清华周刊》,第309期,1924年4月11日。
④ 曹云祥:《西方文化与中国前途之关系》,《清华周刊》,第326期,1924年11月14日。

论，俟定后，清华当照力量之所及，陆续添设分科。如国内缺少技术学校，亦可酌量添设。但此时宜以全付精神办理一完美之文理科。"①究其原因，即："清华一时经费亦有限，与其开科甚多，各科均有支绌之虑，不如先办文理科，以全副精神，全副财力，为完善之设备，且招致国内硕学充教授，为国家造士。"②庄泽宣在《为大学专门科应用科学类事答客问》中亦曾谈道："本校经费入款每年虽有百五十万，但留学经费占去一百多万，校内用费在未办大学以前已要五十多万。所以不但没有余，凡还不够。虽然学校当局现在正另筹款项，要是费钱太多的各门，一时未必能开办。譬如工程医学二门，大概四五以内没有希望成立。"③1926年初，曹云祥在《清华学校之过去现在将来》中再次强调："在此新旧计划过渡之时，困难最甚。旧制学生，既人人努力于所学各科之预备；新制学生，亦人人属望所选各系之成功；研究院学生，又人人预期大学院之实现。……余谓将来大学发展，必循合理之次序，若文、理、教育、外交、新闻诸科宜在先，农、工、商诸科次之，而大学院又次之。"④

但与之不同的是，社会发展对工科人才的需求却日益加剧，加之学生选习工程意愿较强，这也促使学校在学科设置的考虑上发生了变化。如1926年潘光旦提出："'普通科''专门科'之分，则当立时取消，并为一家。至于课程内容，愚意总以先设较完美之文理科为宜。专门之科，若工，若商，等等，何者先设，何者缓置，则宜外审地域之分配，需才之缓急，内审财政之状况，设备之情形，学生之需要。以余所知，中国北部完美之工校甚少，而本校新生中有志工程者颇多，工农两科，孰先孰后，实有考虑之余地。再近年国中乏良好之中学，为提高或整齐大学程度计，或有设置预科，补习一年二年之必要，此则可随时添置者也。"⑤而同时，"本部同学，因校中于十六年起，即将开办专科，故对选科问题，悉心考虑，现已决议学

---

① 钱端升：《清华改办大学之商榷》，《清华周刊》，第333期，1925年1月2日。

② 钱端升：《清华学校》，《清华周刊》，第362期，1925年12月；清华大学校史研究室：《清华大学史料选编》（第一卷），第426页。

③ 庄泽宣：《为大学专门科应用科学类事答客问》，《清华周刊》，第357期，1925年10月30日。

④ 曹云祥：《清华学校之过去现在将来》，《清华周刊》，清华十五周年纪念增刊，1926年3月。

⑤ 钱端升：《清华改组之商榷》，《清华周刊》，第369期，1926年3月5日。

习工程者,计达十七人,特联名致书校长,请增设工程学系,以资造就,闻校长颇为佳纳,允俟校中改组竟事后,提交新评议会讨论"。① 在此形势下,最终学校还是决定适应社会发展之需求,添设工程学系,即"近一年来内战频兴,而以今日为尤甚,实业之遭损失者,不可以数计。他日国事奠定,则建设上在在需用专门人才,回顾国中专门工业之学校,为数无几。军兴以来,各省经费据拮,因之而停办者,已有数处,将来是项人才之缺乏,势所使然也。本校同人有鉴于此,用特添设工程学系,造就工业人才,以期补救社会"。② 对于工程学系及其科目设立的必要性及可行性,周永德则有详细的阐述:"当时限于设备,屋多空间,工程一项,只有木工。自张仲述先生来清华长教务后,即赞助进行,如旧制生添设工厂实习;惟限于经费,只设铸金冶金二课;其他科目,无力顾及。迺者为筹备专科事,清华因经费拮据,拟于十年后再行添设工科。余闻之,不禁为工程科学生抱憾不已! 按中国之有工程科学校者,全国共计五处,大都困于经费,无力发展。上海南洋为设备中最早而最完善者,近亦受经济影响,难于支持。同济工学,系外人私设,工科尚属认真,惟设备不全,经费有限,发展难期。天津北洋屡陷于政治漩涡,开学无期。唐山工大自学潮后,已停滞多日。即北京之工大亦时开时闭,使好学之士,不能专心。吾国工程学人材之缺乏,此其一大原因也。至留学生,不得不望诸清华之扩张是科。即今日清华自身之地位亦有添设工程学之必要:(一)新旧学生倾向于工程学者颇不乏人。新制生中之来清华者,不乏抱有将来学工程之希望者:是固无可讳言。即旧制生中,亦有希望工科早成者。盖如是,彼等留美期限因可减少,或用于工厂内实地练习。(二)工程之开办费不甚浩大。按南洋之设备为工厂五处,发电厂一座,共费九万五千元。工厂用器三万元。汽压实验室一万七千元。实力测量并水力实验室一万一千元。用器四千元。共合十五万余元。此最低之限数,于本校财力上,似不甚觉困难。其中本校已经设备者,将近四五万元,则所差之数,不过十万左右。况为数十人而用此十万元,添设工科,较诸为三五人而添设他科者,孰得孰失,固不待明言也。如因工程科种类繁多,一时不克并举,则可择其轻而易举者,为机

---

① 《请增学系》(工程学系),《清华周刊》,第 374 期,1926 年 4 月 9 日。

② 周永德:《工程学系之计划》,《清华周刊》,第 408 期,1927 年 4 月 11 日。

械及土木工程两项，而先开办之。他日庚款有着，经费富裕，则不难逐渐扩充，添设其他一切工程。毋使有志之士，负笈来学者，有向隅之慨也。"①1926年4月26日，清华学校评议会通过，设立17个学系，其中即包括工程学系②，由周永德任系主任③。工程学系成立初始，"以其最重要而急需的缘故"④，设"机械工程、电机工程及土木工程三科"⑤，"手工，测量，机械技艺，机械画，俱属之。"⑥

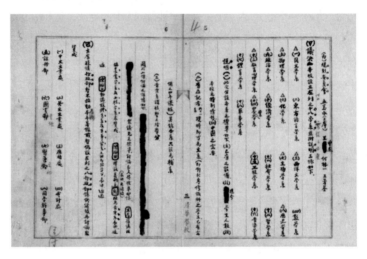

1926年4月26日，清华学校第一次评议会开会记录（部分）

（资料来源：清华大学档案馆提供）

对于当时清华开设工程学系的原因，胡求在《清华的工科》一文中也有论述："中国的内乱是暂时的现象，无论谁是这样的相信和希望。国家将来必定向着建设方面走的，建设虽难然是分多方面的，但是物质方面实在是较比（比较）的重要；换句说，科学和应用科学是国家的生命素。但是我们何等惭愧！在这满地立着大学招牌的中国境内，不能找到五个以上的名实相符的工科大学！在南方著名的南洋大学，自孙传芳时代到现在

---

① 周永德：《扩充工科之意见》，《清华周刊》，第371期，1926年3月19日。
② 《评议会纪录》(1926年)，清华大学档案，全宗号1，目录号2：1，案卷号6：1。
③ 《选定各系主任》，《清华周刊》，第378期，1926年5月7日。
④ 胡求：《清华的工科》，《清华周刊》，第432期，1928年3月9日。
⑤ 夏坚白：《土木工程系的过去和现在》，《清华周刊》，第514-515期，1931年6月1日。
⑥ 钱端升：《清华改组之商榷》，《清华周刊》，第369期，1926年3月5日。

都受着经济的压迫而不能发展,近来据说素来著名的电机科也日趋下势了。私立的要算同济了,然而近来也没有发展的表演。北方的工科大学自然要推北洋唐山和北京工业大学了,不过实际说来,有也是等于没有,经费十几月没有,如何来办理!但是我们不能任他自然的过去,因为将来建设工作一旦开始就需用无数专门的人材。清华的当局感到了这一层,于是就毅然的开了工程系。想以清华较富裕的财力来挽回目前国内工程学校的颓势。"①夏坚白在《土木工程系的过去和现在》一文中也指出:"是时学校当局以为清华的环境不适于设立工科,所以最初没有决心要办工程系;但是当时国内环境促着同学们怀抱无限的热诚向着学校请求开始工科,因为那时的国民军已冲破了大江南北,眼见来日的建设事业是不可限量,同时国内几个有相当历史的工科大学如南洋,北洋,和唐山等都为由经济的拮据,时时现出杌捏的系态。结果,事实应了希望,于是工程系于民国十五年与其他各系同时成立。"②清华学校于该时期虽适应社会需要建立了工程学系,但因经费所限仅设立了最重要而急需的土木、机械、电机三科。对于土木、机械、电机等学科的重要性,正如李书田所说:"中国各大学依其基本工程科系设置之次第,土木,矿冶,机械最早,电机次之。此实由于一国开发之始,建筑铁路,采矿冶金,恒为人所首先注意者,而一切工业之基础,亦在于此。路矿从事以后,机械工程之需要,随之日增。且路政之外,电政亦须相辅而行。所以电机工程教育,亦继为前清邮传部之所注意。证之英美两国土木,矿冶,机械,电机,四基本工程师学会组织成立之先后,殊为自然之现象。"③

这一时期清华派出的留美生纷纷学成归国回母校任教,为工程学系的建立与发展提供了强有力的师资保障。例如,周永德(美国南加州大学,土木工程)担任系主任,所聘教授还有笪远纶(美国 MIT,纺织)、潘文焕(美国学校未详,电机)、钱昌祚(美国 MIT,航空工程)、罗邦杰(美国密执安矿业学院、MIT、哈佛,建筑)等④。经过多方努力,工程学系在学课、

---

① 胡求:《清华的工科》,《清华周刊》,第 432 期,1928 年 3 月 9 日。

② 夏坚白:《土木工程系的过去和现在》,《清华周刊》,第 514-515 期,1931 年 6 月 1 日。

③ 李书田:《四十年来之中国工程教育》,《北洋理工季刊》,1936 年第 4 卷第 2 期。

④ 刘继青:《清华大学早期工程教育的发展及其外来影响》,《高等工程教育研究》,2011 年第 1 期。

设备方面拟定了详细计划以供培养学生之用。"来年新制大二课程,共分十一系。然照此次选习结局,人数足以开班者,仅六系,即:西洋文学系,化学系,政治学系,经济学系,教育心理学系,工程学系云"。① 然而,正当工程学系步入正轨之际,"民国十六年时因限于经济未能发展,故将三科并作'实用工程科',意在缩小范围并以训练实用工程人才作目的"。② 胡求在《清华的工科》中也记述道:"自严校长(按:严鹤龄,代理校长)履新以来,全校的空气都紧张了,因为要节省经费,各系都有'危危乎'不能保持原状的趋势。在这个空气里,工程系第一个改变了他原来的计划。"③ 工程学系这种缩小办系规模的做法,在一定程度上削弱了工程学科的全面发展,同时在人才培养的专业深度方面也存在局限性。对此,有学者评论道:"实用工程的意思是保罗各种工程的常识。换一句话说:就是训练一种人才,使他对于土木、机械、电机各项工程的基本学识都有,但不专精于任何一门。在工业幼稚年代的中国,理论上实用工程是很适应时代的需要,但是实际上要想在四年中窥尽各种工程的门径是不可能的事。"④

第三节　清华学校时期工程学系的发展特征

民国初期,社会经济、政治、文化等方面的变革对国内工程教育提出了新的要求。在这一形势的推动下,清华学校工程学系在教育方针、课程设置、师资队伍、基础设置及人才培养等方面较之前取得了较大进步。

一、以培养"完全人格"为教育目标

由于清华特殊的建校背景,致使其早期的教育方针完全仿效美国,实施"通识教育"。例如,清华学堂建立之初即以"培植全才、增进国力"为教育宗旨,以"进德修业、自强不息"为教育方针。清华学校时期沿袭这一理念,注重培养学生健全之人格。例如,唐国安校长提倡"师生之间,首重感情;教育之方,端赖道德"⑤;周诒春校长明确提出"我清华学校历来之

---

① 《大二课程》,《清华周刊》,第 383 期,1926 年 6 月 11 日。
② 夏坚白:《土木工程系的过去和现在》,《清华周刊》,第 514-515 期,1931 年 6 月 1 日。
③ 胡求:《清华的工科》,《清华周刊》,第 432 期,1928 年 3 月 9 日。
④ 夏坚白:《土木工程系的过去和现在》,《清华周刊》,第 514-515 期,1931 年 6 月 1 日。
⑤ 清华大学校史研究室:《清华大学一百年》,第 11 页。

宗旨,凡可以造就一完全人格之教育,未尝不悉心尽力,而为种种设备"①;张煜全校长认为"重道德为同学读书明理之要"②;曹云祥校长进一步提出"所谓教育,并非专事诵读记忆而已,是欲养成高尚完全之人格,为立足社会之准备。否则,教育失其本旨"③;等等。对于清华学校的教育方针,时人亦提议:"清华大学应以'完人'whole man 教育为目标。大学教育不应注意力于造就穿马褂的农夫,和穿洋服的工场上机厂里的工人,应竭力注重成就'完人'。大学教育为什么称为高等教育?因为他授人以广博的为人的道理,使人受本国文化的涵养,并具历史的眼光,哲学的态度,审美的能力,解了人生的价值。中国之所以多事,只因缺少这种受'完人'教育的人。现在中国若有数万穿马褂的农夫,穿洋服的工人,亦不能使中国太平的,正如钱端升先生叹中国少'读书知礼'的人。况且要造就正真领袖人才,亦非实'完人'教育不可。专门学校,职业学校等,把人制成一种效能率极高的工具。这种人自有他们相当的地位,但他们不是作领袖的人,他们只能辅佐他人成大事业。"④

　　清华培养完全人格之教育思想在实践中得到了较好的体现。例如,清华改办大学之初拟分普通训练和专门训练,其中"普通训练,为期两年或三年"⑤,"普通训练之期望:一,令学生有广阔坚实的基本知识,能了解现代之中国及其环境,二,逐渐养成学生自行研究之能力。三,令学生注意职业之选择,为适当预备之计划"⑥;"专门训练之期限,视其门类之性质而定;亦约两年或两年以上"⑦,"清华大学之专门训练,则完全采取个人指导制,令学生个就所选之门类,为自动的,专精的研究;同时要能知该门类全部之大意。专门训练之终,将有最后试验,以试其知识及研究之能力。"⑧虽然自张彭春任教务长后,清华学校开始注重实业化倾向,但可以看出普通训练和专门训练"至训练方法,完全注重教师与学生个人间之接

　　① 《周校长对于高四级毕业生训辞》,《清华周刊临时增刊》,1916 年 6 月 17 日。
　　② 忠:《今日之清华学校》,《清华周刊》,第 146 期,1918 年 10 月 24 日。
　　③ 曹云祥:《开学词》,《清华周刊》,第 350 期,1925 年 9 月 11 日。
　　④ 《关于清华大学的管见一束》,《清华周刊》,第 339 期,1925 年 3 月 13 日。
　　⑤ 戴梦松:《清华校史》,《清华周刊第十一次增刊:清华介绍》,1925 年 6 月 18 日。
　　⑥ 《张仲述先生与新生谈话记要》,《清华周刊》,第 351 期,1925 年 9 月 18 日。
　　⑦ 戴梦松:《清华校史》,《清华周刊第十一次增刊:清华介绍》,1925 年 6 月 18 日。
　　⑧ 《张仲述先生与新生谈话记要》,《清华周刊》,第 351 期,1925 年 9 月 18 日。

触，及学术与社会实际之关系。同时又不使囿于专门家狭隘之见解，而令其对于社会之活动，均有相当之理会；且能为积极之参加，此则虽分级而期能兼顾者也。"①

1926 年，梅贻琦继张彭春之后担任教务长，在借鉴西方教育理念的同时，结合中国社会实际对清华学校教育方针进行了调整，"概括言之，可谓为造就专门人材，以供社会建设之用。此目的约无以异于他大学，但各校因处境之不同，或主张有别，则其所取途径亦自各异。清华之设大学，其一切计划，亦以应时代与环境之需要以求达此目的而已。……工程系学科之组织，亦有与外间不同者。盖今日社会上所需要之工程人材，不贵乎专技之长，而以普通基本的工程训练为最有用。是以本校设立工程系之始，即以此为原则。凡工程学之基本知识，或属于机械，或关乎电理，或为土木建筑之要义，使学生皆得有确切的了解，及运用之能力，俾将来在社会遇凡关工程问题，皆能有相当的应付；且工程事业往往一事关系数门，非简单属于某一门者，在今日中国之工商界中，能邀致数专家以经业一事者甚少，大多数则只聘一工程师而望其无所不能。斯故本校之工程学程中，认普通之基本训练较若干繁细之专门研究为重要也"。② 实施这一教育方针的原因，"综核学校的意见，可以分为四层而说：甲，中国的需要。最近的将来及现在的中国，所有工业都是在幼稚的状态里，所以研究工业的学生应该对于一切的工业，都有相当的智识，所以清华应该办普通科的工科，不分什么电机，机械，土木等的细目，这是第一点。乙，补他校的缺点。现在南北方的工科大学都是分科的，将来社会需要的普通人材一定不易找到；如果清华现在不办普通的工科。普通科是不易办的，清华是在创造的时代，各种进行上比较便利一些，所以不可错过这个机会，这是第二点。丙，美国有普通科。这条似乎有些滑稽点，然而反正事实是这样，我们也何必避讳呢！学校当局以为美国现在趋向普通的工程科，他是一种新理想，新事业，中国要想沾些'物质文明'的光，暂时学美国未尝不是一件有益的事情，这是第三点。丁，学生出路的问题。诚然，工程的学生而不讲将来做事的问题是没有的，但是我们敢说他们只想怎么锻炼自己

① 戴梦松：《清华校史》，《清华周刊第十一次增刊：清华介绍》，1925 年 6 月 18 日。
② 梅贻琦：《清华学校的教育方针》，《清华周刊》，第 426 期，1927 年 12 月 23 日。

为一有用的工人,决不会专心在抢饭碗。学校对于这层也曾注意过,他们以为现在南洋,唐山等的学生都只专一门,清华学生要想在社会上站在上风,非得比他们多知道些不可,于是就归纳起说:'所以应该办普通的工程系,因为在普通科里什么都可学些! 至少可以做个"博士"。' 这是第四点"。① 尔后,周永德在工程学系计划中也明确提出,工程学系"改定之学课,专为造就有用人才,有利于社会之实用者,先行开办。若电机,机械,及土木三科,各以四年毕业。除一二特别课外,首先三年,大多力求普通,惟第四年之课程则属专门。如此,则电机学生转学土木机械,或土木转学电机机械,亦甚方便。一学生而欲兼习二科者,则多习一年即可矣。此种办法,在中国社会甚属便利。概中国工业之情形,未有极大之规模,所需用之人才,不就独专一门,此亦实业幼稚时代之自然现象也。迨后实业进步,工厂规模宏大,则本系亦能应时势之需要,而重独专一科也"。②

对于清华学校工程学教育方针,一些师生存有不同的意见。如胡求认为:"为什么来办普通工科? 电机科的设备,'空空如也';机械科的设备,'杳杳冥冥';土木科呢,经费远在'天上飞'。但是爱惜青春的青年忍不得了,他们顾不得一切的威权,他们起来呼号了! 学校里内迫于'袁头',外惧清口议,于是一再思维的创立了现在将要而尚未十分肯定实行的普通科的工科。普通科的计划是将三科的——电,机,土,——重要科目抽出来,比较不甚重要的取消。换句话说,学生都可以在猫头摸摸,狗头抓抓,这里就发生问题,(一)时间的;以四年的时间去了二年的普通的普通训练,在二年内能学得多少? 专习一门而学十种学科——假设的,恕我还不知道究竟要学多少——尚谈不到学? 会不为了普通化而害了学生?(二)实验的;清华的设备既多不完全,办普通科后,学生更没有机会知道各专科的机器,那么将来一旦投身事业界,虽有通天的普通知识,可是一碰着专门的不能不'敬谢不敏'了。"③而刘锡嘏则对此提出不同的观点:"胡求君在四百三十一期周刊上批评清华的工科,我读了之后,十二分的同胡君表同情。我觉得不但清华如此,即美国各大学工程科也是如此。

---

① 胡求:《清华的工科》,《清华周刊》,第 432 期,1928 年 3 月 9 日。
② 周永德:《工程学系之计划》,《清华周刊》,第 408 期,1927 年 4 月 29 日。
③ 胡求:《清华的工科》,《清华周刊》,第 432 期,1928 年 3 月 9 日。

反言之，大学的工程也应当如此，我们当学生的。也是希望太奢了。初入大学之时，以为大学毕业，即可当工程师，建筑绝大的工程，这是没有的事。……人之一生，全在学习之期，只要自己求知心切，当工程师自是不难。大学教育，不过教我们一个开步走，以后能走多远，还是在乎毕业以后自己的能力。"①

　　那么，究竟何种教育方针为宜呢？回答这一问题，首先要了解一名优秀的工程师需要何种解决问题的能力。茅以升在关于工程职业的演进中谈道："据美国麻省工校教授士挽氏 G. F. Swain 所言：'工程者以最经济之手段，应用宇宙间之物质，能力，及自然真理，以谋人类之需用，利便，或娱乐之科学艺术也。'（Engineering is the science and art of applying, economically, the laws, forces, and materials of nature for the use, convenience or engoyment of men）……作工程师者事繁而任重，故必有相当之材质，然后能胜任愉快。兹将造成工师之要素，从职业及个人方面，分析如左：关于职业方面，工师必深谙以下种种学问：（甲）自然科学——工程师与外界接触至多；宇宙间一切现象若能烛察无遗，自有补助。故对于数理化及一切有关系之科学非仅涉猎而已，必有精深之研究而后可。（乙）大地上材料——材料为一切工程之骨骼，故其产地与产量性质与需求，皆有洞晓。（丙）试验方法 Experimenting——科学无征不信，工程尤然，遇有疑问，辄能施一种试验方法，以明其真相而定一原理。（丁）常识——必有充分常识，然后不为理想多圈囿，事物所窘役，如估算须用数学，数学虽为极精准之科学，但估算结果之正确与否，则视其张本 Data 之是否可靠。（己）美术观念——工程之成绩非止实用而已，必能供人鉴赏方有普遍之价值，故工程师须有美术观念然后成绩灿然。（庚）科学方法——工程上一切问题，无论若何困难，均有解决之道，只视其研究方法如何，故应侧重事实，然后权衡轻重，综合研究，此科学方法也。（辛）论理——工程师不能抱主观以事实迁就理想，必须依论理原则，以归纳及推想各事之因果。关于个人者须有以下几种资质：（甲）判断能力——工程师所办之事多有类似及相捋者，故必能加以坚毅之判断，方不致犹豫误事。（乙）纯正心理（Baineed Mind）——工程师不能有偏见，或迁就其理想，故均等及纯正心理为彼所必需。（丙）

---

① 刘锡嘏：《读"清华的工科"的感想》，《清华周刊》，第 441 期，1928 年 5 月 18 日。

透澈思想——有透澈思想然后遇事知从何下手,而能中其扼要之点,(getto the point)(丁)创造性——凡事必思求新方法,法然后能变通而有新成绩。(戊)记忆力——如材料之性质价目等,工程师必须牢记在心,然后能运之指掌。(己)强健之身体实巩固之基础,工程师必具此然后能任事耐劳"。①

由上述可见,工程实践是一个复杂的系统工程,要求工程师不仅具有扎实的专业技能,还要具备相关学科的综合知识。正所谓"为学之道,首贵于专,专则取舍易而致力不难,此近世学校所以尚乎专科而学者研求尤重在专门也。况夫学必专而后始精,业必精而后有进。今世所重以为战者,首在农工则必有专精之实学,然后始足促国内实业之进步,……虽然吾所谓专门者,亦非遗普通之谓也,考各国学制,莫不先普通而后专门,诚以专门为研究高深学术之用,不可有普通知识,为之基础。此分科大学,必以普通高等为之阶也。"②对此,严鹤龄提出:"清华学校大体组织,一依教育部规定章制。惟因应付时宜,学程编制,或与他校异趣。大学教育之目的,在研究高深学术,造就专门人才,故分科愈专门,则愈能实现其目的。此就主观立论。固不害其为确说也。然试就客观考察,文化进展,先后不同,时势需紧,缓急迥殊,在今日中国而言大学教育,固无取乎狭隘之专门,盖以我国政治尚未澄清,工商事业未甚发达,虽有专门人才,不如多具普通基本知识者之适用也。例如工程一科,其基本知识所系,约分电理机械土木各门,经营一门者,每须兼通其他相关各门。以我国工商现状,工厂聘致专家,辄望其学通多门;盖分聘既为经济能力所限,即其所有技能亦非为该项事务所亟需也。"③这一观点亦得到了学生的认同,如中诰所言:"清华学制,在大学初开办时,是两年普通训练,两年专门训练,现在是一年预科,三年专科,据我看来,两种都不完美,前者是专门训练太少,后者是普通训练太少,两者适得其反,设是普通两年专门三年或简直采取全国通行的二四制才算是对。现今清华,不是不应该有专门训练,是缺乏普通训练,不是要把各科合并变成一个普通中学校,是要把中学校的普通

---

① 茅唐臣博士演讲,崔龙光、郑骏全笔述:《工程职业》,《清华周刊》,第 367 期,1926 年 1 月 8 日。
② 《学战》(下),《清华周刊》,第 59 期,1915 年 12 月 15 日。
③ 严鹤龄:《对于清华教育之意见》,《清华周刊》,第 428 期,1928 年 2 月 10 日。

基本知识，还要增加，工商业比较发达的国家，固然需要专门人才，工商业比较后进的像我们中国，更不可少，不然实业的发达，越发没有希望，所以美国退还庚子赔款，我们便把他用到留美专门人才的身上，难得这种专门人才定要在美利坚造成不应在本地训练的，清华之所以开办大学，设立专科，正是为的要免掉麻繁，尤其是要'体合实际'，在本国造成本国应用的专门人才，补救以前缺点，况且国内其他大学的专科，因经济困难，设备不完全，难得发展，清华所谓是地处京西，远隔尘嚣，经费比较充足，尤与造就专门人才之环境相合，何得为的省钱，专门人才就可不再清华造就，因噎废食呢。"①

二、课程设置逐步体系化、科学化

清华学校早期虽设置了手工、器械画等工程学课程，但所占比例较小，如 1916 年手工、技术科学、器械画各 1 学分，累计仅 3 学分②。为改办大学，周诒春校长期间进行了课程改革；尔后，课程委员会对课程设置也进行了讨论，"各委员对于将来大二课程，意见不同，有主张实科课程，须与文科一并提高，以便学实科学生，将来到美后，亦可入大学三年级者；有主张令学实科学生在清华时，多学各种外国文、西史等科，到美后仅令其能入大学一二年级者，刻尚相持未定，故对于将来大二课程尚无正式建设"。③ 总体而言，"大约在 1923 年以前，清华一直偏重英文和现代数理自然科学，忽视工程技术与社会实用科学，且负荷过重"。④

曹云祥长校以后，加大了课程改革力度。如 1923 年 9 月提出："本校惟一之大问题即为审定大学课程，以备逐渐提高程度。……夫修改课程，若偏于一面，则其结果必不能完善；故余特别注重下列之三点：（一）不钞（抄）袭外国课程，使清华自行发展而有活泼之生气。（二）中西文并重，无所偏倚；现已将国学部改为国文科，即是此意。且将来各科更当改名为系，以符并重之意。（三）以适合中国社会之大学课程为目的，俾所学能适

---

① 中诰：《读了严校长"对于清华教育之意见"之后》，《清华周刊》，第 428 期，1928 年 2 月 10 日。
② 苏云峰：《从清华学堂到清华大学 1911—1929：近代中国高等教育研究》，第 165 页。
③ 《课程委员会》，《清华周刊》，第 236 期，1922 年 2 月 17 日。
④ 苏云峰：《从清华学堂到清华大学 1911—1929：近代中国高等教育研究》，第 171 页。

合所用;且后此演讲亦不分中西。"①此后,学校派定张仲述、庄泽宣、陈福田、梅月涵、余日宣、戴孟松与 G. H. Danton E. K. Smith A. Heina 等人组成的课程委员会对课程进行了多次讨论②。11 月 1 日,在教职员会议第三次常会上,"张仲述教务长宣读课程委员会报告。其报告分为三项:(一)总纲;(二)将来之课程;(三)过渡之课程。此次报告仅限于总纲一项。此项计分为五条如下:甲,清华希望成一造就中国领袖人才之试验学校。乙,清华教育分两级:大学各科及高级中等教育。丙,清华大学毕业期限自三年至六年,高级中学毕业期限三年。丁,清华大学教育应特别奖励创造学力、个人研究及应付中国实际状况及需要之能力。戊,清华高级中等教育之目的,在使将来之领袖人才受广阔的基本训练;其方法在利用教室内外实际生活之动作,使经验近世文化之要领"。③ 可以看出,20 世纪 20 年代后清华学校根据社会需要进行课程改革,培养学生服务社会发展的能力。据 1924 年《清华周刊》记载,该时期"工科课程表自中二级起至大一级止每生必修科目共二百成绩小时"④,具体分类见表 2-1。

表 2-1　工科课程表

国学部	本国文	三十五小时	本国历史	十一至十三小时	他项及选科	八至十小时
西学部	外国语	五十四小时	算学	十八至二十小时	史地及社会说	十至十四小时
	自然科学	十二至十六小时	应用科学及手技	六至十小时	美术及音乐	八至十五小时
	体育	十三小时				

[资料来源:(恬)自美寄:《清华现行工科课程表之评论》,《清华周刊》,第 307 期,1924 年 3 月 21 日]

从所设课程可以看出,由于清华建校之初原是一所留美预备学校,故一直注重英语学习,如外国语课程达 50 多小时;同时,为加强学生本国文

---

① 《特记》,《清华周刊》,第 286 期,1923 年 9 月 20 日。
② 《讨论课程》,《清华周刊》,第 286 期,1923 年 9 月 20 日。
③ 《教职员会议》,《清华周刊》,第 293 期,1923 年 11 月 9 日。
④ (恬)自美寄:《清华现行工科课程表之评论》,《清华周刊》,第 307 期,1924 年 3 月 21 日。

化之根基,本国文、本国历史所占学时也较多,达 40 多小时;相较而言,自然科学及技术课程时间所占较少,如算学、自然科学均为 10 多个小时,尤其是应用科学及手技仅 6~10 个小时。虽然这种课程设置对于加强工科学生的表达能力、综合素质以及出国留学具有很大的益处,但所学自然课程及工程技术知识却相对较少。例如,对于该课程设置情况,时人曾评论:"细察此表,当见清华课程特异之处:如果外国语一门独占全部百分之二七,算学与自然科学合计反不及全部百分之一七。工程学之预备岂应若是乎? 兹将上列各科分别评论如下:(一)国学部。(甲)国文。改良国文,校中当局久已注意及此,惟教材之采纳,授课之方法,均应加心研究。记者以为工科学生当多读记事及辩论文章,盖工程报告均利用此种体裁,即将来翻译教本亦需此种笔法也。(乙)本国史地。教授史地当有各种统计表项,以便学者一目了然[统计学美国最为发达,此间学生有在厕所墙上画 Time-and-Diecharge Graph 者亦受此种学科至应(影)响也]。高等科当添本国之经济地理一门,专讲各处之物产以及全国实业交通之概况,此科毋须教本,教材应随时更换,务求正确。(丙)他项及选科。工程界需要之国学极多,将来改办完全大学时当酌量添加选科。中等科文字学及高等说文除授字意及其来源外,当于声韵方面亦加讲究。记者在校读国文前后八载,然到今平上去入还分不明白,欲言诗歌词赋其可得乎? (二)西学部。(甲)外国语。清华外国语必修者有两种:第一外国语为英文,第二外国语为德文或法文。英文共占全部课程百分之二三,一若清华为英语专修院者;然闻久在清华之英语教员云,'清华英语程度近年来已退步多矣';由此可证我校大部分学生不愿专修英文矣。况我校毕业同学之来美者,入校时实际上本无所谓 English Requirement,工科课程应即减少英语钟点,高等科英文每年至多三小时足矣。(乙)算学。清华算学程度之低浅,名驰中外。记者去夏毕业时尚未能学习微积分,来康乃尔后不能选高等物理及力学两科,毕业年限亦将因此延长半载。听说本学年微积分已列入工科必修项,但不知海先生究竟讲得如何。记者以为算学乃他种自然科学及应用科学之基本,当早日学完;至迟于高三级(即将来大一级)即须学习微积分。(丙)史地及社会学 此项内工科学生必修者有上古史一门。弃今而就古,不知是何道理。去岁高一同学曾提议改为'古今通史'(General History),用意至善,校中以不合美国入校章程,未行采纳。按外国学校注册员对于我国人入校之十五单位(Fifteen Units)素不考问;只要分数单上由此历史一门,不怕他不承认。近代物质文化史与工程学大有关系,近古史之不可减少也明矣。(丁)自然科学。很好无评论。(戊)应用科学及手技。测量当添一两小时之选科。厂作当早日成立。(己)美术及音乐。高等科及大学无徒手画选科,对于将来学习建筑或建筑工程者,大大不利。现今至少当添透视画(Perspective)及色彩画两种。(庚)体育。很好无评论。记者非为研究教育者,即于工科一门亦不过初见门径,以上所述纯系个人回顾之感想;与理想之课程是否相合,则不得而知矣。"①

　　1924年6月,课程委员会议定"提高程度""多设选科""减少学生钟点"等。② 在1924—1925年课程中,"高一"设有机械技艺(2时),"大一"所设自然科学课程中包括测量、工程实习等③。此后课程开设基本相同,只是开设时间有所调整,如1926年至1927年旧制学生学程中,机械技艺推迟至高二开设,而测量、工厂实习则提前至高三开设④;大学部学程,一年级开设有机械技艺(一单位)⑤。大学部原定前二年或三年为普通科,二年或数年后再设专门科,限于经费自1927年后先行开办文理类数系,工程等门类则视国内情形再定,故1925年大学专门科筹备处拟就的课程中并没有工程门类⑥。

　　由于普通科存在培养目标不明确等问题,实施不久即遭到师生抵制,新课程改革被迫终止,学校遂缩短普通科学时,提前于1926年建系。是年,梅贻琦任教务长后对各学系课程重新进行了规划,"原订六科(不包含农,工)计划,拟改成现拟十一系。各课程皆以学分计算其成绩;而学分定有最低与最高限度,以予天资聪慧,学力较高,与禀赋鲁纯,学力稍低者,

　　① (恬)自美寄:《清华现行工科课程表之评论》,《清华周刊》,第307期,1924年3月21日。

　　② 《教务处》,《清华周刊第十次增刊》,1924年6月。

　　③ 《新定课程》(1924—1925),《清华周刊》,第307期,1924年3月21日。

　　④ 《民国十五年至十六年学程细目》(适用于旧制学生),《清华周刊》,第363期,1925年12月11日。

　　⑤ 《清华学校大学部课程大纲》,《清华周刊》,第372期,1926年3月26日。

　　⑥ 《大学专门科筹备处:课程草案》,《清华周刊》,第363-365期,1925年12月11、18、25日。

以伸缩发展之余地。大学一年级学生,无论文实各科,都有必修功课,即国文,英文,自然科学级社会科学是也。(农,工科学生因本科须早学者,即社会科学可于第二或第三年级时修完之。)"①当时工科"既往大体计划,经已拟就。四年中之课程表,亦已安定。今年开办者,为土木工程科,机械工程科,及电机工程科。因前两年课程中,皆为工程科必修科目,故电机工程科,只实现于大学三四两年。"②课程设置见表2-2。

表2-2　1926年工程学系课程表

ENGINEERING

All Courses(O. E. , M. S. ,&E. E.)

First Year

1st Term	Hour	Credit	2nd Term	Hour	Credit
Chinese	3	3	Chinese	3	3
English	3	3	English	3	3
Chemistry	6	4	Chemistry	6	4
Mech. Drawing	6	3	Deseriptive Geo.	6	3
Shop Work	6	3	Shop Work	6	3
	28	20		28	20

Mchanical & Electrical Ebgineering

Second Year

1st Term	Hour	Credit	2nd Term	Hour	Credit
Secification			Engineering		
& Contacts	4	4	Materials	4	4
Calculus	4	4	Calculus	4	4
Mechanism	3	3	Mechanism	3	3
Physics	6	4	Physics	6	4
Surveying	4	2	Surveying	4	2
Shop Work	6	3	Shop Work	6	3
	27	20		27	20

①　《教务处》,《清华周刊》,第379期,1926年5月14日。

②　陈之迈:《与工程系主任周永德先生谈开办工科计划记》,《清华周刊》,第382期,1926年6月4日。

Mchanical & Electrical Ebgineering

Third Year

1st Term	Hour	Credit	2nd Term	Hour	Credit
General Leon.	3	3	General Leon.	3	3
Mech. Lab. I	6	3	Mech. Lab. II	6	3
Heat Eng. I	4	4	Heat Eng. II	4	4
Applied Mechanics I	4	4	Applied Mechanics II	4	4
Elec. Eng. I	3	3	Elec. Eng. II	3	3
Mach. Design(For M. E.)			Materis Testing	6	3
Or Differ. Equa. (E. E.)	6	3		26	20
	26	20			

Mechanical Engineering

Fourth Year

1st Term	Hour	Credit	2nd Term	Hour	Credit
Heat Eng. III	4	4	Mech. Lab. IV	6	3
Mech. Lab. III	6	3	Power Plant Des.	6	3
Ad. Mach. Des.	6	3	Indus. Plant. Des.	6	3
Indus. Plants	3	3	Electives		11
Electr Eng Lab.	6	3			20
Eydralies	3	3			
	28	29			

Elective Subjects:

Automotive Eng. 3, Locnmntive Eng. 2, Electrical Mesurements 3, Electrical Machines 3, Heattreatment 3, Safety Eng. 2, Industrial Nanagement 2, Heat & Ventilation 2, Cast Accounting 2.

Electrial Engineering

Fourth Year

1st Term	Hour	Credit	2nd Term	Hour	Credit
Theory of A. C. Cir:	3	3	Theory of A. C. Cir:	3	3
E. E. Lab.	6	3	E. E. Lab.	6	3
Hydraulies	3	3	Elect, Transmission &		
Electric Design	3	3	Distribution	3	3

续表

Electrial Engineering

Fourth Year

1st Term			2nd Term		
	Hour	Credit		Hour	Credit
Electric Measurements	6	3	Electives		8~11
Elect. Eng. Abstracts	2	2			17~20
Electives		2~3			
	25	19~20			
Electve Subjects：				Hrs.	Cr.
	Electric Raiways			5	3
	Electric Communication			5	3
	Electrochemistry			5	3
	Electron Theory			4	4
	Cost Accounting			2	2
	Infustrial Management			2	2
	Resrarch or other Thesis			6	6

（陈之迈：《与工程系主任周永德先生谈开办工科计划记》，《清华周刊》，第 382 期，1926
年 6 月 4 日）

1926 年，工程学系"学生要求增加第二外国语并取消工业应用文，该
系之课程表中本无第二外国语，现该系学生深觉欲求深造，非谙习数国语
言不可……。并要求将现有之工业应用文取消，因工业应用文一门，毫无
实用，徒费时间，闻该系主任已允于第三四两年内酌量增加第二外国语。
惟于工业应用文取消问题则尚待考虑，然以火势推之，必能允许云"。①
1927 年春，工程学系制订计划，其专修课程见表 2-3。

表 2-3　工程学系专修课程

第一年
高级数学、化学、机械画、画法几何、土木实习、铁工实习

第二年
机械原理、圆体三角、地形画法、电气测量、机械绘图、水力、建筑学、材料实习

---

① 《工程系》，《清华校刊》，第 8 期，1926 年 11 月 2 日。

第三年
经济学、机械实验、热学、实用力学、电气工程、机械计画或微分方程、工程材料

第四年(机械科)
热学、机械实验、机械计画、发力厂计画、工厂建筑、工厂计画、电学、水力学、选习(选习科目:1. 油机工程,2. 机关车工程,3. 电气计画,4. 电机试验,5. 锻炼学,6. 防险工程气,7. 工业管理,8. 暖室及通,9. 计价学)

第四年(电机科)
交流学原理、电学试验、水力学、电学计画、电力计画、电学工程择要、电力传送及分配、选习(选习科目:1. 电车学,2. 电力交通,3. 电学化学,4. 电子原理,5. 计价学,6. 工业原理,7. 论文或高深研究)

第四年(土木科)
电机工程试验、桥梁学、铁路及道路工程、卫生工程、铁筋洋灰建筑、砖石建筑、排污术、供水术、暖室及通气术、矿物学、天文学、成本会计

(资料来源:周永德:《工程学系之计划》,《清华周刊》,第 408 期,1927 年 4 月 11 日)

　　1927 年,因经费紧张,工程学系土木、机械、电机三科合并为实用工程科。该年 10 月,课程委员会根据向留学同学调查并请专人研究,制定理工科课程大纲,其中"工科的课程包括土木,机械,电气三部"[①],对于计分法,则"主张每门功课应依其一周内上堂,实验,及课外预备的总时数而定",具体课程见表 2-4("表中第一行数目字表示讲堂上所费的时数,第二行表示试验的时数,第三行表示预备的时数,第四行为总时数。")[②]1927 年底,"工程学系曾于新历年终会议两次,其最重要事件为修改该系课程大纲,内容除取消四年级选科,增加毕业论文,及一二年级工厂实习学分略减外,余均仍旧。"[③]1928 年初,工程学系新加二科,即土木机械画(教授潘文焕)、热力工程(教授杜光祖)。[④]

---

　　①② 　萨本栋等:《关于清华大学理工科课程的商榷》,《清华周刊》,第 417 期,1927 年10 月 21 日。
　　③ 　《工程学系年终会议》,《清华学校校刊》,第 20 期,1928 年 2 月 6 日。
　　④ 　《注册部布告一》(二月四日),《清华学校校刊》,第 21 期,1928 年 2 月 13 日。

表 2-4　清华学校工科课程大纲

FIRST YEAR
Common to both Courses

	First term	Second term
Chinese 1a,1b	3-0-3-6	3-0-3-6
English 1a,1b	3-0-3-6	3-0-3-6
Physics 1a,1b	2-3-4-9	2-3-4-9
Chemistry 1a,1b	3-6-3-12	3-6-3-12
Mathematics 1a,1b	4-0-8-12	4-0-8-12
History 1a,1b	2-0-2-4	2-0-2-4
Drawing 1a,1b	0-4-0-4	0-4-0-4
Physical Education	0-2-0-2	0-2-0-2
Total	55	55

COURSE IN ENGINBERING
SECOND YEAR

	First term	Second term
Chinese 2a,2b	2-0-2-4	2-0-2-4
English 2a,2b	2-0-2-4	2-0-2-4
Physics 2a,2b	2-3-4-9	2-3-4-9
Mathematics 2a,2b	4-0-8-12	4-0-8-12
History 2a,2b	2-0-2-4	2-0-2-4
M. E. 1,Descriptive Geometry	0-6-0-6	
M. B. 2,Mechanism		2-4-2-8
Chemistry 2,Engineering Chemistry	3-0-3-6	
Chemistry3,Metallurgy of Fe. etc.		3-0-3-6
Engineering Trips and Reports	0-0-9-9	1-0-2-3
Military training	0-2-0-2	0-2-0-2
C. E. 1 Surveying		1-3-0-4
Total	56	56

Second Year summer shop for engineerings ··· three weeks ··· 120 hours total. Wood working. pattern making and foundry.

THIRD YEAR

	First term	Second term
Mechanics 1,Theoretical Mech.	5-0-10-15	
Mechanics 2,Mech. Of Materials		3-6-6-15

THIRD YEAR	First term	Second term
Economics 1, General Economics	3-0-3-6	
Economics 2, Accounting		2-0-4-6
E. E. 1 Direct Current	2-3-4-9	
E. E. 2 Alternating Current		3-3-4-10
M. E. 3,4, Heat Engineering	2-3-4-11	2-3-4-11
Shop work, Machine shop	0-3-0-3	
Science and Engineering Absraces	1-0-2-3	1-0-2-3
Efctives from the following	9	12
Total	56	56

Electives for Third Year Engineering Studens

	First term	Second term
Shop work, Forge shop		3
Mathematics 3, Engineering Mathematics	3-3-3-9	3-3-3-9
Drawing 2a and 2b	0-9-0-9	0-9-0-9
Physics 3, Modern Physics	3-0-6-9	
Chemistry 4, Physical Chemistry		3-3-6-12
Language, German, French of Japanese	3-0-6-0	3-0-6-0

FOURTH YEAR	First term	Second term
C. E. 3, Hydraulics	3-0-6-9	
C. E. 4, Hydraulics Lab.	0-6-0-6	
M. E. 10, Engineering Economics		3-0-6-9
Engineering Seminar	1-0-2-3	1-0-2-3
General study	3-0-3-6	3-0-3-6
Electives from the following	30	36
Total	54	54

Electives for fourth year engineering students.

Electives in Gennral

	First term	Second term
Mathematics 7 Advanced Calcalus	4-0-8-12	4-0-8-12
Mathematics 3 Eng. Mathematics	3-3-3-9	3-3-3-9
Physics 3, Modern Physics	3-0-6-9	
Physics 8, Electricity and Magnetism	3-0-6-9	

续表

FOURTH YEAR	First term	Second term
M. E. 12, Business and Eng. Administration		3-0-6-9
Mathematics 10, Modern algebra		3-0-6-9
Language	3-0-6-9	3-0-6-9

For civil engineering students

	First term	Second term
C. E. 5 and 6, Theory of Structures	3-0-6-9	3-0-6-9
C. E. 2, Advanced Surveying	3-6-3-12	
C. E. 7 and 8 Railway and Highway Engineering	3-0-6-9	3-0-6-9
Biology	3-3-3-9	3-3-3-9
Econ and Gov 1, Municipal Government	3-0-6-9	
Chemistry 6, Organic Chemistry		3-0-6-9
C. E. 9 Bridges		1-6-2-9
C. E. 10, Sanitary Engineering	3-0-6-9	
C. E. 11, Water Supply and Irrigation		3-9-6-9

For mechanical and electrical engineering students

	First term	Second term
E. E. 3, Thepretical Electrical Eng.	4-6-8-18	
E. E. 4, Electrical Design		2-6-4-12
E. E. 5, E. E. Lab	1-4-4-9	1-4-4-9
M. E. 11, M. E. Lab	0-3-6-9	0-3-6-9
M. E. 9 Power Plants		2-0-4-6
E. E. 8, Electric Railways		3-0-6-9
E. E. 9, Electrical Transmission and Distribution		3-0-6-9
E. E. 10, Electrical Communication		3-0-6-9
M. E. 5, and 6, Heat Engineering	3-0-6-9	3-0-6-9
M. E. 7, Machine Design	2-6-4-12	2-6-4-12
Physics 14, Electro magnetic Theory	3-0-6-9	
Physics 15, Electron Theory		3-0-6-9

（资料来源：萨本栋等：《关于清华大学理工科课程的商榷》，《清华周刊》，第 417 期，1927 年 10 月 21 日）

正如史贵全所言:"一个结构合理的工程学科的课程体系应处理好这样几个重要关系:一是人文、社会与理工两大类课程的关系。人文、社会科学课程在工科的课程体系中应占一定比例,因为:不论是工程的经营管理,还是工程人才个人的和谐发展,敏锐的价值判断能力以及明晰的社会责任感的养成都需要良好的文化素质。……二是理工类课程内部基础科学、技术科学与工程技术三种课程的关系。这三种课程的合理配置,有助于造就既能解决现实的工程问题,又具有发展'后劲',适应能力强的工程人才。"[1]由以上清华学校工程学系课程变革可见,当时工程学系的课程设置已具有较好的科学性和前瞻性,造就工程人才所需的各类课程在教学计划中均有适当的地位。例如,在第一年的课程中设有国文、史地等人文社科课程,以加强学生的人文素养。对于理工类课程也是有计划、有步骤的开展,如先进行高等数学、化学等自然科学基础课程的学习,同时进行了画法几何等技术科学课程的训练,为后期工程技术课程的学习铺平了道路;重视力学及热学知识的学习,以及交叉学科,如机电知识的交融等。此外,"近代工业和工程事业要求工程人才既要有较系统的理论知识,又要有过硬的工程实践能力。这就决定了在教学计划中既要设置足够的理论课程,又要安排适当的实验、实习等实践训练环节"[2]。由上述课程安排可以看出,清华学校工科各学门的教学计划虽然包含为数不少的理论性课程,但同时也设置了工厂实习、机械实验、电机实验等,体现了较强的实践性。简言之,如果说清华学校早期的课程设置还大多处于规划阶段,缺乏实际运行的经验和成就,而当工程学系建立之后,使得以前的课程计划逐步得以实现及具体化,并更加系统性、科学性起来。"所设各科科目,极为完全。凡读毕此科者,将来必可出而应社会之要求,因所拟定各科皆首重实在,不重形式;如他校有毕业论文,本校毕业,并不须此,所以专重实在方面也"[3]。清华学校时期工程学系的这种教育模式无疑有利于"培养兼通各类工程科学基本学识,具有跨专业解决工程实际问题

①②　史贵全:《中国近代高等工程教育研究》,上海:上海交通大学出版社,2004年,第40页。
③　陈之迈:《与工程系主任周永德先生谈开办工科计划记》,《清华周刊》,第382期,1926年6月4日。

能力的'多面手'工程师"①，为当时中国刚刚起步的工业发展培养了急需的工程技术人才。

三、师资队伍结构渐趋优化

"师资是举办教育事业的首要因素。清末民初，由于师资严重匮乏，我国高等工程教育机构无一例外都借材异域，但聘用外籍教师不仅因其薪资甚高而使当时各工程院校普遍面临的经费不足问题更加突出，而且还有其他诸多不利因素。这就严重地制约了高等工程教育的规模和发展速度"②。同样，由于清华学校早期仍是一所留美预备学校，其师资以外籍教员居多且待遇较高，如1914年"本国教员八人，外国教员十八人。本国教员每周任课约十八小时左右，月薪最高额一百五十元，外国教员任课时间略同，月薪最高额四百二十元"③。其中，工程学系先后聘请建筑工程师雷恩、图书手工教员惠德穆等④；"工程处庄达卿先生事务繁多，未暇担任测量一科，近由校中聘请美国麻省实业学校卫生工程学士并在伦敦大学肄业之席德柄先生襄理本校工程事宜，及教授高四测量队测平及测量原理"⑤，后"数学教员席德柄先生因事南旋，所有课务，请庄达卿先生代理"⑥。

清华学校中后期开始改办大学，"今日留心于清华者，莫不异口同声，清华非大改革不可。教职员也，学生也，都竭其诚而讨论所以改革之方，几年之大患，或从此而终，亦未可定"⑦。同时，清华学校相继聘请了不少中国教员，特别是这一时期赴美工程留学生纷纷回国任教于母校，使师资结构发生了较大改变。例如，1921年"徐志芗先生被任为本校电机工程师"⑧；"校中已聘定张名艺先生教授地质学、用器画及算学三科。又请张谟宝、温毓庆两先生教授物理、机械、力学三科"⑨。贺尔教授木工、罗邦

① 史贵全：《中国近代高等工程教育研究》，第 190 页。
② 史贵全：《中国近代高等工程教育研究》，第 67 页。
③ 庄俞：《参观清华学校记略》，《教育杂志》，1914 年第 6 卷第 5 期。
④ 《教员避暑》，《清华周刊第二次临时增刊》，1916 年 6 月 17 日。
⑤ 《教授测量》，《清华周刊》，第 63 期，1916 年 1 月 20 日。
⑥ 《教员踪迹》，《清华周刊》，第 115 期，1917 年 10 月 11 日。
⑦ 希苓：《清华中等科与高等科制度上之批评》，《清华周刊》，第 232 期，1921 年 12 月 30 日。
⑧ 《新教员到校》，《清华周刊》，第 216 期，1921 年 4 月 15 日。
⑨ 《新聘教员》，《清华周刊》，第 223 期，1921 年 9 月 15 日。

杰教授机械画①。1926年清华学校设立学系,"课程定好以后,应当赶紧聘相当的教员增相当的设备。这两项是大学的基础,而且不是一朝一夕所能得的。……课程是表面是形式,内容与实际在乎教员与设备。"②至1927年初,工程学系教师有笪远纶、周永德(主任)、钱昌祚、潘文焕、罗邦杰、袁复礼等③,并决定"下学年添聘电机教授一位,足能分任各课。但至民国十八年时,拟添聘电机并土木教授各一位,又助教二位,助理实验室之动作。至所拟请之教授,必须负有声望,而兼富有教授上之经练者,以期协本系之进步"。④此后,工程学系"聘定吴毓骧杜光祖二教授,均系本校毕业生。吴先生为麻省工科大学硕士,曾在慎昌洋行等处任事。杜先生毕业于美国森森那底大学,回国后曾任南洋大学教授五年"⑤;"新聘讲师杨公兆先生,担任工程材料学四小时。闻杨先生系美国科仑比亚大学硕士,曾在德国柏林工业大学得有矿物工程师及工程博士学位;归国后,曾任湖南大学地质学及德文教授,并湖南地质调查所筹备员。"⑥此外,清华学校还注重对师资队伍的培养,如"工程学系教授罗邦杰……在校服务,已满五年。……被派赴美,便资深造"。⑦ 因"历观国内各校,科学之设备与教授较为完美者,清华学校实居其一。且地点便利,风景宜人,允为夏令研究之善地",故1924年夏,在清华学校创办科学教员暑期研究会,"以为振兴科学教育之初基"。⑧

工程学系聘请的教师多有留美经历,他们不仅成为开设工程学系课程的重要师资力量,而且将美国的工程教育模式应用其中,为清华工程教育及工程学科的建设与发展做出了有益的尝试。"学生学业进步固视其修业勤否,亦视教员教授法如何。本校教员聘自美国,近以来校有年,师生相习、教学相长,教授上之经验愈增,或主严、或主宽,教授虽不同而皆循循善诱,引人入胜,学生成绩专视平时,故同学无时或旷无课或荒所学

① 《高等科功课表》,《清华周刊》,第254期,1922年10月14日。
② 泽宣:《我的清华改革潮观》,《清华周刊》,第375期,1926年4月16日。
③④ 周永德:《工程学系之计划》,《清华周刊》,第408期,1927年4月11日。
⑤ 《聘辞教授》,《清华周刊》,第383期,1926年6月11日。
⑥ 《工程学系近讯》,《清华学校校刊》,第4期,1927年9月26日。
⑦ 《赴美教职员》,《清华学校校刊》,第1期,1927年9月9日。
⑧ 《科学教员暑期研究会纪要》,《清华周刊》,第323期,1924年10月24日。

俱能明晓……"①除课堂讲授外，工程学系非常注重培养学生的动手实践能力，"学贵实验，有实习然后乃得学之用。本校教员多本此意，注重实验。化学、物理，固有实验，他项功课亦加实验，或引学生参观工厂为机械之考察，或偕学生纵游园野为博物之研究，至于登高山、穷深谷以观地形……此则本校教员之教授学生注重实验之一端也"。②例如，1917年，教员韦德穆率领手工班同学参观财政部印刷局及模范监狱③；1919年，高一手工班学生由周永德偕赴北京煤油大王所设医学校及高等师范学校参观木工机器④；1925年，手工班教授周公亮率领高一班全体同学参观电话局、京华印刷所、财政部印刷局、电车公司、自来水公司、清河飞机场、南口京绥总站等工厂、公司、制造所，"使同学于课外考察社会情形，增进工艺常识"。⑤

同时，清华学校还积极延请校内外名人分期演讲工业常识，"请人标准，凡实科者须在社会中有经验者，纯粹科学等者以有深造者为宜"。⑥如1916年3月3日，"周校长特请本校工程师雷先生在物理教堂，为高四级学生，演讲建筑学事项，极多经验之谈，并由狄铁满（地理教员）先生，排置电影机械，以古今有名建筑，现之壁间，听者观者，如当卧游也"。⑦1917年4月27日，"敦请南口机械厂工程师王弼先生，为高四级同学演讲机械工程学，其要旨分为（一）机械工程师之资格；（二）美国机械工程学校之课程；及（三）机械工程学之分类"。⑧1918年1月，"由杨景时先生演讲美国电气大王芥迪生先生事略，先生将芥氏坚忍刻苦，发明电机及其处世接人可为吾人校法者详述无遗，末以强健之脑方及身体勉同学，尤为中

①　飞渠时：《清华成绩面面观》，《清华周刊》，第一次临时增刊，1915年6月26日。

②　《一年来职教员之事功》，《清华周刊》，第二次临时增刊，1916年6月。

③　《游历参观》，《清华周刊》，第107期，1917年5月3日。

④　《参观机器》，《清华周刊》，第156期，1919年1月2日。

⑤　《高一级》，《清华周刊》，第342期，1925年4月3日；亚舒：《参观北京电话南局京华印书局及财政部印刷局纪要》，《清华周刊》，第343期，1925年4月17日；《高一级》（手工班参观），《清华周刊》，第344期，1925年4月24日；微尘：《清河南口参观记》，《清华周刊》，第347期，1925年5月15日；《手工科参观》，《清华周刊》，第357期，1925年10月30日。

⑥　庄泽宣：《职业指导部筹备情形及进行计划》，《清华周刊》，第286期，1923年9月20日。

⑦　《高四演讲》，《清华周刊》，第67期，1916年3月8日。

⑧　《职业演讲》，《清华周刊》，第107期，1917年5月3日。

肯,演讲一时始毕"①;2月底或3月初,"高等科职业演讲,由梅月涵先生讲工程事业,分土木机械开矿电机四项"②;3月30日,王景春博士演讲"工程学",大意"为工程师其利有三:(一)实事求是,(二)交际不繁,(三)身体康健"③;4月27日,王弼演讲"机械工程"④。

对于聘请专家来校演讲的作用,正如《清华周刊》刊载的《清华应多开科学演讲》一文中所述:"科学演讲的益处,不消说得,自然是很多。但是作者可以简括起来分为三种,如下:(一)灌输科学新知识也。何谓科学新知识?曰,科学新知识,即是已发明而我们还不知道的事物,如飞机,潜水艇,坦克,Tank 无畏战舰。Dreadnought 无线电报之类。这些东西有些同学知道一点,却是不多;有些连一点也不知道。所以必须要请一个专门研究这些东西的人,讲给我们听,使我们多知道一点,这种演讲,非但使将来学这些东西的人优点把握,就是不学他的人听了也可以长进他们的科学知识;岂不是一举两得。(二)补助课堂教授之不及也。在课堂内,我们构造驾艇,仍是茫然无知。非得请一个专门家演讲给我们听,才能使我们多指导一些。这岂不是可以补助课堂教授的不及么。(三)增进研究科学的兴味也。前节已说过同学对于研究科学的兴味与热心很不浅。但现在还要想法子增进他们的兴味,不然就要消减或化归乌有。独一无二的法子,就是多开些科学演讲。"⑤此后,学校又相继举行了系列演讲,收获颇丰。如 1923 年 11 月,铁路工程——前京绥铁路总工程师邝星池先生演讲"铁路工程"⑥;1923 年 12 月,丁文江演讲"地质学及矿学"⑦;1925 年 10 月 20 日,"手工教授周永德先生请徐梁先生为高一级及新大一选习手工诸生讲'无线电之功用'。除该班同学外,往听之同学颇不乏人,科学馆二百二号中坐次,竟不敷用。徐先生亦清华同学,现在交通部无线电司任事。讲时以极简单极明了之语,说明无线电之历史及其功用,间以诙谐,

① 《伦理演说》,《清华周刊》,第 127 期,1918 年 1 月 10 日。
② 《职业演讲》,《清华周刊》,第 131 期,1918 年 3 月 7 日。
③④ 《近年名人莅校演讲一览表》,《清华周刊》,第四次临时增刊,1918 年。
⑤ 《清华应多开科学演讲》,《清华周刊》,第 217 期,1921 年 4 月 22 日。
⑥ 区嘉炜、胡竟铭笔记:《铁路工程——前京绥铁路总工程师邝星池先生演讲》,《清华周刊》,第 296 期,1923 年 11 月 30 日。
⑦ 丁文江演讲,王守竞、骆启荣记录:《地质学及矿学》,《清华周刊》,第 299 期,1923 年 12 月 21 日。

听众均甚形满意,虽高一级同学中有未习过物理者数人,亦未感莫名其妙之苦,可见徐先生之善讲矣"。[1]

四、基础设施不断改善

"近代世界工业之发达,首以美国为最,推其原因,盖由于工业学校设备之完善,教导之有方,有以致之","美国工业大学对于实习工厂之设备莫不竞奇竞巧,力求完备。以机械言,无论其为英国式,德国式或法国式,且无论其初创之模型,或屡经改良之机件,莫不网络备至,以供学生之实验与研究。"[2]清华于1911年创办,初始校内建筑有一院、二院、三院、同方部等,其中设有手工教室。1916年提出改办大学后,清华学校遂兴建楼舍、增添设备等,但后因人事更迭及经费等因,致使部分原定计划没有实现。如1926年工程学系主任周永德曾言:"八九年前,就第二院食堂之西隅,隔板为室,长宽不逾十丈,名曰手工教室,即今工艺馆之发祥地。是时也,同学中有志于工程学者,数渐增加,而学校对于此科亦稍加注意。(按科学馆下层,即今校长室,注册部,中英文文案室,本拟作手工教室,后因办公室不敷用,从新改造。工科一项,另行建筑,筹备进行,俾将来可以扩充范围,意至善也。)惟限于时间及经费,不可早成,殊为缺憾。然所以为筹备之障碍者,其原因即在学潮及当时之董事会之不明事理而已。忆日张君煜全长校,初来时于此科曾与余计划一切,经数月之磋商,而计议始定。无奈董事会因用费太巨为辞,时张君亦因事去校,其事遂不果行。当时所有之机器预算单,至今尚存于英文文案处。及金校长时,余仍与之计议进行,故是年曾往天津参观北洋大学工科之设备,归后正思欲从事创办,不料金君亦因事去职,而余之计划终难成就。"[3]

曹云祥长校清华后,改办大学进程进入具体的实施阶段,基础设备也得到进一步完善。例如,1922年8月开始开标承办手工教室一切设备[4];1924年初,周永德"到唐山,天津等处调查各工厂,以便筹划下学期'工厂

---

① 《手工科演讲》,《清华周刊》,第356期,1925年10月23日。
② 《工业教育》,《清华周刊》,第342期,1925年4月3日。
③ 周永德:《扩充工科之意见》,《清华周刊》,第371期,1926年3月19日。
④ 《手工教室投标》,《清华周刊》,第250期,1922年9月11日。

实习'一科之设备。至此科设备金,校中已定六千元左右"①;同年,清华学校制定了"本校及监督处长期预算表(1922—1942)",其中 1928 年工科及设备共计 20 万②。1925 年,新手工教室(或称手工厂)建成,改称工艺馆③。据周永德所述:"工艺馆之成立,实赖曹校长之力。曹先生来长清华,数日后,余即与商及此事,极蒙赞助,且筹划向董事会设法要求允诺。曹君以建屋购械划作两途,分别请款。如是果蒙许允,盖董事诸君,以为建屋需费不巨也。"④工艺馆的建成为学生学习和实践提供了极大便利,"现在的工艺馆,分为三部:楼上是画法几何和器械画,楼下是铁工和木工的所在。三部的生活,虽各有不同之处,然其为机械的则一;……从文学家的眼光看来,工艺馆的生活,固然是死的,无意味的。然而尝工艺馆生活的人,却自己觉得津津有味,打铁的越打越高兴,做木匠的个个兴高采烈,成就他们的工作。他们喜欢这种工作,常常怨恨机器不够,各种法术,不能尽学。……周公亮先生——工艺生活的先进者——时常对他的学生说:'你们要用机器,不要被机器所用'。学生们本着这两句话,谨慎小心地领略他们的工艺生活。"⑤1931 年夏坚白在回顾土木系时也曾指出,"当初建筑'工艺馆'的时候,就有创设工科的意思了。但是那时的清华还不过是'留美预备学校',所以仅仅设了木工和金工等几门训练手工的课程来充实新建的'工艺馆'。这便是清华工程系的启蒙时期。"⑥

1925 年梁启超在《学问独立与清华第二期事业》一文中曾言:"一国之学问独立,须全国各部分人共同努力,并不希望清华以独占。但为事势便利计,吾希望清华最少以下列三种学问之独立自任:一、自然科学——尤注重者生物学与矿物学。二、工学。三、史学与考古学。前两项由学校经济上观察,清华有完全设备之可能,故可将设备较简之学科让诸他校,而清华任其最繁难者。第三项清华现在教员中怀抱此兴味者颇不乏人,

---

① 《调查工厂》,《清华周刊》,第 308 期,1924 年 4 月 4 日。
② 《本校及监督处长期预算表(1922—1942)》,《清华周刊》,第 326 期,1924 年 11 月 14 日。
③ 清华大学校史研究室:《清华大学一百年》,第 35 页。
④ 周永德:《扩充工科之意见》,《清华周刊》,第 371 期,1926 年 3 月 19 日。
⑤ 《清华生活:工艺馆的生活》,《清华周刊第十一次增刊:清华介绍》,1925 年 6 月 18 日。
⑥ 夏坚白:《土木工程系的过去和现在》,《清华周刊》,第 514-515 期,1931 年 6 月 1 日。

而设备亦在可能之列,故亦当分担其责任之一部份也。"①从梁启超的话中可以看出,他认为该时期清华学校经费充裕,在理工设备的增设上相对容易实现。但由于清华学校自1916年提出改办大学后即大兴土木、增添馆舍,特别是1925年设立大学部致使经费入不敷出。如朱敏章在《澈底改革清华意见书》中曾指出:"清华之富,甲于全国各校,清华之糜费,亦甲于全国各校。清华之富,为人人所知,清华现在之患贫,此则知之者盖其鲜也。清华最近,以开支太大,数月以来,教职员之薪金已有不能如期发放之势,其所以支撑过去者,闻系向银行借得巨款。清华本校经费,每年约需六十万元,其留美学生经费,又需一百数十万,合计当不下二百万元。"②故学校"设立委员会,力求撙节;所节省之经费为改进新大学之用"。③ 1926年,清华学校设立工程学系,"因经济关系,暂时只能开办土木机械及电机工程三科。但内容不求其广,只求其精;以致现在本校所有之设备,只可供第一年之用。第二年以后之设备,即须添设。大约第二年须三万元,第三年,五万五千元,第四年,三万元;加以种种零碎费用,开办四年之工科,约须十五万元。惟是本校每年招收学生,以一百五十人为率,而此一百五十人中,入工程科者,至多不过五十人。人数既少,所须设备亦因之而少,故费用可较他校之开办工科者省。此经济方面之预算也"。④ 1927年4月,工程学系制定计划,"按照最初之预算,在设备上购置十一万元之机器,按三年购办。现已购得三万元之谱,于一二年级实验上应用之机器,已完备无缺。明年预算系属五万元,一万五千元购置电机实验器,以一万五千元用于机械并土木科之设备,其余二万元拟添造机械实验室一所,所有水力汽机油机等实验室,并锻工铸工场,均附属焉。该屋之面积,与南洋大学之机械实验室相似,地近电灯厂,而与工艺馆之南面相毗连。其余之三万元,拟添购汽机油机水力电学实验等之机器。本系因经费之关系,不敢贸然扩大,所有每课之设备,只能供给学生十八之用,如果人数过多时,可以分组习学。如是,十一万元机器之设备,仅足供

---

① 梁启超:《学问独立与清华第二期事业》,《清华周刊》,第350期,1925年9月11日。
② 朱敏章:《澈底改革清华意见书》,《清华周刊》,第368期,1926年2月17日。
③ 《学校改良之计划书》,《清华周刊》,第368期,1926年2月17日。
④ 陈之迈:《与工程系主任周永德先生谈开办工科计划记》,《清华周刊》,第382期,1926年6月4日。

学生百余人实验之用矣"。①

　　为发展工科,曹云祥、梅贻琦等在经费方面给予了很大的支持。例如1927年4月,梅贻琦教务长在谈及清华发展计划时提出:"清华发展的根本问题须看财政情形如何以为定。年来财政拮据,第一批美国赔款,清华既毫无所得,而每年经常费不过五六十万。以此经费而维持现状,固绰绰有余;以言发展,便感到相当困难。……最近要即行建筑者为生物学馆,其次为工程系试验室,图书馆因近来书籍骤增,不敷应用,也须扩充。"②5月,曹云祥校长亦曰:"关于大学部三年级各系扩充问题,校中早有详细计划,现正着手进行,下年已聘定十数著名教授来校,同时并将建筑生物馆,添购各项仪器及工程系所需机器等物。"③5月24日,曹云祥校长致外交部:"窃职校改办大学,设立工程学系,下学年大学第三年级成立,职校前为赴美学习工程学生之预备设有粗浅之工具,仅为手工入门之程度。兹以大学毕业学生,并非派送赴美而选习工程之学生,……原学识不得不有工艺机械以资实习。因此,去年即筹备添购应用机械向外洋订购运送来华,业经装置齐全,由大昌实业公司经办,本拟在每月所领经费项下节用支付,然而每月领到之款仅敷经常及他科少数仪器之用,是以此款多法筹集,现在机械已到校装齐,……所需款项约合华币三万元之语,应即交付,理合呈请钧部筹拨三万元以便支付。"④7月5日,清华学校收外交部:照发工程学系添购机械洋三万元。⑤

　　9月28日,在工程学系同学会茶话会上,"周主任并宣布大政方针,略谓工程系开办费本定十一万元,现因物价昂贵,已有不足之势,拟请学校增加。下年拟先办电机科、土木科,机械视人数多少而定;购置费三万元已决定全用以布置电机试验室。又工程材料试验机器订货单已送出,费二万金。"⑥1927年下半年,工程学系"对于下学年材料试验机器等之设备,刻已进行,大约需款二万元左右;颇望该项机器能于本学期终到校,以

----

① 周永德:《工程学系之计划》,《清华周刊》,第408期,1927年4月11日。

② 梅月涵先生口述:《清华发展计划》,《清华周刊》,第408期,1927年4月11日。

③ 《与曹校长谈话记》(1927),《清华校刊》,第32期,1927年5月24日。

④⑤ 《校长曹云祥发外交部:工程学系添购机械请筹拨价款三万元》(1927年5月24日),清华大学档案,全宗号1,目录号1,案卷号8:6。

⑥ 《工程系同学会》,《清华周刊》,第415期,1927年10月7日。

便下学期应用。至电机科之设备，尚在进行中。"①11 月 19 日，工程学系在工艺馆楼下开会，报告内容包括："(一)主席报告校长致各系主任公函，请指派一校刊负责通讯员，当由主席派定笪远纶先生。(二)电气实验室计划，已由吴毓骧先生负责筹备，大约俟下期开会，即可报告。(三)校中经费支绌，下学期需用之材料试验机器，至今尚未支付订货金。故该项机器恐不能届时到校。除一面由主任请校中竭力设法外，系中决定至必要时，将热学提前，而将材料试验展期至四年级再习。(四)锻铸工场新图，已由周永德先生筹画。(五)明年(十七年至十八年)之功课表，已由主席派定左列数人负责审查。杜君，四年级机械科；潘君，四年级土木科；吴君，四年级电机科。(六)机械实验室草图，已由笪远纶先生筹备，下次开会，当可报告。(七)下学期之'汽机学'拟改为'应用机械学'。"②

此外，"清华学校在民国元年时，仅有小规模之图书阅览室。每日上午九点至十二点为阅览时间。……清华学校自民国十四年后，已改变教育方针。现除旧制外，特添设大学部及研究院。二年后，即开办大学专科。本馆采购书籍之方针遂不得不因学校之改定教育方针而变通其办法。现拟扩充之馆宇交前大一倍又半。计划时曾详细按以上三种标准，悉心研究。俾实行此计划后，能容扩充十年之书籍。……关于图书购置法，现已组织七人图书委员会。由该会负责，决定预算之支配，及购书事宜"，其中工程与数理化书籍采购由一人负责，"凡各科应购之专门书籍及杂志，既得该科教授之同意，且书价未超过图书委员会之预算者"。③

由于改办大学导致学校经费支绌，严鹤龄代理校长后对经费进一步收紧。"清华学校原为美国退还庚子赔款而设，其植基独厚，故其负社会之望也特重。惟以其始支付浩繁，继乃渐成拮据，近且入不敷出，动用基金矣，长此以往，一旦来源告罄，则学校将何恃以存。所以负责管理之机关，及爱护清华之士，因以谋维持久远之计。积储基金，以裕其源，若干年后，基金充实，仅用息金以维持大学经费，而绰绰有余，则基金可逐渐增积，而学校之根本以固。此诚计策两全。惟当以部令谆谆，惟以节省为

---

① 《工程学系近讯》，《清华学校校刊》，第 4 期，1927 年 9 月 26 日。

② 《工程学会议》，《清华学校校刊》，第 13 期，1927 年 11 月 28 日。

③ 戴志骞：《清华学校图书馆概况》，《图书馆学季刊》，1926 年第 1 卷第 1-4 期。

诚。此所以本学期各项支出,不得不严格审核。论者或以此种办法,将致妨碍大学之发展,而用为疑虑。不知本学年各系重要仪器图籍,已购置粗傗,所节省者,固非急需耳"。① 其中,1926年8月至1927年7月,工程学经费为:薪俸16500、工资1470、书籍175、仪器22310、器具701、文具66、供应品61、杂支65、修理90,总结41438,未付账单7842。② 此一情形对工程系的教学产生了严重影响,据《清华周刊》刊载,"自新校长到校后,减政之说大盛,其有谓已决定本年教科仪器等一律不买,大三工科同学大为惊骇,盖以清华工科,开办伊始,设备需款,万难裁减;况今年因款项无着,材料试验器之应本学期装好者,现尚未购;其他电机,机械,水力等试验用器,现亦未能准备。设学校因减政而对于此种购置费亦一笔勾销之,则四年级将无试验可作,转瞬毕业,无法补学。故拟晋见教务长及系主任,请其担保明年之学科,免致贻误之时光;并请其将各种机器定单早日送出,以免临时措手不及,设学校无办工程之真意,亦请其早日表示云"。③ "工科开办了,但是现在三年级的学生还没有丝毫的实验!诚然教授们常常说清华的工科重于一般的原论,不过工科到底是工科,美元实习总是说不过去的。现在听说工科主任先生已将一切的实习都排到第四年级里去了,但是到现在机械还没有去定购,四年级是快到了,将来到了怎么办?五年级清华没有的。我们研究的机会在哪里?……"④《清华学校校刊》也刊载,"工程学系本学期材料实验及道路工程二科暂不开班,以热力工程(四学分)及土木机械画(二学分)二科代之,其上课时间另由注册部通知"。⑤ 至1928年春,"工程系去年定购之材料试验机器,因种种障碍,致未能如期运校应用,是以该系材料试验一科,迄未能开班",但"近闻该系主任云,新机货价第二批已经付出,该项机器不日可到天津,第三批货价现亦筹妥,一俟机到,即可运校装配。"⑥

---

① 严鹤龄:《对于清华教育之意见》,《清华周刊》,第428期,1928年2月10日。
② 《清华学校决算表》(十五年八月起至十六年七月止),《清华学校校刊》,第25期,1928年3月12日。
③ 《工程系》,《清华周刊》,第428期,1928年2月10日。
④ 胡求:《对于新校长的希望》,《清华周刊》,第428期,1928年2月10日。
⑤ 《教务长布告五》,《清华学校校刊》,第20期,1928年2月6日;《教务长室通告》,清华大学档案,全宗号1,目录号2:1,案卷号69:2。
⑥ 《工程学系》,《清华周刊》,第438期,1928年4月27日。

五、人才培养逐步由留美预备向自主化转型

如本章第一部分所述，清华学校早期主要选派赴美留学生。1925年5月，大学部正式成立，"拟收大学新生约一百五十名"，"投考者须品行端正身心健全并无危险及传染病症年在十六岁至二十五岁之间向未经学校开除者为合格"，"须有中学毕业或同等之程度（能有新制高级中学毕业程度为最宜）"①。考试科目包括"（甲）必须科：1国文（论文及文学常识），2英文，3本国历史地理；（乙）选科：（考生须就下列三类选考五科惟每类内至少须各选一科）1初级代数、2平面立体几何、3平面三角、4解析几何（任选一科或二科），5物理、6化学、7生物（任选一科或二科或三科）。8世界历史、9世界地理、10经济学、11心理学、12政治学（任选一科或二科或三科）。"②经过严格的考核，大学部共招收130多人，报到者有90余人，即为清华历史上第一级学生，其中即有后来选习土木工程的白郁筠（玉春）、吴景祥、孟广喆、邰光谟、夏坚白、张昌华、庄秉钧、翟鹤程等③。虽然人数相对交通大学、北洋大学等校规模还较小，但毕竟实现了清华学校人才培养由留美预备向自主化的转型。

1923年，在教职员会议上，张彭春教务长在宣读课程委员会报告中曾提出："清华希望成一造就中国领袖人才之试验学校。"④1924年4月，曹云祥发文对领袖人才的养成进行了阐述，"真领袖人才必须具备之资格如下：曰态度，曰言语，曰礼仪，曰机变，曰乐观，曰公正，曰纲纪，曰义务，曰团体，曰爱国，曰知人。""今吾国国事之俶扰，国势之阽危，军阀争权，兵匪充斥，士不得安于学，农不得安于耕，工商不得安于市，以无领袖人才之故也。彼欧美列强，国家富强，人民安乐者，是有领袖人才之故也。可知领袖人才，有之则国治，无之则乱。其重要有如此者！吾校岌岌变更学制，提高程度，添设大学部、研究院，实亦亡羊补牢之计；盖欲培养青年学子，成就领袖人才，以供我国之需求，而期挽此狂澜，使政治统一，百废俱兴，人民得以安居乐业，共享和平之福也！"⑤另有全绍文《清华的使命》一文

---

① ② 《清华大学招生规程》（民国十四年），《北京大学日刊》，1925年第1669期。

③ 《清华同学录》，国立清华大学校长办公处印行，1937年。

④ 《清华大学总纲》，《清华周刊》，第293期，1923年11月9日。

⑤ 《领袖人才之养成》，《清华周刊》，第343期，1925年4月17日。

谈道：“领袖人才的清华，这不单是近来校中当局所认定的宗旨，也是校中施教与受教的人绝不能避免的天职。不为清华教职员则已，为，则必须鞠躬尽瘁的进行这种国家亟需的事工。不作清华学生则已，作，则当尽心尽力的养成领袖的学识与人格。成，则不负清华种种的特别优遇。败，则无以对国人并国人的血汗金钱。希望实行领袖的使命，除必须先有学识道德充分上的预备之外，尤须早养成一种不忧，不惧，荣辱无关，百折不回，见义勇为的精神。有了这种积极进取的精神，人的学识，人的道德，才能成为与社会，与国家，与人群，有益的贡献。”①清华早期是一所留美预备学校，教学方法、课程设置、教材等完全仿效美国，后期改办大学开始逐步探索自身的教学模式，“近几年来清华师生已渐渐的感觉到美国化的流病，所以在课程上及管理上已曾有几番的改革，同时开办大学和研究院则以树立中国的大学学制与学风为标的。近来清华经历一个极大的转机，当然就在大学的成立。这一来，对于清华校风不免起了很大的转动”。②例如，1926年2月26日，教务会议通过该年夏季新生考试科目：“（甲）一年级新生考试科目。（一）必须科。1. 国文（作文及常识），2. 英文（作文及常识），3. 初级历史地理（本国及世界），4. 初级代数平面几何。（二）选科：（以下两类考生任选一类）。第一类：1. 平面三角，2. 解析几何（任选一科）；3. 高中物理学，4. 高中化学，5. 高中生物学（任选一科）；第二类：1. 经济学，2. 世界历史，3，中国文学史，4. 政治学，5. 高中科学（物理化学生物）任选一科（任选二科）。（乙）二年级插班生考试科目，除与一年级新生一同考试，必须科外须加考下列四门。（如转学成绩，已经本校认可者，可以免考一年级各科，只考下列四门。）1. 国文，2. 英文，3. 大学程度之物理化学生物学（选考一科），4. 大学程度之中国史西洋史（选考一科）。”③要求“投考一年级者须有中学毕业或同等之程度（能有新制高级中学毕业程度为最宜），投考二年级者须有肄业大学或高等专科学校本科一年级之程度。”④这一时期，清华学校以培养领袖人才为宗旨，在招考规

---

① 全绍文：《清华的使命》，《清华周刊》，第343期，1925年4月17日。
② 林毓德：《伟大的清华校风》，《清华周刊》，第383期，1926年6月11日。
③ 《教务会议》，《清华周刊》，第369期，1926年3月5日。
④ 《北京清华学校大学部招考规程》（1926年）（附清华大学课程大纲），《清华周刊》，第372期，1926年3月26日。

程等方面虽仍参考欧美，但也注意"审查国情而后定之，其用意之深，诚可奖也。"①当然，也有学生认为，清华学校招考大学部学生规程要求过低，如巧南提出："视本年大学部一年级新生试验科目，所考者为国文，英文，中外历史地理，代数几何，物理，或化学，或生物，（三门中仅选一门！）本科乎？预科乎？余有惑焉。余年幼，余无福，故欧美之制概不之知，可得而见者，国内之几大学耳。吾国之大学虽不能立足于欧洲各著名大学之林，然在国中固亦赫赫也。忆我初来清华时亦尝闻学校当局之意之志。然今本科所考之科目，较之任何大学为低，（野鸡大学自是例外）其故何哉？今试以北大东南及南开而言，凡考大学本科，数学则须考代数（高等亦在内）几何，三角，解析几何，微积（南开去年所考）。自然科学则须考物理，化学，或生物（东南有生物，南开及北大则无）。其预科亦须考三角，代数，几何，物理，化学，生物，（南开无生物）。清华如何，比之预科，尚瞠乎其后！怪哉，大学之本科！窥委员之意，不外下列数端。清华取人才主义，只问学生之敏不敏，不求其博而不通也。考其一门，即可以知其大概，何贵乎科科试验！此乃欧洲各大学之制，清华欲立足其间，安得例外乎？……学校当局应酌量参考国内各大学本科考试科目，重订我清华之考试规程，盖否则社会人士将怪清华程度之低（请勿误会，余所谓低比较之谓），而未来大学生为迷梦大学生之名，将群冒名而来临，此非教育之好现象，此非清华之成功路，盖教育固贵普及，然在普及之时万不可忽乎纵面之图。"②不可否认，改办大学之初始清华学校仍难以摒弃仿效欧美的习惯，但至少已开始探索自身教学模式或者有了改革的意图。

为培养学生的组织和办事能力，清华学校还鼓励学生创办社团组织、参与课外活动等。例如，受科学社的影响，1915 年 9 月 18 日清华学校1918 级学生刘树墉、张广舆、孙浩等 10 人聚会，决定成立科学会，由刘树墉担任会长，孙浩担任书记，并聘请物理教员梅贻琦做评判员。1916 年 3月 27 日，"科学会"改名为"1918 级科学社"（The Science Club of 1918），该年秋又进一步改组为"清华科学社"（The Tsinghua Science Club）。③ 宗旨为："(1)开展科学研究与实际考察；(2)加强与校外科学界的联系；

---

①② 巧南：《看大学部招考规程后》，《清华校刊》，第 22 期，1927 年 3 月 15 日。

③ 杨舰、刘丹鹤：《中国科学社与清华》，《科学》，2005 年第 57 卷第 5 期。

(3)联络成员之间的感情。"①工程系主任周永德为实业手工部顾问②，"陶葆楷当选为社长，惟陶君以故辞职，由次多数王士倬补充，过元熙为书记，张任为干事"。③ 后陆续又有不少同学加入。科学社活动"有四大端：作试验，听演讲，作论文，与参观是也"。④ 如工程组"每两周开读书报告会一次，制定参考书及研究题目由主席于两星期前公布。组员按学号排列次第，轮流报告。每次开会先讨论上次问题，然后报告，报告后更由指导员指正，全体讨论。每次开会不得过二小时，每人报告不得过三十分钟"。⑤

据 1923 年秋《清华周刊》记载，当年清华科学社"共组织五读书团，各团报名均甚踊跃"，其中实业手工部七人⑥。同时还邀请了对于某一专门领域的科学颇有心得的校内外的教员和专家学者进行讲演⑦。如 1918 年 3 月 16 日，"科学社特请雷恩先生率社员之有志于工程者视察本校新建筑，先生详为解析。社员实获益匪浅"⑧；3 月 24 日，"请王健先生演讲制革问题，先生在美深究此学，今在津创设制革厂，故所系实学经验之言。凡制革之历史、制法之种类，及制革之组织，先生详述无遗，且特别提出与化学有关之问题，以励学者"。⑨1921 年 4 月 9 日，科学社"请航空署机械厅厅长厉汝燕先生演讲飞机之种类及其动作，厉先生带来模型两架，图书，和影片多张。厉先生说话极其有趣，又加以许多的助兴物，故虽开会时间不佳，到会的颇踊跃，可见清华学生精神之一斑"⑩；"航空署厉汝燕厅长莅校长演讲飞机，听的人非常踊跃，未到四时，座位都差不多满了。四点钟一打空的坐位就没有了。后来的，人在门外而不能入的，不知多少。我们知道礼拜六下午是休息的日子，无论那位同学在那天也要休息，断不肯到课堂里去用心听演讲。那天居然有百十多人肯到那里去听；并

① 杨舰、刘丹鹤：《中国科学社与清华》，《科学》，2005 年第 57 卷第 5 期。
② 《科学社》，《清华周刊》，第 287 期，1923 年 9 月 28 日。
③ 《科学社》，《清华周刊》，第 335 期，1925 年 2 月 13 日。
④ 《科学社》，《清华周刊》，第 368 期，1926 年 2 月 17 日。
⑤ 《科学社分组会议》，《清华校刊》，第 22 期，1927 年 3 月 15 日。
⑥ 《科学社》，《清华周刊》，第 288 期，1923 年 10 月 5 日。
⑦ 杨舰、刘丹鹤：《中国科学社与清华》，《科学》，2005 年第 57 卷第 5 期。
⑧⑨ 《科学社》，《清华周刊》，第 134 期，1918 年 3 月 28 日。
⑩ 《科学社演讲飞机》，《清华周刊》，第 216 期。

且中等科同学到的也不少。假若那个演讲改在别的时候，如礼拜五晚上，我敢说听的人要加几倍的多。由此可以知道清华同学对于研究科学有极大的兴味与热心。所以作者主张清华从此要多开科学讲演，以增加他们研究科学的兴味"。① 1921 年 12 月 9 日，"晚八时，清河航空局洋员李佳（W. O. Richards）先生，应本校科学社之请在旧会堂讲演'飞机应用之无线电'。先述此机未发明时空中通信之困难，次述其应用之便利，最后解释其机部配置及传信方法"。② 1922 年 3 月 10 日，"请本校工程处电机工程师徐志芎先生讲演 American Super-power Project，大意谓美国纪念工厂勃兴，深虑燃料之耗竭，原动力之糜费，由议院责任内务部，聘请国内著名工程师，设法建立大规模原动力集中处，用最大之发电机、传电机，以图节省，至于如何节省，及其计划之详，闻该社将以讲录译出，登诸本刊"③；3月 17 日，"下午三时，请北京航空署顾问 Colonel Holt，讲 Aviation in China。题旨系将航空术及中国天时地理之特别情形，浅显言之。并闻该署中人来函，谓所讲极有趣味，并不难懂"。④ 1922 年 12 月 1 日，"晚八时请顾维精先生演讲。题为'中国棉纱业——现在与将来'。先生首论我国近年科学实业进步甚多，至堪欣慰，次述纱厂组织机械装置，及制纱手续。解说井然有序，听者如临其地。众皆尽欢而散。后由社长报告社务数件，并通过顾毓秀[琇]君为新社员"。⑤ 1922 年 12 月 16 日，"请温毓庆博士演讲'真空管及其在无线电上之应用'。历二小时之久，听者咸感获益匪浅。翌日晚间，顾问叶企孙先生，即与该社物理组组员，在科学馆楼上，试验接收无线电话甚属有趣"。⑥ 1927 年 4 月 28 日，聘请北京工大教授戴济先生演讲"油漆工业和他的科学基础 The Paint and Varnish Industry and Its Scientific Basis"。⑦

① 《清华应多开科学演讲》，《清华周刊》，第 217 期，1921 年 4 月 22 日。
② 《科学演讲》，《清华周刊》，第 230 期，1921 年 12 月 16 日。
③ 《科学社》，《清华周刊》，第 240 期，1922 年 3 月 17 日。
④ 《科学社》，《清华周刊》，第 240 期，1922 年 3 月 17 日；《科学社》，《清华周刊》，第 241 期，1922 年 3 月 24 日。
⑤ 《科学社》，《清华周刊》，第 262 期，1922 年 12 月 8 日；《科学社》，《清华周刊》，第 263 期，1922 年 12 月 15 日。
⑥ 《科学社（演讲）》，《清华周刊》，第 364 期，1925 年 12 月 18 日。
⑦ 《科学社公开讲演》，《清华校刊》，第 28 期，1927 年 4 月 26 日。

除理论学习外,科学社社员非常注重科学实践,经常进行实地调研。1917年3月4日,科学社制造科第一队调查织呢厂,第二队四人前往清河织呢厂调查①。1922年3月4日,"该社社友六七十人赴清河参观飞机厂,凡机身、乘客坐位、修理厂、装配厂、木工厂等均一览无遗。参观毕尚有多人赴陆军织呢厂,闻该厂用最新式机器,设备甚佳,自洗毛以至纺织成呢毯均用汽力,同学于星期六饭后无事,曷不徒步前往,一新见闻"。②1923年,"本学年本社前往参观之地点有清河之飞机厂,工业专门,电话局,电灯厂,电报局,无线电台,财政印刷局,唐山之交通大学,启新洋灰公司,华新纺织厂,京奉路制造厂,古冶之林西煤矿,塘沽之久大精盐公司,天津之造币厂,等等。社友之得益于此者,颇不少云"。③

同时,工程学系同学还创办和参与了其他社团。如1927年成立了工程学系同学会(后改名为"清华工程学会"④),"宗旨在联络感情,研究工程学识,并谋该系之发展。"⑤围绕此创办宗旨,社团开展了一系列活动,包括举办读书团、讲演会、组织社会实践和实地考察、创办《科学清华》刊物等,拓宽了学生的视野,使他们在赴海外进入各专业领域学习之前,对国内和世界科学有了更多的认识。当年清华科学社骨干成员中的许多人,如航空专家钱昌祚,工程专家贺闿,卫生工程专家陶葆楷,实业家刘树墉、沈镇南等,日后都为中国科技事业做出了卓越贡献。⑥

第四节　清华学校时期工程学系的历史地位和影响

民国之初,为推动社会经济的发展、巩固政权统治,在"实业救国"思想潮流的引领下中国民族工业获得了快速发展,继而带动了高等工程教育的前进。清华学校庚款留学生以选习工程科目人数居多,他们中有许多放弃国外优越的条件回到祖国,将在西方所学的先进科技知识传播至

---

① 《科学社纪事》,《清华周刊》,第99期,1917年3月8日。
② 《科学社》,《清华周刊》,第239期,1922年3月10日。
③ 杨舰、刘丹鹤:《中国科学社与清华》,《科学》,2005年第57卷第5期。
④ 清华大学校史研究室:《清华大学一百年》,第52页。
⑤ 《工程学系同学会成立》,《清华校刊》,第25期,1927年4月5日。
⑥ 杨舰、刘丹鹤:《中国科学社与清华》,《科学》,2005年第57卷第5期。

国内,在工程教育、工业发展及科学运动等诸多领域中做出了重要贡献;同时,该时期清华学校积极适应国内形势,逐步由留美预备学校向大学过渡,不仅成立了工程学系,壮大了国内工程教育的力量,而且为社会自主培养了大批优秀的工程技术人才。

一、清华学校工程学系成为国内工程学科的重要组成

民国成立之初,临时大总统孙中山即提出:"今共和初成,兴实业为救贫之药剂,为当今最重要之政策。"①袁世凯继任总统后也表示:"民国成立,宜以实业为先务。"②随之,中央及地方政府相继制定发展实业的条例、章程、细则、法规等,推动振兴实业,发展经济。在此形势下,民营企业等大规模兴起,尤其是第一次世界大战期间及其后的一段时间,国内工业获得了迅速增长。为培养大批工业发展所急需的工程技术人才,蔡元培任教育总长后对清末的教育进行了一些重要改革。例如,1912年初,蔡元培在《对于教育方针之意见》中提出:"今日世界恃以竞争者,不仅在武力,而犹在财力,且武力之半,亦由财力而孳乳。于是有第二之隶属政治者,曰实利主义之教育,以人民生计为普通教育之中坚。其主张最力者,至于普通学术悉寓于树艺、烹饪、裁缝及金、木、土工之中,此其说创于美洲,而近亦盛行于欧洲。我国地宝不发,实业界之组织尚幼稚,人民失业者至多,而国甚贫。实利主义之教育,固亦当务之急者也。"③同年9月,教育部根据临时教育会议的决议,公布了新的教育宗旨:"注重道德教育,以实利教育、军国民教育辅之,更以美感教育完成其道德。"④

在实利教育思想的影响下,国内工程教育获得了一定进展。该时期,清末高等实业学堂纷纷改为工业专门学校,如湖南高等实业学堂改称湖南公立工业专门学校、京师高等实业学堂改为国立北平工业专门学校、上海高等实业学堂改为交通部上海工业专门学校等。⑤ "而第一次欧战停

---

① 《民主报》,1912年4月18日。

② 虞和平:《中国现代化历程》(第2卷),南京:江苏人民出版社,2001年,卷首语第2页。

③ 《教育部总长蔡元培对于新教育之意见》,《东方》,1911年第8卷第10期。

④ 《教育部公布教育宗旨令》,《教育杂志》,1912年第4卷第7期。

⑤ 刘文渊、欧阳军喜:《旧中国高等工程教育纲要》,《高等工程教育研究》,1993年第2期。

后,有新增工程学校五所,对于工程教育,贡献甚多",如同济医工专门学校、中法工业专门学校、福中矿务专门学校、河海工程专门学校、南通私立纺织专门学校。① 同时,"民初,政府曾有全国设五大学之议,其预定地点为北京、南京、汉口、成都及广州。终因人力及财力关系,除北京外,其他四处,均未果设。惟原设之北洋大学堂至是改名北洋大学,此外公立大学尚有山西大学一所。民初惟此三大学,而此三大学均有工科设置。至私立大学,民元时北京有民国大学,(五年改名朝阳大学),明德大学,民三至民六,新增北京中华大学,北京中国公学大学部,武昌中华大学,吴淞中国公学(六年后停办),江苏大同学院,江苏复旦公学等校。民五,明德大学停办,新增北京协和医科大学。计共七校。(当时教会大学,均未立案,未曾计入)。而此私立七大学皆无工科。蔡元培先生于民六出长北大,因北大设文、理、工、法、商五科,而北洋大学亦有工、法两科,北京又有一工业专门学校,均属国立,以北大工科并入北洋,北洋法科并入北大。从此北京大学,遂无工科,而北洋大学得为一专施工程教育之大学"。② 从上述可见,民国初期工程教育较之清末取得了一定进步,但仍较为滞缓,"清末留给民国的工程教育遗产极为有限,各类工程教育院校仅有 14 所,就大学本科层面的教育而言,国立大学 1 所,省立大学 2 所"③,"大学本科层面的工程教育院校 1912 年至 1922 年间仅增加了 1 所,即 1921 年交通部合并上海工业专门学校(南洋大学)、唐山工业专门学校及备件邮、电两校、北京交通传习所,名为交通大学"。④

　　20 世纪 20 年代后,国内高等教育进入了一个快速增长的阶段,尤其是 1922 年模仿美国学制制定颁布的《学校系统改革令》,又称新学制或壬戌学制,对高等工程教育产生了很大影响。其中规定:"大学校设数科或一科均可,其单设一科者称某科大学校,如医科大学校、法科大学校之类。"⑤这一规定,引起国内专门学校的升格运动,"工业专门学校,在此升

---

①②　陈立夫:《三十年来之工程教育》,《高等教育季刊》,1942 年第 1 卷第 4 期。

③　高奇:《中国教育史研究·现代分卷》,上海:华东师范大学出版社,1994 年,第 44 页。

④　朱有瓛:《中国近代学制史料》(第三辑下册),上海:华东师范大学出版社,1996 年,第 182 页。

⑤　《教令第二十三号:学校系统改革令》,《江苏教育公报》,1922 年第 5 卷第 11 期。

格运动中，或则改为大学，或则并入其他大学称为工科"。① 例如，交通部上海工专改为交通大学、唐山工专改为交通部唐山大学、北京工专改为国立北京工业大学、同济医工专改为同济大学、河海工专改为河海工科大学等。也有工业专门学校并入其他大学为工科的，如湖南工专与法商两专校合并为湖南大学、成都工专与法农两专校合并为四川大学、浙江工专并为浙江大学工学院。同时，一些新建的综合性大学也增设或扩充工科，如"1921 年批准成立的东南大学，设置工科 3 系，包括机械工程系、土木工程系和电机工程系。1921 年金陵大学改文科为文理科，化学系附设工业化学科，培养化工专门人才。1921 年厦门大学成立，设置工学部，开采采矿冶金科、化学工科、电气工科、机械工科、建筑工科、土木工科等系科。1922 年东北大学成立，设置理工科，清华学校 1926 年设置包括工程系在内的 17 个学系。1924 年中山大学成立，设置理工科"。② 虽然清华学校仍为一所留美预备部学校，主要选派赴美留学生，但后期在国内"改大潮"及自身长远发展需要的推动下，开始改办大学，其工程学系的成立，以及课程设置的逐步体系化、师资队伍的不断壮大、基础设施的渐趋完善、人才培养的自主化等，为该时期国内高等工程教育增补了重要力量。

二、清华学校工程留学生的历史影响

清华学校时期选派的工程留学生较之前数量有了较大的增长，且这些学生在国内进行了系统的培训、严格的选拔，再入美国高等院校接受良好的学术训练，学成归国后在国内高等工程教育、工业实业等的发展中发挥了重要作用。

（一）为国内工程教育补充了大批优秀师资

陈立夫在《三十年来之工程教育》一文中曾提出："在民国第一十年中，欧美日本各国留学生，既均以习工程者为多，其于此后国家工程人材之供给，工程教育之发展，关系均极重大，此为本期工程教育之一大特色，

---

① 陈立夫：《三十年来之工程教育》，《高等教育季刊》，1942 年第 1 卷第 4 期。

② 王孙禺、刘继青：《中国工程教育"国家现代化进程中的发展史》，北京：社会科学文献出版社，2013 年，第 76～77 页。

不可不知也。"①清华学校时期派送的工程留学生学成归国后多从事教育,一些在国内高校担任院系领导职务,对创办和发展工科发挥了重要作用。例如:茅以升(1916专②),曾担任唐山交通大学、东南大学、北洋大学等校校长,"在长期的工程实践和教育中,茅以升先生发现我国工程教育存在理论与实际脱节、通才与专才脱节、科学与生产脱节、招生标准偏重理论、对于学生毕业的条件偏重理论轻视实践等问题,并结合自己多年的工程实践和工程教育经验,提出了包括培养目标、教学计划、课程设置、培养模式等方面内容的工程教育思想,即'习而学'的工程教育思想"。③ 萨本栋(1922),在任国立厦门大学校长期间,"以他个人的声望以及与清华大学和留美的关系,千方百计,招聘到一批有声望的教授",并"主持成立了土木工程系(曾兼任系主任)、机电工程系、航空工程系",兼任数理系主任,"实施通才教育,推行导师制,实行主辅修制;但并不完全照搬,限于长汀厦门大学的资源条件,他更突出教学的中心地位",为厦门大学的发展做出了巨大贡献④。顾毓琇(1923),"曾在多所高校任教,其中,在担任清华大学工学院院长期间,极力倡导和从事工程教育实践,致力于工学院建设,探讨工程教育理论,从事实上和理论上证明了工程教育的重要性和必要性;抗战时期,积极支持当时的推进师范教育运动,并表达了自己对有关国家文明兴盛和繁荣发展的师范教育的意见;抗战胜利前后,出任国立中央大学校长,视学校为'研究学术的最高机关',尊重教授地位,重聘优秀教授,完善学科发展,重视学术研究,有力地推进了中央大学的发展"。⑤ 梁思成(1923),曾任东北大学建筑系系主任、清华大学建筑系系主任,"引进了欧美建筑学的现代教学经验又用科学的方法研究中国传统建筑,西为中用,古为今用,制订了切合中国实际的教学大纲、教材和方法"⑥。此外,还有廖慰慈(1912),曾任上海之江大学土木系主任、杭州之

---

① 陈立夫:《三十年来之工程教育》,《高等教育季刊》,1942年第1卷第4期。

② 括字中数字为赴美年份,后同。

③ 王雄:《"习而学":茅以升工程教育思想研究》,《高等工程教育研究》,2011年第4期。

④ 朱邦芬:《"中国的脊梁"和"万人敌"——纪念萨本栋先生》,《物理》,2013年第11期。

⑤ 谢长法:《留美学生顾毓琇的教育思想与实践》,《徐州师范大学学报(哲学社会科学版)》,2009年第35卷第6期。

⑥ 费麟:《清华记忆:忆梁思成先生的言传身教》,《建筑创作》,2006年第10期。

江大学工学院院长等；陆凤书（1913），曾任国立武汉大学土木工程系主任、工学院代院长等；薛桂轮（1914），曾任南开大学矿科主任、东北大学采矿冶金系主任等；缪恩钊（1914），曾任湖南大学土木工程系主任等；张可治（1916），曾任国立中央大学机械工程系主任等；钱昌祚（1919），曾任中央航空学校教育长、航空机械学校校长等；高惜冰（1920），曾任东北大学工学院院长；施嘉炀（1923），曾任清华工学院院长；陈植（1923），曾任之江大学建筑系主任；庄前鼎（1925 专），曾任清华大学机械工程学系系主任等；杜长明（1926），曾任中央大学化工系主任等。

赴美工程留学生回国后多亲自参与讲授课程、编写讲义，不仅传授具体的专业技术知识，而且注重培养学生的学习方法。如涂羽卿（1914），"为教学和科研需要，他亲自制作许多实验设备，鼓励学生独立思考、自己动手作实验，不依赖老师解答问题。课后，他想方设法带学生到校外参观，获得感性知识"。[1] 朱物华（1923 专），"从事高等学校教学工作六十年，先后讲授电信网络、无线电原理、信息论等 21 门课程。最先编著我国电子学科教科书。……他治学严谨，诲人不倦。重视基础理论教学，重视实验研究和基本功训练。以生动而深刻的课堂教学，颇具特色的教材，理论联系实际的科学作风精心培养了一大批科学技术人才，一代又一代的专家、教授、学者。他的许多学生如朱光亚，杨振宁，马大猷，严恺，刘恢先，张维，吕保维，顾兆勋，常迵，唐振绪，沈克琦，江泽民，林为干，黄宏嘉，夏培肃等都是国内外知名的专家、学者和栋梁之才"。[2] 蔡方荫（1925），"从事教学工作先后近 20 年，他的治学精神非常严格认真，他为了充实教学内容，不采用一般外国教科书而自编讲义。他的著作，内容比较丰富。他平日对学生要求很严格，辅导学生也很耐心，强调认真读书、学好基本功。抗日战争期间，他仍坚持著作《普通结构学》一书，于 1946 年出版"。[3]

（二）有力促进了国内工程实业发展

"自世界大战以后，各国莫不致力于经济建设；一方面固然为着企图

---

[1] 李宜华：《追求光明与真理的使者——记原上海圣约翰大学校长涂羽卿博士》，《教师博览》，1996 年第 12 期。

[2] 汪鸿振：《朱物华教授传略》，《电工教学》，1993 年第 3 期。

[3] 《悼蔡方荫先生》，《土木工程学报》，1964 年第 1 期。

恢复战前的繁荣,而另一方面却是忙于未来大战的准备。我国自国民政府奠都南京以来,亦以经济建设为立国之根本的策略,最近国府又通令全国从事于国民经济建设运动,以冀我国经济建设之急速进展,构成近代国家化。根据全国经济委员会之统一的经济建设事业,则为公路建设、水利建设、农业建设等,同时铁路事业亦有惊人的发展"。① 特别是五四运动爆发后,国内掀起抵制日货、提倡实业救国的热潮,对工业发展起到了一定的推动作用,即"吾国自受外侮以来,抵制洋货之举,非一二次矣。而国内贫弱如故,洋货畅销如故,外人之侮我,且日甚一日。推其原,要皆不能持久之故也。夫一时之感情易动,持久之意志难能,国民稍有气血,莫不爱国,闻抵制洋货之提倡,莫不慷慨激昂,争先附和者也。及是日稍久,爱国之血渐冷,敌忾之气渐和,国内出品,渐觉不足应用,而抵制洋货之声,遂日低一日矣","此次抵制日货,举国响应,如能坚持到底,不难制日本死命,否则徒足以证明五分钟之热心,愈使日人以为中国可灭而已。持久之法,非提倡国货不可,提倡国货,非多设工厂不可,多设工厂,非口头之事也。非实地经营不可,是故不能实地经营,即不能多设工厂,不能多设工厂,即不能提倡国货,不能提倡国货,则抵制日货不能持久,非特不足以难日人。行将见日人之笑我五分钟热心,而谓中国易灭矣"。② 这一时期,清华赴美工程留学生学成归国后在工程实践领域也取得了卓越成就。主要分为以下几类:

首先,一些赴美工程留学生投身实业,创办厂矿、公司等。例如:吕彦直(1913),曾参与创办东南建筑公司、真裕建筑公司,后又独创彦记建筑事务所,设计的南京中山陵及广州中山纪念堂在建筑界产生了深远影响。关颂声(1913),曾创办天津基泰工程司,"它是我国北方最早的也是原来发展成全国规模最大的一所私人建筑设计事务所。1927年后其总部由天津迁至南京,至抗战胜利,其分所曾设在天津、北平上海、重庆、成都、昆明、香港等地,1949年后迁往台湾。……据不完全统计,基泰由始至终完成的设计项目多达110多项,遍及天津北平、上海、南京沈阳、重庆、成都、

① 冯亨嘉:《中国铁道建设的展望》,《钱业月报》,1911年第1期。
② 《实业救国之筹备》,《清华周刊》,第172期,1919年5月29日。

贵阳、香港、台湾等地"。① 此外还有：李祖贤（1914），曾在上海创办六合贸易工程公司，承建有德士古公司浦东油码头、南京原故宫博物馆、中央研究院、中央银行等大批工程；林绍诚（1915），曾与凌其峻、朱家忻合办"中国制瓷公司"，填补了当时国内工业用电瓷、瓷砖的生产空白；陈希庆（1919），曾参与创办福建造纸股份有限公司，生产的海月等纸种成为国产名牌；赵深（1920），曾创办赵深建筑事务所，并与陈植（1923）合办赵深陈植建筑师事务所（后改为华盖建筑师事务所），创作了大上海电影院、恒利银行等一批近代中国建筑史上具有影响的作品；唐炳源（1920），曾创立南海纺织有限公司，并开设南海纱厂，其生产的棉织品率先打入西方英美市场；周大瑶（1923），曾主持创办四川资中复兴酒精厂；等等。

其次，不少赴美工厂留学生承担工程技术骨干职务，为工业建设解决了许多技术难题。例如：徐允钟（1913），曾任永利碱厂"基建施工、设备制造和安装工程的主要负责人"，"后又协助侯德榜开展攻关，掌握了索尔维法制纯碱工艺的全部秘密"。② 应尚才（1913），曾首次自行设计并监造了适合中国需要的大型蒸汽机车，主持并制订了一系列铁路机车车辆的技术标准规范，是中国铁路技术标准的开拓者之一。茅以升（1916 专），曾任江苏水利局局长、浙江省钱塘江桥工程处处长、交通部桥梁设计工程处处长、中国桥梁公司总经理等，主持、参与了钱塘江大桥、武汉长江大桥等的修建。谭真（1917 专），筑港工程和航道专家，曾任天津运河工程局任副工程司、天津允元实业公司任经理兼总工程师、新港工程局副局长兼总工程师、交通部副部长等，解决了许多重大工程技术难题，是中国筑港工程奠基人之一。梅旸春（1923），曾任中国桥梁公司汉口分公司经理兼总工、铁道部设计局副局长兼武汉长江大桥测量钻探队长及副总工、大桥局总工兼测量钻探队长，"参与钱塘江大桥、中缅公路澜沧江大桥、湘桂铁路柳江大桥的审图、施工或设计工作"，主持武汉长江桥钻探工作及南京长江大桥勘测、设计、试验和施工。③ 刘甫淇（1925），曾任全国经济委员会

---

① 杨永生：《谈谈基泰》，《建筑创作》，2007 年第 3 期。

② 《吕彦直与清华学校 1913 届毕业生（下）》，http://blog.sina.com.cn/s/blog_6359347901014eno.html。

③ 《梁思成那一届"清华放洋生"大追踪（上）》，http://blog.sina.com.cn/s/blog_629cd1090101cq5f.html。

卫生实验处任工程师、天津济安自来水股份公司总工程师、业务主任、副总经理,中国首家国家级给排水设计院首任副院长兼总工程师,"主持建成完全由中国人自己设计、建造的新乡市给排水工程系统"及"主持设计建造了郑州市、天津杨村机场、太原重型机械厂的水厂、水塔和排水沟渠",被评为天津市特等劳动模范①。陈土衡(1928),曾任上海电力公司工程师、主任工程师、处长,上海电业管理局业务处副处长、总工程师,电力工业部电力科学研究院电测室主任,电力部科技情报所高级工程师,"主持建立电力部电工计量一级标准试验室,为解决直流标准和量值传递等技术难题作出了重要贡献"②。刘建熙(1928),曾任铁路总队正工程师、湘桂黔铁路工程局副局长、贵州支前抢修委员会委员兼工程组组长等,"负责湘鄂、平汉、浙赣铁路全线桥梁、涵洞、隧道、车站的设计、加固与审核等工作,获得交通部嘉奖","负责湘桂线路勘测设计,天成铁路天水以南秦岭山脉线段踏勘、初测和定测任务";"在修建成渝、宝成和川黔、贵昆等西南铁路大会战中,担负全国技术领导工作,克服了地形复杂、物资供应紧张、工具落后的困难,采用多项行之有效的技术措施,缩短工期"③。

(三) 极大地推动了国内工业科学化运动

清华庚款留学生在学习美国先进工业技术的同时,亦逐步认识到科学研究对实业发展的重要性,他们回国后通过各种途径力倡工业技术研究,推动了工业的科学化运动。首先,许多赴美工程留学生回国后在高等院校及研究院所进行科研工作。例如:吴承洛(1915),先后任实业部度量衡局局长兼度量衡检定人员养成所所长、中央工业试验所所长、经济部工业司司长和商标局局长、政务院财经委员会技术管理局度量衡处处长和发明处处长等,"主持建立度量衡制度、标准制度、发明专利制度和工业试验制度等,为开创和发展新中国的计量、标准化事业作出了贡献"④。萨

---

① 《高士其和清华1925届放洋生》,http://blog.sina.com.cn/s/blog_63593479010118au.html。

②③ 《赵访熊和清华1928届毕业生(上)》,http://blog.sina.com.cn/s/blog_63593479010012ttq.html。

④ 邱隆、陈传岭:《中国近代计量学的奠基人——吴承洛》,《中国计量》,2010年第8期。

本栋(1922)，"在清华大学任教的9年中,他在研究电路、电机工程以及真空管性能方面,取得了丰硕成果。他创造性地将并矢方法和数学中的复矢量应用于解决三相电路问题,被认为开拓了电机工程的一个新的研究领域"。① 顾毓琇(1923),"在学术风格上独树一帜、标新立异,使他从早年崭露头角的'四次方程通解'到获得被誉为国际电子与电工领域诺贝尔奖的'兰姆金奖';他在学术态度上敢为人先、开拓创新,使他最早提出在中国研制计算机并与控制论的缔造者N.维纳一起开始实施,并由此对N.维纳创立控制论产生了一定的影响;他在学术精神上坚持探索、锐意进取,使他在数学、电机和现代控制理论领域贡献卓著,直至晚年还在非线性系统和混沌问题的研究方面屡有建树"。② 许鉴(1925),曾任铁道科学研究院铁道建筑研究所首任所长,"他领导的'用水泥预应力轨枕替代枕木'和'长钢轨研制'两个项目,为日后我国铁路运输的提速打下了基础;他在业务方面的许多独到的见解,丰富了中国铁路工程理论;发表的主要论文和著作有《铁路竖曲线》《用视距法作铁路初测之总探讨》《泰乐鲍陀螺形曲线》《铁路弧线绳正法》《怎样搞好铁路弯道》《绳正铁路计算新法》等。"③蔡方荫(1925),"在多年从事教育工作及科学研究工作期间,写出很多有价值的研究著作。先后在国内外发表的有关土木工程及结构力学的主要篇文有40余篇……《变截面刚构分析》一书更集中地表达了他长期研究刚构分析的成就。这一著作曾获得中国科学院1956年科学三等奖金"。④ 朱物华(1923专),"他在国内首次对'滤波器的瞬流'进行了研究,论文在1928年日本东京万国会议上选读。对苏联电力线路上使用的除带滤波器式宽频阻波器设计中电参数的选择,提出了新见解。设计的新电路提高了滤波器性能。在中国电子学报上发表了'电力线路上的载波通道中噪声的相关分析'论文,在电子技术等刊物上发表了'电子战争'等论文。60年代,朱物华教授服从国家需要,从事水声工程的教学和

---

① 朱邦芬:《"中国的脊梁"和"万人敌"——纪念萨本栋先生》,《物理》,2013年第11期。

② 杨慧中、方光辉、纪志成:《顾毓琇先生在科学技术上的创新开拓》,《江南大学学报(人文社会科学版)》,2003年第2卷第1期。

③ 《高士其和他的68位清华老同学》,http://blog.sina.com.cn/s/blog_63593479010118au.html。

④ 《悼蔡方荫先生》,《土木工程学报》,1964年第1期。

研究,'水声工程''船舶噪声控制''噪声预报'等方面进行了深入的研究。翻译了三百多篇国外的论文。"①任之恭(1926),曾任清华无线电研究所所长等,"从40年代末始后的20多年中任之恭先生在微波波谱领域作出了许多先驱性的贡献。他利用电子自旋共振的方法研究了由于核磁矩与分子转动磁矩的耦合而产生的超精细结构"。②

其次,部分赴美工程留学生在工程实业领域进行科研开发。如侯德榜(1912),回国后受聘为永利化学工业公司总工程师,面对当时国内工业技术的落后情形,他曾提出:"化学工程是应用化学于制造的一种工程,我们可以说化学工程是化学同机械工程合起来的一种工程,你们可以为化学而学化学,不过化学工程师才是实在做事的人,化学工程不过三十年内所产生的新学科,一国无化学工程就不会兴旺,因为日常用品则必须仰给于外国,中国现在连茶叶,盐都要仰给于外国,中国总是供给外国原料,外国制就后又拿来售于中国,这种情形可说无可再坏了!现在每年进出口之值相差甚远如长此这样,中国恐不能自立……"③其后,"为了实现中国人自己制碱的梦想,揭开苏尔维法生产的秘密,打破洋人的封锁,侯德榜把全部身心都投入到研究和改进制碱工艺上,经过5年艰苦的摸索,终于在1926年生产出合格的纯碱。其后不久,被命名为'红三角'牌的中国纯碱在美国费城举办的万国博览会上获得了金质奖章,并被誉为'中国工业进步的象征',在1930年瑞士举办的国际商品展览会上,'红三角'再获金奖,享誉欧、亚、美洲。……侯德榜与永利的工程技术人员一道,认真剖析了察安法流程,终于确定了具有自己独立特点的新的制碱工艺,1941年,这种新工艺被命名为'侯氏制碱法'。1957年,为发展小化肥工业,侯德榜倡议用碳化法制取碳酸氢铵,他亲自带队到上海化工研究院,与技术人员一道,使碳化法氮肥生产新流程获得成功,侯德榜是首席发明人。当时的这种小氮肥厂,对我国农业生产曾做出不可磨灭的贡献。"④张文潜

---

① 汪鸿振:《朱物华教授传略》,《电工教学》,1993年第3期。
② 杨晓段、陈鸿林:《微波波谱研究的先驱者——任之恭教授》,《现代物理知识》,1997年第3期。
③ 侯德榜演讲,张光、贺团记录:《化学同化学工程》,《清华周刊》,第301期,1924年1月4日。
④ 张婷:《侯德榜——中国化学工业的先驱》,《大众科技报》,2004年11月02日。

（1918 专），潜心钻研适合加工南通棉花的工艺技术，培育出纤维长度较长的青茎鸡脚棉，写成《青茎鸡脚棉之纺纱值》一书，对于应用鸡脚棉纺纱发挥了指导作用；后又经过一系列工艺参数的试验探索，试制成可与进口名牌产品相媲美的"电车牌"优质绒布。

再次，部分工程留学生还创建和参与了中国科学社、中国工程学会、中国化学工程学会等学术团体，及《化学工程》等学术刊物，为向国内传播西方先进科研方法、研究成果及资讯提供了媒介，有效推动和加快了国内科学研究的发展进程。例如：吴钦烈（1914），"是中国化学会、化学工程学会的积极会员，《中国化学会会志》《化学工程》的编辑、化工名词的审定者之一"。① 吴承洛（1915），"早在美国留学期间，就参加了中国科学社和中国工程学会……他发起成立的学术团体，有中华化学工业会、中国化学会、中国度量衡学会、中国化学工程学会和中国制革工程学会等。他参加的学术团体有 15 个之多"，并任《化学》"中国化学会会务"专栏主编等②。张洪沅（1924）、吴鲁强（1924）、杜长明（1926）、顾毓珍（1927）等"以'研究化工学术，提倡化工事业'为宗旨，共同发起成立'中国化学工程学会'，出版了会刊《化学工程》等"。③ 曾昭抡（1920），"参加了中国科学社、中国自然科学社、中国化学会、中国化学工程学会和美国化学会等学术团体，并在其中担任了不少领导职务，参加了许多重要活动，特别是对中国化学会的创建和发展，做出了重要贡献"。④ 关颂声（1913），曾参与中国建筑师学会及中国营造学社等⑤。施嘉炀（1923），中国水力发电工程学会首届理事长，"还担任《水力发电学报》第一届编委会主任，倡导编纂了《水力发电技术知识丛书》，共计 25 个分册。这是一套通俗易懂，便于自学的参考书，对普及水电知识，提高广大职工的科学技术水平起了良好的作用"。⑥

---

① 《金岳霖与清华学校 1914 届毕业生（下）》，http://blog. sina. com. cn/s/blog_6359347901015j2o. html。

② 中国科学技术协会：《中国科学技术专家传略-理学编·化学卷1》，北京：中国科学技术出版社，1996 年，第 50～51 页。

③ 《周培源和清华 1924 届放洋生》，http://blog. sina. com. cn/s/blog_6359347901010k14. html。

④ 《曾昭抡：我国近代教育的改革者和化学研究的开拓者》，《光明日报》，2005 年 11 月 23 日。

⑤ 《吕彦直与清华学校 1913 届毕业生（下）》，http://blog. sina. com. cn/s/blog_6359347901014eno. html。

⑥ 《著名的水力发电学家和工程教育家——施嘉炀》，http://power. in-en. com/html/power-20072007011062115_2. html。

（四）加快了中国政治及科学民主化进程

有学者言："在中国近代化的历史进程中，'庚款留美'学者积极介绍西方民主、自由、人权、法制等思想，批判北洋军阀政府和国民党政府的专制统治，不仅推动了中国经济、教育、科技的进步，而且在传播现代民主思潮、推动中国政治民主化进程中也起了积极作用。"[①]"然而革命事体非空言可以奏效者也，必须有领袖之人材焉，且要有有胆量于学识而有牺牲之人材而后可，而凡此重任非留学生莫属。吾以是期诸留学生者，盖留学生学识较充，且久历外洋洞悉国际大势，以之进行革命事业，当无疑难，且诸君受国家厚惠至优至重，舍身救国，实为诸君天职，宜无容其逃避者也"。[②] 清华庚款留美生深受美国社会的影响，如任之恭回忆："我第一次到美国，开始于1926年，我在麻省理工学院和哈佛持续读了7年书，这使我第一次直接接触西方文化。来自一个有丰富文化遗产而社会和政治结构却极其脆弱的国家，我对西方的哲学和政治制度特别感兴趣。'五四运动'之后，我在中国听到许多这方面的事情，来美国后，我被实际亲眼看到的关于社会与政治的观念深深地感动了。我钦佩大多数民主理想与制度、司法体制和美国政府的预算平衡结构——这个国家最好地体现了林肯著名的宣言所说的'民有、民治、民享'的政府的各个方面。"[③]

那些身在国外的清华庚款留学生亦十分关心国内社会的发展形势，如中国在巴黎和会上的失败激起了爱国人士的强烈愤慨，"当时正在专心致志撰写博士论文的庚款留美学生茅以升毅然扔下笔，组织留学生运动，声援国内人民的斗争。茅以升是匹兹堡中国留学生会副会长。在声援运动中，他亲自撰写文章和宣传小册子，编写京剧、话剧，起草'抗议声明'，积极配合国内的'五四'运动"[④]。顾毓琇在美期间，与朱湘、闻一多等人"鉴于目前中国地位之危急，非有真正之国家文学，鼓吹民气，发扬民德不

---

① 徐鲁航：《"庚款留美"学者在推动中国政治民主化进程中的作用》，《汕头大学学报（人文科学版）》，1997年第13卷第2期。

② 子隽：《留学生之迷梦与责任》，《清华周刊》，第367期，1926年1月8日。

③ 任之恭著，范岱年等译：《一位华裔物理学家的回忆录》，太原：山西高校联合出版社，1992年，第160~161页。

④ 徐鲁航：《"庚款留美"学者在推动中国政治民主化进程中的作用》，《汕头大学学报（人文科学版）》，1997年第13卷第2期。

可。已定在本国创办一种文艺刊物专为提倡国家主义之用"。① 部分赴美工程留学生直接参与抗战活动。例如：孙立人（1923），融中国传统教育与西方新式军校教育于一体，练兵有道，抗战时期亲率中国远征军新三十八师入缅作战，战功卓著、威名远播、蜚声国际。齐学启（1923），曾任中国远征军新 38 师少将副师长兼政治部主任等，抗日战争全面爆发后率部参加淞沪会战、仁安羌战役，屡立战功。

部分赴美工程留学生在抗战中提供大量物质供应。如杨锦魁（1913），"抗战初期，在英租界自己开办的'宝华油漆厂'里，曾冒险支持制造炸药支援八路军"。② 程宗阳（1913），"抗战时期，任天府煤矿矿长六年，克服各种困难，全面完成了对矿井的改造和矿山的建设，挖掘旧矿潜力，努力增产，使天府矿的原煤产量由原来年产 10 万余吨提高到 40 余万吨，为缓解陪都重庆煤荒，解决能源供应，支援抗战，作出很大贡献"。③ 吴承洛（1915），"任职中央工业试验所期间，日本侵略者在上海发动'一二八'事变，他与中共地下党员钟林，对烟幕、毒气等进行研究，并研制出防毒面具，为国防化学做出了贡献"。④ 鲍国宝（1918），抗战期间，"在'保卫大广东'的号召下，决心坚持发电，以电力支援抗日"。⑤ 顾谷成（1919），"抗日战争爆发后，于 1938 年底接国民政府军事委员会调令，从交通部新路工程处赶赴川滇，参加了滇缅铁路及空军基地的建设。在那里奉职七年直到抗日战争结束"。⑥ 金开英（1924），"抗战时，先任植物油提炼轻油厂（后改名动力油料厂）厂长（少将衔），后负责甘肃玉门油矿炼油厂工作，不畏艰难'土法上马'分馏石油，支援稀缺"。⑦ 黄文炜（1925），"组织从福建沿海抢运机器设备到长汀，坚持生产，支援抗战"。⑧ 另有：高惜冰

---

① 《救国有心》，《清华周刊》，第 343 期，1925 年 4 月 17 日。

②③ 《吕彦直与清华学校 1913 届毕业生（下）》，http://blog.sina.com.cn/s/blog_6359347901014eno.html。

④ 中国科学技术协会：《中国科学技术专家传略·理学编·化学卷 1》，北京：中国科学技术出版社，1996 年，第 49 页。

⑤ 《鲍国宝：紧急送电进北平》，《瞭望东方周刊》，2009 年第 39 期。

⑥ （美）渠昭：《抗战中建设的滇缅空军基地》，《世纪》，2013 年第 2 期。

⑦ 《北大校长周培源与他的 66 位老同学》，http://blog.sina.cn/s/blog_437d765d0101at3b.html。

⑧ 《高士其和他的 68 位清华老同学》，http://blog.sina.com.cn/s/blog_63593479010118au.html。

(1920)、王崇植(1921专)、黄人杰(1924)等,积极为抗战提供军需物资。

还有部分赴美工程留学生进行了爱国宣传活动。如洪深(1916),抗战爆发后,"积极投入抗日的洪流,一面参加各种戏剧演出活动,一面参与上海戏剧界救亡协会组织的救亡演剧队的工作,并亲自担任救亡演剧第二队的队长,深入内地进行抗日救亡的宣传。……在抗战时期创作的独幕剧和多幕剧有十几部,其中最有代表性的作品有《走私》、《飞将军》、《包得行》、《米》、《黄白丹青》、《鸡鸣早看天》等"。[1] 张乔啬(1924),"抗战胜利后,曾任中国驻华盛顿物资供应委员会专员,期间,在华侨知识界进行宣传,联络爱国华侨反对美国给国民党政权提供军事援助,在报刊上撰文,批驳美国媒体对中国共产党的恶意诽谤"。[2]

综上所述,清华学校时期工程学系的建立有其历史发展的必然性和合理性,是特定历史条件下的产物。清华学校期间派遣学生出国留学,培养了一批学有专长的工程技术专家,形成了一支高级工程技术人员和工程技术教育的师资队伍,他们在发展我国的工业、交通和教育事业等方面做出了重要贡献。与此同时,清华学校中后期适应国内工业化及国内"改大潮"的趋势,开始向大学过渡,成立相关学系、引进中国教员,自主培养高级工程技术人才。虽然,基于种种主客观因素制约,清华学校时期工程学系并没有完全实现预期目标,但总体而言,它的建立为当时社会工业建设培养了急需的实用工程人才,为工程学科及工程教育做出了有益的探索和尝试,同时这也为后来国立清华大学时期工学院的创办进一步奠定了基础。

---

① 刘平:《"戏剧应该敏锐地反映时代"——论洪深抗战时期的戏剧创作》,《剧本》,1996年第2期。

② 《北大校长周培源与他的66位老同学》,http://blog.sina.com.cn/s/blog_437d765d0101at3b.html。

国立清华大学初期工学院的创办

国民党北伐胜利后,为满足经济、政治及国防等发展的需要,自 20 世纪 20 年代末期大力推行"提倡实科、限制文法"的教育政策。该时期,国立清华大学积极适应形势需求,创办工学院,其工程教育迎来了一个较快的发展时期。至抗战全面爆发前,国立清华大学工学院在教学方针、课程设置、基础设施、师资队伍、人才培养等方面取得较大进展,逐步完成独立化的转型,成为国内工程教育的重要力量。

第一节　国立清华大学初期工学院的创办历程

国立清华大学初期,罗家伦长校后将工程学系更改为市政工程系,但因经费等原因曾一度遭董事会裁撤,经师生多方努力最终得以恢复,并于梅贻琦执校期间得以扩充建院。

一、工程学系裁撤风波

1928 年 6 月国民政府北伐胜利,8 月清华学校正式更名为国立清华大学,罗家伦受命担任校长。在他到校前,清华同学会萧仁树、傅任敢、钟一帆等至南京与其正式会谈,对学校的发展提出一些希望,要求"凡不合理需要及无学生之各系,应分别裁并之"[1]等,罗氏对所提问题亦分别予以答复。9 月 18 日,罗家伦到校宣誓就职,他在就职演说中即提出:"我动身来以前,便和大学院院长蔡先生商量好如何调整和组织清华的院系。我们决定先成立文、理、法三个学院。……至于工程方面,则以现在的人才设备论,先成立土木工程系,而注重在水利。因为华北的水利问题太忽视了,在我们附近的永定河,还依然是无定河。等到将来人才设备够了,

---

① 萧仁树、傅任敢、钟一凡:《南下代表报告书》(1928 年 9 月 13 日),《清华周刊》,第 443 期,1928 年 11 月 17 日。

再行扩充成院。"①随后,罗家伦对学系进行了整改,亦正如他所言:"家伦之来清华,主要的目的和使命,在对于清华校务下一番整顿改革,而使其于中华民族在学术上的独立发展,及新中国的建设上,能够有所贡献和帮助。"②其中,"工程系原为普通工程系,将来拟改为市政工程系。现以三四年级学生关系,暂且仍旧。……工程系改为市政工程系,一以清华的财力人材设备,办理普通工程,均不易与上海、唐山交通大学、北洋大学及北平大学工学院竞争。再者市政工程人材,确为目今新中国的建设期中所急需。将来对于市政工程系学生,除工程学科外,同时并授以实际的地方行政知识,养成市长兼工程师的人材以备小城市的需要"。③由于北洋军阀混战致使社会满目疮痍,国民政府北伐胜利后首先面临的就是国家建设和治理问题,而当时国内市政工程人才极其匮乏。例如,对于当时国内市政人材的状况,陈念中在《关于我国造就市政人才之商榷》一文中说道:"国内创立市政,实由广州开其端。今岁党军统一江南,奠定国基以后,沪宁杭甬之市政府,相继成立;最近苏州无锡等处,亦以筹备市政闻矣,继此以往,则我国市政事业,正方兴未艾也。""惟观察各处市政府,往往成立数日,而各局人选,尚未决定,既定矣,又常以不称职去;局长科长之人选无论矣,其须为专门人才也,自无可疑,即此科长以下各职员而论,大都为中小学校毕业生或其教职员,向无市政训练,一旦令其操刀而割,使学为政,不亦难乎。今我国创办市政之新都市,为数不过六七,而缺乏市政人才之恐慌已如此,然则四五年后,市政府之成立者更多,市政人才之需要将十百倍于今日,又何从而供其急需耶。""国内各大学,不论私立国立,如欲适应时势之需要,必须设立市政学系或学院,以造就市政人才。"④因此罗家伦执掌清华后即适应形势所需,将工程学系改为市政工程系,积极推动市政工程人才的培养,"将来对于市政工程系学生,除工程学科外,同时并授

---

①　罗家伦:《学术独立与新清华》,清华大学校史研究室:《清华大学史料选编》(第二卷上册),北京:清华大学出版社,1991 年,第 200 页。

②③　罗家伦:《整顿校务之经过及计划(上董事会之报告)》,《国立清华大学校刊》,第 12 期,1928 年 11 月 23 日。

④　陈念中:《关于我国造就市政人才之商榷》(续),《清华周刊》,第 414 期,1927 年 9 月 30 日。

以实际的地方行政知识，养成市长兼工程师的人材以备小城市的需要。"①

1928 年 11 月 29 日至 12 月 3 日，清华大学董事会第一次会议在南京召开。此次会议上，罗家伦呈交其整理校务之计划报告书，"学校各机关以及各学系，第一次会议皆经通过，惟市政工程系保留"。② 第二次会议上，"众董事皆以为清华将成为何种性质之大学校，其政策应及早决定。农学系及体育系固当裁撤，但不裁工程系，尚嫌不甚彻底，故一致主张下学期裁撤"。③对董事会裁撤工程学系这一突如其来的决定，是清华学人始料未及的。例如，当时《清华周刊》刊载："清华未开董事会之前，同学皆抱莫大希望；以为清华前途之发展，将以此会而决定。熟知会议结果，乃竟有大出人意料之外者。查此次议决各案除仅少数不关重要之问题外，其根本大计，以及学校扩充之问题，乃竟付诸缓议，能不令人痛心！"④因此，当罗家伦将董事会撤销决定发回北平时，立即引发了市政工程系师生的强烈反对，"工程系师生觉得过去四年中工程系虽然改变了几次政策，未入正规，但设备方面历年来学校已耗款二十多万，岂可任董事会一喜怒之间把他裁撤，绝去清华学生学习工程的途径。因此抱不折不挠的精神奔走南北极力抗争"。⑤ 如 12 月 10 日，市政工程系全体教职员发表声明："清华大学工程学系成立业已三载，其间虽经种种变故，从未有如此次董事会之议决自下学期起即裁撤工程学系之出人意外者。……倘取消工程学系之理由，可以成立，同人等自当绝对服从；若不然，则惟有始终据理力争，决不能受任何团体之任意摧残也。"⑥并从理论、事实两方面提出不应取消工程学系之理由，即：(一)理论上，清华市政工程学系绝对不应取消。(甲)市政工程适应国内现代之潮流与需要；(乙)市政工程为全国各工科大学所未设；(丙)市政工程在清华举办易于充分发展；(丁)市政

---

① 罗家伦：《整理校务之经过及计划（上董事会之报告）》，《国立清华大学校刊》，第 12 期，1928 年 11 月 23 日。

②③ 《本校董事会开会经过》，《国立清华大学校刊》，第 23 期，1928 年 12 月 19 日。

④ 一得：《清华之扩充问题》，《清华周刊》，第 450 期，1929 年 1 月 5 日。

⑤ 夏坚白：《土木工程系的过去和现在》，《清华周刊》，第 514-515 期，1931 年 6 月 1 日。

⑥ 《清华大学市政工程系不应取消之理由》（1928 年 12 月 10 日），《国立清华大学校刊》，第 21 号，1928 年 12 月 14 日。

工程在清华已有稳固之基础;(戊)市政工程学生人数占全体学生八分之一以上;(己)市政工程预算无动用基金之必要。(二)事实上,取消市政工程学系有绝大之牺牲。(甲)牺牲学校信用及国家教育之目的;(乙)牺牲学生光阴,妨碍建设前途;(丙)牺牲已有之工程设备及建筑费二十万元。① 基于上述种种理由,全体教职员希望董事会"从速自动复议取消此案,俾市政工程学系得以继续进行。倘经过相当时期,而董事会仍坚持原议,则希望罗校长本其提倡市政工程之初致,据理力争;同时希望我校评议会、教授会及同学会予以实力的协助。"②

《市政工程学系教职员昨发出声明书》

(《市政工程学系教职员昨发出声明书》,《国立清华大学校刊》,第20期,1928年12月12日)

学生方面也积极采取行动。如12月16日晚,市政工程系学生召开全体大会,请罗家伦报告董事会议决裁撤工程系的经过,以及校长本人意见。罗家伦在会上表示,将工程系改为市政工程系是其办学计划之一,因此不会赞成取消市政工程系,而且在董事会上也为此做了争取。由于未能得到满意的答复,学生请校长退席后,继续开会讨论,议决要案如下:"1.清华工程系应永久存在,办法:(1)联合本校教职员同学作大规模的拥护本系运动,(2)发表宣言反驳董事会撤销工系之理由,2.于最短期间

---

①② 《清华大学市政工程系不应取消之理由》(1928年12月10日),《国立清华大学校刊》,第21号,1928年12月14日。

《市政工程学系全体教职员为裁撤该系事上董事会书》
《清华大学市政工程学系不应取消之理由》①

内分头与各教授接洽请主持本系永久之存在。"②12 月 17 日，市政工程系学生发表宣言，陈述了市政工程系不应取消的七个理由，要求董事会"本其维护本校之热忱，对于此案慎加考虑，从速复议，取消此案。尤望能对于本系加以培植，使为全国市政工程人才之渊薮，开中国建设之基源，国家前途，实利赖之。诸公均明达之士，想定能体谅同人等之苦衷而予以同情与援助也"。③ 同时，市政工程系同学"专门成立特别委员会，负责护系运动"④，"此后，工程系学生根据特别委员会的统一部署，分别接洽评议会成员、校长和有关教授，寻求支持。"⑤例如，"1. 见本校评议员谈话情形——闻于请董事会覆议，及该系预算事均表示同情。叶企孙先生并表示在新预算中使工程系之预算仍旧列入。2. 见校长谈话情形(一)关于请

---

① 《市政工程学系全体教职员为裁撤该系事上董事会书》(1928 年 12 月 10 日)、《清华大学市政工程学系不应取消之理由》(1928 年 12 月 14 日)，《国立清华大学校刊》，第 21 期，1928 年 12 月 14 日。

② 《工程学系全体学生大会记事》，《清华周刊》，第 448 期，1928 年 12 月 22 日。

③ 《工程学系全体学生宣言》(1928 年 12 月 17 日)，《国立清华大学校刊》第 23 号，1928 年 12 月 19 日；《国立清华大学工程学系全体学生宣言》，《清华周刊》，第 448 期，1928 年 12 月 22 日。

④ 王孙禹、刘继青：《中国工程教育：国家现代化进程中的发展史》，北京：社会科学文献出版社，2013 年，第 117 页。

⑤ 王孙禹、刘继青：《中国工程教育：国家现代化进程中的发展史》，第 117 页。

董事会覆议撤销工系案,校长允即转达各董事。(二)关于该系预算,校长允于新预算内设法列入。(三)在董事会未覆议之前,校长允担保不使工系停顿。(3)见在平董事谈话情形——当时赴平代为夏,为夏,刘,张三君,因各董事多因事离平故,仅得见最近回来之年务董事任叔永先生,代表等当询以董事会通过此案时之详情,任先生谓当时董会所持理由为(一)清华之经费不足以设定完全工程学系。(二)清华之环境不宜设立工程学系;(三)工程人材应集中专门学校。清华专发展文理各科。并谓当时以不明清华工程学系已有之成绩,历史及目前情形,遂仓卒通过裁撤,当经代表等逐条解释,任先生均谅解并谓本人日内拟来清华一行届时以公民之眼光,对工程系作一详细之观察然后决定意见。"①

《国立清华大学工程学系全体学生宣言》

(《国立清华大学工程学系全体学生宣言》,《国立清华大学校刊》,第 23 期,1928 年 12 月 19 日)

12 月 20 日晚,工程系学生召开第三次全体大会,会上对各方接洽经过、该系特别委员会进行概况等进行了报告,"报告后,即讨论以后进行之

---

① 璀:《工程系全体大会纪事》,《清华周刊》,第 449 期,1928 年 12 月 29 日。

办法,经众议决全体同学付校长处要求校长对于下列各项之意见:(一)清华工程系永久存在,(二)对工程系具体之办法,(三)新预算内列入工系预算,(四)工系同学不至失学"。① 会议结束后,"乃结队前往,经校长函见,当由张,刘,崔三君代表传达同学之意见,校长对第一项表示极为赞同,对于第二项谓职权之所在,目前不便有具体办法以致与董事会之决议案相冲突,愿由董事自解决之。对三四两项,则愿尽己力之所及以达到同学之目的,并担保下学期内工系不至撤裁,同学对此答覆,亦觉满意,遂分散"。② 在市政工程系广大师生的努力下,学校董事会对于原裁撤决议允为复议③。

然而,"1929 年新学期开始后,学校却按照第一次董事会的议决案,开始办理工程系裁撤事宜。"④面对这一情形,"在校的工程系学生一方面观望结果,另一方面又开始讨论新的对策,酝酿新的行动"。⑤例如,工程系同学为该系撤销事曾两次派遣代表往见在平余同甲、任叔永、朱胡彬夏各董事,了解市政工程系的裁撤缘由。如余同甲董事:"此次董事会所以议决裁撤工科其远因近因不外下列诸点:第一:自各董事被任以来至开董事会时为期甚促对于清华详情如各系教学状况设备如何以及发展计划等始终未得详细之报告故于工科历史与现状皆不明瞭。第二:清华基金昔有八百余万今仅存四百余万倘再动用则于清华前途危险殊甚,故各董事极不欲动用基金且因多人不甚明瞭清华实在情形,自不能对学校预算有何具体议案,故仅先通过'量入为出'原则惟罗校长表示如不动用基金则工科机器将无法设置基金关系清华甚巨,如不动用基金即不能办工科,则惟有撤销工科而已,于是仓卒遂有'即刻裁撤工程学系'之议决案。……施行此案既生困难,董事会当然有重加讨论之必要在平各董事咸以事关重大非纸上一二语所能解决,拟在春季常会时(将于四月一日开会)提出讨论。"⑥朱胡彬夏董事:"上次开会因故未能分身列席,至于裁撤经过则泰半闻之,任鸿隽先生同学宣言亦已收到,觉同学不应将市政工程与工程系混为一谈,盖市政工程设立才半载,遂谓取消发生困难似未足取信也,

---

① ② 璀:《工程系全体大会纪事》,《清华周刊》,第 449 期,1928 年 12 月 29 日。
③ 一得:《清华之扩充问题》,《清华周刊》,第 450 期,1929 年 1 月 5 日。
④ ⑤ 王孙禺、刘继青:《中国工程教育:国家现代化进程中的发展史》,第 117 页。
⑥ 《工程系同学谒见清华董事谈话记录》,《清华周刊》,第 454 期,1929 年 3 月 29 日。

至于董事会裁撤工科不外以下诸因：（一）清华经费有限。工科不办则已欲办必办好的然证之国外如 MIT 等非数百万不足以，清华每年数十万之经费，办文理各系而外工科难望充分发展，与其强支门面，不如即刻取消之为愈（二）清华环境优美：风景极佳，似对于文人哲士特别相宜，故不宜于办工科（三）国内以唐山北洋南洋皆已创办甚久，设备甚完，清华工科必难与之颉颃，亦无再办之必要，故以前北大，南开等校之工系皆已取消亦为此故，（四）清华工科历史较浅，欲谋清华整个之发达是以为取消工系之议。……理论上工科诚有存在之价值与必要，惟董事从全校之发展上着想，如清华工科须动用大笔款项，清华实难办到，故有取消之议。……倘工系能不动用基金而校长能在经常费内设法，想各董亦乐与工系存在也，至于通信法似不甚佳，余与在平各董事态度一致，专俟明春董事会解决之。"①

对于董事会裁撤之理由，市政工程系学生认为并不充分，"同学固甚希望能在中国以数百万经费创办一完美之工科如 MIT 者，惟在当今国家贫乏亟需建设之时不能空托理想而不愿实际，故不可因清华工科不如 MIT 而取消之，况 MIT 亦积数十年之历史逐加扩充方始完备，若在其初创即取消之，何有今日。再者一系之存废应视其需要若何在今日而取消工科，清华经费虽拮据亦不应出此，虽不能单独发展工科，最少限度亦宜与各系平均发展何可遂加裁撤况清华年有数十万，在国内已可称雄清华而不办工科孰其办之，此同学之理由一，（二）唐山南洋创办已久，诚如先生所言，清华第四年级之设备尚无着落，自不能相提并论，然就已有之设备言，据调查结果，同学自信较之实无逊色。清华工科已如二十万基础加以物理数化皆有专科远非他校所及，尝考唐山南洋电机机械等设备亦只八九万金则在清华工科尚未完成之前，似难测其将来必定失败，证以去年今年新生入工系者占百分之三十。工科学生额数在各系中居第三，将来发展必有希望，故尤不应加以裁撤，此同学之理由二，（三）以中国之大，建设之殷，需工科人才之亟，何能谓三数工校即足备造才之需况北平称为旧都铁路贯通宁无设工科大学之资格？风景优劣似不足定一系之存废也，（四）清华工科自办大学即与其他各系相继成立实无历史深浅之别，况历

① 《工程系同学谒见清华董事谈话记录》，《清华周刊》，第 454 期，1929 年 3 月 29 日。

史有浅于工科者而并未取消"。① "清华工系本不必动用基金，况基础已有二十万，再加三四万购置第四年所用电机之水力实验室仪器，以后即可完成，社会国家必利赖之，何可因噎废食，致令功亏一篑"。②

1929年3月22日，工程系全体同学"为恳请恢复工程系，以维学业而资发展事"呈清华董事会文："窃去秋钧会议决裁撤工程系，消息传来，群情骇异。金以为工程系之在清华，基础稳固，计划完善，方兴未艾，蒸蒸日上；钧会旨在发展清华，若非出于误会，决不致贸然取消，致负众望也。生等前曾进谒任叔永，余同甲，朱胡彬夏诸董事，解释工系详情，并表生等希望；蒙示工系裁撤，全因动因基金问题；钧会根据罗校长之报告，谓工程系并非动用基金无法维持；迨不准动用基金，始有裁撤工系之决议。殊不知清华办理工科，证之已往，律以现状，皆无动用基金之必要；况清华工科，已有相当成绩。"③在呈文中同学再次陈述了工程学系存在的理由，"生等负笈来学，惟望有所建树，以报党国于万一；岂忍是非之长此颠倒，工程教育之横遭摧残；敢将清华工程系应当存在之理由，约略为钧会陈之：（一）工系经费，应当有着。清华自十四年秋，开办大学，工程系与其他十系同时成立；而工厂房屋之建筑，则早在十二年春，是清华工科，更有久远之历史。五六年来，经以往学校当局之热心提倡，购置设备，搜集图籍，所费已达二十万，工科基本，堪称完备，一切费用，逐年均列入经常费中，从未见拮据困难。去秋罗校长来校，强改工科为市政工程；复因添办史地各系，致使经费不足，而将工系经费，划入特别费内，措置失当，责在校长。诚能依照以往办法，各系平均发展，则工系经费，绝无问题。（二）经费不奢。常人之视工科，往往拟之大工厂，大企业，一若非千万百万不足以言开办者；实则大谬，盖工厂之目的，在乎生产；而工科之设备，足资研习，证演原理即可。我清华工科，如铸，锻，木，金各工厂，均已次第完成。此后所需，不过三四万元，以完成电机，水力，机械设备。若因此三四万而裁撤之，则前功尽弃，岂非功亏一篑，弥足可惜！（三）设备充足。我工科设备，已有二十万。国内工科大学主任何一门，如电机，土木等，共设备有至二十万

————————

①② 《工程系同学谒见清华董事谈话记录》，《清华周刊》，第454期，1929年3月29日。

③ 《工程系全体同学呈清华董事会文》，《清华周刊》，第454期，1929年3月29日。

之巨者,尚无所闻唐山大学(土木)之设备,仅值十万;南洋大学,每系亦不过十一二万;中央大学办有七门专科。总共亦仅二十万,(有各该校报告可查)我清华工科,仅办一门,已有设备至二十万,可谓国内首屈一指。况设备之新式精良,机械之完善适用,证诸新近北洋大学学生,来校借读锻工,铸工,木工等厂实习,以及该校学生之批评,亦可以见清华设备之高人一筹也,此外理由,详见宣言中,谅早蒙鉴察,兹不赘。钧会皆鸿才硕学,爱护清华,不亚生等;用恳收回成命,恢复工科,则岂仅生等前途之幸? 亦为清华之光,党国之福。抑清华工科,原拟办理电机,机械,土木三科;此后方针,最好分别缓急,先办一门,或二门,则于经费设备,可以兼筹并顾也。"①

1929年4月1日,董事会第二次会议召开,"会议结果仍然议决不准动用基金和基金利息,对于罗家伦提出'先由建筑公司或银行垫款建筑,以后由逐年预算中节款拨还'的变通办法,也予以否决"②,"至将来是否设立工程系及先办何系,由本会敦请清华南圭郑辅华任鸿隽三先生为计划委员,李书华先生为候补委员,俟计划委员报告再定"。③ 随后,罗家伦校长"以电报形式向学校报告此次董事会会议情况,并致电主持校务的吴之椿等人,表达自己决议辞职以示抗议的决心。"④罗家伦等人的电报到校后,校内气氛变得陡然紧张。⑤ 4月6日,学生会代表大会会议决案:"一,发表宣言,否认本届董事会一切议决案(通过)。二,请求国民政府取消清华董事会,并撤销其一切决议案(通过)。三,请求国府,将清华直辖于教育部(通过)。四,以上议案提交全体大会讨论,如集召不成,则将上项议决案,由全体同学投票表决。(通过)五,请教务长及评议会负责维持校务。(通过)"⑥4月7日,《清华周刊》记者访时代理教务长吴之椿,就校长辞职、董事会意见等事征询。吴之椿认为理论上董事会制度有三不妥:一,权力与责任分开;二,董事会为叠床架屋之机关;三,清华有两个

---

①　《工程系全体同学呈清华董事会文》,《清华周刊》,第454期,1929年3月29日。

②④　王孙禺、刘继青:《中国工程教育:国家现代化进程中的发展史》,第118页。

③　《国立清华大学董事会第二届会议议决案》(1929年4月1-4日),《清华周刊》,第458期,1929年4月27日。

⑤　斫冰:《与吴教务长谈话记》,《清华周刊》,第456期,1929年4月13日。

⑥　《学生会议案汇记》,《国立清华大学校刊》,第56期,1929年4月10日。

主人。① 吴之椿还提出：“取消工程系乃贸然之处置。（取消后学生代表往见各董事，其一谓，‘并无成见’，又一则谓，‘事前并不明瞭’，可见此种决议，未免草率）。此次开会乃又决定仍须调查，亦可见其轻举妄动，致使数十学生浪掷时间，学业受其影响。夫学校有若厨师，固不能于百人之中以九十九人之得餐为满足而置向隅之一人于不顾也。collective Justice 之外尚有 individual Justice，董事会之对于工程系，如有充分的原则上与事实上之理由，裁之可也；不然，不裁亦可也。乃忽裁忽重加考虑，一举而数十学生之学业为之动摇，试问此两层公道何在？此种举措，近于儿戏，不能免除冒昧适当之批评也。”② 对于学生会代表大会之议决案，吴之椿表示赞同，“即：一，取消董事会；二，本校改归教育部直辖是也”。③

4 月 8 日，教授会决议：反对本届董事会之议决案、改组董事会等。当日夜间，评议会开会讨论，“决议向教授会建议如下：‘呈请国民政府取消董事会制度，实行教授治校，校长由教授推举，呈请国民政府任命之。’”④教授会“通过决议，向南京政府要求：（一）撤销清华董事会和基金会。（二）将清华纳入教育系统，归教育部管辖，外交部不得干涉清华事务。（三）批准动用基金四十万元。（四）批准清华改制，正式成立清华大学”。⑤ 由罗家伦携带这些文件亲自前往南京交涉⑥，他在上董事会之校务报告中提出：“上次，贵会开会时，家伦曾将办学方针，整理经过，及将来计划，作一详细之报告。兹后，家伦对于贵会决议之执行情形，校务之改革情形，以及最近将来努力实现之种种计划，逐项报告于左，尚希指正：……二，裁撤工程系案。工程系经贵会第一次会议议决裁撤后，该系师生，及本校全体教授，均觉该系有相当设备，学生复多，颇有发展之可能，故函电纷驰，请求复议。后准贵会函复通信表决结果，仅允续办半年，于今夏毕业，已有解决外，其一二三等学生，遂不能不为自身学业上之打算，故均请于本学期开始时为彼等设法转学。是时适唐山交通大学新办市政卫生工程科，招收三年级插班生，故本校工程系三年级学生四

---

①②③　矿冰：《与吴教务长谈话记》，《清华周刊》，第 456 期，1929 年 4 月 13 日。

④　《评议会布告》（1929 年 4 月 9 日），《国立清华大学校刊》，第 56 期，1929 年 4 月 10 日。

⑤⑥　冯友兰：《三松堂自序》，北京：生活・读书・新知三联书店，1984 年，第 340 页。

人,遂于寒假期中,全体转学唐山交大之市政府卫生工程科,于是三年级之问题解决。一二年级学生,家伦为之商诸交通大学,幸承孙哲生先生竭力帮忙,特予通融,允许全体容纳,分插于上海唐山两处,初定尚须经过该校入学试验,方允转学,经家伦一再接洽,又承通融,准许免除入学考试。惟一二年级转学者共三十四人,转学上海交大者约二十人,该校因教室宿舍,均感不敷,故来函请展缓一学期,俟该校新建筑竣工后,于下学年开始时转学;惟该生等转学心切,故先将二年级学生八人,送往上海交大,该校均予收纳。唐山交大,亦因一年级学生人数过多,仅允收容二年级学生,故又将二年级学生将转学唐山之三人,函送入校。计二年级学生共十三人,转学上海者八人,转学唐山者三人,尚有二人留校,已经转系,故二年级问题,亦经解决。惟一年级学生二十八人因上海唐山两方面,均以人数太多,本学期不能转学,仍留本校,但交大方面,已许于下学年转学,故亦不成问题。现正在为之新开课程数种,系交大所必修者,以为下学年转学该校之标准。此该系议决裁撤后,关于学生之处置情形也。该系教授,因本学期尚有一四两年级须开班授课,而且聘约系一年合同,故除笪远纶因就职北平,自请改为讲师外,余均未加更动。又该系现有设备,上海交大,北平大学工学院均有承购之意,惟各校均感经济困难,能否脱售,尚无把握。最近在校学生,复请求贵会恢复工程系,外间亦有以此为言者,究应如何? 请贵会详加考虑,直接负责答复。"[1]4 月 24 日,学生代表曹盛德、李述庚、袁翰青 3 人呈文南京国民政府,提出清华应改归教育部直辖、取消董事会等 4 项请愿,"半年来之事实证明董事会流弊丛生,上二次会议之议决案,'除少数之无关大计者外,多足以阻碍学校之发展,……复裁撤工程学系,使数十学生流离失所;……'"[2]随即清华学生会代表全体学生电致"南京蒋主席","望主席一体革命精神,彻查实况,革新弊政,庶使生等可以早日安心读书"。[3]

　　1929 年 5 月 10 日,国民政府第二十八次国务会议通过了关于国立清华大学改由教育部专辖的提案,5 月 15 日,行政院训令外交部和教育部遵

---

①　《罗校长上董事会之校务报告》,《国立清华大学校刊》,第 59 期,1929 年 4 月 22 日。
②　苏云峰《从清华学堂到清华大学 1928—1937:近代中国高等教育研究》,第 25 页。
③　苏云峰《从清华学堂到清华大学 1928—1937:近代中国高等教育研究》,第 26 页。

照办理,20 日,教育部令清华大学遵照办理。6 月 29 日,教育部下令取消清华大学董事会。随着董事会"无形中风流云散,工程系亦遂正式复兴"。① 1929 年 6 月通过的《国立清华大学规程》规定,本科设文理法三学院,其中"为谋精力的集中并适应社会的需求"②,工程系专办土木工程系(卢孝侯任系主任③),附属于理学院,内分铁路及道路工程组、水利及卫生工程组④。

二、工学院创办

国民政府北伐胜利后,急需大量科技人才推进社会建设,遂颁布了一系列高教政策要求大学教育偏重实科。例如,1929 年 4 月 26 日,国民政府公布了由国民党第三次全国代表大会议决的《中华民国教育宗旨及其实施方针》,其"实施方针"之一为:"大学及专门教育,必须注重实用科学,充实学科内容,养成专门智识技能,并切实陶融为国家社会服务之健全品格。"⑤1929 年 7 月,国民政府公布《大学组织法》,其中第四条:"大学分文、理、法、教育、农、工、商、医各学院";第五条:"凡具备三学院以上者始得称为大学。"⑥同年 8 月 14 日,教育部公布《大学规程》,其中第一条:"大学依大学组织法第四条之规定,分文理法教育农工商医各学院",第二条:"大学依大学组织法第五条第一项之规定,至少具备三学院,并遵照中华民国教育宗旨及其实施方针,大学教育注重实用科学之原则,必须包含理学院,或农工医各学院之一。"⑦1931 年 6 月 15 日,国民政府行政院公布《确定教育设施趋向案》,提出:"尽量增设各种有关产业及国民生计之专科学校;大学教育以注重自然科学及实用科学为原则。"⑧同年 9 月 3 日,国民党第三届中央执行委员会常务会议通过《三民主义教育实施原

①② 夏坚白:《土木工程系的过去和现在》,《清华周刊》,第 514-515 期,1931 年 6 月 1 日。

③ 《土木工程系主任已聘定卢孝侯先生》,《国立清华大学校刊》,第 82 期,1929 年 7 月 6 日。

④ 夏坚白:《土木工程系的过去和现在》,《清华周刊》,第 514-515 期,1931 年 6 月 1 日。

⑤ 《中华民国教育宗旨及其实施方针》,《行政院公报》,1929 年第 43 期。

⑥ 《大学组织法》,《国民政府公报》,1929 年第 227 期。

⑦ 《大学规程》,《汕头市政公报》,1929 年第 49 期。

⑧ 史贵全:《中国近代高等工程教育研究》,上海:上海交通大学出版社,2004 年,第 49 页。

则》,要求高等教育课程:"一,应注重生产技术的知识和技能;二,应以物质建设之完成为研究或设计之归结;三,应澈底从事科学之研究并致力于有益人类增进文明之发明发见。"①

1931 年,"九·一八"事变之后,民族危机日趋严重,在此严峻形势下政府当局开始采取一系具体措施推进和充实理、工、农、医等实科,以加强国防建设和加快工业化进程。例如,1932 年国民党中央政治会议通过陈立夫提出的《改革教育初步方案》,"查国家办理教育之主旨,原为培植各项人材,以供社会需要,吾国二三十年来,学校课程,尝偏重于文法,而忽视农工医各门……,其结果不外形成文法人才过剩,与农工医人材之缺失,因其过剩,故失业者逐年增加,造成社会上种种不安状态,因其缺乏,故有若干建设事业,不能得专门人材为之推进,果以为此种教育上病态之应纠正,固不待于今日,而以今日为尤急。盖一方面训政建设,正在规划推进,他方面多难之时期,皆有重订教育方针,造就若干适用人才,以应付此非常环境之必要也,谨就管见所及,拟订改革教育初步方案如下:一,中央应即依照十年内之建设计划,规定造就农工医各项专门人材之数目,分别指定各专门以上学校切实训练,以便应用;二,全国各大学及专门学院自本年度起,一律停止招收文法艺术等科学生,暂定以十年为限;三,在各大学中,如设有农工医等科,即将其文法等科之经费移作扩充农工医科之用,其无农工医科者,则斟酌地方需要,分别改设农工医等科,就原有经费,尽量划拨应用……"②

在上述系列"发展实科、限制文法"政策的推动下,各大学及工程专业院校纷纷增设相关专业、扩大学生招收规模。那么,"对于清华大学而言,附设于理学院的工程系遇到制约发展的制度瓶颈"。③ 根据形势发展的需要,国立清华大学在吴南轩任职校长时"即有举办工学院之意","后因驱吴而此举不克实现,该系同学改院之动机,遂于是起。事实上,本校自正式有工程系以来,每年新生,十之三四均入该系,因之改系同学,日益增加,占全校五分之一强,同学既多,而该系所有教授及设备,遂以附属理学

---

① 《三民主义教育实施原则》,《国民政府公报》,1931 年第 875 期。

② 《改革教育初步方案原文》,《中央周刊(1928)》,1932 年第 212 期。

③ 王孙禹、刘继青:《中国工程教育:国家现代化进程中的发展史》,第 128 页。

院不能自由充分发展之故,而感不敷,且该系附属理学院,毕业为理学士,似乎有名不正也。况最近北洋被火,东北停顿,华北各工程学校,除唐山外,渐次凋零,而清华经费稳固,读书适宜,似应设一完美之工学院,以挽救华北工学之厄运。该系同学因环境种种之需要,改院之动机及趋向,遂更形坚定。"①夏坚白亦提出:"土木工程系现在是附属于理学院,最近两年内设备增加甚多。学生人数亦不少,基础算是渐臻完固,历年来所惶惶未定的现在都已入了轨道,在教育部提倡实用科学的政策下同国内需要建设人才的环境中,学校当局倘能于可能的经济范围内在最近期中把他扩充为工学院,使清华大学文法理工四科具备,宏深典模,不偏育才,这便是作者和一般同学的十二分渴望。"②

　　1931 年 10 月,梅贻琦受教育部令担任国立清华大学校长,在其任职后工学院建院事宜开始正式启动。1932 年 1 月,工程学系召开全体同学大会,"全场通过议决请学校设立工学院,并充实成院之内容,在工学院未成立前,积极改进目下本系之实质,为设立工学院之基础案,并组织改院促进委员会,由大会赋予该会全权,办理改院及改院前改进本系内容一切事宜"③,28 日校评议会议决:"本大学应于下学年添设机械工程学系及电机工程学系,并即以该两系及现有之土木工程学系合组为工学院,至所有应行筹备事宜由校长组织委员会主持之。"④随后,梅校长向教育部提出呈请,于 2 月 28 日获批并成立了工学院筹备委员会⑤。3 月,梅贻琦在报告中谈及学校扩充学科一事,"至于本校成立工学院的理由,一方面是迭奉教育部当局明令,特别主张发展理工科;一方面是应社会的需要。国内工校很有几个,惟完备者不多,且不足以应需要。虽说曾有多人在某某工校毕业,现在仍投置闲散者。这总因近年来内战的关系。实业无从发展,遂少出路。将来时局一定,实业振兴,需用人才之处就多了。本校土木工程学系学生人数,去年由六七十人,增至一百三四十人。可见社会对于工

①　炎炎:《土木工程系改院运动之经过》,《清华周刊》,第 528 期,1932 年 2 月 27 日。
②　夏坚白:《土木工程系的过去和现在》,《清华周刊》,第 514-515 期,1931 年 6 月 1 日。
③　《工程学系全体同学大会消息》,《国立清华大学校刊》,第 356 期,1932 年 1 月 11 日。
④　《评议会第二十一次会议纪录》,《国立清华大学校刊》,第 365 期,1932 年 2 月 5 日。
⑤　《工学院筹备委员会成立消息》,《国立清华大学校刊》,第 376 期,1932 年 3 月 2 日。

科之需求。再一方面,是因为本校举办的便利。本校已经有了一个工程学系的基础,再谋扩充,增加设备,也较容易。此次改院,固然工程学系学生有很热心的表示,但亦因所请求者与学校政策相合。"①工学院筹委会成立后,即行拟具计划,积极进行。②"决定先行聘请新学系教授,聘妥后再行规定各该系课程。闻各筹备委员介绍,经学校同意,分头接洽,已有相当把握者,已有四五人,均当代工学界闻人"。③该年暑假,国立清华大学开始招收电机系、机械系一年级学生和插班生,工学院遂正式成立,梅贻琦兼任院长,施嘉炀、庄前鼎、顾毓琇分别担任土木系、机械系、电机系主任。④

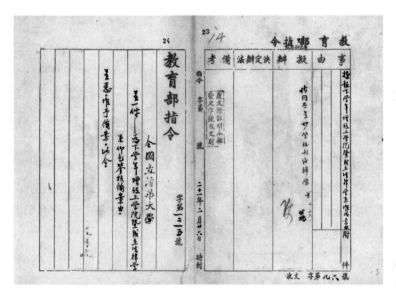

中华民国教育部准予增设工学院备案的部令

[《下学年增设工学院暨成立法律学系准备案》(1932 年 2 月 23 日),

清华大学档案,全宗号 1,目录号 2:1,案卷号 17]

对于工程学科的设置,正如李书田所言:"惟就社会上所需专门工程

---

① 《三月七日总理纪念周记事》,《国立清华大学校刊》,第 379 期,1932 年 3 月 9 日。

② 《校闻》,《清华周刊》,第 532 期,1932 年 3 月 26 日。

③ 《校闻》,《清华周刊》,第 534 期,1932 年 4 月 16 日。

④ 陈超群:《清华大学工学院的创建》,北京:清华大学硕士学位论文,2005 年,第 10~11 页。

人才之趋势言,则首为土木,次机械,次电机,次化工,再次始为矿冶。"①
抗战前,"全国三十六院校之有工科者,共设有九十一个工程学系,二十个
不同系别。其中土木系二十四,水利系二,市政水利系一,大地测量系一,
工程系一,铁道系一,桥路系一,机械系十八,机电系一,轮机系一,电机系
十六,化工系五,应用化学系三,工业化学系一,化学工业系一,化学制造
系一,矿冶系六,采矿系三,纺织系二,建筑系二。如将水利,市政水利,大
地测量,工程,铁道,桥路等并入土木系;机电及轮机等并入机械系;应用
化学,工业化学,化学工业,化学制造等并入化工;采矿并入矿冶系计
算;则得土木系三十一,机械系二十,电机系十六,化工系十一,矿业系九,
纺织及建筑系各二"。②当时国立清华大学工学院学系的设置一方面出于
社会之需求,另一方面则因学校经费紧张,仅设立了社会急需的土木、机
械及电机三系,暂无法发展其他工程学系。如 1932 年 2 月 8 日梅贻琦在
总理纪念周上致词曰:"今天有一两件事,要藉纪念周机会略为报告。一
为本校拟向工程学科方面扩展的问题。此亦教育局明令本校注重之点。
不过此事举办的关键,在乎经济是否充裕,因为兴办工科首需经费。必须
经费上有把握,然后一切计划方能实行。"③但其后学校经费陷入困境,如
梅贻琦在 1933 年所言:"吾校在过去的一年期内,遭逢两层困难。一层是
外患的紧迫,敌兵侵入,日深一日,校址所在,几成前线地带,使我们常常
感觉工作要被停顿的危险。一层是经费的缺乏,校中自去年二月,美庚款
停付以后,收入骤减,直至今年二月,只由财政部陆续拨到一百万元,暂资
接济。而今年三月以来,因政府又有庚款再停付一年之议,学校常款,仍
未领到。吾校处此两层非常的困难之中,精神与物质方面,同受打击。"④
对清华大学的经费情况,当时也有报道:"北平清华大学的维持,完全靠美
国退还的庚子赔款。常年经费,照例每月由海关在美庚款项下,拨交美国
公使馆,作为退还手续,再由使馆交中华教育文化基金委员会,委员会收
到后,复分三部分,一部分汇寄美国,作留美学生经费,一部分交清大当

---

① ② 李书田:《四十年来之中国工程教育》,《北洋理工季刊》,1936 年第 4 卷第 2 期。
③ 《二月八日总理纪念周纪事》,《国立清华大学校刊》,第 368 号,1932 年 2 月 10 日。
④ 梅贻琦:《清华一年来之校务概况》,清华大学校史研究室:《清华大学史料选编》
(第二卷上册),第 21 页。

局,作为学校经常费,一部分则拨归清大基金,永不动用。去年因东北沦陷,海关收支税减,财部曾宣布自三月起,停付英美庚款一年;停付期内,由财部拨借清大一百万元,作为维持之用。惟清华为国内设备最较完美的一个大学,常年经费,基金除外后,亦须二百万元,其中留学费七十余万元,学校经常费约一百二十万元;一年以来,虽力事挣节,犹不免呈拮据的状态。"[①]

第二节　国立清华大学初期工学院的发展特征

国立清华大学初期工程学系遭到裁撤,尔后又得以恢复,并积极响应国民政府"提倡理工、限制文法"的教育政策以及社会发展对工程人才的需要扩充建院。在当时的历史条件下,国立清华大学工学院秉承"通识教育"的办学理念,积极聘请国内外知名学者来校任教,在教学、科研、人才培养、国际交流等方面取得了显著进展。

一、奉行"通识教育"的教学方针,课程结构日趋完善

工程活动是一个复杂的系统,不仅涉及规划、研发、设计、施工等系列环节,而且需要考虑与之相关的物资、人员、环境等的调配与协调,这也就决定了优秀的工程师不仅需要掌握扎实的工程技术,还要具备经济学、生态学、社会学等相关的学科知识。例如,关于国内工程教育的培养目标,谦若在《我国工程界的使命》一文中提出:"民国成立以来,工学校日见增加。虽没有什么特殊的进步,然而学工程的人,却是一天增加一天。这不能说不是工程发展的一个好现象。不过以我国的特殊情形而论,建设事业并不是如欧美各国循着自然的途径,渐渐的发展;而是要迎头痛击的努力追进。因此从事工程的,也就应该有特殊的步骤和特殊的训练。无论在办工程教育的一方面或是在有志于工程事业的一方面,都应特别认清我们的目标,而从事努力。……对于新国家前途的责任,只有工程家是最大。所以在办工程教育的人,应当循国家建设之方针而详细审定教育计划与课程之分配。在读工程的一方面,也当时时注意社会之情形,而作将

---

① 《清华的经费》,《华年》,1933 年第 2 卷第 10 期。

来建设人才之预备。……以后的工程家应当不特要能运用工程学理,并且同时要能领导社会,开拓利源,企图实业。要想办到这步,怎能漠视社会的情形? 怎能忽略经济的原理?"①当时国内高校工科人才的培养多遵循这一原则,正如李书田所总结:"关于工科教育之方针,大抵国内有工科各院校所采取者,约不外注意以下五端:即(一)培养深厚的科学基础,(二)训练实际的工程技术,(三)训练组织与管理的能力,(四)培养创业与刻苦的志气,(五)培养研究中国实际问题的兴趣。"②

国立清华大学初期校务执政者及教师多具有海外留学经历,受西方教学理念影响至深,因此,"清华大学一般地遵循了国民政府提出的《教育实施方针》和《三民主义教育实施原则》,把培养'为国家社会服务之健全品格'作为教育的目标。而在实际执行中,则是采用美国的教育思想,即'自由教育'('通才教育')的思想"。③ 例如,"通识教育"一直是梅贻琦教育思想的核心,在工学院筹备期间他即提出:"至于工学院各系的政策,我们应当注重基本知识。训练不可太窄,应使学生有基本技能,而可以随机应用。此类人才,亦就是最近我国工业界所需要的"④,"大家在注意在本系主要课程之外,并于其他学科也要有相当认识。有人认为学文学者,就不必注意理科;习工科者就不必注意文科,所见似乎窄小一点。学问范围务广,不宜过狭,这样才可以使吾们对于所谓人生观,得到一种平衡不偏的观念。对于世界大势文化变迁,亦有一种相当了解"。⑤

同时,各学系主任及教师的办学理念,也同样体现了通才教育观。如庄前鼎在《健全的工程师》一文中提出:"工程师对于社会国家,能有贡献的时期,这样的短促;而造就一位工程师的费用,又那样的大。假如他没有健全的体格与精神,不幸短命而亡,或对于他所担任的职务不但无益而反有害,实在是国家社会极大的损失,而又是极不经济的浪费教育。……广义的说法,健全的工程师应有:(一)健全的体格与精神;(二)健全的学识与经验;(三)健全的道德与信守;(四)健全的思想与行为。合于这四

---

① 谦若:《我国工程界的使命》,《清华周刊》,第549-550期,1932年12月19日。
② 李书田:《四十年来之中国工程教育》,《北洋理工季刊》,1936年第4卷第2期。
③ 方惠坚、张思敬:《清华大学志》(上册),北京:清华大学出版社,2001年,第102页。
④ 《三月七日总理纪念周记事》,《国立清华大学校刊》,第379期,1932年3月9日。
⑤ 《五月三十日总理纪念周记事》,《国立清华大学校刊》,第412号,1932年6月1日。

项条件的工程师,方能担任重大的工程事业,而能有所成就,来贡献给国家与社会。不然的话,成事不足败事有余;或则未老先衰,半途而废;即有成就,亦极有限",其中就健全的学识与经验而言,"我们所需要的工程师,不单是仅仅一个工程专家,而希望他对于一般的常识,都有相当的认识。在国外研究工程教育的人,主张工科五年计划的很多。就是在大学一二年级念的书是文法理三院的基本必修课程,三年级以后方专念工科的课程。已经试验实行的,有康奈尔大学及哥伦比亚大学。我们限于规章,总觉得工科的课程多于文法理科的课程,而难于分配。同学们对于基本的功课,应该重视,就是要求得一般的普通常识。我们不能脱离社会来办工程,所以政治、经济、历史、地理、社会学等,都得知道一点。……在国内当工程师,最好对于一般的普通工程上的学识都知道一点。譬如小工厂内用了一位机械工程师,有时希望他能设计一所工厂的房屋,有时也希望他能开动发电机(马达)。所以同学们即使选读了机械工程,对于他系的工程课程,如电机工程、工程材料学、水利学等,均应一样重视"。①

　　国立清华大学初期通识教育的办学理念追求"以'精'求'通',即通过强调基础,去实现触类旁通"②,这在课程设置中得到了具体体现。例如,1932年国立清华大学成立工学院,一年级主要根据学校规定开设自然科学、国文、外语、经济学概论等共同必修课程,其中大半属于自然科学方面;二年级多为工程学的基本训练,如测量、静力学、材料力学、热机学及材料学等;三年级注重本专业的普通科目,如土木工程学系的构造学、铁路工程及给水工程等,机械工程学系的热力工程、机械设计、机动力学及热工实验等,电机工程学系的电工原理、电工高等数学等(部分课程分电力组、电讯组);四年级则根据分组进行课程安排,以进行更为专业的教育,如土木工程学系分为"铁路及道路工程"与"水利及卫生工程"两组(学生得就其性之所好,选修一组),机械工程学系分为原动力工程组(训练发电厂之筹划,注重实验、工作及设计等)、机械制造组(训练机械创作及制造步骤,尤注重实际工作,借以培养学生对于创营工业之自信力)、航空工程组(注重飞机之制造,于发动机之装卸、试验及比较等,均施与充分

---

① 庄前鼎:《健全的工程师》,《清华机工月刊》,第1卷第2期,1936年11月20日。
② 陈超群:《清华大学工学院的创建》,北京:清华大学硕士学位论文,2005年。

之训练)，电机工程学系分为电力组(注重发电工程、输电工程、及配电工程，电机之设计及制造)、电讯组(注重电极、电话及无线电工程，电讯设计及真空管制造)(在三年级已有部分课程分组开设)。① 1936—1937 年度土木工程学系学程分别见表 3-1。从所设课程可以看出，国立清华大学工学院的课程设置目标进一步突破了清华学校时期培养实用工程人才的局限，特别注重学生的通才培养，既注重提高学生人文社会科学与科学技术的综合素质，又全面夯实学生理工类课程中基础科学、技术科学及工程应用技术知识。

表 3-1 1936—1937 年度土木工程学系学程一览

课程总则					
土木工程范围甚广，包括测量、构造、铁路、道路、水利及市政、卫生诸项。本系课程目的，在先使学生得一充分的科学与工程之基本训练，然后逐渐注重土木工程的专门学识。					

一年级课程大半属于自然科学方面；二年级则多系工程学的基本训练，如测量、静动力学、材料力学、热机学及材料学等；三年级功课注重土木工程普通科目，如构造学、铁路工程及给水工程等；至四年级，则分为"铁路及道路工程"与"水利及卫生工程"两组，学生得就其性之所好，选修一组。

四年级关于构造学方面课程为土木工程学之必需者，列为两组学生之必修科。此外对交通工程有特殊兴趣者，可多选道路铁路科目。对水利与市政偏向较重者，可多选水利及卫生工程科目。要以切合学生之兴趣及适应服务社会时之需为主旨。

分年课程表					
一年级					
上学期			下学期		
学程	每周时数	学分	学程	每周时数	学分
中 101 国文	3	3	中 102 国文	3	3
外 101 第一年英文	4	3	外 102 第一年英文	4	3
物 103 普通物理	7	4	物 104 普通物理	7	4
算 105 微积分	4	4	算 106 微积分	4	4

① 《土木工程学系学程一览(民国廿五年至廿六年度)》《工学院机械工程学系学程一览(民国廿五年至廿六年度)》《电机工程学系学程一览》(民国廿五年至廿六年度)，清华大学校史研究室：《清华大学史料选编》(第二卷下册)，北京：清华大学出版社，1991 年，第 470～475 页。

续表

分年课程表

一年级

上学期			下学期		
学程	每周时数	学分	学程	每周时数	学分
经101 经济学概论	3	3	经102 经济学概论	3	3
机101 画法几何	5	2	机102 工程画	5	2
机112 锻铸实习	3	1	机113 制模实习	3	1
总数	30(29)	20	总数	30(29)	20

二年级

上学期			下学期		
学程	每周时数	学分	学程	每周时数	学分
土111 平面测量	6	2	土112 高等测量	7	3
土171 工程地质学	3	3	土114 应用天文	2	2
机119 金工实习	3	1	土142 铁路曲线及土工	6	4
机131 机件学	3	3	机142 热机学	3	3
机121 静动力学	4	4	机122 材料力学	4	4
算121 微分方程	3	3	土126 工程材料学	2	2
化103 普通化学	7	4	化104 普通化学	7	4
总数	29	20	总数	30(31)	21(22)

二年级暑期测量实习五星期

（一）土119·1 地形及大地测量

（二）土119·2 水文测量

（三）土119·3 铁路及道路定线实习

三年级

上学期			下学期		
学程	每周时数	学分	学程	每周时数	学分
土120·1 构造学（一）	3	3	土120·2 构造学（二）	3	3
土131 道路工程	3	3	土120·4 构造设计	6	2
土143 铁路工程	3	3	土124 钢筋混凝土构造	3	3

续表

分年课程表

三年级

上学期			下学期		
学程	每周时数	学分	学程	每周时数	学分
土 151 水力学	4	3	土 152 水力实验	3	1.5
土 161 都市卫生及设计	3	2	土 162 给水工程	4	3
电 107 直流电机	3	3	电 108 交流电机	3	3
土 126 材料试验	3	1.5	电 120 电机实验	3	1.5
总数	22	18.5	总数	25	17

四年级(铁路及道路工程组)

上学期			下学期		
学程	每周时数	学分	学程	每周时数	学分
土 123 地基及房屋	3	3	土 174 工程估计及契约	2	2
土 121 桥梁设计	6	2	土 134 道路材料试验	3	1.5
土 124·1 钢筋混凝土设计	6	2	土 144 铁路设计	4	2
163 下水工程	3	3	土 164 铁路管理及会计	4	3
土 133 道路设计	4	2	选修	10	10
土 145 高等铁路工程	3	3	总数	23	18.5
选修	4	4			
总数	29	19			

四年级(水利及卫生工程组)

上学期			下学期		
学程	每周时数	学分	学程	每周时数	学分
土 123 地基及房屋	3	3	土 174 工程估计及契约	2	2
土 121 桥梁设计	6	2	土 154 水电工程	3	3
土 124·4 钢筋混凝土设计	6	2	土 156 水工设计	6	2

分年课程表

四年级(水利及卫生工程组)

上学期			下学期		
学程	每周时数	学分	学程	每周时数	学分
土 163 下水工程	3	3	土 164 卫生工程设计	4	2
土 153 水文学	2	2	选修	10	10
土 155 河港工程	3	3	总数	25	19
选修	4	4			
总数	27	19			

四年级(各组选修科)

上学期			下学期		
学程	每周时数	学分	学程	每周时数	学分
土 127 高等构造学	4	4	土 128 高等构造设计	6	2
土 135 高等道路工学	2	2	土 146 养路工程	2	2
土 159 灌溉工程	2	2	土 147 铁路材料管理	1	1
土 181 专题研究	3	3	土 158 高等水力实验	4	2
			土 165 卫生工程实验	6	3
			土 182 专题研究	3	3

[资料来源:《土木工程学系学程一览(民国廿五年至廿六年度)》,清华大学校史研究室:《清华大学史料选编》(第二卷下册),北京:清华大学出版社,1991年,第470~475页]

1931 年日本悍然发动"九一八"事变,开始了蓄谋已久的侵华战争。在此危机时刻,各地人民纷纷要求抗日,高等院校也针对形势需要积极进行相应的人才培养。对于中国工业教育的动向,叶舟提出:"为了反抗帝国主义者的压迫,为了争取民族的解放,为了切实的负起发展工业的重任,中国的工业教育应该注意以下的几点:第一是即速谋求军事工业的发展和军事工程的训练:……若是我们想为了民族的生存而挣扎,要是我们不甘于一而再再而三的屈服,那么我们只有以武力来反抗帝国主义者的压迫。在这科学战争的现代,充分的军备和新颖的武器以及军事工程人才的训练，是不容稍缓的。关系这一方面，工业教育至少应该负起创造新式武器和训练军事工程人才的大部责任来。"①这一时期，为适应国内飞机制造厂对航空专业人员的需求，国立清华大学于机械工程学系下设置了航空工程组，开设有理论空气力学、飞机工程、飞机机架设计、飞机机架实验、飞机结构学、内燃机设计、螺旋桨、内燃机实验、航空工程实验、专题研究等课程。②

另外，顾毓琇曾在《工程教育与中国》中提出："我们常听见人说：大刀救国是一个危险的口号，我们应该提倡科学救国。但是，在这个危急的局面之下，光从书本上研究科学，是不够的，我们要注重实验的工作——不仅是实验的精神。要做实验的工作非动手不可，要能动手就得要有训练。这种动手的训练便是工艺的训练——木工金工绘图以至于吹玻璃管及开动机器的训练。"③因此，除理论课程外，工学院非常注重实验课程，例如，"土木工程系有3门实验，8门设计；机械系（含航空工程）有18门实验课程，6门设计课程；电机系有15门实验，及4门设计课。"④

测量

（清华大学校史馆提供）

---

① 叶舟：《中国工业教育的动向》，《清华周刊》，1936年第44卷第3期（总第616期）。

② 《国立清华大学机械工程系航空工程组发展概况》，清华大学档案，全宗号1，目录号2：1，案卷号204。

③ 顾毓琇：《工程教育与中国》，《清华周刊》，第39卷第10期（总第561期），1933年5月26日。

④ 苏云峰：《从清华学堂到清华大学（1928—1937）：近代中国高等教育研究》，第64页。

构造设计

（清华大学校史馆提供）

　　顾毓琇在《工程教育与中国》中还提出："工程教育除了对于国防的责任外,应该注意于民生问题。现在的工程教育,对于这一方面,我们还嫌他空泛一点。我们希望他更要切实,更要注意于国内实际的情形,以求造就适合于需要的人才。学生于在校多动手多习工艺多做实验之外,暑假的时候还应该多到实地去工作。美国有一种工读合作制度,我们亦不妨试办。"①每年假期,国立清华大学工学院由教师带领毕业班学生前赴各地参观、实习。例如,1932年4月,工系四年级全体同学在王明之、笪远伦教授带领下,赴津北洋工学院、英工部局自来水厂、道路材料厂、电灯厂、振兴麦粉公司、裕元纱厂、南开大学、唐山交大等地参观②;6月,土木工程学系学生赴颐和园进行水文测量实习③;11月,土木工程学系师生参观平汉铁路长辛店机车厂④;同年,土木工程学系四年级学生由张泽熙教授率领前往交通大学北平铁道管理学院参观⑤。1933年10月,机械工程

①　顾毓琇:《工程教育与中国》,《清华周刊》,第561期,1933年5月26日。

②　《天津,唐山旅行一瞥》,《清华周刊》,第534期,1932年4月16日。

③　《函北平市市政府:函达本校土木工程学系学生拟于六月十三日至十五日前赴颐和园作水文测量实习,请转饬该园事务所届时准予免费入内工作由》(1932年5月31日),清华大学档案,全宗号1,目录号2:1,案卷号77:1。

④　《函平汉铁路长辛店机车厂:本校土木工程学系师生于十九日上午九时来厂参观再函转达由》(1932年11月17日),清华大学档案,全宗号1,目录号2:1,案卷号77:1。

⑤　《送平汉铁路长辛店机车厂、交通大学北平铁道管理学院:本校土木工程学系四年级学生由教授张泽熙先生率领前来参观》(1932年11月8日),清华大学档案,全宗号1,目录号2:1,案卷号77:1。

系教员学生共约三十人前往军政部清河纺织厂参观①；同年，陶葆楷率领土木系四年级学生前往北平自来水厂、协和医院参观②。1934年，土木工程系师生赴西山卧佛寺一带进行测量实习③。1935年寒假机械工程学系学生五人前往长辛店机厂实习④。1936年暑假，土木工程系学生前往上海市工务局、广东黄埔商港工程处等实习⑤。此外，工学院还聘请学生做助理，参与翻译等工作⑥。

国立清华大学初期实行通识教育，"重视学生的全面发展与个性培养，强调学理工的也要学人文课程，鼓励学生参加课外活动，发展专长"⑦，但"清华课程较各大学繁重，除专门课程外许多基本智识及必要工具(外国文)不仅不能忽略，尚须埋头苦干，否则，将留之乎也(留级)。"⑧例如，课程门数方面，"清华自1925年成立大学部起，随着发展需求，各院所开课程数目激增，总数从1925年之450门，增至1932年之592门，达于顶点(因此年增设工学院)。此后略作整合，至1936年减为525门。就院别统计，从1926年至1936年，文学院增3倍，法学院增9倍，理学院增13.4倍，工学院增28倍，亦符合国民政府重视理工与经济实用学科的政策"⑨。1926年至1936年国立清华大学各学院开设课程门次数变化趋势见图3-1。"同文理法三院的大一课程相较，工学院的大一课程不仅门数多，而且半数以上都是自然科学和工程技术基础课程。因此工学院的学

---

① 《函军政部清河纺织厂：本校机械工程系教员学生共约三十人拟于十月四日前往参观》(1933年9月29日)，清华大学档案，全宗号1，目录号2:1，案卷号78:2。

② 《陶葆楷率领土木系四年级学生前往北平自来水厂、协和医院参观》(1933年10月11日)，清华大学档案，全宗号1，目录号2:1，案卷号77:1。

③ 《函北平市公安局：本校土木工程系师生赴西山卧佛寺一带作测量实习，请转饬西郊分署随时予以保护由》(1934年7月17日)，清华大学档案，全宗号1，目录号2:1，案卷号77:2。

④ 《函长辛店机厂：函为本校机械工程学系学生五人，拟于本年寒假前往实习，请希惠允由》(1935年1月7日)，清华大学档案，全宗号1，目录号2:1，案卷号78:1。

⑤ 《函上海市工务局等：土木系等生前来实习由》(1936年6月29日)，清华大学档案，全宗号1，目录号2:1，案卷号77:2。

⑥ 《土木工程学系拟于本学期请一本校学生襄助翻译事宜，每月津贴十元至二十元，于本系本年度薪俸余款项下拨付》(1937年2月16日)，清华大学档案，全宗号1，目录号2:1，案卷号77:1。

⑦ 方惠坚、张思敬：《清华大学志》(上册)，第94页。

⑧ 唐炳炎：《清华大学学生生活》，《青年月刊》，1937年第4卷第1期。

⑨ 苏云峰：《从清华学堂到清华大学1928—1937：近代中国高等教育研究》，第62~63页。

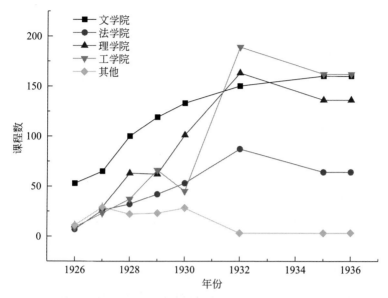

图 3-1　1926—1936 年清华各学院（系）开设课程门次数变化曲线图

[资料来源：方惠坚、张思敬：《清华大学志》（上册），北京：清华大学出版社，2001 年，第 135 页]

生，从第一年开始，就负担了较重的功课。"①繁重的课程导致"通识教育"在实践中往往难以真正实施，即"功课繁重，精力有限，势难兼顾，欲求均及格，尚属不易，曷能言精，故清华学生，均平平凡凡，博则有余，精则有不足，难成出类拔萃之专门学者"。② 同时，"工学院的暑期实习除测量外，也大都是见习性质，只能看，不能动手，更不能考虑是否结合专业。由于当时社会经济条件的限制，许多工厂都拒绝接受学生实习，只能某个工厂愿意接受，便到某个工厂去实习"。③

二、师资队伍结构不断优化

国立清华大学初期，罗家伦、梅贻琦等校长非常注重师资的聘请，诸多知名学者受邀至清华任教，形成了雄厚的师资力量。例如，罗家伦校长上任前在与清华大学南下代表的会谈中曾提出："个人拟以后多聘外国学

---

① 黄延复：《梅贻琦教育思想研究》，沈阳：辽宁教育出版社，1994 年，第 123 页。
② 龚家麟：《清华大学的学生生活》，《独立评论》，1935 年第 196 号。
③ 黄延复：《梅贻琦教育思想研究》，第 125 页。

者来校，不独可为学生之师，且可帮助本国教授研究。国内好教授自当尽力罗致"①，即在师资聘请方面表明了自己的态度。到校后，罗家伦在就职演说中再次强调："要大学好，必先要师资好。为青年择师，必须破除一切情面，一切顾虑，以至公至正之心。凭着学术的标准去执行。……科学是西洋的，科学是进步的，所以我希望能吸收大量青年而最有前途的学者，加入我们的教学集团来工作。只要各位能从尽心教学、努力研究八个字上做，一切设备，我当尽力添置。我想只要大家很尽心努力，又有设备，则在这比较生活安定的环境之中，经过相当年限，一定能为中国学术界放一光彩。若是本国人材不够，我们还当不分国籍的借材异地。一面请他们教学，一方面帮助我们研究。我认为罗致良好教师，是大学校长第一个责任！"②后又在呈送董事会的报告中提出："我个人在党内素不参加任何派别，况办学术事业，岂反有自居派别之理？如真有学问之人，不论其是否清华出身，均一律欢迎。总之，我只抱发扬学术的目的，不知有所谓学校派别。我去办理清华，除谋中国的学术独立外，他无目的。我主张现在还须要聘请外国学者，但以请有实学求进益而热心任事的专门家为最宜，不必定聘名震一时的名士。一方面他们能教导学生，一方面还可扶助教员，使他们继续研究。但是要达到这一层目的，第一学校须有相当设备；第二学校须有相当富有研究兴趣的教职员，而学生亦须有相当准备；第三学校须有比较固定的生活。"③

1928 年 9 月，国立清华大学通过《国立清华大学条例》，其中第十七条规定："各学系置正教授、教授、讲师若干人，由校长得聘任委员会之同意后聘任之。置助教若干人，由各学系主任商承校长、教务长同意后聘任之（但在聘任委员会未成立以前，径由校长聘任之）。"④罗家伦在对清华状况的考察中发现，当时学校"教员待遇重资格不重学识"，即："清华对

---

① 《南下代表报告书》（1928 年 9 月 13 日），《清华周刊》，第 443 号，1928 年 11 月 17 日。

② 罗家伦：《学术独立与新清华》，清华大学校史研究室：《清华大学史料选编》（第二卷上册），第 201 页。

③ 罗家伦：《整理校务之经过及计划（上董事会之报告）》，《国立清华大学校刊》第 12 期，1928 年 11 月 23 日。

④ 《国立清华大学条例》（1928 年 9 月通过），清华大学档案，全宗号 1，目录号 2:1，案卷号 3。

于教员待遇的办法,一如海关邮局,以年限为标准。在清华的年代愈多,薪愈高。无论学识如何,只要在清华住的时间久,资格老,薪津必定高;如果是新来,那就不能受到良好的待遇,因此清华很难聘到学识丰富的新教授。过去清华的学生们大都感受教授的缺乏,这并非感受教授人数的太少,实是感受有学识的教授之不多。"①针对这种情况,罗家伦首先对原有教授重新颁发聘书,即如他所说:"家伦呈请大学院外交部的整理清华方针第四条曾说过:'清华既改为正式大学,又值改组时期,标准不同,需要有别,拟将原有学校所发教授聘约,一律废止,以国立清华大学名义,另发聘书。'嗣奉外交部指令部字第二〇九号,大学院指令第九〇六号,均认为周妥,并令立即实行。家伦到校后,当即遵照奉行,所有聘书,均于十月二十九日以前分送。无论中外教授,均暂以一年为期(过去清华外国教授契约,有为无限期者)。"②例如,重聘原工程学系罗邦杰教授等。

同时,为吸引优秀人才,罗家伦对教授待遇进行了改善。"在过去,清华教员待遇,并不比国内其他大学为优,所好的只是不欠薪而已。但是现在情形就不同了,如中山大学、中央大学、武汉大学都一样地不欠薪,而且待遇均加高,均在清华之上。清华要想吸收一部分人才,势非亦改善教授待遇不可。加之年来生活程度日高,清华纵不能与中山、中央等大学相比,也须顾及教授生活的安定,方可使其精心授课研究。再者北平旧为京城,人才较多,比较上教授易于聘请。今则环境改变,首都南移,如若待遇仍旧,颇难延揽良好学者。现在清华大学教授待遇约自二百六十元至三百六十元(原已超过三百六十元者,大都照旧,颇少变更),较先前约增加自四十元至六七十元不等。将来设正教授时,其薪水约自三百六十元至五百元为度。外国教授当以契约另定薪额。至新回国与教授成绩未著之留学生,其薪额自应较低。以待其学问能力之实际证明"。③1928 年 12月,罗家伦校长在纪念周上报告:"教授薪金标准及等级,拟取中山大学、中央大学、北平大学等校为标准再定。"④

---

①②③ 罗家伦:《整理校务之经过及计划(上董事会之报告)》,《国立清华大学校刊》第 12 期,1928 年 11 月 23 日。

④ 《本校董事会开会经过——罗校长昨在纪念周上之报告》,《国立清华大学校刊》,第 23 期,1928 年 12 月 19 日。

另外，罗家伦积极延聘名师，增加良好教授。1928 年 11 月，罗家伦上任后首次赴南京参加董事会，"带有聘书数份，预备在南方物色市政工程专家，以为发展工科之准备"。① "家伦以奉命太迟(八九月间)，那时各大学均将开课，良好教授十九均已受聘。再加以其他大学之竞争，一时要想聘到多数的良好教授，确属不易。几经困难，总算请到几位。……工程系之孙瑞林君，均国内外学问能力颇为著称之教授。"②除了文中提到的孙瑞林，罗家伦任期内还聘有市政工程系施嘉炀、土木系卢恩绪等教授③，以及土木系助教孟广喆等。另外，罗家伦校长任期间，大量延聘非清华出身的教师，虽遭遇挫折，但也开创了新的局面。

1930 年罗家伦辞职离校，此后国立清华大学经历了校长更迭风波，如乔万选、叶企孙(代理)、冯友兰(代理)、吴南轩、翁文灏(代理)等。在此期间，学校发展受到严重影响，但也陆续聘有一些教师到校，如土木系许鉴、张润田、王裕光、钟春雍、蔡方荫、张泽熙、陶葆楷等④。对于师资的重要性，1931 年梅贻琦到校视事时即提出："一个大学之所以为大学，全在于有没有好教授。孟子说：'所谓故国者，非谓有乔木之谓也，有世臣之谓也。'我现在可以仿照说：'所谓大学者，非谓有大楼之谓也，有大师之谓也。'我们的智识，固有赖于教授的教导指点，就是我们的精神修养，亦全赖有教授的 inspiration。但是这样的好教授，决不是一朝一夕所可罗致的。我们只有随时随地留意延揽而已。同时对于在校的教授，我们应该尊敬，这也是招致的一法。"⑤次年 9 月在开学典礼讲话中，梅贻琦再次强调："凡一校之精神所在，不仅仅在建筑设备方面之增加，而实在教授之得人。本校得有请好教授之机会，故能多聘好教授来校，这是我们非常可幸的事。从前我曾易《四书》中两语：'所谓大学者，非谓有大楼之谓也，有

---

① 《市政工程学系全体教职员为裁撤该系事上董事会书》，《国立清华大学校刊》，第 21 号，1928 年 12 月 14 日。

② 罗家伦：《整理校务之经过及计划(上董事会之报告)》，《国立清华大学校刊》第 12 期，1928 年 11 月 23 日。

③ 清华大学校史研究室：《清华大学一百年》，北京：清华大学出版社，2011 年，第 56、62 页。

④ 清华大学校史研究室：《清华大学一百年》，第 66~69 页。

⑤ 《梅校长到校视事召集全体学生训话》，《国立清华大学校刊》，第 341 号，1931 年 12 月 4 日。

大师之谓也。'现在吾还是这样想。"①

对于教师聘定当时有着较为严格的标准。例如,1932年5月26日施行的《国立清华大学教师服务及待遇规程》中规定,教授及合聘教授须具有下列三项资格之一:"(甲)三年研究院工作或具有博士学位及有在大学授课二年或在研究机关研究二年或执行专门职业二年之经验者,(乙)于其所任之学科有学术创作或发明者,(丙)曾在大学或同等学校授课五年且著有成绩者";讲师应具有下列三项资格之一:"(甲)曾在国内外大学任教教授著有成绩者,(乙)于所任之学科有学术创作或发明者,(丙)于专门职业有特殊经验者";专任讲师须具有下列三项资格之一:"(甲)二年研究院工作或具有硕士学位者,(乙)于所任之学科有学术贡献者,(丙)于专门职业有特殊经验者";教员须具有下列二项资格之一:"(甲)大学毕业成绩特优且曾在大学或同等学术机关授课或研究二年者,(乙)于所任之学科有专门知识或授课有特殊成绩者";"助教须具有大学毕业成绩特优之资格。"②1934年6月重印的《国立清华大学教师服务及待遇规程》基本与1932年的规定相同,只有其中对教授资格有些变化,即"曾任大学或同等学校教授或讲师,或在研究机关研究或执行专门职业共六年,具有特殊成绩者"。③ 根据这一标准,1932年工学院创办后,除续聘之前部分教师外,又新聘机械系庄前鼎、王士倬、刘仙洲,电机系顾毓琇、章名涛等教授来校④。1932年度工学院教师见表3-2。

表3-2　1932年度工学院教师一览表

代理院长	梅贻琦			
土木工程系				
主任	施嘉炀			
教授	王裕光	张泽熙	蔡方荫	陶葆楷

---

① 《举行廿一年度开学典礼志略》,《国立清华大学校刊》,第432号,1932年9月16日。

② 《国立清华大学教师服务及待遇规程》(民国廿一年五月廿六日起施行),清华大学档案,全宗号1,目录号2:1,案卷号109。

③ 《国立清华大学教师服务及待遇规程》(1934年6月重印),清华大学校史研究室:《清华大学史料选编》(第二卷上册),第174~175页。

④ 清华大学校史研究室:《清华大学一百年》,第75页。

续表

土木工程系				
专任讲师	张乙铭			
讲师	张鸣韶			
助教	夏坚白	沙玉清	陈永龄	王冠章	张有龄
机械工程系				
代理主任	庄前鼎			
教授	王士倬	刘仙洲		
教员	褚士荃			
电机工程系				
主任	顾毓琇			
教授	章名涛			
教员	孙瑞珩			
助教	朱颂伟			

（资料来源：《二十一年度本校教师一览表》，《国立清华大学校刊》，第 442 号，1932 年 10 月 10 日）

此后，国立清华大学工学院又陆续聘请了诸多教师，如 1933 年度聘有：土木系助教衣复得、周惠久、王德荣；机械工程系教员毛韶青，助教曹国惠、金希武；电机工程系教授倪俊、助教宋毓华。[①] 1934 年聘有：土木工程学系教授张任，专任讲师李谟识，助理王树芳、朱民声、徐芝纶、谢家泽；机械工程学系李辑祥、殷祖澜，助教张捷迁、戴中孚、董树屏；电机工程学系教授任之恭（与物理学系合聘）、李郁荣，助教朱曾赏、娄尔康、严晙、张思侯。[②] 1935 年聘有：机械工程学系教授殷文友、史久荣，教员钱启福[③]，讲师王季绪[④]，助教钱学榘[⑤]；土木系教授李谟炽、张润田，电机系教授赵友民等。1936 年聘有：土木系教授洪绅、吴柳生，机械系教授汪一彪、冯桂连、华敦德（F. L. Wattendorf）等[⑥]。1936 年度国立清华大学工学院教职员

---

① 《二十二年度本校教师一览》，《国立清华大学校刊》，第 530 号，1933 年 10 月 30 日。

② 《二十三年度本校教师一览》，《国立清华大学校刊》，第 602 号，1934 年 10 月 4 日。

③ 《收机械工程学系：教员毛韶青他就请聘钱启福补遗》（1935 年 8 月 17 日），清华大学档案，全宗号 1，目录号 2：1，案卷号 111：2。

④ 《收机械工程学系函：拟聘王季绪先生为讲师》（1935 年 8 月 26 日），清华大学档案，全宗号 1，目录号 2：1，案卷号 111：2。

⑤ 《收庄前鼎函：请发机械工程学系助教钱学榘聘书》（1935 年 9 月 13 日），清华大学档案，全宗号 1，目录号 2：1，案卷号 111：2。

⑥ 清华大学校史研究室：《清华大学一百年》，第 97 页。

名单见表3-3。从表中可见,至1936年国立清华大学工学院共计有教职员60人,其中教师50人,包括教授23人、讲师4人、教员6人、助教17人。国立清华大学工学院教师人数相对清华学校时期有了很大增长,就同一时期国内工学院来说,师资力量虽不是最强,但也位居前列。例如交通大学土木、电机、机械学院共有教师77人(教授27人、讲师34人、助教18人)[①],山西大学工学院有教师17人(教授8人、副教授2人、讲师6人、助教1人[②])。

表3-3 国立清华大学1936年度工学院教职员一览表

院长	顾毓琇		
土木工程学系			
教授兼主任	施嘉炀		
名誉教授	李协		
教授	王裕光	蔡方荫(本学年休假)	陶葆楷 (本学年上学期请假)
	张泽熙 (本学年休假)	张润田 (本学年请假)	李谟炽
	吴柳生		
讲师	胡立猷 (下学期到校)	许靖 (下学期到校)	
助教	张人俊	刘隽快	吴尊爵
	茅荣林	夏震寰	金启畴
	周葆珍	杨天祥	张连荣
	秦鸿铃		
书记	邵继兴	刘九如	
绘图记〈员〉	张明贵		
机械工程学系			
教授兼主任	庄前鼎 (请假)		
教授兼代主任	李辑祥		

---

① 《交通大学史》编写组:《交通大学校史(1896—1949年)》,上海:上海教育出版社,1986年,第271、279、286页。

② 山西大学校史编纂委员会:《山西大学史稿(1902—1984)》,太原:山西人民出版社,1987年,第29页。

续表

机械工程学系			
教授	刘仙洲	殷祖澜	殷文友
	汪一彪	华敦德(F. L Wattendorf)	冯桂连
专任讲师	李宗海 (下学期到校)		
讲师	王季绪		
教员	曹国惠	张捷迁	载中孚
助教	董树屏	葛祖彭	陈文龙
	张听聪		
工场技士〈师〉	胡同霖		
实验室管理员	林荔生		
工场管理员	蒋蕴章		
绘图员	吴景福		
书记	王致祥		
电机工程学系			
教授兼主任	倪俊		
教授	顾毓琇	章名涛	任之恭 (与物理学系合聘)
	李郁荣	赵友民	
教员	严睃〈畯〉	沈尚贤	范崇武
助教	朱曾赏	张思侯	钟士模
书记	刘砥石		
绘图员	石文元		

[资料来源:《国立清华大学1936年度教职员一览表》,清华大学校史研究室:《清华大学史料选编》(第二卷上册),北京:清华大学出版社,1991年,第289~291页]

整体而言,国立清华大学初期工学院教师的职级分布,呈"U"型或倒马鞍型结构,其中以教授和助教人数为多,教师、教员人数较少(见图3-2)。该时期庄前鼎、王士倬、刘仙洲、顾毓琇、章名涛、倪俊等海外留学生及国内资历较高者曾在校任教。对于当时的教师水平,正如古城在谈及清华工学院时曾曰:"况教授方面,又都在外国研究多年,对于欧美的工程学识,各有特长与心得,是以现在之清华工学院,在这半封建半殖民地的国里说起来虽不敢说是全国首屈一指,至少也是后起之秀吧。"[①]例如,航空

---

① 古城:《谈谈清华的工学院》,清华大学校史研究室:《清华大学史料选编》(第二卷下册),第541页。

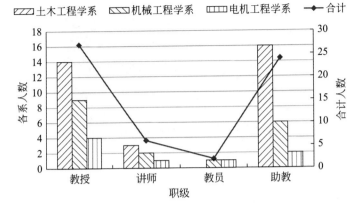

图 3-2 1928—1937 年国立清华大学工学院教师职级分布图

（资料来源：苏云峰：《清华大学师生名录资料汇编：1927—1949》，

台北：中央研究院近代史研究所，2004 年，第 13~110 页）

组教授，"冯桂连先生系美国麻省理工大学航空工程科硕士，并在德国哥丁根工科大学研究空气动力学二年，执有飞行执照。殷文友先生系上海交通大学机械工程学士，美国康奈尔大学机械工程硕士，哈佛大学工程科硕士，曾任斯东工程公司工程师一年，余吼斯飞机厂飞机设计工程师二年半，国立浙江大学工学院教授四年……"①另外，这一时期还聘请了冯·卡门（Theodore VonKarman）、华敦德（F. L. Wattendorf）、维纳（Norbert Wiener）等国外知名学者来校讲学。例如，"华敦德来到清华讲授空气动力学试验课程，积极提倡改变学生中重理论轻实验的倾向。华敦德在清华期间，除了担任理论空气动力学教学外，还负责南昌 15 英尺大风洞的全盘计划工作。由于他重视培养学生理论联系实际的能力，因此他带领毕业生直接参加这个风洞的气动设计、计算、绘图等工作，并以这些实际工作代替学生们的毕业考试，获得了很好的效果"。②

　　工学院成立后，对教师的待遇也进行了调整。例如，1932 年《国立清华大学教师服务及待遇规程》中对教师薪俸规定："教授于初受聘时其资

---

　　① 《国立清华大学机械工程系航空工程组发展概况》，清华大学档案，全宗号 1，目录号 2：1，案卷号 204。

　　② 《中国空气动力学发展史》编辑委员会：《建国前中国空气动力学的发展》，《中国科技史料》，第 8 卷（1987）第 2 期。

1934 年土木系教师合影，前排左起张乙铭、陶葆楷、王裕光、施嘉炀、蔡方荫、

张泽熙、张任，后排左起周惠久、陈永龄、夏坚白、沙玉清、王德荣、衣复得

（清华大学土木工程系：《辉煌七十秋：清华大学土木工程系》，北京：清华大学出版社，

1996 年，第 177 页）

建系初期电机系教师合影（1936 年）[前排左起：赵友民、李郁荣、顾毓琇、维纳

（Dr. Norbert Wiener，控制论的创始人）、任之恭、倪俊、章名涛；后排左起：张思侯、

范崇武、沈尚贤、徐范、娄尔康、朱曾赏、严晙]

（清华大学电机系：《清华电机系七十周年系庆纪念集》，2002 年，第 7 页）

1936 年航空工程组全体师生，左四为庄前鼎教授

（清华大学航天航空学院编辑组：《重建学科伟业 再创航空辉煌——清华大学航空宇

航学科发展历程》，北京：清华大学出版社，2011 年，第 4 页）

格与本规程第四条正相符者,月薪三百元,其资格较高者得超出此额。"
"教授每服务满二年(休假之年除外)者加月薪二十元,其于所任学科有
特殊学术成绩者加月薪四十元,但每年受特别加薪之教授不得过该年加
薪教授总数十分之一"。"教授月薪最高以四百元为限,但于所任学科有
特殊学术贡献者得超过此限,加至五百元。惟月薪超过四百元之教授不得
过全体教授总数五分之一"。"讲师之月薪每学期授课一学分者三十五元,
授课一学分以上者每多一学分加二十五元"。"专业讲师之月薪自一百六
十元起至二百八十元止,其增薪之年限及多寡视其于所任学科之学术成
绩定之"。"教员之月薪最低一百二十元,每服务满二年者加二十元至二
百元止"。"助教之月薪最低八十元,每服务满一年者加十元至一百四十
元止"。① 由上述规定可见,当时国立清华大学教授月薪为 300~400 元,
有特殊学术贡献者,最高 500 元,专任讲师月薪为 160~280 元,教员月薪
为 120~200 元,助教月薪 80~140 元。1934 年 6 月重印的《国立清华大学
教师服务及待遇规程》关于教师待遇没有变化。工学院在聘请教师时其
薪资基本按学校规定执行,如 1937 年度工学院土木工程学系续聘教师薪
资见表3-4。

表3-4 1937 年度土木工程学系续聘教师及薪资

姓名	职别	本年度续发聘书支薪数	任期	备注
蔡方荫	教授	(廿六)340.00 (廿七)360.00	二年	廿五年度休假
陶葆楷	同上	(廿六)320.00 (廿七)340.00	二年	廿四、廿五年度薪额三二○元,廿五年度请假半年
张泽熙	同上	(廿六)380.00 (廿七)400.00	二年	廿五年度休假
张润田	同上	360.00	一年	廿四年度起聘,薪额 360 元,廿五年度请假一年
李谟炽	同上	320.00	二年	廿四年度下学期改聘教授,薪额300 元,廿五年度续聘一年,薪额300 元

① 《国立清华大学教师服务及待遇规程》(民国廿一年五月廿六日起施行),清华大学
档案,全宗号 1,目录号 2:1,案卷号 109。

续表

姓名	职别	本年度续发聘书支薪数	任期	备注
吴柳生	教授	300.00	一年	廿五年度起聘
覃修典	专任讲师	280.00	一年	廿五年度薪额 280 元
张人俊	助教	100.00	一年	廿五年度上学期薪额 90 元，自廿六年二月起因与卫生署合作调往南京服务，薪额改为 40 元
刘寯快	助教	100.00	一年	廿五年度薪额 90 元
吴尊爵	同上	100.00	一年	廿五年度薪额 90 元
茅荣林	同上	100.00	一年	廿五年度薪额 90 元
夏震寰	同上	90.00	一年	廿五年度薪额 80 元
金啟畴	同上	90.00	一年	廿五年十二月起聘薪额 90 元
周葆珍	同上	100.00	一年	廿五年度下学期起聘薪额 90 元
杨天祥	同上	90.00	一年	廿五年度下学期起聘薪额 80 元
秦鸿钤	同上			廿五年度下学期起聘薪额 90 元，在山东济宁实验区工作薪由华北农村建设协进会支付
张连荣	同上			廿五年度下学期起聘薪额 90 元，在山东济宁实验区工作薪由华北农村建设协进会支付

（资料来源：《工学院土木工程学系二十六年度续聘教师名单》，清华大学档案，全宗号 1，目录号 2:1，案卷号 112）

同时，为了提高教师品质，国立清华大学还设立了休假进修及研究制度。早在清华学校期间，即制订了教职员游学规则等，于 1921 年经外交部批准施行。[①] 但 1928 年 2 月 16 日，清华评议会决议："教职员休假调查及考察津贴，暂缓 1 年举行。"[②]罗家伦出任国立清华大学校长后得以恢复，"教授出洋研究办法，原则上承认，办法另定。休假亦不成问题。将来每年并特派一人，以特殊人材为准，至外国留学，以作本校教授之准备，办

---

①② 李红惠、王运来：《民国时期国立清华大学学术休假制度的历史考察》，《现代大学教育》，2015 年第 6 期。

法将来由评议会定之"。① 1929 年 7 月 18 日,评议会议决修正通过《教职员休假规程》,规定:"教授如按照契约及服务规程,继续服务满五年,而本大学愿继续聘任其担任教授者,得休假一年。如在国内休息一年而不兼职者,得支半薪;休息半年而不兼职者,得支全薪。如赴国外研究者,得支全薪,但不另给旅费。休假期过一年者,不再支薪。不续聘者,不得援例。"②

　　1930 年 5 月,罗家伦辞职离校。此后,国立清华大学学术休假制度经过多次变更或修订。例如,1930 年 6 月 16 日,校评议会修正通过《专任教授休假条例》和《教员助教休假及研究津贴条例》。其中,《专任教授休假条例》规定:"专任教授如按照契约及服务规程继续服务满五年,而本大学愿继续聘任其担任教授者,得休假一年。如在国内休假一年,而不兼职者,得支半薪;休假半年而不兼职者,得支全薪。如国外研究者,应准支半薪,并按学生条例给予月费学费及来往旅费,但不给他项费用。休假期过一年者,不得再支薪金月费及学费。凡不续聘者不得援例。""凡赴欧美研究者,出国时由本大学给予川资美金五百二十元,返国时由留美监督处给予川资美金五百二十元,月费每月美金八十元;留英者月费每月美金壹百元。由留美监督处按月发给,全年以十二个月计算"。③《教员助教休假及研究津贴条例》规定:"(一)凡在大学继续担任全时教员或全时助教满五年而成绩优卓,愿专作研究而同时不兼他职者,得休假一年并支全薪。如有特殊成绩并有具体计划,愿赴欧美研究,经系主任及院长核准并经评议会通过者得支一次川资,美金五百二十元,及半官费一年,但不得支薪。(每月月费美金四十元,留英者五十元)。"④

　　1931 年底梅贻琦担任校长后,教师管理逐步规范化。例如,1932 年颁布实施《教师服务及待遇规程》,其中第七章专门对休假做了规定:"教

---

　　① 《本校董事会开会经过——罗校长昨在纪念周上之报告》,《国立清华大学校刊》,第 23 期,1928 年 12 月 19 日。

　　② 《教职员休假规程》,《国立清华大学校刊》,第 83 期,1929 年 7 月 27 日。

　　③ 《专任教授休假条例》(1930 年 6 月 16 日通过),清华大学档案,全宗号 1,目录号 2:1,案卷号 109。

　　④ 《教员助教休假及研究津贴条例》(民国十九年六月十六日第十四次评议会通过),清华大学档案,全宗号 1,目录号 2:1,案卷号 109。

授如按照本规程连续服务满五年而大学愿续聘其任教授者，得休假一年，如不兼事支半薪，或休假半年，如不兼事支全薪，但曾经休假一次者连续服务六年方得再享休假权利。""教授在休假期内赴欧美研究者，除支半薪外，由本大学给予来往川资各美金五百二十元，此外给予在外研究费每月美金一百元。""教授在休假期内赴日本研究者，除支半薪外，有本大学给予来往川资各日金一百元，此外给予在外研究费每月日金一百元。""教授在休假期内赴国内各地研究者，除支半薪外，其旅行及研究费用由研究者提出详细预算，经评议会核定，但其总数不得过二千四百元。""专任讲师、教员及（全时）助教连续服务满五年成绩优异，愿专作研究而同时不兼他职者得休假半年，支全薪，或休假一年，专任讲师支全薪三分之二，教员支全薪四分之三，助教支全薪五分之四，但曾经休假一次者须连续服务六年方得享受休假权利。""本大学专任讲师、教员及助教在休假期内如有具体计划愿赴欧美或日本或国内各地研究者，经评议会通过，得照本规程第四十七四十八四十九三条按半数支川资及研究费但不得支薪。"①

1934年2月28日，"校评议会议决：通过修正《教师服务及待遇规程》第57条的条文，规定专任讲师、教员、助教（在休假期内赴欧美或日本研究者）一律由校加给学费（实验等费除外），由下学年度始实行"。② 同年6月重印的《国立清华大学教师服务及待遇规程》中对此进行了修改，如："本大学专任讲师、教员及（全时）助教，连续服务满五年，成绩优异，愿赴欧美或日本专作研究，拟有具体计划，经评议会通过，得支领学费，并照本规程第四十七、四十八条，按半数支给川资及研究费，但不得支薪。"③

国立清华大学初期工学院休假的教师有施嘉炀、蔡方荫、顾毓琇、刘仙洲等教授。当时学校休假教授、副教授的人数是讲师、教员、助教的两倍之多。"之所以讲师、教员、助教数量非常少，原因有三：一是办学经费有限，学校不得不对休假教师做出资格限制。二是为了优待教授。教授

---

① 《国立清华大学教师服务及待遇规程》（民国廿一年五月廿六日起施行），清华大学档案，全宗号1，目录号2：1，案卷号109。

② 清华大学校史研究室：《清华大学一百年》，第82页。

③ 《国立清华大学教师服务及待遇规程》（民国二十三年六月重印），清华大学档案，全宗号1，目录号2：1，案卷号109。

是大学的灵魂,是学术研究的主要群体,是大学声誉和生命力的重要保证,清华大学'图之至亟'。休假政策向教授级教师倾斜,是为了'厚待遇而崇学术'。三是为了增强休假的效能。大学教授的研究意识、研究基础、研究能力和研究资源总体上强于或多于普通教师,即大学教授的学术生产力强于普通教师的学术生产力,大学在相同的投入下,大学教授的学术产出率应该会普遍高于普通教师的学术产出率。"①由于清华教师可以享受较高的待遇,又有出国的机会,加上学校设备充实,环境优美,进修研究条件很好,教师只要学有所长,认真教学,一般也不会受到解聘的威胁;所以,大家都比较乐于长期留在清华工作。这使清华能够逐步形成一个比较稳定的、质量较高的教师队伍,对学校的发展起了良好的作用。

教师休假多用于学术研究或考察,以此提高教学和科研水平。对此,学校也有这方面的规定。例如,《专任教授休假条例》规定:"凡赴国外研究之教授,应先将在国外研究之具体计划交由系主任、院长、校长,提交评议会核准后方得享受前条规定之待遇。"②《教员助教休假及研究津贴条例》:"享受休假者应于学年之终将研究报告呈系主任、院长考核。"③《教师服务及待遇规程》:"专任讲师、教员及(全时)助教连续服务满五年成绩优异,愿专作研究而同时不兼他职者得休假半年,支全薪,或休假一年,专任讲师支全薪三分之二,教员支全薪四分之三,助教支全薪五分之四,但曾经休假一次者须连续服务六年方得享受休假权利。""本大学专任讲师在休假期内作研究工作得有本校津贴者,应于休假年终将研究结果报告本校。"④

国立清华大学初期,"当时在工程学术界已颇具声望的刘仙洲、陶葆楷、顾毓琇等学者潜心研究与著述,特别是奋力编著中文工科教学用书,编订工程科学名词,其直接动机就是为了改变中国工程科技与高等工程

---

① 李红惠、王运来:《民国时期国立清华大学学术休假制度的历史考察》,《现代大学教育》,2015年第6期。

② 《专任教授休假条例》(1930年6月16日通过),清华大学档案,全宗号1,目录号2:1,案卷号109。

③ 《教员助教休假及研究津贴条例》(民国十九年六月十六日第十四次评议会通过),清华大学档案,全宗号1,目录号2:1,案卷号109。

④ 《国立清华大学教师服务及待遇规程》(民国廿一年五月廿六日起施行),清华大学档案,全宗号1,目录号2:1,案卷号109。

教育'依附于外国而生存'的状态"。① 但客观而言，"当时国内工科尚处于发展阶段，并没有完全建立起一套完善的自身教育体系，所用的教材、讲义，甚至整个课程体系都是模仿了西方工科大学"。② 如，国立清华大学"土木系所用的教材中，除了自编讲义，外文教材占了95%多，其中的'自编讲义'、'本系特编讲义'，以及'各项参考书'也多为外文书或从西方著名工程刊物上摘录编译。……虽然外国教材的使用一方面使得教学能够紧跟国际工学最前沿，另一方面也给国内学生的学习带来了很大的不便。"③

另外，工学院教师的教学方法"可说完全是注入式的。教授们上课时的第一要务是在黑板上先写 Assignment P. —— P. , Problems……。讲授的时候，多是按照课本的大纲，参考别书的内容，作一种折衷的教材，一面口讲一面手写，听且记。至学生之程度如何，兴趣如何，则置诸不理。在学生方面，亦只有一面听讲，一面笔记，留待下堂后之彻底研究"。④ 清华工学院的考试相当严格，"同学们为度过难关起见，为避免五年、六年……计划起见，除了听读 Assignment 作 Problems，努力实验与报告，细心设计与画图外，尚须预备定期的考试。……工院的同学，只知终日埋头苦干，至于天下国家的大势，则无时间去分析讨论了。"⑤正如有学者所言："在任何的社会里，一种有组织的训练或作业，必须和整个社会发生密切的联络，而且这种组织不能完全处于被动合被支配的地位。换句话说，就是它的存在，对于国家社会要有积极的意义，所以必须和社会打成一片。中国的工业教育，有时是隔绝了社会。多半只是读死书，对于国际形势政治动向以及社会的形状很少有人注意。我们相信对于社会要没有相当的了解，自己的工作很容易受人家的愚弄，作人家的工具，对于担负为社会民族的大任，更是一种障碍。"⑥

---

① 史贵全：《中国近代高等工程教育研究》，242 页。
② 陈超群：《清华大学工学院的创办》，北京：清华大学硕士学位论文，2005 年，第 36 页。
③ 陈超群：《清华大学工学院的创办》，第 37~38 页。
④ 古城：《谈谈清华的工学院》，清华大学校史研究室：《清华大学史料选编》（第二卷下册），第 541~542 页。
⑤ 古城：《谈谈清华的工学院》，清华大学校史研究室：《清华大学史料选编》（第二卷下册），1991 年，第 542~543 页。
⑥ 叶舟：《中国工业教育的动向》，《清华周刊》，第 616 期，1936 年 4 月 14 日。

三、人才培养规模逐步扩充

罗家伦执校清华后将原有实用工程科改为市政工程系,时有学生13人[1],但不久遭董事会裁撤,其中"三年级学生转送唐山大学,二年级学生转送南洋大学。只余四年级一班使其得于是年暑假毕业,一年级则预备暑假后转入他系"[2]。后经师生共同努力重又恢复,专办土木工程系,"年来政府提倡理工,每年新招学生,大半选习工科"[3],如1929年土木科在校学生37人、1930年64人、1931年107人[4]。同时,"本校前应南方各大学失学同学请求,拟就宿舍空位酌予收容十余人,后经本校学生会请求学校尽量收容,当局于宿舍中挪挤结果,得床位三十余,因按请求者之需要情形,酌收上海暨南,沪江,同济,复旦,光华,中公,交通等大学同学及日报庆应明治两大学回国留学生三十余人,内女生三人。……傅玉魁,交大,电机系二年级(已到校);魏文聚,复旦,工程。"[5]

随着学生人数的不断增加,国立清华大学于1932年成立工学院,"土木、电机及机械三系每年招收学生约160人,几为此年新生总数的1/2"[6]。根据学校规定,"新生的考试科目为:(一)党义,(二)国文,(三)英文,(四)本国史地,(五)代数,几何,平面三角,(六)高中代数入平面解析几何,高中物理,高中化学,高中生物,世界历史地理"[7],"凡投考工学院一年级的,限定须选高等数学和物理。暑假中本校毕业生,因此而不取的很多。"[8]1932—1933年度工学院在校学生共计220人(其中土木工程系160人、机械工程系22人、电机工程系38人)[9]。

为进一步推动理工农医等实科的发展,自1933年起国民政府颁布政

---

① 苏云峰:《从清华学堂到清华大学(1928—1937):近代中国高等教育研究》,第138页。

② 夏坚白:《土木工程系的过去和现在》,《清华周刊》,第514-515期,1931年6月1日。

③ 庄前鼎:《机械工程学系概况》,清华大学校史研究室:《清华大学史料选编》(第二卷下册),第492页。

④ 苏云峰:《从清华学堂到清华大学(1928—1937):近代中国高等教育研究》,第138页。

⑤ 《大批借读生来校》,《清华周刊》,第530期,1932年3月12日。

⑥ 苏云峰:《从清华学堂到清华大学(1928—1937):近代中国高等教育研究》,第137页。

⑦ 王幸福:《清华大学一瞥》,《现代青年》,1937年第7卷第6期。

⑧ 梁守槃:《清华的生活》,《光华附中理科专号》,1934年第2卷第6期。

⑨ 《民国二十一至二十二年度在校学生统计表》,《国立清华大学校刊》,第447期,1932年10月21日。

策对文法院系的招生进行严格限制。例如，1933 年 5 月教育部颁布《二十二年度各大学及独立学院招生办法》，规定：各大学文、法、商、教育等学院各系及独立学院相应各科所招新生及转学生之平均数，不得超过理、农、工、医等学院各系或各科所招新生及转学生之平均数。1934 年颁布的《二十三年度各大学及独立学院招生办法》基本类似。① 1935 年 4 月，教育部对招生办法作了修正，要求"（一）各大学及各独立学院之文，法，商，教育，理，农，医，工所属一切系科，嗣后招收新生及转学生，均应详审各该系科师资情形及设备状况，酌定各该系科招收之名额，以期实际获得教学效率，不得有滥收情形。（二）各大学之设有文，法，商，教育等学院，独立学院之设有文，法，商，教育等学科者，依民国二十三年度各校院招生情形之统计，各该学院或学科之每一学系所招新生及转学生之平均数，约为二十名，今后各该学院或学科之每一学系或专修科，所招新生及转学生之数额，除具有成绩特优等情形，经部于招考前特许者外，以三十名为限。"② 国民政府提倡理工、限制文法的政策，在很大程度上促进了工程教育的发展，工科学生人数不断增长。同时，工程实业的发展需要大量工程技术人才，学生出于就业考虑亦多选择工科专业。例如，1935 年国立清华大学"录取学生 318 人，工学院占 45%，理学院 38%，文学院 11%，法学院仅 6%。"③

国立清华大学对于学生的培养要求十分严格，尤其是理工学院淘汰率较高。其中工学院淘汰率，1929 年达 67.5%、1930 年 56.1%、1931 年 59.4%、1932 年 49.5%、1933 年 32%。④ 据统计，自 1929 年至 1937 年工学院共计毕业学生 260 人⑤，历年毕业生人数及变化趋势见图 3-3。国立清华大学工学院相对北洋大学、山西大学、交通大学等起步较晚，人才培养规模也相对较小，但由图 3-3 可以看出，抗战前国立清华大学工学院的毕业人数虽有起伏，总体却呈增长趋势，如土木系 1929 年仅毕业学生 8 人，

---

① 《规定二十三年度各大学及独立学院招生办法通令遵办》，《教育旬刊》，1934 年第 9 卷第 7 期。

② 《二十四年度各大学及独立学院招生办法》，《时代教育（北平）》，1936 年第 1 卷第 2 期。

③ 苏云峰：《从清华学堂到清华大学（1928—1937）：近代中国高等教育研究》，第 137 页。

④ 清华大学校史编写组：《清华大学校史稿》，北京：中华书局，1981 年，第 128 页。

⑤ 苏云峰：《从清华学堂到清华大学（1928—1937）：近代中国高等教育研究》，第 152 页。

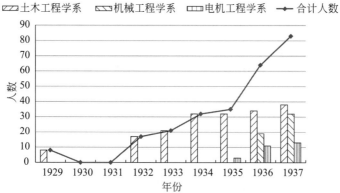

图 3-3　1929—1937 年国立清华大学工学院毕业人数分布及变化曲线图

[资料来源：苏云峰：《从清华学堂到清华大学（1928—1937）》，北京：生活·读书·新知三联书店，2001 年，第 152 页]

在其后的 1930 年及 1931 年因裁撤而空缺，1932 年工学院成立之后土木系毕业生有了较大增长，至 1937 年毕业生已达 38 人；电机系与机械系虽成立较晚，但每年毕业人数亦有较大增长。由此也可以说明，清华已经完成了由培养留美预备生向人才自主培养的成功转型。

1934 年土木系毕业学生合影

（清华大学土木工程系：《辉煌七十秋：清华大学土木工程系》，北京：清华大学出版社，1996 年，第 116 页）

　　该时期国民政府提倡实科、限制文法的教育政策虽然大大促进了工程教育的发展，但同时也存在一定的问题。如著名历史学家蒋廷黻所言：

"作出像'发展实科,裁并文科'这样重大的决策,'要根据事实,要经过客观的、仔细的调查'。'要知道中国现有多少农业专家,多少工程师,多少医生,及其他技师。五年之后,十年之后,中国将需要多少,将需要哪种,及什么程度。就工程说,我们是要土木工程师,机械工程师,还是电学工程师呢？如若是要电学工程师,我们是要电力工程师,还是要电气交通工程师呢？或者中国现在最需要的工程师还是各门工程都具有普通知识和经验的？……不这样办,反凭空通过议案,突然裁这个,加那个,还不是计划化,反是意气化。'"①由上所述,该时期国立清华大学工学院因经费的原因,仅设有最重要、最急需的土木、机械、电机三个学系并招生培养学生,而其他工程学系未能得以设立及培养学生。这一时期国内其他院校工科学生的培养情况也大致相同,如表 3-5,虽然建筑、水利、矿冶、纺织、应化等学系也有招收,但规模较小。"这种学科构成状态固然要受到各系创办历史、师资、设备等因素的制约,但它是不合理的,因为其中某些学科的规模与当时的社会需求不相适应。如我国水利工程界当时迫切需要高级技术人员,但大学水利系本科毕业生从 1931 年至 1937 年仅有 27 人,每年毕业生都不超过 6 名,甚至有两年没有毕业生,远远不能满足实际需要"。②

表 3-5　全国工科本科毕业生分系统计表

年度 学系	1931	1932	1933	1934	1935	1936	1937
土木	311	289	312	381	362	412	391
机械	154	142	154	186	211	158	178
电机	96	89	98	118	112	151	124
化学	34	32	35	42	40	47	55
建筑	11	10	11	14	13		29
水利	5	5	5	6	6		
航空							

---

① 史贵全:《中国近代高等工程教育研究》,第 87 页。
② 史贵全:《中国近代高等工程教育研究》,第 86 页。

续表

年度\学系	1931	1932	1933	1934	1935	1936	1937
矿冶	81	76	82	100	95	95	21
测量							
机电							
工化						42	6
纺织	36	34	36	44	42	43	
染化						18	
造船						10	8
应化	27	26	28	34	32		
市政水利						6	
其他	24	22	24	30	28		
共计	779	725	785	955	941	982	812

[资料来源:中国第二历史档案馆编:《中华民国史档案资料汇编》(第五辑第一编教育(一)),南京:江苏古籍出版社,1994年版,第348页;史贵全:《中国近代高等工程教育研究》,上海:上海交通大学出版社,2004年,第86~87页]

　　国民政府推行实科的教育政策在留学教育中也有重要体现。例如,1929年1月,教育部就"选派留学应注重理工二科"特向各大学区、教育厅发布训令:"训政伊始,建设事业,经纬万端,实用人才,尤为需要。此后各省区选派留学,务于两科特别注意,并严加考试"。① 1930年4月,第二次全国教育会议通过留学教育的原则要求:"以后选派国外留学生,应注重自然科学及应用科学,以应国内建设的需要,并储备专科学校及大学理农工医等学院的师资。公费留学生应视国家建设上的特殊需要,斟酌派遣,每次属于理农工医的,至少应占全额十分之七。自费留学生得依本人志愿,肆习任何学科,但学理农工医者,应尽量先叙补公费或津贴;学文哲政治艺术等科者,非至大学毕业入研究院时,不得受公家补助。"②1933年4月,教育部颁布《国外留学规程》,规定:"各省市考选派赴国外研究专门

① 教育部:《为通令选派留学应注重理工二科并应将派遣规程呈部备核由》,曲铁华:《民国时期留学教育政策的特征及现实启示——基于政策文本的分析》,《河北师范大学学报(教育科学版)》,2016年第18卷第1期。
② 史贵全:《中国近代高等工程教育研究》,第80~81页。

学术者应注重理农工医等专科。"①

清华自1909年开始选派庚款留学生，至1929年留美预备部最后一批毕业同学赴美，初期以选习实科人数最多，"五四"运动后则随着国内局势的变化，选习人文社科的人数逐渐增多。例如，苏宗固曾对当时学生的学科情况进行了统计："近年来历届放洋学生所选之学科，大概是自然学科与社会科学各一半，自然学科的大部分是工程和化学，其他如生物农业比较很少，社会学科的大部是经济、商业，现在最流行的政治、法律、社会、市政等科，前几年还不很多，一九二六级七十人中，学政治的只有三人，当时的趋势，可以想见。……近来趋势却渐有改变，试看本届清华赴美学生三十七人中，选习政治外交方面的几占三分之一，商业今年估计方面，有六七人，陆军三人，此外普通文科有五六人，而自然学科除了三四人选习化学外，几乎没有，新闻、生物、畜牧、医药、图书馆学各一人，比较算是难得的。这种变动，如果细细分析起来，很可以代表几种趋势，第一是国内政治情形的改变，此外如社会上对于此项人才之需求，和本身对于国家责任观念之浓厚，都是造成这种趋势的原素。"②1929年最后一批赴美庚款留学生中选习工程科目的有沈锡琳（Purdue 土木工程 B. S. C. E.）、谷宗瀛（Stanford 市政 A. B.）、邵德彝（Purdue 土木工程 B. S. C. E.）、陆达（市政 A. B.）、冯桂连（航空工程 B. S.）、萨本远（建筑工程）等。③

1933年后，国立清华大学开始面向全国招考留美公费生。"此次教部决定令清华大学继续考选留学生，由两方面说，是可使人满意的。第一，在今日青年，特别是大学刚毕业的，苦着没有出路，而社会仍旧信仰洋货——不重土货的时候，派遣留学生，未始不是适合于经济学中供求原则的。……至于以造成专家为目的而派送留学生，确是一种补救国内专家缺乏的方案。第二，此次所要考选的，是几个学习很专门学问或技术的学生，较诸以前漫无限制，或只指定学习普通学科的办法，确高一筹。在所要选派的二十五人中，理工技术占了十八，农林占四，政治经济仅得其

---

① 《国外留学规程》，《教育部公报》，1933年第5卷第19~20期。
② 苏宗固（一九二九级）：《本届清华同学选择学科旨趣》，《旅行杂志》，1929年第3卷第8号。
③ 《清华同学录》，国立清华大学校长办公处印行，1937年。

三,(还是以技术为专修科),也可以表示,虽然教育部长换了学政治的人,政府对于提倡理工教育的政策,并没用改变,且有更确切的注重一切技术的倾向"。① 经议定,本届公开考选二十五名,其中仪器及真空管制造二人、硝酸制造一人、硫酸制造一人、铜铁金属学一人、飞机制造三人、兵工二人、炼纲(钢)一人、水利及水电工程三人等(如考试委员依据结果认为有酌量变更之必要,依酌量行之),报考资格为:"国内外公立或已立案之私立专科以上学校毕业,曾继续研究所习学科二年以上者,有价值之专门著作或其他成绩者,乙国内外公立或已立案之私立专科以上学校毕业,曾与所习学科有关之技术职务二年以上者,丙国内外公立或已立案之私立大学及独立院毕业,而成绩优良者。"②此后至 1936 年抗战前,国立清华大学每年举行一次留美公费生考试,选拔优秀学生赴美留学。1933 年至1936 年四届共计录取工程学约 30 人,包括张光斗、钱学森等。较之前庚款留美生不同的是,"公费生录取后,于必要时,须依照本大学之规定,留国半年至一年,作研究调查或实习工作,以求获得充分准备,并明了国家之需要,其工作成绩,经指导员审查认可后资送出国"。③ 例如,第二届留美公费生张光斗,"在李仪祉、汪胡桢和高镜莹三位导师指导下,阅读灌溉工程设计书、南北大运河和全国水利建设概况等资料,并去淮河、黄河和海河等地实习"。④ 对于实习的收获,他后来回忆:"我看到了我国水利建设,学了一些工程技术,更重要的是看到了我国水利建设落后,水旱灾害严重,人民生活困苦,增强了为水利服务、为人民服务的决心。"⑤

此外,1935 年清华大学与德国远东协会共同创立了中德交换留学生制度。该年 4 月 24 日,校评议会修正通过《国立清华大学选派赴德交换研究生简章》:"规定每年选派研究生五名,赴德国作研究工作,期间以二年为限。……本校选派赴德研究所研究科目,规定为下列三种:甲组:西洋文学,西洋哲学,历史学,社会学,心理学。乙组:物理学,化学,算学,地

---

① 萨本栋:《教部令清华继续考选留学生以后》,《独立评论》,1933 年第 59 期。

② 《清华大学公费留学生考选办法纲要》,《江西教育旬刊》,1933 年第 6 卷第 6-7 期。

③ 《留美公费生管理规程》,清华大学校史研究室:《清华大学史料选编》(第二卷上册),第 186 页。

④ 金富军:《清华大学留美公费生考试制度考察》,《清华大学学报(哲学社会科学版)》,2015 年第 3 期(第 30 卷)。

⑤ 张光斗:《我的人生之路》,北京:清华大学出版社,2002 年,第 11 页。

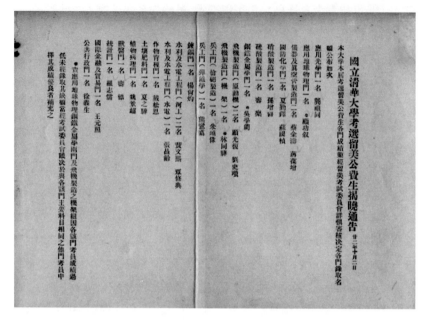

国立清华大学第一届考选留美公费生揭晓通告(1933年)

(清华大学档案馆提供)

学,生物学。丙组:政治学,经济学,土木工程,机械工程,电机工程。"①
1935年第一届赴德交换生,研究科目为甲组,即基础社会科学一组,共计
3名留德学生,德国派送清华的为2名工程师。1936年清华原计划向德
国派出5名交换生,但因交换制度的平等原则,校评议会议决第二届只派
4人,其中包括土木工程、航空工程各一名,分别是伍正诚(1934年7月毕
业于清华大学土木工程学系)、吕凤章(1936年7月毕业于清华大学工学
院机械工程学系)。②

四、基础设施得到改善

为推动实科的发展,国民政府颁布实施了一系列关于设备保障和充

---

① 《本校派赴德国研究生简章及请求书》,清华大学档案,全宗号1,目录号2:1,案卷
号79。

② 李亚明、朱俊鹏、杨舰:《我国近代首次中外交换留学生制度的考察——国立清华大
学与德国交换留学生制度的缘起、实施经过及成果》,《清华大学教育研究》,2011年第3期。

实的规定。例如,1929年8月教育部公布的《大学规程》对"大学各学院或独立学院各科开办费,及每年经常费之最低限度(开办费包含建筑费、设备费等)"做出了明确规定,其中工学院或工科开办费30万元、每年经常费20万元,在各学院及各科中最多。① 在国民政府提倡实科政策的推动下,国立清华大学等高校投入了较大经费用于扩充工科设备。如罗家伦上任之初就曾上报董事会:"留美预备时代的清华学校的设备,万不足以供国立最高学府的清华大学的应用。最显著的,就是图书仪器两项。……况且明年市政工程和地理两系就要正式开办,清华关于这两系的设备图书,尤须注意。目前此项设备,最低限度当为十万元。"②"在本人未走之前,清华经费尚未领到,校中存款,不过万五千元,而为购买工系仪器,竟肯指拨七千元为定洋,租客证明本人对工系极表赞成也。"③1930年底,国立清华大学建筑计划委员会在拟定的最近三年内举办各项建筑新计划中,即包括工程系水力实验室(50,000元)、发电厂(200,000元)。④ 除自身购买仪器设备外,学校还与其他院校交流,实现资源互补。如1929年,"北洋大学来校实习学生十二名,在校共三期顷因实习完毕,欣然归去,又本校大四工程系同学,因本校无水力实验,乃讬笪远纶先生向北洋大学当局交涉往该校实习。"⑤

由于清华具有稳定的资金来源,工程系设备较之国内其他工科院校逐渐取得优势。据1929年1月庄秉钧撰文介绍,"创办以来,行将四载,惨淡经营,规模初具,其间计划虽屡有更改,然循序进展,固始终一贯,逐年所添设备不无可观"。⑥ "其设备主要有:(A)工艺馆:1.制模工场;2.锯木工场;3.金工工场;4.材料试验室;5.电机实验室;6.机械及水力实验室。(B)锻铸工厂:1.锻工部;2.铸工部;(C)原动力厂:1.锅炉房;2.电机

---

① 《大学规程》,《国立中正大学校刊》,第1卷第9期,1941年1月21日。
② 罗家伦:《整理校务之经过及计划(上董事会之报告)》,《国立清华大学校刊》,第12期,1928年11月23日。
③ 《市政工程学系全体教职员为裁撤该系事上董事会书》,《国立清华大学校刊》,第21号,1928年12月14日。
④ 《新拟建筑计划》,《清华周刊》,第501期,1930年12月20日。
⑤ 《冠盖往来》,《清华周刊》,第455期,1929年4月6日。
⑥ 《北洋学生来校实习》,《国立清华大学校刊》,第51期,1929年3月15日。

房"。① "清华工程系设备及建筑有三十四万元之多较之国内著名之各工科大学如南洋,北洋,唐山,及中央大学学院,均无逊色,是清华设备虽不能与美国麻省理工及康奈尔式英国之曼却斯特及德国之古廷根大学可比,亦国内各大学中之少有者矣。"②当时的《国立清华大学校刊》中亦记曰:"我校虽非专科工业学校,然因以前当局之注重工程科,设备上早驾乎唐山,北洋,及工大之上。"③清华市政工程系工场概况见表3-6。

表3-6 清华市政工程系工场概况

国立清华大学		唐山大学		南洋大学		中央大学 工学院
工艺馆及工厂建筑费	100000	原动力厂	18000	设备		
金工工厂	33000	金工工厂	17800	原动力	17800	
锻,铸及木工设备	30000	制模工厂	2800	材料试验及水力实验	11000	
材料试验	22000	机械实验	9000	上项实验室器具	4000	
测量仪器	10000	电机实验	9300	金工	17500	
绘图教室设备费	20000	水力试验	6700	木工	8500	
图书设备费	30000	材料试验	8700	锻工	2800	工场机器约值二十万元
总共	200000	测量仪器	数千元	铸工	1800	
		总共	约80000	绘图教室	1500	
				总共	64900	
				房屋		
原动力厂系与学校合用,未计算在内(约11.35万余元)				机械与金工	70000	
				木工工场	10000	
				锻工工场	2000	
				铸工工场	3500	
				原动X厂	5000	
				总共	90500	

(资料来源:庄秉钧:《清华市政工程系工场概况》,《清华周刊》,452-453期,1929年1月19日)

---

① 《北洋学生来校实习》,《国立清华大学校刊》,第51期,1929年3月15日。
② 庄秉钧:《清华市政工程系工场概况》,《清华周刊》,第452-453期,1929年1月19日。
③ 《北洋学生来校实习》,《国立清华大学校刊》,第51期,1929年3月15日。

　　市政工程系曾一度遭清华董事会裁撤,但经广大师生努力得以复兴,后专办土木工程系,附属于理学院,相关馆舍有工艺馆(1934年改称土木工程馆①)、工学馆及工程馆等②。至1931年,"设备方面关于机械工程者有煅铸工场制模工场,金工工场及电机实验室。关于土木工程者有普通及精确之测量仪器四十余具,材料试验室一所,道路工程试验室一所,水力试验室及卫生工程实验室各一所。(以上二者在筹备中)"③另外,据夏坚白介绍,"土木工程系有独立的建筑,位于园内的极南,平常都说'工艺馆'","系内的设备都集中此间",主要包括:"(一)材料试验室。重要的仪器有五万磅电机拖动之利雷试验机一座,十万磅水力转动压力试验机一座,利电雷扭力试验机一座,水泥拉力试验机二座,及其他水泥试验仪器等。(二)道路材料试验室。所有设备计分两部:一部系石子,砂土试验机,重要仪器有硬度试验机一座,韧度试验机一座,摩擦力试验机一座,凝结度试验机一座,各机均有电力拖动。其他一部系沥青路油面试验仪器。(三)电机试验室。设备方面有直流及交流各种发电机与电动机共八座,单相及三相变压器五座,大小电流计,电压计,电力计共六十余具。原动力系理学院新设原动力厂所供给,厂内设有德国克虏伯无空气注射六十匹马柴油机一座。四千克瓦交流三相电机一座及二十克瓦马达发电机变流机一座。(四)水力试验室。正在建筑中,内容分水量测验,模型测验及水力机试验三部。本实验室可作一切高深之水力研究,并可校准各种水量测验仪器。如水表,笔托管,范透列管及各项流速计等。(五)测量仪器。现在经纬仪八具,水平仪十具,平板仪五具,及初步测量用之手持罗盘仪,水平仪,空盒气压计等,此外有六分仪二具,流速计二具,精密经纬仪及水平仪各一具,可作高等测量之用。(六)金工场。一切车床,钻床,磨床等均系新式,大小机床共十九座,用十匹马电动机二具拖动,铁钳及工作抬共十具,精细测微尺六具,其他机床及钳抬等用具约千余件。(七)制模工场。现在十二时回旋木床八座,十六时回旋木床四座,十二时回旋电机转动木床一座,四时宽锯床一座,四尺宽刨床一座,转锯床一座,

①　《本校工艺馆改称土木工程馆》,《国立清华大学校刊》,第594号,1934年9月8日。
②　梁守槃:《清华的生活》,《光华附中理科专号》,1934年第2卷第6期。
③　夏坚白:《土木工程系的过去和现在》,《清华周刊》,第514-515期,1931年6月1日。

磨床一座,其他大小木工用具约二千余件。(八)煅铸工场。煅铸工场内分两部,一部系煅工场,内设新式底面通风双用打铁路十座,电动锤一架。一部系翻砂工场,设有双用木棹十具,大小溶铁炉各一座。另有各种副件四百余件。(九)图书馆。本系将另立系图书馆于'工学馆'将本校所有工程书籍集中于一处,现有图书共约八百余册,内土木工程书籍占多数,电机机械工程次之,杂志约二十余种"。①

　　国立清华大学工学院成立后,为响应政府发展实用科学的号召及适应社会的需求,更是把相当一部分经费用于实验设备、图书资料的购买。"外间以为清华设备已多,其实不过设备简单之校相比,较为完备一点,尚不能说已经充分够用。上年遵照部令,注重理工发展,乃于原有土木工程系外,增设电机工程及机械工程两系,合组为工学院。惟当工学院成立之时,适在庚款停付期间,以致各项设备,均暂从缓。现在学生程度渐高,需要之设备渐多,不能再事延缓,下年内必需设法酌为添置"。② 如 1932 年12 月,学校曾对上年通过的建筑计划进行改订,其中包括添建工学院及设备费(60 万元)等。③ 1933 年 9 月,工学院院长顾毓琇呈评议会"建筑电机、机械两实验室初步计划":"一,本校即兴建电机、机械实验室各一座,电机实验室三层楼房,长一百九十二尺、宽六十尺;机械实验室为二层楼房,长二百十五尺、宽五十尺。二,电机实验室建于二院之东,式样与科学馆相仿。三,机械实验室建于工艺馆之南,式样与工艺馆相仿。四,电机实验室建筑费约为十万元。五,机械实验室建筑费约为八万元。"④ 1933 年,机械工程系"拟向德国购置各种机械模型及引擎模型,为学生绘图及教授之用",因久闻国立同济大学"对于此项设备,极为完善",故系主任庄前鼎致函"恳请介绍向德国购置",并请其介绍机械实验室设备各项引擎,后国立同济大学函托德国机器制造联合会,代为承办。⑤

　　1934 年 8 月 15 日,梅贻琦呈文教育部:"本校近年来鉴于国情需要及理工设备之急需,凡属应行特予注重发展之事项,除于本校常款尽量拨用

　　① 夏坚白:《清华之工艺馆》,《清华周刊向导专号》,第 514-515 期,1931 年 6 月 1 日。

　　② 《本校周年纪念会纪事》,《国立清华大学校刊》,第 501 号,1933 年 5 月 4 日。

　　③ 清华大学校史研究室:《清华大学一百年》,第 75 页。

　　④ 《收工学院:补送电机机械两实验室计划(1933 年 12 月 28 日)》,清华大学档案,全宗号 1,目录号 2:1,案卷号 194:1。

　　⑤ 《清华大学函校请介绍购置机械模型》,《国立同济大学旬刊》,1933 年第 8 期。

外,尚有数项特种研究设备,在势不宜延缓,而非有特款无从举办者,经将此项计议,提由本校评议会决定拟以上年留美经费余款,筹办此项特种研究及理工科特别设备,其计划谨列举如左:……二、航空讲座设备。拟定补加经费三万元。案去年本校与国防设计委员会商定于本校工学院设航空讲座,自今年起每年由该会补助常费一万元,惟设备所需约在十万元左右,除由工学院开办费移拨六七万元备用外,尚不敷三万元。三、水工研究。拟定经费三万元。案水工问题目前最为迫切,本校前经建筑水工实验室,今春已全体完工,于水工研究所需大致粗备,惟研究专家尚待征聘,拟于三年内,每年以一万元作水工特别研究之用。四、工业化学设备。拟定经费五万元。案应用化学在今日于国防于民生皆有特别注重,故本校今后拟于化学系发展工业化学方面,除教授已聘有二人,场舍亦经指定外,其设备所需,以最经济之估计约为五万余元。以上各项计划均属重要而切实用,所有应需经费拟恳准以上年度留美经费之余款约美金六万元拨充,俾便早日起始举办。"①9 月 11 日,教育部指令:"令国立清华大学呈一件——呈拟举办特种研究及理工特别设备所费经费请准以上年度留美经费余款拨充由。呈悉。应准以该款,先就原计划第二项航空讲座设备及第四项工业化学设备,力谋充实。惟仍应造具概算,呈本部送请 中央审核。"②其中,"Ⅰ、(1)水力试验工作(甲)设备费 无(按水力试验室现有设备已足应用),(乙)研究院薪俸等(三年),30,000 元(拟聘德国学者一人前来指导,每年薪俸以一万元计,三年共三万元。)(2)代水力,水电,两名。Ⅱ、(1)航空讲座——与国防设计委员会合作。(甲)设备费,30,000元(按航空讲座设备前由本校拟定后,经国防设计委员会修订如下:(a)空气动机试验室 50,000;(b)航空发动机试验室 20,000;(c)飞机机架及房屋 14,000;(d)特种图书 6,000;(e)特种材料试验机件 5,000;(f)特种精准工具 5,000。除由机械系开办设备费中拨出 50,000 外,尚差 50,000,兹暂列三万元如上。)(2)代航空两名。"③

---

① 《本校呈教育部公文(为鉴于国内需要拟即举办特种研究及理工特别设备其应需经费请准以本校上年度留美经费余款拨充由)》,《国立清华大学校刊》,第 604 号,1934 年 10 月 8 日。

② 《教育部指令(字第二〇三七号)》(1934 年 9 月 11 日),《国立清华大学校刊》,第 604 号,1934 年 10 月 8 日。

③ 《工学院特种研究计划》,清华大学档案,全宗号 1,目录号 2:1,案卷号 91:6。

1934 年，"为了充实工学院设备，呈准建筑机械工程馆，电机馆及附设之金木锻铸各工场"。[①] 同时，建造五英尺航空风洞、机架实验室等。其中航空风洞实验室，"计分二层：下层安置风洞，上层为天秤室、教室及绘图室等，该馆长七十五尺、宽三十五尺，建筑费壹万叁千余元"[②]，"风洞打风用电动机——前向德国蔼益吉电气公司（A. E. G. China Electric CO.）完制，去年春季运送到校，电动机系用交直流变换器所发出之直流电，用于直流电动机马力七十余匹（为国内各大学试验用电动机之最大者），回转数每分钟最高壹千四百余转，能减至三百余转，节制甚为精确，如此则风洞口径中之空气速度可自每小时一百英里减低至三四十英里（去冬因华北时局紧张运至汉口存储现拟用汽车引擎代替拖动风扇以供试验）"[③]，"试验飞机引擎电力功率表——试验飞机引擎马力及汽油消费量之电力功率表（Electro Dynamometer）前向英国汤生电机制造厂（British Thomason-Houston Co.）定制（附图），业于本年初运送到校，该功率表在每分钟二千五百转时可测马力至壹百余匹，在四百转时可测马力十六匹左右，价值英镑五百磅，将用以试验西门子工厂五星汽缸飞机引擎。此外，尚有水力功率表（Hydraulic Dynamometer）系英国名厂（Heenan & Froude Ltd.）制造，去年春季运抵校中用以试验水凉式内燃机引擎，在每分钟回转数四千次以上，可吸收马力至二百匹以上。"[④]这一时期，学校还接受一些单位的赠送，如航空署拨给旧机械一架以供机械工程系航空工程组研览之用[⑤]；中央航空学校拨赠旧发动机以供机械工程系航空工程组教学之用[⑥]；军事委员会航空委员会北平分会奉送南苑现存之飞机零件[⑦]等。1932 年 7 月至 1933 年 4 月国立清华大学图书馆各系部图书预算及待付实付经费中包括土木工程系：预算 7000、待付 1737.43、实付（7-2 月底

---

① 王尚：《清华大学在进步中》，《中央日报周刊》，1948 年第 4 卷第 12 期。

②③④ 《国立清华大学机械工程系航空工程组发展概况》，清华大学档案，全宗号 1，目录号 2:1，案卷号 204。

⑤ 《设法拨售或拨赠用旧机件以便装配》，清华大学档案，全宗号 1，目录号 2:1，案卷号 104。

⑥ 《函：中央航空学校等：商请拨赠旧发动机以供机械工程系航空工程组教学之用》（1934 年 7 月 25 日），清华大学档案，全宗号 1，目录号 2:1，案卷号 104。

⑦ 《军事委员会航空委员会北平分会奉送南苑现存之飞机零件》，清华大学档案，全宗号 1，目录号 2:1，案卷号 104。

3457.74、3-4 月底 793.55），总计 5988.72；电机工程系预算 4000、待付
2670.00、实付（7-2 月底 2161.46、3-4 月底 353.94），总计 5185.40；机械工
程系：预算 4000、待付 537.76、实付（7-2 月底 2195.51、3-4 月底 1344.49），
总计 4077.79。① "航空工程书籍之增购及杂志之订定——三年来关于航
空工程之书籍已购置三四千元，曾于前年报告中另单附呈，本年度又添购
千余元，对于德国出版之航空工程书籍亦注意选择采购，以便参考航空工
程杂志，已订者约十余种，本年度又增订德法航空工程杂志数种"。②

　　1933 年针对选派留美公费生，萨本栋曾提出在国内进行相关科目研
究的建议，"派遣留学生学习上述各专门科目之目的，如果是忠实的造就
专门人才，我以为较有效果的办法，应当先在国内研究这些专门问题，然
后再派人到外国去观光；最少除了派遣留学生之外，在国内同时要研究此
等问题。上面已说过，所派遣的人，或对于专门科目，尚未具有应知的学
识，或已略识门径而到了国外仍旧学不到所要学的，所以我对于只用此次
所定方法来造就专门人才的结果如何很怀疑。如果政府确有决心造就专
家，而不是救济青年无出路，我以为须令国内学术机关，如中央研究院，北
平研究院及三四大学合作，各派相当人员，各负相当经费，立即起始在国
内研究与此次所指定要考科目有关的问题。国内学术机关，虽未必已有
现成的人才，对于各问题可以立即作有贡献的研究，但内中已受有相当科
学训练，及著有成绩愿改行者，亦不乏人。如果经费及设备有办法，可以
使这些人安心研究，或另聘国外富有经验而愿在中国服务者作指导，三年
之内，这些人虽不难不能有完成的结果报账，他们研究失败所得到的教训
与经验，恐伯（怕）比遣送一批到外国只学会书本上知识，或只得到画图室
中经验有效得多。有了国内研究人员同机关作中心，再看他们的需要如
何，而决定派遣人员到国外去观摩，还不算迟。即使考选留学生是一椿已
决定的事件，国内研究这些问题的中心，也有立即设立的必要；因一方面
既可供给出国人以国内材料及道地的待决问题，令其合作，一方面也可以
由这个中心，负一部份督促出国人对于学问及技术上努力的责任"。③

---

　　① 《国立清华大学图书馆各系部图书预算及待付实付表》(1932 年 7 月至 1933 年 4 月
底止)，《国立清华大学校刊》，第 505 号，1933 年 5 月 18 日。

　　② 《国立清华大学机械工程系航空工程组发展概况》，清华大学档案，全宗号 1，目录
号 2:1，案卷号 204。

　　③ 萨本栋：《教部令清华继续考选留学生以后》，《独立评论》，1933 年第 59 期。

1934 年秋，国立清华大学开始筹设无线电研究所，订购的制造真空管机器同时到校，"不幸装置甫毕，因冀察政局变动，乃将全部机器运至汉口，于二十六年春借汉口广播电台地址装置机器，并开始试验工作"。① 随着工学院学生人数的不断增多，对馆舍仪器的需求亦相应增加，"近年来的校务发展，因而也以工学院为中心，机械工程馆，电机工程馆，水力试验室，都是不久之前所添造的"。② 1935 年工学院设备概况见表 3-7。该时期国立清华大学工学院的设备在国内可谓首屈一指。

表 3-7　1935 年国立清华大学工学院设备概况

国立清华大学于三年前遵照部令成立工学院，共设土木，电机，机械三系，逐年谋增设备，并建筑各系之工程馆，计机械工程，电机工程及水利工程三馆，于本年春间竣工，共费六十余万元以机器设备论，堪称为国内工学院中之新颖者，四月二十八日行开幕典礼，由校长梅贻琦院长顾毓琇分别致词，兹将该院各馆内容设备分记于下

机械设备	机械工程馆之设备，偏重于各种原动机部分，内包括航空工程机械，汽车工程机械，机关车机械，煤气机，蒸汽车发电机等各部，计有 Crossley 煤气器及煤气机全部，煤气机之最高马力为 24 匹，FordV 式八汽缸汽车引擎，其最高马力为 75 匹，系 1933 年新式出品，水力工率表为试验内燃机引擎之用，为英国名厂 Proude 之出品，八汽缸 V 式飞机引擎，柴油引擎，德国 Junkers 双汽缸柴油引擎连水力工率表，英国 Pielding and Platt 厂半柴油引擎马力为 12 匹，40Kw，柴油引擎发电机为德国克虏厂出品，此机用油甚省，直流马达离心力水泵交流马达离心水泵，200Kw. 汽轮发电机为英国 B. T. H. 厂出品，电压为 2200v，70Kw，立式双缸引擎发动机，Belliss and Morcon 试验汽输 Terry 回汽汽输，汽输与电力工率表 Curtis 单输汽输，直接连于直流高速发电机，德国 A. E. G. 汽输直流电机，直接连于高速汽输上，Reader 直立并列式蒸汽引擎，马力为 15 匹，每分钟回转速度为 550，英国 Tangye 直立单式蒸汽引擎有 10 匹马力，引擎上装有 D 字活瓣，Marshall 卧式试验用蒸汽引擎有附件甚多，极适于作试验之用，Worthington 冷面凝汽机，冷面 140 平方尺，串联复式蒸汽引擎，70 马力直流电动马达，Corliss 蒸汽引擎，23 马力，单流蒸汽引擎，美国 Ingersoll-Rand Co. 压气机，每分钟能打 100 磅压力空气，107 立方尺，Worthington 喷射凝汽器每小时可凝 1200 余磅，汽输送风机每分钟能打风 3000 立方尺，制冰设备包括（1）德国制冰机，（2）阿母尼亚凝冷器，（3）三相交流小马达，（4）制冰箱，（5）阿母尼亚管子及（6）各种试验仪器，机车系 Hanomag 厂所造，1932 年出品，上部有三吨起重机一部。除上述各种机件外，并有模型多种，计有水力制闸模型，汽车速度变换齿轮模型，汽车引擎切面模型，单流式航空飞洞模型等

① 《国立清华大学无线电研究所工作报告》，清华大学校史研究室：《清华大学史料选编》（第三卷上册），第 134 页。

② 龚家麟：《清华大学的学生生活》，《独立评论》，1935 年第 196 号。

飞机试验	飞机试验亦属于该校机械系,内有德国双座单翼飞机一架,用西门子五汽缸飞机引擎,马力为 80 匹,飞行速率每小时 160 公里(九十余英里)系 1930 年出品,有航空署拨赠之旧双翼飞机 Wolfe 号一架,此两架均供该系航空组学生研究及计划机翼参考之用
锅炉房内	机械馆之东,为锅炉房,其中设备,计有锅炉进水预热器全部,双缸往复锅炉进水唧筒,Babcock and Wilcox 锅炉五具,并行者二具,为一百马力,二百马力者一具,一百马力者一具,此四具俱系旧有者,另有新购之一具,热面为 810 方尺,每小时可供给 260 磅象压之蒸汽 3000~4000 磅,汽温为 610°F,此锅炉并装有鍊篦添煤器一具,宽二尺七寸,长十尺,燃烧面积约二十六方尺,据谓此锅炉蒸汽系为供给新购二百瓩汽轮发电机之用,此外有粉煤器一具,安装于二百马力旧锅炉之前,自动进煤器一具,装置于一百马力之旧锅炉前。除硬药硬水处理器一具,为美国 Permutite 厂出品,每小时能软水二百加仑,苏达石灰硬水处理器一具,B. and W. 厂出品,器内并装有热水管,可增速其化学作用,每小时能软水二百加仑,直立二汽缸往复锅炉进水唧筒一组
电机工程	电机工程馆之楼下,南部为直流电机实验室,设备计有电车用 500 伏三线直流发电机(以 230v. 直流电动机带动)。交流变直流电动发电机组,机有二,一为 30kW. 一为 20kW.,(均用三相 230V 感应电动机带动三线 230/115 伏直流发电机,以为该校各处直流电源之用。)反电势调整器(当发电机之电压增高时,此机能自动将一反电势接入其分激磁场内,而使电压降低,若降低太甚,则反电势又自动离去,故能维持电压永久平衡)。直流发电机之并行运用装置,直流电动发电机组,有机四套,每套各由一复机电动机带动,发电机二为分激式二为复激式,串接电动机,直流复激发电机,半闭式特种电动机,全闭式特种电动机,全开式特种电动机,并有自动电鍊之特种直流电动机,其自动电鍊可为电动机之反正转动。电车试验室中计有火车上之电机设备,电车电动机二及控制器全套汽车上之电机设备,附有电压调整器,此外并有电机制造实验室,及电表测验室等。 北部为交流电机实验室,设备计有单相变压器九个,其中五个为国内益中公司出品,单相转子感应电动机试验装置,特种交流电机,自动三相平衡器,该器为萨本栋博士所发明,遇三相电源不平衡时通常将其作为单相电机运用,可增加效率。感应电圈设备全部笼转子感应电动机,该种电动机有 5,3,35 三支,可连接成 Y 形△形,用于 380 或 220V 变流机一部,感应起动同步电动机,卷转子感应电动机,交流发电机,(有六个线圈,可卷单相,三相或六相交流发电机,电压可得 63.5,196,220,110,127V 为试验各相交流发电机特性之用)。同步电动机二,一为 4.5kW,一为 7.3kW。线圈外接感应电动机,可连三相或二相,以研究各种线圈之异同。五千伏交流发电机一部,电动发电机组有机三套,直流电动机带交流发电机,并附有直流激磁机,交流发电机之并机试验装置(电压同步与否,可由同步表或电灯法测之。)其高压电机实验室,机件尚未安装。 电机馆二楼为办公室,图书室,绘图室,及教室多间,三楼为电报实验室,播音室,电报室,电池室,电话实验室,无线电话实验室,电焰室,无线电实验室,仪器室,灯管制造及研究室若干间。无线电实验室内之设备,有标准振荡器,磁棒式振荡器,压电式振荡器,感应无线电灯,长短波两用无线电收普机等,此外,并有自动电梯一架,以供学理讲释之用

土木工程	该馆内除讲室，教室，图书室，办公室等，外有卫生工程试验室，测量仪器室等，其道路材料试验室之各种设备，计分沥青试验仪器及石子实验机器两部份，关于石子部分计有硬度试验机，制造石模机，磨耗试验机，重球研磨机，冲凿机，金钢锯及磨石机，胶度试验机錯石机等。关于沥青试验部分，计有粘度试计，浮标度试验计，汽炉，比重计，毛细管湿度试验计，针入度试验计，电力混合机，软化点试验计，蒸馏度试验计，沥青排去水分试验计，火点试验计，离心力抽油机，延性测验计等。金属材料实验室内计有六百磅张力试验机，十万磅压力机，一万磅时扭力机，五万磅统用材料试验机，回弹式硬度试验计等。洋灰实验室计有水箱，混合机，筛机，张力试验机等
水力试验	水力馆之设备，计分初级水力实验部，高级水力实验部及水力机械部初级水力实验部计有水锤抽水机，喷水反动力试验仪，量水管，流速式水表，量水堰实验水槽，水头摩擦损失实验用排管，低压抽水泵，抽水机之特性试验机等。高级水力实验部有各种水文测量等之仪器，模型部分有泥沙推动实验模型，沉沙池实验模型等。水力机械部有低压大抽水机两部，流量18000L/S，转速为720R.P.M.水头7m，马力45，为由室下水库送水至楼上之用。另有高压四级抽水机，水箱台上有反动水轮，冲动水轮，水轮轮速调节器，功率测定机等，该馆室下，全部为一大水库，为洋灰铁筋建筑。除上述四馆之外，于机械工程学系之下，并有机械工厂，内包括金工场，木工场，煆工场及铸工场四部，其设备不外各种车床，钯床，錯床煆炉，汽锤，冶铁炉等，计划中之建筑物，尚有航空风洞实验室

（资料来源：《国立清华大学工学院设备概况》，《科学》，1935 年第 19 卷第 5 期）

至 1936 年，清华工学院设备"则有土木工程馆、机械工程馆、电机工程馆、水利实验馆、航空工程馆，以及一切教学应用之仪器、机械，大体均甚完备"。[①] 当时国立清华大学工学院共计有 14 个实验室，包括土木工程学系道路工程实验室、卫生工程实验室、水力实验室、材料实验室，机械工程学系热力工程实验室、飞机实验室，电机工程学系电机实验室、高压实验室、电机制造实验室、电报实验室、电话及自动电话实验室、无线电实验室、真空管制造实验室、无线电收发机实验室[②]，"这些实验室大都是用当时最新式的仪器设备装备起来的。其中，土木系的水力实验室是仿照德国类似实验室建造的，它的水力机械设备，与当时美国一般大学相比，也有过之而无不及。机械系的热力工程实验室设有发电能力为二百千瓦的小型火力发电厂，这在当时也是少见的。这些实验室的物质条件不仅能

---

① 梅贻琦：《五年来清华发展之概况》，清华大学校史研究室：《清华大学史料选编》（第二卷上册），第 45 页。

② 方惠坚、张思敬：《清华大学志》（上册），第 447 页。

电机馆,1934年建成

(清华大学电机系:《清华电机系七十周年系庆
纪念集》,2002年,第48页)

机械馆,1934年建成

(清华大学校史馆提供)

工学院实验室

(清华大学校史馆提供)

热力工程实验室

(清华大学校史馆提供)

电机实验室

(清华大学校史馆提供)

道路工程实验室

(清华大学土木工程系：《辉煌七十秋：清华大学土木工程系》，第35页)

满足一般的测试、分析之需，而且可资某些前沿性课题的技术机理研究之用"。① "工学院图书设备，均达相当标准，土木系之水力实验馆等，机械系之航空实验馆等，电工之高压实验馆等，在国内堪称特有"。②

五、科研工作取得显著成果

这一时期不少大学经费不足，教师待遇较差，甚至经常欠薪，致使无暇顾及科研。而清华因为有退还的部分超收庚款作为稳定的来源，且主持校政者非常注重学术，如罗家伦强调："研究是大学的灵魂。专教书而不研究，那所教的必定毫无进步。不但没进步，而且有退步。清华以前的国学研究院，经过几位大师的启迪，已经很有成绩。但是我以为单是国学还不够，应该把他扩大起来，先后成立各科研究院，让各系毕业生都有在国内深造的机会。尤其在科学研究方面，应当积极的提倡。"③梅贻琦亦提出："我希望清华在学术方面应向高深专精的方面去做。办学校，特别是办大学，应有两种目的：一是研究学术，二是造就人材。"④国立清华大学工学院虽然起步较晚，但因为经费相对充裕、师资力量雄厚、基础设施

---

① 史贵全：《中国近代高等工程教育研究》，第244页。
② 唐炯炎：《清华大学学生生活》，《青年月刊》，1937年第4卷第1期。
③ 罗家伦：《学术独立与新清华》，清华大学校史研究室：《清华大学史料选编》(第二卷上册)，第201~202页。
④ 《梅校长到校视事召集全体学生训话》，《国立清华大学校刊》，第341号，1931年12月4日。

先进等,加之学校领导重视,因此科研氛围相当浓厚,至抗战前已取得了国内先进的科研成果。

对于研究方向,工学院院长顾毓琇针对战争形势的发展曾提出:"科学尚且要人本化,工程自然更应该国本化。工程的目的,本来是为厚生的,谋人类幸福的。但是,在目前的世界,我们中国的工程师,还不能希望为全人类服务,只有先从为中国人服务做起。为保障我们中国人的幸福起见,我们工程师的责任,便应该注意国防问题。我们应该研究怎样可以防御敌人的坚甲利兵,我们应该进一步实际上做关于国防的工作。我们应该造枪炮,我们还应该学习射击。我们应该造飞机,我们还应该学习驾驶。我们应该造无线电,我们还该学习战时的通讯。我们应该造弹药,造防毒面具,造烟幕弹,我们还应该练习毒气战事。"①因此,"九一八"事变后,清华师生以各种方式支援抗日,其中工学院研制了防毒面具。"今年榆关失守,校中师生,即有研制面具之议。于正月中旬,即购置冲床,及压力机等试制。经二星期后制成样子。送呈军政当局,幸蒙采纳,定制数千。即从事大规模制造。从前缝纫部分,由校中女生担任,眼镜及装配工作,由男生担任,完成面具数百。后因功课及时间关系,雇用工人及缝工四五十人,教导制造,日出数百。药罐、面具及眼镜部分,由机械系主持。药品部份,由化学系主持。经过一月半时期,完成面具七八千副"。② 同时,工学院各系还成立各种学会、举办刊物等加强学术交流,如该时期成立了清华毒气防御研究会,机械工程学系作为团体赞助会员加入中国机械工程学会③,办有刊物《工程季刊》(全体工学院教授、专任讲师及萨本栋、张大煜、赵访熊等担任编辑)④等。

为推动航空研究,国立清华大学不仅设立航空讲座、增添设备、图书等,还实施了相关奖励办法,即:"(甲)凡大学工科毕业生有适当程度而志愿研究航空者,得应试来校在本讲座指导下研究,并由本校择优酌给奖

① 顾毓琇:《工程教育与中国》,《清华周刊》,第561期,1933年5月26日。

② 庄前鼎:《防毒面具》,《清华周刊》,第561期,1933年5月26日。

③ 《寄上廿五年度补助中国机械工程学会会费》(1936年10月23日),清华大学档案全宗号1,目录号2:1,案卷号41。

④ 《收顾毓琇:工程季刊编辑请聘全体工学院教授专任讲师担任另加萨本栋、张大煜、赵访熊三先生》(1936年11月28日),清华大学档案全宗号1,目录号2:1,案卷号8。

清华师生研制的防毒面具

（清华大学校史馆提供）

1937 年的机械工程学会——刘仙洲、华敦德、李辑祥等

（黄延复：《图说老清华》，武汉：长江文艺出版社，2002 年，第 178 页）

学金（每年每人约三百元奖学金，名额暂以五人为限）。（乙）政府航空机关得另设奖学金额资送各该机关人员来校研究。"①该时期，在机械系下设航空工程组，开展了相关研究，如，"航空风洞之建造——前年春季即分别致函美国麻工理工大学及加州理工大学航空工程系索取各种风洞图样，并自制直流式及回风式二种模型从事实验，结果甚为圆满。去年春季决定采用最新回风式，由王士倬先生主持设计，助教张捷迁君帮助绘图，风洞直径最小处五尺，最大处约十余尺，长五十尺。用二分及二分半钢板制造交平市金兴盛电焊工厂承包制造，计钢板共费四尺、八尺壹佰贰拾余

---

① 《国立清华大学工学院增设航空讲座计划》，清华大学档案全宗号 1，目录号 2∶1，案卷号 204。

张,共价壹仟伍佰余元,电焊安装钢架及月牙式凤板地基等,共伍仟余元,总共约七千余元。"①"滑翔机之制造——滑翔机由冯桂连先生设计,在本系工场自制,现已制成即将在西山附近试飞,藉以引起学生对于飞行之兴趣,增进学生对于航空工程之研究"。"飞机及引擎另件之收集——除原有二飞机前已呈报外刻正由学生自行设计,拟于本学期内利用国内材料建造机架及机翼等,飞机引擎原有二座,一系西门子五星汽缸气凉式,一系八汽缸 V 式水凉式引擎。此外,内燃机方面有福特 V 字汽车引擎、煤气引擎、柴油引擎等供学生内燃机实验之用,其他引擎附属另件正向国外各工厂函请捐助,小有分别购置"。②

机械工程学系殷文友教授等设计的单翼教练机(1936)

(清华大学校史馆提供)

此外,鉴于航空风洞对"试验飞机机翼机身的特性,供制造飞机的参考与改良,及采购时选择飞机的决定"等方面的重要性,航空工程组计划设计一个更大的航空风洞,即十五呎航空风洞,"当时参加的人员,有教授、助教等及第一届毕业的学生十余名,共同负责绘图及设计工作。……得到了航空委员会的嘉许,于二十五年度补助设备经费五万元……设计完成,即建议由清华大学负担建造设备费三份之一及全部员薪经常费,航空委员会负担三份之二,而由清华负责主持建造。经送请航委会转呈蒋委员长请求协款,当蒙核准,由航空委员会补助协款十八万元,进行建造。

①② 《国立清华大学机械工程系航空工程组发展概况》,清华大学档案全宗号 1,目录号 2:1,案卷号 204。

国内第一台5英尺航空风洞(1935)

(清华大学校史馆提供)

遂于二十五年年底成立国立清华大学航空研究所筹备委员会，聘请航空委员会高级技术人员钱莘觉、王伯修、王士倬，及校中顾毓绣、庄前鼎、华顿德、冯桂连等为筹备委员，并请顾毓绣为航空研究所所长，庄前鼎为副所长。""清华大学航空研究所既经积极筹备，遂于该年年底派员前往江西南昌，指定地点，进行兴建。因此项建筑工程在国内尚属创举，建筑公司皆不愿承包，只得自派专员购料包工，常川驻赣指导工作。于二十六年初开始建造，派美籍航空教授华顿德博士及教员张捷迁先生，留驻南昌负责督造；并于建造期中七月中旬，特请美国航空专家冯卡门博士专机飞赣，加以视察检查。风洞钢筋洋灰建筑工程，由江西南昌复兴建筑公司主持进行。钢架钢板洞口工程，由上海新中工程公司承包。至于设计结构方面，曾收集欧美各国出版材料同时做薄壳钢筋洋灰建造之试验，并请基泰工程公司顾问校核。风洞马达系向万泰洋行订购英国汤逊电机制造厂五百匹马力电动机，试验秤称向美国定制。于七七抗战年内十二月初全部土木建筑工程大致完成，马达等亦已运抵香港。惟抗战初起，南昌空袭频仍，安装马达等工作，无法进行，乃不得不抛弃垂成之工作，随同航空机械学校于二十六年年底迁至四川成都。"①

在广大师生的努力下，国立清华大学初期的科学研究取得了较为显著的成果。至抗战前工学院发表各类成果数量可如3-8所示。其研究工作及成果总体可分为两类：一是学理型研究，如机械系华敦德等发表有《回气航风洞的效率》《清华航空风洞的能力比率》《钢筋混凝土薄壁管中

---

① 庄前鼎：《国立清华大学航空研究所工作报告(1937年至1945年)》，清华大学校史研究室：《清华大学史料选编》(第二卷下册)，第558~559页。

表 3-8　工学院教师著作统计（1937 年以前）

系别	职别	姓名	专书	论文	编译	资料出处
机械系	教授	刘仙洲	5	5	5	G，p72-73
	教授	李辑祥	2	1		G，P73
	教授	庄前鼎	1	11	4	G，P59，70-71
	教授	华敦德（Wattendorf）		5		G，P71
	教授	殷文友		3		G，P73
	教授	王士倬		1		G，P59-61
	讲师	汪一彪		1		G，P59-61
	教员	毛韶青		1		G，P73
	助教	戴中孚		1		G，P73
电机系	教授	顾毓琇（兼院长）	2	22	6	A，P808-9，H，v. 12，P808-809
土木系	教授	陶葆楷	1	2		A，P493，M，P228-229
小计			11	53	15	
平均			1	4.8	1.4	

G：《清华机械工程系概况》（1936 年）。H：顾毓琇，《顾一樵全集》（台北：商务印书馆，1961 年）。全院教师 21 人，发表率 52%。

[资料来源：苏云峰：《从清华学堂到清华大学（1928—1937）：近代中国高等教育研究》，北京：生活·读书·新知三联书店，2001 年，第 131 页]

应力之分析》《薄层管支环中之弯矩分析》，冯桂连《清华自造之滑翔机》《清华五呎风洞风流扰动之测定》《机翼之试验》，其中王士倬等《清华大学机械工程系之航空风洞》一文获中国机械工程学会 1936 年杭州年会第一名得奖论文[①]；土木系蔡方荫在结构学方面发表了一些纯理论性论文，有一定学术价值，其论文《打桩公式及桩基之承量》获中国工程师学会第五届年会第二名奖[②]，陶葆楷编撰了《给水工程学》一书[③]；"电机系的研究工作处于萌芽状态，这期间共发表论文 50 余篇。章名涛在电机分析与运算方面发表论文 10 篇，其中 1937 年发表的《单相感应电动机之理论与张量分析》具有较高水平。顾毓琇发表论文 14 篇，其中《感应电动机之串联

---

① 庄前鼎：《国立清华大学航空研究所工作报告（1937 年至 1945 年）》，清华大学校史研究室：《清华大学史料选编》（第三卷上册），北京：清华大学出版社，1994 年，第 151~152 页。

② 方惠坚、张思敬：《清华大学志》（上册），第 326 页。

③ 李书田：《审查清华大学丛书陶葆楷〈给水工程学〉报告》，《北洋周刊》，1936 年第 126 期。

运用》获 1935 年中国工程师学会年会论文一等奖"①。二是实用型研究，如 1933 年，"榆关失守，全国震撼。清华地处平津，有切肤关系，全校师生，尤为愤慨。乃协力作种种之准备，而于制造防毒面具，尤为急速进行。……制造一月后，共完成七八千具，俱交军事当局应用。闻其药罐面具及眼镜部份，系由机械系主持，药品部份，则由化学系主持云"②，"绥远战事发生后，本校又继续制造，并对于以往式样加以修改，以求完善……乃从事下列二点之改良：（一）面具加出气口，以便吐气另有出路而不经过药罐。（二）眼镜加活动防雾明胶片，以便失效时易于更换"③，"机械系教授李辑祥主持设计制造了离心力双吸式打水机一台"④，"土木系教师对国产建筑材料与筑路材料的试验以及改良北平环境问题的研究"⑤，"机械系建成中国第一个航空风洞，由王士倬于 1934 年至 1935 年主持设计，风洞直径最小处 5 英尺，最大处 10 英尺，全长 50 英尺"。⑥

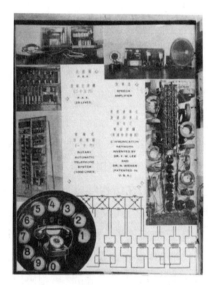

李郁荣教授等发明电讯网络获美国专利

（清华大学校史馆提供）

---

① 方惠坚、张思敬：《清华大学志》（上册），第 326 页。

② 《清华大学制造防毒面具》，《科学的中国》，1933 年第 2 卷第 3 期。

③ 汪一彪：《清华自制防毒面具实况》，《工程季刊》，1937 年第 1 卷第 1-2 期。

④⑤ 史贵全：《中国近代高等工程教育研究》，第 235 页。

⑥ 方惠坚、张思敬：《清华大学志》（上册），第 325 页。

工学院院长施嘉炀在德国参加
黄河模型实验
（清华大学校史馆提供）

航空研究所工作报告
（民国二十六年一月）
（清华大学校史馆提供）

第三节　国立清华大学初期工学院的历史地位和影响

国立清华大学初期创办了工学院，逐步发展成为国内工程学科的重要力量；同时培养了大批优秀工程技术人才，他们中不少毕业后投身社会建设之中，在工程教育、工业发展及科学运动等诸多领域中做出了重要贡献，也大大推动了中国社会的近现代化进程。

一、国立清华大学工学院的历史地位

如前章所述，民国初期国内民族工业的快速发展带动了工程教育的进步，"但其他各科，有较工程教育进展更大者，自民十一以后，因新学制之施行，国内大学数理遽增，至民国十六年公立大学达三十四校，私立者十八校，前教育部准予试办未正式立案实际已招生开学者尚有十五校，总计全国大学，时有六十七所之多。而专门学校之数量实际减至极少。同

时各大学以文法科所需设备较简，设立较易，故在各大学中，文法科数量又远较工科为多。工程教育乃远不若文法科教育之发达"。① 国民政府成立后，"鉴于国内大学之凌乱繁芜，十七年五月召开第一次全国教育会议，曾拟成'整理中华民国学校系统案'，关于高等教育段决议大学校分设各科为各学院：单设一二科者只得称某些学院。此案虽未正式颁布，但次年七月政府公布《大学组织法》及《专科学校组织法》，同年八月公布《大学规程》及《专科学校规程》，俱根据整理学校系统案之精神而订定。大学分文、理、法、教育、农、工商、医各学院，凡具备三学院以上，且包含理学院或农工医各学院之一者，始得称为大学，不合此条件者，只能为学院。为养成技术人才，改旧制专门学校为专科学校，修业年限二年或三年。由于此种规定，于是设于各大学之工科，均改称工学院；独立之工科大学，亦皆改为独立工学院"。② 如，北京工业大学改为北平第一工学院，唐山大学改为交通大学唐山土木工学院，南通纺织大学改为南通工学院等。③

1929 年 4 月，"公布中华民国教育宗旨云：'中华民国之教育，根据三民主义，以充实人民生活，扶植社会生存，发展国民生计，延续民族生命为目的：务期民族独立，民权普遍，民生发展，以促进世界大同'。其中虽民族民权民生三者并举，而充实人民生活，发展国民生计，所关于民生者尤较重。同时规定之教育实施方针，及民国二十年九月第三届中央执行委员会第一五七次常会通过之《三民主义教育实施原则》，对于实用科学及生产技能均特加置重。此盖内禀于民生主义及实业计划所昭示，外鉴于国家建设之实际需要有以使然。在第三个十年中，对于工程教育，遂发生甚大之影响"。④ 1932 年，中央政治会议通过陈立夫提出的《改革教育初步方案》，"查国家办理教育之主旨，原为培植各项人材，以供社会需要，吾国二三十年来，学校课程，尝偏重于文法，而忽视农工医各门，……其结果不外形成文法人才过剩，与农工医人材之缺失，因其过剩，故失业者逐年增加，造成社会上种种不安状态，因其缺乏，故有若干建设事业，不能得专门人材为之推进，果以为此种教育上病态之应纠正，固不待于今日，而以

---

①② 陈立夫：《三十年来之工程教育》，《高等教育季刊》，1942 年第 1 卷第 4 期。

③ 刘文渊、欧阳军喜：《旧中国高等工程教育纲要》，《高等工程教育研究》，1993 年第 2 期。

④ 陈立夫：《三十年来之工程教育》，《高等教育季刊》，1942 年第 1 卷第 4 期。

今日为尤急。盖一方面训政建设,正在规划推进,他方面多难之时期,皆有重订教育方针,造就若干适用人才,以应付此非常环境之必要也,谨就管见所及,拟订改革教育初步方案如下:一,中央应即依照十年内之建设计划,规定造就农工医各项专门人材之数目,分别指定各专门以上学校切实训练,以便应用;二,全国各大学及专门学院自本年度起,一律停止招收文法艺术等科学生,暂定以十年为限;三,在各大学中,如设有农工医等科,即将其文法等科之经费移作扩充农工医科之用,其无农工医科者,则斟酌地方需要,分别改设农工医等科,就原有经费,尽量划拨应用……"①据此,北京、上海各三校,南京、广东各一校文法科大学或独立学院被责令停办。此间,新增设一批实科学校和院系,如国立武汉大学工学院、广西省立广西大学工学院、吉林省立吉林大学理工学院、私立岭南大学工学院和国立清华大学工学院等。②

　　至1936年,"全国各大学工学院及理学院之设有工程学系者,与独立工学院及其他独立学院之设有工程学系者,暨工业专科学校及其他专科学校之设有工程学系者,总计共有三十六院校。其中国立省立之大学工学院共有十七院;私立大学无设有工学院者,但于其理学院设有工程学系者,则有七校。独立工学院凡四,国立者二,省立者一,私立者一。私立独立学院之设有工科者凡三。省立工科专科学校凡三。国立其他专科学校之设有工程科系者凡二。"③国立清华大学工学院即为其中之一,其成立主要是适应该时期社会建设及自身发展之需要,如梅贻琦所提出:"至于本校成立工学院的理由,一方面是迭奉教育部当局明令,特别主张发展理工科;一方面是应社会的需要。国内工校很有几个,惟完备者不多,且不足以应需要。虽说曾有多人在某某工校毕业,现在仍投置闲散者。这总因近年来内战的关系。实业无从发展,遂少出路。将来时局一定,实业振兴,需用人才之处就多了。本校土木工程学系学生人数,去年由六七十人,增至一百三四十人。可见社会对于工科之需求。再一方面,是因为本校举办的便利。本校已经有了一个工程学系的基础,再谋扩充,增加设

①　《改革教育初步方案原文》,《中央周刊(1928)》,1932年第212期。

②　刘文渊、欧阳军喜:《旧中国高等工程教育纲要》,《高等工程教育研究》,1993年第2期。

③　李书田:《四十年来之中国工程教育》,《北洋理工季刊》,1936年第4卷第2期。

备,也较容易。此次改院,固然工程学系学生有很热心的表示,但亦因所请求者与学校政策相合"。① 国立清华大学工学院虽起步较晚,但有后来者居上之趋势,无论在师资力量、教学科研成果、人才培养质量等方面都位居前列。特别是"九·一八"事变后,为适应国内飞机制造厂对航空专业人员的需求,国立清华大学于1932年在工学院机械工程学系下新设飞机与汽车工程组,后在此上成立航空工程组,为全国最早创办的航空工程专业,开设有理论空气力学、飞机工程、飞机机架设计、飞机机架实验、飞机结构学、内燃机设计、螺旋桨、内燃机实验、航空工程实验、专题研究等课程②,并研制成功国内第一台5英尺回气式航空风洞,是中国航空工业发展史上的一大进步。1936年清华大学在南昌成立航空研究所,设计建造15英尺航空风洞,为当时远东最大口径的航空风洞,遗憾的是,在即将完成之际不幸遭日机轰炸。

二、国立清华大学工学院的历史影响

不同于清华学堂和清华学校选派庚款留学生,国立清华大学初期自主招生培养了大批优秀工程技术人才,为教育、工业、科技等领域的发展做出了重要贡献。

(一)为教育特别是工程教育培养了师资

至抗战前,国立清华大学工学院为社会培养了大批优秀人才,其中许多进入高等院校任教,不少担任学校或院系领导职务,为工科的发展起到了重要的带头和推动作用。例如:夏坚白(1929,土木),曾积极呼吁成立武汉测绘学院,并担任院长,在师资建设、教学质量提升、人才培养等方面取得了重要发展;阎振兴(1935,土木),任河南大学工程学院院长期间,充实仪器设备、图书资料,聘请优秀师资,创建实验室、实习工厂等,筹设相关学系;黄席椿(1936,电机),主持创办了西安交通大学无线电工程系,同时还参与了成都电讯工程学院的筹建工作。此外还有:白郁筠(1929,机械),曾任浙江大学机械系主任;孟广喆(1929,土木),曾任南开大学机械

---

① 《三月七日总理纪念周记事》,《国立清华大学校刊》,第379期,1932年3月9日。
② 《国立清华大学机械工程系航空工程组发展概况》,清华大学档案,全宗号1,目录号2:1,案卷号204。

系主任及工学院院长等;王柢(1933,土木),曾任西南交通大学土木工程系(后改为铁道工程系)主任;陈明绍(1936,土木),曾任北京工业大学副校长;夏震寰(1936,土木),任清华大学土木工程系主任、哈尔滨工业大学任建筑系主任等;艾维超(1936,电机),曾任上海工业大学副校长等;梁治明(1936,土木),曾任国立中央大学土木系主任、南京大学土木系系主任等。他们任职期间延聘教师、制订教学计划,对院系筹备和发展发挥了重要作用。

同时,这些学生毕业后积极参与教学、编写教材,进一步推动了工科的本土化和独立化转型。例如:夏坚白(1929,土木),在担任领导工作的同时,教授课程并参与编写了《测量平差法》《航空摄影测量学》《大地测量学》《实用天文学》等教材,这是国内测绘学者编撰的第一套测绘类教科书。刘光文(1933,土木),"征集并编写出版教材、讲授基础课和专业课……翻译出版国外有关水文专著,与前苏联专家合作指导首批水文学科研究生"。[①] 王柢(1933,土木),首次在土木工程系开设铁路站场课程。徐芝纶(1934,土木),教授应用力学、结构力学、弹性力学、结构设计、桥梁设计等课程,编著、翻译教材10多种,其中《弹性力学》为我国工科院校广泛采用。梁治明(1936,土木),主讲理论力学材料力学和结构力学等多门课程,参与编写全国统编教材《材料力学》。黄席椿(1936,电机),主持编写高等教材《工程水力学》《水力学》《水库泥沙》,参与编写《高含沙水流运动》,编译《微波引论》《滤波器综合法设计原理》《电磁能与电磁力》及《论波速》等,并开设电磁波理论、无线电基础等课程。夏震寰(1936,土木),主编《工程水力学》和《水力学》教材。

(二)推动工程实业的发展

除教育领域外,国立清华大学工学院毕业生还有不少在水电、道路工程、机械工程、造船工程、汽车制造等领域担任重要职务,领导并大大推动了我国工程实业的发展。例如:覃修典(1932,土木),曾任福建省水利局副局长,黄河规划委员会梯级开发规划组组长,华东水电工程局副局长,上海水电勘测设计院总工程师、副院长,先后参加和负责建成了我国最早

_____

① 詹道江:《一代宗师——深切怀念刘光文教授》,《水文》,1998年第5期。

的几座水力发电站,新中国成立后领导完成了我国第一批大型水电工程的设计和建设,负责编制了黄河水电梯级开发规划。张昌龄(1933,土木),曾任电力部水力发电建设总局总工程师等,先后主持、参与了三门峡、古田、新安江、刘家峡等多座大、中型水电站的设计审查及有关技术问题的处理。[①] 陈明绍(1936,土木),曾任北京市上下水道工程局局长、北京市市政设计院代院长、北京市城市规划委员会总工程师,处理和解决了市内多年来难以解决的垃圾堆积和粪便处理问题,整修了全城南北沟沿等六大系统的旧沟近 200 公里,组织力量大力整修北京的下水道,负责制定了十三陵、密云两水库的规划等。[②] 黄京群(1936,土木),曾任滇缅公路管理局惠通桥梁副工程师,国民党政府交通部公路总局第八区公路工程管理局工程师、交通部公路总局工程师、交通部第二公路勘察设计院高级工程师,参加钱塘江大桥施工和滇缅公路建设,并解决了一些施工难题。部分工学院毕业生在工业建设中发挥了重要的技术骨干作用。例如:谈尔益(1933,土木),曾设计了昆明螳螂川蔡家村、大理下关天生桥(300kW)、大理喜洲万花溪(200kW)、腾冲叠水河(3000kW)等水电站。王柢(1933,土木),曾参加扬子江水利测量、浙赣铁路江西段的修建、湘桂铁路和滇缅铁路的修建。

(三) 助推工业科学化运动

许多工学院毕业生在高校任教的同时,结合教学工作积极进行科学研究。例如:孟广喆(1929,土木),长期从事机械工程、焊接方面的研究工作,著有《焊接结构强度和断裂》等,译有《焊接结构学》《焊接金属结构的制造》等。徐芝纶(1934,土木),对拱结构和刚架结构的应力分析、基础梁、板计算方法、双曲扁壳在水压力作用下的内力分析、有限单元法等进行了研究,撰有《双曲扁壳闸门计算》《弹性力学问题的有限单元法》及《基础梁的温度应力》《弹性地基上基础板计算方法的研究》等论文,1980当选为中国科学院院士。黄席椿(1936,电机),长期从事工程电磁理论、无线及电波传播、网络及信号理论等方面的研究,著有《滤波器综合法设计原理》《电磁能与电磁力》等。艾维超(1936,电机),长期从事电机理论

---

① 《纪念我国水电事业的先驱者—张昌龄同志》,《水力发电》,1994 年第 10 期。

② 陈明绍:《我对北京城市建设工作的一些回忆》,《北京党史》,2007 年第 2 期。

的研究,主持永磁直线电机磁场的研究,进行超导同步发电机三维场的优化设计取得成果,著有《电机学》等。范从振(1936,机械),长期从事锅炉及能源的理论与工程的研究,建立了国内第一台增压燃烧沸腾床试验台,编有《锅炉设备》《电厂锅炉原理》等。岳劼毅(1936,机械),对流体力学及空气动力学有较深研究,提出并推行我国最早的长程火箭研究计划,主持了中国第一个完整风洞群工程的建设。

同时,还有不少在研究院所进行科研工作。例如:覃修典(1932,土木),曾任电力工业部水电科学研究院院长、水利水电科学研究院副院长等,积极推动新型快速施工方法包括新型混凝土外加剂、沥青混凝土及高分子材料的应用研究,取得了多项高水平成果,提高了我国在这方面的技术水平。王良楣(1936,电机),长期致力于我国自动化仪表的研究开发,试制成功我国第一台光学高温计和温湿度自动控制仪,负责组建我国第一个工业仪器仪表科学研究所,主持研制开发工业检测仪表、自动平衡显示仪表、气动电动单元组合调节仪表、数字式巡回检测装置及执行器等系列产品。另有部分在工程实业领域进行科研开发。例如:刘光文(1933,土木),曾亲自主持长江三峡工程的设计洪水研究,开拓性地提出了暴雨组合法推求三峡可能最大洪水,为三峡工程前期论证提供了科学依据;主编的《水文分析与计算》《英汉水文学词汇》(合编)《应用数学》和《水文统计及近似计算》等专著在我国水文领域影响深远。[①] 黄京群(1936,土木),参编《中国桥梁技术史》,主编《中国公路桥梁画册》,撰有《贝雷式公路钢桥架桥法》《滦河桥设计》《桥梁地质钻探》等论文。

部分毕业生还创建和参与了学术团体及学术刊物。例如:翟鹤程(1929,土木),中国科学社社员。邰光谟(1929,土木),曾任《西安临大校刊》负责人。孟广喆(1929,土木),是中国机械工程学会和焊接学会创建人之一,曾任中国机械工程学会首届常务理事、天津市机械工程学会副理事长、天津市工程师学会副主席。饶辅民(1933,土木),中国制冷学会创建人之一,先后担任过国际制冷学会执委会委员、副主席、中国制冷学会副秘书长,为中国制冷事业的发展及中国与国际制冷界的交往做出了重

---

① 詹道江:《一代宗师——深切怀念刘光文教授》,《水文》,1998 年第 5 期。

大贡献。① 陈明绍（1936，土木），中国土木工程学会、计算机应用学会和建筑热能学会及北京能源学会的领导人之一。② 黄席椿（1936，电机），中国电子学会常务理事，陕西省电子学会副理事长。

（四）献身政治、科学民主化进程

工学院部分学生在校期间曾积极参与抗战活动。例如：1935 年，丁鹤年、沈元、谢大元（刘元）、章宏道、宋镜瀛、傅孟蓬（傅梦蓬）、苏有威（苏哲文）、张世恩等参与了"一二·九""一二·一六"抗日救亡运动。再如：沈崇海（1932，土木），在抗日战争中驾机撞向日本海军旗舰，壮烈殉国③；衣复得（1933，土木），抗战期间回国加入新 38 师，长期担任孙立人将军的上校英文秘书。另有部分学生在抗战中提供大量物质供应，如赵煦雍（1929，化工），抗日战争全面爆发后在海外监制军用器材；王柢（1933，土木），为支援抗战，曾奉调参加湘桂铁路和滇缅铁路的修建。

综上所述，清华学校时期成立的工程系在罗家伦校长任职期间曾一度遭遇裁撤后又恢复，可谓一波三折。20 世纪 30 年代，随着政府提倡理工政策的推行及清华自身发展的需要，国立清华大学工学院得以成立，尔后广聘良师、招纳贤才，增设建筑设备，在教学科研等方面取得了突出成绩，为社会发展培养了大批优秀的工科人才。虽然在当时的历史条件下，国立清华大学工学院在学科布局、教学模式等方面仍存在一定局限，但为以后的进一步发展奠定了坚实的基础。

---

① 《沉痛悼念饶辅民同志》，《制冷学报》，1992 年第 3 期。

② 易果然：《从学者到政治活动家——记九三学社中央副主席陈明绍》，《民主与科学》，1991 年第 4 期。

③ 胡齐明：《爱国奉献 永恒的旋律》，《新清华》，2011 年 4 月 24 日第 056 版。

4

抗战时期西南联大工学院的辗转图存

经过 20 世纪 30 年代快速平稳的发展,至抗战全面爆发前,国立清华大学已发展成为国内著名高等学府,其工程学科亦渐入佳境,院系设置、师资队伍、教学科研、人才培养等,均在当时国内工程教育领域呈现出一定的优势。但抗战的全面爆发严重影响了其发展进程,面对日寇的肆意侵略,为了使教育事业得以延续,国立清华大学遵政府当局之命,历经长途跋涉,辗转迁徙湖南长沙、云南昆明,与国立北京大学、私立南开大学先后合组长沙临时大学和国立西南联合大学,在艰难困苦的环境中坚持办学。抗战期间,大后方的交通、工矿、通讯等获得了发展,特别是国民政府对直接服务抗战的工程学科加大了支持力度,为工程教育提供了发展的契机。面对战时各项工业建设急需大量工程科技人员支撑的局面,西南联大工学院根据形势需要及时对学科设置、教学科研等进行了相应调整,培养出大批优秀人才,有力地支援了抗战,同时促进了云南地方经济、教育、科技等的进步,并对中国社会发展做出了重要贡献。

第一节　西南联大工学院的历史沿革

国立长沙临时大学的院系设置主要是由清华、北大及南开三校原有院系归并而成;在抗战特殊时期,西南联大等院校根据国民政府的要求更加注重发展实用学科,特别是工程教育在增长幅度和速度上均较为突出。就工程教育的学科设置而言,由于当时北大没有工学院,因此长沙临大和西南联大工学院主要以原清华工学院为基础,将南开理学院中的工科学系并入组成。

一、国立长沙临时大学工学院院系设置

1937 年 7 月,抗日战争全面爆发。同年 9 月,国立清华大学奉教育部

令南迁，与北大、南开合组国立长沙临时大学。10月25日，长沙临时大学开学，11月1日学生正式上课。为节省开支及提高教育效率，长沙临大采取归并三校原有院系的办法共设17个学系，工学院下设土木工程、电机工程、化学工程、机械工程等学系，顾毓琇担任院长。其中电机系由原清华及南开电机工程学系组成，机械工程学系及化学工程学系则分别为清华和南开原系。① 对于清华工学院的沿革历程前文已做了介绍，这里主要对南开电机工程学系和化学工程学系的情况稍作介绍。

著名爱国教育家严修和张伯苓于1904年创办了天津市南开中学。南开大学则脱胎于中学部，1918年冬，"校长张伯苓先生、校董严范孙、范源濂诸先生，自美利坚研究教育归，始筹募经费，创办大学，奔走南北，煞费苦心，邀请大学董事、预备大学出世的一切事情"，因1919年"'五四'学潮，全国浮腾，募款真成难事"，"后来校董、校长始终不懈，又极力设法募捐、建筑，罗致人才，虽然此时学潮澎涨，学生罢课，已累及南中，而校方筹办有绪，校舍竣工，经费稍有着落，正式校董聘定，于是当年九月，大学部遂正式成立，分设文、理、商三科"。② 1921年9月，除上述三科外，又成立矿科，暂开一班，"矿科每年常年经费三万元，系李组绅先生捐助。……矿科主任薛桂轮先生任之"。③ "此时经费已稍裕，因有再谋发展之计。惟校址不广，屋舍狭小，欲事扩充，苦无基土，遂有择地迁移之计"。④ 1924年12月12日，"矿科师生，因鉴于国内矿业矿学之幼稚"，特成立矿学会，发行矿学刊物、共同研究矿学问题、调查各处矿业情形、举行矿学讲演等。⑤ 但1926年6月，"因战事影响，入款支绌，经矿科董事会议决，暂行停办"。⑥ 1929年夏，南开大学"遵照教育大学法及大学规程，改科为

---

① 西南联合大学北京校友会：《国立西南联合大学校史：一九三七至一九四六年的北大、清华、南开》，北京：北京大学出版社，2006年，第247页。

②③ 陈冠雄：《南开大学三年来的概况》，王文俊、梁吉生等：《南开大学校史资料选（1919—1949）》，天津：南开大学出版社，1989年，第13~14页。

④ 王文俊、梁吉生等：《南开大学校史资料选（1919—1949）》，天津：南开大学出版社，1989年，第4页。

⑤ 王文俊、梁吉生等：《南开大学校史资料选（1919—1949）》，453页。

⑥ 唐际清、张伯苓：《学府纪闻：国立南开大学》，台北：南京出版有限公司，1981年，第70页。

院"。① 1931 年夏,"理学院增设电机工程学系,并在本校东南隅建筑试验工场两所"。② 其原因在《南大周刊》中曾有说明,即:"缘我国各大学已创办电气工程系者,除上海交通大学外,尚未多见。我校开办斯系,实为华北各大学空前之举,对吾国电气工程学界尤增益不少。按电工学系之不易办,多因试验仪器上之困难。此次本校办理该系,对此种筹备颇有把握。且闻本市唯一电气工程之电灯电车公司因本校校长为该公司董事,已允将其工厂借作该系之实验室,殊属难得之机会。并闻该公司之比国工程师亦定常来校讲演各种问题。至于课程上,除工程专门课程外,语言决定第一学年即学法文,预备二年后便可直接听讲,且毕业后,留学法、比,亦大方便,较之中学毕业即行赴法、比强多多矣。该系之教授等业已聘定多人矣。"③《南开大学响导》对此亦有刊载:"电为最方便之动力。在近代实业中,应用至广。方今百业待举,电机工程人材在最近之将来需要必增。而国内培养斯项人材之学校,则为数极鲜。实因电业工程专科,须设完备之试验室与机械厂,及聘经验宏富之教授,更有商业经济等学科,俾学生于求专门技术外,兼具社会知识与管理之能力。如此方称完善。""我校增设电机工程系,虽定今秋实行,但蓄意已久。缘校中关于此系之基础,早经粗具。如物理学、数学、化学,在理学院中已有相当之设施。经济、商法,工业管理等科目,在商学院中亦均完备。机厂一项,最为重要。经与天津电车电灯公司商妥,将来电机工程学系学生除在校中上课与试验外,并到该公司各机厂实习。如是则于学理研究与技术训练两方面,均可收相当之效果。按天津电车电灯公司,经比国工程师之管理,对于电力之发生与应用,及一切关于电车电灯之事业,设备甚周。学生到该公司各机厂练习,获得实地经验,则日后出以任事,自可应付裕如矣。"④该时期,电机工程系不仅拟定了课程,还建成直流电机及金工试验室⑤,"战前已

① 唐际清、张伯苓:《学府纪闻:国立南开大学》,71 页。
② 唐际清、张伯苓:《学府纪闻:国立南开大学》,71 页。
③ 王文俊、梁吉生等:《南开大学校史资料选(1919—1949)》,204 页。
④ 《理学院现状及其将来(1930 年)》,王文俊、梁吉生等:《南开大学校史资料选(1919—1949)》,第 237~238 页。
⑤ 王文俊、梁吉生等:《南开大学校史资料选(1919—1949)》,第 9 页。

有毕业学生近百人,服务电业,颇有声誉。"①1932年秋,南开大学理学院因应时势之需要增设了化学工程系,"创设之际,规模尚小,拟不另设系,仅就原有之化学系中,另置一门,名'工业化学门'。各门功课,亦已拟定公布,兹探录如次,以为预备之标准焉"。②

长沙临大在长沙韭菜园圣经学校上课。"长沙临时大学成立时,本校工学院因设备关系,只恢复土木工程学系。此系大部分学生,于事变前适在山东济宁县工作,当时携出大批测量仪器用具,事变发生后,即辗转携运入湘,得以勉敷上课之用。机械、电机两工程学系,则设备全无,因与湖南大学商酌,将该两系学生一百十六人,在该校借读,同时由本校派教授数人到彼担任课程"。③ 此外,机械工程学系航空研究班及化学工程学系的学生分别在南昌航空机械学校、重庆大学寄读④。

二、国立西南联合大学工学院院系(所)设置

南京沦陷后,战势愈发紧张,1938年初长沙临时大学决定迁往昆明,该年4月改名为国立西南联合大学。其中,西南联大工学院"设于拓东路迤西及全蜀、江西三会馆内"⑤。为适应抗战需求,该时期国民政府采取了一系列措施推行注重实科教育的方针,特别是与国防技术相关的学科专业得到了扩充。因此,西南联大工学院学系在长沙临大原有土木工程学系、机械工程学系、电机工程学系、化学工程学系(1938年7月从重庆大学迁至昆明⑥)的基础上也进行了适时调整。如1938年,"从机械系分出一部分力量支援成立航空系"⑦;1939年2月,又遵教育部令,"在电机系

---

① 《南开大学工学院概况》,《南开周刊》,1947年复第5期。

② 《工业化学课程公布》,《南开大学周刊》,1931年第108期。

③ 《抗战二年中教务处工作概况》(1939年1月),清华大学校史研究室:《清华大学史料选编》(第三卷上册),北京:清华大学出版社,1994年,第49页。

④ 《长沙临时大学筹备委员会工作报告书》(1937年11月17日),王学珍、江长仁、刘文渊:《国立西南联合大学史料》(一),昆明:云南教育出版社,1998年,第5页。

⑤ 《国立西南联合大学要览》(1942年12月21日),王学珍、江长仁、刘文渊:《国立西南联合大学史料》(一),第7页。

⑥ 《国立西南联合大学工学院关于化学工程系迁回昆明的笺函》(1938年7月29日),王学珍、江长仁、刘文渊:《国立西南联合大学史料》(一),第134页。

⑦ 马芳礼、郭世康:《怀念李辑祥老师》,北京大学校友联络处:《箫吹弦诵情弥切——国立西南联合大学五十周年纪念文集》,北京:中国文史出版社,1988年,第282页。

附设电讯专修科,期以较短时间(一年半)造就电讯技术人才,备国家抗战之用。"①至此,西南联大工学院设有土木工程、机械工程、电机工程、航空工程、化学工程等5个学系,以及电讯专修科。1939年11月,国立清华大学决定开设工科研究所,计设"(一)土木工程部:(1)水利工程组(清华),(2)结构工程组(清华),(二)机械及航空工程部:航空工程组(清华),(三)电机工程部:(1)电力工程组(清华),(2)电讯工程组(清华)"。②

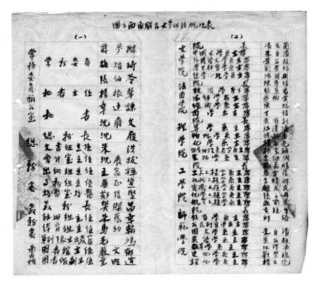

国立西南联合大学组织概况表(1939年)

(清华大学档案馆提供)

工学院院长施嘉炀曾于1941年6月建议自该年度起清华添设化学工程系,其理由如下:"(一)本校于民国二十三年设立工学院时(按:工学院创办于民国二十一年),即有于数年后增设化学工程系之意,当时在理学院化学系内扩充应用化学方面之教师与设备等,亦即为添设化学工程系之张本。抗战以后,我校与北大南开合设联合大学,关于联大化学工程系之教师与设备等亦多由我校筹备与经营。现在我校名义上虽无化工

① 梅贻琦:《抗战期中之清华》,清华大学校史研究室:《清华大学史料选编》(第三卷上册),第20页。

② 《国立西南联合大学校史》,王学珍、江长仁、刘文渊:《国立西南联合大学史料》(一),第11~14页。

系,而事实上化工系之基础亦略备,应宜趁此时期正式添设该系,延揽二三优秀之教师,则战后联大分解时我校化工系之规模已备,届时无须特筹经费。(二)南开大学校长张伯苓先生去年曾申明:南开对于联大化工系仅能尽保留南开该系原有之教授名额不予裁撤,至发展方面则南开无能为力。在目下联合大学局面之下,如我校不正式设立化工系,则对于延聘教师方面甚感困难,其他发展亦多质疑。(三)我校对于应用化学方面至今尚无重大贡献,而该方面可以发展之处甚多。国外大学对于应用化学方面之工作均由化学工程系负之,此乃十余年来之天然趋向。培植化工人才以应目下社会之需要,亦为我校责无旁贷之处。自应化学研究方面及化工人才培育方面着想,我校应于原有化学系外添设化学工程系。"①但至复员后国立清华大学才成立化学工程学系。

1945 年 8 月 15 日,抗日战争胜利。鉴于西南联大"工学院附设电讯专修科原为适应西南地方实际需要以培育电讯事业一般技术人材为目的。该科本身既含有较多之地方性质,以视他科系情形颇有不同。值兹战事结束,凡百待兴,西南电讯建设事业需材仍殷"②,故 1946 年 3 月 27日,"教育部电准将本大学电讯专修科移交云南大学接办"③,后于 5 月 13日正式办理④。7 月 25 日,西南联大工学院应云南大学请求,将一部分图书仪器赠予电讯专修科⑤,以利其教学。

第二节　西南联大工学院的发展特征

长沙临大及西南联大工学院基本沿袭了战前清华大学工学院的教学风格,加之抗战时期国民政府为满足军事工业的发展需要大力推行实科,

---

① 《兹建议本校工学院于三十年度起添设化学工程系》,清华大学档案,全宗号 X1,目录号 3:3,案卷号 4:2。

② 《电呈关于本校工学院电讯专修科于联本复员结束后应如何办理》(1946 年 2 月 13日),清华大学档案,全宗号 X1,案卷号 3:2,目录号 122。

③ 《国立西南联合大学大事记》(民国二十六年九月十三日至民国三十五年七月三十一日),王学珍、江长仁、刘文渊:《国立西南联合大学史料》(一),第 349 页。

④ 清华大学校史研究室:《清华大学九十年》,第 136 页。

⑤ 《国立西南联合大学大事记》(民国二十六年九月十三日至民国三十五年七月三十一日),王学珍、江长仁、刘文渊:《国立西南联合大学史料》(一),第 353 页。

以及学校合组后师资力量的进一步增强,使其在教学、科研及人才培养等方面均取得了较大成就,并体现出较为鲜明的时代特征。

一、秉承"通识教育"的教学方针

1938 年 4 月,国民党临时全国代表大会制定《战时各级教育实施方案纲要》,对战时各级教育方针进行了详细阐述,其中指出:"教育为立国之本,整个国力之构成,有赖于教育,在平时然,在战时亦然。国家教育在平时若健全充实,在战时即立著其功能;其有缺点,则一至战时,此等缺点即全部显露,而有待于急速之补救与改正,所贵乎战时教育之设施者,即针对教育上之缺点,以谋求根本之挽救而已,非战时教育之必大有异于平时也。"①该纲要提出的"九大方针"中包括:"一曰,三育并进;二曰,文武合一;三曰,农村需要与工业需要并重;四曰,教育目的与政治目的一贯;五曰,家庭教育与学校教育密切联系;六曰,对于吾国固有文化精粹所寄之文史哲艺,以科学方法加以整理发扬,以立民族之自信;七曰,对于自然科学,依据需要,迎头赶上,以应国防与生产之急需;八曰,对于社会科学,取人之长,补己之短,对其原则整理,对于制度应谋创造,以求一切适合于国情;九曰,对于各级学校教育,力求目标之明显,并谋各地平均之发展;对于义务教育,依照原定期限,以达普及;对于社会教育与家庭教育,力求有计划之实施。"②根据该纲要规定,教育部制订了实施方案,并对不同层次和类别的高校提出了相应的培养目标,如:"专科学校教育应为培养各业专门技术人才之教育,毕业生对于所习农工商各业之技术与业务各有专长;大学教育应为研究高深学术,培养能治学、治事、治人、创业之通才与专才之教育。"③其中工学院培养的人才要体格强健,能吃苦耐劳,要意志坚决,工作作风要迅速与确实,对于数学、物理、化学、英文、图文诸课程须有相当的根底。④ 1939 年 3 月,国民政府在重庆召开第三次全国教育会议,会上蒋介石在发表的《今后教育的基本方针》讲话中提出:"目前教育

---

①② 《战时各级教育实施方案纲要》,《教育部公报》,1938 年第 10 卷第 4-6 期。

③ 《教育实施方案》,陈东原:《第二次中国教育年鉴》(第一编),上海:商务印书馆,1948 年,第 9~10 页。

④ 史贵全:《中国近代高等工程教育研究》,上海:上海交通大学出版社,2004 年,第107 页。

上,一般争论最激烈的问题,就是战时教育和正常教育的问题,亦就是说我们应该一概打破所有的正规教育制度呢? 还是保持着正常的教育系统而参用非常时期教育的方法呢? ……我们决不能说所有教育都可以遗世独立于国家需要之外,关起门户,不管外面环境,甚至外敌压境了,还可以安常蹈故,一些也紧张不起来。但我们也不能说因为在战时,所有一切的学制、课程和教育法全部可以摆在一边,因为在战时了,我们就把所有现代青年无条件的都从课室、实验室、研究室赶出来,送到另一种环境里无选择无目的地去做应急的工作……总而言之,我们切不可忘记战时应作平时看,切勿为应急之故而就丢失了基本。我们这一战,一方面是争取生存,一方面就要在此时期中改造我们的民族,复兴我们的国家,所以,我们教育上的着眼点,不仅在战时,还应该看到战后。"①"战时应作平时看",为战时教育的延续和发展提供了保障。

西南联大没有设校长,由三校原有校长梅贻琦(清华)、蒋梦麟(北大)、张伯苓(南开)共同主持校务,因蒋梦麟、张伯苓在重庆另有其他事务,故主要由梅贻琦主持。"通识教育"一直是梅贻琦大学教育思想的重要内容。随着抗战时期工业规模的扩充及其对人才需求类型的变化,梅贻琦认为工程教育的目的不仅在于培养优秀的技术工程师,更需要培养出具有组织能力的工程领军人才。② 例如,1941 年他在《大学一解》中进一步强调了通识教育对社会发展的重要性,"今人言教育者,动称通与专之二原则。故一则曰大学生应有通识,又应有专识;再则曰大学卒业之人应为一通才,亦应为一专家。故在大学期间之准备,应为通专并重。此论固甚是,然有不尽妥者,亦有未易行者。此论亦固可以略救近时过于重视专科之弊,然犹未能充量发挥大学应有之功能。窃以为大学期内,通专虽应兼顾,而重心所寄,应在通而不在专;换言之,即须一反目前重视专科之倾向,方足以语于新民之效。夫社会生活大于社会事业,事业不过为人生之一部分,其足以辅翼人生,推进人生,固为事实,然不能谓全部人生即寄寓于事业也。通识,一般生活之准备也;专识,特种事业之准备也。通识

---

① 蒋中正:《今后教育的基本方针》,秦孝仪:《总统蒋公思想言论总集》(16 卷),中国国民党中央党史委员会,1984 年,第 128~129 页。
② 史贵全:《中国近代工程教育研究》,第 190~191 页。

之用,不止润身而已,亦所以自通于人也。信如此论,则通识为本,而专识为末;社会所需要者,通才为大,而专家次之。以无通才为基础之专家临民,其结果不为新民,而为扰民。此通专并重未为恰当之说也。大学四年而已,以四年之短期间,而既须有通识之准备,又须有专识之准备,而二者之间又不能有所轩轾。即在上智,亦力有未逮,况中资以下乎?并重之说所以不易行者此也。偏重专科之弊,既在所必革,而并重之说又窒碍难行,则通重于专之原则尚矣。"①随后又于1943年在《工业教育与工业人才》中对工程教育中的通识教育做了进一步论述:"大学教育毕竟与其他程度的学校教育不同,它的最大的目的原在培植通才;文、理、法、工等等学院所要培植的是这几个方面的通才,甚至于两个方面以上综合的通才。它的最大的效用,确乎是不在养成一批一批限于一种专门学术的专家或高等匠人。工学院毕业的人才,对于此一工程与彼一工程之间,对于工的理论与工的技术之间,对于物的道理与人的道理之间,都应当充分通达,虽不能游刃有余,最少在这种错综复杂的情境之中,可以有最大限度的周旋的能力。惟有这种分子才能有组织工业的力量,才能成为国家目前最迫切需要的工业建设的领袖,而除了大学工学院以外,更没有别的教育机关可以准备供给这一类的人才。"②

此外,该时期工学院教师大多具有海外留学背景,他们在国外学习期间,深受"通识教育"理念的影响,并转化为自身的教育理念引入到日常的教学工作中。如前文提到的庄前鼎、施嘉炀等,倡导注重学生德智体全面发展,加强人文社会科学、自然科学及工程技术之间的交叉渗透。再如,刘仙洲提倡理工结合:"工科为理科之实用,理科为工科之根基(有时虽不能尽谓其如是,然至少有大部分相互关联),理科之主要课程如数学、物理、化学、地质等,倘工科学生对之有良好成绩,则其工科课程必易达于高深。工科之主要设备如机械、仪器、电机等等,倘理科学生对之有充分参考,则理科课程必更为切实","盖工科同时兼办理科则凡工科各学门之根基可由理科教授担任之,其程度自易于提高。凡理科各学门有须借

---

① 梅贻琦:《大学一解》,清华大学校史研究室:《清华大学史料选编》(第三卷下册),第199页。

② 梅贻琦、潘光旦:《工业教育与工业人才》,清华大学校史研究室:《清华大学史料选编》(第三卷下册),第208页。

实物以证明者,可由工科之设备参考之。其观念自易于明了也。"①这些无疑对当时西南联大工学院"通识教育"理念的贯彻起到了重要的推动作用。

二、课程设置的延承与创新

抗战前,各院校学系课程基本自行制定,并没有统一的标准。② 清华工程学系自 1926 年成立后就拟定了课程,并根据需要逐步调整和完善,特别是 1932 年工学院成立后,其课程结构已形成体系化。南开在抗战前没有独立的工学院,其工科学系则设于理学院中,自成立之日起也拟定了相关课程。1937 年 10 月底,长沙临大开学,次月正式上课。但因战势恶化,长沙临大仅开了一学期课程,除了学校开设的共同必修课程外,工学院必修选修学程见表 4-1。可以看出,该时期为适应战时所需,长沙临大工学院开设了一些军工课程,如军事运输、军用桥梁、军事卫生工程、飞机场设计等。

表 4-1　1937—1938 年度长沙临时大学工学院必修选修学程表

土木工程学系								
学程	必修或选修	学期	学分	教师	学程	必修或选修	学期	学分	教师
平地测量	Ⅱ	上	2	吴柳生	※钢筋混凝土设计	Ⅳ	上	2	王裕光
工程地质	Ⅱ	上	3	李洪谟	※下水工程	Ⅳ	上	3	杨铭鼎
材料学	Ⅱ	上	2	吴柳生	○道路设计	Ⅳ	上	2	李谟炽
机件学	Ⅱ	上	3	曹国惠	○高等铁路工程	Ⅳ	上	3	张泽熙
静动力学	Ⅱ	上	4	汪一彪	※高等构造学	4	上	3	蔡方荫
高等测量	Ⅱ	下	3	吴柳生	○高等道路工程	4	上	2	李谟炽

① 史贵全:《中国近代高等工程教育研究》,第 195~196 页。
② 刘文渊、欧阳军喜:《旧中国高等工程教育纲要》,《高等工程教育研究》,1993 年第 2 期。

土木工程学系

学程	必修或选修	学期	学分	教师	学程	必修或选修	学期	学分	教师
应用天文	II	下	2	张泽熙	※工程估计及契约	IV	下	2	王裕光
铁路曲线及木工	II	下	4	李谟炽	○铁路设计	IV	下	2	张泽熙
热机学	II	下	3	刘仙洲	※高等构造学(二)	4	下	2	蔡方荫
材料力学	II	下	4	汪一彪	○养路工程	4	下	2	李谟炽
构造学(一)	III	上	3	张泽熙	※堡垒工程	4	下	2	施嘉炀
道路工程	III	上	3	李谟炽	△水文学	IV	上	2	施嘉炀
铁路工程	III	上	3	张泽熙	△河港工程	IV	上	3	施嘉炀
水力学	III	上	3	覃修典	△灌溉工程	4	上	2	覃修典
环境卫生及都市设计	III	上	2	杨铭鼎	△水电工程	IV	下	3	覃修典
大地测量	III	上	2	张泽熙	△水工设计	IV	下	2	覃修典
构造学(二)	III	下	3	蔡方荫	△卫生工程设计	IV	下	2	杨铭鼎
构造设计	III	下	2	吴柳生	△卫生工程实验	4	下	1.5	杨铭鼎
钢筋混凝土	III	下	3	王裕光	军事运输				张、李
给水工程	III	下	3	杨铭鼎	军用桥梁				蔡、王
水力实验	三	下	1.5	覃修典	军事卫生工程				杨铭鼎
※地基及库房	IV	上	3	王裕光	飞机场设计				吴柳生
※桥梁设计	IV	上	2	吴柳生					

※ 两组相同课程。

○ 铁路及道路工程组课程。

△ 水利及卫生工程组课程。

续表

机械工程学系

学程	必修或选修	学期	学分	教师	学程	必修或选修	学期	学分	教师
航空工程	IV		6	华、冯、秦	原动工厂	IV	下	2	殷祖澜
飞机构造	IV		6	林	原动力车设计	IV	下	2	殷祖澜
机架设计	IV		6	冯、林、张	水力机械	4	上	3	李辑祥
飞机原动机	IV		4	秦	内燃机设计	IV	下	3	陈继善
航空工程实验	IV		8	全体教授	机车工程	IV	下	3	殷文友
原动力厂	IV	上	3	殷祖澜	专题讨论	IV	下	3	全体教授
工业管理	IV	上	3	李辑祥	工程画	I	上	2	戴中孚
高等机械设计	IV	上	3	陈继善	画法几何	I	下	2	戴中孚
制冷工程	4	上	2	殷祖澜	锻铸		下		
汽轮机	IV	下	3	刘仙洲	制模		下		
内燃机(II)	IV	上	2	陈继善	工程画(物)		上		

电机工程学系

	学程	必修或选修	学期	学分	教师	学程	必修或选修	学期	学分	教师
四年级电力组	电力传输	IV	上	3	顾毓琇	电工实验	IV	下	2	章名涛
	电力设计	IV	上	3	章名涛	原动力厂实验	IV	下	1.5	殷祖澜
	原动力厂	IV	上	3	殷祖澜	发电所	4	下	3	倪孟杰
	原动力厂设计	4	上	2	殷祖澜	无线电原理	4	下	3	任之恭 叶楷
	无线电原理	4	上	3	任之恭 叶楷	实用无线电	4	下	3	孟昭英 任之恭
	实用无线电	4	上	3	孟昭英 任之恭	无线电实验	4	下	1.5	孟昭英 叶楷
	无线电实验	4	上	1.5	孟昭英 叶楷	电话实验	4	下	1.5	赵友民
	电话学	4	上	3	赵友民	论文	IV	下	3	全体教授
	高等电工学	IV	下	3	顾毓琇 章名涛					

续表

					电机工程学系				
四年级电机组	电力传输	IV	上	3	顾毓琇	实用无线电	IV	下	3	孟昭英 任之恭
	无线电原理	IV	上	3	任之恭 叶楷	无线电实验	IV	下	1.5	孟昭英 叶楷
	实用无线电	IV	上	4	孟昭英 任之恭	电话实验	IV	下	1.5	赵友民
	无线电实验	IV	上	1.5	孟昭英 叶楷	电讯网络	IV	下	3	李郁荣 范绪筠
	电话学	IV	上	3	赵友民	论文	IV	下	3	全体教授
	电讯网络	IV	上	3	朱汝华	无线电原理（湖南大学）			3	张友熙
	无线电原理	IV	下	3	任之恭 叶楷	无线电实验（湖南大学）			1.5	张友熙 昝宝澄

［资料来源：《长沙临大工学院各学系必修选修学程表(1937—1938 年度)》，清华大学档案，全宗号 X1，目录号 3：2，案卷号 120：2］

　　自 1938 年后，为加强对各校课程的统制，国民政府相继制定了系列教育政策进行规范统一。例如，1938 年教育部颁布《文、理、法三学院分院共同必修科目表》《农工商学院分院共同必修科目表》，次年公布施行《文理法工农商各学院分系必修及选修科目表》。其中要求："国文和外国文是所有学院一年级重要的必修课；……另外，三民主义、军训和体育为各学院当然的必修科目，不计学分。"[1]当时，"工学院共同必修科目由教育部工业委员会拟订，包括：国文、外国文、数学、物理、化学、应用力学、材料力学、经济学、投影几何学、工程画、工厂实习、徒手画、建筑初则及建筑画、初级图案、阴影法、木工等。"[2]另外对土木、机械、电机等各学系必修选修科目也作了统一规划。相对于民初大学工程系科的课程设置，工程系科课程安排的突出特点，学者史贵全曾总结如下："（1）体现了注重

① 王孙禺、刘继青：《中国工程教育：国家现代化进程中的发展史》，第 153 页。

② 王孙禺、刘继青：《中国工程教育：国家现代化进程中的发展史》，第 153～154 页。

基本训练、注重精要科目的设课原则。在共同必修科目中，数学、物理学、化学、应用力学、材料力学等自然科学基础课程计有 32 分之多，占工科总学分(142)的 23%：在分系必修课中，也'消枝强杆'，压缩了与学科方向无紧密联系的相关课程，突出了学科主干课程。以电机工程系为例，其学科主干课程如电工原理、直流电机、交流电机、电机试验、交流电路等占总学分的比例达 22%。(2)注重课程体系的结构化，力图从教学制度上保证学生形成合理的知识结构及达到一定的知识水准。全部课程分为院共同必修课、系必修及选修课三部分，一方面使全国同类学院、学系的学生有一个统一的最低限度的标准，使其在自然科学、人文社会科学各方面掌握必要的知识，奠定宽厚的理论基础，并在学科方向上达到相当的深度；另一方面使学生有一定的选择空间，以满足其兴趣、爱好，发展其个性和才能。(3)高年级划分专门组并规定了相应的必选课，以适应工程学科迅速分化及专业化趋势对高等工程教育的要求。进入 20 世纪之后，随着自然科学的突飞猛进，工程学科的知识量迅速增长，学科门类不断分化，新的分支学科不断增多。如从土木工程学科分化出了结构、水利、路工等专业；从电机工程学科衍生出了电讯、电力等分支。这样，原先按大学科设课的课程体系便面临着知识量膨胀与学习时间有限的矛盾。为此，设置专门组课程势在必行。"[1]

国民政府教育部颁布的系列教育政策，"对大学课程加以整理，统一课程设置标准，注重基础理论，扩大知识面，同时又注重基本训练，注重精要科目，避免了过去那种因人设课、水平不一的流弊。"[2]但同时也存在着一定的问题，即："统一课程也有简单划一的缺点，忽略了不同学校的特点。"[3]对此，联大教授认为："大学为最高学府，包罗万象，要当同归而殊途，一致而百虑，岂可刻板文章，勒令从同。世界各著名大学之课程表，未有千篇一律者；即同一课程，各大学所授之内容亦未有一成不变者。……今教部对于各大学束缚驰骤，有见于齐而无见于畸，此同人所未喻者一也。教部为最高教育行政机关，大学为最高教育学术机关，教部可视大学

---

① 史贵全：《中国近代高等工程教育研究》，第 114 页。
②③ 刘文渊、欧阳军喜：《旧中国高等工程教育纲要》，《高等工程教育研究》，1993 年第 2 期。

研究教学之成绩,以为赏罚殿最。但如何研究教学,则宜予大学以回旋之自由。……盖本校承北大、清华、南开三校之旧,一切设施均有成规,行之多年,纵不敢谓为极有成绩,亦可谓为当无流弊,似不必轻易更张。"①因此,西南联大的课程"除少数是照'部定'科目执行外,其他课程均是按联大初期在原三校课程基础上,作调整变通后排定的科目组织教学。"②

梅贻琦曾强调:"要造就通才,大学工学院必须添设有关通识的课程,而减少专攻技术的课程。工业的建设靠技术,靠机器,不过它并不单靠这些。……真正工业的组织人才,对于心理学、社会学、伦理学,以至于一切的人文科学、文化背景,都应该有充分的了解。"③西南联大主要实行学分制,其课程分为必修课和选修课,"这两种课程的学分比数,各学院略有不同,大致为必修课50学分,选修课为86学分,基本上都是选修课的比重要大于必修课。"④其中,"全校性的共同必修课主要集中在一年级,包括:国文、英文、三民主义、伦理学、中国通史、世界通史、1门社会科学基础课目(可任选:社会学概论、法学概论、政治学、经济学)和1门自然科学基础课目(可任选:地理学概论、普通心理学、普通地质学、普通生物学、普通物理学、普通化学、普通数学、微积分)。原则上共同必修课是所有学生必修的,不过各学院又可根据需要进行调整,如文法学院对上述社会科学基础课目必修2门,理工学生对上述自然科学基础课目必修2~3门,工学院则可以不修中国通史。"⑤1945年,西南联大教务会议(即院系主任会议)关于修订大学各院共同必修科目之意见决议:"一、三民主义一科目,一致拟请改为选修,不列入必修。二、伦理学一科,一致拟请取消。三、国文照原定。四、外国文照原定。五、中国通史照原定,惟理学院认为可作社会科

①　《西南联合大学教务会议就教育部课程设置诸问题呈常委会函》(1940年6月10日),清华大学校史研究室:《清华大学史料选编》(第三卷下册),第191~192页。
②　西南联大研究所:《西南联大研究》(第一辑),北京:中国大百科全书出版社,2005年,第108页。
③　梅贻琦、潘光旦:《工业教育与工业人才》,清华大学校史研究室:《清华大学史料选编》(第三卷下册),第208~209页。
④　江渝:《西南联大:特定历史时期的大学文化》,成都:电子科技大学出版社,2010年,第123页。
⑤　方绍勤、张团娅:《浅析西南联大的"通识教育"》,西南联大研究所:《西南联大研究》(第一辑),北京:中国大百科全书出版社,2005年,第108页。

学之一种，院中学生必修之两种社会科学中，得以此为两种之一。六、世界通史一科目，一致拟请改回为'西洋通史'。一则因为西洋而外之世界史教材至为零星片断，再则因适当教师无从物色。……九、科学概论一科目，各学院概主取消，并一致认为确难作为自然科学之一种，或以之替代自然科学。十、社会科学概论一科目，各学院概主取消。十一、各学系选修科目，拟请准由各大学斟酌实际需要、教学设备、教师资（质）量，自行规定，并随时损益，不再列入大学科目表"。①

西南联大工学院主要沿袭了战前清华工学院的课程设置，"工学院的课程开设多，学习压力较大，与其他学院修满 132 个学分即可毕业相比，工学院的学生毕业需要修满 136~140 个学分，而在这些学分当中学校要求的文科必修课所占比重为：11.6%（取所需学分的平均值所得），工学院共同的必修课所占比例为：10.9%。由此可见工学院的通识课程比例达到了 52.4%，占到了总课程的一半还多。"②例如，"工学院大一学生的必修课安排的是国文、英文与经济学简要，共 16 个学分"③，并由朱自清、沈从文、李广田、陈岱孙等知名教授讲授，以保证授课的质量，激发学生勤学好问、积极主动的学习热情和兴趣，为学生综合素质的培养打下了坚实的基础。④除全校必修科目外，工学院还为大一学生开设了微积分、普通物理、经济学简要、工程画、材料力学等学院必修课程⑤，"像大一的专业必修科目全部课程都让学有专长、教学经验丰富的教授来上，以夯实基础，开设微积分的教授有：姜立夫、江泽涵、杨武之、许宝騄、赵访熊等；开设普通物理课的教授有：吴有训、赵忠尧、郑华炽、霍秉权、王竹溪；工程画的教授是汪一彪教授负责，而机件学则是刘仙洲教授负责讲授"。⑥ 大学工学院共同必修科目见表 4-2。西南联大时期，共同必修课注重培养学生的基础科学知识，加强学生综合能力及创造性思维的培养，锻炼学生思考和解决实际问题的能力。正如陶葆楷所说："西南联大同学的学习，在基础

---

① 《西南联大三十四年度各院系修订课程意见书（1945 年 6 月）》，王学珍、江长仁、刘文渊：《国立西南联合大学史料》（三），第 114~115 页。

②③④ 徐铮：《西南联大工学院的通识教育》，《学园》，2013 年第 9 期。

⑤ 江渝：《西南联大：特定历史时期的大学文化》，成都：电子科技大学出版社，2010 年，第 123~124 页。

⑥ 徐铮：《西南联大工学院的通识教育》，《学园》，2013 年第 9 期。

课方面非常严格及扎实。……这对学生毕业后担任各种工作,经过自己的努力,都能适应,并且做出成绩,有很大的关系。"①

表4-2　大学工学院共同必修科目表

科目	规定学分	第一学年		第二学年		备注
		第二学期	第二学期	第一学期	第二学期	
国文	四	二	二			每两周须作文一次
外国文	六	三	三			每两周须作文一次
算学	八	四	四			
物理学	八	四	四			每周讲授三小时实习二小时
化学	八	四	四			每周讲授三小时实习二小时
应用力学	四				四	
经济学	三			三		课程在第三或第四学年讲授
制图	四	二	二			每周上课六小时
工厂实习	二	一	一			每周实习二小时
总计	51	20	20	7	4	
附注	除表中所列必修科目外,党义、体育、军训均为当然必修科目,不计学分。					

（资料来源:《大学工学院共同必修科目表》,清华大学档案,全宗号 X1,案卷号 3:2,目录号 119:2）

　　除了对人文、社会、自然等知识的综合了解外,梅贻琦还要求:"工学院毕业的人才,对于此一工程与彼一工程之间,对于工的理论与工的技术之间,对于物的道理与人的道理之间,都应当充分了解,虽不能游刃有余,最少在这种错综复杂的情境之中,可以有最低限度的周旋能力。"②西南联大工学院,"在二年级,学生可根据不同情况选学本院系专业基础课或

---

① 陶葆楷:《西南联大的特点》,北京大学校友联络处:《笳吹弦诵情弥切——国立西南联合大学五十周年纪念文集》,北京:中国文史出版社,1988 年,第 29～30 页。
② 徐铮:《西南联大工学院的通识教育》,《学园》,2013 年第 9 期。

基础技术课3~5门。"①例如，"由于电机系和航空系的要求，工学院加强了数学课程，在大一微积分和大二微分方程之外，增设了高等数学选课，由赵访熊教授主持并亲自任课。赵先生本来是学电机的，留美时研究数学。工学院的数学师资队伍很强，除赵先生之外先后还有徐贤修、朱德祥、田方增、吴光磊、彭慧云、胡祖炽、闵嗣鹤、颜道岸等人。因此联大电机系学生受到了良好的数理基础训练"。②"航空系二年级的课程大部分和机械系二年级的相同，有静动力学（即现在的理论力学）、材料力学、微分方程、机械原理、木工、金工（即金属切削工艺）和测量学。航空系二年级学生还有一门名热机学的课程，是和土木系同学一起上的；课程是机械系专为这两个系的学生开设的。航空系自己开的一门专业课是飞机概论"。③

之后，"从三年级起，学生除了按规定范围必修本院系几门主要专业课外，其余全是选修课。"④例如航空系，"到了三年级，仍有一些主课是机械系开设，而为航空系和机械系所必修的，如内燃机和机械设计。后来几年，内燃机课由航空系自己开设。电机系又为航空系和土木系的学生开了一门学时不多的电机工程，课本是 Cook 氏著的。在早先的几班，这门课是航空系和机械系三年级一起上，用的课本是 Dawes 著的。土木系也为机械系、航空系的学生开了一门工程材料学。三年级，航空系自己开的专业课有流体力学(后来叫空气动力学)和飞机结构"。⑤

工学院各学系在前三年多为基础课程，四年级则增设不同专业选修课。⑥ 例如，"土木系为专业培养人材，分成：结构、水利、铁路公路（道路）、市政卫生四个组，学生在四年级时分别选读各专业有关课程，在扎实

---

① 江渝：《西南联大：特定历史时期的大学文化》，第127页。

② 王先冲：《回忆西南联大工学院电机系》，北京大学校友联络处：《笳吹弦诵情弥切——国立西南联合大学五十周年纪念文集》，第296页。

③ 沈元、徐华舫、曹传钧、赵震炎：《回忆联大航空工程系》，北京大学校友联络处：《笳吹弦诵情弥切——国立西南联合大学五十周年纪念文集》，第303页。

④ 江渝：《西南联大：特定历史时期的大学文化》，第127页。

⑤ 沈元、徐华舫、曹传钧、赵震炎：《回忆联大航空工程系》，北京大学校友联络处：《笳吹弦诵情弥切——国立西南联合大学五十周年纪念文集》，第303~304页。

⑥ 陈南平、张远东：《西南联大机械系回顾》，北京大学校友联络处：《笳吹弦诵情弥切——国立西南联合大学五十周年纪念文集》，第287页。

的基础理论上,又获得专业的理论知识"。① 航空系,"四年级的课程几乎都是航空专业课,有内燃机Ⅱ(又称航空发动机)、高等飞机结构、应用空气动力学、飞机设计和发动机设计。还有一些选修课(三四年级都可以选),如航空气象学、航空仪表、机械振动学、金相学、金属切削刀具及机床等"。② 1939—1940 年度工学院各学系学程分别见表 4-3。

表 4-3　1939—1940 年度国立西南联合大学工学院必修选修学程表

土木工程学系

学程	必修或选修	学期	学分	教师	学程	必修或选修	学期	学分	教师
高等测量	Ⅱ	下	3	陈永龄	灌溉工程	Ⅳ		2	张有龄
铁路曲线及土木	Ⅱ		3	李谟炽	道路材料试验	Ⅳ		1.5	李谟炽
工程制图	Ⅱ		2	张豫生	道路设计	Ⅳ		2	李谟炽
工程地质学	Ⅱ		2	郭文魁	铁路养护	Ⅳ		2	张豫生
结构学(二)	Ⅲ		3	蔡方荫	卫生工程设计	Ⅳ		2	陶葆楷
结构设计(一)	Ⅲ		4	吴柳生	卫生工程实验	Ⅳ		1.5	陶葆楷
钢筋混凝土结构	Ⅲ		3	王明生	都市计划	Ⅳ		1.5	陶葆楷
大地测量	Ⅲ		2	陈永岭	地形图投影法	4		1	陈永龄
水力实验 甲	Ⅲ		1.5	覃修典	要塞建筑	4		1	施嘉炀
水力实验 乙	Ⅲ		1.5	张有龄	飞机场设计	4		1	吴柳生
给水及下水工程	Ⅲ		4	陶葆楷	军用桥梁	4		1	王明之
工程估计及契约	Ⅳ		1	王明之	铁路号志	4		2	张豫生

---

　① 陈炎创等:《回忆西南联大土木工程系》,北京大学校友联络处:《笳吹弦诵情弥切——国立西南联合大学五十周年纪念文集》,第 276 页。
　② 沈元、徐华舫、曹传钧、赵震炎:《回忆联大航空工程系》,北京大学校友联络处:《笳吹弦诵情弥切——国立西南联合大学五十周年纪念文集》,第 304 页。

土木工程学系

学程	必修或选修	学期	学分	教师	学程	必修或选修	学期	学分	教师
高等结构学（二）	IV		3	蔡方荫	测量	机,电,航		2	陈永龄
高等结构设计	IV		2.5	吴柳生	工程材料学	机,航		2	吴柳生
高等材料力学（二）	IV		2	张有龄	材料实验甲	机,电		1.5	吴、茅、王
铁路设计	IV		2	张豫生	材料实验乙			1.5	茅、吴、袁
土壤力学	IV		2	张有龄	材料实验丙			1.5	茅、吴、袁
水力发电工程	IV		3	覃修典	水力学 甲	机		3	覃修典
水工设计	IV		2	覃修典	水力学 乙	电,航		3	吴尊爵
高等水力学	IV		2	施嘉炀					

机械工程学系

学程	必修或选修	学期	学分	教师	学程	必修或选修	学期	学分	教师
工程画法 一	I	上	3	张闻骏	机械设计原理（二）	III	下	3	李辑祥
工程画法 二	I	上	3	张闻骏	机械设计制图（二）	III	下	3	李辑祥
工程画法 三	I	下	3	张闻骏	内燃机（二）	III	下	2	庄前鼎
工程画法 四	I	下	3	张闻骏	热工试验（一）	III	下	1.5	董树屏
画法几何 一	I	上	2	褚士荃	热工试验（二）	IV	下	1.5	董树屏
画法几何 二	I	上	2	褚士荃	原动力厂设计（二）	IV	下	1.5	殷祖澜
画法几何 三	I	下	2	褚士荃	工业管理	IV	下	3	李辑祥
画法几何 四	I	下	2	褚士荃	工厂实习	IV	下	3	工场全体教师

机械工程学系

学程	必修或选修	学期	学分	教师	学程	必修或选修	学期	学分	教师
煅铸实习 一	I	上	1.5	褚士荃周惠久	制冷工程	4	下	2	殷祖澜
煅铸实习 二	I	上	1.5	褚士荃周惠久	水力机械设计	4	下	1.5	李辑祥
煅铸实习 三	I	上	1.5	褚士荃周惠久	纺织工程	4	下	3	殷祖海
煅铸实习 四	I	上	1.5	褚士荃周惠久	△内燃机设计	4	下	1.5	金希武
煅铸实习 五	I	上	1.5	褚士荃周惠久	汽车工程	4	下	3	张闻骏
煅铸实习 七	I	下	1.5	褚士荃彭德一	机车设计	4	下	3	殷文友
煅铸实习 八	I	下	1.5	褚士荃彭德一	兵工学	4	下	2	庄前鼎
煅铸实习 九	I	下	1.5	褚士荃彭德一	※画法几何	补	下	2	褚士荃
煅铸实习 七	I	下	1.5	褚士荃彭德一	材料力学甲	土,电Ⅱ		4	孟广喆
煅铸实习 十	I	下	1.5	褚士荃彭德一	材料力学乙	机,航Ⅱ		4	张闻骏
煅铸实习十一	I	下	1.5	褚士荃彭德一	热力工程（一）	Ⅱ		3	孟、董
煅铸实习十二	I	下	1.5	褚士荃彭德一	机动计划	Ⅱ		3	刘仙洲
制模实习 一	I	上	1.5	曹国惠	金工实习（二）	Ⅱ		1.5	李、强
制模实习 二	I	上	1.5	曹国惠	热机学	Ⅱ		3	刘仙洲
制模实习 三	I	上	1.5	曹国惠	原动力厂（一）	Ⅲ		3	殷祖澜
制模实习 四	I	上	1.5	曹国惠	机械设计原理（二）	Ⅲ		3	李辑祥
制模实习 五	I	上	1.5	曹国惠	机械设计制图（二）	Ⅲ		3	李辑祥

续表

机械工程学系

学程	必修或选修	学期	学分	教师	学程	必修或选修	学期	学分	教师
制模实习 六	I	下	1.5	曹国惠	内燃机(二)	III		2	庄前鼎
制模实习 七	I	下	1.5	曹国惠	热工试验(一)	III		1.5	董树屏
制模实习 八	I	下	1.5	曹国惠	热工试验(二)	IV		1.5	董树屏
制模实习 九	I	下	1.5	曹国惠	原动力设计(二)	IV		1.5	殷祖澜
制模实习 十	I	下	1.5	曹国惠	工业管理	IV		3	李辑祥
材料力学 甲	土,电II	下	4	孟广喆	工厂实习	IV		3	工厂全体教授
材料力学 乙	机,航II	下	4	张闻骏	制冷工程	4		2	殷祖澜
热力工程(一)	II	下	3	孟、董	纺织工程	4		3	殷祖澜
机动计划	II	下	3	刘仙洲	内燃机设计	4		3	金希武
金工实习(二)	II	下	1.5	李、强	汽车工程	4		3	张闻骏
热机学	II	下	3	刘仙洲	兵工学	4		2	庄前鼎
原动力厂(一)	III	下	3	殷祖澜	画法几何	补		2	褚士荃

电机工程学系

学程	必修或选修	学期	学分	教师	学程	必修或选修	学期	学分	教师
电工原理II	II	下	4	倪俊	实用无线电	IV讯,4力	下	3	昝宝澄
电工原理III	II	下	5	章名涛	电机制造	4力	下	3	
电工实验	III力	下	2	陈、孙	无线电原理	IV讯	下	4	张友熙
电机设计	III力	下	3	范崇武	无线电实验	IV讯	下	1.5	昝宝澄
电工原理	III讯	下	4	章名涛	电报电话实验	IV讯	下	1.5	赵友民

续表

电机工程学系

学程	必修或选修	学期	学分	教师	学程	必修或选修	学期	学分	教师
电工实验	Ⅲ讯	下	2	陈、孙	电讯网络Ⅱ	Ⅳ讯	下	3	朱物华
电讯网络Ⅰ	Ⅲ讯	下	3	朱物华	电波学	4讯	下	2	张友熙
自动电话	Ⅲ讯	下	4	赵友民	交流电机	机，航Ⅲ	下	3	严　晙
高等微积分	Ⅲ讯	下	3	赵访熊	直流试验	机，航Ⅲ	下	1	严、汤
电力传输	Ⅳ力	下	3	范崇武	电机工程	土、化	下	3	陈荫谷
电工实验	Ⅳ力，讯	下	2	严、钟	电机试验	土、化	下	1	陈、钟、汤
配电工程	Ⅳ力	下	4	章名涛	电磁测验	Ⅱ	下	1	陈殷谷
发电所设计	Ⅳ力	下	3	倪俊					

航空工程学系

学程	必修或选修	学期	学分	教师	学程	必修或选修	学期	学分	教师
飞机概论	Ⅱ	下	2	程本蕃	空气动力实验	Ⅳ	下	1.5	吕凤章
材料及实验（二）	Ⅲ	下	1	周惠久	专题讨论	Ⅳ	下	1.5	
飞机结构（二）	Ⅲ	下	3	王德荣	理论空气动力学	4	下	3	吕凤章
空气动力学	Ⅲ	下	3	吕凤章	高等飞机结构（二）	4	下	3	王德荣
内燃机(二)	Ⅲ	下	3	梁守槃	金相学及熟练	4	下	2	周惠久
飞机构造	Ⅲ	下	1.5	程本蕃	飞机引擎动力学	4	下	1	金希武
应用空气动力学（二）	Ⅳ	下	3	冯桂连	飞机引擎制造方法	4	下	2	金希武
飞机原动机设计（二）	Ⅳ	下	3	金希武	光弹性学	4	下	2	王德荣
飞机原动机试验（二）	Ⅳ	下	1.5	金希武	专题研究	4	下	3	
飞机设计	Ⅳ	下	3	程本蕃	飞行机	4	下	2	
航空仪器	Ⅳ	下	3	梁守槃					

续表

化学工程学系

学程	必修或选修	学期	学分	教师	学程	必修或选修	学期	学分	教师
化工概要	I		半	张克忠	燃料与燃烧	3	下	2	谢明山
理论化学 乙	III		8	邱宗岳	电机工程	必	下	3	陈荫谷
工业化学计算	II 或 III	上	2	高长庚	论文				本系教授
化学工程机械	III		6	谢明山	理论化学	III		8	邱宗岳
化学工程热力学(一)	III, 化3	上	3	苏国桢	化学工程热力学(二)	III, IV		2	苏国桢
化学工程热力学(二)	III, 化3	下	3	苏国桢	化工设计	III, IV		6	张克忠
化学工程原理	IV, 化4		8	苏国桢	工业化学	IV		6	
工业化学	III		6	谢明山	化学工程机械	IV		6	谢明山
工业化学计算	II	下	2	苏国桢	化学工程原理	IV		8	苏国桢

电专工程学系

学程	必修或选修	学期	学分	教师	学程	必修或选修	学期	学分	教师
英文	I	上	3		英文	I	下	3	
实用数学	I	上	5		实用电磁学	I	下	4	
实用电磁学	I	上	4		通讯电路	I	下	6	
普通物理	I	上	4		通信电器制造	I	下	2	
工具实习	I	上	2		真空管	I	下	4	
制图	I	上	1		电磁练习	I	下	1	
电码练习	I	上	1						

[资料来源:《西南联大工学院各学系必修选修学程表(1939—1940)》,清华大学档案,全宗号X1,目录号3:2,案卷号141:7]

此外,西南联大学生不仅在各自院系选课,也可以到其他院系选修课程,考试成绩经教务处登记同样取得学分;修满学分后,根据自己的兴趣任意旁听各院系课程,不受限制。① 该时期,"受联大教授们的影响,在学生中间,文、理兼修的学习取向蔚然成风。……闻一多讲授'古代神话',罗庸讲'杜诗'时,大教室里里外外有很多人站着听。在那些学生当中,有很多是来自联大工学院的学生。他们每次都是从托东路校区出发,穿越整个昆明城,来到校本部听课。"② 再如,刘兆吉对当时学生的选课情况曾说:"理工学院的学生,可以选文学院的课,如冯友兰的中国哲学史,钱穆的中国通史,闻一多的《诗经》《楚辞》,朱自清的《陶渊明诗》课就有理工、法学院的学生来选修,文学院的学生也有选理学院的生物学、优生学和心理学的。工学院和理学院学生相互选课的情况,更是司空见惯。"③从以上可以看出,尽管在极其动荡的战争局势和艰难困苦的环境中,西南联大工学院依旧克服种种阻力,秉承"战时须做平时看"的精神及"通识教育"的方针,在其课程中加强学生对自然、科技、人文等广泛综合的了解,培养全面发展的工程技术人才。据统计,抗战时期西南联大工学院各系共计开设课程近 2000 门次。

相对战前,西南联大工学院从自身实际及战时需要出发,对课程进行了部分调整。首先,一些归国教授带来当时国外最新的科学技术,开设相应课程。④ 例如,航空系于 1938 年在昆明成立后,在动力学方面开设了秦大钧的"理论空气动力学"、程本藩的"流体力学"、吕风章的"空气动力学"和"应用空气动力学"、金希武的"发动机动力学",还新开了"发动机制造方法""飞机材料及实验""高等飞机结构""航空仪器""领航学""飞机构造及修理""飞机修造实习"等。⑤ 机械工程学系也新开了一些技术性的课程,有金希武的"制造方法",周惠久的"金相热炼""工程冶金学",吴学兰的"高等铸工学",孟广喆的"焊接学",宁幌的"农业机械",殷祖澜的"纺织工程",庄前鼎的"兵器学",贝季瑶的"工具机械""工具设计"等。⑥ 电机系在昆期间,"迅速补充了新回国的范绪筠、马大猷等人任教。

---

①②③　江渝:《西南联大:特定历史时期的大学文化》,第 123 页。

④　清华大学校史编写组:《清华大学校史稿》,北京:中华书局,1981 年,第 361 页。

⑤　杨立德:《西南联大的斯芬克司之谜》,昆明:云南人民出版社,2005 年,第 86 页。

⑥　杨立德:《西南联大的斯芬克司之谜》,第 86 页。

同时对某些课程进行了更新。例如，原来电工原理课所采用的麻省理工学院丁壁和布煦的教材已较陈旧，后改用了本奈特·克鲁泽的《电动力学引论》为主要参考书；又开设了应用电子学课程，吸收了物理电子学及微波器件的一些新内容，水平有所提高；此外还开设了电声学、运算微积等选课"。①

其次，因战时急需，开设了部分与军事密切相关的课程。例如，"为直接服务于抗战，仅土木工程系就开设了军事运输、军用桥梁、堡垒工程、要塞建筑、军事卫生工程、军用结构、飞机场设计等18门新课程；机械工程系开设了兵器学、兵器制造等课程；航空工程系本身就是适应抗战需要而生的，其开设的课程如飞机概论、飞机结构学、飞机构造及修理、飞机修造实习、飞机设计、空气动力学、飞机发动机设计等均是直接为战时需要服务的。化学工程系开设有：国防化学、高等国防化学等课程"。② 此外，清华无线电研究所及航空研究所等也在工学院开设有部分专门课程及国防相关课程。③

西南联大多数教师曾在海外学习，但"不少教授在授课中深深感到从欧美学来的教育，并不完全适合中国的具体国情，因为执行欧美那一套教育，必然让学生脱离实际，脱离人民"，所以他们提出，"各系的课程都尽力贴近抗战、贴近现实。如理工学院的课程加大实习操作的分量，培养学生解决问题和独立以考的能力"。④ 抗战期间，由于高等院校在迁移中其仪器设备遭受了严重的损毁，给实验课程的开设带来了很大的困难，但为培养学生是工程理念、善于动手解决实际问题的能力，工学院也是千方百计克服种种困难、创造条件恢复实验教学。关于这一时期的情形，陈立夫曾谈道："七七事变既起除少数设有工学院之大学未迁移外，多数均一再播迁。实验室及附设工厂之设备，迁校时虽尽力搬迁，究不能全无损失，于其新至目的地，遂不易具战前之旧观。而各校工程教育之训练既素有严

---

① 王先冲：《回忆西南联大工学院电机系》，北京大学校友联络处：《箫吹弦诵情弥切——国立西南联合大学五十周年纪念文集》，第296页。

② 江渝：《西南联大：特定历史时期的大学文化》，第219页。

③ 西南联合大学北京校友会：《国立西南联合大学校史：一九三七至一九四六年的北大、清华、南开》，北京：北京大学出版社，2006年，第248~249页。

④ 杨立德：《西南联大的斯芬克司之谜》，第188页。

格标准。此时鉴于抗战建国之需要，及社会重规工程之风气，尤不愿改变其向来作风。在设备不甚充实状况下，工程教育教师之工作乃甚苦，高良润君在大公报发表《奋斗中的工程教育》一文中，论及战时各校工程教育之实习课程，曾举出四点事实。一为学校间之密切联络，相互合作开设实习课程，以有易无，以长补短。更有若干机关工厂，热心协助，供给学生实习，或赠送学校仪器与机械。二为工学院之生产自给，利用原有仪器与机器造成所缺之仪器与机器，供给学生实习。或造成物品出售，以所得报酬，添增设备。三为利用废物，以本校实验工厂中已制成之较大铸品，第二次实习时再制成较小铸品，继续使用，以节物力。四为替代用品，实验室中以竹筒代替铁管以通水，墨水瓶代替酒精灯以燃热。在无办法中想出种种办法。以维持其严格的训练，此种刻苦奋斗精神，尤为此一期中之特色。"①例如，"1937年暑假，清华大学土木系1938、1939届学生在施嘉炀、吴柳生、覃修典等教授率领下携带全部测量仪器到山东济宁进行测量实习，因此北平沦陷时，测量仪器得以全部保存下来，运到昆明。在西南联大土木系的测量实习中，可以做到每两人有一台经纬仪和一台水平仪；在大地测量和天文测量的实习中，有蔡司精密经纬仪、精密水平仪和标准铟钢尺可资使用，这在当时其他大学中是不易做到的。工程材料实验室的设备也较多，万能试验机的荷载能力为当时各大学之冠"。② 同时，"组成国立西南联合大学的北大、清华、南开三校精诚合作，充分利用各校劫余的仪器设备，使实验教学保持了较高的水平。如清华大学电机工程系的电机和电讯实验设备在南迁途中损失较大，南开大学电机系南迁时仅运出部分电工仪表，包括交流安培计、交流伏特计、电力计、瓦特小时计、量速计等。两系合并组成西南联大电机工程系后，南开的仪表与清华的电器相配合，'数量虽不多，已足够开出教学所需的实验'"。③ 沈元等人后来曾回忆："那时实行学分制。最轻的课，每周上一节（分钟）的，给一个学分。重点课都是三个学分，如英文、静动力学等。实验实习都安排在

---

① 陈立夫：《三十年来之工程教育》，《高等教育季刊》，1942年第1卷第4期；《学生之友》，1941年第3卷第6期。

② 陈炎创等：《回忆西南联大土木工程系》，北京大学校友联络处：《笳吹弦诵情弥切——国立西南联合大学五十周年纪念文集》，第276页。

③ 史贵全：《中国近代高等工程教育研究》，第110页。

下午，一次少则一个多小时做完，多则两三个小时做完，一律只给一个学分。原来有基础的实验课程，如材料实验、电机实验、金工实习、木工实习等，都有相当齐全的设备和计测仪器，这些大都是南迁时从清华带出来的。实验课上得很正规，做完实验要写实验报告。报告中要有原始记录数据，要对数据进行整理分析，画出实验曲线来，并对实验中所遇到的问题进行讨论。那时课本参考书大多是英文的，实验报告大多要求用英文写。报告要经辅导教师批改，批阅得非常认真。"[①]

1945年寒假土木工程系学生在昆明大观楼做水文测量实习时合影
（清华大学校史馆提供）

除原有各校运至昆明的仪器设备外，工学院各系也积极增添。如机械系，"李宗海、刘德慕、强明伦几位先生对建成实习工厂花了许多心血。实习工厂设有车、铣、刨、钻、剪等十几台机床。车床中较好的是四台美国Southbend车床，另外又添置了六台三呎皮带车床和一些木工车床。翻砂浇注是靠自制的化铁炉。简易木工车床是刘德慕先生设计制造的。实习工厂不仅满足了工学院（土木系除外）学生实习要求，后来还生产了手摇

---

① 沈元、徐华舫、曹传钧、赵震炎：《回忆联大航空工程系》，北京大学校友联络处：《笳吹弦诵情弥切——国立西南联合大学五十周年纪念文集》，第304页。

钻、台钻、三呎简易车床、水管阀门、木工车床、水泵等产品,既为昆明当地工厂需要服务,也为教学经费的开支得到了补助。在当时的经济落后且在抗战期间的困难条件下的昆明,机械系为使理论联系实际,已看到实践和动手能力是培养工程师不可缺少的重要环节。在系主任李辑祥的领导下,通过师生的努力,能很快地建成了具有锻、铸、金、木等工种齐全的实习工厂,是很不容易的"。① "原来清华的热工实验室搬到昆明的部分热工机械主要的是蒸汽机。可当时昆明缺少锅炉,没有汽源做不成热机性能实验。在这种条件下,董树屏老师还是发动大家以人力转动机器来了解机构的运动并进行了各种测试,终于在一个学期内开出了 12 个实验。到 1943 年,学校经费更困难了。工学院组织了一个清华服务社,机械系热工实验室把一套德国制造的制冰设备组装起来,生产的冰块供应当时驻昆明的美军后勤使用,这是当时昆明的第一家制冰厂。系里结合制冰生产给同学安排了好几个制冷方面的热工实验,这对培养学生理论与实际结合和动手操作的能力很有帮助"。②

西南联大工学院还积极与校内外其他单位合作,以此弥补自身仪器设备的不足。例如,"西南联大航空工程系与清华航空研究所都是在清华大学机械系航空组的基础上建立发展起来的,故系、所之间关系密切,为双方在科研和教学上的合作创造了有利条件。……研究所还向航空系学生开放或提供实验实习设施。如学生历年的空气动力学实验均利用研究所的风洞进行,其他实习设备如发动机及机架等大部向研究所借用。正是所、系之间的精诚合作,充分利朋仅有的人力资源和物质资源,弥补了教学条件的不足,使西南联大得以在抗战极其困难的条件下培养出一批优秀航空科技人才"。③ 此外,1939 年 8 月教育部会同军政部、经济部、交通部订定,经行政院核准公布了《大学理工学院与经济交通及军备工厂合作办法》,要求"学校应分发高年级学生至工厂实地练习,厂方并应派员指

---

① 陈南平、张远东:《西南联大机械系回顾》,北京大学校友联络处:《笳吹弦诵情弥切——国立西南联合大学五十周年纪念文集》,第 287~288 页。

② 陈南平、张远东:西南联大机械系回顾,北京大学校友联络处:《笳吹弦诵情弥切——国立西南联合大学五十周年纪念文集》,第 288 页。

③ 史贵全:《中国近代高等工程教育研究》,合肥:中国科学技术大学博士学位论文,2003 年,第 168 页。

导学生参加实际工作"。① 可以说,教育部实施的这一举措为工科院系实习的顺利开展提供了制度保障。例如,"西南联大机械工程系三年级学生每逢暑期均分组前往资源委员会中央机器厂、兵工署第五十三及二十二厂、航空委员会第十飞机修理厂和云南纺纱厂、裕滇纺纱厂、昆湖电厂等工厂实习。这些工厂对机械系学生帮助很大,学生得益极多。电机工程系则与昆明电工厂、昆明无线电厂、耀龙电力公司、昆明发电厂、昆明广播电台、昆明电信局等单位建立了良好的合作关系。每年暑期的生产实习都在这些单位进行,得以顺利完成预定的教学任务"。②

鉴于抗战期间学生规模较大,而图书、设备及教师等方面又显不足,"故各系毕业生论文一课向以各该系之高等设计学程代替,至各系虽设有'专题研究'一学程(即论文),向例仅准成绩较优之学生选读"。③ 例如,化工系部分学生的毕业论文有张建侯、金绍端、王纪勋 *A Generalized Reduced Eguation of State for Real Gases*,韩业镕"中国墨汁之研究",汪家鼎"川产桠油之水分解(用 Twichell's 分解剂)",沈崇育"五倍子之干溜",徐威"自困醇制造硫化元青",张怀祖"滇产绿矾之分析",包承业"各种染料之酸度及其侵蚀性",朱康福"酸度与侵蚀性之关系",安君赞"自桐油制造人造代用品",杨涟 *Isolation and Characterization of a Species of Acetic Acid Bacteria*,任景阳 *A study on citric acid fermentation*,唐伟英"蔗糖之精制",沈崇昭"蔗糖之精制",方才致"蔗糖之精制",陈建侯"云南可保村之煤之分析"。④

三、师资队伍规模大幅扩充

国立清华大学、国立北京大学及私立南开大学在抗战前均为国内著名高等学府,在师资延聘上有着严格的规定。抗战爆发后,清华、北大、南开原有教师多随校南迁。如长沙临大工学院土木工程学系施嘉炀、王裕光、张泽熙、蔡方荫、李谟识、吴柳生、杨铭鼎,机械工程学系李辑祥、孟广

---

① ② 史贵全:《中国近代高等工程教育研究》,合肥:中国科学技术大学博士学位论文,2003 年,第 76 页。

③ ④ 《西南联大工学院致教务处函》(1942 年 10 月 15 日),王学珍、江长仁、刘文渊:《国立西南联合大学史料》(三),第 106 页。

喆,电机工程学系顾毓琇、章名涛、赵友民、任之恭、叶楷、张友熙,化学工程学系张克忠、高长庚等。① 1938年初,因战争形势的发展,长沙临大西迁至云南昆明,改名国立西南联合大学。工学院大部分教师也再次随校转移,该年有:工学院院长施嘉炀(清华);土木工程学系,教授兼系主席蔡方荫(清华),教授施嘉炀(清华)、王裕光(清华)、陶葆楷(清华)、张泽熙(清华)、李谟炽(清华)、吴柳生(清华)、陈永龄、覃修典(清华)、张有龄(清华);机械工程学系,教授兼系主席李辑祥(清华),教授庄前鼎、刘仙洲(清华)、殷祖澜(清华)、殷文友(清华)、汪一彪、孟广喆(南开);电机工程学系,教授兼系主席赵友民(清华),教授章名涛(清华)、倪俊(清华)、张友熙(南开);化学工程学系,教授兼系主席张克忠(南开),教授兼代系主席张大煜,教授高长庚(南开)、谢明山(南开),教员:伉铁(南开);航空工程学系,教授兼系主席庄前鼎,教授冯桂连(清华);等等。②

抗战期间三校合组后对教师聘请仍坚持相当严格的标准。例如,1941年12月10日聘任委员会所拟《本校教师资格标准》经常委会通过:"(1)教授具有下列三项资格之一:甲、三年研究院工作或具有博士学位及有在大学授课二年或在研究机关研究二年,执行专门职业二年之经验及于所任学科有重要学术贡献者。乙、于所任学科有重要创造或发明者。丙、曾任大学或同等学校教授或讲师,或在研究机关研究或执行专门职业共六年,具有特殊成绩者。(2)副教授须具有下列资格之一者:甲、三年研究院工作或具有博士学位者。乙、于所任学科有重要学术贡献者。丙、曾任大学或同等学校教授、副教授或讲师,或在研究机关研究,或执行专门职业共四年,有特殊成绩者。(3)专任讲师须具有下列三项资格之一者:甲、二年研究院工作或具有硕士学位者。乙、于所任学科有学术贡献者。丙、于专门职业有特殊经验者。(4)教员须具有下列二项资格之一:甲、大学毕业成绩特优,具有曾在大学或同等学术机关授课或研究二年者。乙、于所任学科有专门知识或授课有特殊成绩者。(5)助教须具有大学毕业成绩特优之资格。"③

---

① 清华大学校史研究室:《清华大学一百年》,第95页。
② 清华大学校史研究室:《清华大学一百年》,第115页。
③ 《本校教师资格标准》,王学珍、江长仁、刘文渊:《国立西南联合大学史料》(四),云南教育出版社,1998年,第390~391页。

以此为标准，西南联大工学院又相继聘请了多位知名学者来校任教，不断壮大师资队伍。例如，"机械系刚搬到昆明时，教授这一级教师就已基本到齐。计有刘仙洲、庄前鼎、李辑祥、孟广喆、殷祖澜、殷文友等。后来又先后来了周承佑、徐叔渔、曾叔岳、王师羲、刘德慕等教授。副教授有褚士荃、李绍成、汪一彪等人，讲师有曹国惠、戴中孚、董树屏、李宗海、强明伦等人"。① "自 1938 年至 1946 年，先后受聘在联大电机系担任教授、副教授的有：赵友民、倪俊、章名涛、朱物华、张友熙、范绪筠、马大猷、董维翰、任之恭、叶楷、范崇武、钱钟韩、杨津基等人。还有一些兼课教师如沈秉如、周荫阿、艾维超等。在联大电机系当过讲师、教员、助教的人很多，自 1938 年到北迁之前有：钟士模、汤明奇、孙绍先、万发贯、陈荫谷、昝宝澄、严晙、洪朝生、林为干、陈力为、陈同章、杨嘉墀、唐统一、廖增武、姚传澄、曹建猷、姚哲明、游善良、李华天、张瑞岐、董受申、金德宁、马世雄、张汉、沈祖恩、丁寿永、王先冲等人"。② 土木工程系"系内教授先后有施嘉炀（工学院院长）、蔡方荫、陶葆楷、王裕光（王明之）、张泽熙、李谟炽、吴柳生、张有龄、陈永龄、李庆海、王龙甫、衣复得、阎振兴等 10 余人，其中不少人是当时国内知名学者。此外有教员、助教 10 余人"。③ 总体而言，抗战时期，虽然每年由于各种因素都有教师离职，但续聘和新聘人数相对较多，总体呈增长趋势，如 1938 年有教师 60 多人，1946 年增至 200 多人，教师人数及职别分布见图 4-1 所示。从图中可以看出，这一时期工学院的师资队伍以教授和助教人数最多，呈"U"型或"倒马鞍"型曲线结构，不仅拥有一定数量的学识渊博、经验丰富的学科带头人，而且储备了规模可观的新生军。此外，"'研究所同人均在系中担任功课'，如冯桂连教授讲授实用空气动力学、空气动力学实验、飞机设计；秦大均教授讲授理论空气动力学、发动机试验；教员张听聪讲授飞机概论等。'而同时为便利航空系教授进行研究起见，在研究所中特为诸教授各辟一室，'每周来所工作一定时间。"④

---

① 陈南平、张远东：《西南联大机械系回顾》，北京大学校友联络处：《笳吹弦诵情弥切——国立西南联合大学五十周年纪念文集》，第 286 页。

② 王先冲：《回忆西南联大工学院电机系》，北京大学校友联络处：《笳吹弦诵情弥切——国立西南联合大学五十周年纪念文集》，第 295 页。

③ 陈炎创等：《回忆西南联大土木工程系》，北京大学校友联络处：《笳吹弦诵情弥切——国立西南联合大学五十周年纪念文集》，第 275 页。

④ 史贵全：《中国近代高等工程教育研究》，第 168 页。

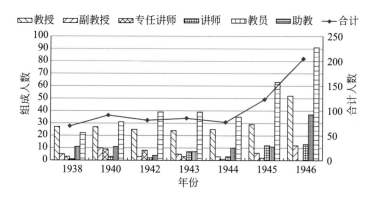

图 4-1　1938—1946 年国立西南联合大学工学院教师人数及职别分布图

[资料来源:根据长沙临时大学和西南联合大学教职员名册统计,王学珍、江长仁、刘文渊:《国立西南联合大学史料》(四),昆明:云南教育出版社,1998 年,第 59~292 页]

　　抗战全面爆发前,国内高校教师收入是相对较高的,例如,国立清华大学教授薪资最高达 300~500 元;私立南开大学教薪资 440~600 元。[1]但抗战全面爆发后,大量经费被用于战争,高校教师薪资遭致减成发放。例如,1937 年 11 月 18 日经常委会议决:"临时大学教职员薪俸在合组本校之各校经费七折发给时,各按原校薪俸七折计算(五十元基本生活费不扣)。"[2]后由于物价上涨,1940 年 1 月又改为全额发放。同年 8 月,教育部公布《大学及独立学院教师聘任待遇暂行规程》,将助教、讲师、副教授的薪俸各分为 7 级,教授的薪俸分为 9 级,月薪最低者助教 7 级为 80 元,最高者教授 1 级为 600 元。[3]

　　除薪资外,国民政府教育部制定了不少救济办法,以解决教职员的生活困难。例如,1941 年 10 月教育部颁发《非常时期改善教职员生活办法》,规定:凡教育部办学校的教职员及必须由其抚养的亲属,包括配偶及母、女、年过六旬的父亲等,每人每月可报领二市斗一升的平价粮代金。同时还发给教职员每月 50 元的生活补助费,对月薪在 200 元以下者另加 20 元。此后,教育部还陆续实施了一系列补助教师生活和学术工作的办

----

①　王文俊、梁吉生等:《南开大学校史资料选(1919—1949)》,第 161 页。
②　《长沙临时大学教员聘约、薪俸、到职的规定》(1937 年 11 月 18 日),王学珍、江长仁、刘文渊:《国立西南联合大学史料》(四),第 388 页。
③　史贵全:《中国近代高等工程教育研究》,第 69~70 页。

法,如学术研究补助费、久任教员奖金、奖励研究成果及补助家境困难的奖助金、兼课钟点补助费等。[①] 虽然抗战期间国民政府通过发放薪资、津贴、奖励、补助费等多种形式,尽量保障教师生活的安定,但在通货膨胀的强烈冲击下,广大教师的工资待遇与生活费用差距逐渐拉大,其生活仍然陷入艰难困境。[②] 例如,"有人就战时高校教师的工资水平、生活状况与战前进行了比较:战前高校教师平均月收入约 300 元,比当时最低生活标准高两倍以上,一个大学教授的工资收入除了抚养五口之家外,还能请得起五个佣人;而到了 1943 年,高校教师平均月收入约 2200 元,其生活却比最低生活标准低两倍,这时一个大学校长和一个大学教授夫妇俩人的每月收入合起来也仅够 20 天的家用。校长尚且如此,其他教师生活之艰苦可想而知"。[③]

工学院所聘教师多留学欧美名校,其理论基础雄厚、专业知识广博,在各自的领域建树颇丰。"西南联大时期,三校教师荟集,师资力量超过战前任何一校,开出的课程名目大大增多,且大都分别由专于该门的教授担任,有些系有的课程甚至是同一门课由几个各有所长的教授分章轮流讲授。课堂教学的学术自由风气较浓厚"。[④] 例如,机械系"一、二年级的数理化课程请理学院教授担任,工程骨干课程工程力学、材料力学、热力学、水力学、机械原理、机械设计等课,要由教学经验丰富的教授担任。专门课程及选修课程请学有专长的专任教师或兼任教师讲授,试验和工厂实习也要由实际经验比较丰富的教师担任"。[⑤] 再如,"化工系主任、化工专家谢明山老师讲授化工机械;留德归来的化学博士陈国符老师讲授工业化学;还有机械系教授孟广喆、化学系教授张青莲讲授理论化学、应用力学等"。[⑥]

即使在抗战期间艰苦的条件下,工学院教师仍保持严谨的治学态度

---

① 史贵全:《中国近代高等工程教育研究》,第 70 页。

②③ 姜良芹:《抗战时期高校教师工资制度及生活状况初探》,《南京师范大学报(社会科学版)》,1999 年第 3 期。

④ 方惠坚、张思敬:《清华大学志》(上册),第 162 页。

⑤ 董树屏:《忆德高望重的刘仙洲教授》,《笳吹弦诵情弥切——国立西南联合大学五十周年纪念文集》,第 279 页。

⑥ 任珑:《在联大化工系读书时的回忆片断》,北京大学校友联络处:《笳吹弦诵情弥切——国立西南联合大学五十周年纪念文集》,第 307 页。

和严格的教学作风,精心授课。例如,土木系主任蔡方荫讲授结构学课程,"他讲课认真,专攻重点与疑难问题。……只要同学们注意听,抓紧记笔记,下课后,全章的疑难处都可迎刃而解"。① 航空系主任王德荣,"对教学工作是很负责的,历来备课都十分认真,即便是在抗战时那种要为生活奔波的岁月里也不例外。王先生长期讲授飞机结构和高等飞机结构两门课,有时也讲授材料力学。同学们无不称道他认真教学的态度。……他尤其善于精选例题。如果一段理论听下来,大家还觉得有点迷糊的话,他就接着举出几道例题,听了后使人豁然开朗,课后自己看书或作题的困难就不大了"。② 再如机械系,"刘仙洲、李辑祥、孟广喆等先生的板书从来都是整整齐齐,象在黑板上打了格子似的。他们认为这不仅使学生易于辨认弄懂,而且也是使未来工程师具有清晰的表达能力的重要熏陶过程。要求用计算尺计算的数值的有效数字是三位,若最后一位错了,这道题要扣分,若是说小数点定位错了,那是要被当作典型事例在课堂上当众挨'剋'的。董树屏先生的热工实验,要求同学们先写预习报告,通过后才准参加实验。实验报告写得潦草或不按规定的格式是交不上去的。李辑祥先生的水泵设计,图纸都要上墨才收。钳工实习课要在一块铁板上做一个六角孔后,再用圆钢做个六角棱柱,把他们装配后六个面都不透光才算合格。有一届孟广喆先生教的热工学最后打分是用开平方乘 10 才使多数学生及格的。这种严格的要求或许会被一些人认为过于刻板,但这种一丝不苟的作风却使学生们在作为工程师的素质培养方面得益匪浅。"③电机系教授章名涛,"对教学工作很认真,每次讲课都经过精心准备。他对讲授内容的选择,讲话的逻辑性和条理性以及板书、考试都安排得周到妥贴,井井有条。他对自己要求严格,对学生的学习要求也是严格的"。④

　　工学院教授不仅讲课认真,而且对学生要求严格,考试频繁。例如,

————————

　　① 庞瑞、杨玉玮:《结构学权威蔡方荫老师二三事》,北京大学校友联络处:《笳吹弦诵情弥切——国立西南联合大学五十周年纪念文集》,第 271 页。

　　② 赵震炎:《我所知道的王德荣先生》,北京大学校友联络处:《笳吹弦诵情弥切——国立西南联合大学五十周年纪念文集》,第 300 页。

　　③ 陈南平、张远东:《西南联大机械系回顾》,南联合大学北京校友会:《笳吹弦诵情弥切——国立西南联合大学五十周年纪念文集》,第 287 页。

　　④ 宗孔德:《章名涛老师的言传身教》,北京大学校友联络处:《笳吹弦诵情弥切——国立西南联合大学五十周年纪念文集》,第 291 页。

"西南联大工学院一年级最难过的关，是微积分和普通物理。任何一门不及格或是成绩欠佳者，到二年级就有被拒诸院外的危险。二年级入系时，十分紧张，各系均由系主任亲自把关。土木系的把关人自然是方荫老师。蔡老师铁面无私，系门把得紧。凡在可准与不准之间者，一律不准。因而一年级同学落马者大有人在"。①"蔡老师的结构学，确是不容易念。每周有小考，每月有月考，期终有大考。小考由助教掌管，月考与期考全由蔡老师亲自出题，并亲自批阅试卷。他上课从不点名，不记学生姓名，及格与否，全凭试卷而不讲半点情面。因而同学们若不全力攻读，就难以过关。每学期终了，公布成绩时，挂红者（不及格者用红笔写）常在 1/3 左右，可谓严矣！"②但正是这种严格的要求，不仅使学生打下了坚实的知识基础，而且培养了他们严谨治学的科学态度，在今后的发展中受益匪浅。

除了专业知识的讲授，西南联大工学院教师非常注重学生综合能力的培养。例如，"机械工程学系的李辑祥教授给大四学生开设的水力机械课用英语讲授，以培养学生的听说能力，期终还要学生上交誊清的英文听课笔记，否则不计成绩。所以工学院在实施大小结合的通识教育时尽力做到了'博'，与'通'，'确乎是不在养成一批一批限于一种专门学术的专家或高等匠人'"。③同时，"在教学过程中，不仅文科的教师注重弘扬民族文化，理工科的教师也十分注意结合教学内容有机地进行民族文化的价值教育。如刘仙洲教授对于中国机械工业的历史很有研究，在讲授《机械原理》时，'他经常向我们介绍中国古代机器、机械的成就，表扬我们祖先的聪明才智，发扬了爱国主义的精神'"。④

抗战全面爆发前，国立清华大学等院校多采用美国教材。鉴于战时教材购买困难，西南联大工学院教授将他们所学西方先进的工学知识与中国实际状况相结合，自编了一些教材。例如，"蔡方荫的《普通结构学》，陶葆楷的《给水工程》《下水工程》《军事卫生工程》，吴柳生的《工程材料实验》《航空站设计》，夏圣白、陈永龄合编的《应用天文学》，阎振兴的《土壤力学》，张泽熙的《铁路工程》。举例时尽量结合本国工程实例，

---

①② 庞瑞、杨玉玮：《结构学权威蔡方荫老师二三事》，北京大学校友联络处：《笳吹弦诵情弥切——国立西南联合大学五十周年纪念文集》，第 273 页。

③ 徐铮：《西南联大工学院的通识教育》，《学园》，2013 年第 9 期

④ 江渝：《西南联大：特定历史时期的大学文化》，第 219 页。

学术词汇采用中文英文对照,讲学尽量采用汉语。吴柳生在《钢结构设计》中首先把英制改为公制,并采用中国自己所定的规范。蔡方荫在《普通结构学》桥梁应力计算中首先采用中华铁路荷载(即现行中荷载的前身)"。① 这些不仅作为本校教学之用,而且部分被列为大学用书,在国内高校产生了较大影响。② "据初步统计,在此时期内,出版发行的有8种,其中被编译馆列为'部定'大学用书的有:刘仙洲著的《机械原理》,吴柳生著的《工程材料实验》。被本校采用教材的,有蔡方荫著的《普通结构学》。此外尚有陶葆楷著的《军事卫生工程学》,吴柳生著的《航空站设计》,夏坚白、陈永龄合著的《应用天文》等。在此时期内已有稿本,因印刷困难,未能出版的还有14种。其中由大学用书编辑委员会特约编著的有《热工学》(刘仙洲)、《画法几何》(刘仙洲、褚士荃)、《汽阀机关》(刘仙洲、曹国惠)、《空气动力学》(庄前鼎、刘维政)、《高等微积分》(赵访熊)。另外尚有:《下水工程》(陶葆楷)、《土壤力学》(阎振兴)、《铁路工程》(张泽熙)、《制造方法》(刘德慕)等等。……除此以外,这一时期翻译的教科书有:王德荣译的《材料力学》,庄前鼎、顾逢时合译的《应用空气动力学》,周惠久与张听聪合译的《飞机材料学》等六种。"③

虽然基础课程均由教授担任,但讲师、助教等在教学中也起着重要作用,"因为与同学接触最多的是这些人。无论答疑、讨论课、习题、实验、小考等都是由讲助办理。他们严于律己,对同学要求也很严格。当然并不能说当时每一个人每一件工作都很理想,但是包括讲助在内的整个教师队伍是个比较强大的集体,保证了教学质量有稳定的水平,良好的学风也能够持续"。④ 同时,工学院教授发挥传、帮、带的优良传统,非常注重对青年教师的培养。例如,李辑祥教授,"非常关心系里的教学质量和助教的培养,积极为他们的教学水平和工作能力的提高创造条件。他曾向系教授会提出并通过一个建议,把工程力学、材料力学、机械原理、热力工程(工程热力学)、机械设计等课程的辅导工作各由一名为主的助教负责,另

①　陈炎创等:《回忆西南联大土木工程系》,北京大学校友联络处:《筚吹弦诵情弥切——国立西南联合大学五十周年纪念文集》,第276页。

②③　清华大学校史编写组:《清华大学校史稿》,第362页。

④　王先冲:《回忆西南联大工学院电机系》,北京大学校友联络处:《筚吹弦诵情弥切——国立西南联合大学五十周年纪念文集》,第295页。

由其他助教参加。由为主的助教与任课教师联系，了解他的意图和要求，据以全面安排改题、答疑等辅助教学工作。这样既可以保证讲课质量，解决同学疑难，巩固课堂所学，又可锻炼提高助教水平。这种教学方式成为当时机械系和其他系共同执行的有效方法。在老师们的严格要求下，机械系培养出来的毕业生和助教具有较高的水平"。① 此外，由于助教"不是必上班的，教学工作除需要与授课同学在课堂上见面外，一切备课、批改作业、准备考题等都可在房里进行，其实完成这些工作所需的时间并不太多，多的却是可以随自己兴趣爱好，可自由支配的时光"②，这样他们可以旁听一些课程，不断补充自身知识储备。如机械系助教白家祉，"不辞辛苦，单独前往大西门外去旁听西南联大中文系和英文系几位名教授的讲课"。③

四、"冀由学术研究，增强抗战力量"

（一）基础设施逐步增置

科学研究离不开图书、仪器等设备。抗战全面爆发后，我国高等院校遭受了严重损毁，"特别是拥有大量不易搬迁的大型实验、实习设施的高等工程院系遭受了一场空前的浩劫"。④ 如，"清华园沦陷后，工学院未及迁走的全部机器，被日军运去南口修理厂，供修械之用。工学院各系的图书仪器，也被掠夺一空，正在发展中的清华工学院，遭受了空前的浩劫，共计损失法币一百四十八万元"。⑤ 此外，"国立清华大学图书馆中西文藏书于七七事变前曾移存汉口，廿八年夏间复由汉口运至重庆，为避敌机摧残起见，上年移至北碚，不幸本年七月敌机轰炸北碚，此项书籍竟被炸毁，内中多系善本，尤为我国文献之重庆大损失"。⑥ 南开大学的损失则更为惨重，如《中央日报》所报道："两日来日机在天津投弹，惨炸各处，而全城视线，犹注意于八里台南开大学之烟火。缘日方因二十九日之轰炸仅及两三处大楼，为全部毁灭计，乃于三十日下午三时许，日方派骑兵百余名，

① 马芳礼、郭世康：《怀念李辑祥老师》，北京大学校友联络处：《笳吹弦诵情弥切——国立西南联合大学五十周年纪念文集》，第283~284页。

②③ 白家祉：《我在西南联大工学院》，《中华读书报》，2007年11月28日第003版。

④ 史贵全：《中国近代工程教育研究》，第91页。

⑤ 清华大学校史编写组：《清华大学校史稿》，第358页。

⑥ 《清华藏书被敌炸毁》，《中华图书馆协会会报》，1940年第15卷第1-2期。

汽车数辆,满载煤油到处放火,秀山堂、思源堂(以上二大厦均系该校之课堂)、图书馆、教授宿舍及邻近民民尽在姻火之中,烟火十余处,红黑相接,黑白相间,烟火蔽天,翘首观火者,皆嗟叹不已。"①图书设备方面的损毁,《南开周刊》记载:"抗战前,本校图书馆藏书,计西文六万余册,中文二十余万册,抗战军兴,本校首遭轰炸,除事先移出一小部分外,其余完全散失,劫余书籍,二十九年由津运出,经沪港海防而达川滇,其三分之一以上留滞海防,未及内运,海防沦陷,悉数失去,……设备方面:(一)理学院仪器药物,当事变时,虽经移出一部份,以时间促迫遗失甚多,历经香港海防运至昆明,尤多损失……"②其中,化学工程学系"原有设备则丧失无余"③,电机工程学系在抗战前"旧有机器仪器等设备,堪称完善","惜战事猝起,未及运出,致遭洗劫"。④

所幸的是,早在卢沟桥事变之前,鉴于平津局势危机,清华于长沙湘江西岸岳麓山购置分校,并将一批书籍、仪器运往汉口暂存,以备日后迁校之用,电机系一部分仪器也随之迁移。同时,国立清华大学鉴于战争形势的日益恶化,早在"七七"事变前,便已做南迁准备,将实习工厂的几十台机床和热工实验室的热机拆迁南运到武汉。1937年11月,长沙临时大学开学时,因分校校舍尚未竣工,暂借湖南大学上课。为加强学校的教学工作,国立长沙临时大学决定将其20万元开办费的五分之四主要用于理工设备和图书购置方面,其中电机工程学系设备费10000元,图书购置费1000元。⑤1938年1月,长沙临大又决定西迁昆明,当时保存在武汉的机械设备遂转运至昆明。同时,"1937年暑假,清华大学土木系1938、1939届学生在施嘉炀、吴柳生、覃修典等教授率领下携带全部测量仪器到山东济宁进行测量实习,因此北平沦陷时,测量仪器得以全部保存下来,运到昆明"。⑥1938年7月,化学工程学系从重庆大学迁至昆明,原有图书仪器等随之一起搬运。⑦

① 王文俊、梁吉生等:《南开大学校史资料选(1919—1949)》,第82页。
②③④ 《国立南开大学概况》,《南开周刊》,1947年复第5期。
⑤ 《长沙临时大学开办费分配简明计划》(1937年10月6日),清华大学档案,全宗号X1,目录号3:1,案卷号10。
⑥ 陈炎创等:《回忆西南联大土木工程系》,北京大学校友联络处:《笳吹弦诵情弥切——国立西南联合大学五十周年纪念文集》,第276页。
⑦ 《为化工系迁滇致函教育部》,王文俊、梁吉生等:《南开大学校史资料选(1919—1949)》,第83页。

加之，西南联大期间陆续添购，使得各系教学、实验得以恢复，并为科研开展提供了必要的设备基础。其中，"理工方面设备，本校成立时曾得中华教育文化基金董事会补助壹拾万元，又管理中英庚款委员会将补助贰拾伍万元；用于理工设备者约贰拾万元。是时物价尚未上涨，海外交通未受阻隔，本校得以购备急需之物品。嗣后三校运滇之仪器机械亦有相当数量。加以本校历年经常费内陆续增购者，以较三校原有设备，虽相去甚远，尚能勉敷教学之用。各系实验室，自新校舍落成后，亦粗具规模"。① 例如，1938 年 6 月机械系预支，"略以关于本校开办费理工社保项，本系预算数为 9000.00 元，至廿七难四月底止实支五三.○四元，尚余八九四六.九六元。此项余额支配，拟以九四六.九六元为本学期购置书籍，二○○○.○○元为锻铸工场设备消耗及建筑费，二○○○.○○元为制模木工场费，三○○○.○○元为金工场建筑设备及消耗费，一○○○.○○元为杂项设备，合计共八九四六.九六元"②；电机系 1938 年度经常费支出香港购置仪器款 1745.77 元③；1939 年 1 月 25 日，机械系前存燕大之仪器已设法运昆，"本系前存北平燕京大学之机器仪器等，经函请校长设法运滇，近闻燕大因各系存件甚多，移动时恐引起敌人误会，迄未办理，但本系下学期热工试验所需之全部仪器，计叁小箱，又本学期需用之金工工具一小箱，铣床零件一小箱，(铣床现在昆明，缺此零件不能应用，此项零件因当时与其他仪器合装一箱，运出后，复由汉口运回清华)，若另行购置，因限于经费，事实上恐不易办到，且该箱件数不多，仍请设法转托北平洋行，运滇，以供急需，至其他机器，因尺寸较大，似可暂缓办理"④；1939 年度工学院仪器设备预算三万二千二百元之用途，其支配如下：工学院四千元(内三千四百元为购置晒图仪器用)，土木系五千五百元，机械系七千二百元(内二千二百元系一年级设备费)，电机系五千五百元，化工系四千元，航

① 《国立西南联合大学校史》，何宇、张闻博：《西南联合大学叙永分校建校五十周年纪念集(1940—1944)》，叙永：四川省叙永县印刷厂，1993 年，第 20 页。

② 《函送机械系预支》(1938 年 6 月 18 日)，清华大学档案，全宗号 X1，目录号 3：2，案卷号 210。

③ 《电机系 27 年度经常费支出概况》，清华大学档案，全宗号 X1，目录号 3：2，案卷号 210。

④ 《机械系前存燕大之仪器已设法运昆》(1939 年 1 月 25 日)，清华大学档案，全宗号 X1，目录号 3：3，案卷号 83。

空系六千元;(二)各系之本年度图书费二千八百元,如欲将其一部移作仪器设备费者,可函告院办公室以便转知各相关部组查照。① 抗战时期,为躲避日机的轰炸,不少单位疏散到郊区农村。为安全起见,1940 年 10 月 7 日,学校函达第一五七次常务委员会议决案:"工学院之一部分图书仪器可移至大普吉清华研究所存放。"②1941 年,迁至四川叙永分校时,"工学院学生所需实习工厂,则就租用之会馆房屋加以改筑"。③ 1946 年,"工学院土木、机械、电机等三学系兹托美国纽约华美协进社 CHINA INSTITUTE IN AMERICAN 向美国国籍书店 UNITED STATES INTER-NATIONAL BOOK ASSOCIATION 定购工程用书壹批,计共壹佰肆拾肆种价值美金伍佰叁拾捌圆玖角柒分"④;向中央信托局信托处贷款请购工学院各系添购工程用书一批⑤。此外,该时期"工学院分馆阅览室,系一会馆大殿改造,可容四百人"。⑥

除购置外,西南联大"对一些仪器设备集中管理使用,打破校际、院系界限进行调整"。⑦ 例如,"南开化工系抢运出的 5 箱图书、仪器和药品,到昆明后就供联大化学工程系使用"⑧;"清华电机系的实验室和车间的设备是比较好的。有一部分设备,例如当时在国内还是少有的制造电子管的全套设备,到昆明后拨给清华无线电研究所,制造出一些新型无线电

---

① 《工学院第十次系主任会议纪录》(1939 年 4 月 13 日),清华大学档案,全宗号 X1,目录号 3:2,案卷号 10。

② 《第十五次系主任会议纪录》(1940 年 4 月 11 日),清华大学档案,全宗号 X1,目录号 3:3,案卷号 84。

③ 《国立西南联合大学校史》,何宇、张闻博:《西南联合大学叙永分校建校五十周年纪念集(1940—1944)》,第 20 页。

④ 《工学院向美国订购书籍一批》(1946 年 1 月 21 日),清华大学档案,全宗号 1,目录号 4:2,案卷号 162。

⑤ 《收中央信托局信托处:函达贵校请购工学院各系添购工程用书一批货款业已核准分行到局如于此案有函电务请注明渝核字第一一一七号》(1946 年 2 月 24 日),清华大学档案,全宗号 1,目录号 4:2,案卷号 162。

⑥ 《国立西南联合大学校史》,何宇、张闻博:《西南联合大学叙永分校建校五十周年纪念集(1940—1944)》,叙永:四川省叙永县印刷厂,1993 年,第 20 页。

⑦ 包云燕、余冰释:《西南联大科学研究的成就特点及启示》,西南联大研究所:《西南联大研究》(第一辑),北京:中国大百科全书出版社,2005 年,第 146 页。

⑧ 包云燕、余冰释:《西南联大科学研究的成就特点及启示》,西南联大研究所:《西南联大研究》(第一辑),第 146 页。

器件，并支持了磁控管的研究、电离层的测试等工作"。① 清华航空研究所对联大航空工程学系的教学实验也给予了很大的帮助，"联大航空系的设备，如三呎口径直流风洞的设计，即由所中教授秦大钧先生主持，而建造则由吕凤章先生督促。风洞电动马达则由所中购置，惜未安装完成、善加利用，未克作为教学之用，故每年航空系学生之空气动力学实验，均在本所之风洞中进行。至其他发动机及机架方面的设备，大部系向所中借用或向有关机关请求捐赠"。② 1942 年起，由于物价上涨，教职工迫于生活压力，曾组织成立"清华服务社"，承接一些设计及生产任务。"鉴于试验室和工厂设备比较简陋（搬迁来的仅是抗战前清华机械系的一小部分），而每年的教育经费又很少，实践教学这一环节比较薄弱。在刘先生担任清华服务社机械部的财务监督工作时，他极力主张将一部分收入专用于充实试验室和工厂设置，使热工实验和金工实习内容更丰富，质量也有所提高。在抗战胜利西南联大即将结束时，刘先生借休假之机到美国考察，利用清华服务社机械部的外汇结余，为清华机械系购买了一些图书仪器及电影教学设备。"③

金工工场

（清华大学校史馆提供）

① 清华大学电机系：《清华电机系七十周年系庆纪念集》，2002 年，第 49 页。
② 庄前鼎：《国立清华大学航空研究所工作报告（1937 年至 1945 年）》，清华大学校史研究室：《清华大学史料选编》（第三卷上册），第 138～158 页；清华大学校史研究室：《清华大学史料选编》（第二卷下册），第 557～559 页。
③ 董树屏：《忆德高望重的刘仙洲教授》，北京大学校友联络处：《箫吹弦诵情弥切——国立西南联合大学五十周年纪念文集》，第 281 页。

同时,校外一些部门对西南联大工学院也提供了经费等方面的支持。例如,"抗战期间,清华航空研究所的经费,学校负担的经常部分,实在是微小得可怜,恐怕是全国任何与国防研究工作有关的机构中经费最少的一个,而工作却未尝稍懈。……物价高涨数千倍,本所能不土崩瓦解者,除本所同仁的苦干精神外,复有赖于学校经常费以外的事业经费,及研究补助费"。① 研究补助费见表4-4。

表4-4　清华航空研究所学校经常费、校外补助费及事业费

(甲)学校经常费

年度	数目
二十八年	六〇〇〇〇元
二十九年	六〇〇〇〇元
三十年	六〇〇〇〇元
三十一年	六〇〇〇〇元
三十二年	一三〇〇〇〇元
三十三年	二六〇〇〇〇元
三十四年	五〇〇〇〇元
总计	二一三〇〇〇〇元

(乙)校外补助费及事业费

年度	数目	补助机关	备注
二十八年	五五〇〇〇元	航委会	
二十九年			(航委会公函停给补助费)
三十年	一五〇〇〇〇元	航委会	迁建补助
三十一年	二四五〇〇〇元	滑翔总会	制造滑翔机
	一五〇〇〇〇元	航委会	气压表定钱
三十二年	一五〇〇〇元	滑翔总会	制造滑翔机
	五〇〇〇〇元	同上	滑翔材料研究补助
	三五〇〇〇元	中央气象局	气压表定钱
	一〇〇〇〇〇元	航委会	紫胶研究及扰乱度表研究补助

① 庄前鼎:《国立清华大学航空研究所工作报告(1937年至1945年)》,清华大学校史研究室:《清华大学史料选编》(第三卷上册),第147页。

（乙）校外补助费及事业费

年度	数目	补助机关	备注
三十三年	一五〇〇〇〇元	航委会	直升机补助费
	九二五〇〇元	航委会	气压表尾款
	三五〇〇元	中央气象局	同上
三十四年	一九二〇〇〇〇元	航空建设协会	研究补助费卅四年六月份起每月十六万元
总计	三五三七五〇〇元		

[资料来源：庄前鼎：《国立清华大学航空研究所工作报告（1937年至1945年）》，清华大学校史研究室：《清华大学史料选编》（第三卷上册），北京：清华大学出版社，1994年，第147~148页]

（二）加强应用科学研究，为战时服务

为适应战争需要，国民政府极其注重科研并全力推行应用科学，"强调大学研究院所对'纯粹学术及应用学术之创造发明，应顾及国家需要，分别缓急先后，其应用学术之研究，应与主管教育机关及事业机关相联系，而以实际问题为对象'。当时的实际问题最急迫的莫过于抗战过程出现的大量国防军工技术问题，其次是与抗战密切相关的工矿交通业中的生产技术问题。因此，抗战时期高等工程院系的科研工作主要是围绕这两个方面展开的"。[1] 但由于大量设备资料在战火中损毁，致使各院校科研条件欠备。有鉴于此，为推动战时科研，内迁院校求同存异、精诚合作，通过多种形式和途径进行联合攻关。例如，1939年教育部颁布《大学理工学院与经济交通及军备工厂合作办法》，要求："学校应担任工厂各项问题之试验研究与推广，其问题与材料应由厂方供给，并尽量协助之。"[2]并训令西南联大："经查该校工学院航空工程学系应与昆明欧亚航空公司修理厂合作，该校工学院机械工程学系应与昆明滇缅公路局修理厂西南公路管理处昆明修理厂合作。"[3]1941年9月，教育部颁布《政府机关委托大

---

① 史贵全：《中国近代高等工程教育研究》，第166页。

② 《西南联大与经济交通及军备工厂合作办法》，清华大学档案，全宗号X1，目录号3：2，案卷号133。

③ 《教育部训令：大学理工学院与交通经济及军备工厂合作办法》（1939年9月），清华大学档案，全宗号X1，目录号3：2，案卷号133。

学教授从事研究办法大纲》，规定："为使建国事业与学术研究事业发生密
切联系起见，政府各机关得因实际之需要，就大学委托教授，于指定范围
内从事研究"，并就委托研究涉及的具体事项做出了规定。① 梅贻琦认为
合作事业可由机关供给经费，由学校贡献人才与设备，这在抗战期间能促
进后方建设，收到事半功倍之效，曾大力加以倡导。

　　该时期，西南联大工学院曾与资源委员会、交通部、水利部、云南省经
济委员会、昆明昆湖电厂、中央电工器材厂、中央无线电机制造厂、昆明广
播电台等合作进行相关项目的研究工作，充分发挥各自的优势，使战时科
研困难得到缓解，一定程度上推动了科研工作的进展。② 特别是土木系，
"利用当时云南是大后方唯一的国际通道、美军参与对日作战的时机以及
云南当地开发建设的愿望，合作进行了许多基本建设科研项目。"③ 如水
利工程方面，1938 年土木系与资源委员会合作建立"云南省水利发电勘
测队"，由施嘉炀主持，两年时间完成了两期勘测任务，提出初步水利资源
开发计划，设计出一批小型水电站，其中蟑螂水电站设计被政府采纳、开
始动工；1939 年 12 月，与经济部中央水工实验室合作创办"昆明水工实验
室"，完成了系列试验项目。④ 1940 年，与云南经济委员会合作，勘测设计
了发电量 3000 千瓦的腾冲水电站、设计建造了发电量为 300 千瓦的富民县
水电站，进行了腾冲电厂节制闸与引水模型实验、旬溪拦河坝改造计划的模
型试验、云南水文研究、昆明附近泾流参数试验等工程性实验，设计了昆明
巫家坝机场的扩建工程等。⑤ 公路研究方面，与交通部公路管理总局合作
组成"公路研究实验室"，研究路面改造、土壤稳定、代用材料、经济分析等，
出版了《公路月刊》《公路丛刊》等，为修筑滇缅公路进行了有关试验。⑥ 材

---

① 史贵全：《中国近代高等工程教育研究》，合肥：中国科学技术大学博士学位论文，
2003 年，第 169 页。
② 戴美政：《战时联大理工科研及其特色》，西南联大研究所：《西南联大研究》（第一
辑），北京：中国大百科全书出版社，2005 年，第 162 页。
③ 陈炎创等：《回忆西南联大土木工程系》，北京大学校友联络处：《筢吹弦诵情弥
切——国立西南联合大学五十周年纪念文集》，第 276 页。
④ 清华大学校史编写组：《清华大学校史稿》，第 364~365 页。
⑤ 包云燕、余冰释：《西南联大科学研究的成就特点及启示》，西南联大研究所：《西南
联大研究》（第一辑），第 135~136 页。
⑥ 包云燕、余冰释：《西南联大科学研究的成就特点及启示》，西南联大研究所：《西南
联大研究》（第一辑），第 136 页。

料试验方面,1939年,材料实验室与云南建设厅林务处组成"滇产木材试验室",研究滇产木材的种类和性能,进行了多种试验。如1941年度,土木系材料试验室吴柳生提出计划进行"木料结构新法连接试验",其目的为:"自抗战开始,钢铁水泥等材料来源困难,价值奇昂,故在后方所用之建筑材料皆以木料及砖石为主。木料之抗剪力甚低,联接困难,颇受限制。德国发明木料接圈(Timber Connector)可避免上述困难。美国始于一九三三年,仿效采用。吾国在抗战期间,木料结构既甚重要,此种接图用于中国木料,能承受若干荷重,缺乏试验资料,以供设计时之根据。故此试验之第一目的:是求各式接圈用于各种国产木料之承力。第二目的:此种接圈再加以改良,使制造简便,承力增加。"[①]1944年,"又应滇缅公路工务局和美国陆军供应处工程部的委托,进行公路沿线所产木材强度的试验,提出了《滇缅公路沿线木材之分布及强度》的报告"。[②] 给水排水工程方面,主要关注于城市的公共卫生工程,协助云南"抗疟委员会"解决城市污水处理和排放问题。陶葆楷教授曾到昆明及各县研究阴沟排水问题,改善环境卫生。

1942年6月,资源委员会致函西南联大:"下学年拟与工学院合作并以机械、电机、化工三系为主,由本会补助试验经费……"[③]该年11月,资源委员会与西南联合大学签订"合约",委托该校机械、电机、化工等三系研究试验有关工矿技术专题,补助研究试验费国币25万元。经过一年多的研究,所取得的研究成果有:"1. 机械工程方面:《内燃机用酒精燃料之特性研究》(宁棍、董树屏、吴仲华、杨捷);《水轮机之设计与制造》(郑庆林、王宝基、张德骏,由施嘉炀指导);《工厂工作计算尺之构造及应用方法》(刘德慕)等。2. 电机工程方面:《多相交流整流电动机对于增加调整感应电动机之功率因数及速度之应用》(章名涛、曹建献),该文实验部分较少,但理论研究较为深入:《无线电收发机之测验》(马大猷);《电压稳定法》(马大猷、唐统一),该文有较好的实验基础,自制了稳压器,有较完

---

① 《土木系材料试验室三十年度研究计划》,清华大学档案,全宗号X1,目录号3:3,案卷号90。

② 包云燕、余冰释:《西南联大科学研究的成就特点及启示》,西南联大研究所:《西南联大研究》(第一辑),第136页。

③ 《资源委员会昆明办事处译转本会昆明电台电报》(1942年6月27日),清华大学档案,全宗号X1,目录号3:2,案卷号134。

整的实验数据和曲线,具有较高的理论水平和实用价值;《工业用电之调查研究(其一,矿业用电)》(陈荫谷);《工业用电之调查研究(其二,电化用电)(范崇武)》。3.化学工程方面:《褐煤火分析及炼焦试验》(谢明山、汪家鼎、安君黄);《靛青之制造》(苏国桢、谢明山、张建侯、英乙武)。"①同时,"机械系与云南省建设厅合作研究改良云南的农具,系主任刘仙洲为云南明良煤矿公司研究设计用汽车发动机带动轻便列车运煤的装置法"。②"化工系主任苏国桢得到富滇新银行投资,创建了恒通酒精厂,一定程度上缓解了当时汽油严重缺乏而产生的燃料问题;张大煜教授在云南经济委员会资助下创建了利滇化工厂,用煤炼油,并从事桐油裂解制燃料油的研究与试验"。③

　　面对抗战需求及政府支持,西南联大还加强了军事技术方面的研究。例如,"航空系教授孟昭英针对抗战的需要,集中进行各种真空管、短波无线电设计、短波军用无线电机、秘密军用无线电话、长波定向、航空用无线电定向器的研究。抗战时期,中国的第一个电子管就诞生于孟昭英率领的研究团队中"。④同时,国立清华大学为扩充研究事业加大了对特种研究所的投资(如1938年无线电研究所用费3.5万元、航空研究所3万元、联大航空工程系设备2万元⑤,1939年航空工程研究所用费六万元、无线电学研究所用费7万元、航空工程学系设备费三万元(倘教部另拨补助,此项再酌改定),1940年航空工程研究所用费6.1万元、无线电研究所用费7万元,1940—1942年期间又分别几次拨付补充费用,1945年航空工程研究所用费50万元、无线电研究所用费50万元⑥),进行了一些直接为政府军事需要服务的科研工作,取得了相应研究成果。其中,无线电研究所于1937年秋在长沙设立,主要进行各种真空管制造与测量、短波无线电台设

---

　　①　史贵全:《中国近代高等工程教育研究》,第171页。

　　②③　戴美政:《战时联大理工科研及其特色》,西南联大研究所:《西南联大研究》(第一辑),第155页。

　　④　江渝:《西南联大:特定历史时期的大学文化》,成都:电子科技大学出版社,2010年,第200页。

　　⑤　《国立清华大学为扩充研究事业呈教育部文》(1938年9月),清华大学校史研究室:《清华大学史料选编》(第三卷上册),第117页。

　　⑥　《历届校务会议、评议会关于经费、校款问题的报告和决议》(1937年12月—1946年4月),清华大学校史研究室:《清华大学史料选编》(第三卷上册),第335~348页。

计、短波军用无线电机、秘密军用无线电话研究及专门电讯人才训练等。①
长沙临时大学搬迁昆明后，无线电研究所随之进行了调整，"在二十八年
度之初，本所之两个分所(北碚分所与昆明分所)奉校令合而为一，并以学
校所在地(昆明)为集中地点。北碚分所于一月二十日将全部箱件由北碚
起运，直至二月间大部机件已到达昆明，工作人员亦于二月中陆续到昆。
昆明分所原寄驻于西南联合大学物理系实验室(昆华工业职业学校内)，
后因与北碚分所合并，地点狭小，亦拟迁移。三月中旬校方择定才盛巷二
号为所址，是月底全部搬入，合并之手续于此完成，本所遂成为一个统一
研究单位"。② 无线电研究所当时只做研究，部分教授由本校电机系和物
理系所聘请。③ 自迁入新址后，遂进行设备安装、调试，于改年6月正式开
展研究工作。④ 在当时的特殊历史时期，无线电研究所"暂以适应实用问
题为标准"，"将以一个实验室之地位，对于无线电学在中国实际情形下之
重要问题加以技术上之探讨，然后以研究所得结果贡献国家。"⑤具体而
言，1939年度无线电研究所主要进行了"氧化层阴极之发射"(负责研究
者：范绪筠先生)、"汞弧整流器"[负责研究者：叶楷先生(吕保维先生襄
助)]、"军用无线电通讯器"(负责研究者：张景廉、戴振铎、王天眷诸先
生)、"军用秘密无线电话机"[负责研究者：陈芳允生生(任之恭先生指
导)]、"直线调幅器"(负责研究者：孟昭英先生)、"无线电定向器"(负责
研究者：毕德显先生)等研究工作并取得了重要成果⑥，同时还与资源委
员会电工器材厂及中央无线电机制造厂、航空委员会空军军官学校、军政
部学兵队等机关，在器械设计及制造、军官培训等方面进行了合作⑦；1941

---

① 《国立清华大学为扩充研究事业呈教育部文》(1938年9月)，清华大学校史研究
室：《清华大学史料选编》，第3卷上册，118页。

② 《国立清华大学无线电研究所工作报告》，清华大学校史研究室：《清华大学史料选
编》(第三卷上册)，第128~129页。

③ 王先冲(1941届)：《清华无线电学研究所历史回顾》，陈旭：《往事 真情 厚望：清华
大学电子工程系建系五十周年纪念文集》，2002年，第5~6页。

④⑤ 《国立清华大学无线电研究所工作报告》，清华大学校史研究室：《清华大学史料
选编》(第三卷上册)，第129页。

⑥ 《国立清华大学无线电研究所工作报告》，清华大学校史研究室：《清华大学史料选
编》(第三卷上册)，第130~131页。

⑦ 《国立清华大学无线电研究所工作报告》，清华大学校史研究室：《清华大学史料选
编》(第三卷上册)，第131~132页。

年度,无线电研究所除上述部分研究工作外,另有"制造真空管机器之实验室模型""短波定向""氧化铜整流器"等多项研究工作,并继续展开"与资源委员会电工器材厂及中央无线电器材厂合作研究关于真空管制造及无线电器材制造之技术问题""与空军军官学校合作研究航空定向与通讯及其他问题""与军政部学兵队合作研究无线电通讯问题,并为该队训练电讯人员"等工作①;1944年后,无线电研究所"除一部分仍继续以往工作外,在研究题目上略有更改,以适应国外技术的新发展和国内的新需要"②,如"调速电子管超高频振动器之研究""新式无线电测位器之实验及试造""栅柱对于束射之贡献""粉碎铁心之制造""轻小铅蓄电池之制造""超高频电波产生之新法""荧光现象及冷光灯之试造""超高频电波产生之新法"等③;1945年,无线电学研究所"于本学年度之研究,大部偏重于超短波及微波方面。研究题目可分为两项:(一)磁电管之设计与制造及微波振荡之实验。(二)超短波之强大振荡及辐射特性之实验。前者结果可得十数公分之微波波长,后者结果在一公尺半之波长可得数十瓦特之电力。两者在实际问题上具有重要应用"。④

清华大学无线电及金属、农业特种研究所科研人员合影

(清华大学校史馆提供)

---

① 《国立清华大学无线电研究所工作报告》,清华大学校史研究室:《清华大学史料选编》(第三卷上册),第137页;清华大学档案,全宗号X1,目录号3:3,案卷号87。

②③ 梅贻琦:《抗战期中之清华(四续)》(1944年4月),清华大学校史研究室:《清华大学史料选编》(第三卷上册),第40页。

④ 梅贻琦:《抗战期中之清华(五续)》(1945年4月),清华大学校史研究室:《清华大学史料选编》(第三卷上册),第45页。

抗战全面爆发前夕，清华大学航空研究所曾于南昌积极建造远东最大的航空风洞，1937年初开建，美籍航空教授华敦德及教员张捷迁前往督造，后又请美国航空专家冯卡门视察。1937年12月初，"全部土木建筑工程大致完成，马达等亦已运抵香港。惟抗战初起，南昌空袭频仍，安装马达等工作，无法进行，乃不得不抛弃垂成之工作，随同航空机械学校于二十六年年底迁至四川成都"。①1938年4月底，"航空研究所迁抵成都，即假四川大学一部分房屋，并自租一部分房屋，进行工作。本拟重建一具五呎口径小型航空风洞，以供试验与研究之用。同时建造滑翔机一架，即于秋季完成，赠送教育部体育委员会作为表演及倡导滑翔运动之用。同年夏季航空机械学校来函请代设计建造三叹口径小型风洞一具，以供教学之用。本所即建造一具一呎口径小型风洞连同全套马达、秤称捐赠该校。至于本所自建五呎风洞的工作，则因该年秋季，教育部命令西南联大工学院成立航空工程系，为集中人才，加紧工作，便于教学与研究事业合作起见，决定将本所迁移来滇，故在川兴建一项，即行作罢"。②

在建中的南昌15英尺口径航空风洞

（清华大学航天航空学院编辑组：《重建学科伟业 再创航空辉煌——清华大学航空宇航学科发展历程》，第9页）

航空研究所于1939年春迁至昆明后，"假北门街七十一号为所址，即着手进行五呎口径风洞的建造，根据南昌风洞的设计，缩小三倍。与战前

① 庄前鼎：《国立清华大学航空研究所工作报告（1937年至1945年）》，清华大学校史研究室：《清华大学史料选编》（第二卷下册），第559页。

② 庄前鼎：《国立清华大学航空研究所工作报告（1937年至1945年）》，清华大学校史研究室：《清华大学史料选编》（第三卷上册），第139页。

清华大学机械系航空组的五呎口径回气风洞相仿。而其长度则展至七十余呎,马达利用前由清华迁出之百匹直流电动机。其它转风板、整流罩、减速轮,以及秤称仪器等则自行设计建造。风洞本身乃用钢板铆钉制造。计自该年春季兴建以来,直至二十九年夏季,方始全部完成,中间曾因更改包工,安装电流等工作几经波折,费时甚多。"①1940 年秋,"昆明五呎口径航空风洞制造完成后,利用风洞作试验与专题研究的工作于是开始"②,在空气动力学、高空气象、滑翔机、直升飞机、结构材料等方面开展了大量的研究工作③。此外,航空研究所还代航空委员会各飞机制造厂作改良机型的试验,例如:"(一)航委会机械处某处长托试的机翼模型;(二)航委会第一飞机制造厂委托代行驱逐机机翼的试验、油箱形状与位置的试验、以及边层控制的研究等;(三)航委会第二飞机制造厂委托改良飞机阻力的试验,改良飞机操纵性的试验等;(四)中美飞机制造厂委托教练机各种飞行性能的试验等;(五)航委会第一制造厂设计课荣课长委托试验设计制造之新机机翼模型;(六)第一厂朱厂长委托设计新机所用机翼模型的性能试验;(七)第一厂设计制造之机翼模型性能的试验;(八)日新滑翔社委托试验该社所制滑翔机的机翼模型;(九)本所设计初级滑翔机机翼模型的试验;(十)本所设计中级滑翔机机翼模型的试验;(十一)本所六三〇号机翼模型的性能试验;(十二)直升飞机旋翼模型的试验等。"④

1941 年秋,因昆明频遭空袭,"因思及国内惟一可供试验研究之航空风洞,若一旦被炸损坏,则重建非易,而校款支绌,无力迁建;因向航空委员会请得补助经费十五万元,将风洞迁建于白龙潭上庄小山谷内清华基地上"⑤。该年底开始迁移,历经半年完成,"又因限于经费,仅建瓦屋十间,供作宿舍及办公室、研究室、试验室等之用。又承该处借用本校基地

---

① 庄前鼎:《国立清华大学航空研究所工作报告(1937 年至 1945 年)》,清华大学校史研究室:《清华大学史料选编》(第三卷上册),第 139 页。

② 庄前鼎:《国立清华大学航空研究所工作报告(1937 年至 1945 年)》,清华大学校史研究室:《清华大学史料选编》(第三卷上册),第 141 页。

③④ 庄前鼎:《国立清华大学航空研究所工作报告(1937 年至 1945 年)》,清华大学校史研究室:《清华大学史料选编》(第三卷上册),第 138~158 页。

⑤ 庄前鼎:《国立清华大学航空研究所工作报告(1937 年至 1945 年)》,清华大学校史研究室:《清华大学史料选编》(第三卷上册),第 146 页。

昆明清华航空研究所 5 英尺风洞

（清华大学航天航空学院编辑组：《重建学科伟业 再创航空辉煌——清华大
学航空宇航学科发展历程》，第 12 页）

之新绥汽车公司惠允，将自建之草屋及瓦房三四十间捐赠本所作为校
址。"①1942 年底，"在制造滑翔机积余款项内拨用一部，加建围墙，及瓦房
五间，后者作为宿舍及气象组办公室之用"。"三十三春又自建图书馆
四间"。②

　　在编译和推广航空教材方面，航空研究所成绩卓著。其中编译方面
《应用空气动力学》（美国伍特原著，庄前鼎、顾逢时合译）、《气动力学概
论》（美国克兰敏原著，庄前鼎、陈绳祖合译）、《飞机翼形及螺旋桨原理》
（英国辩洛欧氏原著，吕凤章译）、《飞机材料学》（英国铁特登原著，周惠
久、张听聪合译）、《空气动力学》（庄前鼎、刘维政编著）、《理论气象学》
（赵九章编著）、兵器学（庄前鼎编译）、《英、德、法、华航空工程名词》（吕
凤章、岳劫毅、杨彭基编订）等大学教科书或参考书，《中国空军烈士传》
（方毅编）、《降落伞部队》（庄前鼎、张桐生合编）、《炸弹的威力》（庄前鼎
编）、《空军战略的检讨》（庄前鼎编）、《防空壕洞》（庄前鼎编）、《战争机
械化》（庄前鼎、孟庆基编著）等国防常识通俗读物，并曾为重庆《中央日
报》《扫荡报》联合版主编《国防常识》特刊。③

---

　　①②　庄前鼎：《国立清华大学航空研究所工作报告（1937 年至 1945 年）》，清华大学校
史研究室：《清华大学史料选编》（第三卷上册），第 146 页。
　　③　庄前鼎：《国立清华大学航空研究所工作报告（1937 年至 1945 年）》，清华大学校史
研究室：《清华大学史料选编》（第三卷上册），第 145 页。

由上述可见,尽管清华无线电研究所、航空研究所在战时辗转迁徙,遭遇到重大困难,但历经艰辛却也取得了一定的研究成果。"清华机械系航空组因建造中国第一个航空风洞,曾获得中国工程师学会二十五年度杭州年会论文第一名奖金;主持建造远东最大之南昌十五叹口径航空风洞,曾博得欧美航空界之赞许;有关该风洞之论文,曾登载于英国第一流飞机工程杂志,及国际应用力学报告内。其它研究论文亦被美国第一流航空杂志所采登,昆明风洞又为中国现时惟一可供试验及研究之风洞;研究论文亦再度获得中国工程师学会二十九年年底第九届贵阳年会论文第一名奖金。抗战前研究制造中国第一架滑翔机,实为中国提倡滑翔的始祖;接受滑翔总会委托研究制造滑翔机,及参加昆明滑翔运动,曾博得滑翔总会的嘉奖。气象方面,与盟国空军的合作,曾获得美十四航空队陈纳德将军的赞许。编译的专门书籍,被国立编译馆采为大学教科用书者已有数种,研究论文百余篇。前年美国国务院派来中国航空专家博郎博士参观本所时,认为空气动力学方面风洞的试验设备,规模虽小,与美国各大学的研究所,实不相上下。美国陆军部派赴德日航空调查团,途经昆明时,亦曾莅临参观,加以赞许"。[1]

此外,理工学院教师还利用云南当地的自然地理条件,开展广泛调研,"不仅使内迁中图书、仪器等损失得到弥补,而且开创了科学家走出书斋,面向实际,注重理论联系实际的良好科研风尚。"[2]例如,1939 年进行的"中华自然科学社西康科学考察团"对西康省考察,曾昭抢任团长,团员有朱炳海、谢息南、王庭芳、严钦尚、朱健人、杨衔晋、严忠、冯鸿臣、陈笺熙等人,均为中华自然科学社社友。考察团所分四组中即包括工程组,分地理气象、农林畜牧、药物、工程四组,自 1939 年 7 月至 10 月对西康省西南、西北地区的矿产、水利、交通、工程等进行了详细考察。[3]

①   庄前鼎:《国立清华大学航空研究所工作报告(1937 年至 1945 年)》,清华大学校史研究室:《清华大学史料选编》(第三卷上册),第 146~147 页。

②   戴美政:《战时联大理工科研及其特色》,西南联大研究所:《西南联大研究》(第一辑),第 159 页。

③   戴美政:《战时联大理工科研及其特色》,西南联大研究所:《西南联大研究》(第一辑),第 160 页。

五、学生人数得到大规模发展

抗战时期,清华、北大及南开三校合组使学生规模得到扩充。据统计,国立长沙临时大学工学院共有学生约 359 人,其中土木工程学系 128 人、机械工程学系 98 人、电机工程学系 122 人、化学工程学系 11 人。① 西南联大初期面试招收了大批新生,且政府着重发展工科,促使工学院学生人数持续增长。例如,对于该时期工学院学生人数的增长原因,陈立夫曾总结曰:"工程学生人数之增多,非仅由于院校或班级之增设,社会风气亦有重大关系。自抗战军兴以后,政府之建设事业与私人经营之实案机关,随战事之紧张而有加速度之进展,于是社会上形成一种重视实科之风气,高中毕业生之应试升学者,多趋向于投考工程。家长多以此鼓励青年,学生多以此互相标榜。……同时社会对于工程人材之需要,此时亦甚为迫切。近数年来每年大学毕业生经教育部介绍就业者,以工程毕业生出路为最优。此种社会风气之表现,亦为工程教育所以发达之重要原因。"② 1938 年,西南联大航空系招收第一届新生,入学时全班 30 多人③,1939 年 12 月西南联大准分发中法工学院一年级学生陈鳌群等 6 名入该校航空系借读④,1940 年航空工程学系又增添学生一班⑤。同时,1939 年 8 月,为扩大机电工程师规模,教育部令西南联大工学院充分利用原设备,增设电机、机械各一班。1942 年,工学院开始大量招考新生,其中绝大部分为广大沦陷区的毕业生,在上海也有招生。⑥ 至 1942 年度,"工学院七百八十四人,约为战前清华工学院最高人数的两倍"。⑦ 1944 年 2 月,教育部训

---

① 《国立长沙临时大学学生名录》(1938 年 1 月),清华大学校史研究室:《清华大学史料选编》(第三卷下册),第 41~97 页。

② 陈立夫:《三十年来之工程教育》,《高等教育季刊》,1942 年第 1 卷第 4 期。

③ 沈元、徐华舫、曹传钧、赵震炎:《回忆联大航空工程系》,北京大学校友联络处:《笳吹弦诵情弥切——国立西南联合大学五十周年纪念文集》,第 303 页。

④ 《西南联大准分发中法工学院一年级学生陈鳌群等 6 名入该校航空系借读》(1939 年 12 月 16 日),清华大学档案,全宗号 X1,目录号 3:2,案卷号 112。

⑤ 清华大学校史研究室:《清华大学一百年》,第 121 页。

⑥ 白家祉:《我在西南联大工学院》,《中华读书报》,2007 年 11 月 28 日,第 003 版。

⑦ 清华大学校史编写组:《清华大学校史稿》,第 316 页。

令:决定指令该校航空工程学系自 1944 年度起设双班①。此外,清华工科研究所于 1939 年创办并开始招收研究生,录取 4 人,加上复学研究生,共计 8 人。② 此外,自 1938—1945 年还招生电讯专修科学生共 240 人③。

西南联大工学院沿袭了战前国立清华大学严格认真的教学作风。例如,"工学院规定物理和微积分学年成绩必须达到 N,否则不准升入二年级。当时记分有用百分制的,也有的沿用 E、S、N、I、F 五级制,同学形象地把 E 称为金齿耙,S 为银麻花,N 为三节鞭,I 为当头棒,F 为手枪,意即枪毙不及格。平时考题较难,得 E 的人是凤毛麟角,而拿到 F 的却不乏人。据以前统计,读完一年级能升入二年级仅有 70%,能在四年内毕业者仅有50%,因此同学们都是勤奋努力,争取过关,虽在假日也很少进城或游山玩水,大都坐在图书馆内'开矿',或在荷塘池畔,柳荫花侧,凝神阅读"。④ "工学院同学天天考试,算尺、绘图仪器不离身,那是出了名的。在大西门校本部那边其他学院的同学,常说工学院同学像机器一样,生活刻板紧张。工学院同学由于整天埋首于实习、计算、设计、绘图的课业中,所以也就难怪没有在茶馆看书的那份情趣"。⑤ "在联大读书,没有固定的教室,自修往往要找一个僻静的地方。图书馆当然好,但常常没有空座位。宿舍里光线太暗,而且也嘈杂。昆明西仓坡下有个翠湖公园,离新校舍不远,不收门票,游人不多,坐在凉亭里读书确实不坏。园里有一茶馆,饮茶的桌凳就放在湖堤旁边,桌子上常放着两碟花生瓜子,数量极少而价钱很贵。不过坐在桌旁不泡茶,不吃花生瓜子,看看书做做作业,倒也不要紧。白天好办,困难的是晚上。昆明的电力超载很多,晚上用电高峰时间,电压常降到 160 伏以下,白炽灯泡只微激发红,怎么能看书? 后来实行分区

① 《教育部训令:决定指令该校航空工程学系自 1944 年度起设双班》(1944 年 2 月),清华大学档案,全宗号 X1,目录号 3:2,案卷号 1。

② 教务处:《抗战二年中教务处工作概况》(1939 年 1 月),清华大学校史研究室:《清华大学史料选编》(第三卷上册),第 52 页。

③ 《国立西南联合大学 1938—1945 年招生人数统计表》,王学珍、江长仁、刘文渊:《国立西南联合大学史料》(一),第 43 页。

④ 王继明:《回忆一年级二三事》,《清华校友通讯》,2000 年,复第 42 期,第 121 页;孙哲:《春风化雨:百名校友忆清华》,北京:清华大学出版社,2011 年版,第 81 页。

⑤ 光德正:《联大工学院生活追忆》,北京大学校友联络处:《笳吹弦诵情弥切——国立西南联合大学五十周年纪念文集》,第 312 页。

轮流停电，如轮到拓东路停电，工学院的同学们只好吃过晚饭，便赶紧挟起书包往外跑，去寻找有电地区的茶馆。四个人占一张茶桌，一人一杯清茶，打开书包做起作业来。平时觉得昆明茶店不少，但这时却又感到太少，有时跑了大半个昆明城也难找到一席之地。茶店老板看到学生来占茶座很是头疼，因为学生一坐下来，不到关门是不会走的。一宵生意就只有这几个学生主顾了。当年的茶馆老板总算还能体谅这些穷学生，只是不再提壶来冲开水罢了"。①

各学系之间可能稍有些差异，但大体相似。以电机系为例，"学生在一年级学习中，数学和物理的成绩尽管已达到及格标准，但是如果成绩不超过70分则仍不准入系。在二年级，每星期日都要进行小考。电工原理、工程力学都是两周考一次，交叉进行。考题不会与习题雷同，着重基本概念的灵活运用。因为一学期要考六七次，既要认真对待，但也不必担心偶然的失误。每个同学到毕业时已经是'身经百考'了。……实验课学生课前要交预习报告，实验后的报告必须在一周内交上。迟交了不仅扣分，还不给这次的实验成绩。还有金工、钳工、铸工、木工等实习过不了关就别想升级。体育课若一学期缺八次课就不给成绩，即使毕业分配后也扣发文凭。必须就近找个学校补上体育，经过证明才算正式毕业"。② 再如，"航空系有三门实验课：结构、发动机和空气动力学。这三门课分别在巫家坝第十飞机修理厂（结构强度实验）、实验室（发动机课）和昆明北郊五老山麓黑龙潭附近（空气动力实验）进行。学生的淘汰率很高，还有一些因发现自己的志趣不合而转系的。一年级下来，淘汰率不大。二年级是个刷人的关口，尤其是静动力学和材料力学，这两门课在工学院被认为是学工程的基础，若学不好，下面的功课很难读下去，所以这两门课小考频繁，一般的课只有一次大考，最多期中有一次小考，这两门课则是两周考一次，后来竟每周考一次（每周学时增为四至五个）。有些学生过不了这一关而被淘汰。汪一彪教授讲材料力学时，考分奇紧。即使方法对，答数不对，也是零分。不过最后总分他是给加分的，开方根乘10就是他常

① 江渝：《西南联大：特定历史时期的大学文化》，第257页。
② 王先冲：《回忆西南联大工学院电机系》，北京大学校友联络处：《笳吹弦诵情弥切——国立西南联合大学五十周年纪念文集》，第297页。

用的加分公式。三四年级则很少有人被淘汰。修满 142 个学分毕业，但必修课的学分是不能用其他选修课的学分代替的。体育就是一门不能替代的课。一、二、三年级都有体育课，这个关是马约翰教授把住的"。①

抗战全面爆发后，大批学校沦陷，学生流离失所，多数无法承担学费和生活费。为了保证高校学子安心向学，国民政府教育部于 1938 年颁布了《公立专科以上学校战区学生贷金暂行办法》，规定"专科以上学校学生家在战区，费用来源断绝，经确切证明，必须接济者，可向政府申请贷金"，"贷金"分全额、半额两种，其中全额"每月八元或十元"，基本满足学生生活需要，如西南联大"学生的伙食费 1938 年每月为 7 元，还可以吃到肉和鸡蛋"。② 从 1939 年起，大后方经济状况逐渐恶化，物价的不断上涨致使学生生活水平下降。为此，教育部采取了一系列举措加以应对。1940 年 5 月，教育部要求提高学生膳食贷金，以使学生的营养得到保障。此后学生贷金数额随着各地物价上涨幅度不断调整。例如，1940 年西南联大学生伙食费已涨至每月 200 元。1940 年 7 月，教育部又颁发《战时救济大中学生膳食暂行办法》，规定："凡有关学生生活之费类，如高等及普通教育救济费，国立各中学经费中之学生生活费等，由财政部于每年一七两月预发半年，各学校经费，亦预发一个月，俾各校得就所领学生贷金款项及本校经费项下腾挪一部分，于春季一二月间及秋季七八月间，尽量购储食粮，以备青黄不接……"③1941 年 7 月，教育部颁发《国立中等以上学校学生贷金暂行规则》，救济学生范围进一步扩大，不仅包括"家长在战区（即游击区）经济来源断绝之学生"，还包括"家庭经济确系十分困难之自费生"，战区生设膳食贷金和特种贷金两种，自费生设补助膳食贷金一种，这种贷金是需要学生毕业后偿还的。④ 但鉴于学生毕业后的偿还能力及通货膨胀，1943 年 8 月教育部取消贷金制，改行公费制，并颁发《非常时期国立中等以上学校及省私立专科以上学校规定公费生办法》，规定公费生

---

　　① 沈元、徐华舫、曹传钧、赵震炎：《回忆联大航空工程系》，北京大学校友联络处：《笳吹弦诵情弥切——国立西南联合大学五十周年纪念文集》，第 304～305 页。

　　② 史贵全：《中国近代高等工程教育研究》，第 68～69 页。

　　③ 《中央法规：战时救济大中学生膳食暂行办法（二十九年七月三日行政院阳字第一四三六四号训令颁发）》，《浙江省政府公报》，1940 年第 3245 期。

　　④ 《国立中等以上学校学生贷金暂行规则》，《国立中正大学校刊》，1941 年第 2 卷第 1 期。

种类分为：一、甲种公费生：免学膳费，并得分别补助其他费用；二、乙种公费生：免膳费。其中，师范、医、药、工、各院科系学生，全为甲种公费生；理学院科系学生，以百分之八十为受乙种公费生；农学院科系学生，以百分之六十为乙种公费生；文、法、商及其他各院科系学生，以百分之四十为乙种公费生。[1] 从上述规定可以看出，当时工学院学生为甲种公费生，享受免学膳费并得分别补助其他费用的优待，为工程技术人才的培养提供了良好条件。另外，相对其他院系，工学院学生参加工程实习及相关建设项目的机会也较多，对学生的成长发挥了重要作用。例如，"土木系学生的勤工俭学多能结合专业进行，方法是由系里组织，参加学校与外界合作的勘测、设计、加工和科研项目，如螳螂川水电厂公路、川滇公路、可保村兵工厂、巫家坝飞机场及历次的水电勘测队测量，和参加清华大学创办的'清华服务社'为社会各界进行设计、测量等服务工作。这样，既解决了同学的温饱，又得到了实习锻炼，形成了土木系毕业生以测量见长的特点。而且勘测、设计、施工和科研都已经过一定的锻炼，毕业后很快就能单独工作，并起骨干作用"。[2]

西南联大实施"通识教育"，要求学生德智体全面发展。除课程教学外，还非常注重学生的身体锻炼，如"在迤西会馆后面的空地上，设有篮球场、排球场，以及单、双杠等体育设备"。[3]虽然工学院学生课程较多、学习任务繁重，但非常喜爱运动，像铁马体育会、喷火体育会，以及各种球类比赛、团体活动等丰富多彩。例如，"土木系学生多为篮球爱好者，三、四年级同学经常进行友谊比赛，有时也与其他系的球队比赛。有的同学参加了'铁马体育会'。爱好游泳的抽空跑到滇池游泳"。[4]"工学院的历届学生会，各种壁报社、话剧团、体育会等都有不少电机系的同学参加"。[5]"航空系的学生也一样会玩，而且往往是积极分子。当时工学院学生组织了一个'铁马体育会'，发起人中就有好几个航空系的学生：黄克累、刘绍

---

① 《非常时期国立中等以上学校及省私立专科以上学校规定公费生办法（附表）》，《教育部公报》，1943年第15卷第8期。

②③④ 陈炎创等：《回忆西南联大土木工程系》，北京大学校友联络处：《笳吹弦诵情弥切——国立西南联合大学五十周年纪念文集》，第277页。

⑤ 王先冲：《回忆西南联大工学院电机系》，北京大学校友联络处：《笳吹弦诵情弥切——国立西南联合大学五十周年纪念文集》，第298页。

文、沈元寿、方同。'铁马'中运动人才济济,有好几种球队,经常举行比赛。假日常去的地方是离校十公里的海埂和西山。出小西门有民船可乘到西山脚下的海埂。那是滇池边上水中的一条天然沙堤,是个游泳的好去处。……此外,小西门外的大观楼是学生们常去的地方。100多公里外的名胜石林也总是要组织去观光一次的"。① 此外,"爱好音乐的也不少:唱片欣赏,和声合唱者有之;小提琴手、作曲者亦有之;每日晚饭前后于宿舍中休息时间,歌声不绝,笑语横生,和谐之至。当时有个西南合唱团,团员大部分是联大同学或校友,唱的是中外名曲,练习多在晚间,每周一或二次,经常在大西门内文林堂举行。工学院同学虽然课业繁重,但每逢练习之日,不论晴雨,晚饭后,爱好者也必三五成群,从拓东路穿过金碧路、近日楼等繁华市区,及五华山、翠湖等清幽地段,步行四五十分钟至大西门,参加练习;途中更不时轻声和曲而行。加以清风明月,身心至为轻松愉快,把功课及考试重担,暂时抛诸九霄云外"。②

受战争的影响,西南联大不少学生因经济贫困而中途退学,也有部分学生离校参军等。例如,"1938年春,清华工学院电机、机械系三、四年级共二十八人参加了国民党陆军交辎学校受训,受训后分赴各地工作"③,其中有杨德增、张厚英、黄茂光、李天民、吴敬业等④;"1942年,工学院学生一百二十二人被政府征调入伍。1944年秋,工学院四年级学生亦提前半学期结束,在寒假里被征调作美军的翻译"。⑤ 鉴于上述诸多原因,西南联大工学院毕业学生相对于入学人数有所减少,据统计,"联大工学院九年中,共毕业学生九百二十九人,其中清华学籍的毕业生二百八十一人,专修科毕业生五十六人"。⑥但就各学系来说,毕业人数还是逐步增长的。例如,西南联大机械系在昆明的八年时间里,由1939年毕业5个人(原来该级有9人,其中4人转入航空系)增加到后来每届都毕业近30人。⑦ 这些毕业生

---

① 沈元、徐华舫、曹传钧、赵震炎:《回忆联大航空工程系》,北京大学校友联络处:《笳吹弦诵情弥切——国立西南联合大学五十周年纪念文集》,第305页。
② 光德正:《联大工学院生活追忆》,北京大学校友联络处:《笳吹弦诵情弥切——国立西南联合大学五十周年纪念文集》,第312~313页。
③ 清华大学校史编写组:《清华大学校史稿》,第292页。
④ 闻黎明:《关于西南联合大学战时从军运动的考察》,《抗日战争研究》,2010年第3期。
⑤⑥ 清华大学校史编写组:《清华大学校史稿》,第360页。
⑦ 陈南平、张远东:《西南联大机械系回顾》,北京大学校友联络处:《笳吹弦诵情弥切——国立西南联合大学五十周年纪念文集》,第290页。

除部分出国深造外，多分布在交通、航空、厂矿企业等部分工作，为云南及全国的教育、科技、工业等发展做出了重要贡献。同时，清华大学于 1939 年奉部令开办工科研究所，下设土木工程学部、机械工程学部、电机工程学部，培养研究生。但抗战期间，工科研究所学生数量较少，仅招生 2 人[1]。

1944 年电机系学生合影

（《清华大学电机工程与应用电子技术系》，http://www.eea.tsinghua.edu.cn/publish/eea/1362/index.html）

  抗战全面爆发后，为节省经费、培养实用性人才，国民政府教育部对学科选习进行了限制。例如，1938 年 6 月合订《限制留学暂行办法》，规定："凡选派公费留学生及志愿自费留学生，研究科目，一律暂以军工理医各科有关军事国防为目前急切需要者为限。"[2]1939 年 4 月，国民政府行政院出台《修正限制留学办法》[3]，再次重申，公费生除军、工、理、医中急需各科外，"一律暂缓选派"，而"自费学生除得国外奖学金或其他外汇补助费，足以留学期间全部费用无须请购外汇者，一律暂缓出国"。[4] 1939 年 11 月，国立清华大学校务会议议决，自本年度其恢复派遣留美公费生

---

① 方惠坚、张思敬：《清华大学志》（上册），第 262 页。
② 《限制留学暂行办法》，《教育通讯周刊》，1938 年年第 15 期。
③ 《修正限制留学暂行办法》，《福建教育通讯》，1939 年第 4 卷第 9 期
④ 王孙禺、刘继青：《中国工程教育：国家现代化进程中的发展史》，第 158 页。

办法,每次仍选派二十名①。考试科目分普通科目和专门科目,其中普通科目包括国文、英文、党义,专门科目则根据各学门有所不同②,最终录取化学工程门汪德熙、金属学门胡宁、采矿工程门励润生、冶金学门黄培云、土壤力学门陈梁生、灌溉工程门朱宝复、汽车工程门叶玄、航空工程门(飞机机架)门屠守锷、无线电门吕保维、要塞工程门梁治明、战车制造门孟庆基等③。除留美公费生外,1940 年度国立清华大学还设立了留美自费学生奖学金,用于资助"中国自费留美学生已在美国大学研究院肄业成绩优良、经济确有困难者"④,受助者包括卞钟麟(水利工程)、刘诒谨(航空工程)、卢鹤绅(航空工程)、王俊奎(航空工程)等⑤。1941 年 4 月,第十三次评议会议决第六届留美公费生应即筹备进行⑥,但因受国际战事影响,后延期举办。1943 年夏颁布《国立清华大学考选第六届留美公费生规程》,规定:"本校本年考选留美公费生,名额定为二十四名",经考试于次年 8 月录取农具制造吴仲华、道路工程钱钟毅、造船工程张燮、机械制造白家祉、原动力工程黄茂光、电机工程(注重高压输电)曹建猷、无线电学(注重真空管电子学)洪朝生、航空工程(注重飞机发动机)沈申甫、化学工程张建侯等⑦。

抗战期间国立清华大学特种研究所还培训了部分军官。例如,1939年无线电研究所为军政部学兵队训练通讯军官,学习期四个月,学成后全部归队参加抗战。1940 年,航空工程研究所受空军军官学校委托举办试飞员训练班,"前十四航空队陈纳德将军当时任空军军官学校总顾问,因鉴于国空军部队以及各修理厂与各飞行站均无试飞员担任验收飞机的重

① 《第二十六次校务会议关于招送第五届留美公费生的议决事项》(1939 年 11 月 2日),清华大学校史研究室:《清华大学史料选编》(第三卷上册),第 223 页。

② 《第五届留美公费生考试科目表》(1940 年 8 月),清华大学校史研究室:《清华大学史料选编》(第三卷上册)第 225~226 页。

③ 《第五届留美公费生考试录取名单》(1940 年 8 月举行考试)(1941 年 2 月录取公布),清华大学校史研究室:《清华大学史料选编》(第三卷上册),第 228 页。

④ 《清华留美自费学生奖学金给予办法》(1940 年 2 月 5 日第六次评议会通过),清华大学校史研究室:《清华大学史料选编》(第三卷上册),第 264 页。

⑤ 《1940 年度留美自费生奖学金名表(十人)》(1940 年),清华大学校史研究室:《清华大学史料选编》(第三卷上册),第 265 页。

⑥ 《第十三次评议会关于第六届留美公费生考试的议决事项》(1941 年 4 月 10 日),清华大学校史研究室:《清华大学史料选编》(第三卷上册),第 238 页。

⑦ 《第六届考取留美公费生一览表》(1944 年 8 月),清华大学校史研究室:《清华大学史料选编》(第三卷上册),第 251~255 页。

要职务,特向航空委员会建议训练一批试飞员,分发各部队、修理厂与制造厂等。同时陈将军认为清华航空研究所足以胜任办理此项训练班,故建议航委会周至柔主任,由空军军官学校与本所洽商办理。当即在北门街本所举办,计学科六个月,包括物理学、英文、空气动力学、发动机学及内燃机原理、飞机学及飞机结构材料、高空气象学、仪器学,及试飞学等,在所中上课;术科六个月,包括飞机各部分之装拆修理、发动机各部分之装拆修理、飞机制造程序及检查方法、飞机仪器之修理与飞机各部分的检查等,在各修理厂与制造厂中进行,由本所派人随同学员指导实习。此外,尚有初级飞行术科与高级飞行术科,系由美国飞行教官担任。试飞员训员如期毕业,第二期本定于三十年春季续办,后因敌人侵入越南,昆明空袭频仍,故未继续举办"。①

第三节　抗战时期西南联大工学院的历史地位和影响

抗战时期,尽管时局动荡、条件艰苦,西南联大工学院在国民政府发展实科政策及各校精诚合作的共同推动下,较战前规模进一步扩大,在国内工程教育领域屈指可数;且师生仍秉持认真严格的教学态度及刻苦学习的精神,造就了一大批优秀人才,在国内外教育领域、实业领域等做出了重要贡献。

一、西南联大工学院发展成为国内工程学科的核心力量

抗战前,中国高等工程教育机构分布多位于华北、华东、华南等经济、政治、文化发达地区。抗战全面爆发后,为了使教育得以持续,特别是为社会培养急需的工程技术人才,诸多高校奉教育部令迁往内地,增设工程院校、科目,因此在抗战这一特殊历史时期国内工程教育得到了进一步发展。"如北洋工学院初并入西北联合大学,嗣与东北大学工学院及焦作工学院合并,称西北工学院。清华大学于二十一年正式设立工学院,此时随校并为西南联大工学院,山西省立工业专科学校,因战事停办两年后,复并为山西大时(学)工学院。广东省立勷勤大学工学院,并入中山大学工

① 庄前鼎:《国立清华大学航空研究所工作报告(1937年至1945年)》,清华大学校史研究室:《清华大学史料选编》(第三卷上册),第140~141页。

学院。其战时新设大学之设有工学院者,有国立中正大学。而于原有工学院校,分别加以扩充,如二十七年度于中央大学等校增加机械工程特别研究班等八班系,于武汉大学增矿冶工程系,广西大学增设电机工程系,准私立大同大学增设工学院。二十八年度就中央大学,西南联大,交通大学,武汉大学,唐山工程学院,西北工程学院等十余院增加机械,电机,土木,矿冶等十八班。二十年度举行行政院令发《国防最高委员会讯联技术人员计划大纲》,复指定中央大学等十四校院,增加机械工程九班,电机工程十班,及电机工程六班共二十五班。三十年度复增设国立贵州农工学院,准云南大学增设铁道管理系,西北工学院增设工业管理系。及准私立川康农学院之设立。故工业专科学校或专修科,战时颇积极扩充"。①

　　由前文可见,我国工程教育自洋务运动伊始之初见端倪,后渐为社会所共识并获得了一定的发展,在这一过程中清华工学院及南开工科学系等都占有重要的地位,至抗战前夕其工程技术人才培养已初见成效,加快了中国工程学发展的步伐。抗战期间,国难当头,更加急需大批工程技术人才,因此,无论就发展规模还是政府的支持力度而言,工程教育都达到了一个新的高度。作为国家工程人才重要培养基地的西南联大在此历史关头扮演了十分重要的角色,它继承了战前国家工程教育的成果和优良传统,并在新的历史条件下,融合不同高校的优势和特质,形成了独具特色的战时工程教育发展模式,所取得的科研成果及培养的大批工程技术人才有力地支持了抗战和国家建设,并对战后高等工程教育的延续和发展产生了深刻影响。

二、西南联大工学院的历史影响

（一）推动了国内工程教育发展,培养了大批高质量工程技术人才

　　抗战期间,长沙临大、西南联大培养的学生不少毕业后从事教育且担任领导职务,对国内高等工程学科和工程教育的发展发挥了重要指导作用。例如:汪家鼎(1941[联大],化工),"在担任清华大学化工系主任的近20年时间里,确立了化学工程、高分子化工、生物化工的学科基本布局,使清华大学化学工程学科成为国家重点学科,高分子材料成为材料学

---

① 陈立夫:《三十年来之工程教育》,《高等教育季刊》,1942年第1卷第4期。

国家重点学科的组成部分"。① 蒋大宗（1944［应征译员］，电机），曾任西安交通大学电机系副系主任、无线电系副系主任等，参与筹建交通大学工业电气化专业、交通大学西安部分筹建仪表专业与工业电子学专业，及中国生物医学工程学科的创立与建设等。② 曹传钧（1945［联大］，航空），担任北航副院长期间，"恢复了航空宇航制造工程系；结合国际科技发展趋势，建立了计算机科学与工程系；……在努力恢复学校正常秩序、制定全校教育规划、逐步提高教师业务水平、培养新时期的高水平学生等方面做出了重要贡献"③；后在担任北京航空学院院长、北京航空航天大学校长期间，"提出了'一个中心、三项任务'，坚持发扬航空航天特色的办学指导思想。在本科教学上，坚持教育教学改革，提出'讲一、练二、考三'的教学模式，加强基础、重视工程实践，主持制定并全面实施了'优化本科教学进程改革'的整套方案"。④ 何东昌（1946［联大］，航空），任职清华大学副校长期间，"协助蒋南翔创办高新技术学科专业，主持创办工程物理系，设立我国最早的原子能专业，自力更生建造试验原子反应堆，为国家培养出一批急需的高新技术人才；他协助蒋南翔总结和推广教学、科研、生产'三结合'的经验，参与讨论 20 世纪 60 年代的'高校 60 条'……"⑤

西南联大工学院部分毕业生开设课程、编写教材等。例如：常迵（1940［清华］，电机），"主讲过'电子线路'、'电波与天线'、'无线电发送设备'、'无线电技术基础'以及'振荡理论概论'等多门课程"，编著的教材《无线电信号与线路原理》，是国内无线电基础理论方面影响较大的教科书。⑥ 汪家鼎（1941［联大］，化工），"先后讲授过《化工原理》、《工业化学》、《化工热力学》、《化工数学》、《核化学工艺与工程》、《液液萃取化工基础》等 10 余门课程。他强调工科是一门实践性的学科，坚持工科教育必须走理论与实践相结合的道路，倡导本科生的毕业设计与科研项目相结合，为

① 《沉痛悼念汪家鼎先生》，《化工学报》，2009 年第 9 期。
② 中国医疗器械杂志编辑部：《深切悼念本刊原主任编委、顾问蒋大宗教授》，《中国医疗器械杂志》，2014 年第 3 期。
③④ 《深切缅怀曹传钧教授》，《航空动力学报》，2014 年第 3 期。
⑤ 余玮：《"素质教育"的倡导者何东昌》，《文史春秋》，2010 年第 3 期。
⑥ 李衍达、李崇荣、王普：《为中国的科学教育事业奉献一切——记中国科学院学部委员常迵教授》，《清华大学教育研究》，1993 年第 2 期。

形成清华大学化工系的优良教学传统起到了重要的推动作用"。① 王国周
(1942[联大],土木),曾"主持编译出版了《钢结构讲义》,是国内最早自
行编译出版的钢结构专业教材……主持翻译出版了斯特列律斯基主编的
《金属结构》,为建立我国的钢结构专业教学和教材体系奠定了重要基
础"。② 张文赓(1943[联大],机械),"根据多年累积的教学资料,着眼国
情和教学需要,编写了国内第一本高等院校《棉纺学》教材,被全国纺织院
校采用"。③ 王补宣(1943[联大],机械),"早在 1950 年,他便努力改革
《工程热力学》课程的教学内容,编著了教材。1954 年着手中译俄文优秀
教材《传热学基础》,并进行了订正和注释,被国内热工学界称为传热学的
启蒙书。以后,在不同时期,分别出版了热工教学需要的教材与参考书,
为提高热工教学质量作出了重要贡献。"④何庆芝(1943[联大],航空),
"近 60 年来一直坚持在教学、科研第一线工作,他一贯重视对学生的基础
知识教育,重视教材建设,仅在北航工作期间就先后开出了十几门课程,
亲自主持并参与编写和翻译了 10 多本教材,如《弹道火箭总体设计》《部
件设计》《飞机结构力学》《工程断裂力学》等。"⑤张鎏(1943[联大],化
工),"除担任系和教研室的领导之外,主要精力都扑在教学和科研工作
上,开创性地编写了很多教材,亲自带领学生下厂实践"。⑥ 隆言泉(1945
[联大],化工),"担任《有机化学》、《化工原理》、《化工机械》、《林产工
业》、《制浆造纸》等课程的教学工作","主编了全国高校造纸专业统编试
用教材《制浆造纸工艺学》、《造纸过程原理与工程》等"。⑦

(二) 投身民族工业,推动了国内工程实业的发展

工学院许多学生毕业后在厂矿、企业、交通、水利、航空等领域担任重

---

①　《沉痛悼念汪家鼎先生》,《化工学报》,2009 年第 9 期。

②　《王国周先生生平简介》,《钢结构工程研究(七)——王国周先生纪念文集》,
2008 年。

③　《贺九十华诞 仰一代大师——张文赓教授九十华诞祝寿会》,http://web. dhu. edu.
cn/tgh/97/ee/c5423a38894/page. htm。

④　鹏飞、杨震:《桃李芬芳 耄耋重新——清华大学庆祝王补宣院士 90 寿辰》,《太阳
能》,2012 年第 22 期。

⑤　《沉痛悼念何庆芝教授》,《航空学报》,1999 年第 4 期。

⑥　李强:《我所知道的张鎏教授》,《中华魂》,2010 年第 2 期。

⑦　松茂:《记造纸专家隆言泉教授》,《纸和造纸》,1996 年第 5 期。

要领导职务,对国内工业的发展起到了重要的推动作用。例如:李鹗鼎(1940[清华],土木),曾任电力部水力发电勘测设计院副总工程师、电力部副部长、水电部总工程师等①,"从事水电建设事业50多年,主持施工的水电站有狮子滩、三门峡、刘家峡、映秀湾、猫跳河等,解决了许多困难的技术问题,特别是复杂基础处理和大坝浇筑等。负责审查决策的大型水电工程有乌江渡、凤滩、东风、漫湾、大化、岩滩、水口、二滩、天生桥、龙羊峡等,对大量技术问题作出决策,保证了我国大型水电建设的顺利发展"。② 朱康福(1942[联大],化工),曾任石油部北京设计院、中国石油化工总公司设计院等部门领导,是大庆炼油厂及胜利炼油厂的主持设计者,对我国石油工业的发展作出了突出贡献。吴履梯(1946[联大],机械),是我国最早的电镀表及装配开关板电表流水线的主持设计及试制者,并在担任上海电表厂领导期间大力引进技术,开拓进取,使企业获得了极大发展。

还有不少毕业生在工程实业中担任技术骨干,大大推动了工业建设的发展。例如:孟庆基(1940[清华],机械),"参与筹建长春第一汽车制造厂"③。汤楷孙(1941[南开],机械),参与设计施工了新中国一批大中小型油库④。曹乐安(1941[清华],土木),"先后参加了荆江分洪工程、杜家台分洪工程、丹江口水利枢纽和葛洲坝水利枢纽等工程的设计,为长江上这些著名的水利水电工程的胜利建成,作出了卓越的贡献"。⑤ 钟香驹(1944[应征译员],化工),"参与建设了北京造纸厂碱回收中试,汉口造纸厂筹备处,楠竹制浆造纸中试,开山屯造纸厂人造丝车间设计,援蒙造纸厂设计,援越造纸厂制浆车间、碱回收车间设计等","在山东造纸厂主持我国第一台羊皮纸加工纸机的设计、安装、投产工作"等⑥。吴世英(1944[应征译员],土木),参与设计或直接指挥过四川的蓬山机场,云南的宝山机场、昆明机场,上海龙华机场等的建设,后又"参与、设计、指挥了

① 周文、刘雁斌、查仁柏:《一生为中国水电事业奋斗的李鹗鼎》,http://www.doc88.com/p-0857236315079.html。

② 《李鹗鼎》,http://www.cae.cn/cae/jsp/jump.jsp?oid=201112311153588828218483。

③ 周燕:《孟少农:中国汽车工业的"垦荒牛"》,《纵横》,2008年第9期。

④ 王大勇:《汤楷孙:我国石油储运工程专业奠基人》,《中国石油大学报》,2014年第7期第3版。

⑤ 郭予:《曹乐安》,《水利天地》,1991年第1期。

⑥ 《钟香驹教授在京逝世》,《纸和造纸》,2015年第5期。

上钢一厂、富拉尔基重型机械厂、大庆重型机械厂、榆次纺纱机械厂、长春一汽等大型机器、机械制造厂的建设",领导了上海万吨水压机厂的建设等①。

(三)提升国内工业科学化水平

许多西南联大工学院毕业生在高等院校或研究院所进行科研工作。例如:吴仲华(1940[清华],机械),曾任中国科学院力学研究所副所长、中国科学院工程热物理研究所所长等职,从事科研工作数十载,其间他在创立叶轮机械三元流动通用理论、创立工程热物理学科、参与国家能源动力战略研究与决策、倡导总能系统与能源战略构想方面,取得了巨大的成就。② 卢肇钧(1941[清华],土木),铁道部科学研究院研究员、土工研究室主任,"长期从事土的基本性质研究和特殊土地区筑路技术研究,在他主持下,在我国最早阐明了硫酸盐渍土的松胀特性及其对路基稳定性的影响;提出了新型锚定板挡土结构及其相应的计算理论;首先获得了膨胀土强度变化的规律,并发现非饱和土的吸附强度与膨胀压力的相互关系"。③ 吕保维(1939[清华],电机),曾任中国科学院电子学研究所所长等职,"长期从事电离层吸收的研究,主持对流层前向散射传播的实验,设计全国电离层观测台站网。对无线电绕地球面的传播,提出了独到的创见。特别是沿下层最大电子密度处'滑行'传播的新概念,不仅是计算人造卫星轨道摄动的科学依据;也是我们地球信息科学的基础理论问题之一。"④ 唐统一(1941[清华],电机),"在讲授本科生及研究生课程的同时进行了一系列的科研工作,如50年代进行了'三维电解槽造型的研究'、'流速仪的校验'、'高温下金属蠕度的测量'等,使学校在测量方面的科研初具规模。60年代初,他参加了国内第一台200比交流网络分析仪的研制,……该分析仪的制成使当时分析电力系统暂稳态的效率比人工计算提高了近30倍,被公认为在国内处于领先地位"。⑤ 汪家鼎(1941[联

---

① 张学思:《严谨的科学态度是事业成功的保障——访原中核总建工局总工程师吴世英同志》,《中国核工业》,1999年第5期。

② 中科院工程热物理研究所:《追忆我国工程热物理学科创始人吴仲华》,《大众科技报》,2007年7月26日第A03版。

③ 黄广军:《岩土工程专家—记中科院院士卢肇钧》,《铁道知识》,2001年第2期。

④ 陈述彭:《缅怀微波先驱——吕保维院士》,《地球信息科学》,2005年第3期。

⑤ 曹建中:《仪器仪表和计量测试领域的著名专家——唐统一》,《自动化博览》,1996年第5期。

大]，化工），"1958 年他首先提出了'萃取法核燃料后处理工艺与设备'项目，并参加领导了项目的实施，系统研究了萃取分离铀-钚-裂变元素、纯化钚工艺全流程的各个步骤和环节；研制了适用于强辐照和遥控的主体设备'抽压脉冲液流搅拌混合澄清槽'，提出了放大设计方法；研究成果为国家作出放弃'沉淀法'、采用'萃取法'的重大决策提供了技术基础。……20 世纪 60 年代初，他系统开展了脉冲筛板萃取柱中两相流动特性的研究，对国际上通用的 Pratt 公式提出了重要的修正，奠定了脉冲筛板萃取柱的设计基础。70 年代后期，他指导开展柱式萃取设备内液液两相传递现象的研究，提出并创制了'分散-聚合'型脉冲筛板柱的新结构，建立了萃取设备性能的系列研究方法，总结了萃取设备优化设计及放大规律，对于从基本原理出发进行柱式萃取设备设计的工作做出了重要贡献。这些成果已广泛应用于工业实践，取得了重大经济效益和社会效益"。[1] 王希季（1942[联大]，机械），曾任上海机电设计院总工程师、中国空间技术研究院北京空间机电研究所所长、中国空间技术研究院副院长等，"负责研制成功了中国的 15 种实用探空火箭，主持完成了中国第一种卫星运载火箭和第一种返回式遥感卫星的方案论证、方案设计，担任过返回式遥感卫星系列的总设计师。是中国火箭探空技术学科和航天器进入与返回技术学科的创始人，太空资源和航天技术体系新概念以及工程设计学和卫星设计学新原理的提出者"。[2] 杨南生（1943[联大]，机械），曾任任中国科学院上海机电设计院副院长、国防部五院四分院副院长等，"作为技术负责人，领导了 T-7 系列探空火箭的研制。作为技术指挥员，领导过多种战术型号动力装置，"长征一号"末级发动机，返回式回收制动发动机，"东方红二号"远地点发动机，某型号两级发动机等动力装置的研制。并领导了第二代固体战略型号打基础的多项先进技术的预先研究和几种大直径综合试验发动机的研制。"[3] 何庆芝（1943[联大]，航空），曾主持研制并发射成功我国第一枚高空探测火箭[4]。余国琮（1943[联大]，化工），"主持完成的'具有新型塔内件的高效精馏塔技术'等重大科技成果已成功应用

---

① 《沉痛悼念汪家鼎先生》，《化工学报》，2009 年第 9 期。

② 《王希季传略》，《航天返回与遥感》，2000 年第 21 卷第 4 期。

③ 《杨南生——他从神秘王国走来》，《中国航天报》，2003 年 09 月 19 日。

④ 《沉痛悼念何庆芝教授》，《航空学报》，1999 年第 4 期。

于 6000 余座工业精馏塔,辐射全国 30 个省市自治区,有力地推动了我国精馏及相关技术的进步,在天津乃至全国取得了巨大的经济效益和社会效益"。[①] 黄宏嘉(1944[应征译员],电机),"长期从事微波与光纤传输研究,创立了'超模式'概念,取得理论上的突破,使微波与光纤研究的模式耦合理论建立在理想模式、本地模式和超模式的完整理论体系上有所突破。他是我国单模光纤技术的开拓者,最早研制出了中国的单模光纤,为我国微波技术及光纤技术的应用与发展作出了重要贡献"。[②]

同时,西南联大工学院毕业生在工程实业领域也进行了大量科研工作。例如:袁随善(1938[清华],土木),曾任一机部九局船舶产品设计二室主任工程师、七〇八所总工程师等,"曾主持设计 3000 吨货轮、南海水产调查船等多型产品。主持、参与《船舶设计实用手册》《船舶设计简明手册》等书的编译工作。主编了《汉英近海船舶工程词典》和《英汉船舶工程词典》"。[③] 此外,西南联大毕业生还积极参与创办了中国水利学会、中国水力发电工程学会、中国钢结构协会等一些学术团体及相关学术刊物,加强学术交流,促进科学知识的广泛传播和应用。例如:李鹗鼎(1940[清华],土木),曾任中国水利学会第三届常务理事,中国电机工程学会第三届副理事长,中国水力发电工程学会第二、三届理事长等。王宝基(1941[联大],土木),曾任中国水力发电工程学会副理事长、陕西水力发电工程学会理事长等。王国周(1942[联大],土木),曾任中国钢结构协会副会长兼任结构稳定与疲劳协会理事长、中国建筑金属结构协会副理事长、《建筑结构》杂志顾问、《钢结构》杂志编委会副主任等。[④] 朱康福(1942[联大],化工),曾任中国石油学会第二届理事,中国能源研究会第二届常务理事。王祖唐(1944[应征译员],机械),曾任中国机械工程学会锻压学会第二届副理事长。

(四)积极参加爱国运动,大力推进中国科学民主化进程

随着日本帝国主义的步步进攻,中华民族的灾难日益深重,西南联大

---

① 张尔安:《少壮别却飘泊日 化作啼鹃带血归——记中国科院院士、著名化工专家余国琮教授》,《民主》,2005 年第 3 期。

② 《黄宏嘉教授传略》,《电气电子教学学报》,2010 年第 32 卷第 3 期。

③ 《袁随善同志生平》,《上海造船》,2000 年第 1 期。

④ 《沉痛悼念王国周先生》,《建筑结构》,2008 年第 4 期。

工学院的师生也纷纷投身于爱国运动之中。如，"1938 年春，清华工学院电机、机械系三、四年级共二十八人参加了国民党陆军交辎学校受训，受训后分赴各地工作"[①]。1943 年秋，西南联大"遵照教育部高字第五一○八一号训令，指定四年级男生于第一学期期考完毕后，一律前往翻译人员训练班受训"，"四年级女生及男生因体格孱弱往训练班检查不能合格者，得留校继续肄业，于肄业期满后仍照兵役法服务"。[②] 如工学院的吴本贤、王伯惠、曹德模、王昌、李循棠、何克济、黄宏嘉、蒋大宗、吴宝初等应征了译员，为抗日战争服务。除根据学校要求担任翻译外，还有部分学生参加了远征军、青年军等。部分工学院应征学生名单见表 4-5 和表 4-6。

表 4-5 一九四四级工学院应征毕业学生名录
（1943 学年度毕业）

第一批							
土木系	罗大静	阎安素	黄兰谷	陈观勋	吴世英	王文俊	江殿琟
	顾子政	王 良	何 鹏	李健行	朱传经	张 焘	易少峋
	陈 濂	傅孝达	陈炎创	王正悦	张世斌	王伯惠	戴祖德
	孙致远						
机械系	刘 新	汪蓬海	刘金钺	李世忠	段志立	樊 鹏	柯庚申
	郁善庆	项 俊	曹德模	王祖唐	钱泽球	杨大龄	何荣羲
	江友成	鞠惠远	王昌其	余炳坤	吴祖绪	关崇琨	陈圣时
	吕志渔	邓致迹	张闻博	方为表	陈柏松	萧庆穆	邓渭川
	温广才	方祖望	霍达德	吕新民	董仕玟	张 儆	李根馨
	石尔瑚	周宗模	阎树棻	杨镇淮	盛景芳	郑以纯	黎国全
	张有宏	江今俊	曾善荣	宁奋兴			
电机系	高 铄	夏德清	李瑞镔	刘育伦	汪人和	陈沛霖	何克济
	严家彝	毛厚高	张华荣	刘正德	朱秋卿	吴存亚	庄秉仁
	黄宏嘉	张道一	冯太年	程大宇	周时谷	潘守鲁	杨光熹
	伦卓材	朱绍仁	宗孔德	梁家佑	吴铭绩	费纪元	蒋大宗
	李桂华	何国杰					

---

① 清华大学校史编写组：《清华大学校史稿》，第 292 页。
② 《西南联大学生征调充任译员办法》（1943 年秋），清华大学校史研究室：《清华大学史料选编》（第三卷下册），第 412 页。

续表

第一批						
化工系	吴鸿椿	张焕扬	蔡国谟	陈宝一	关培陵	丁健椿	郑地英
	李钦安						
航空系	邓之馨	赵伯玉	邓振煐	蔡光俊	成兴德	鲍礼仪	康照纯
	丁善懿						

第二批			
机械系	顾祥千		
电机系	吴宝初	王遵华	蔡树德
航空系	徐正定		

　　[资料来源:《一九四四级应征毕业学生名录(1943学年度毕业)》,清华大学校史研究室:《清华大学史料选编》(第三卷下册),北京:清华大学出版社,1994年,第496~497页]

表4-6　一九四五级工学院从军毕业学生名录
(1944学年度毕业)

机械系	刑传芦	王子政		
航空系	张惠民			
电讯专修科	徐骥	刘瑜	周国梁	徐钫	曹赐钦

　　[资料来源:《一九四五级从军毕业学生名录(1944学年度毕业)》,清华大学校史研究室:《清华大学史料选编》(第三卷下册),北京:清华大学出版社,1994年,第498页]

　　同时,还有部分学生积极投身到抗战物资供应的爱国行动中。如工学院的沈宗进、华人杰、萧福霈、陈仁炱、陈启蔷、冯少才、罗道生、谭申禄等曾在"驼峰航线"执行空运飞行任务[①]。赖钟声,在滇缅铁路工程处就业,后调修昆明机场。王国周,1944—1945年服务于昆明滇缅公路油管工程处。胡福久,先后参加了对日作战的三个飞机场(湖南零陵、芷江、贵州黄平)的修建工程,为美国空军对日作战提供基地,其中芷江机场成为日军投降场所;王守中,抗战时服务于昆明22兵工厂。汤楷孙,"1942年,汤楷孙参加当时资源委员会甘肃油矿局工作,为缓解侵华日军封锁沿海带来的油荒,他几乎是夜以继日的监制、验收、整理和装运美国空运过来的

---

　　①　魏全凤:《大师之大　西南联大与士人精神》,苏州:苏州大学出版社,2013年,第45~46页。

钻井、采油设备,支援玉门油田的建设"。① 云镇,曾为国民党新一军提供了大量通讯技术支持。蒋大宗,"1944 年 2 月提前毕业,投笔从戎,'征调'入孙立人将军领导的新一军 38 师,赴印抗日。期间曾担任译员、军械处通讯设备维修员和美军后方第 20 总医院放射科 X-线技术少校教员"。② 此外,许多西南联大工学院学生思想进步,在党的领导下为国家和民族做了大量工作,如章宏道、李循棠、殷之书、谢大元(刘元)、钱泽球、陈柏松、何水清、曹赐钦、魏任之、何东昌等。

(五) 在国际舞台上大放异彩,有力促进中西方交流

除以上领域外,西南联大工学院还有不少毕业生在国外工作,对加强中西方交流发挥了重要作用。例如:林同骅(1938[清华],电机),曾任联合国高级职员、一等秘书;沈季能(1939[清华],土木),任教于美国多所大学,曾获美国国防陆军部最高荣誉奖;李诗颖(1940[清华],土木),曾任 MIT 教授,入选美国工程院院士③;林慰梓(1940[清华],机械),在英国 CAV 公司主持内燃机燃烧研究组,为 King's College 开内燃机硕士研究班,任美国 Cummins 发动机公司负责研究开发的副总裁;吴仲华(1940[清华],机械),先后任美国 NACA 研究科学家、PIB 教授,纽约布鲁克林理工大学(PIB)机械工程系教授兼热工组主任;卞学鐄(1940[清华],航空),受聘于世界数十所大学的名誉教授,美国麻省理工学院教授,美国阿波罗登月计划权威专家,国际著名计算力学权威,杂交有限元学派创始人;严国泰(1941[清华],航空),在美国海军工作;罗远祉(1942[联大],电机),曾任美国纽约州 Ellenville 镇的 Channel Master Corp. 公司工程师,主持研制并设计该厂第一代电视天线,美国伊利诺伊大学香槟分校电机系教授、电子与计算机系主任,当选 IEEE Fellow、IEEE Life Fellow、美国国家工程院院士;莫松森(1942[南开],机械),曾任美国福特公司高级工程师;章宏道(原名章欣,曾用名章宏道、章振弗)(1943[清华],机械),原中华

---

① 王大勇:《汤楷孙:我国石油储运工程专业奠基人》,《中国石油大学报》,2014 年第 7 期第 3 版。

② 中国医疗器械杂志编辑部:《深切悼念本刊原主任编委、顾问蒋大宗教授》,《中国医疗器械杂志》,2014 年第 3 期。

③ 史际平:《李诗颖教授的清华情》,http://www. tsinghua. org. cn/xxfb/xxfbAction. do? lmid = 4000355&ms = ViewFbxxDetail_detail0&xxid = 10090835。

人民共和国外交部副部长,为中国革命、建设和外交事业做出重要贡献;王仁(1943[联大],航空),布朗大学副研究员、芝加哥依省理工学院力学系助理教授;王永良(1943[联大],机械),任职德士古石油公司;姚荣辉(1944[应征译员],航空),美国洛克希德马丁公司高级设计师;等等。

综上所述,西南联大工程教育在中国工程教育史上具有承前启后的作用,它继承了战前清华、南开工程教育的成果,并在新的历史条件下进行了重新整合和发展完善,成为战时我国高等工程教育的一面旗帜,为民族独立、国家富强和社会发展做出了突出贡献。西南联大工程教育的成功并非某个偶然因素所致,而是诸多内外部因素良性互动的结果,如时局发展对工程技术人才的迫切需要、国民政府教育政策的倾向,以及西南联大的民主氛围、师资力量、优秀生源等。西南联大工程教育的历史及现实意义在于支持了抗战、推动了工业建设、增强了民族自信,同时又锻炼了队伍、培养了人才、积累了经验,为复员及建国后我国工程教育的布局和发展产生了深刻影响。

5

复员时期国立清华大学工学院的恢复与发展

　　1945 年 8 月抗日战争取得胜利,次年 5 月 4 日梅贻琦在昆明宣布西南联合大学结束,此后清华、北大及南开陆续回迁,并于 10 月 10 日三校同时开学。复员后的国立清华大学在相对稳定的战后环境下,积极扩充院系,恢复教学科研等项工作,其工程教育在一段时期内获得了发展。但随着国内革命战争爆发,国家政治、经济形势严重恶化,致使国立清华大学等院校工程教育的发展再次陷入困境。

第一节　复员时期国立清华大学工学院的历史沿革

　　长达八年的全面抗战使中国社会民生凋敝、满目疮痍,经济发展遭受了重创,"世界上任何国家之盛衰存亡,纯视工业之发达与否为定断"①,因此,战争胜利后第一要务就是要尽快恢复工业生产。例如,1943 年蒋介石出版《中国之命运》一书,提出:"抗战五年半以来,中国的国民经济已趋向于国防与民生的合一。不平等条约的撤废,更能使中国以独立自由的地位,迈进于经济独立'自力更生'的大道。而中国之'自力更生',尤以'工业化'为当务之急。故今后国民的经济建设,应以发达工业经济为基础。……于此有应为我国有志于经济事业的青年指出一点。不平等条约的撤废,已为我们中国的工业解除其重重的束缚。然而中国今后的工业,仍须以最速的进步,与最大的努力,始可与先进诸国高度的技术与集中的经营,并驾齐驱。所以我全国的青年,必须立志为工程师,提高其技术的知识,致身于工业的发展。更有从实际的工作里面,求创造求发明,然后我们中国的经济建设方有完成的把握。"②1945 年 9 月,蒋介石在全

---

　　① 《胡厥文等为恢复国立北京工学院致教育部代电》(1946 年 3 月 16 日),中国第二历史档案馆:《中华民国史档案资料汇编》(第五辑、第三编、教育(一)),南京:江苏古籍出版社,2000 年,第 241 页。
　　② 蒋中正:《中国之命运》,南京:正中书局,1943 年,第 89 页。

国教育善后复员会议上发表的讲话中再次提出："抗战期间,军事第一;建国时期,教育第一,要为国家民族造就新青年,才能建设一个现代国家。……今后的问题,是如何使建国工作和教育的设施相配合。……所以今后教育,不但须注重土木,即电机、机械、水利都有应当注重,以培养各种建设人才。"①

为适应抗战胜利后工业发展对高等工程技术人才的需求,国立清华大学等院校复员后,积极修复校舍、添设图书仪器等,并制订扩充院系计划。1943年,梅贻琦、潘光旦在《工业教育与工业人才》一文中曾提出:"工业化是建国大计中一个最大的节目。维新以来,对国家前途有正确认识的人士,一向作此主张。晚近自抗战以还,更自《中国之命运》一书发表以后,这种主张更有成为天经地义、家喻户晓的趋势。"②复员后,国立清华大学根据国民经济建设之需要,扩充工学院,培养工业人才。例如,1945年3月9日,梁思成致函梅贻琦校长建议清华成立建筑系,其内容为:"母校工学院成立以来,已十余载,而建筑学始终未列于教程。国内大学之有建筑系者,现仅中大重大两校而已。然而居室为人类生活中最基本需要之一,其创始与人类文化同古远,无论在任何环境之下,人类不可无居室。……抗战军兴以还,各地城市摧毁已甚,将来盟军登陆,国军反攻之时,且将有更猛烈之破坏,战区城市将尽成废墟,及失地收复,立即有复兴焦土艰巨工作随之而至;由光明方面着眼,此实改善我国都市之绝好机会。举凡住宅、分区、交通、防空,等等问题,皆可予以通盘筹画,预为百年大计,其影响于国计民生者至巨,而工作亦非短期所能完成者,英苏等国,战争初发,破坏方始,即已着手战后复兴计划。反观我国,不惟计划全无,且人才尤为缺少。而我国情形,更因正在工业化之程序中,社会经济环境变动剧烈,乃至在技术及建筑材料方面,亦均具有其所独有之问题。工作艰巨,倍蓰英苏,所需人材当以万计。古谚所诫'毋临渴而掘井',but it's better late than never。为适应此急需计,我国各大学实宜早日添授建筑课程,为国家造就建设人才,今后数十年间,全国人民民主室及都市之改

---

① 史贵全:《中国近代高等工程教育研究》,上海:上海交通大学出版社,2004年,第121页。

② 梅贻琦、潘光旦:《工业教育与工业人才》,清华大学校史研究室:《清华大学史料选编》(第三卷下册),北京:清华大学出版社,1994年,第203页。

进，生活水准之提高，实有待与此辈人才之养成也。即是之故，受业认为母校有立即添设建筑系之必要。"①同年10月，梅贻琦在关于复员迁校问题的报告中提出："此次在渝已向教部说明清华发展之计划，即：此后将于人才训练与学术研究并加注重。院系方面，……工学院中增化工系、建筑系。"②同时为将来扩充工学院，梅贻琦致电教育部长朱家骅，请求将工务总署在旧圆明园西南角清华校址界内建立的土木工程专科学校校舍拨予清华，即："琦等感到清华校舍已于月初接收，房舍破坏甚重，设备荡然无存，容再详报。查伪工务署在旧圆明园西南角本校校址界内建有土木工程专科学校，学生二百余人已并入补习班，其校舍设备已由沈兼士先生处接收，拟请惠予批拨以应明夏复校急切需要，兼备工院将来扩充之用。"③次年1月，教育部回电："北平西苑土木工专准暂由该校接收。"④

《梁思成致函梅贻琦，建议成立建筑学系》(1945年3月9日)

[《梁思成致函梅贻琦，建议成立建筑学系》(1945年3月9日)，清华大学档案，全宗号1，目录号4:2，案卷号57]

1946年2月，梅贻琦向教育部长提交了详细的清华大学复员后院系充实计划，其中工学院为："原有土木、机械、电机、航空四系，兹拟将化学系原有之化工组改为化学工程系，属于工学院，以更注重工业化学之训

① 《梁思成致函梅贻琦，建议成立建筑学系》(1945年3月9日)，清华大学档案，全宗号1，目录号4:2，案卷号57。
② 《梅校长关于复员迁校问题在1945年度第二次教授会议上的报告》(1945年10月18日)，清华大学校史研究室：《清华大学史料选编》(第三卷上册)，北京：清华大学出版社，1994年，第405页。
③ 《梅贻琦致教育部朱部长电》，清华大学校史研究室：《清华大学史料选编》(第四卷)，北京：清华大学出版社，1994年，第98页。
④ 《教育部致梅贻琦电》(1946年1月31日)，清华大学校史研究室：《清华大学史料选编》(第四卷)，1994年，第99页。

练。此外,本校鉴于我国复兴事业中城市之设计、改良与夫现代建筑适应环境之研究为今后重要问题之一,故拟一面与中国营造学社合作,一面由土木系分任课程,于下学年设置建筑学系。"①同年4月,梅贻琦在《复员期中之清华》中对于复员计划再次提出:"秋间复校后,为应国家社会之需要及本校学科顺序之发展,就院系言之,……工学院添设之化工系在今日之重要,固无待赘言。而建筑系则目前欲应社会之急迫需要,解决人民居室问题、城市设计问题,于人才训练上、于学术研究上,皆当另辟蹊径,以期更有贡献于社会者也。"②但后来"部长朱家骅表示:'在此民穷财尽之秋,教育部应付现状尚极感困难之际,断难谈到增设院系。'他要求清华'放弃增设院系原意'"。③对此,清华校方仍努力争取。

1946年5月4日,西南联大宣告结束。5月13日,西南联大电讯专修科正式移交云南大学办理④,尔后三校分别北上复员。该年夏,为适应清华大学扩大工学院的要求,国立清华大学"正式组建建筑工程学系,聘梁思成为主任","暑期招收第一班学生15人,本科学制四年",10月开学,"系馆借用旧水利馆二楼"。⑤与此同时,国立清华大学工学院为扩充需要,还增设了化学工程学系⑥,"同年秋季招收第一届新生。原任张大煜担任首任系主任,张因故未到职,于1947年改任曹本熹。"⑦至此,复员后的国立清华大学工学院共设土木工程学系、机械工程学系、电机工程学系、航空工程学系、化学工程学系、建筑工程学系。各学系都有自己的馆,如土木馆,航空馆,电机馆,机械馆等,"每个馆里的设备都是充实的,教室,研究室,图书室,实验室非常完全"。⑧1948年9月16日,国立清华大学致电教育部:"三十五年度起于工学院添设建筑学系,并派该系主任梁思成于三十五年秋出国考察建筑教育,梁教授去岁归国对于近年欧美建

---

①　《梅贻琦函教育部关于清华大学复员后院系充实计划》(1946年2月),清华大学校史研究室:《清华大学史料选编》(第三卷上册),第413页。

②　梅贻琦:《复员期中之清华》(1946年4月),清华大学校史研究室:《清华大学史料选编》(第四卷),第28页。

③　清华大学校史编写组:《清华大学校史稿》,北京:中华书局,1981年,第434页。

④　清华大学校史研究室:《清华大学九十年》,北京:清华大学出版社,2001年,第136页。

⑤　方惠坚、张思敬:《清华大学志》(下册),北京:清华大学出版社,2001年,第1页。

⑥　清华大学校史编写组:《清华大学校史稿》,第457页。

⑦　方惠坚、张思敬:《清华大学志》(下册),第154页。

⑧　王崶:《清华大学在进步中》,《中央日报周刊》,1948年第4卷第12期。

筑学课程及教学方法颇有心得，深感近年欧美建筑界对于都市计划之特加重视。实以建立有组织有秩序之新都市，为近代人类文化中之重要需求，尤是为我国战后建设之借鉴。爰按时代实际需要，将本校建筑系高级课程分为建筑学与市镇计划学两组，且'建筑工程'仅为建筑学之一部分范围过于狭隘，为求其名实相符，拟想准将建筑工程学系改称'营建学系'。"①1948 年 10 月 5 日，教育部代电："该校建筑工程学系毋庸分组，并不必改称营建学系，惟该系学生如愿偏重市镇计划研究者，准将'材料力学'及'钢筋混凝土'两学程改列为选修科目。"②

1947 年 5 月通过的《国立清华大学规程》还规定："国立清华大学，得设研究所，进行研究工作并训练大学毕业生从事高深学术之研究。"③复员后，国立清华大学除原有的土木工程、机械工程及航空工程、电机工程三个学部外，"机械工程与航空工程分设并拟添设化学工程研究所及建筑学研究所"，1947 年暑假"土木工程研究所及建筑学研究所拟招生，其他机械、电机、航空等四研究所暂不招生。"④

第二节　复员时期国立清华大学工学院的发展特征

抗战胜利后，国立清华大学迎来了一个相对稳定的时期，在全体师生的共同努力下，工学院在这一时期不断发展壮大，其师资队伍、实验设备、人才培养、科研成果等都有较大成效；但国内动荡的局势、教育经费的紧张等，致使高等工程教育遭受了挫折，在此种环境下，清华大学工学院的发展也受到了严重影响。

一、实施"通识教育"的教学方针

国立清华大学复员后，"师资较之西南联合大学时骤然减少，加之一些教师由于种种原因不能按时到校，致使学校能开出的课程相应减

---

① 《本校工学院建筑工程学系内分建筑学与市镇计划等两组，并请将系名改为营建学系，附呈两组课程表》，清华大学档案，全宗号 1，目录号 4:2，案卷号 57。

② 《教育部代电：该校建筑工程学系毋庸分组，并不必改称营建学系》(1948 年 10 月 5 日)，清华大学档案，全宗号 1，目录号 4:2，案卷号 57。

③ 《国立清华大学规程》[遵照教育部历次指令修正(民国三十六年五月)]，清华大学校史研究室：《清华大学史料选编》(第四卷)，第 169 页。

④ 《研究所添设及设备人员一览表》(1947 年 4 月 3 日)，清华大学档案，全宗号 1，目录号 4:2，案卷号 81。

少。"①据统计,1946—1949学年度国立清华大学工学院共计开设课程约140多门次数。在教学模式上,该时期国立清华大学基本沿袭战前传统,实施"通识教育"。工学院必修课程中,一年级主要开设国文、英文、普通物理学、微积分、画法几何、经济简要、三民主义等共同必修课程,二年级后逐步开设专业基础课程及技术课程等。1947年工学院土木工程学系必修与选修课程见表5-1。

表5-1　1947年国立清华大学工学院必修学程一览

土木工程学系

必修学程

第一年级

学程号数	学程名称	每周时数				学分	先修学程
		学期	演讲	讨论	实验次数	每次实验时数	学分	先修学程
中101	国文	上	3				3	
外101	英文壹	上	5				3	
物101	普通物理学	上	3		1	3	4	
数103	微积分	上	4				4	
机101	画法几何	上	3		1	3	2	
机112	锻铸实习	上	1		1	2	$1\frac{1}{2}$	
经103	经济简要	上	2				2	
	三民主义	上						
	体育	上	2					
中102	国文	下	3				3	
外102	英文壹	下	5				3	
物102	普通物理学	下	3		1	3	4	
数104	微积分	下	4				4	
机102	工程画	下	2		1	4	3	
机113	制模实习	下	1		1	3	$1\frac{1}{2}$	
经104	经济简要	下	2					
	三民主义	下						
	体育		2					

① 金富军:《复员之后的国立清华大学》,《清华人》,2008年第1期。

土木工程学系

必修学程

第二年级

学程号数	学程名称	每周时数					学分	先修学程
		学期	演讲	讨论	实验次数	每次实验时数		
土 111	测量壹	上	4		2	3	5	
土 173	工程制图壹	上	1		1	3	$1\frac{1}{2}$	机 102
数 131	微分方程	上	3				3	
机 131	机动学壹	上	4				3	
机 121	应用力学	上	4	1			4	
化 103	普通化学	上	3		1	3	4	
	伦理学	上						
	体育	上	2					
土 112	测量贰	下	4		2	3	5	土 111
土 119.1	大地地形测量实习	暑					2	土 112
土 119.2	水文测量实习	暑					$\frac{1}{2}$	土 112
土 119.3	铁路及道路定线实习	暑					$1\frac{1}{2}$	土 112, 土 142
土 142	铁路曲线及土木	下	3		1	3	3	土 111
土 174	工程制图贰	下	1		1	3	$1\frac{1}{2}$	土 173
机 142	热机学	下	3				3	
机 122	材料力学	下	3				4	机 121
化 104	普通化学	下	3		1	3	4	
	伦理学	下						
	体育	下	2					

第三年级

学程号数	学程名称	每周时数					学分	先修学程
		学期	演讲	讨论	实验次数	每次实验时数		
土 120.1	结构学壹	上	3	1			3	机 122
土 125	工程材料学	上	3				2	化 104, 机 122

续表

土木工程学系

必修学程

第三年级

学程号数	学程名称	每周时数					学分	先修学程
		学期	演讲	讨论	实验次数	每次实验时数		
土 131	道路工程壹	上	3				3	土 142
土 143	铁路工程壹	上	4				3	土 142
土 151	水力学	上	3	1			3	机 121
土 171	工程地质学	上	2		1	2	2	
电 109	电机工程	上	3					
	体育	上	2					
土 114	实用天文	下	3		1	2	3	土 112
土 120.2	结构学贰	下	3	1			3	土 120.1
土 121.1	结构设计壹	下	3		2	3	4	土 120.1
土 123	钢筋混凝土结构	下	3				3	土 120.1
土 125.1	工程材料试验	下			1	3	1$\frac{1}{2}$	土 125
土 152	水力实验	下	1		1	3	1$\frac{1}{2}$	土 151
土 161	给水工程	下	3				3	土 151
电 120	电机实验	下			1	3	1$\frac{1}{2}$	
	体育	下	2					

必修学程(结构工程组)

第四年级

学程号数	学程名称	每周时数					学分	先修学程
		学期	演讲	讨论	实验次数	每次实验时数		
土 121.2	结构设计贰	上			2	3	3	土 120.2, 土 121.1
土 122	污工及地基	上					3	土 123, 土 125
土 124	钢筋混凝土设计	上	2		1	3	3	土 123
土 127.1	高等结构学壹	上	3				3	土 120.2
	体育	上	2					
土 127.2	高等结构学贰	下	3				3	土 127.1
土 127.3	高等结构设计	下	1		1	3		土 127.1

续表

土木工程学系

必修学程(结构工程组)

第四年级

学程号数	学程名称	每周时数					学分	先修学程
		学期	演讲	讨论	实验次数	每次实验时数		
土128	房屋建筑	下	2				2	土122，土123
土144	铁路设计	下			1	4	2	土143
土172	工程估计及契约	下	1				1	土122，土124
	体育	下	2					

必修学程(水力工程组)

第四年级

学程号数	学程名称	每周时数					学分	先修学程
		学期	演讲	讨论	实验次数	每次实验时数		
土121.2	结构设计贰	上			2	3	3	土120.2，土121.1
土122	污工及地基	上	3				3	土123，土125
土124	钢筋混凝土设计	上	2		1	3	3	土123
土153	水文学	上	2				2	土152
土155.1	河港工程壹	上	3				3	土152
	体育	上	2					
土128	房屋建筑	下	2				2	土122，土123
土154	水力发电工程	下	3				3	土153
土155.2	河港工程贰	下	2				2	土155.1
土156	水工设计	下			2	3	2	土151，土124
土172	工程估计及契约	下	1				1	土122，土124
	体育	下	2					

必修学程(铁路及道路工程组)

第四年级

学程号数	学程名称	每周时数					学分	先修学程
		学期	演讲	讨论	实验次数	每次实验时数		
土121.2	结构设计贰	上			2	3	3	土120.2，土121.1
土122	污工及地基	上	3				3	土123，土125
土124	钢筋混凝土设计	上	2		1	3	3	土123

必修学程（铁路及道路工程组）

第四年级

学程号数	学程名称	每周时数					学分	先修学程
		学期	演讲	讨论	实验次数	每次实验时数		
土145	铁路工程贰	上	3				3	土143
土155	道路工程贰	上	2				2	土131
	体育	上	2					
土128	房屋建筑	下	2				2	土122,土123
土133	道路设计	下			1	4	2	土133
土134	道路材料试验	下			1	3	$1\frac{1}{2}$	土131
土144	铁路设计	下			1	4	2	土143
土172	工程估计及契约	下	1				1	土122,土124
	体育	下	2					

必修学程（市政及卫生工程组）

学程号数	学程名称	每周时数					学分	先修学程
		学期	演讲	讨论	实验次数	每次实验时数		
土121.2	结构设计贰	上			2	3	3	土120.2,土121.1
土122	污工及地基	上	3				3	土123,土125
土124	钢筋混凝土设计	上	2		1	3	3	土123
土153	水文学	上	2				2	土152
土162	下水工程	上	3				3	土161
土166	环境卫生	上	2				2	土161
	体育	上	2					
土128	房屋建筑	下	2				2	土122,土123
土133	道路设计	下			1	4	2	土131
土163	卫生工程设计	下			1	4	2	土162
土164	卫生工程实验	下			1	3	$1\frac{1}{2}$	土161
土165	都市计划	下	2				2	土112
土172	工程估计及契约	下	1				1	土122,土124
	体育	下	2					

土木工程学系

选修学程

第四年级

学程号数	学程名称	每周时数					学分	先修学程
		学期	演讲	讨论	实验次数	每次实验时数		
土 159	灌溉工程	下	2				2	土 152
土 191	专题研究	上					2-4	
土 192	专题研究	下					2-4	
土 211	航空测量	上	2				2	土 112
土 221	高等材料力学壹	上	3				3	机 122
土 222	高等材料力学贰	下	2				2	土 221
土 226	土壤力学	下	3				3	机 122, 土 122
土 241	铁路号志	下	3				3	土 145
土 251	高等水力学	下	2				2	土 152
土 261	高等卫生工程	下	2				2	土 162

为他系所设必修学程

学程号数	学程名称	每周时数					学分	先修学程
		学期	演讲	讨论	实验次数	每次实验时数		
土 113	测量	上	2		1	3	2	
		下						
土 113.1	测量（地学系）	上	2		1	3	3	
土 113.2	测量（地学系）	下	2		1	3	3	
土 126	工程材料学	上下	3				2	
土 153	水力学	下	3				3	

[资料来源：《清华大学学程一览》(1947 年)，清华大学校史研究室：《清华大学史料选编》(第四卷)，北京：清华大学出版社，1994 年，第 358~365 页]

虽然复员后国立清华大学实施"通识教育"，但国民政府却利用加重课程任务的方式阻止学生参加爱国运动。就各院系来说，"工学院的功课，在全校是最忙、压得最紧的一院。加重每小时所授的份量，加多习题，加紧制图，主要功课，每周交习题一次，考试一次，实习时却往往硬要从午饭之后干到晚饭铃响，……这一切似乎是'天经地义'的了。正因如此，工学院的同学谈天,扯不上三句就是谈到'考试'"。① 繁重的课程压力致使学生往往兼顾不暇,也就无法实现真正意义上的"通识教育"。对于这一时期工程教育存在的问题,有学者曾提出:"多少年来,教育部制定了大学工程院系的学制与课程。这些东西原是资本主义国家高度工业化阶段的一套成货,却被从头到尾地抄袭了过来,当作中国这个生产水准低落、半封建半殖民地社会里的教育制度;正如联总救济的花旗跟高跟鞋配给一位乡下农妇一样,结果是削足适履,可笑而又可悲! 同学们抱着愉快的理想跑进学校来,原是希望获得切实的知识技能的。然而在学校里,大家每天每天被压在繁重的功课负担下喘不过气来。微积分,普通物理,应用力学,测量实习,电工原理,水力学,结构学,热工,金工,木工……几十个Courses 挤在四年里面一定要修完,结果弄得一学期二十个学分,手忙脚乱地应付着像车轮战一样逼上来的考试、报告和实习。一个夜车开到深宵、寒重的时分。清早爬起来赶快就要去对付周期性的小考,不幸领导上次的成绩全是二十、三十,于是没精打彩地听完了两堂演讲,下午又必须为了一个电工习题在斗室里头痛到日落西山。人家在愉快地开着夕阳草地会来恢复疲劳的时候,还不能不抖起精神来赶完一张工程制图。宿舍里十点钟就灭了灯,只好拖着丁字尺去借饭厅的灯光,又是一个三更夜车。就在梦里也在耽(担)心着考试的分数。第二条疲惫得爬不起来,只好涮了一堂功课。就是这样累得连续读报的时间也没有,更谈不到广泛的社会科学知识的学习。好容易三年半过去了,出路问题马上像阴云一样沉闷地压在心上。辛苦了这么些时日,上哪儿去呢? ——人家并不需要工业建设,航空委员会并不要航空系的毕业生,土木系同学也不能安稳地跨进铁路局的大门。于是满心的苦闷、惋惜和恨悔,教人如何不憎恶这样的'工程教育'!②同时,"针对国民党政府企图用繁重的功课负担来压抑学生运动的方针,进步学生曾反对过课程负担过重,提出过'改善不合理的教育制度'的要求。当时工学院学生指出:'工学院不是训练一批批死板的工程机器和肺痨的制造所,而是教育出一个真正懂得建设,懂得作

---

① 《院系漫谈》,清华大学校史研究室:《清华大学史料选编》(第四卷),第 187 页。

② 晓宋:《严重的工程教育问题》(1948 年 5 月 28 日),清华大学校史研究室:《清华大学史料选编》(第四卷),第 218~219 页。

人，懂得自己和人生的完善的青年'。"①

对于人才培养，潘光旦在《论教育的更张》中曾指出："大学教育的年限应该延展，至少应有五年，前三年为普通教育或通识教育，后两年才分系而成专门教育。我认为一般的大学生设想，为其前途就业设想，两年是够了，如果他有志力再求精进，他可以进研究院。理工的各学系，因为训练的成分较多，发展器识的机会太少，更有延展到五年或五年以上的必要。……所谓普通教育的学程与题材，适量的自然科学与社会科学而外，应特别注重人文学科，如文学、哲学、历史，以及艺术音乐。"②1948年2月20日，钱伟长、董寿莘、黄眉、嵇铣、曹本喜、陶葆楷、刘致平、储钟瑞、张怀祖、董树屏、钟士模、张维、孟庆基、莫宗江、李丕济、屠守锷、夏震寰、梁思成、强明伦、范崇武、王德荣、沈元、宁榥、王继明、刘德慕、王明之等工学院教师在谈话会上亦提出："（一）大学工科教育与职业教育不同，应使学生在毕业后可发展为有理想之工程师，并使对社会及人生普通问题有相当之认识。（二）大学工科学程为顾到本国各种情形，仍可维持四年毕业之制度。（三）属于手艺性质之训练，应利用假期办理之，在学期内应尽量减少此种性质之训练。（四）基本训练（包括理论及实用两方面）应予充实，但现有课程须作通盘之调整，使内容充实而无叠床架屋之弊。（五）各系专门课程应予减少，许多专门课程可改为研究院课程。（六）各课程之学分应与实际工作时间配合，各课程所需要学生在上课外之工作时间，应由教师先作估计，然后规定各该课程之学分。（七）普通学生每星期上课时间及课外在课程上之工作时间，应以五十小时为度，使学生有余暇可以思索各种问题，并吸收人文科学与社会科学方面之训练。（八）本院应组织委员会分组研究：（1）有关各系之基本课程之通盘调整；（2）有关各系之实习课程（包括工厂实习、测量实习、绘图及实验）之调整。"③

针对课程设置中存在的问题，"工学院曾一度组织过'课程调整委员

---

① 清华大学校史编写组：《清华大学校史稿》，第453~454页。

② 潘光旦：《论教育的更张》，清华大学校史研究室：《清华大学史料选编》（第四卷），第230~231页。

③ 《工学院教师谈话会记录》（1948年2月20日），清华大学档案，全宗号1，目录号4：2，案卷号6。

会',对四年制课程考虑作某些局部调整,并试图进行五年制的课程研究,但无结果"。① "各系课程之'改订'并未认真进行,原有课程的基本体系均未改动,只是就师资状况及学科发展状况,对某些课程作了少许调整"。② 例如,机械工程学系,"因新聘到机械制造与汽车方面的教师,因而开出了长期未能开出的这方面课程,如汽车工程、制造方法、工具设计以及金属及热炼、高等铸工等选修课程,选修课比较联大时期那样杂滥而大致有专门范围,使学生选择可略有所专"。③ 电机工程系,"大致系参照数年前之部定学程,及考虑抗战中之特殊情形而拟",鉴于"抗战胜利结束,而科学进步日新月异,旧学程亟有修订之必要",故于1948年积极收集资料重新拟定学程,并自1948年度下学期起"添授对称分量等二学程,予学生以选习机会,并计划于将来增开选修学程,以为加设研究院之准备"。④ "但多是因人而设,漫无系统,有些只是拼凑出来的,质量不高"。⑤ 土木工程学系,"课程负担比过去加重,甚至比美国麻省理工学院土木系课程还重,颇引起学生反对。系方曾拟定过'课程改革计划',师生对减少必修课,增加选修课及减少上课时数提出过一些意见,但未付诸实行"。⑥ 建筑工程学系,"在教学思想上偏重于建筑艺术,当时学校虽称该系为'建筑工程学系',而该系教师实际上只承认是'建筑学系'。当时系主任曾提出过'理工与人文'结合,反对'半个人的世界'(只懂工程,缺乏文化修养),他认为建筑学正体现了对培养完整人格的要求。他们认为没有'艺术感觉'的人,才去搞建筑工程,从事建筑工程者,只是'匠人'与'包商'"。⑦ 其各级课程之编排"参考国外建筑学校现况与部定标准而拟定",开设课程有制图初步、古典型范、预级图案、素描、阴影画等。⑧ 1948年至1949年建筑工程学系学程见表5-2。1948年9月16日,国立清华大学致电教育部:

---

① ② ③　清华大学校史编写组:《清华大学校史稿》,第453~454页。

④　梅贻琦:《复员后之清华(续)》(1947年4月),清华大学校史研究室:《清华大学史料选编》(第四卷),第57~58页。

⑤ ⑥　清华大学校史编写组:《清华大学校史稿》,第453~454页。

⑦　清华大学校史编写组:《清华大学校史稿》,第455页。

⑧　梅贻琦:《复员后之清华(续)》(1947年4月),清华大学校史研究室:《清华大学史料选编》(第四卷),第60~61页。

表 5-2 国立清华大学工学院建筑工程学系学程（1948 年至 1949 年）

上学期

学程	讲演	实习 次数	实习 每次时数	实习 共时数	学分	先修学程	教师
一年级 上学期							
中 101 国文	3				3		
外 101 英文	5				3		
物 101 物理	3	1	3	3	4		
数 103 微积分	4				4		
建 101 建筑制图		2	3	6	2		莫宗江 胡允敬 程应铨
建 105 投影画（一）	1	1	3	3	3		朱畅中 汪国瑜
建 131 素描（一）		2	3	6	2		李宗津 毕颐生
经 103 经济简要	2				2		
二年级							
建 113 初级图案		3	3	9	3	建 112	林继诚 朱畅中 程应铨

下学期

学程	讲演	实习 次数	实习 每次时数	实习 共时数	学分	先修学程	教师
中 102 国文	3				3		
外 102 英文	5				3		
物 102 物理	3	1	3	3	3		
数 104 微积分	4				4		
建 112 预级图案		2	3	6	2		胡允敬 程应铨
建 106 投影画（二）	1	1	3	3	2		朱畅中 汪国瑜
建 132 素描（二）		2	3	6	2		李宗津 毕颐生
经 104 经济简要	2				2		
建 114 初级图案		3	3	9	3	建 113	林继诚 朱畅中 程应铨

续表

学程	讲演	实习 次数	实习 每次时数	实习 共时数	学分	先修学程	教师
建161 材料与结构	1	1	3	3	2	建101	刘致平
建151 欧美建筑史	2				2	建112	梁思成
建133 素描(三)		2	2	4	2	建132	李宗津 毕颐生
建141 水彩(一)		2	2	4	2	建132	莫宗江
机121 应用力学	4				4	物102	
*土113 测量(上或下)	2	1	3	4	2		
社101 社会学概论	3				3		
	12或10			24或20	20或18		

学程	讲演	实习 次数	实习 每次时数	实习 共时数	学分	先修学程	教师
建162 材料与结构	1	1	3	3	2	建161	刘致平
建152 欧美建筑史	2				2	建112	梁思成
建134 素描(四)		2	2	4	2	建133	李宗津 毕颐生
建142 水彩(二)		2	2	4	2	建141	莫宗江
机122 材料力学	4				4	机121	
*土113 测量(上或下)	2	1	3	4	2		
社102 社会学概论	3				3		
	12或10			24或20	20或18		

注：*测量可选在上学期或下学期

273

续表

三年级（第一学期）

学程	讲演	实习			学分	先修学程	教师
		次数	每次时数	共时数			
建 115 中级图案（一）		4	3	12	6	建 114	刘致平 胡允敬 林继诚 汪国瑜
建 153 中国建筑史	2				3		梁思成
建 135 素描（五）		1	3	3	1		李宗津 毕颐生
建 143 水彩（三）		1	3	3	1		莫宗江
土 125 工程材料学	3				2		王明之
社 267 乡村社会学	3				3		
地 363 土地利用	2				2		
建 119 雕饰学		1	3	3	1		莫宗江
	12			24	19		

三年级（第二学期）

学程	讲演	实习			学分	先修学程	教师
		次数	每次时数	共时数			
建 116 中级图案（二）		4	3	12	6	建 115	刘致平 胡允敬 林继诚 汪国瑜
建 156 市镇计划	2				2		梁思成
建 136 素描（六）		1	3	3	1		李宗津 毕颐生
建 144 水彩（四）		1	3	3	1		莫宗江
土 123 钢筋混凝土	3				3		王明之
社 268 都市社会学	3				3		
地 363 土地利用	2				2		
建 202 庭园学	2				2		莫宗江
	12			21	20		

续表

四年级建筑组（本年度无四年级）

学程	讲演	实习			学分	先修学程	教师
		次数	每次时数	共时数			
建117 高级图案		5	3	15	8		刘致平 邹劲旅 林继诚
建155 欧美绘塑史	2				2		梁思成
建145 水彩（五）		1	3	3	1		莫宗江
土124 钢筋混凝土	3				3		王明之
土122 巧工地基及房屋	4				3		王明之
建181 雕塑（一）		1	3	3	1		徐沛真
建191 专题讲演	1				1		
	10			21	19		

学程	讲演	实习			学分	先修学程	教师
		次数	每次时数	共时数			
建118 高级图案		5	3	15	8		刘致平 邹劲旅 林继诚
建154 中国绘塑史	2				2		梁思成
建146 水彩（六）		1	3	3	1		莫宗江
土机械设备	3				3		
建172 业务法 会施工估价	2				2		
建182 雕塑（二）		1	3	3	1		徐沛真
选修	2				2		
	9			21	21		

续表

四年级市镇组（本年度尚无四年级）

学程	讲演	实习 次数	实习 每次时数	实习 共时数	学分	先修学程	教师
建 123 高级图案		5	3	15	8		邹劲旅 林继诚
建 155 欧美绘塑史	2				2		梁思成
建 145 水彩（五）		1	3	3	1		莫宗江
图 166 环境卫生	2				2		
政 131 市政学	2				2		
社 237 人口问题	3				3		
建 181 雕塑		1	3	3	1		徐沛真
建 191 专题演讲	1				1		

续表

学程	讲演	实习 次数	实习 每次时数	实习 共时数	学分	先修学程	教师
建 124 高级图案		5	3	15	3		邹劲旅 林继诚
建 156 中国绘塑史	2				2		梁思成
建 146 水彩（六）		1	3	3	1		莫宗江
建 172 业务法会施工估价	2			2	2		
政 132 市政学	2			2	2		
社 238 人口问题	3			3	3		
建 182 雕塑		1	3	3	1		徐沛真
建 192 专题研究					2		

［资料来源：《国立清华大学工学院建筑工程学系学程（民国三十七年至三十八年）》，清华大学档案，全宗号 1，目录号 4:2，案卷号 57］

"将本校建筑系高级课程分为建筑学与市镇计划学两组,且'建筑工程'仅为建筑学之一部分范围过于狭隘,为求其名实相符,拟想准将建筑工程学系改称'营建学系'"。①

除理论学习外,工学院还组织学生实地参观调研,加强学生的实践能力。例如1947年,土木工程系学生在海淀颐和园一带实习测量②;1948年,工学院毕业学生前往交通部青岛港工程局实习③,机械工程学系毕业学生邵长兴等二人前往淮南铁路局实习④,机械工程学系四年级学生约四十人由教授王遵明、宋镜瀛率领前往华北电力、华北钢铁局石景山发电、钢铁厂参观⑤;等等。该时期工学院学生实习人数大大超过战前,见表5-3。

表5-3 国立清华大学各院系实验室实习工厂战前与复员后
学生实习人数与技工人数比较表

院系	实验室名称	每周学生实习人数		技工人数			备注
		战前	现在	战前	现在	应有	
工学院机械系	金工厂	80	350	8		10	
	木工厂	80	450	4	4	3	
	锻工厂	80	300	4	2	5	
	铸工厂	80	300	4	3	4	
	热工实验室	80	300	8	3		
	金属实验室		50		6	8	
	汽车试验室		50				

---

① 《本校工学院建筑工程学系内分建筑学与市镇计划等两组,并请将系名改为营建学系,附呈两组课程表》,清华大学档案,全宗号1,目录号4:2,案卷号57。

② 《青年远征军二〇六师公函:准函以工学院土木工程系学生在海淀颐和园一带实习测量等由应予便利由》(1947年7月14日),清华大学档案,全宗号1,目录号4:2,案卷号87:2。

③ 《函交通部青岛港工程局:"贵局工人字第二二六八号函嘱介绍本校工学院本届毕业学生前往实习等由,准此查本校工学院本届毕业生大部已经各有关工程机关延揽,刻已无人可资介绍"》(1948年5月25日),清华大学档案,全宗号1,目录号4:2,案卷号49:6。

④ 《函淮南铁路局:本校机械工程学系毕业学生邵长兴等二人前往实习由》(1948年6月22日),清华大学档案,全宗号1,目录号4:2,案卷号49:1。

⑤ 《函华北电力、华北钢铁局:本校机械工程学系四年级学生约四十人拟于本月卅日由教授王遵明、宋镜瀛两先生率领前往贵局石景山发电、钢铁厂参观》(1948年10月21日),清华大学档案,全宗号1,目录号4:2,案卷号87:2。

续表

院系	实验室名称	每周学生实习人数		技工人数			备注
		战前	现在	战前	现在	应有	
工学院土木系	材料试验室	80	350	1	3	2	
	道路试验室	25	80	1		1	
	卫生工程试验室	10	40				
	水力试验室	80	300	2		3	
	测量室	100	400	1		1	
工学院电机系	直流电试验室	80	300	1	1	1	
	交流电试验室	80	300	1		1	
	无线电试验室	20	60	1		1	
	电报电话试验室	20	60	1		1	
	电机制造室	20	60	5		5	
	高压实验室		60			1	
工学院航空工程系	风洞动力试验室	10	30	1	1		抗战期间由机械系划出成立系
	发动机试验室	20	160	1		2	
	飞机修造试验室	10	120	1			
	模型工厂			2		2	
工学院化工系	化工试验室		200	2		4	复员后添设
	工业化学试验室						
	工业分析试验室						
	高压试验室						
	燃料试验室						
	传热试验室						
工学院建筑系	模型制造室					2	复员后添设

[资料来源:国立清华大学各院系实验室实习工厂战前与复员后学生实习人数与技工人数比较表,清华大学校史研究室:《清华大学史料选编》(第四卷),北京:清华大学出版社,1994 年,第 266~267 页]

二、师资队伍力量逐步增强

1946 年 10 月 30 日,国立清华大学举行复校后第一次校评议会,议决:分配教授、副教授、专任讲师共 196 个名额,其中工学院 46 人;教员助教共 164 人,分配工学院 44 人;各院系职员共 46 人,分配工学院 16 人。① 复员后,因施嘉炀请假赴美考查,由陶葆楷代理工学院院长。自 1946 年 8 月至 1948 年 7 月,陶葆楷在代理工学院院长期间非常注重师资建设,"作为学院的领导,我认为发展工学院,首要任务是聘请知名的教授。当时章名涛先生已离开西南联大,在上海电车公司担任总工程师。考虑到在昆明时,电机系主任经常更动,我想一定要等章先生再回清华,我三次拜访章先生,请他回来,最后得到他的同意,回校担任电机系主任。梁思成先生也在 1946 年出国,我向学校提请吴柳先生代理主任职务,吴良镛担任系秘书,因为他那时刚从中大毕业。此外,建筑系还聘请了刘志平、莫宗江、汪国瑜诸先生,化工系聘请了吴迟、朱亘述诸先生。其他各系(土木、机械、电机、航空)也增加了很多教授,如张任、夏震寰、李丕济、金涛、王国周、钱伟长、张维、陆士嘉、储钟瑞、陈梁生等教授,有的是在国内聘请的,有的是我写信到外国去,物色有专长的学者来校任教。例如陈梁生,我还请他在美国代清华购买土木实验室的仪器设备。"②

具体而言,1946 学年除续聘王德荣、宁榥、丁履德、王宏基等教授外,工学院新聘教授有:土木工程学系谭葆泰、夏震寰、储钟瑞,机械工程学系钱伟长,电机工程学系黄眉,航空工程学系钱学森、沈元,建筑工程学系梁思成;新聘研究员有:水工试验所郑兆珍、陆士嘉。③ 此外,工学院还新聘陈燕君(土木系)④、吴良镛(建筑系)⑤、赵震炎(航空系)为助教,续聘徐

① 清华大学校史研究室:《清华大学一百年》,第 156 页。
② 陶葆楷:《教育工作六十年》,清华大学建筑技术科学系:《土木工程馆的风云变迁》,北京:清华大学出版社,2009 年,第 30 页。
③ 清华大学校史研究室:《清华大学一百年》,第 157 页。
④ 《土木系下年度拟加聘上学年度(三十四年六月)毕业生陈燕君为助教》(1946 年 4 月 4 日),清华大学档案,全宗号 1,目录号 4:2,案卷号 105:4。
⑤ 《拟聘吴良镛先生为本院建系助教》(1946 年 7 月 12 日),清华大学档案,全宗号 1,目录号 4:2,案卷号 105:1。

华舫、孙天凤、吴孝达、陈士橹、曹传钧等为助教①。据统计，1947 年初工学院有教师 91 人(其中请假、出国或其他原因未能到校者 19 人，名单见表 5-4)②。

表 5-4　国立清华大学工学院教职员名录

(1947 年 1 月 28 日)

土木工程学系			
教授兼主任	陶葆楷		
教授	施嘉炀 (请假)	王裕光	张泽熙	蔡方荫 (未到校)
	李谟炽	吴柳生	王龙甫 (未到校)	李庆海
	阎振兴 (下学期到校)	刘恢先 (下学期到校)	夏震寰 (请假)	谭葆泰 (下学期到校)
	张任			
讲师	卜敦			
教员	卢肇钧	王继明		
助教	莘耘尊	陈继安	孙训方	唐汉诚
	殷之书	陈怀德	黄宇庭	陈燕
	江作昭			
事务员	王铭西			
助理	谢楚英			
绘图员	张竟成			
仪器管理员	谢镇芝	郗蕴山		
机械工程系			
教授兼主任	李辑祥		
教授	刘仙洲 (部派出国研究)	庄前鼎	刘德慕	褚士荃
	王遵明	钱伟长		
副教授	孟庆基	董树屏	强明伦	
教员	郭世康	杨捷	卢锡畴	李安宇

①　《航空系下学期续聘教师名单》(1946 年 4 月 15 日)，清华大学档案，全宗号 1，目录号 4:2，案卷号 105:4。

②　根据"国立清华大学教职员名录"(1947 年 1 月 28 日)统计，清华大学校史研究室：《清华大学史料选编》(第四卷)，第 415~426 页。

机械工程系				
助教	连孟雄	王补宣	杨南生	朱赋卫
	嵇稣	王里仁	林灏	何水清
助理	徐铭昌	张远东	任春寿	林家添
练习生	赵宏			
电机工程系				
教授兼主任	叶楷			
教授	章名涛（请假）	范崇武（未到校）	钱钟韩（未到校）	李郁荣（未到校）
	朱兰成（未到校）	黄眉	陈宗善（未到校）	
副教授	杨津基			
兼任教授	马大猷	胡筠		
专任讲师	唐统一			
教员	罗远祉			
助教	张汉	李华天	陆谊明	丁寿永
	杨幼聪	金德宁	王先冲	马世雄
	童诗白			
助理	胡原凌			
练习生	张瑞祥			
书记	张年英			
航空工程系				
教授兼主任	王德荣			
教授	宁榥	丁履德（请假）	王宏基（未到校）	钱学森（未到校）
	冯桂连（请假）			
副教授	屠守锷	沈元		
教员	徐华舫			
助教	吴孝达	孙天风	陈士橹	曹传钧
	赵震炎			
助理	郝寿彭			
书记	孙靖			
练习生	刘德明			

续表

化学工程系			
教授兼主任	张大煜		
教授	丁绪淮 （未到校）		
副教授	曹本熹		
助教	沈复	钮经义	
书记	邱民从		
建筑工程系			
教授兼主任	梁思成		
副教授	刘致平		
专任讲师	莫宗江		
助教	吴良镛		
绘图员	罗哲文		
书记	纪玉堂		

[资料来源：《国立清华大学教职员名录》（1947年1月28日），清华大学校史研究室：《清华大学史料选编》（第四卷），北京：清华大学出版社，1994年，第415~426页]

1947年5月，国立清华大学修正《国立清华大学教师服务及待遇规程》，规定教师分教授、副教授、合聘教授、讲师、专任讲师、教员及助教，其中："教授及合聘教授，须具有下列三项资格之一：（甲）三年研究院工作、或具有博士学位及有在大学授课二年、或在研究机关研究二年、或执行专门职业二年之经验，及于所任学科有重要学术贡献者。（乙）于所任学科，有学术创作或发明者。（丙）曾任大学或同等学校教授或讲师、或在研究机关研究或执行专门职业共六年，具有特殊成绩者。""副教授，须具有下列三项资格之一：（甲）三年研究院工作得有博士学位或有特殊成绩者。（乙）于所任学科有重要学术贡献者。（丙）曾任大学或同等学校教授、副教授、或讲师、或在研究机关研究或执行专门职业共四年，具有特殊成绩者。""讲师，须有下列三项资格之一：（甲）曾在国内外大学任教授者，有成绩者。（乙）于所任学科有学术创作或发明者。（丙）于专门职业有特殊经验者。""专任讲师，须具有下列三项资格之一：（甲）二年研究院工作得有硕士学位而成绩特优者。（乙）于所任学科有学术贡献者。（丙）于专门职业有特殊经验者。""教员须有下列二项资格之一：（甲）大学毕业成绩特优，且曾在大学或同等学术机关授课或研究四年者。（乙）于所任学科有专门知识、或授课有特殊成绩者。""助教须有大学毕业成绩特优之资格"①。根据这一标准,国立清华大学工学院又相继聘请了不少教师。如1947学年新聘教授有土木工程学系李丕济,机械工程学系张维,航空工程学系顾培慕、屠守锷、沈元,化学工程学系施铨元,建筑工程学系刘致平②。该年,新聘王遵华为助教③,吴厦源为机械系教员④,刘金钺、王祖唐、刘建为机械系助教⑤。至1947年底工学院有教授33人、副教授7人、讲师8人、教员16人、助教46人⑥。1948学年新聘教授有土木工程学系陈梁生、张光斗、王竹亭(兼任教授)、李以深(兼任教授),机械工程学系曹国惠、强明伦、孟庆基,电机工程学系钟士模,航空工程学系陆士嘉,化学工程学系曹本熹、陈新民、赵锡霖、沈琰⑦。该年工学院共有教师133人⑧。

另据1947年4月梅贻琦《复员后之清华(续)》记载,复员后各学系师资情况,如土木工程学系,"陆续到校之教师,计教授八人,教员二人,助教九人"⑨。机械工程学系,"现任教授、副教授共十位,教员助教十三位,职员五位"⑩。电机工程学系,"教授随校由昆返平者仅二人,在国内邀请各教授中,已于上学期到校者二人,下学期到校者二人,另请兼任者二人,教员助教共十一人,故目前所开学程,应付较为裕如。但因本系学生本年人

① 《国立清华大学教师服务及待遇规程(民国三十六年五月修正)》,清华大学校史研究室:《清华大学史料选编》(第四卷),第403页。
② 清华大学校史研究室:《清华大学一百年》,第162页。
③ 《本校新聘助教王遵华先生已于前日到校》(1947年2月26日),清华大学档案,全宗号1,目录号4:2,案卷号105:4。
④ 《拟聘吴厦源君为机械系教员》(1947年6月30日),清华大学档案,全宗号1,目录号4:2,案卷号105:2。
⑤ 《拟聘刘金钺为机械系助教》(1947年7月12日)、《王祖唐君准聘为机械系助教,月薪壹百八十元》(1947年9月4日),清华大学档案,全宗号1,目录号4:2,案卷号105:2。
⑥ 《国立清华大学现有状况调查表》(1947年11月25日),清华大学档案,全宗号1,目录号4:2,案卷号5。
⑦ 清华大学校史研究室:《清华大学一百年》,第167页。
⑧ 方惠坚、张思敬:《清华大学志》(上册),第494页。
⑨ 梅贻琦:《复员后之清华(续)》(1947年4月),清华大学校史研究室:《清华大学史料选编》(第四卷),第53~54页。
⑩ 梅贻琦:《复员后之清华(续)》(1947年4月),清华大学校史研究室:《清华大学史料选编》(第四卷),第55页。

数激增，下学年须增开班次，刻正分别敦请国内外知名学者充任教授，已有良好之收获"。① 航空工程学系，"教师近有教授五人（一人请假），教员一人及助教五人，以后拟再增聘。"②化学工程学系，"其已推进者，师资方面，已约聘教授五人，下年度想均能到校。目前已有助教二人，下年度将添聘三人，已均已约定"③，1948 年底全系教职工 10 余人④。

复员后的国立清华大学工学院可谓精英荟萃，当时任教者多为国内工程学领域的著名学者。以机械系为例，其教授包括："李辑祥——现任系主任，负责系已有十四年，勤慎精敏、谆谆善诱，米西根大学毕业，现授'机械设计''水力机械'等课程。刘仙洲——他屹立在教育岗位，已有二十八年，著作甚丰。先生向主中国学术独立，讲授悉用中文。三十四年奉教育部约，赴美国考察农业机械，去冬回国。在美时，曾为本系订购大批机器、图书、活动电影等，充实本系设备。教育部要他去担任北洋大学校长，他说清华学术风气浓厚，力辞不去。庄前鼎——他是机械系创办人，首届系主任。民国二十七年曾赴京筹备我国航空机械发展事宜，他在系内授'原动力学'，今春休假，赴美研究。褚士荃——德国留学生。他的'画法几何'、'工程画'的讲授可以独步国内，现又担任本校训导长，深得大家敬爱。王遵明——金属学专家，授'金相熟炼'、'高等铸工'、'非铁合金'等课程。讲课时绘形绘色，引人听闻。刘德慕——他负责工厂事务，翻砂制模，经验很丰富。钱伟长——他本习物理，赴美国专供应用数学，曾在美领导研究火箭（Rocket），归国复任本校，开'应用力学'、'材料力学'。力学虽为工院第一难关，因讲解精辟，故能化难为易。张维——他曾游学英德，对力学造诣甚深，德国飞弹之研究，先生亦参与焉，现在本校任教。董树屏——先生一向致力热工，开讲'热工''铁道工程''机械工程画'等课。本校水电暖气供应，也是由他总负责的，温暖了清华园。曹国惠——讲授'热机学''机动学'等，对清华这块机械工程的园地，极

---

① 梅贻琦：《复员后之清华（续）》（1947 年 4 月），清华大学校史研究室：《清华大学史料选编》（第四卷），第 57 页。

②③ 梅贻琦：《复员后之清华（续）》（1947 年 4 月），清华大学校史研究室：《清华大学史料选编》（第四卷），第 59 页。

④ 方惠坚、张思敬：《清华大学志》（下册），第 154 页。

为重要。强明伦——留学法国，工厂经验极丰，开'金工'及'金工实习'等课。孟庆基——在麻省理工学院他专攻汽车制造，又在福特汽车站任职多年，是以技术经验都臻上乘，回国复立志训练工程师和著述书籍。此外又有专任讲师郑林庆、郭世康先生，教员杨捷等五先生，助教十一位"。① 国立清华大学的基础课程由教授亲自担任，助教作为新生力量一般承担一些辅助工作。但不可否认，"战争使大部分教师长期呆在国内，图书资料缺少，导致教师对国际科学技术的发展前沿缺乏了解，讲课思路与内容存在部分局限性。"②例如，"土木系《钢筋混凝土结构》这门课，从1934年起，十几年来仍一直沿用一本旧教科书，设计理论仍采用最落后的'许可应力理论'"。③

复员后，国立清华大学对教师待遇相继制定了相关制度。1946年10月30日，校评议会通过教职员待遇，其中教师起薪额至最高薪额：教授430~600元，副教授290~450元，专任讲师210~320元，教员140~240元，助教120~200元。④ 如工学院土木工程学系1946—1948年度教师薪资见表5-5。该时期教授的薪资最高达600多元，是当时职员及技工的几倍甚至数十倍。

表 5-5　工学院各系 1946—1948 年度教师薪资

土木工程学系				
职别	姓名	三十五年度聘书支薪数	三十六年度聘书支薪数	三十七年度聘书支薪数
教授兼主任	陶葆楷	六〇〇元	六一〇元	六一〇(休假研究)
教授	施嘉炀	六〇〇元(请假)	六三〇元(请假)	六四〇元
教授	王裕光	六〇〇元	六二〇元	六三〇元
教授兼代主任	张泽熙	六〇〇元	六三〇元(上学期请假)	六四〇元
教授	李谟炽	五八〇元	五九〇元(卅六年十二月起改为讲师,下学期请假)	

① 《院系漫谈》,清华大学校史研究室:《清华大学史料选编》(第四卷),第208~210页。

② 金富军:《复员之后的国立清华大学》,《清华人》,2008年第1期。

③ 清华大学校史编写组:《清华大学校史稿》,第436~437页。

④ 清华大学校史研究室:《清华大学一百年》,第156页。

土木工程学系				
教授	李庆海	五二〇元	五三〇元	五四〇元
教授	张任	六〇〇元	六〇〇元（请假）	六一〇元
教授	李丕济		四八〇元	四九〇元
教授	储钟瑞		四七〇元	四八〇元
教授	陈梁生			四七〇元
专任讲师	王国周		三二〇元	三三〇元
教员	王继明	二〇〇元	二一〇元	二二〇元
助教	孙训方	一六〇元	一七〇元	
助教	殷之书	一六〇元	一七〇元	一八〇元
教员	江作昭	一七〇元	一八〇元	一九〇元
助教	陈燕	一六〇元	一七〇元	一八〇元
助教	郭日修		一六〇元	一七〇元

机械工程学系				
职别	姓名	三十五年度聘书支薪数	三十六年度聘书支薪数	三十七年度聘书支薪数
教授兼主任	李辑祥	六〇〇元	六二〇元	六三〇元
教授	刘仙洲	六〇〇元（请假）	六二〇元	六三〇元
教授	庄前鼎	六〇〇元	六二〇元（下学期休假研究）	六二〇元（上学期休假研究）
教授	刘德慕	五〇〇元	五一〇元	五二〇元
教授	褚士荃	五二〇元	五三〇元	五四〇元
教授	王遵明	五二〇元	五三〇元	五四〇元
教授	钱伟长	四八〇元	四九〇元	五〇〇元
教授	董树屏	四〇〇元（副）	四六〇元	四六〇元（休假研究）
教授	张维		四九〇元	五〇〇元
教授	曹国惠		四八〇元	四九〇元
教授	强明伦	四〇〇元	四一〇元	四六〇元
教授	孟庆基	四四〇元	四五〇元	四六〇元（请假半年）
专任讲师	郭世康	二三〇元	二四〇元	二四〇元（休假）
专任讲师	郑林庆		三三〇元	三四〇元
教员	杨捷	二三〇元	二四〇元	二四〇元（顺延半年）（休假研究）

	机械工程学系			
教员	李安宁	一九〇元	二〇〇元	二一〇元
教员	王补宣	一八〇元	一九〇元	二〇〇元
教员	嵇铢	一八〇元	一九〇元	二〇〇元

（资料来源：《工学院各学系 1946—1948 年度教师薪资》，清华大学档案，全宗号 1，目录号 4：5，案卷号 4）

　　1947 年 4 月 17 日，校评议会议决：恢复本校同人休假及休假出国研究之各项规定，应组织委员会修订章则草案。① 5 月 1 日，校评议会通过修订本校教师休假及研究补助办法，规定教师应于服务满 7 年后得享受休假权利等 7 条；并通过本校《教师服务待遇规程》交校务会议照以上要点重予修正。②《教师服务待遇规程》中有关休假及研究补助规定："教授、副教授如按照本规程连续服务满七年而本大学愿续聘其任教授、副教授者，得请求休假一年，休假期间如不兼事得支全薪。""教授、副教授，在休假期内拟赴欧美研究，其计划经评议会通过者，除支薪外，由本大学给予川资及研究补助费美金共三千元，但如在国外另有收入在美金二千元以上者其超出二千元之数，由本校补助费减发。""专任讲师、教员及（全时）助教，连续服务满七年成绩优异，愿在国内专作研究，拟有具体计划，经评议会通过，而同时不兼他职者，得休假研究一年，支全薪，如须赴远地调查者，其旅费得提出详细预算经评议会核定支付。""专任讲师、教员及（全时）助教，连续服务满七年成绩优异，愿赴欧美或国外其他地区专作研究拟有具体计划、经评议会通过者，得休假研究一年，支全薪，并照本规程第四十、四十一条按三分之二支给川资及研究补助费。""专任讲师、教员及助教休假者，每年每学系共不得超过一人。"③1947 年度，工学院范绪筠、吴柳生、庄前鼎、叶楷、郭世康等获批休假并给予国外研究补助。④

　　1947 年 7 月 18 日，校评议会议决：（1）凡以前联大专任教职员，于去

①②　清华大学校史研究室：《清华大学一百年》，第 160 页。
③　《国立清华大学教师服务及待遇规程（民国三十六年五月修正）》，清华大学校史研究室：《清华大学史料选编》（第四卷），第 403 页。
④　清华大学校史研究室：《清华大学一百年》，第 161 页。

夏结束后即由本校聘用来平继续服务者,其在联大服务年资与以后在本校年资合并计算,但教员须在本校服务满 3 年后得申请休假待遇;(2)本校教师在校服务已满 7 年(未满 7 年者不论)暂时请假离校其请假期间不超过两年者得于返校任教满两年后申请休假待遇。① 10 月 16 日,校评议会上,梅贻琦报告:因课务关系,商得已准休假教授土木工程学系吴柳生延期 1 年,机械工程学系教员郭世康延期 1 年,机械工程学系教授庄前鼎因筹备不及延期半年。② 1948 年 3 月 19 日,校评议会议决:陶葆楷、董树屏、王德荣、杨捷等通过休假并给予研究补助。③ 5 月 21 日校评议会上,梅贻琦报告:教育部令知核定教师学术研究补助费调整标准(自 3 月份起按旧标准 3 倍发给)。④

三、科学研究工作计划受挫

复员后学校逐步恢复科研工作,并通过各种途径添设基础设施。同时,20 世纪四五十年代,世界科技特别是原子能、电子及火箭、自动控制等领域取得了突破性进展。面对西方的技术封锁和国家建设的迫切需要,国民政府时期,一批清华学人曾积极推动发展原子能事业,清华大学校方也努力筹划,因受国内外各种因素所限,遭受了严重挫折。

(一) 科研基础设施得到增补

北平沦陷期间,清华园被日军侵占,先是驻扎军队,后又改成伤兵医院,致使学校遭受了严重破坏。例如,"据校史资料记载,1937 年 10 月 3 日,'日本特务机关人员及竹内部队长来校参观,临行将土木系之图书,气象台图书、仪器、打字机、计算器等,用大汽车装载以去,是为敌军自由窃取本校什物之始。自此每日参观,每日攫取,虽经保委会交涉制止,全无效果'"。⑤ 当时外文系美籍教授温德在日记中也曾记录:"(1937 年 10 月 4 日,星期一)木下少尉在一个名叫中安的宪兵和大约 20 名士兵的陪同下,搜查了电机工程系、航空实验室、科学馆、化学系馆和图书馆。他们拿

---

① 清华大学校史研究室:《清华大学一百年》,第 161 页。
② 清华大学校史研究室:《清华大学一百年》,第 163 页。
③ 清华大学校史研究室:《清华大学一百年》,第 165 页。
④ 清华大学校史研究室:《清华大学一百年》,第 166 页。
⑤ 清华大学建筑技术科学系:《土木工程馆的风云变迁》,第 21 页。

走了电机工程馆和科学馆的钥匙。其他很多东西被士兵们攫走了,他们没有立一张收据。电机工程馆的两个工人挨了宪兵的打。"①此外,"在1942年4月27日出版的《清华校友通讯》中,有这样一条报道介绍校内设施的损毁情况:'图书馆⋯⋯其他中西典籍,于去年秋扫数移至伪北京大学,于是插架琳琅之书库,已告一空矣。⋯⋯工学院全部机器被运去南口修理厂,专攻敌人修械之用。⋯⋯'由此可见,日军对清华园里的建筑物都挪作他用了,完全改变了清华的本来面貌。"②从上述资料可见,抗战期间国立清华大学工学院仪器设备损失惨重。据1943年9月进行的北平学校损失核定,国立清华大学教学设备包括土木工程学系400000(50% 200000)国币、机械工程学系680000(70% 476000)国币、电机工程学系400000(80% 320000)国币、航空工程研究所630300(80% 504000)、航研所(南昌分所)581794(80% 464000)国币等,建筑物价值按北平当时修理费估价包括电机工程馆300000国币、土木工程馆200000国币、水力工程馆100000国币、机械工程馆250000国币、航空研究所150000国币、航空工程研究所(南昌部分)300000国币等,1937以后国立清华大学战时损失包括无线电研究所15000美金(合国币50000)、航空工程研究所32000国币。③

由于抗战期间工学院遭受了严重损失,加之在昆明的仪器未能全部迁回,致使国立清华大学在复员之初基础设施严重不足。如,抗战胜利后联大电讯专修科移交云南大学接办,并将工学院部分图书仪器物件留赠,以利其教学;同时,"昆明清华航空研究所随清华大学迁回北京。原昆明清华航空研究所的人员分散于各地,5英尺风洞移交给云南大学。后又将电机组及天平与其他可拆卸部件转运到四川大学,再转运到北京航空学院。"④

---

① 闻黎明:《抗日战争与中国知识分子:西南联合大学的抗战轨迹》,北京:社会科学文献出版社,2009年,第18页。
② 清华大学建筑技术科学系:《土木工程馆的风云变迁》,第23页。
③ 《清华大学战时损失统计表(北平)》(1943年10月19日呈部),清华大学校史研究室:《清华大学史料选编》(第三卷上册),第356~361页。
④ 《中国空气动力学发展史》编辑委员会:《建国前中国空气动力学的发展》,《中国科技史料》,第8卷(1987)第2期。

机械馆内仪器设备荡然无存仅剩机座

（清华大学校史馆提供）

　　1946 年 5 月 16 日，施嘉炀致信梅贻琦校长要求添设工学院设备以供复员后教学科研之需，"抗战以来工学院各系设备沦于敌者三分之二，其运昆应用者历兹八年亦皆陈旧与损坏，不堪再用。顷者，复员伊迩，各系同人均切盼教学与研究之设备能重行购置，以适应此后扩展之需要，俾各系能于最短期内收复员之实效。兹谨拟就工学院复员设备预算表一份，敬乞察核，设法筹划，至深感幸。"①工学院复员设备预算、各系预算总数及系馆拟建分别见表 5-6、表 5-7 和表 5-8。各学系图书仪器分为国外购置、国内购置两部分，如土木工程学系复员后须补充之图书实验室之基本设备及研究设备预算见表 5-9。当日会上，梅贻琦即批复："1. 将所需尽量开与教部；2. 将来教部不能代购者，再由校设法自购；3. 电表、天平之类可以自购若干备用；4. 向外国订货时宜自向公司函订，将订单一份留校，再以一份寄华美社请其查照付款。"②

---

　　①　《施嘉炀关于工学院扩充设备预算给梅校长信》(1946 年 5 月 16 日)，清华大学校史研究室：《清华大学史料选编》(第四卷)，第 554~555 页。

　　②　《施嘉炀关于工学院扩充设备预算给梅校长信》(1946 年 5 月 16 日)，清华大学校史研究室：《清华大学史料选编》(第四卷)，第 554 页。

表 5-6　国立清华大学工学院扩充设备预算

（民国三十五年四月拟）

	美金	国币
Ⅰ. 土木系		
1. 测量仪器	30000	1000000
2. 材料试验室	50000	8000000
3. 水力实验室	23000	50000000
4. 道路工程	10000	5000000
5. 铁路工程	2000	3000000
6. 卫生工程	8000	15000000
7. 土壤力学	8000	4000000
8. 结构实验	2000	2000000
9. 幻灯绘图室等	2000	3000000
合计	150000	91000000
Ⅱ. 机械系		
1. 金属及热处理	8000	2000000
2. 热工试验	45000	5000000
3. 金工	48000	25000000
4. 木工	9000	13000000
5. 煅工	15000	4000000
6. 铸工	5000	4000000
合计	130000	53000000
Ⅲ. 电机系		
1. 电机实验	20000	20000000
2. 电机制造	10000	
3. 电测实验	8000	
4. 电报电话	5000	
5. 无线电	8000	
6. 高压研究室	10000	
7. 超短波研究室	5000	
8. 电子学研究室	4000	
合计	75000	20000000

续表

	美金	国币
Ⅳ.航空系		
1.航空发动机	5000	3000000
2.空气动力学	3000	5000000
3.飞机结构	3000	
合计	11000	8000000
Ⅴ.化工	30000	3000000
Ⅵ.建筑	10000	3000000

[资料来源:《清华大学工学院扩充设备预算》(1946年4月拟),清华大学档案,全宗号1,目录号4:2,案卷号202]

表 5-7　各系预算总数

系别	美金	国币
Ⅰ 土木系	150000	91000000
Ⅱ 机械系	130000	53000000
Ⅲ 电机系	75000	20000000
Ⅳ 航空系	11000	8000000
Ⅴ 化工系	30000	3000000
Ⅵ 建筑系	10000	3000000
总计	406000	178000000

[资料来源:《清华大学工学院扩充设备预算》(1946年4月拟),清华大学档案,全宗号1,目录号4:2,案卷号202]

表 5-8　清华大学工学院拟建化工馆、建筑馆及航空馆草估

化工馆:对已建之电机工程馆,式样与该楼相同,三层楼屋顶内有假四层可作储藏室

土木建筑费约估:718675000

航空馆及建筑馆:与已建之办公大楼相对,拟建二层可能将来加建一层(现有之办公大楼为二层)

土木建筑等费约估:1446900000

二院旧址拆除清理及上下水道外线等68500000

共需约:2134075000

[资料来源:《施嘉炀关于工学院扩充设备预算给梅校长信》(1946年5月16日),清华大学校史研究室:《清华大学史料选编》(第四卷),北京:清华大学出版社,1994年,第554~556页]

表 5-9 清华大学土木工程学系复员后须补充之图书实验室之基本设备及
研究设备预算表

(1946 年 4 月 3 日制)

项目	须在国外购置者 (美元)	拟在国内添置者 (国币)	附注
(1)书籍杂志	U. S. $ 15000		
(2)测量仪器室	30000	CN $ 3000000	
(3)材料试验室	50000	12000000	拟试验各种工程材料并对其制造及应用于各项结构之设计加以研究改善
(4)水力实验室	20000	6000000	水工试验拟作有系统之推进
(5)道路材料试验室	10000	10000000	公路研究试验工作,仍继续进行
(6)铁路工程设备	2000	3000000	
(7)卫生工程实验室	8000	15000000	拟自建各种试验设备,对卫生工程问题,作有系统之实验与研究
(8)土工实验室	8000	6000000	
(9)结构学仪器模型	2000	2000000	
(10)金工室	3000	3000000	
(11)摄影,幻灯,电影机等设备	2000		
(12)绘图室,大教室及系图书室等设备		6000000	
总计	U. S. $ 150000	CN $ 120000000	

注:上列国币数系按战前价值三千倍计算

[资料来源:《清华大学工学院土木工程学系复员后须补充之图书实验室之基本设备及
研究设备预算表》(1946 年 4 月 3 日),清华大学档案,全宗号 1,目录号 4:2,案卷号 202]

复员后国立清华大学教学、科研等各项工作逐步恢复,并通过各种途
径逐步添设基础设施。例如,1946 年 10 月 24 日施嘉炀致函梅贻琦:"工
学院各系在昆之仪器即将陆续运平,惟本年度内所需之最低限度修理费、
安装费,以及须在当地添购之零星用具等估计需款约六万万元,查此项用

费为工学院目下恢复各实验室与工厂之所急需,兹特附呈预算表一式二份,乞设法筹划俾各系设备之恢复工作得以早日进行。"①其中,"(Ⅰ)土木系:1. 测量仪器-＄10000000;2. 材料试验-30000000;3. 水力实验-100000000;4. 卫生试验-30,000,000;5. 交通工程-10,000,000;总计＄180000000。(Ⅱ)机械系:1. 煅工厂-5000000;2. 锻工厂-20000000;3. 木工厂-30000000;4. 金工厂-60000000;5. 热工试验-100000000;总计＄215000000。(Ⅲ)电机系:1. 直流实验-50000000;2. 交流实验-60000000;3. 无线电-10000000;4. 电报电话-5000000;5. 电磁测验-10000000;总计＄135000000。(Ⅳ)航空系:1. 航空发动机-10000000;2. 飞机结构-15000000;3. 空气动力-30000000;总计＄55000000。以上合计:＄585000000。"②

1947 年 1 月 16 日,校评议会议决:"1. 除可希望联合国救济总署及其他方面补助者外,于三十六、七年度,以美金一百万元作添置各学院图书及教学设备之用。此款之支用,第一年 60%,第二年 40%。2. 此款之用途支配大致如下:一、图书馆公用参考书及期刊报纸 4%;二、文、法两学院图书费(文法两学院各 8%)16%;三、文、法两学院仪器费 2%;四、理、工、农三学院仪器费 44%;五、理、工、农三学院图书费 20%;六、特别研究费 10%;七、装运保险费 4%。"③尔后,梅贻琦在《复员后之清华》中再次指出,学校馆舍设备"所幸经同人多方努力,临时稍稍添置,加以自昆明运回之一批仪器,普通教学实验,免敷应用,但为树立教学基础,为提倡学术研究,则各系之设备,有待大量补充,……清华今日之问题,在物质方面为校舍(教室、实验室、宿舍、住宅等)之不敷住用,图书设备之需大量补充。……最近添加建筑,既不可能,房舍支配,势须拼挤,但内部设备,则必力求充实……"④

---

①② 《工学院各系设备预算》(1946 年 10 月 24 日),清华大学档案,全宗号 1,目录号 4:2,案卷号 161。

③ 《国立清华大学评议会纪录(摘编)》,清华大学校史研究室:《清华大学史料选编》(第四卷),第 9~10 页。

④ 梅贻琦:《复员后之清华》(1947 年 3 月),清华大学校史研究室:《清华大学史料选编》(第四卷),第 31~34 页。

　　"抗战胜利后,国民政府抢先从敌伪手中接收了包括能源、矿产资源、重工业和轻纺工业在内的大量资产,经济实力有了很大提高,对高等工程教育也给予较多的关注,各院校都得到一笔数目不一的复员修建费,新建了一些教室、实验室,初步恢复了被破坏的建筑,购置了一些急需的图书设备……"①例如,1946 年 10 月 29 日国立清华大学复校后第一次校务会议上,校长梅贻琦报告:"复员修建费,本校前领得 12 亿元,嗣又请得 3 亿元,最近又请得 5 亿元。但校中各修理工程及家具设备损毁之范围均远在初期估计之外,故今后本校修建费用尚待设法催请续拨。"②1947 年 1月 16 日,校评议会议决:"通过陈孙岱建议筹划本校图书仪器补充办法,除可希望联合国救济总署及其他方面补助者外,于 1947、1948 两年度以美金 100 万元作添置各学院图书及教学设备之用,此款来源暂以本校1937 年以来积存之美金利息拨充并以将来敌人应赔偿本校损失部分补充之。此款之支用,第一年 60%,第二年 40%;用于:图书馆公共参考书及期刊报纸 4%,文法两学院图书费 16%,文法两学院仪器费 2%,理工农三学院仪器费 44%,理工农三学院图书费 20%,特别研究费 10%,装运保险等费 4%。"③3 月 25 日,"校务会议议决:通过航空工程学系请造风洞一座(造价约为 5500 万元),但此项用款应在该系之美金设备费项下扣除。"④1947 年 5 月 16 日,查本校美金特款前经校务会议商讨工学院可得美金十六万一千元,兹经本院第四次院务会议商讨本校美金特款本院各系之分配如下:一、土木系二万八千元,二、机械系三万五千元,三、电机系二万九千元,四、航空系二万八千元,五、化工系三万元,六、建筑系一万一千元。⑤此外,1947 年度工科研究所设备补助费共计 4200 万元,土木、机械、电机、航空、化工、建筑等工程研究所均 700 万元。⑥ 该时期,工学院通过回运、购买、获赠等途径增设设备。例如,1946 年各校复员时,"强明伦和董树

---

①　史贵全:《中国近代高等工程教育研究》,第 80 页。
②　清华大学校史研究室:《清华大学一百年》,第 156 页。
③　清华大学校史研究室:《清华大学一百年》,第 158 页。
④　清华大学校史研究室:《清华大学一百年》,第 159 页。
⑤　《查本校美金特款前经校务会议商讨工学院可得美金十六万一千元,各系分配》(1947 年 5 月 16 日),清华大学档案,全宗号 1,目录号 4:2,案卷号 149:1。
⑥　《国立清华大学 1947 年度研究所设备补助费预算分配表》,清华大学校史研究室:《清华大学史料选编》(第四卷),第 547 页。

屏两位先生晚回几个月，原因是美军在昆明的后勤部队要撤走，将留下一批剩余物资，清华的学校当局想得到一些对教学有用的机器设备，他们二人受学校的委托与有关方面洽谈，结果无偿得到一套 50 千瓦柴油发电机组和两套 30 千瓦的汽油发电机组。"①12 月 6 日，函孟治：代为订购本校航空系所需航空发动机引擎设备九项及电机系所需电表一批②。至 1947 年初，各学系图书仪器设备情况大致如下：

土木工程学系，"教学所必需之参考书，大部自昆运来，抵平后稍事补充。"③"国外新订杂志，亦已到校三十余种。测量仪器已使用日久，暂在平市购得少数日本仪器，尚感不敷。去岁本校在平开课，学生测量实习在第一星期即起始工作，此堪告慰者。工程材料试验仪器，去岁亦由昆明运到一部，第一学期已可作水泥及混凝土之各种实验；本学期昆明第二批仪器运到，该项试验已正式开班。交通工程实验班、卫生工程实验班与土工实验室均在装置中，而道路材料试验之设备已大致就绪，即可开始工作。本校与中央水利实验处合设之昆明水工试验室已改为北平水工试验所，现正协助本系装置各种水力试验设备。土木馆楼上为办公室、图书室、教室及绘图室，楼下为测量仪器室、工程材料试验室、卫生工程实验室与交通工程实验室。水力馆楼上除本系之办公室与土木试验室外，暂由建筑学系借用为该系之办公室及绘图室；楼下除初级水力试验设备外，尚空无所有。本系教学工作虽可勉强进行，但学生人数增多，旧有设备，大不敷用，新仪器之补充，实属刻不容缓之事。"④

机械工程系，"复员以来，去岁决定复校后，本系由五月初即着手进行复员工作，由教师十余人领导技工廿余人分别整理图书、文卷，拆卸机器装箱待运。惟工厂中一部分机器尚须继续开工，替各系制造木箱，迟至八月中始得全部拆卸装箱完毕。大小共装一百八十九箱及不需装箱之机件

---

① 陈南平、张远东：《西南联大机械系回顾》，北京大学校友联络处：《笳吹弦诵情弥切——国立西南联合大学五十周年纪念文集》，第 288 页。

② 《函孟治：代为订购本校航空系所需航空发动机引擎设备九顶及电机系所需电表一批》(1946 年 12 月 6 日)，清华大学档案，全宗号 1，目录号 4:2，案卷号 206。

③④ 梅贻琦：《复员后之清华(续)》(1947 年 4 月)，清华大学校史研究室：《清华大学史料选编》(第四卷)，第 53~54 页。

二十余件,总重约五十三吨。装箱工作均由同人亲自监督,时或自行动手,故运到箱件均完整,极少损伤。第一批最急运者八十五箱,重十六吨,于七月中起运,十月中抵达,其时本系教师亦相继到校,因有鉴于工作之需要,即组成工厂、热工试验室、金属试验室及图书等四委员会推进工作,并准备开学事宜,诸如馆舍之修理,课室绘图室之布置,课程之分配,各试验室工厂设备之装配,图书室之整顿开放,急需之工具设备材料及参考书之添购等,皆分别缓急着手进行。本系能如期开学上课,困难得以减少,系中同人之努力及合作之精神有以致之。兹将各部分情形分别简述如下:(一)馆舍之修理——复员之初,本系原有之机械馆及金、木、锻、铸各工厂,经敌人八年盘踞,馆舍虽存,而内部设备皆被搬空,房顶漏雨,天花板、地板隔壁、门窗等之失修,五金、电灯、暖气、卫生等设备皆被破坏无存。凡此种种,经半年来日夜赶修,虽未臻完善,然现已可勉强引用。机械馆楼上现有课室四间,可容三百五十人,绘图室三间,可容一百九十人。其余教师办公室及系图书室等亦均于开学时布置就绪。机械馆楼下为电厂及热工、金属二试验室,可容八十人之试验。金工厂可容六十人之实习,木工厂可容四十人之实习,锻工厂可容三十人之实习,铸工厂可容四十人之实习。……(四)设备及实习——本系为供学生实习及教师研究设有金工、木工、锻工及铸工四厂,并热工、金属二试验室,其中金属试验室系新设,所需最低基本设备已向美国洽购外,其余皆系原有。由昆明运回之设备,第二批运到七十七箱,连同第一批之八十五箱,已有三分之二到校,余三分之一尚在途次。目前学校因限于经费,仍须以此项目老之设备为基本部分。新添设备须视学校经费能力逐步推进。兹为增进学生了解及补充设备之不足,已向美洽购有关机械工程之活动电影及幻灯图片,在此学生课本不全、图书设备残旧且欠缺之过渡期间,利用电影幻灯片传授,实为一最优良之补救办法。本系经同人等之努力,将昆明运回之设备赶办装置,第一学期开学后五、六周,各工厂实验室已能开始实习,尚未装设之机器亦在加紧进行中。(五)系图书室——为本系师生阅读及参考起见,在机械馆楼上专设图书室一间,现有参考书八百余册,新旧杂志七百余册。以上图书大部分系由昆明运回,小部分由校大图书馆提出。另有参考书约五千册系本系旅美之毕业同学购赠。现有图书,多版次过旧,较新之参考杂志等,急待添购,已向各大书局索取目录,设法补充。此外,美国 James F. Lincoln Are Welding Foundation 捐赠本系有关焊接工程之图书八十于册，尚未寄到。本系为续寄到者已不少。本系教师刘仙洲先生现在美研究，并为本系搜集有关机械工程之著述及试验报告等。"①

电机工程学系，"自复员以来，吾人所遇之困难，并不减于抗战期间。然吾人亦加倍努力，共同克服艰难，而谋发展。兹将半年来本系之工作，简要报告如后：一、布置实验室。数月来，本系之中心工作，即为积极布置各种实验，以便恢复各学程之实验，并力图其内容之充实。但由昆明北运之仪器图书，除一部分急运者外，余均滞留沪汉等地，故开学之日一切仪器设备，皆不足以应付实验。为应急之计，一方面派员多方探听市上搜购廉价之日货仪器，一方面利用原有材料，积极改制适用之仪器；并将各种实验之讲义，重行编写，以配合近年来各方面之进步。计自去年十二月中起，本系各学程实验，均已陆续恢复。……五、举行学术演讲。本系为唤起同学对于学术研究之兴趣，及明了目前国内外各种有关电机工程之进展情形起见，特于去岁十二月起，恢复学术演讲，分普通及系统演讲两种，于每星期举行一次，轮流请各教授及校外知名学者讲演。"②"此外，本系以原有设备多半陈旧，亟应添置，又以本系学生人数激增，预计两年后有本系学生二百人，外系学生四百人，做实验所需仪器设备甚多，而添置研究所需之设备亦不宜再迟，故已组织仪器图书选购委员会，分别进行询价及订购手续，工作至为忙碌"。③

航空工程学系，"自去夏复员以来，系中设备日在添置中。计空气动力学方面：已制成烟洞一只，可供学生简单试验之用。二号风洞亦开始建造，风速每小时可达二百哩。发动机方面：原有 Ford V/8 引擎一架，朋兹柴油机一架及西门子航空发动机一架，近空军总司令部拨赠日本气冷式航空发动机四架，均可供学生实习之用。近又在向美订购 C. F. R. 引擎一架，以便作实习上教授研究之用。近拟向美订购万能材料机一架及应变

① 梅贻琦：《复员后之清华（续）》（1947 年 4 月），清华大学校史研究室：《清华大学史料选编》（第四卷），第 55~57 页。
② 梅贻琦：《复员后之清华（续）》（1947 年 4 月），清华大学校史研究室：《清华大学史料选编》（第四卷），第 57~58 页。
③ 梅贻琦：《复员后之清华（续）》（1947 年 4 月），清华大学校史研究室：《清华大学史料选编》（第四卷），第 58 页。

仪,以便作飞机静力试验之用。关于图书方面:有航空书籍二百余册,新书正在订购中"。①

化学工程学系,"在战前本校无化学工程系。抗战期中,西南联合大学时代,此系由南开大学并入。复员后,本校感于化学工业之重要,因呈准增设。成立伊始,仅有一年级新生八十人。系中一二年级课程,几全仰赖于化学与机械二系,故筹备一节,可稍从容"。②"书籍方面,已有去岁全年齐全之杂志四种,近年又添订三十六种。自成立系图书室后,由大学图书馆领取图书百二十册,并已向英美订购图书二批,约共四百册,大半均系最近数年所出版者,其中首批百册,不久即可运到。设备方面,已添置试验桌二十张,计划于下年度开学前,可完成一部分试验室,供同人研究之用。下年度结束前,成立化学工程与工业化学二试验室,其中器械拟自制者占半数以上,其必须购自国外者已向欧美各厂家询价,所有器械,待学校分与设备费后,即可进行购置。后年度起,筹备已可告一段落,即可添设研究院,并成立其他实验室,俾系中所设学程之需试验者之应用。目前之困难厥有二端:一属经济方面,处今学校经费困难之际,欲谋设备之充实,困难必多。其次属房舍问题,校中目前已无力添设新馆,故仅能暂拨现有房舍之一部分勉强应用,是则当为权宜之计"。③"化工系在复员期间,设计了一套流体输送的实验器械,二套传热的实验器械,一套喷雾干燥设备,一具间隔干燥器,安装了压碎机五架,混和机二架,奥氏连续过滤机、板框式压滤机、开菜式滤器各一架,接好了水管和空气管蒸馏器的分流塔。干燥方面有一架真空干燥箱,并另装了一套小型干燥实验器械。工业化学方面有一套制香皂的设备,一套制甘油的器械,一具化学反应器,其他能自动开关调节的锅炉等等……在本校历史最短的化工系,现在已渐渐完备起来"。④

①② 梅贻琦:《复员后之清华(续)》(1947年4月),清华大学校史研究室:《清华大学史料选编》(第四卷),第59页。

③ 梅贻琦:《复员后之清华(续)》(1947年4月),清华大学校史研究室:《清华大学史料选编》(第四卷),第59~60页。

④ 冯友兰:《解放期中之清华》,清华大学校史研究室:《清华大学史料选编》(第四卷),第87页。

建筑工程学系，"建筑学是谋取解决'住'的需要的学科。这'住'广义的包括日常生活所接触的一切建筑物与环境。本校建筑系的设立，目的在研究这种需要的解决方法，并直接训练解决这问题的专才。现在建筑学的潮流，已不仅仅是谈实用坚固美观，当然更不以造高楼大厦、标新立异为满足，因任何一座建筑物，皆不能离开其所在的环境而论其适用与价值。现今所要解决问题的对象，不是少数富有者的享受，而是广大民众的福利。吾们要从社会情形来完成建筑，谋取市镇的改进，与辅导市镇体系与秩序的建立。因此之故，本系下分建筑与都市两组，冀除训练建筑人才外，同时更培养市镇规划的专门人员，此在国内尚属创举"。"本系为胜利后所创设，无成规可循。系主任梁思成先生为计划采取最新的教学方法，膺命赴国外考察建筑教育之近况，并接洽图书模型之购置。开学后系务迄由土木系教授吴柳生先生兼为主持。当本系草创之始，一切工作自不无困难，兹将半年来工作情形简述如下：……二，图书之购置：在美定购之大量图书杂志，不久即可运到。又美建筑师 C. Stein 将其私人多年来珍集之图书照片百余种，捐赠本系，此项图书，已抵塘沽，不久可运平。此外，本系对珍本图书，亦不断觅求，近收得清圆明园建筑算例等手抄本多种。三，设备之添置：复员后，本系商得国立北平艺术专科学校之协助，代为翻制石膏像及几何模型二十余件，其他书架图板等物，或已添置或在计划中。四，系阅览室之成立：本校图书馆旧藏建筑图书杂志及新到期共二百余册，另辟专室陈列，供本系师生参考。五，研究所之进行：本年暑假拟招收研究生。……乙、关于学术之研究者——本系与中国营造学社合办建筑研究所，原计划分都市、建筑、附属艺术及服务部四部门，近因营造学社复员不久，研究工作尚待展开，目前所致力者，在将旧有调查报告整理发表，即此一项工作，亦非短期内所能竣事"。①

除工学院各学系设备外，建筑学研究所"以研究中国古建筑为主，现备有关于中国古建筑之图书甚多，足供研究之用"；土木工程研究所"除本校土木工程系基本教学设备外，尚拟添置结构工程仪器，工程材料试验设备及土工试验设备等"；电机工程研究所"一、电机工程组。（一）二十五万伏高压

---

① 梅贻琦：《复员后之清华（续）》（1947年4月），清华大学校史研究室：《清华大学史料选编》（第四卷），第60~61页。

变压器(一座),(二)八万伏高压变压器(一座),(三)高压测验仪(二套),(四)高压整流器(一套),(五)各种绝缘物,(六)交流发电机(六座),(七)交流电动机(十八座),(八)直流电机(十二座),(九)各种电表(一百余只),(十)车床(一座)"。①

1947年8月,经教育部和中华教育文化基金董事会批准,将战时积存的庚款利息50万美元拨给清华。随后又准予自1947年起7年内每年挪用年息14万美元。学校将这笔款大部分移作添置设备图书之用,恢复和新建实验室,其中工学院有17个。② 此后,校评议会对学校建筑费、设备费等进行了多次追加。如1947年12月18日,校评议会上,梅贻琦报告:教育部令知本校研究所设备补助费追加2.04亿元,加拨本校本年度建筑扩充改良费30亿元。③ 1948年3月9日,校务会议上,梅贻琦报告:教育部代电令知核定本校本年上半年度研究所设备补助费5.5亿元。④ 3月19日,校评议会上,梅贻琦报告:教育部令知新设建筑、航空、化学工程三研究所准补备案,设备补助费自1948年度起再予分配;教育部核发1947年度研究所设备补助费,第3次追加数1.12亿元;教育部核定本校本年度上半年建筑及扩充改良费35亿元。⑤ 6月17日,校评议会上,梅贻琦报告:教育部代电令知核定本校本年度上半年研究所设备补助费追加数(共计13.6亿元)。⑥

除学校购置外,工学院还获赠了部分仪器设备。例如,1947年5月5日,机械系教授李辑祥函梅贻琦:"本系在昆明时即为机械航空化工三系开设有关金属之课程,且此项课程对机械工程之重要性极大为近代工业制造不可缺之训练,而本系一向苦无设备仅在原理上讲述学生所得认识极微,而本校目前因限于经费虽添置极基本需要之设备已感无此能力,教育部与联总洽赠之大学设备中有关金属试验者,拟请呈部核发本系一套

---

① 《研究所添设及设备人员一览表》(1947年4月3日),清华大学档案,全宗号1,目录号4:2,案卷号81。

② 清华大学校史研究室:《清华大学一百年》,第162页。

③ 清华大学校史研究室:《清华大学一百年》,第163页。

④⑤ 清华大学校史研究室:《清华大学一百年》,第164页。

⑥ 清华大学校史研究室:《清华大学一百年》,第166页。

以利教学"。① 1948 年 6 月 5 日，"清华服务社由施嘉炀兄购赠学校录音机二架（附录音片），业已到校一架，为工学院各系用。另一架谨献赠吾师备随时录音用。"②1948 年 6 月 8 日，陶葆楷函梅贻琦："本校复员后工学院各系在学校款项以外增添之仪器设备列表报告如次：（一）经教育部配拨本校之联总工业教育器材第一、二批表各一份，（二）联总卫生委员会赠送本校之卫生工程器材表一份，（三）行总工矿委员会配赠及配售本校之工业器材表一份，（四）清华服务社赠送本校之工业教育器材总表一份叁张。再者，UNESCO 赠送之仪器设备已有一部分到校尚未分配日本赔偿物资内之工具机尚未到校，此外各系收到各机构之各种赠送物资，如航委会赠送之旧飞机，平津区铁路局赠送之旧抽水机等不另列表……"③电机系于 1948 年"十二月初收到美国麻省理工大学赠送的机器一批，其中有直流机十三部"，1949 年"二月初起开始装置，于三月初开始应用"，"此批机器由本校教授钟士模先生在美时，商承麻省理工大学电机系主任Dr. H. L. Hazen 捐赠者"。④

　　同时，工学院还与中央水利实验处、资源委员会、航空工业局等部门合作。例如，1946 年 12 月，中央水利实验处关于北平水工试验所致国立清华大学工学院函："贵院本年十一月十五日函以昆明水工试验室，业经随校复员来平，自十一月份起改称为北平水工试验室，嘱查照备案见复等由，准此。业经转奉水利委员会本年十二月四日水新工字第 9548 号指令，昆明水工试验室准自卅五年十一月份起改称为北平水工试验所。"⑤根据组织规程，中央水利实验处、国立清华大学北平水工试验所，"所长及

　　① 《地质及金属试验仪器》（1947 年 5 月 10 日），清华大学档案，全宗号 1，目录号 4：2，案卷号 203。
　　② 《清华服务社由施嘉炀兄购赠学校录音机二架（附录音片），业已到校一架，为工学院各系用。另一架谨献赠吾师备随时录音用》（1948 年 6 月 5 日），清华大学档案，全宗号 X1，目录号 3：3，案卷号 111。
　　③ 《清华服务社赠送本校工业教育器材分配总表》（1948 年 6 月 3 日），清华大学档案，全宗号 1，目录号 4：2，案卷号 204。
　　④ 冯友兰：《解放期中之清华》，清华大学校史研究室：《清华大学史料选编》（第四卷），第 87 页。
　　⑤ 《中央水利实验处关于北平水工试验所致国立清华大学工学院函》（1946 年 12 月），清华大学校史研究室：《清华大学史料选编》（第四卷），第 283 页。

各级职员均由清华大学工学院提请中央水利实验处分别聘任或派充之"。①

1947 年 8 月 13 日,资源委员会关于合作设立国产工程材料试验室致国立清华大学公函:"案准贵校清复(36)发字第 1340 号公函,嘱合作设立国产工程材料试验室一节,极表赞同,本会拟一次补助经费国币贰亿元。惟贵校现有可用之材料试验设备及有关文献暨拟添购仪器各若干,当请一一详示,并盼将合作纲领、进行步骤拟具详细计划寄会,以便参考。"② 资源委员会、清华大学合设国产工程材料试验室工作范围包括:"(甲)标准试验:(1)金属材料:资源委员会所属各厂之出品材料,如钢铁、铜、铅、锑、锡、铝或其他金属,可交由本室试验其成分、组织与物理及机械性质是否合乎标准。(2)非金属材料:资源委员会所属各厂之出品材料,如水泥、砖、瓦、木料或其他材料,均可送交本室作标准试验,求各种材料之物理性质及机械性质,是否合乎标准。(乙)研究试验:(1)本室得就清华大学已有之设备,受资源委员会各厂之委托,代为解决各种制造技术上之问题,以谋成品之改进。(2)低钨钢及低钨铁之研究 说明:高速钢、磁钢、含钨其他工具钢及模钢之文献,尚称丰富。各国因经济条件不同,于低钨钢铁,殊少制造。二十年来我国产钨几占世界之半。由于加入低钨,钢铁之性质,将有若干优良之变化。在适当经济条件下,低钨钢亦将为合金钢之一重要部门。(3)轻合金之研究。第一年着重于下列二群合金:(A)含镁及含锡铜之铝矽合金,主要用于铸造及轴承。(B)强力铝合金 duralumin 如铝铜镁矽合金。(4)特种水泥之研究。(5)混凝土原料配合之合理方法之研究。(6)水泥沙浆常用流动性之检定。(7)胶合木之研究。"③

1947 年 9 月 29 日,航空工业局致函国立清华大学航空工程系:"本局为求各大学航空工程系教育配合所属各厂院工作需要起见,拟请贵校派员迳赴所属各厂院(地址列后)洽商配合施教办法,以求学用一致。

---

① 《附:中央水利实验室处、国立清华大学北平水工试验所组织规程》,清华大学校史研究室:《清华大学史料选编》(第四卷),第 284 页。

② 《资源委员会关于合作设立国产工程材料试验室致国立清华大学公函》(1947 年 8 月 13 日),清华大学校史研究室:《清华大学史料选编》(第四卷),第 284 页。

③ 《资源委员会、清华大学合设国产工程材料试验室计划书》,清华大学校史研究室:《清华大学史料选编》(第四卷),第 285 页。

贵校如须物资工之帮助,本局当签请总司令部核发或借用,准由各校自运应用,以供需要","附本局所属各厂院地址:空军第一发动机制造厂(贵州大定),空军第一飞机制造厂(云南昆明),空军第二飞机制造厂(四川南川),空军第三飞机制造厂(台湾台中),空军航空研究所(四川成都)。"①

1948年1月10日,资源委员会华北水泥有限公司关于筹设水泥研究机构事致国立清华大学函:"兹以建设方兴,水泥需要日益殷切,为适应各方需求起见,水泥之产制及品质亟待研究改进。经本公司提请全国水泥工业同业公会在上海及北平成立研究实验机构,俾利提倡推广,顷准函复,已提交该会常务理事会讨论,原则通过,并嘱就近与华北著名大学先行洽商,并拟具具体办法再行讨论等由。贵校历史悠久,清誉卓著,硕儒鸿彦,人物荟萃,对工业技术之推进,素极关切,敢请赐予卓见,共襄此举。并盼对经费之筹措、研究人员之调遣、以及研究方针多赐阐述,俾资研讨而利实施。"②具体筹设方案为:"由资源委员会华北水泥公司及清华大学工学院合设北平水泥研究试验室","本试验室设于清华大学工学院",工作范围包括"1.中国水泥标准试验规范之拟定。2.水泥制造及品质之改进。3.混凝土配合法之研究。4.水泥在工程上用途之研究。"③

"复员后的两年内,工学院各系主要是集中力量恢复已被破坏的实验室,以便应付教学需要。几个老系除战前迁往昆明的设备先后运回外,又获得本校庚款利息的补助(前后共得美金十余万元),昆明清华服务社结束后,也抽出基金三万余美元拨给工学院,因而工学院的几个老实验室得以添置一些新设备,比战前质量有所提高。"④"这一时期,工学院共有实验室17个,其中土木系六个实验室中除原有的水力、道路工程、工程材料、卫生工程等实验室和测量仪器室外,新设有土壤实验室。工程材料实验室的设备得到一些扩充,增添了万能材料实验机等新仪器。"⑤就各学

---

① 航空工业局:《为贵校航空工程系必须物资上帮助请派员迳赴所属各厂洽商拨借以供需要函》(1947年9月29日),清华大学档案,全宗号1,目录号4:2,案卷号206。

② 《资源委员会华北水泥有限公司关于筹设水泥研究机构事致国立清华大学函》(1948年1月10日),清华大学校史研究室:《清华大学史料选编》(第四卷),第286页。

③ 《草拟筹设华北水泥研究试验机构方案》,清华大学校史研究室:《清华大学史料选编》(第四卷),第287~288页。

④⑤ 清华大学校史编写组:《清华大学校史稿》,第452~453页。

系设备而言,如机械系:"经过两年来的整理和补充,大体完备,兹述梗概于后:1. 热工实验室——此为全校水电供应的总枢纽。东首为锅炉房,供给河南岸八大建筑的暖气。有一座50马力四级离心抽水机,与三个蓄水罐连用,供给各斋馆的用水。美国汤生汽轮发电机一部,卧式蒸汽发电机一部,直立式蒸汽发电机两部。除汽轮机尚未完全竣外,余已修好可供随时应用。此外,供实验用的汽轮机、柴油机、蒸汽机很多。又有汽车三辆,供同学拆装驾驶实习。2. 金属试验室——因限于设备,尚未开始做试验。近日运到感应电气炼钢炉一部,前昆明清华航空研究所及金属研究所曾赠送一部分仪器,从美订购者正在运校途中。3. 系图书馆——所存参考书一千五百余册,有关机械工程的杂志多达六十余种。留美同学纷纷购书赠系,本系向国外订购的图书亦陆续运来,图书室大有装不下之感。刘仙洲先生在美所订一百多卷活动电影及放映机等,已运抵上海,下学期即可经常放映,同学可一饱眼福。4. 金工厂——这是同学躬亲操作的地方,训练细心及耐力。金工厂可容六十人同时工作,仪器设备尚属齐全。计有龙门刨床一,万能铣床一,精密钻床四,牛头刨床一,车床十四,工具磨床一。尚有冲孔机、冲剪机、精确测面仪等等,又自美国订购之六角车床、工具车床、铣刀砂轮其他仪器,正在运校途中。厂内每部机器各有马达带动,不用天轴。5. 锻炼场——锻工厂有锻炉十二座,四十多人可同时实习。铸工厂内沙模多系新置,有小型熔铁炉一座,厂内正赶铸大车床。6. 木工厂——正在此处做翻砂用的铸型,计有木刨床三个,木车床三个,气锯、电锯等,斧锯凿刨,可供十人用。"①另外,"电机系恢复了直流电机、交流电机实验室(但设备仅及战前一半),并新设了电报电话实验室(只有一套自动电话),另有高压实验室一个,只能作表演用,不能作实验。战前该系原有的电机制造与真空管制造二实验室,已无法恢复"。②"航空系有流体力学实验室(内有新建造的试段为1英尺×1英尺的烟风洞,及3英尺×3英尺的开流式木制风洞;室外另有40英寸×30英寸椭圆形回流式风洞)。新建的发动发动机9个及 C. F. R 内燃研究机等新设备。"③"化工

---

① 《院系漫谈》,清华大学校史研究室:《清华大学史料选编》(第四卷),第210~211页。
②③ 清华大学校史编写组:《清华大学校史稿》,第452~453页。

系有化工原理机实验室有飞机与工业化学二实验室"。①

"工学院土木、机械二系有的实验室，稍许得到了一些扩充。但就大多数的系和实验室而言，由于经费所限，粥少僧多（如以上述款项均摊给各系，则各系不过二万美元），不可能依靠它来扩充和发展。教育部虽于1947年拨给过一笔设备费，但仅一万八千美元，每系只分到五百美元，这点钱更是杯水车薪，无济于事。另外，这一时期学生人数比战前猛增一倍，校方限于经费，无力扩建学生宿舍、教室与实验室，因而造成'宿舍拥挤，教室不敷分配，实验更成问题'等紧张现象。工学院学生'按合理分配，每六人应有车床一部，现每百人仅有一部'"。②"由于经费的困窘，教学工作已处于难以维持的局面。在学术研究方面几乎陷于停顿。"③仅取得了有限的成果，如"早在1947年，梁思成作为联合国大厦设计组的成员参与了设计工作。解放前夕，又为中央军委编制了北京及全国文物建筑保护单位名录"。④ 1948年5月，"电机工程学系兹为试验研究起见，经在该系装置试验用之电台壹座，刻已装置竣事。兹定于五月二日庆祝本校校庆日上午十时至十二时、下午二时至五时试用14040千周开始向全国各地播送本校校长演词及音乐节目"。"本台定名为'国立清华大学电机系试验电台'，设立在北平北郊清华大学电机工程馆内"。"本台为清华大学电机工程学系附设，一切费用由该系经常费内开支"。负责代表人"由清华大学电机工程学系教授兼主任黄眉先生担任"。负责试验人"由清华大学电机工程学系教授常迥先生担任"。"本台播送机系自行配制，高周部分之晶体及各级线圈均为插入可换式。本机为通报通话两用式，电波周率拟使用下列三种波段：A. 7000～7300千周，B. 14000～14400千周，C. 28000～30000千周。全机共分高周、音周及电源三部分（作为发报机时音周部分不使用），通话机系用末级屏调幅线路。全机共用电子管14只，高周末级用RCA-807二只作丙级推挽放大，输出电力约五十瓦特。无线拟用 multi-baud Zepp Antenna 架设在电机工程馆楼上。收音用美国

---

① 清华大学校史编写组：《清华大学校史稿》，第452～453页。
② 清华大学校史编写组：《清华大学校史稿》，第437～438页。
③ 清华大学校史编写组：《清华大学校史稿》，第438页。
④ 方惠坚、张思敬：《清华大学志》（下册），第11页。

National Company 出品之 NC-100 收音机一架。"①此外,复员后出版有《工程学报》(英文)②,刘仙洲任编辑主任(1947 年 9 月 16 日),顾培慕(1948 年 3 月 11 日)、陶葆楷、李辑祥、黄眉等为编辑(1948 年 5 月 5 日)③。

(二) 发展原子能计划受挫

1945 年 8 月,美国在日本广岛、长崎投下两颗原子弹,震撼世界。在国内有识之士的强烈呼吁下,国民政府对此高度关注,当年 11 月军政部部长陈诚、次长兼兵工署长俞大维即邀约西南联大化学系教授曾昭抡、物理学系教授吴大猷、数学系教授华罗庚到重庆,商讨筹划发展原子能。鉴于国内在此方面毫无基础,吴大猷提议:"(一)成立研究机构,培植各项基本工作的人才。(二)初步可行的是派物理、化学、数学人员出国,研习观察近年来各部门科学进展的情形。然后拟一个具体建议。"④经议定,由吴、曾、华三人分别负责物理、化学、数学三个部门,并在各自领域内挑选了西南联大朱光亚、李政道、王瑞駪、唐敖庆、孙本旺及徐贤修(1935 年毕业于清华,此时已在美国就读)等助教或学生作为青年助手。1946 年夏,当曾昭抡等一行抵美后才得知相关科研机构均不准许外国人进入,故原订计划被搁浅,他们遂分别入密歇根大学、普林斯顿大学高等研究院、芝加哥大学等进修或从事研究。赴美研习计划夭折后,国民政府曾成立原子能研究委员会,俞大维为主任,成员包括顾毓琇、吴大猷、曾昭抡、赵忠尧、萨本栋、吴有训、任之恭等,力图在国内进行相关研究⑤;此外,"中央研究院"总干事萨本栋以物理研究所为基础,聘请吴有训、赵忠尧、彭桓武、张文裕、吴健雄、钱三强等为兼任或专任研究员⑥,并设立了核物理实验室。但该时期均未能获得实质性进展。

除南京国民政府外,当时北平方面也曾拟定了相关计划。1945 年秋,

---

① 《关于设立实验用广播无线电台的公函》(1948 年 4 月 24 日),清华大学校史研究室:《清华大学史料选编》(第四卷),第 276~278 页。

② 《学校近况》(1948 年 4 月),清华大学校史研究室:《清华大学史料选编》(第四卷),第 70 页。

③ 《本学年度〈工程学报〉编辑委员之人选》(1938 年 9 月 27 日),清华大学档案,全宗号 1,目录号 4:2,案卷号 17。

④ 吴大猷:《回忆》,北京:中国友谊出版社,1984 年,第 40~41 页。

⑤ 王甘棠:《新中国核计划始末》,《百年潮》,2014 年第 12 期。

⑥ 胡新民:《"两弹一星"为何能在中国成功》,《党史博采》,2018 年第 12 期。

担任中华民国国民政府代表团代表的胡适赴伦敦出席会议期间，约见了在英国威尔斯实验室短期学习核乳胶技术的钱三强①，请他到北大执教。同时，胡适还在美国、英国等大学或研究院中延揽人才。经努力筹备，1947年时任北京大学校长的胡适就成立原子物理研究中心计划，致函国防部长白崇禧和参谋总长陈诚："我今天要向你们两位谈一件关系国家大计的事，还要请你们两位把这个意思转给主席，请他考虑这件事。简单说来，我要提议在北京大学集中全国研究原子能的第一流物理学者，专心研究最新的物理学理论与实验，并训练青年学者，以为国家将来国防工业之用。现在中国专治这种学问的人才，尚多在国外，其总数不过七、八人，切不可使其分散各地，必须集中研究，始可收最大的成效。……我们想请两位先生于国防科学研究经费项下指拨美金五十万元，分两年支付，作为北大物理研究所之设备费。……此意倘能得两位先生的赞助，我可以断定，我们在四、五年内一定可以有满意的成绩出来。"②信中提出，已允来北大的有钱三强（法国居里实验室）、何泽慧（法国居里实验室）、胡宁（爱尔兰国立研究院）、吴健雄（哥伦比亚大学）、张文裕（普林斯顿大学）、张宗燧（剑桥大学）、吴大猷（密歇根大学）、马仕骏（普林斯顿研究院）、袁家骝（普林斯顿大学）等9人。但胡适这一计划提出后没有得到回应。

与此同时，清华大学校方也在积极筹划发展原子能科学。1946年7月及9月，物理系教授周培源赴英法参加会议之际，邀请钱三强回清华任教。11月11日，理学院院长叶企孙呈校长梅贻琦正式邀聘钱三强报告："本校物理系毕业生钱三强君于抗战前考取法庚款公费，赴巴黎留学，迄今在法国从Joliot教授夫妇从事研究原子核物理，六七年以来发表论文多篇，成绩斐然，实为留法学生中成绩最优秀之一。查原子核物理占当代物理学研究之中心，本校虽有赵、霍两教授从事于此，尚嫌不强，拟请提出聘任委员会，准予添聘钱三强为教授。"③21日，经聘任委员会批准，梅贻琦

---

① 1932年毕业于北京大学预科，1936年毕业于清华大学，后任职北平研究院物理研究所，1937年赴法在居里实验室从事原子物理研究。

② 葛能全：《原子弹与脊梁》，《科学文化评论》，第11卷第6期（2014）。

③ 叶企孙：《致函梅贻琦：建议添聘钱三强为物理系教授》（1946年11月11日），清华大学档案，清华大学档案，全宗号1，目录号4：2，案卷号103：3。

遂致电钱三强邀聘其任物理系教授,请他次年3月回国执教。[①] 25日,钱三强回电同意受聘[②],并于1947年2月1日在给梅贻琦的信中提出:"对于教学树人,生素感兴趣,在祖国目前情况下,尤觉重要。但生甚望教学工作外,尚能树立一原子核物理研究中心,此等意见,周师亦极赞成。先生等对此等设备不知有无计划?据生在欧之经验,一小规模原子核物理实验室,设备费约需五万美金。详细情形,如蒙垂询,当即奉告。"[③]钱三强这一建议得到清华校方的极力赞成。5月15日,梅贻琦复信钱三强:"盖原子核之研究,实今日科学上最重要之工作,而国内尚少推进。最近中央研究院有在南京举办之计划,建筑新研所用费颇巨,设备尚在筹划中。但即中央院计划成功,北平区域亦宜更有一研究中心,故清华在筹得美金五十万(系清华基金积存利息)作补充图书设备专款时,即决以五万元作原子核研究设备之用。"[④]

收到梅贻琦回信后,钱三强迅即决定于5月乘船回国[⑤]。"我和泽慧都很清楚,继续留在巴黎,对自己的科学工作当然是十分有利的;回到贫穷落后、战火纷飞(当时中国正处在解放战争将进入转折阶段之时)的中国,恐怕很难在科学实验上有所作为。不过,我们更加清楚的是:虽然科学没有国界,科学家却是有祖国的。正因为祖国贫穷落后,才更需要科学工作者努力去改变她的面貌。我们当年背井离乡、远涉重洋,到欧洲留学,目的就是为了学到先进的科学技术,好回去报效祖国。我们怎能改变自己的初衷呢?应该回到祖国去,和其他科学家一起,使原子核这门新兴科学在祖国的土地上生根、开花、结果。我们渴望着回到离开了十年之久

---

①② 钱三强:《英文电报》(1946年12月25日),清华大学档案,清华大学档案,全宗号1,目录号4:2,案卷号103:3。

③ 钱三强:《致函梅贻琦:建议建一原子核物理研究中心》(1947年2月1日),清华大学档案,清华大学档案,全宗号1,目录号4:2,案卷号103:3。

④ 梅贻琦:《函复钱三强商议建设一小规模原子核物理实验室之计划并期待其来校任教》(1947年5月15日),清华大学档案,清华大学档案,全宗号1,目录号4:2,案卷号103:3。

⑤ "去岁因内子生产前后,行动不便,未能于十月前后归国。现小女已将四月,而法国船期现暂定一年三次(一,五,九月),九月船期归国生等恐将赶不及开学,故决定提早订五月船位归国,六月底或可抵沪。"(钱三强:《致函梅贻琦:决定六月底归国来校服务》(1948年3月7日),清华大学档案,清华大学档案,全宗号1,目录号4:2,案卷号183)。

的故土,决心为祖国的富强、进步,贡献自己的力量"。① 当时钱三强和夫人何泽慧在国际上已享有盛名,但他们毅然放弃国外优越的待遇和生活条件,满怀一腔爱国热情投身于祖国的建设之中。

对于如何发展原子能,钱三强针对国内现实情形进行了认真考虑,在1948年3月7日致梅贻琦的信中写道:"去岁生寄还应聘书,生个人精神上即认为已与校方有约,故后来虽北大胡校长来电约生及内人二人至北大执教,并先母校寄下八百美金作为归国旅费,生等当即退还。校长及北大胡校长均为熟友,请见面时,代生等解释,以免发生误会。生退还胡校长旅费时,曾上一函,说明生等对于学术研究之观点,极力拥护在北平设立一联合原子核物理中心之计划。在此计划未得实现前,如北大方面缺乏原子核物理教师,生等当可帮忙授课。……在此一年中,中研院及中大萨、赵二师曾数次来函相约,因生已与母校有约,故皆婉辞。惟为学术发展计,中央二机关之合作方式似可借鉴,如是则教学研究合而为一,同时聘请研究人员及技术人材问题亦可解决。以规模而论,二中央拟组织之中心与生预想中之计划亦颇相合。然母校胜于中央机关者乃已有一健全之物理系,培养后进,尤理论方面良师更多于中央,如此更可使理论及实验辅助发展。"②从信中可见,北京大学、中央研究院、中央大学都曾邀聘钱三强,但因其"已与母校有约,故皆婉辞",此种选择固有深厚情感因素使然,还有一个重要原因即清华具有一定的经费保障,其计划更为切实可行。同时,为集中力量、加快发展,钱三强致函胡适、梅贻琦建议由清华、北大、北研院联合设立原子核物理中心。此建议亦得到清华校方的认同。

然而,该项计划正积极推进之时,遭到了美国的公然干预。1948年5月,钱三强、何泽慧夫妇携幼女启程回国,历经月余到达上海,但因行李被海关扣留迟迟不能北上。7月19日,美国驻华大使馆向"中央研究院"总干事萨本栋发函查询有关事宜,当日萨本栋亲拟密电急发梅贻琦和胡适:"美大使馆函询北方科学家拟请政府准在平创立原子能研究室,并称已定

---

① 钱三强:《重原子核三分裂与四分裂的发现》,北京:科学技术文献出版社,1989年,第74~75页。

② 钱三强:《致函梅贻琦本人决定六月底归国来校服务》,清华大学档案,清华大学档案,全宗号1,目录号4:2,案卷号183。

由钱三强主办,查此事果系在平设置,亦不应于此时即事宣传,因所需仪器待美方供给者尚多,随时均有冻结可能,为政不在多言,务请转告负责宣传者注意,以免事未成先遭忌而失败。"①后梅贻琦来函陈述该项计划的必要性,对此萨本栋冒险将美国使馆查询函原文转抄寄梅贻琦和胡适,并附言:"对于此函,数处只用电话告彼'这一煽动性消息已起起落落了很长时间'。来函者对于国内原子研究已多次来院询问究竟,此为第一次书面询问。此外,尚有其他为外交秘密不便奉告","月涵夫子:赐函已奉悉。兹将美使馆函抄上,乞望收阅后付丙。适之先生处已另抄送矣。"②在美国的阻拦及国内政治时局等因素影响下,清华大学筹划发展原子能科学的计划最终夭折。

清华大学肇基于内忧外患、国势衰微之际,自诞生之日便与国家的发展和民族的命运紧密联系在一起。为适应世界科技发展趋势和国家建设的迫切需要,新中国成立前后包括一批清华人在内的爱国知识分子为发展原子能事业付出了大量心血。虽然国民政府时期限于各种因素未能有实质性进展,但在钱三强、吴有训、吴大猷等爱国科学家的努力下,国人对发展原子能科学已有广泛认识,为后来的发展奠定了一定基础。

四、人才培养"重质而少重量"

抗战结束后,急需发展工业以振兴社会经济,因此,国民政府对高等工程教育实施了明显的倾斜政策。同时,青年学子为实现实业救国之理想及远大前途之考虑,多报考工学院。例如,西南联大自愿入清华工学院的学生共 425 人(其中机械系 144 人、电机系 102 人、土木系 101 人、航空系 56 人、化工系 22 人)③。复员后,国立清华大学工学院招收一年级新生及转学生,其中招收转学生的院系及年级包括:(壹)土木工程学系二、三

---

①　《分别函告梅贻琦胡适:美大使馆来函询问北方科学拟请政府在北平创立原子能研究室并已由请钱三强主办,请加以注意免遭失败》,清华大学档案,清华大学档案,全宗号 1,目录号 4:2,案卷号 183。

②　陈丹、葛能全:《钱三强传》,北京:中国青年出版社,2017 年,第 102 页。

③　《西南联大自愿入清华的学生一览表》(1946 年 5 月制),清华大学校史研究室:《清华大学史料选编》(第三卷上册),第 421~440 页。

年级,(贰)机械工程学系三年级,(叁)电机工程学系二、三年级,(肆)航空工程学系三年级,(伍)化学工程学系(本年不招收生),(陆)建筑工程学系二年级"①;招收对象为"凡在国立或已立案之私立大学肄业满一、二年以上者"②。1947 年 6 月 3 日,校务会议上,梅贻琦报告:教育部训令关于建设技术人员训练班现有土木、机械、电机、航空、化工等五学系各 3 班,电机工程专修科 2 班,共 17 班。1947 学年度除电机科班级完成外,余各应续招新生 1 班,共 5 班。③

表 5-10　国立清华大学工学院班数及学生人数调查表(1947 年 11 月 25 日)

院系名称	班数	学生人数
土木工程学系	六	二五五
机械工程学系	六	三三九
电机工程学系	六	三二〇
航空工程学系	四	一二〇
化学工程学系	二	一一七
建筑工程学系	二	四一
		1147(男 1126,女 21)

[资料来源:《国立清华大学现有状况调查表》(1947 年 11 月 25 日),清华大学档案,全宗号 1,目录号 4:2,案卷号 5]

1948 年,土木工程学系学生有 169 人④;机械工程学系,"学生共二百六十七人,计一年级一百三十八人,二年级三十九人,三年级四十七人,四年级四十三人,较之战前全系一百零三人增进一倍半"。⑤ 航空工程学系"学生人数已增加至一百四十六人"⑥;"电机系分为电力、电讯两组,现有四

---

①②　《国立清华大学 1947 年度招收二、三年级转学生简章》,清华大学校史研究室:《清华大学史料选编》(第四卷),第 248 页。

③　清华大学校史研究室:《清华大学一百年》,第 161 页。

④　梅贻琦:《复员后之清华(续)》(1947 年 4 月),清华大学校史研究室:《清华大学史料选编》(第四卷),第 53~54 页。

⑤　梅贻琦:《复员后之清华(续)》(1947 年 4 月),清华大学校史研究室:《清华大学史料选编》(第四卷),第 56 页。

⑥　梅贻琦:《复员后之清华(续)》(1947 年 4 月),清华大学校史研究室:《清华大学史料选编》(第四卷),第 59 页。

年级生二十八人,三年级三十七人,二年级一百三十七人,一年级一百十八人"。① 就工学院而言,"全院学生 1200 余人,占全校学生总数的 50%,为全校各院之冠。其中机械学生达 340 人(1948 年),为全校最大之系"。② 此外,复员后国立清华大学工学院还设有土木工程研究所、机械工程研究所、电机工程研究所、化学工程研究所、建筑工程研究所、航空工程研究所③,但因局势所致仅土木工程研究所招收了 4 名研究生④,其他各系均未有研究生。

对于学生的培养,梅贻琦曾言:"盖我校既因容量之关系,学生人数,终须加以限制,则毋宁多重质而少重量,舍其广而求其深。"⑤因此,"复员后,清华大学继续保持过去精益求精、追求卓越的治学精神和文化氛围"⑥。各学系学生独有自身的特色,例如:

土木工程学系:"土木系同学的个性介乎文法和理'工'同学的中间。土木系同学很少机械的死脑筋,这个事实谁也不能否认。""土木系同学,在全校来说,最活动,最肯干,也最能干。你可以从历届自治会理事的系别统计表中得到证明:土木系一直居于第一。他一方面潜心于工程学科的学习,一方面又参加各种团体活动,这不是一个听起来令人可怕的死板的系,'土木'的本身,就充满了自然的气息!""你要找画家? 这里有! 你要找艺术家、小文豪? 这里有! 你要找戏剧人才、体育健将? 这里有! 你要找最热心服务的同学? 这里更多! 你要找踏实的工程人才? 这里全体都是! 土木系就是这样健壮、结实,充满了活力!""无论是那一天的下午,甚至在烈日当空,大家都避暑休息的暑假里,你可以在校园的河边树下和每一个角落里,在颐和园昆明湖的船上和水边,在荒凉枯燥的山脚下,常可碰见他们赤着脊背,戴着草帽,扛着测量仪器走来走去,认真的测量工作。太阳晒紫了他们的皮肤,也晒透了他们的心。同时在课外,他们有各

---

① 《院系漫谈》,清华大学校史研究室:《清华大学史料选编》(第四卷),第 211 页。
② 史贵全:《中国近代高等工程教育研究》,第 122 页。
③ 史贵全:《中国近代高等工程教育研究》,第 133 页。
④ 《新入学研究生名录》(1946—1948 年度),清华大学校史研究室:《清华大学史料选编》(第四卷),第 484~487 页。
⑤ 梅贻琦:《复员后之清华》(1947 年 3 月),清华大学校史研究室:《清华大学史料选编》(第四卷),第 34 页。
⑥ 金富军:《复员之后的国立清华大学》,《清华人》,2008 年第 1 期。

种读书会、讨论班，并且假期里自动开办补习班，像教授上课一样，互相开讲听讲，但他们仍然对他所学的认为不满，不满里才有进步。在最近'改善不合理的教育制度'的热潮里，土木系的同学、先生，先后热烈的开过两次讨论会，而由系里拟定了'课程改订计划'，如何减少必修课程，如何增加选修课程，如何减少上课钟点以便增加课外活动。他们看的很清楚，工学院不是训练一批批的死板的工程机器和肺痨的制造所，而是教育出一个真正懂得建设、懂得作人、懂得自己和人生的完善的青年。""在每次争民主的运动里，他们表现的也最好。艰巨辛劳的工作他们参加的人最多。他们是警卫校园担任纠察工作的柱石，每遇紧急的时候，不分白天和黑夜，他们都守卫在校园的四周。一个群众大会会场和萤火会会场的布置，少不了他们。这一切的一切并非偶然的，一切的训练都在平时，在平时他们团结友爱如同一家人。""可是，他们并不以土木为招牌而丢开功课。考试忙，功课紧，不亚于他系。通宵绘图，连夜讨论功课的艰苦紧张场面，不胜枚举。"①

机械工程学系："这个庞大的系中，现在有三百四十人，在教授们热诚恳切的领导下，过着快乐而紧张的生活。夜阑人静时，都有不少人在绘图室里温课或绘图。""系里的同学都是年青坚毅的孩子，他们什么事都不落人后，他们愿意做铁马（Tractor）开垦处女地，散播幸福的种子。底下，是这部机械的解剖。"②

电机工程学系："电机系的功课是全清华最忙的一系。第一年所学的功课，与工学院他系差不多；第二年正式学到本系基本功课；三四年级本系功课增加。电机系的试验也最令人头痛，很多时间化在写报告上，尤其外系选修的同学，特别感到报告的厌烦。""同学们的生活，就在这种功课紧张的情形下，培养成克服困难的信心，发挥着每个人的能力，并且还充分利用余暇去玩。这种精神似乎是电机系独有。宁可开夜车用功，在玩的时候也不要落人之后。每次团体活动中，电机系参加的人数总是最多，而且，你碰到一个电机系的同学，从他的举止，你就可以猜出他是电机系的。"③

航空工程学系："航空系是一个年青而正在成长中的孩子，怀着一颗

① 《院系漫谈》，清华大学校史研究室：《清华大学史料选编》（第四卷），第206~208页。
② 清华大学校史研究室：《清华大学史料选编》（第四卷），第208页。
③ 清华大学校史研究室：《清华大学史料选编》（第四卷），第211页。

好奇进取的心和一个远大美丽的理想,向漫长而艰涩的道路迈进着。时代蕴育了她,而不健康的父母却带给了她先天的不足,偏枯的环境,加进了后天的失调,她是那样憔悴和瘦弱啊!然而,她是个有志气的孩子,一直那样无声无息地沉毅地和恶劣的周遭撕拼着。她渐渐成人了,也将会渐渐强健。""这里同学会很自然的想翻一翻脱节几天而快跟不上的功课,见面的术语是:'报告做好了没有?''笔记借我补一补?'惟因如此,平时,团体性的活动是比较少的,打球、郊游、闲谈常限于几个人。可是你切莫误会我们被闷在象牙之塔里形成小圈子!从昆明'五四'、'一二一'一直到现在,每次运动我们所表现的热情,一想起来,便会感到血液又在沸腾!"①

化学工程学系:"化工系复员以后才创立,在工学院各系中,算是一个小弟弟。可是,因为人多,活动多,和系里的积极扩充,这个小弟弟长的也颇为健壮!""同学们在课外有生活小组、化工之家,以及各种比赛来联络大家的感情。课内一二年级则完全读他系功课,设备方面虽然是草创,可也相当完善!你走过那座整洁的化工试验室,总情不自禁的要向里边看看!""由于先生们对同学的爱护,本系同学得到很多的方便。晚上,系里边的小图书馆开放,同学们不必到大图书馆去挤着找位置,这里就有舒适的日光灯和幽静的环境供你读书。本系师生,亲近得像家人一样!"②

建筑工程学系:"按照一般惯例,建筑系应该属于工学院;可是,严格说来,建筑只有一半是工程,另一半是艺术。系内的课程,除了从普通物理到结构学一类的工程课程以外,四年之中都贯串着艺术技巧与理论修养的课程。同时也由于向来的工程研究有着孤陋和'机械'的偏向。本校建筑系强调社会科学的学习;由于学习建筑不应该拘束自由的创造和发展,建筑系一开始就采用了新的的教学方法:着重于创作能力的启发。而各重要的是:我们的建筑为了谁呢?系主任说得十分明白:'建筑是为了大众的福利。踏三轮的人也不应该露宿街头,必须有自己的家。'这句指引了一个方向给了那些沉迷于'琼楼大厦'的观念而不能自拔的人一个有力的警觉。""建筑系几乎是白手起家的。两年前的秋天,只在宽大的水力馆楼上借到一角画图室,在墙壁上挂起小布告牌,一位助教先生领着十

① 清华大学校史研究室:《清华大学史料选编》(第四卷),第211~212页。
② 清华大学校史研究室:《清华大学史料选编》(第四卷),第213页。

多个同学默度了'创业维艰'的半个学期。但是，大家都是乐观愉快。两年来上下于小楼之间的人越来越多。去年，系主任笑着第一次跑上楼对同学们讲的第一句话是：'住者有其房。'先生们将图书和模型搬上来，都满意地笑了。同学们每天吵闹着，跳着上下楼梯，丁子尺拖着满地跑，或是更深夜寒的时候，凝神地描绘一条线或一片阴影，半斤花生米开个通宵夜车，建筑系就这样飞快地成长起来！"①

1948 级土木系毕业生与师长们合影

（黄延复：《图说老清华》，武汉：长江文艺出版社，2002 年，第 316 页）

1948 级电机系毕业生合影（前排教授右起：

胡笄、钟士模、范崇武、黄眉、杨津基、孙绍先、常迥）

（黄延复：《图说老清华》，第 316 页）

---

① 清华大学校史研究室：《清华大学史料选编》（第四卷），第 213～214 页。

第三节　复员时期清华工学院的历史地位和影响

国立清华大学复员后,逐步恢复教学、科研等工作,扩充院系规模。工学院在此时期进一步发展,除原有学系外,增设化工、建筑等系,在国内工程学科中占有重要地位;同时,培养的大批优秀工程技术人才,在新中国的教育、实业、科技等领域做出了杰出贡献。

一、复员时期国立清华大学工学院的历史地位

复员后,为尽快恢复战争创伤、促进经济发展,国民政府注重发展实科、培养工程技术人才。同时,响应这一政策,各校迁返原地后,在修复校舍,添置图书仪器,恢复教学设施的同时,无不制订扩充计划,增设系科,这在一定程度上推进了高等工程教育的发展。国立清华大学工学院除战前土木工程学系、机械工程学系、电机工程学系外,增设了航空工程学系、建筑工程学系及化学工程学系,共计设有 6 个学系,全院学生 1200 余人,约占学校总人数的一半,是学生人数最多的学院;另设有土木工程研究所、机械工程研究所、电机工程研究所、航空工程研究所、建筑工程研究所、化学工程研究所。该时期,国立清华大学工学院的规模在全国而言虽算不上最大,但也位居前列。例如,"交通大学迁返上海之初,工学院本科设有土木、机械、电机、航空、造船、工业管理 6 个系。不久将理学院化学系兼办的化工组,土木系内分设的水利组及机械系内分设的纺织机械组分别扩建为化学工程系、水利工程系、纺织工程系。1947 年又将轮机专修科升格扩建为轮机工程系。这样,交通大学工学院本科即由抗战胜利之初 6 个系扩建成为 10 个系的规模,在校生 2000 余人,占全校学生总数的三分之二"。[①] "浙江大学复员后,工学院虽未增设新的学系,但也是全校规模最大的学院。据 1947 年统计,全校文、理、工、农、法、医、师范等 7 学院 30 学系共有学生 1849 人(另有 5 个研究所的研究生共 22 人未计在内),而工学院 5 个系(土木、电机、机械、化工、航空)计有学生 741 人(另有化工研究所研究生 3 人未计在内),占全校学生总数近 40%"。[②]

---

①② 史贵全:《中国近代高等工程教育研究》,第 122 页。

二、复员时期国立清华大学工学院的历史影响

(一) 为国内工程教育培养了优秀师资

复员后国立清华大学工学院培养的学生不少在高等院校担任校级或院系领导，在教育思想、学科建设、师资培养等方面影响着国内高等院校工程教育的发展。例如：李家宝（1947，机械），曾任哈尔滨工业大学副校长、高等教育研究所所长，在实践工作中凝练出独特的高等教育及人才培养理念；陈南平（1947，机械），曾任清华大学材料科学与工程系教授、机械系副主任、冶金系主任、材料研究所副所长等职，筹建金属学热处理专业，设立金属材料专业，筹建冶金系；[①]潘际銮（1948，机械），曾任哈尔滨工业大学机械系焊接教研室主任、清华大学机械系系主任、南昌大学校长等，参与创建我国高校第一批焊接专业。

同时，工学院毕业生亲自教授课程、自编教材及讲义等。例如：李国鼎（1947，土木），"早年为发展国家的给水排水事业，他讲授给水排水工程施工课程，下工地，编教材，理论联系实际"[②]，"20 世纪 50 年代末，他响应国家大力发展核工业的需要，调任清华大学实验化工厂负责筹建 03 教研室，从事放射性和废水处理的科研与教学。……开设了包括技术基础课、专业课在内的一系列课程"[③]，"20 世纪 80 年代初，他为了推动国家环境保护事业的发展，协助陶葆楷先生建立了国家环保局清华大学环境工程研究所，亲自领导了核环境工程专业和环境工程专业的建设，在清华大学建立了我国唯一的核环境工程博士点"。[④]梁晋文（1947，机械），曾任清华大学机械系教授，"长期从事机械制造中标准化互换性、光学精密机械仪器及计量测试等领域的教学工作。1950 年，在国内高校中是他和他的老师金希武教授最早将公差与技术测量作为一门独立学科讲授。1951年，他创建了国内第一个公差技术测量实验室。"[⑤]吴全德（1947，电机），曾任教于清华大学物理系、北京大学物理系，讲授无线电电子学、原子能应用电子学、阴极电子学、电子物理、原子物理、电子发射与电子能谱、物

---

① 李茂山：《著名材料科学家——陈南平》，《兵器材料科学与工程》，1992 年第 12 期。

②③④ 《为人师者尽吾心——记清华大学环境学院李国鼎先生》，https://news.tsinghua.edu.cn/info/1160/43958.htm。

⑤ 张书练：《机械制造和精密计量专家梁晋文》，《中国计量》，2015 年第 10 期。

理电子学高级课程和表面电子学等课程。吴佑寿（1948，电机），曾讲授《数据传输》《信息论与编码》等课程，主编《高频电路》教材。

（二）推动国内工程实业发展

复员时期国立清华大学工学院培养的一些学生毕业后在企业、厂矿等实业领域担任重要领导职务或工程技术骨干，对工业发展起到了重要作用。例如，陈正琛（1947，机械），曾任沈阳第三机床厂主任工程师、武汉重型机床厂副总工程师、第二机械工业部专用设备局副总工程师、核工业部物资局总工程师，在国内试制成功 Φ6.3M 立式车床、5M×12M 龙门刨床等，参加和组织了生产堆、高通量试验堆、铀同位素分离设备和核电站设备等的试制和生产。袁绩琦（1947，机械），曾任昆明卷烟复烤厂工程师，设计"卷烟复烤"的生产线，还帮助玉溪卷烟厂设计了生产线。许四福（1948，土木），曾任北京永定河引水工程工程师，山西省水利厅厅长、党组书记兼总工程师等，亲历了大伙房水库、北京永定河引水工程以及河北岗南、岳城水库的工程建设施工。吕彦斌（1948，机械），原第一汽车制造厂轿车分厂设计科科长，亲自组织领导及参与我国第一辆东风牌轿车和三十多种红旗牌高级轿车以及毛泽东主席灵车的设计工作。[1]

（三）提升工业发展科学化水平

国立清华大学中有不少在高等院校或研究院所进行科研工作，取得了优异的研究成果。例如，郑哲敏（1947，机械），曾任中国科学院力学研究所所长等，长期从事固体力学研究，提出流体弹塑性体模型和理论，在爆炸加工、岩土爆破、核爆炸效应、穿甲破甲、材料动态破坏、瓦斯突出等方面取得重要成果，中国科学院院士、美国工程院外籍院士、中国工程院院士、2012 年度国家最高科学技术奖获得者。曹荫之（1947，机械），曾任鞍钢钢铁研究所副所长兼总工程师等，"在提高钢铁产品质量、研制开发生产低合金高强度钢和军工用钢等方面，解决了大量的技术问题。"[2]梁晋文（1947，机械），科研成就包括机械制造中标准化互换性公差标准的制定、光电精密仪器的设计与研制、大型机件几何尺寸检测技术与装备的研

---

① 《创新、和谐、光彩老人——中国第一汽车集团公司老科技工作者、长春市劳动模范、高级工程师吕彦斌》，《第二届中国老年人才论坛论文集》，2006 年。

② 李茂山：《曹荫之同志逝世》，《兵器材料科学与工程》，2002 年第 5 期。

制(大尺寸测量)、微小尺寸测量技术———磁盘测试设备的研制等。[1]
陈南平(1947,机械),"围绕物理冶金、失效分析等开展科研工作。50 年
代开展的铝合金形变时效处理研究,促进了高强铝合金导线的开发……
70 年代初,协助工厂先后解决了几百吨坦克焊条钢的银轧开裂问题、控
制可伐合金中铝、硅含量以稳定其膨胀性能、某些齿轮钢种的淬透性控
制、轨枕用高强度预应力钢筋在轨枕养护过程中的断裂问题、铁道桥梁用
高强螺栓的滞后断裂问题等"[2],80 年代致力于氢致开裂、金属磨损等方
面的研究。黄敞(1947,电机),曾任中国科学院计算技术研究所室主任、
航天工业部骊山微电子公司总工程师、微电子技术研究所副所长,主持研
制成功多种弹(箭)载计算机的专用集成电路及计算机。吴全德(1947,
电机),中国科学院院士,长期致力于电子、离子、薄膜和表面、超微粒子的
研究,在银氧艳阴极的发射机理(在欧美被称为"吴氏理论")、固溶胶粒
(即纳米粒)的形成条件和生长理论、金属超微粒—半导体复合薄膜体系
和特性方面取得了重大成果。[3] 龙驭球(1948,土木),中国工程院院士,
国内外首创三类新型有限元(广义协调元、分区混合元和样条元)以及含
参和多区混合两类新型变分原理,科研成果被编入建设部"薄壳设计规
程",应用于大型壳体工程和高层建筑设计,并为潜艇和海洋平台设计解
决薄壳大孔口、管节点和减冰振等关键问题。[4] 潘际銮(1948,机械),中
国科学院学部委员,自 20 世纪 50 年代先后试验成功板极电渣焊、氢弧焊
应用于原子反应堆的制造、电弧焊自动跟踪系统等。[5] 吴佑寿(1948,电
机),中国工程院院士,长期从事数字通信和数据传输、数字信号处理和模
式识别的教学和科研工作,参与创建清华大学无线电工程系,负责研制数
字微波通信系统和国内第一台 TJ—82 图像计算机。

　　工学院毕业生还承担了诸多社会职务。例如:周麒(1947,机械),上
海标准化学会理事、《机电辞典》总编辑等。李国鼎(1947,土木),兼任中

---

① 张书练:《机械制造和精密计量专家梁晋文》,《中国计量》,2015 年第 10 期。
② 李茂山:《著名材料科学家—陈南平》,《兵器材料科学与工程》,1992 年第 12 期。
③ 陈永庆:《吴全德——"吴氏理论"的创造者》,《今日浙江》,2001 年第 15 期。
④ 崔京浩、袁驷、辛克贵、须寅:《厚重勤奋是吾师——贺龙驭球教授当选为中国工程院院士》,《工程力学》,1995 年第 3 期。
⑤ 《焊接专家潘际銮》,《中国机械工程》,1993 年第 4 卷第 1 期。

国环境科学学会第二、三届常务理事等。① 郑哲敏(1947,机械),中国力学学会第一届理事会常务理事,第二届理事会常务副理事长,第三届理事会理事长和《力学学报》第三届编委会主编。② 曹荫之(1947,机械),中国兵工学会金属材料学会委员、《兵器材料科学与工程》编委会委员等。③ 梁晋文(1947,机械),曾任中国计量测试学会第二、三届副理事长,北京计量测试学会第二、三届理事长,国家标准局"形状和位置公差标准化"技术委员会副主任委员等。④ 吴全德(1947,电机),曾任《物理学报》《高速摄影与光子学》编委,中国电子学会理事等。龙驭球(1948,土木),中国土木工程学会第四届理事,中国力学学会《工程力学》学报主编,国际杂志《Advancesin Structural Engineering》国际编委等。金德濂(1948,土木),湖南省水利学会理事长、中国水利学会勘测专业委员会创立者。黄敦(1948,机械),曾兼任中国力学学会第一届副秘书长,《力学学报》第一至四届编委,《爆炸与冲击》《应用数学与力学》第一、第二届编委等。

(四)积极参加爱国民主运动

面对国民党反对独裁,广大青年学子满怀拳拳爱国之心,掀起波澜壮阔的爱国运动。工学院学生亦积极参与其中,机械系、电机系是当时全校两个最大的系,党的力量亦较强,在历次学生运动中发挥了重要作用。如电机系50届学生回忆:"我们考进清华的那一年,全国学生运动在共产党的领导下,掀起了一个又一个高潮。1946年底,电50级同学入校不久就参加了北大、清华同学在北平掀起的抗议驻华美军强奸北大女生的'抗暴'运动。1947年5月又参加了全国规模的'反饥饿、反内战'运动。运动持续一个月,规模遍及国民党统治区60多个大中城市。"⑤"1947年51级同学进入清华后刚半个月,北平就接连发生反动当局非法逮捕清华、北

---

① 《为人师者尽吾心——记清华大学环境学院李国鼎先生》,https://news.tsinghua.edu.cn/info/1160/43958.htm。

② 洪友士:《郑哲敏先生的主要经历与成就——祝贺郑哲敏先生八十华诞》,《祝贺郑哲敏先生八十华诞应用力学报告会——应用力学进展论文集》,2004年。

③ 李茂山:《钢铁新材料专家——曹荫之》,《兵器材料科学与工程》,1989年第4期。

④ 张书练:《机械制造和精密计量专家梁晋文》,《中国计量》,2015年第10期。

⑤ 《情系清华:清华电机系50·51级毕业五十周年纪念集》,北京:清华电机系1950/51级,2001年,第48页。

大等校同学和中学教师事件,两校为此成立了'人权保障委员会'进行抗争。接着又发生了国民党政府屠杀浙江大学学生自治会主席于子三和血腥镇压上海同济大学学生等血案,清华同学和北平各校一起进行了一次又一次的罢课抗议"。① 根据地下党的指示,1948年暑假后学生回班上课,这一时期许多班级建立了党小组和盟小组,电机、机械等大系还有盟的分部②,这些爱国青年积极投身于解放运动之中。

不少学生毕业后仍积极投身于爱国民主运动之中。例如:陈启蕃(1947,航空),在"驼峰航线"担任空运飞行。许四福(1948,土木),在昆明"西南联合大学"时期参加了"一二·一"运动,1947年2月在清华大学参加了外围组织"链社",曾被选为清华大学学生自治会代表会副主席,参加领导了"反饥饿、反内战""抗美扶日"等学生运动,1948年清华大学毕业后被地下党派到厦门从事地下工作。翁心钧(1948,机械)、吴国铨(1948,机械),曾在滇西抗日中担任美军翻译员。张大鹤(1948,航空),在校期间积极参加反对国民党反动统治的历次学生运动,毕业后去冀东解放区参加革命,在长城部(北平工作委员会)从事地下输干线工作;平津战役期间在四十军北平前线从事敌工工作,北平解放后进入市委从事职工运动;1949年4月随军南下,参加渡江战役至上海,从事接收国民党空军、培训干部、在浙江沿海选址修建飞机场等工作;1949年加入中国共产党。还有部分学生在解放战争及抗美援朝战争中提供了物质供应和技术支持。例如,曹荫之(1947,机械),抗美援朝期间,从事军镐、炮弹钢的质量研究和试制工作。张大鹤(1948,航空),为支援抗美援朝修理发动机,积累了大量的修理排故经验,特别是在高速旋转部件的裂纹判断及修理方面经验丰富,曾和其他同志一起修复了不少受损螺旋桨轴裂纹,使受损发动机起死复生,及时支援了抗美援朝。

综上所述,抗日战争取得胜利以后,清华大学回迁北平旧址。这一时期,由于图书资料在战时受到严重破坏和损失,复员后师资也相对不足,加之战后国内政局动荡及经费匮乏,致使该时期国立清华大学工学院的

---

① 《情系清华:清华电机系50·51级毕业五十周年纪念集》,北京:清华电机系1950/51级,2001年,第48页。

② 清华大学校史编写组:《清华大学校史稿》,第496页。

发展受到了一定的制约。但总体而言,清华大学工学院的院系设置较之战前有所扩充,并承袭战前的办学方针、教学传统,在教学及科研方面取得了一定进展。"工学院有土木、机械、电机、航空、建筑与化工六个系,工科的规模扩大了,师资力量加强了,实验室也更加充实了,为后来院系调整时清华改为多科性工科大学,并为建立航空学院与石油学院奠定了更好的基础"。① 虽然限于各种因素,原子能研究未能有实质性进展,但在钱三强、吴有训、吴大猷等爱国科学家的努力下,国人对发展原子能科学已有广泛认识,在一定程度上推动了 20 世纪五六十年代祖国原子能事业的快速发展。

---

① 陶葆楷:《教育工作六十年》,清华大学建筑技术科学系:《土木工程馆的风云变迁》,北京:清华大学出版社,2009 年,第 31 页。

6

新中国成立至"文革"前清华大学
工程教育的重构

　　面对长期战争带来的满目疮痍,新中国成立后面临的迫切任务就是恢复和发展经济,以及在教育、文化、科技等各领域实施改革,建设全新的人民民主国家。在我国由农业国向工业国的重要转型时期,高等教育尤其是高等工程教育承担着为社会发展输送高级科技人才、高级工业人才的重任。该时期,清华大学进入了一个全新的历史发展时期,特别是在全国院系调整中由原来的综合性大学转变为一所多科性工业大学。此后,清华大学工科的师资力量、教学设施、科研条件等不断得到增强,为国家工业发展培养了大批高级技术人才,在国家现代化历史进程中承载着重要使命。但同时也要看到,院系调整使清华大学的学科发展趋向单一性,对学校的长远发展及学生综合素质的培养造成了一定影响。

第一节　新中国成立至"文革"前
清华大学工科院系的逐步调整

　　中华人民共和国成立前后,党和政府即对院校有计划地接管并进行了改造,通过系列改革举措,实现由旧教育向新民主主义教育的转变,建立与新政权相适应的教育制度。由于受建国初期经济、政治、文化等各种因素所限,高等院校的院系调整过程并非一蹴而就,而是根据国家政策实施步骤及自身实际情况逐步展开的。具体而言,建国初期基本以恢复和维持原状为主,进行了局部院系的调整,1952年下半年则在全国范围内实行了大规模院系调整,教育布局实现了根本改变,1953年后又进行了后续调整。与此相一致,清华大学积极适应新中国经济建设的需要,经过调整由综合性大学转变为一所多科性工业大学,为国家工业化建设培养了一大批高级技术人才,被誉为"红色工程师的摇篮"。

一、清华大学工科院系初步调整和扩充计划

1948 年 12 月 15 日,人民解放军进驻海淀,清华园获得解放,迎来了历史发展的新纪元。12 月 22 日,北平市军事管制委员会文化接管委员会组织了西郊工作团,对解放的大学进行接管准备工作,其中张宗麟、鲁歌负责清华、燕京两校。26 日,在西郊工作团团长高棠的率领下,对清华、燕京作首次正式访问,"从那天起,一方面继续由两校地下党同志供给各种有关情况,一方面个别访问进步教授,分别举行座谈会,参加的教授,清华计有张奚若、钱伟长、屠守锷、费孝通、李广田等人,⋯⋯并与两校讲助教会及学生自治会保持经常的接触"。① 在充分了解师生意见的基础上,1949 年 1 月 3 日张宗麟即向文管会军管会作口头的补充报告,提出应该而且可以接管清华大学等意见。经彭真、叶剑英、钱俊瑞、张宗麟等商讨后,提出维持原状接管清华大学的方案并向华北局及中央请示,1 月 9 日得到中央电示。

1949 年 1 月 10 日,北平区军事管制委员会文化接管委员会主任钱俊瑞到校,正式宣布接管清华。在上午 11 时召开的清华校务委员会上,钱俊瑞传达了接管方针:"第一,今后清华大学应实行新民主主义的文化教育,取消过去教育中反对人民的东西。第二、教育的通盘改革是一个复杂的工作,必须逐步前进。现有的机构与制度,除立即取消国民党反动训练制度和立即停止国民党员、三青团员的反革命活动外,其他一律照旧。国民党特务分子暗藏的枪支由校务委员会立即负责收缴。第三,学校经费由军管会负责供给,教职员一般地采取原职原薪办法,以后当实行量才录用,与考绩升降。"②该时期,清华大学仍由校务委员会维持,对接管方针,"校务会除一人当时未发表意见外,其余均明白表示赞成"。③ 下午 2 时,由校务委员会主席冯友兰召集全校师生工警开全体大会,钱俊瑞代表军

---

① 《北平市军事管制委员会文化接管委员会关于接管清华、北大、维持燕大的专题报告》(1949 年 4 月 1 日),陈大白:《北京高等教育文献资料选编(1949—1976)》,北京:首都师范大学出版社,2002 年,第 10~11 页。

② 《清华已成为人民的大学 二千师生员工热烈欢迎接管》(1949 年 2 月 3 日),《人民日报》,1949 年 2 月 3 日。

③ 《彭真、叶剑英关于接管清华大学情况向总前委并中央、华北局的报告(节录)》(1949 年 1 月 19 日),陈大白:《北京高等教育文献资料选编(1949—1976)》,第 4 页。

管会宣布新民主主义的教育方针及接管的具体内容，他在讲话中提出："今天清华大学从反动派手里解放出来，变成人民的大学，是清华历史上的新纪元。从今以后，它将永远是一所中国人民的大学了。"①随后，冯友兰在全校大会上宣布："我们清华是第一个被人民解放军接管的大学，所以非常荣幸。从今以后，我们清华大学变成人民的大学。（全体师生长时间的热烈鼓掌）中国共产党和人民解放军对清华的方针是'五四'革命精神的继续。"②当天恰逢学校下午 3 时召开教授会议例会，钱俊瑞、张宗麟等受邀出席，会上钱俊瑞简要介绍了解放区工农业及文化教育事业的建设概况，并着重解释了中国共产党和人民政府重视科学研究以及保障人民思想信仰自由的方针③。对于清华的接管，军管会进行了周密严谨的安排，分步骤组织实施，接管原则即"实际接管而形式上是维持原状，同时宣布必要而且可能的改革"，具体办法即"依靠地下党，团结进步分子，争取中间分子，孤立落后分子，必要时给反动分子以必要的镇压。"④虽然接管后在人员任命及课程改造方面尚存在一些问题，但"一般地说接管北大、清华是成功的。接管了清华，安定了北平各大学，特别是大学教授们安定下来了"。⑤

面对清华的全新局面，广大师生欢欣鼓舞。1 月 24 日，清华大学张奚若、费孝通、钱伟长、赵人儁、张维、钟士模等 37 名教授与部分燕京大学教授联合发表《对时局宣言》："我们清华、燕京两大学的教育工作者，终于在长夜渴望中获得了解放。我们对人民解放军进行革命的英勇和坚决，感觉无限的振奋。解放后的新局面不但加强了我们对于革命的信心，同时使我们更感到今后为人民服务的责任之重大，在获得了久已丧失的自由和安全之后，我们深切地体认到一种新气象的开展。我们为中华民族

---

① 《清华已成为人民的大学 二千师生员工热烈欢迎接管》（1949 年 2 月 3 日），《人民日报》，1949 年 2 月 3 日。

② 《彭真、叶剑英关于接管清华大学情况向总前委并中央、华北局的报告（节录）》（1949 年 1 月 19 日），陈大白：《北京高等教育文献资料选编（1949—1976）》，第 4 页。

③ 《清华已成人民的大学》（1949 年 2 月 3 日），《人民日报》，1949 年 2 月 3 日第 2 版。

④ 《北平市军事管制委员会文化接管委员会关于接管清华、北大、维持燕大的专题报告》（1949 年 4 月 1 日），陈大白：《北京高等教育文献资料选编（1949—1976）》，第 11 页。

⑤ 《北平市军事管制委员会文化接管委员会关于接管清华、北大、维持燕大的专题报告》（1949 年 4 月 1 日），陈大白：《北京高等教育文献资料选编（1949—1976）》，第 12 页。

的光明前途而鼓舞,我们为中国人民的新曙光而欢腾。"①冯友兰也高度评价了清华园的解放与接管:"自三十七年校庆后,一年以来,中国的革命运动,逐渐达到最高潮。本校在这个过程中,也得到了解放,而成为人民的清华,这是本校的一段新历史。在本校的历史中,这是空前重要的一段。……在全中国解放中,清华是首先被解放的国立大学,在全中国的解放中,人民政府宣布一个正规大学为人民的大学,清华是第一个,这是清华的莫大光荣。……清华由游美学务处,清华学堂,清华学校,至清华大学,由南迁到复员,经历帝制、军阀、国民党,各时期的统治,到今成为人民的清华大学。校史与国运,息息相关。此后在人民政府的领导培植之下,必能日益发展,为新民主主义的新中国,尽其应负的使命。"②

对于新中国的发展方针,中共中央领导高瞻远瞩。1945 年 4 月 24 日中国共产党第七次全国代表大会上,毛泽东在所作《论联合政府》报告中就"工业问题"曾提出:"为着打败日本侵略者和建设新中国,必须发展工业。……在新民主主义的政治条件获得之后,中国人民及其政府必须采取切实的步骤,在若干年内逐步地建立重工业和轻工业,使中国由农业国变为工业国。新民主主义的国家,如无巩固的经济做它的基础,如无进步的比较现时发达得多的农业,如无大规模的在全国经济比重上占极大优势的工业以及与此相适应的交通、贸易、金融等事业做它的基础,是不能巩固的。"③报告中提出的"在若干年内逐步地建立重工业和轻工业,使中国由农业国变为工业国",为新中国的建设指明了方向。为实现这一目标,同时鉴于原有思想认识的根深蒂固及解放前后局势的不牢固等因素,该时期"党和政府对当时公立大学的方针是:维持原校,先接管,然后逐步加以必要与可能的改造。"④例如,为高效利用各种教育资源,1949 年 3 月 10 日中共北平市委关于大学的处理方案向中央并华北局、总前委请示:

①《清华、燕京教授发表时局宣言(1949 年 1 月 24 日)》,清华大学校史研究室:《清华大学史料选编》(第五卷上),北京:清华大学出版社,2005 年,第 45 页。

② 冯友兰:《解放期中之清华》,清华大学校史研究室:《清华大学史料选编》(第四卷),第 85~87 页。

③《论联合政府》(1945 年 4 月 24 日),《毛泽东选集》(第三卷),北京:人民出版社,1953 年,第 1080~1082 页。

④ 王义道:《七十年大学变革亲历记》,《北京教育(高教)》,2019 年 10 期。

"将来北平各院校似应加以调整,合并为下列四校两院:(一)以北大与华大为基础,合并北平其他各校法律、政治、经济、文学等院系,专办社会科学及文学等院系,仍名北大。(二)以清华为基础,合并各校理、工院系专办理工学院,仍名清华大学……如上述办法妥当,现在就可在各校教授学生中进行酝酿(他们已经自发的酝酿),争取在今年暑假前后有步骤地实现合并,同时现在配备各校校长任选时,即应注意。关于人选,我们尚在酝酿、交换意见中。"①3月17日,中共中央明确指示:"调整合并原则上是对的,应该在各校教授、学生中进行酝酿,说明国民党教育措施的反动与不合理和调整合并合理化之必要。……但实行调整合并时,必须照顾到群众条件是否成熟,逐步分别处理,凡条件已成熟者予以合并,条件未成熟者不可急于合并,不能合并者不可强求合并,各校各院各系应分别予以考虑决定。"②还特别提到:"清华教授中门户之见甚深,该校进步教授虽主张调整合并,但他们占少数,将该校理工以外各院系合并他校及将他校理工院系并入该校,都要审慎地取得多数同意之后来办理"③。

面对新中国成立后百废待兴的局面,教育领域亟待改革以建立一套与新政权相适应的教育体系。1949 年 6 月,华北高等教育委员会召开常务委员会第二次会议,讨论各大学院系调整问题,自此拉开了院系调整的序幕。会后公布了《华北高等教育委员会关于南开、北大、清华、北洋、师大等校院系调整的决定》,此项决定主要是取消合并一些高校的文科系部专业,其中清华法律系、人类学系取消。④ 1949 年 9 月,中国人民政治协商会议第一届全体会议通过了具有临时宪法作用的《中国人民政治协商会议共同纲领》,其中第五章"文化教育政策"对新中国教育的性质、任务、重点等进行了新的阐释和规定,成为各级教育发展的基本依据。11 月

---

① 《中共北平市委关于大学的处理方案向中央并华北局、总前委的请示》(1949 年 3 月 10 日),陈大白:《北京高等教育文献资料选编(1949—1976)》,第 8 页。

② 《中共北平市委关于大学的处理方案向中央并华北局、总前委的请示》(1949 年 3 月 10 日),陈大白:《北京高等教育文献资料选编(1949—1976)》,第 7 页。

③ 《中共北平市委关于大学的处理方案向中央并华北局、总前委的请示》(1949 年 3 月 10 日),陈大白:《北京高等教育文献资料选编(1949—1976)》,第 8 页。

④ 《华北高等教育委员会关于南开、北大、清华、清华、北洋、师大等校院系调整的决定》(一九四九年六月二十七日),中央档案馆:《共和国雏形:华北人民政府》,北京:西苑出版社,2000 年,第 420 页。

17 日,教育部召开华北区及京津两市 19 所院校负责人会议,讨论高等教育改造方针,重申《共同纲领》的相关规定,清华、北大、师大等校 60 余人出席。会上,马叙伦部长指出:"该部教育方针是实行为人民服务,首先为工农服务的教育政策,坚决执行共同纲领中所规定的任务,有计划有步骤地稳步前进。"①钱俊瑞副部长也强调:"高等教育应该是在现有基础上,实行坚决的和有步骤的改造,在目前还不能大大的发展。改造的方向是一切服务于国家的建设,特别是经济建设。"②

根据《共同纲领》中"有计划有步骤地改革旧的教育制度、教育内容和教学法"的方针,清华大学遵循"坚决改造,逐步实施"的原则,对学校培养目标、管理体制、教学工作、院系设置等进行逐步调整。③ 1949 年 12 月 5 日,清华大学校务委员会基于自身发展基础提出了学校今后的工作方针,即:"本校原系综合性的大学,其任务在造就多方面的建设人才,但是根据过去历史的发展及现有的设备,本校确有其重点,所以今天当继续发展其重点,即以训练经济建设人材为主,对理工学院应尽可能予以加强。但重点发展并非轻视文法,对文法学院亦应予以提高,促进其改造,使其能切合人民的需要,训练经济政治及文化建设人才。……本校更应加强与外界联系,配合政府建设工作吸收先进国家苏联的经验。"④从方针可以看出,根据国家经济建设对高级技术人才的需求,该时期清华大学发展重点在加强理工学院,但同时也并非轻视文法,希望通过对文法学院的改造,培养切合需要的经济政治及文化建设人才。总体而言,清华大学依旧保持综合性大学的结构布局,有重点地推进和提升整体发展。按照这一发展方针,该年学校制订了《清华大学 1950—1953 年的发展计划》,总方针为:"本大学计划在十五年左右发展成一个能容纳二万学生的综合性大学,发展计划所根据的原则是:'密切配合国家的经济建设和文化建设的需要,尽量经济地和合理地利用本校原有的物质和师资的基础。'根

① ② 《教育部召开华北京津十九院校负责人会议 讨论高等教育改造方针》,《人民日报》,1949 年 11 月 22 日第 4 版。

③ 清华大学校史研究室:《清华漫话》,北京:清华大学出版社,2009 年,第 55 页。

④ 《校务委员会今后工作方针》(1949 年 12 月 5 日),清华大学档案,目录号校办 1,案卷号 49006。

据这个原则,从我国经济恢复到经济建设高潮的时期内,本大学为了适应国家对于经济建设干部的大量需要,将以理工为主,作急速的数量上的扩充。"①学校根据配合经济建设的国家需要及原有师资的条件,拟于1951—1953年内在文学院、法学院、理学院、工学院等增设部分学系。其中,拟在工学院于1951年成立冶金系、1952年成立水利系,"本校冶金师资充足惟分散于各系,应即集中为一系,使工程材料方面之训练更有领导。且冶金人材实为目前生产建设上之急需培养者。水利系在本校原有基础,土木系之水利组原为土木系之重要部分,并有水力实验室为华北仅有之设备,因师资充足,设备优良,应可于1952年夏成系"。②

新中国成立后面临的急切任务就是要实现由农业国向工业国的转变,但实际情况却有很大局限,"就实现工业化、现代化的人力资本和人才资源而言,1949年以前全国80%以上的人口是文盲,1949年初全国共有高校205所,在校生11.7万人,其中工科院校仅有28所,占13.7%,工科学生共计30320人,占学生总数26.2%。而文科类(包括政法、师范、财经、外语、艺术)共59所,共计53323人。规模严重不足和结构不合理的局面并存,无法适应新形势发展的需要,……特别是工程教育的发展规模方面,已经远远不适应国家工业化发展的战略要求"。③ 为了更好地领导和推动全国教育事业的良性发展,1949年11月1日成立了中央人民政府教育部,马叙伦任教育部长,下设办公厅、高等教育司、中等教育司、初等教育司、社会教育司等机构。

教育部成立后,即于该年12月23日至31日在北京召开了新中国第一次全国教育工作会议,依据《共同纲领》的精神,对全国性的教育问题、有计划机会有步骤地改革旧教育等问题进行研讨。12月23日,教育部部长马叙伦在开幕式上致词,就教育部工作方针作了报告,提出:"新教育和旧教育是性质上完全相反的东西,是势不两立的。因此,我们对于旧教育不能不作根本的改革","全国教育的制度,各级学校的课程、教材、教学方

---

①② 《清华大学1950—1953年的发展计划》(1949年),清华大学档案,目录号校办1,案卷号49012。

③ 王孙禺、刘继青:《中国工程教育:国家现代化进程中的发展史》,第195~196页。

法、师资等等,都要求一个彻底的,同时是有计划有步骤的变革和解决。这是摆在全国教育工作者面前极其复杂艰巨的任务。"①简言之,对旧教育必须进行坚决、彻底的改造,进行批判吸收,建立一套新的教育体系,但改革要有计划、有步骤、有重点,在稳步中前进。12 月 30 日,副部长钱俊瑞在会议总结报告中同样提出,"我们在新区应坚决执行维持原有学校,逐步作可能与必要的改善的方针"。② 他强调,"旧的学制的改革是一个比较长期的过程,必须经过各级教育的不断改革,积累比较成熟的经验之后,才能有比较全盘的改革。我们不能性急"。③第一次全国教育工作会议确定的一系列指导方针,对新中国教育事业的发展产生了深远影响。

为了推动高等教育的改革,1950 年 6 月 1 日至 9 日教育部在北京召开第一次全国高等教育工作会议,讨论部署新中国高等教育的方针、任务等。6 月 8 日下午,毛泽东主席亲临会场接见与会代表,政务院总理周恩来作了《新民主主义的教育方针》的重要报告。周恩来根据政协《共同纲领》的文教政策,就新民主主义教育方针、理论与实际一致、团结与改革等三个问题作了指示,对教育改革的实施原进行了重要部署。他指出:"这项任务不是一朝一夕就能完成的。'欲速则不达',如果急于求成,形式上好象肃清了,而实质上仍然存在。所以,我们在原则上一定要坚持新民主主义的教育方针,在具体步骤上则必须一步一步地求其实现。"并进一步明确,"这次高等教育会议作出了若干决定,有的要马上实施,有的要在一些学校试行,有的只供各学校参考,这样的办法很好。我们对于文化教育的改革,应该根据《共同纲领》有计划有步骤地进行。毛主席告诉我们要谨慎。教育改革不能漫无计划,兴之所至乱搞一气,要区别轻重缓急,分阶段有步骤地进行,在有些问题上要善于等待。"④此次会议一致通过了

① 全国普通高校"两课"教育教学调研工作领导小组:《普通高校思想政治教育课程文献选编(1994—2003)》,北京:中国人民大学出版社,2003 年,第 3 页。

②③ 《钱俊瑞在第一次全国教育工作会议上的总结报告要点》(1949 年 12 月 30 日),陈大白:《北京高等教育文献资料选编(1949—1976)》,第 35 页。

④ 周恩来:《在全国高等教育会议上的讲话》(1950 年 6 月 8 日),陈大白:《北京高等教育文献资料选编(1949—1976)》,第 43~44 页。

《高等学校暂行规程》《专科学校暂行规程》《私立高等学校管理暂行办法》《关于实施高等学校课程改革的决定》《关于高学校领导问题的决定》等五项草案，成为新中国高等学校办学的指导思想和政策依据。[①]

新中国成立初期，经济建设的重点在于关乎国计民生的水利、交通及煤炭、电力、冶金等重工业领域。[②] 为推动高等教育服务国家经济建设，全国第一次高等教育会议决议："教育部门和政府其他各业务部门要更紧密地合作，以便有效地培植国家建设的人才。各高等学校也应与政府各业务部门及其所属的企业和机关密切联系，以便在设置院系、改革课程、进行参观、实习、研究等项工作中密切合作。"[③]这一时期，为积极配合国家经济建设对各方面建设人才的迫切需要，清华大学接受农业部、重工业部、燃料工业部等部委的委托，开办了农田水利、化学工程、采矿等二年制专修科（先修班）。[④] 同时，清华大学在开办专修科（先修班）的基础上还成立了相关学系。如建国初期，为开采煤炭急需地质人才，清华大学地学系接受燃料工业部的委托，开设地质采矿班，培养了一大批新型地质人才。在此基础上，1950 年 6 月 28 日，清华大学校务委员会主任叶企孙致函教育部："查本校前接受中央人民政府燃料工业部之委托，办理地质、采矿两专班。根据办理一年之经验，及本校各方面反映的意见，都认为有成立地质学系及采矿工程学系之必要，俾能进一步发展，以应政府大量培植经济建设人才之需要。爰拟以本校的地学系内之地质组成立为地质学系，另在工学院成立采矿工程学系。……以上各节，业经提出，本月廿六日校务委员会第五十一次会议议决通过，自本年八月一日起实行。事关学系之增设，理合备文呈请，即祈鉴核指示，以便遵办。"[⑤]7 月 8 日，获教育部批准。[⑥]

① 《第一次全国高等教育会议的报告（节录）》（1950 年 7 月 17 日），陈大白：《北京高等教育文献资料选编（1949—1976）》，第 49 页。

② 王孙禺、刘继青：《中国工程教育：国家现代化进程中的发展史》，第 218~219 页。

③ 王孙禺、刘继青：《中国工程教育：国家现代化进程中的发展史》，第 200 页。

④ 清华大学校史研究室：《清华漫话》，第 54~55 页。

⑤ 《清华大学关于设立地质系和采矿工程系呈教育部函》（1950 年 6 月 28 日），清华大学档案，目录号校办 1，案卷号 50009。

⑥ 《为覆准成立地质学系探矿工程学系》，清华大学档案，全宗号 2，目录号 252，案卷号 50009。

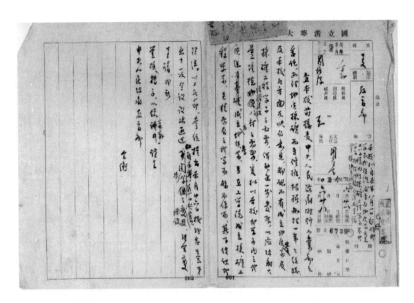

《清华大学关于设立地质系和采矿工程系呈教育部函》(1950 年 6 月 28 日)

(《清华大学关于设立地质系和采矿工程系呈教育部函》(1950 年 6 月 28 日),清华大学档案,目录号校办 1,案卷号 50009)

1951 年 2 月 17 日,燃料工业部致函清华大学:"我国水力资源蕴藏甚丰富,不久将来势必大量开发,以供我新中国建设所需之廉价巨大动力,中央对此极为重视,目前正需着重在各处重点勘测工作,以期获得可靠资料,从事设计,分头逐步开发。惟我国水力事业尚在萌芽时代,水力工程人员,尤感缺乏,若不及时培养,则数年之后,大量开发水电,人员即无从补充,而以后水电工作,亦难于开展。为此经本局与贵校工学院初步商洽培养技干合作办法:由贵校设立水力发电工程系,自五一年即开始,今暑招生一百二十人,分设三班,由我部补助贵校经费……"①2 月 21 日,燃料工业部再致函清华大学:"我局为培养技术干部以应今后开发水力发电事业之急需,经以水局发字第 1450 号函提出合作办法,请你校洽复在卷。按水力发电工程,包括土木、电机、机械三种技术,我局原请你校设立之水力发电工程系,其学生经过一定时期的一般学习后,即须分水力发电土木

①《中央人民政府燃料工业部致清华大学函》(1951 年 2 月 17 日),清华大学档案,目录号校办 1,案卷号 51007。

工程、水力发电电机工程及水力发电机械工程三组（系）分开教学，深入研究专业课程。关于上述三组（系）分组的理由及应有的课程，兹将我局初步意见拟就水力发电土木、电机、机械工程系草案一种随送一份，请查收参考为荷。"①根据国家开发水力发电事业的急需，该年10月，清华大学设立水利工程系和水力发电工程系，施嘉炀教授和张光斗教授分别担任系主任。

新中国成立之初，随着石油工业的急速发展，急需培养相关专业技术人才。为缓解燃眉之急，自1950年开始燃料工业部先后自办和委托举办了一批石油技术学校和专科训练班，并筹办石油高等学校。②清华大学于1946年在北平复员后，曾化工系，曹本熹任系主任。1950年朝鲜战争爆发，"当时我国用的汽油，大部分是进口的'洋油'，油质、油类、标号、性能都不清楚"③，给作战带来了很大危险性。曹本熹决定要改变依靠洋油打仗的局面，致力发展中国的石油工业，开采油田、创办炼油厂并培养勘探、采油、冶炼方面的专家，"一方面接受了燃料工业部交给的油料干部训练班的任务，组织化工系师生完成国家下达的军用油品的化验任务，一方面随即向学校打报告，要求在化工系设石油课程"。④1951年5月，在各方面支持下清华大学化工系成立石油炼制组，当年有30名学生到石油厂矿学习⑤，为新中国培养了一批优秀的石油科技人才，同时也为石油系的建立奠定了基础。

此外，清华大学根据国家发展战略对院系布局进行了调整。1951年2月18日，中央提出"三年准备、十年建设"的精神与"加紧课改、培养建设干部"。同年3月7日，教育部召开全国航空系系主任会议，讨论如何配合国防建设的需要和"三年准备，十年建设"的计划，扩充航空工程干部

---

① 《中央人民政府燃料工业部致清华大学函》（1951年2月21日），清华大学档案，目录号校办1，案卷号51007。

② 王孙禺、刘继青：《中国工程教育：国家现代化进程中的发展史》，第203~204页。

③④ 杨安：《风高范远 千载余情——纪念曹本熹院士诞辰100周年》，《中国石油大学报》，2015年3月14日。

⑤ 杨安：《风高范远 千载余情——纪念曹本熹院士诞辰100周年》，《中国石油大学报》，2015年3月14日。

的数量和提升其培养质量。"在这次会议上大家一致认为由于航空系的特殊条件,不宜在全国各地普遍设立,而应当分区集中。但是必须有计划有步骤的进行调整。因此决定将西北工学院、北洋大学、厦门大学、清华大学四校的航空系合并在华北。西南各校的航空系合并在四川。华东其他各校的航空系暂时不合并。华北方面因为靠近毛主席和中央人民政府,同时合并以后师资和设备的条件也都比较好,准备在清华成立航空工程学院"。① 1951 年 4 月,政务院文化教育委员会发布《全国各大学航空系(科)调整方案》,批准厦门大学、北洋大学、西北工学院三校的航空系并入清华大学改设航空学院。② 5 月 5 日,教育部转发政务院文化教育委员会批复,将厦门大学、北洋大学、西北工学院三校航空系并入清华大学航空系,改设航空学院③。由此,西北工学院、北洋大学、厦门大学、清华大学四校的航空系合并成为清华大学航空学院,"在航空系历史上是大大跨进了一步"。④

同时,响应这一号召,自 3 月初清华大学副教务长钱伟长、费孝通等人,根据需要与能力结合的原则,集中全校教师同人的意见,拟订清华调整方案,力图使院系调整以后"大学教育可以更灵活地适合各事业部门多样性的要求。"⑤经过 2 个多月的反复讨论,5 月中旬调整方案获清华大学校委会扩大会议通过。据《清华大学院系改革及调整试行计划初步总结报告》指出,"在新的实行制度下,在原有人力及设备基础上,配合国家当前建设需要,本校已成立十四院四十三系"⑥,其中工科院系约占一半,计设化学科学及工程学院、地质采矿学院、土木工程学院、机械工程学院等 7 院 23 系(见表 6-1)。⑦

---

① 《四校航空系合并准备成立航空学院》,《人民清华》,第 13 期,1951 年 5 月 1 日。
② 北洋大学—天津大学校史编辑室:《北洋大学-天津大学校史资料选编(二)》,天津:天津大学出版社,1996 年,第 40 页。
③ 清华大学校史研究室:《清华大学九十年》,北京:清华大学出版社,2001 年,第 175 页。
④ 《四校航空系合并准备成立航空学院》,《人民清华》,第 13 期,1951 年 5 月 1 日。
⑤⑥⑦ 《清华大学院系改革及调整试行计划初步总结报告》(1951 年 5 月),清华大学档案,目录号校办 1,案卷号 51004。

表 6-1　院系调整后的院系组织表

（共 14 学院 43 系）

院	系	院	系
一、语文学院	1. 中国语文系	八、地质采矿学院	23. 矿山地质系
	2. 西方语文系（分英文发文两组）		24. 石油地质系
			25. 采煤工程系
	3. 俄文系		26. 石油钻采工程系
二、哲学历史学院	4. 哲学系	九、地球科学院	27. 地理系
	5. 历史系		28. 气象系
三、政法学院	6. 行政系	十、土木工程学院	29. 水利工程系
	7. 外文系		30. 结构工程系
	8. 民族系		31. 筑路工程系
四、财经学院	9. 劳动系		32. 水力发电工程系（土木组）
	10. 财政系		
	11. 金融系		33. 卫生工程系
	12. 会计系	十一、机械工程学院	34. 机械制造系
	13. 统计系		35. 汽车工程系
五、数理学院	14. 数学系		36. 原动力工程系
	15. 应用力学系	十二、电机工程学院	37. 电力工程系
	16. 物理系		38. 电机制造系
六、化学科学及工程学院	17. 化学系		39. 应用电子学系
	18. 化学工程系	十三、营建学院	40. 建筑系
	19. 燃料工程系		41. 市镇计划系
	20. 冶金系	十四、航空工程学院	42.（飞机设计方面，名称未定）
七、生物科学学院	21. 生物系（分动物、植物、动物生理三组）		43.（发动机方面，名称未定）
	22. 心理系		

[资料来源：《清华大学院系改革及调整试行计划初步总结报告》（1951 年 5 月），清华大学档案，目录号校办 1，案卷号 51004]

《报告》提出："本计划的主要精神是在有效的服务于国家建设，所以关键在结合需要和能力。因之我们曾明确提出：'有能力没有需要不设系，有需要没有能力也不设系。'在进行讨论中，各系尽可能的和有关事业部相联系，并充分研究。凡是新设的系都是根据有关事业部门的需要而提出的，如重工业部要求成立汽车工程等系，燃料工业部要求成立石油钻探等系,水利部要求成立水利等系……现在所决定设立的学系都是可能满足上述需要和能力结合的原则的,但是是否妥当,还须进一步加以检查。"①同时,该计划明确规定新的院、系、教研组的职责,"简单说:学系根据任务订定教学计划,领导学生学习;教研组领导教师及研究生组织课程内容,进行讲授,指导实习及进行研究;学院为教学基层行政单位,领导学系及教研组。"②在所附"附件"中,除航空工程学院两个系外,列出其余41个系的具体职责,"各系专门化特点明显,……理工类的10个学院30个系,绝大多数也都以培养应用型高级技术人员为主。"③工科院系职责见表6-2。

表6-2　工科各系职责

系	职责
18. 化学工程系	培养学生以正确的观点与方法,掌握化工设计(包括化学工厂设计,及化工机械设计)及其有关科学的基本知识和技术,俾能充任化工设计包括化学工厂的操作的高级技术人员,化学工程的研究人员,或教师。(与重工业部及燃料工业部联系)
19. 燃料工程系	培养学生以正确的观点与方法,掌握有关天燃与人造石油炼制工程和设计及其有关科学的基本知识和技术,俾能充任石油炼制的高级技术人员(本系亦拟在将来设立炼焦及焦油组,包括焦油副产品的应用的训练,以期培养炼焦人才)。(与燃料工业部联系)
20. 冶金系	培养学生以正确的观点与方法,掌握有关金属检验及改进煅铸焊接和炼制国产特殊矿藏,配制合金的基本知识和技术,俾能充任金属检验及改进的工作者或发展国产金属品的冶金研究工作者。(与重工业部联系)
23. 矿山地质系	培养学生以正确的观点与方法,掌握地质学及有关科学的基本知识,俾能充任地质工作探寻有色金属及煤铁矿藏的高级干部及能解决矿山上及工程上有关地质的各种问题的工作者。(与地质工作委员会配合)
24. 石油地质系	培养学生以正确的观点与方法,掌握地质学及有关科学的基本知识,俾能充任探寻油田矿藏及产油区域地质构造,及采油工程上有关地质问题的工作者。(配合燃料工业部石油局)

①② 《清华大学院系改革及调整试行计划初步总结报告》(1951年5月),清华大学档案,目录号校办1,案卷号51004。

③ 金富军、孙海涛:《院系调整中的清华大学扩充方案》,李越、刘超、叶赋桂:《世纪清华:学人、学术与教育》,北京:清华大学出版社,2013年,第354页。

系	职责
25. 采煤工程系	培养学生以正确观点与方法,掌握采煤工程及有关科学的基本知识及技能,俾能充任采媒工程师,掌握最新的采煤技术,使地下的煤得最经济的采出和最大的利用。(配合燃料工业部煤业总局)
26. 石油钻探工程系	培养学生以正确观点与方法,掌握钻采石油的最新技术及有关科学的基本知识,俾能充任钻探石油工程师。(配合燃料工业部石油局)
29. 水利工程系	培养学生以正确的观点与方法掌握防洪工程,农田水利工程的规划设计与施工的基本知识与技术,俾能充任中央水利部所领导的水利建设中所需要的高级水利技术干部。
30. 结构工程系	培养学生以正确的观点与方法.掌握结构工程的基本知识及技术俾能充任结构工程的高级技术干部。(与中央铁道部,交通部,及其它基本建设部分配合)
31. 筑路工程系	培养学生以正确的观点与方法,掌握铁路工程与公路工程的基本知识与技术,俾能担任铁路工程与公路工程的高级技术干部。(与铁道部,交通部,各省市公路局或建设局配合)
32. 水力发电工程系（土木组）	培养学生以正确的观点与方法,掌握水力发电中有关土木工程方面的基本知识与技术,俾能充任水力发电工程中所需要的高级土木工程技术人员。(与水力发电工程局配合)
33. 卫生工程系	培养学生以正确的观点与方法,掌握上下水之净治及水道系统之设计与修建的基本知识与技术,俾能充任卫生工程机关或自来水公司的高级技术人员。(与中央卫生部,军委卫生部,各市卫生工程局,各市自来水公司配合)
34. 机械制造系	培养学生以正确的观点与方法,掌握有关机械制造的基本知识与技术,俾能担任一般机械制造的高级技术人员。(与重工业部机械制造部门联系)
35. 汽车工程系	培养学生以正确的观点与方法,掌握有关汽车制造的基本知识与技术,俾能担任汽车制造的高级技术人员。(与重工业部汽车制造部门配合)
36. 原动力工程系	培养学生以正确的观点与方法,掌握有关原动力厂的基本知识与技术·俾能担任原动力厂的改进计划及建厂的高级技术人员,本系以原动力机的设计制造为发展目标。(与燃料工业部电业管理总局配合)
37. 电力工程系	培养学生以正确的观点与方法,掌握有关电力工程的基本知识与技术,俾能担任设计运行装配及研究有关水力电厂火力电厂及电力网的高级技术人员。(与燃料工业部、电业管理总局及水力发电工程局配合)

系	职责
38.电机制造系	培养学生以正确的观点与方法,掌握有关电机制造的基本知识及技术,俾能担任电力机械设计制造,装修和研究改进的高级技术人员。(与重工业部配合)
39.应用电子学系	培养学生以正确的观点与方法,掌握应用电子学的基本知识与技术,俾能担任设计制造和研究有关电子管,电子管线路,电讯工程和其他应用电子学的高级技术人员。(与军委会通讯部,及重工业部,电信工业局配合)
40.建筑系	培养学生以正确的观点与方法,掌握有关建筑设计及工程方面的基本知识与技术,俾能充任营建干部建筑师,和高级师资。(与各公营建筑企业配合)
41.市镇计划系	培养学生以正确的观点与方法,掌握有关市镇计划的基本知识与技术俾能充任市镇计划干部和高级师资。(与北京市都市计划委员会配合)
42~43.未定	

[资料来源:《清华大学院系改革及调整试行计划初步总结报告》(1951年5月),清华大学档案,目录号校办1,案卷号51004]

　　此次调整方案,共设立14个学院,较原有的文、理、法、工4个学院有很大增加,但"实质上本计划的'院系'已不同于旧有'院系'"。①《报告》提出,"这次院系改革及调整计划如果实现是本校旧有教育制度进一步的改革,并且将为再进一步改革教育内容及教学法创造了更好的条件,这项改革可以部分地解决两年以来大学改造过程中所遇到的若干困难问题"。②具体而言,这次院系改革及调整计划的优越性主要体现在6个方面:其一,可以更灵活地适合各事业部门多样性的要求。"学系根据有关事业部门的需要,订定教学计划并督导其实行,经常领导学生从事学习。各事业部门所需干部在质和量上都可能有变动,教学计划也可以跟着变动。教研组保证了相关课程的联系及完整性,结合实际,努力于提高教学内容及教学方法。学系有如设计部门,教研组有如制造部门,两者在学院的统一领导下取得密切联系,使教研组教得更切实,学系能更好地完成培

---

①② 《清华大学院系改革及调整试行计划初步总结报告》(1951年5月),清华大学档案,目录号校办1,案卷号51004。

养一定性质干部的任务。"其二，加强了院、系、教研组间的联系和统一，以及院对系及教研组的领导关系。"过去理、工、文、法的分院形式，在初期尚能发生领导作用。但学系数目逐渐增多，内容逐渐专门，学院已流于形式上的分类，不成其为基层教学行政单位。今后由于事业部门的要求将更趋于多样及专门，过去形式的学院更难发生作用。因此本计划采用能更有效领导的'小院制'"。其三，确定了院、系、教研组的分工和配合，克服了过去系主任"一揽子"弊病。"旧有学系为具体而微的'学校'，大学在相当程度上已成为'学系联邦'对校内外的联系，人事调度，买仪器，购图书，报账，造调查表格，指导学生实习，分配毕业生工作等等都是系主任的任务，他同时又要教课，甚至比其他教授更重。这种'一揽子'的工作方式必然使系主任陷入事务的琐事中，无法有效负责督导执行教学计划和领导学生的学习。因之，旧有院系制度也难于完成新的任务。按本计划明确了院系与教研组的分工之后，学生的学习指导，才能确实加强。"其四，规定了教授属于院，分别参加教研组，不属于系，可以帮助订定各系课程时贯彻精简及切合实际需要的原则。"过去课程改革的经验中已感觉到一方面是教授属于系，各有所长，都希望在系内开课，结果课改委员会确定学系的方针任务时，就写得面面周到，样样俱全。另一方面又有因本系中缺乏某课程师资不能开设专业训练所需要之课程的现象。本计划统一了这个矛盾。课程的配合属于系，不必因人设课，教授属于院并参加教研组，有专长之教授尽可从事提高其专长，改进其课程内容，有需要时开课，暂时无需要也可以不开课，并可利用此机会参加实际工作，联系实际，为将来开课时作更充分的准备"。其五，学系并非行政单位，因之可以灵活地适应于发展中的建设需要，及创造各大学重点发展分工合作的条件。"客观需要因建设的发展有所改变时，这个学系也可以结束，如果有新的需要发生，又可以设立新的学系。学系是变数，教研组是常数。因之，学系要做到可有可无，可大可小；教研组要做到各校分工，各有所长，并各校在某一方面尽力培养完整的必需的基础课程的教研组，使重点具有力量。"其六，"减少原有教学行政基层单位（原为廿二系现改为十四学院），事务工作可以减少，行政效率应可提高"。[①] 但由于国家教育政

---

① 《清华大学院系改革及调整试行计划初步总结报告》（1951年5月），清华大学档案，目录号校办1，案卷号51004。

策的变化,此次"扩充"方案未能得到实施,1952 年清华文、理、法、航空等学院以及工学院部分系、专业被调整出即意味着此次计划的彻底落空。

二、清华大学工科院系的全面调整

1951 年 10 月,钱俊瑞在《高等教育改革的关键》一文中对改革的进度提出:"两年来,我们的高等教育曾进行了一定的改革,但它还远远赶不上国家建设的需要。我们必须加紧地继续实行这种改革。"[①]对于当前高等教育改革中最急需做的主要工作,钱俊瑞强调首先就是制度的改革,其中包括院系的调整,"我们的高等学校应该适应国家建设的需要,按照中央人民政府政务院公布的'关于改革学制的决定'的规定,在政府的统一计划下,分别地就大学、专门学院和专科学校加以调整和整顿。……全国工学院、农学院必须首先按照工农业发展的需要,实行调整,以求更加合理地使用人力和物力,为国家迅速有效地培养大批有用的经济建设和国防建设的人才"[②]。一方面是国家经济建设的迫切需要,另一方面知识分子思想改造已取得很好的成效,及先期开展了小范围系科整顿等,使全国院系调整具备了充分条件。[③] 为推动工作进一步展开,1951 年 11 月 3 日至 9 日,教育部召开全国工学院院长会议。出席这次会议的有全国各大学工学院及独立工学院院长,部分大学教务长,政务院财政经济委员会及其所属各部会和其他有关部门代表,各大行政区教育部(文教部)代表等70 多人。[④] 教育部部长马叙伦在会上强调,"高等工业教育必须统一布置,重点分工,进行调整,使全国工学院能培养出更多更好的工业建设干部"[⑤],着重提出了发展工学院新的方向,并倡议重视各种专修科。钱俊瑞副部长对工学院调整的原则作了明确指示。为了结合国家建设需要,会前教育部曾与中央重工业部、燃料工业部及其他有关部门协议了一个

① ② 钱俊瑞:《高等教育改革的关键》,《教师学习》,第 1 期,1951 年 10 月 30 日。

③ 王孙禺、刘继青:《中国工程教育:国家现代化进程中的发展史》,第 231 页。

④ 《中央人民政府教育部关于全国工学院调整方案的报告》,《人民日报》,1952 年 4 月 16 日第 1 版。

⑤ 《中央人民政府教育部召开全国工学院院长会议 拟定明年高等工业教育院系调整方案》,《人民日报》,1951 年 11 月 13 日第 3 版。

全国主要工学院的调整方案草案，11 月 3 日由李富春召开中央干部教育委员会讨论此项方案，原则上通过，随即提交工学院院长会议。"由于在会前有比较充分的酝酿和准备，领导意见一致，在会议中又作了几次政策报告，重工业部、燃料工业部、交通部的负责同志也来作了关于各部需要干部具体事例的报告，并经过反复讨论后，各校出席代表们在思想上都有所提高，逐渐明确了国家工业建设的重要性和调整院系的必要。"①最后一致通过了调整方案，其中拟定"以华北、华东、中南三个地区的工学院为重点作适当的调整"，包括"将北京大学工学院、燕京大学工科方面各系并入清华大学。清华大学改为多科性的工业高等学校，校名不变，清华大学的文、理、法三学院及燕京大学的文、理、法方面各系并入北京大学。"②

对于三校调整的原因，1951 年 11 月 15 日中央教育部党组在呈交文委党组并中央的报告中提出："北京现有四个综合性的国立大学，即北京大学、清华大学、燕京大学、辅仁大学。各校院、系重复，发展极不平衡。因此，浪费人才物力极大。我们早有调整的打算，但因条件未成熟未实行。自从中央决定组织京津两地高等学校教师学习，特别从政协全国委员会第三次会议时，毛主席号召知识分子自我教育和自我改造后，各校教师思想开始有大的转变。因此，我们乘此时机提出了北大、清华、燕京三大学调整的方案，与三校主要负责人，如马寅初、汤用彤、许德珩、钱端升、张景钺、马大猷(以上北大)、张奚若、叶企孙、周培源、吴晗、陈岱孙、潘光旦(以上清华)、陆志韦、翁独健、翦伯赞、严景耀、褚圣麟(以上燕京)分头座谈，正式提出三校调整的意见，又经过几次分头接洽，大家都同意下列方案：一、将北京大学改为综合性大学，校名不变。将清华大学的文、法两院及燕京大学的文、法两院并入，以原燕大校址为基点向南发展，购地若干亩，准备有计划地修建校舍，将原北大从城内逐年迁出。预计五年内可以招收学生一万名。二、将清华大学改为多科性的工业大学，校名不变。

① 《中央人民政府教育部关于全国工学院调整方案的报告》，《人民日报》，1952 年 4 月 16 日第 1 版。

② 马叙伦：《关于全国工学院调整方案的报告——在政务院第一一三次政务会议上报告并经同次会议批准》(1951 年 11 月 30 日)，陈大白：《北京高等教育文献资料选编(1949—1976)》，第 94 页。

将北京大学工学院、燕京大学的工学院并入,校址仍在清华,向东发展。预计五年内可以招收学生一万二千名。三、将燕京大学文、理学院并入北京大学,其工学院并入清华大学,校名取消,校舍、校产拨给北京大学。这个方案,三校主要负责人都已同意,明年暑假实行。"①为推动调整方案的实施,中央教育部党组在报告中还提出了系列亟待解决的问题,如组织包括各方面代表性人物的调整委员会,修建若干宿舍、教室与实验室的费用,增建教职员宿舍等。②第一次全国高等学校工学院院长会议关于关于全国工学院调整方案的报告,后在政务院第一一三次政务会议上报告并经批准。③

经过前期思想改造,广大知识分子的思想觉悟有了很大提高,拥护并积极参加院系调整工作。同样,院系调整方案得到清华教职员工的极力赞成。1951年11月8日,清华大学全体教职员工通过教育部上书毛泽东:"听到北大和清华两校院系的调整和分别合并消息,我们非常兴奋,我们将这个决定当作我们自己的愿望和决定,当作毛主席交给我们的一件光荣的政治任务,全心全意地贯彻和执行。……在这祖国飞速进步的过程中,我们教育工作者,在培养祖国建设的干部上,尽了一定的作用,但不能否认,我们学校的进步远远落后于各种建设的发展,尤其在即将到来的祖国建设高潮中干部的需要量更超过目前我们所能供给的几倍,甚至几十倍,以我们这种拖牛车的轮子,如何能配得经济建设的飞速奔驰的列车,以目前的学校组织机构、教育方法与内容,无论如何承担不起这种艰巨而伟大的任务,要完成这个任务,为祖国在短期内培养大量干部,首先必然在学校组织上加以调整,这样集中人力财力物力,并以最少的人力物力财力调整和分别合并这是完全必要而且不能再稍为迟缓的,这也正是我们作为一个人民教师的应有而已有的愿望,我们全体教职员工愿以最大的努力,贯彻执行这个决定,当然在进行中,难免会遭到一些困难,但我

---

① ② 《建国初期全国高等学校院系调整文献选载(一九五一年——一九五三年)》,《党的文献》,2002年第6期。

③ 马叙伦:《关于全国工学院调整方案的报告——在政务院第一一三次政务会议上报告并经同次会议批准》(1951年11月30日),陈大白《北京高等教育文献资料选编(1949—1976)》,第94页。

们完全有信心,有准备来克服种种困难,胜利完成这个任务。"①

1952 年 4 月 16 日,全国工学院调整方案公布。

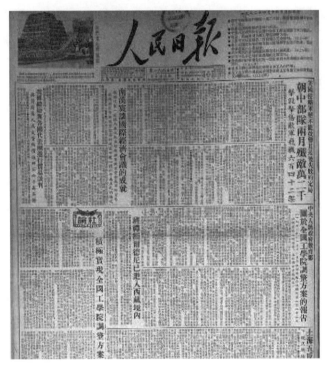

《中央人民政府教育部关于全国工学院调整方案的报告》

(《中央人民政府教育部关于全国工学院调整方案的报告》,《人民日报》,1952 年
4 月 16 日第 2 版)

以工学院调整为开端,全国范围内进行了大规模的高等院校院系调
整工作。1952 年 5 月,教育部发布关于全国高等学校 1952 年的调整设置
方案,"为适应国家建设的需要,整顿与加强综合大学,发展专门学院,首
先是工业学院,自 1951 年起,全国高等学校根据国家建设的整个计划和
各地区的具体情况,有计划有步骤地开始进行全面或重点调整,预计两年
内基本完成"。② 此次全国高等学校院系调整工作以华北、华东两大行政

---

① 《清华大学全体教职员工上毛主席书》(1951 年 11 月 8 日),清华大学档案,目录号
工会,案卷号 52001。

② 《教育部关于全国高等学校 1952 年的调整设置方案(节录)》,陈大白:《北京高等
教育文献资料选编(1949—1976)》,第 102 页。

区为重点,其中华北区以北京、天津为重点,华东区以上海、南京为重点。"调整的总方针是:以培养工业建设干部和师资为重点,发展专门学院和专科学校,整顿和加强综合性大学,逐步地创办函授学校和夜大学,将工农速成中学有计划地改属各高等学校,作为预备班,以便大量吸收工农成份的学生入高等学校。专门学院和专科学校又分多科性和单科性两种,它的任务是根据国家的需要,培养各种专门的高级技术人才。综合性大学的任务,主要是培养科学研究人才和中等学校、高等学校的师资。经过这次整调后,我国高等教育即可以和国家建设密切结合,改变过去教育和实际脱节及院系重复的现象"。① 其中与清华大学相关的调整如下:"一、综合大学。(一)北京大学:由原北京大学、清华大学、燕京大学三校文学院、理学院系科,南京大学、武汉大学和中山大学三校的哲学系,北京师范大学及辅仁大学外文系的一部分及北京大学、清华大学、燕京大学、辅仁大学四校经济系理论部分合并组成。附设工农速成中学。……二、高等工业学校。(一)清华大学:由原清华大学、北京大学两校工学院及燕京大学工科各系科、察哈尔工业大学水利系、天津大学采矿系二年级、石油钻探组、石油炼制系、组及北京铁道学院材料鉴定专修科合并组成为多科性高等工业学校。附设工农速成中学。(二)天津大学:由原天津大学、南开大学、津沽大学三校工学院系科,北京铁道学院建筑系及清华大学、北京大学、燕京大学三校化工系的一部及唐山铁道学院化工系合并组成为多科性高等工业学校。附设工农速成中学。(三)北京地质学院(新设):由原北京大学、清华大学、天津大学、唐山铁道学院四校地质系科、组合并成立。……(五)北京航空工业学院(新设):由北京工业学院航空系、清华大学航空学院、四川大学航空系合并成立。(六)中国矿业学院:原中国矿业学院,清华大学、天津大学、唐山铁道学院三校采矿系采煤组及唐山铁道学院洗煤组并入。……五、高等财经学校。中央财经学院(新设):由原北京大学、清华大学、燕京大学、辅仁大学四校经济系财经部分与中央财政学院各系科合并成立。""六、高等政法学校。北京政法学院(新设):由原北京大学、清华大学、燕京大学三校政治、法律系与辅仁大学社会系民

① 《全国高等学校院系调整基本完成》,《人民日报》,1952年9月24日第1版。

政组合并成立。"①相较而言,1951年工学院会议上提出的主要是清华、北大、燕京三校之间的调整方案,其中拟将清华大学的文法学院并入北京大学,北京大学及燕京大学工学院并入清华大学,而1952年全国院系调整方案则复杂得多。如不仅北京大学工学院及燕京大学工科各系科并入清华,还包括察哈尔工业大学水利系、天津大学采矿系、石油钻探组、石油炼制系、组及北京铁道学院材料鉴定专修科等;同时,清华大学文法学院不仅并入北京大学,其经济系财经部分并入新设中央财经学院,政治系、法律系并入新设北京政法学院;另有化工系并入天津大学,地质系并入新设北京地质学院,航空学院并入新设北京航空工业学院,采矿系并入新设中国矿业学院。

为具体进行京津高等学校院系调整工作及筹备建立新的综合性大学北京大学与多科性工业高等学校清华大学,1952年6月25日,教育部决定成立"京津高等学校院系调整办公室"及"京津高等学校院系调整北京大学筹备委员会""京津高等学校院系调整清华大学筹备委员会"。其中"京津高等学校院系调整办公室"人员名单包括:张勃川(办公室主任),张宗麟、李曙森、周达夫、陈选善、周培源、钱伟长、陈士骅、杨晦、张龙翔、翁独健、丁浩川、林传鼎、王金鼎、陈舜礼、杨诚、宋硕、萧项平、崔阶平、陈霭民、邓艾民、张群玉、何东昌、李传信、谢道渊、徐乃乾;京津高等学校院系调整清华大学筹备委员会委员名单:刘仙洲(主任委员)、钱伟长(副主任委员)、陈士骅(副主任委员)、施嘉炀、李酉山、张维、章名涛、李德滋、梁思成、何东昌、李恩元、刘尔亢(刘尔抗)。② 同日,为筹备建立新北大和新清华,决定分别成立京津高等学校院系调整北京大学筹备委员会与清华大学筹备委员会③。6月27日,清华大学正式成立"京津高等学校院系调整清华大学筹备委员会",相继召开多次会议讨论学校应设置的专业及专修科等相关事宜。此间细节,刘仙洲在院系调整工作总结中予以详

---

① 《教育部关于全国高等学校1952年的调整设置方案(节录)》(1952年5月),陈大白:《北京高等教育文献资料选编(1949—1976)》,第102~103页。

② 《中央人民政府教育部通知》(1952年6月25日),清华大学档案,目录号校办1,案卷号52002。

③ 金富军:《新中国初期院系调整中的清华大学》,《科学时报》,2010年9月28日B4版。

细记述。例如,对于全校应设置的专业和专修科,"在我们的筹备工作里边,这一项是最重要也是最不容易解决的一项。七月二、三两日,由教育部主持,我们的土木,机械,电机,化工等研究组的同人,和水利部,燃料工业部,和重工业部的代表开了两天座谈会。各产业部门提出来的专业和专修科不下六七十种。回来经过我们各研究组和各系同人研究讨论的结果,共提出可以设置的专业计有三十七种,可以设置的专修科 17 种"。①"七月十五日,在筹委会第四次会议上,经我们详细的加以审核。我们审核以前,先规定两种标准:①按国家需要缓急的情况,分为甲、乙、丙三类。甲类代表国家迫切需要,本年就应当设置的。乙类代表国家需要,但可缓一、二年再设置的。丙类代表国家目前不大需要,最近不必设置的。②按学校现有师资和设备的条件,分为 1、2、3 三类:1 类代表条件好,立能设置的。2 类代表条件差,需要相当准备方能设置的。3 类代表条件太差,毫无基础、需要大力准备方能设置的。又须与他校分工,他校愿设置;或另有培植的系统的,本校亦不设置"。②在京津高等学校院系调整办公室和清华大学筹备委员会的领导下,院系调整各项工作积极开展。③

　　院系调整后清华大学取消学院建制,设置机械制造、动力工程、土木工程、水利工程、建筑工程、电机工程、无线电工程和石油工程等 8 个系共 22 个专业,及 15 个专修科。当时关于所设置专业系和专修科的确定,据刘仙洲在总结中记述:"本校筹备委员会,自成立那一天起,就认为这是第一件要研究讨论的事。因为不确定了设置什么专业、什么系和什么专修科,结果一切都很难着手进行。但是研究了又研究,讨论了又讨论,一直到九月底才算确定下来。"④确定的系、专业和专修科的名称,以及本年度分配的新生人数,见表 6-3。"在这一段长时期研究讨论的过程里边,除以上已经确定的廿二个专业以外,曾经提出下列的八个专业或系,也想设置。经过详细的商讨和征询苏联专家的意见,教育部决定暂且缓设或不

　　①② 刘仙洲:《京津高等学校院系调整清华大学筹备委员会第一阶段工作总结及第二阶段工作总结》(1952 年 8 月 7 日),清华大学档案,目录号校办 1,案卷号 52002。

　　③ 《全国高等学校院系调整基本完成》,《人民日报》,1952 年 9 月 24 日第 1 版。

　　④ 刘仙洲:《京津高等学校院系调整清华大学筹备委员会第一阶段工作总结及第二阶段工作总结》(1952 年 8 月 7 日),清华大学档案,目录号校办 1,案卷号 52002。

院系调整筹备委员会，前排：右1张维，右2刘仙洲，中钱伟长，左3陈士骅

（《面向工业化建设的院系调整》，http://news.tsinghua.edu.cn/publish/news/4216/2011/
20110225232154625362272/20110225232154625362272_.html）

设。这八个专业是：1.动力机械制造（蒸汽锅炉或蒸汽轮制造），2.内燃机，3.流域规则与河道治理，4.工程土壤，5.铁路工程，6.都市建设与经营，7.燃料化学工业，8.力学。所以决定缓设或不设的原因，有的是因为国家还不急需，如动力机械制造专业；有的是因为另有部门独立办理，如铁路工程；有的是因为和他校分工，如燃料化学工业；有的是因为学校体系不宜，如力学；有的是因为可暂在其他专业里设专门化，如工程土壤"。① 院系调整工作持续到该年底。1952年12月16日，清华筹委会向教育部提请结束调整任务。至此，清华由原来的综合性大学转变成为多科性工业大学，"它使学校培养学生的人数、种类密切与祖国经济建设配合起来了"。②

---

① 刘仙洲：《京津高等学校院系调整清华大学筹备委员会第一阶段工作总结及第二阶段工作总结》（1952年8月7日），清华大学档案，目录号校办1，案卷号52002。

② 何东昌：《清华大学关于学习苏联先进教育经验取得初步成效的报告》（1952年11月），陈大白：《北京高等教育文献资料选编》（1949—1976），第115页。

表 6-3　1952 年院系调整清华大学系、专业及专修科设置

系名	专业名	人数	专修科名	人数
（一）机械制造系	1. 机械制造工程	60	1. 金工工具	60
	2. 金属切削机床及其工程	30		
	3. 铸造机及铸造工程	60	2. 铸工工程	60
	4. 金属压力加工及加工机	30		
（二）动力机械系	5. 热力发电设备	30	3. 热力发电厂检修	30
	6. 汽车	60	4. 暖气通风	30
（三）土木工程系	7. 工业及民用房屋建筑	60	5. 工业及民用房屋建筑	60
	8. 工业及民用房屋建筑结构	60		
	9. 上水道及下水道	30	6. 上水道及下水道	30
	10. 汽车干路	30		
	11. 工程测量	30	7. 测量	?
（四）水利工程系	12. 河川及水力发电站的水力技术建筑物	90	8. 水利	150
	13. 水力动力装置	30	9. 水利发电土木	60
（五）建筑系	14. 房屋建筑学	60	10. 建筑设计	60
（六）电机工程系	16. 发电厂配电网及配电系统	30	11. 发电厂电机	60
			12. 输配电	60
（七）无线电工程系	18. 无线电工程	40		
（八）石油工程系	19. 石油及天然气工业	30	13. 石油厂机器及装备	60
	20. 石油场及天然气场用机器及设备	60	14. 石油及天然气凿井	30
	21. 石油区及天然气区的开采	60	15. 石油及天然气储运	30
	22. 石油和天然气井的凿钻	30		

　　[资料来源:刘仙洲:《京津高等学校院系调整清华大学筹备委员会第一阶段工作总结及第二阶段工作总结》(1952 年 8 月 7 日),清华大学档案,目录号校办 1,案卷号 52002。注:原文无表格线]

三、清华大学工科院系调整后续延伸

在 1952 年全国大规模院系调整中，有四分之三的高等院校完成了院系调整，但在院系调整中由于要求过高过急，致使存在一些缺点，如"有些院校独立过早，摊子摆得太多。同时，也没有能够很好结合专业来考虑调整，以致在专业设置方面多少存在着一些重叠、凌乱，人力、物力分散和浪费的现象，影响培养专业人才的工作"。① 针对存在的问题，"鉴于大规模的、有计划的经济建设已经开始，为使高等学校院系分布进一步趋于合理，人力物力的使用更为集中，各类专门人才的培养目标更为明确"②，1953 年高等教育部拟继续院系调整工作。该年 5 月 29 日，政务院第一百八十次政务会议批准《中央人民政府高等教育部关于一九五三年全国高等学校院系调整的计划》，拟定："调整的原则仍着重改组旧的庞杂的大学，加强和增设工业高等学校并适当地增设高等师范学校；对政法、财经各院系采取适当集中、大力整顿及加强培养与改造师资的办法，为今后发展准备条件。今年院系调整工作以中南区为重点。华北、东北、华东三区因去年已基本上完成了院系调整工作，今年主要是进行专业的调整。西南、西北两区今年进行局部的院系或专业的调整。"③ 从调整计划中可见，华北地区的高校因已进行彻底的改革，后续主要是进行专业的调整。如华北区计划包括："（一）北京钢铁工业学院独立建校。（二）清华大学石油系独立为北京石油工业学院。（三）北京建筑专科学校并入清华大学，其校名取消……"④ 这一计划后经与各方面反复商洽、修正，于该年 10 月 11 日由政务院正式颁发实施。⑤ 根据这一调整计划，该年清华大学石油工程系调出。

---

① 《中央人民政府高等教育部关于一九五三年高等学校院系调整工作的总结报告》，《建国初期全国高等学校院系调整文献选载（一九五一年——一九五三年）》，《党的文献》，2002 年第 6 期。

②③④ 《中央人民政府高等教育部关于一九五三年全国高等学校院系调整的计划》（一九五三年五月二十九日政务院第一百八十次政务会议批准），《建国初期全国高等学校院系调整文献选载（一九五一年——一九五三年）》，《党的文献》，2002 年第 6 期。

⑤ 《中央人民政府高等教育部关于一九五三年高等学校院系调整工作的总结报告》，《建国初期全国高等学校院系调整文献选载（一九五一年——一九五三年）》，《党的文献》，2002 年第 6 期。

1952 年底,蒋南翔出任清华大学校长,此后他根据工业发展情况对原有学系及专业进行了较大调整。如 1953 年 9 月,学校增设了机械制造系焊接工程及其设备专业、土木工程系暖气通风专业、动力机械系拖拉机专业及无线电工程系电子管制造专业①。根据中共中央发展中国原子能事业、研制原子弹的重要决策,1955 年 9 月高教部组织高等教育考察团,由清华大学校长蒋南翔任团长,成员包括周培源(北京大学教授、教务长)、钱伟长(清华大学教授、教务长)、胡济民(北京大学教授)及翻译邢家鲤(清华大学教师),前往苏联考察有关高校核专业等的办学情况。11 月 5 日,蒋南翔起草了《高等教育考察团访苏报告》,向高教部提出在清华大学、北京大学设置新专业的计划,其中"拟定在清华大学今年设立实验核子物理、同位素物理、远距离自动控制、电子学技术、无线电物理等专业(前三专业今年已招新生,后二专业学生可从今年所招新生中选拔抽调);明年增设半导体及介电质、空气动力学、固体物理、热物理及稀有元素分离工艺等专业(为了避免专业数目过多,便于领导,也可把实验核子物理及同位素物理合并作为一个专业两个专门化;无线电系的三个专业合成一个专业三个专门化,并把稀有元素分离工艺也放在工程物理系之内)"。② 12 月 19 日,蒋南翔在写给北京市委彭真、刘仁并报中央及周恩来总理关于清华大学计划培养原子能干部急需解决一些问题的报告中,建议创办原子能新专业采取比较集中的原则,"首先在北京建立第一个训练中心;在北大设立理科方面的各有关专门化,基本上参考采用莫斯科大学的教学计划及教学大纲。在清华设立工科方面的各有关专业,基本上参考采用列宁格勒多科性工学院的教学计划和教学大纲。等到北京的训练中心打好基础以后,再扩展到其他的训练中心。"③该计划很快经中央批准得以实施。1955 年起,清华大学陆续创建了实验核物理、同位素物理、放射性稀有元素工艺学、电子学、无线电物理、电介质及半导体、热物理、空气动力学、固体物理、自动控制等新技术专业,成立了工程物理、工

---

① 清华大学校史研究室:《清华大学一百年》,第 206 页。

② 蒋南翔:《高等教育考查团访苏报告》(1955 年 11 月 5 日),清华大学档案,目录号党办 1,案卷号 55055。

③ 蒋南翔:《清华大学关于计划培养原子能干部急需解决一些问题向北京市委及中央的报告》(1955 年 12 月 19 日),清华大学档案,目录号党办 1,案卷号 55055。

程化学、工程力学数学、自动控制等系。在国家及相关部门的大力支持和学校师生的共同努力下，清华大学新技术专业逐步发展壮大。其中，1956年成立的工程物理系是为培养核科学与工程技术人才而设，"初创时设立了11个为我国原子能事业服务的专业（专门化），其中直接服务于核武器的有两个专业，一是同位素分离，培养了铀浓缩的专业人才；二是核化工，培养了包括提取钚元素等的专业人才。这两个专业先后为我国第一颗原子弹（铀弹）和我国钚原子弹的制造做出了重要贡献。1962年至1964年我国第一颗原子弹爆炸的关键时期，工物系毕业生531人中就有358人（约占70%）分配到了核工业重要部门和国防单位。"①

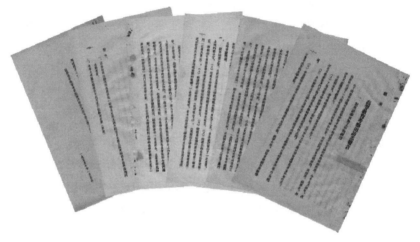

高等教育考察团访苏报告（1955年）

（清华大学档案馆提供）

同时，为了使清华大学能够更好地完成教学任务，1954年8月20日，高等教育部对清华大学的任务、今后的专业设置及发展规模进行了规定。其中，关于清华大学的专业设置及发展规模，高教部提出："清华大学现有7个系22个专业，为了与其他高等工业学校合理分工，决定将公路与城市道路、工程测量两个专业在今年停办，另外在1958年以前陆续增设机械制造工业的经济与组织、建筑机构及其设备、水力机械、金属学及热处理

---

① 钱锡康等编著：《理工结合 又红又专——清华大学工程物理系建系60周年人才培养纪实》，北京：清华大学出版社，2016年，第14页。

1958 年建成的工程物理系馆

（清华大学校史馆提供）

车间设备、高压技术学、城市建设与经营、建筑业的经济与组织、电气自动
装置及量计设备、动力的经济与组织、远距离电气机械装置及远距离电气
自动装置等 10 个专业。此外还要根据我国工业建设的需要及本校的可
能条件,酌量增设若干其他专业。对于清华大学已设的专业,今后应在较
长时间内保持稳定,不再调出,以便学校在培养师资、建立实验室及进行
基本建设等方面,能够安排长期的工作计划。"①该时期,根据工业建设的
需要及学校自身条件,清华大学又相继增设、调整了一些专业。如 1957
年 5 月 23 日,学校停办热工学专业②,7 月 12 日"将'运用学'专业改称为
'运筹学'专业"③。1958 年 7 月 3 日,校务行政会议(扩大)议决,除增设
工程力学数学系、工程化学系(设塑料专业)、自动控制系等系和专业外,
还决定机械制造系增加精密机械专业,动力机械系增加汽轮机专业等④。

①　《高等教育部关于清华大学工作的决定》(1954 年 8 月 20 日),陈大白:《北京高等
教育文献资料选编(1949—1976)》,第 190~191 页。

②　清华大学校史研究室:《清华大学一百年》,第 231 页。

③　《高等教育部关于同意清华大学将"运用学"专业改称为"运筹学"专业等事宜的复
函》(1957 年 7 月 12 日),清华大学校史研究室:《清华大学史料选编》(第六卷第一分册),
北京:清华大学出版社,2007 年,第 548 页。

④　清华大学校史研究室:《清华大学一百年》,第 237 页。

1959 年，"建筑系与土木系联合，正式组建清华大学土木建筑设计院"①。1960 年 6 月 3 日，校委会通过"将土木工程系、建筑系两个系合并为土木建筑工程系"②。1960 年 9 月 24 日，"校委会议决：(1)将原机械制造系分为精密仪器及机械系、冶金系两个系。(2)成立农业机械学院。"③农业机械学院"设汽车拖拉机、农业机械、农用动力 3 个专业"④。至 1966 年 6 月，清华大学共计设有土木建筑工程、水利工程、精密仪器及机械制造、动力机械、农业机械、冶金、电机工程、无线电电子学、自动控制、工程物理、工程化学、工程力学数学等 12 个系共 40 个专业。⑤

第二节　实施教学、科研、生产三结合的教学方针

新中国成立初期，为了适应社会经济的恢复以及工业化建设的需要，根据中共中央的指示和要求，清华大学进行了课程改革。特别是 1952 年院系调整后，清华大学以教学改革为重点，仿效苏联模式建立新的课程体系，适应了国家经济建设对大批高级技术人才的需求。但由于盲目、机械照搬苏联经验，在很大程度上存在着与中国实际相脱节等问题，后经过教育革命，在调整中逐步探索适合自身的教学改革之路。

一、教学改革前期准备(1949—1952)

清华大学在解放前主要仿效英美，实施"通识教育"，其课程设置在前章已有论述。1948 年 12 月，清华园获得解放，次年 1 月北平区军管委接管清华并宣布进行必要且可能的改革⑥。1949 年 2 月，清华大学奉军管委教育部电令呈送相关资料，其中包括"本学年各院系课程情形，具载各院系学程上课时间表"。⑦ 3 月 3 日，清华大学开学，钱俊瑞、张宗麟到场

---

① 方惠坚、张思敬：《清华大学志》(下册)，第 2 页。
② 清华大学校史研究室：《清华大学一百年》，第 251 页。
③④　清华大学校史研究室：《清华大学一百年》，第 252 页。
⑤ 方惠坚、张思敬：《清华大学志》(上册)，第 5 页。
⑥ 《北平市军事管制委员会文化接管委员会关于接管清华、北大、维持燕大的专题报告》(1949 年 4 月 1 日)，陈大白：《北京高等教育文献资料选编(1949—1976)》，第 10~13 页。
⑦ 《清华大学致军管会文化接管委员会教育部函》(1949 年 2 月 25 日)，清华大学档案，全宗号 2，目录号校办 1，案卷号 49001。

并发表讲话,宣布了课程的取舍与改造的方针。3月10日,中共北平市委关于大学的处理方案向中央并华北局、总前委请示,其中提出:"关于各院系课程问题,各院校原有课程大体可分为三类:(一)课程内容反动、必须根本否定者,以法学院或法律系课程为代表,政治系、社会系等基本属于这一类。这些院系的课程,除少数进步教授用走私方法所教的极小部分外,全部内容是反共反人民的。(二)课程内容基本可以采用,但其思想体系、思想方法与教学方法属于资产阶级系统,理论与实践有若干脱节,将来必须加以改造或改良者,为理、工、医、农、铁路等院系,但目前我们尚无暇解决此问题。(三)其课程内容介乎上述二者之间者,为文学、教育、经济、地理、艺术等(经济、历史课程的政治内容往往因教授而异,有的近似法律一类,有的近似文学一类),这些课程或则部分暂时尚可以采用,或则某些方法技术暂时尚可采用,须批判地分别处理。(四)关于各院系学生与课程的处理方针:第一,对理、工、医、农等暂时一律照旧办下去,其学生尽量留下,争取能在毕业后再调。第二,对法律、政治系等院系学生尽量动员其学生参加三大学及南下工作团,所剩学生拟暂改为短训班式之政治学院。第三,对于文学院等除动员学生参加三大学及南下工作团外,拟先去掉其课程中直接反共反人民的内容,并抓紧在思想上领导,其他暂维现状。"[1]由上述可见,当时工科院系的课程基本可用,虽存在理论与实践相脱节等问题,由于尚无暇顾及,故留待将来进行改革。针对北平市委的请示,3月17日中共中央明确同意,并批复:"课程问题中所谓'抓紧思想上的领导',应具体化为组织一批党员和进步人士,有限地规定题目,好好准备在原定大学进行学术讲演,其内容主要是唯物史观、新民主主义,由各校校务委员会或学生会聘请他们去讲演,此种讲演在各大学都要进行,不仅文学院。"[2]

清华自解放后,"教师、学生、职员、工警都开了许多会,讨论各种问题,其中最重要的是关于校制及课程改革的问题"。[3]但鉴于思想认识的

---

① 《中共北平市委关于大学的处理方案向中央并华北局、总前委的请示》(1949年3月10日),陈大白:《北京高等教育文献资料选编(1949—1976)》,第8页。

② 《中共北平市委关于大学的处理方案向中央并华北局、总前委的请示》(1949年3月10日),陈大白:《北京高等教育文献资料选编(1949—1976)》,第7页。

③ 冯友兰:《解放期中之清华》,清华大学校史研究室编:《清华大学史料选编》(第四卷),第86页。

根深蒂固，在课程改造等方面尚存在一些问题。如4月1日，军管委在关于接管清华、北大，维持燕大的专题报告中说："那天钱俊瑞、张宗麟同志都去讲了话，宣布大学课程的取舍与改造的方针。但是目前文法两院课程问题极严重，教授旧脑筋转不过弯来，理工农三院在教学法上也发生问题，现有钱伟长等在试验小组互助的方法，颇有前途。大学一年级必修课程至今未解决，尚待进一步与教授们商讨研究。"①针对课程存在的问题，清华大学等院校积极酝酿改革计划。据冯友兰记述："本学期于三月三日起上课，学生中因参加南下工作团及区政府工作而休学者，达二三百人，现在在校上课的学生共一千八百余人。课程大部分是承接上学期的，新添的课程有，辩证唯物论、哲学问题讨论、历史哲学、儿童学习、社会法理、社会主义名著选读、毛泽东思想、中国财政问题、马克思经济、组织与管理、农村社会学、资本问题等。现在学校正在筹备下学年的课程计划，在暑假后，即有显著的变革。"②可以看出，该时期开设了辩证唯物论、哲学问题讨论、社会主义名著选读、毛泽东思想、马克思经济等政治课程，以加强对学生的马克思主义教育。另外，随着这一时期小范围的院系调整，教学计划和课程设置也进行了相应变动。如1949年6月，工学院建筑工程学系改称营建学系，7月10日，"梁思成在《文汇报》发表《清华大学工学院营建系学制及学程计划草案》，全面阐述清华营建系围绕'体形环境'理论的创新教学计划：建筑学是自然科学、技术科学和人文科学的交集。营建系以融通理工与人文为宗旨，课程包括文化及社会背景、科学及工程、表现技巧、设计课程和综合研究，艺术技巧和理论修养贯穿其中，同时强调社会科学，重视从广阔的历史中探寻建筑发展的规律，通过'博'而'精'的训练培养学生综合的艺术修养。在教学方法上着重启发学生的创作能力，强调建筑师的社会责任，树立'住者有其房'的职业使命。"③

　　1949年6月，华北高等教育委员会成立，"在其指导下，北京各大学间

---

　　① 《北平市军事管制委员会文化接管委员会关于接管清华、北大、维持燕大的专题报告》(1949年4月1日)，陈大白：《北京高等教育文献资料选编(1949—1976)》，第11页。
　　② 冯友兰：《解放期中之清华》，清华大学校史研究室：《清华大学史料选编》(第四卷)，第86页。
　　③ 史轩：《为新中国创造新建筑的建筑系》，http://news.tsinghua.edu.cn/publish/thunews/9668/2011/20110225231834640700157/20110225231834640700157_.html。

的相同院系多次举行课程改革的讨论研究。通过这些会议,一致检讨了过去教育与实际脱节的缺点,确定今后大学教育应密切配合新民主主义国家建设需要,为国家培养建设人才的方向,提议大学各系应与有关各业务部门取得密切联系,并要求学校中普遍增设马列主义基本理论与基本政策知识等课程。"①初始时期,主要是文科院系的课程改革,1949 年 10 月华北高等教育委员会颁布了《各大学专科学校文法学院各系课程暂行规定》,要求"废除反动课程(国民党党义、六法全书等)""添设马列主义课程""逐步地改造其他课程"等。11 月 22 日,教育部召开华北京津十九院校负责人会议讨论高等教育改造方针,钱俊瑞副部长在总结讲话中指出:"当前课程改革的中心环节是加强政治课的学习,使学生建立正确的人生观,建立为人民服务的观点。业务课程必须切合建设的需要,反对好高骛远、教条主义,但同时需要注意科学理论的系统学习,必须做到理论与实际结合。业务课要实行必要的精简。"②12 月 23 日至 31 日,教育部在北京召开了新中国第一次全国教育工作会议。钱俊瑞总结报告中再次强调:"大学中学的课程必须继续改革。改革的重点是加强革命的政治学习,合理地精简现有课程。关键是打通教员思想。教学方法的改革,重点在于反对书本与实际分离的教条主义,同时防止轻视基本理论学习的狭隘实用主义。必须坚决走向理论与实际一致。"③

　　遵照党和政府的教育方针,清华大学进行了相应教学改革。1949 年 12 月 5 日,清华大学校务委员会提出今后的工作方针,其总方针为:"本大学基本任务是在贯彻新民主主义的教育政策,提高人民文化水平,培养国家建设人才,肃清封建的、买办的、法西斯主义的思想,发展为人民服务的思想。因之本校校务的中心工作是在教学。过去半年本会因限于具体情况,大部分工作偏于整理教学之环境,创设改造教学之条件,以致在教学工作本身未能予以应有之领导。现在本校教师与学生要求改造的情绪业已提高,而行政之整理亦已大体有了基础,所以本会今后工作重心必须

① 赵京:《1949—1955 年高校课程改革研究》,《现代大学教育》,2011 年第 1 期。
② 《教育部召开华北京津十九院校负责人会议 讨论高等教育改造方针》(1949 年 11 月 22 日),《人民日报》,1949 年 11 月 22 日第 4 版。
③ 《钱俊瑞在第一次全国教育工作会议上的总结报告要点》(1949 年 12 月 30 日),陈大白:《北京高等教育文献资料选编(1949—1976)》,第 37 页。

是加强教学的领导。"①对于当前教学上急需解决的问题，《方针》指出：
"首先是课程的改造，在文法学院课程的内容有非马列主义的成分，而且
和实际缺乏配合，因之改造工作，尤感迫切。理工学院的课程一般说来过
于繁重，课程之间不免缺乏联系。有的内容琐碎，有的彼此重复，有的未
能与实际需要配合，重加调整，纠正偏向实有必要。"②针对各系课程存在
的问题，校务委员会认为，"今后为了要促进改造，必须加强全面性的领
导，使教学工作能有系统的有计划的进行，并使院系之间发挥充分联系和
配合，此项领导又必须贯彻到每院每系每级以至于每人，所以在组织上必
须加强分层负责，上下交流的群众路线，这是最基本的教学组织问题"。③
其中，对于理工学院方面，校务委员会指出："课程改革亦应根据实际需
要加强原则性的学习，并有系统的有重点的加以精简，早日展开讨论，
希望能在寒假期间中得到初步结论。在没有获得全面计划前，院系教学
领导机构，应加强各课程间的经验交流，在具体情况许可下，进行局部
改进。"④

　　总体而言，该时期课程改革尚处于变革的尝试和过渡阶段，由于缺乏
经验等原因，"主要以废除反动课程，增加革命的政治课程，并对旧有课程
进行初步的精简与改造为主。"⑤随着经济发展对高级建设人才需求的日
益迫切，高等院校课程改革的必要性也越加突显。1950 年 6 月 1 日至 9
日，教育部在北京召开第一次全国高等教育工作会议，全面启动了课程改
革。为筹备此次会议，自 3 月下旬教育部组织了高等学校课程改革委员
会，起草了文、法、理、工、农 5 个学院 24 个系及专修科 54 种的课程草案，
会前进行了多次、广泛地讨论和修正⑥。马叙伦在大会开幕词中提出：
"我们要有计划有步骤地而且谨慎小心地在现有的基础上，在全国范围内
进行课程改革的工作。此项课程改革工作的基本原则是力求理论与实际
一致，力求课程内容适合国家建设的需要，一方面要克服旧有学校中有长
期传统的脱离实际的教条主义，另一方面又要防止不顾长远利益与全面

---

　　①②③④　《校务委员会今后工作方针》(1949 年 12 月 5 日)，清华大学档案，全宗号 2，
目录号校办 1，案卷号 49006。

　　⑤　赵京：《1949—1955 年高校课程改革研究》，《现代大学教育》，2011 年第 1 期。

　　⑥　《第一次全国高等教育会议的报告(节录)》(1950 年 7 月 17 日)，陈大白：《北京高
等教育文献资料选编(1949—1976)》，第 49 页。

利益,轻视理论学习的狭隘的实用主义"。① 他强调,"这种改革必须是有
计划有步骤的,并且必须是谨慎的,因为这是一项十分复杂十分细密的工
作,没有充分的思想的准备和人力的准备就难于完满进行,而我们目前在
这两方面的准备都是不充分的。我们必须按照各学校各院系乃至各门课
目实行改革的条件成熟的程度,依靠全体高等教育工作者的群策群力,在
同一的领导下作分头的努力,以求逐步达到共同的目标。"② 会上,马叙伦
要求"各高等学校在经过相当时期的讨论研究以后,应当在暑假中作出可
能在下学年试行的方案,呈报中央教育部审查批准。"③ 经过讨论,此次会
议通过了《关于实施高等学校课程改革的决定》等五项草案。

1950 年 7 月 28 日,政务院第四十三次政务会议通过《教育部关于实
施高等学校课程改革的决定》。《决定》指出:"一年来,全国高等学校的
教育内容,已经经过了初步的改革,也收到了一定的成效,但现有高等学
校课程中相当大的部分还不是新民主主义的,即还不是民族的,科学的、
大众的,还不能符合新中国建设的需要,因此全国高等学校的课程,必须
根据《共同纲领》第四十六条的规定,实行有计划有步骤的改革,达到理论
与实际的一致,一面克服'为学术而学术'的空洞的数条主义的偏向,力求
与国家建设的实际相结合,这是我们现有高等学校主要的努力方向。另
一方面要防止忽视理论学习的狭隘实用主义或经验主义的偏向。"④ 要求
废除政治上的反动课程,开设新民主主义的革命的政治课程;以学系为培
养专门人才的教学单位;加强教学与实际结合;并对开办专修班及其课程
安排作了规定。⑤《决定》要求:"全国高等学校应根据上述原则,并参考第
一届全国高等教育会议中所讨论的各种课程草案,就各校的具体条件,制
订各该校可行的课程及教学计划草案,报请中央教育部批准实行。"⑥

该年 9 月 9 日,教育部要求各院校向教育部汇报 1950 学年度教学计
划的制订情况。1951 年 1 月 23 日至 26 日,教育部在京召开全国高等学
校 1950 年度教学计划审查会议,督促和了解高等学校教学计划的制订和
课程的实施情况等。⑦ 针对审查过程中发现的问题,6 月 25 日至 29 日教

①②③ 马叙伦:《第一次全国高等教育会议开幕词》,《人民教育》,第 1 卷第 3 期。

④⑤⑥ 《教育部关于实施高等学校课程改革的决定》(1950 年 7 月 28 日政务院第四十
三次政务会议通过),陈大白:《北京高等教育文献资料选编(1949—1976)》,第 53 页。

⑦ 赵京:《1949—1955 年高校课程改革研究》,《现代大学教育》,2011 年第 1 期。

育部在京召开了高等学校课程改革讨论会,修订文、法、理、工各系及财经学院若干系的课程草案。各院系尤其是理工学院课程草案的拟定难度相对较大,如高等教育司副司长张宗麟所述:"至于拟定理工学院的课程草案更添了几重手续,这便是与有关产业部门征求意见,召开联席会议,三五次乃至十几次的修改,甚至中途如发现一个小的问题,立即反复讨论、争辩","这是一项繁重巨大的工程"。① 因此,教育部会上修订的课程草案不能及时发出供各校参考,教学计划主要由各高等学校根据教育部提出的原则和草案自行制订。② 其原则为:"各系科的教学计划及教学大纲,必须充分贯彻爱国主义的思想教育;编排课程时,应从培养一定专门人才所必需的课程着眼,业务课程应有重点,选修课应尽量减少;各种课程均须拟定教学大纲;政治课是各系科的基本课程,着重于系统的理论知识的讲授,时事学习着重于时事政策教育;将实习作为学习过程的一个重要组成部分;每周学习时数,包括上课、自习、实验、实习、讨论、时事学习等最多不得超过 54 小时。"③

根据教育部课程改革决定和有关各系课程草案要求,清华大学等院校逐渐重视并制定了相关教学计划,加强课程改革工作。1951 年清华大学工学院土木工程系工业与民用建筑专业教学计划见表 6-4。由表中可见,第一学年为公共课程,包括辩证唯物论与历史唯物论、微积分、普通物理、工程画、新民主主义论等;第二年为专业基础课程,如测量、工程力学、结构力学、工程材料、机械零件、电工学等,为学习苏联还开设了俄语课程;第三年、第四年则主要为专业技术课程,如建筑生产技术及其机械、建筑学、土壤力学及基础工程等。同时,政治课程分别于一年级上学期开设辩证唯物论与历史唯物论、下学期开设新民主主义论,三年级开设政治经济学。遵照教育部规定,每周学时均少于 54 小时。

二、以学习苏联为中心的教学改革(1952—1957)

新中国成立前后,中央教育部即提出进行教学改革,但由于各种主客

① 王孙禺、刘继青:《中国工程教育:国家现代化进程中的发展史》,第 206~207 页。
②③ 赵京:《1949—1955 年高校课程改革研究》,《现代大学教育》,2011 年第 1 期。

表6-4 土木工程系工业与民用建筑专业（1951年入学）教学计划

时间分配表（按周）

学年	理论教学	考试期间	教学实习	生产实习	毕业实习	毕业论文	假期	总计
I	29	2					20	52
II	31	4	2	3			12	52
III	31	7		8			6	52
IV	17	3		5		16	3	44
V								
总计	108	16	2	6		16	41	200

教学进程计划

顺序	课程	学期分配			时数					学年及学期分配											
		考试	考查	设计及作业	合计	时间分配				1学年		2学年		3学年		4学年		5学年		6学年	
						讲授	实验	练习及讨论	设计及作业	第一学期	第二学期	第三学期	第四学期	第五学期	第六学期	第七学期	第八学期	第九学期	第十学期	第十一学期	第十二学期
										18周	14周	18周	14周	17周	14周	17周	18周	19周	20周	21周	22周
1	2	3	4	5	6	7	8	9	10	11	12	13	14	15	16	17	18	19	20	21	22
1	辩证唯物论与历史唯物论									(9)											

顺序	课程	学期分配			时数					学年及学期分配											
		考试	考查	设计及作业	合计	时间分配				1学年		2学年		3学年		4学年		5学年		6学年	
						讲授	实验	练习及讨论	设计及作业	第一学期	第二学期	第三学期	第四学期	第五学期	第六学期	第七学期	第八学期	第九学期	第十学期	第十一学期	第十二学期
										18周	14周	18周	14周	17周	14周	17周					22周
1	2	3	4	5	6	7	8	9	10	11	12	13	14	15	16	17	18	19	20	21	22
1	微积分及微分方程	3								(14)	(14)										
2	普通物理									(10)	(10)										
3	物理实验									(5)	(5)										
4	工程画									(8)	(8)										
5	新民主主义论	4			93	93					(9)										
6	政治经济学	6	5		124	124								4	4						
7	俄语	3.5	4.6.7		205	205						3	4	4	4	1					

续表

顺序	课程	学期分配			时数					学年及学期分配											
		考试	考查	设计及作业	合计	讲授	实验	练习及讨论	设计及作业	1学年		2学年		3学年		4学年		5学年		6学年	
										第一学期	第二学期	第三学期	第四学期	第五学期	第六学期	第七学期	第八学期	第九学期	第十学期	第十一学期	第十二学期
										1	2	3	4	5	6	7	8	9	10	11	12
										18周	14周	18周	14周	17周	14周	17周	周	周	周	周	周
9	测量	3	4		80	52	28					3	2								
10	工程力学	3.4	3.4	4	284	142	18	108	16			10	8								
11	结构力学	4.5	4.5	4.5	137	69		50	18				4	5							
12	工程材料	3			108	54	36	18				8									
13	机械零件		4		39	26		13					3								
14	电工学及房屋配电		3.4		62	46	16					2	2								
15	热工概论		5		34	26	8							2							

续表

顺序	课程	学期分配			时数					学年及学期分配											
		考试	考查	设计及作业	合计	讲授	实验	练习及讨论	设计及作业	1学年		2学年		3学年		4学年		5学年		6学年	
										1 第一学期	2 第二学期	3 第三学期	4 第四学期	5 第五学期	6 第六学期	7 第七学期	8 第八学期	9 第九学期	10 第十学期	11 第十一学期	12 第十二学期
										18周	14周	18周	14周	17周	14周	17周	周	周	周	周	周
16	水力学	5			51	34	8	7						3							
17	建筑生产技术及其机械	4.5		5	154	100	8	28	18				4	6							
18	建筑学	6	4.5.7	5.6.7	249	139		22	88				2	5	5	4					
19	给水及下水	5		5	51	34	4	5	8					3							
20	钢结构及焊工	6.7		6.7	138	83	18	12	25						5	4					
21	石结构及钢筋混凝土结构	6.7	5	6.7	155	101	4	15	29						5	5					
22	木结构	6	7	6.7	107	76	8		23						4	3					

续表

顺序	课程	学期分配			时数					学年及学期分配											
		考试	考查	设计及作业	合计	时间分配				1学年		2学年		3学年		4学年		5学年		6学年	
						讲授	实验	练习及讨论	设计及作业	1 第一学期 18周	2 第二学期 14周	3 第三学期 18周	4 第四学期 14周	5 第五学期 17周	6 第六学期 14周	7 第七学期 17周	8 第八学期 周	9 第九学期 周	10 第十学期 周	11 第十一学期 周	12 第十二学期 周
23	房屋建筑的架设及结构概念	7			51	34	9	8			3										
24	工程地质	3			54	36	9	9								3					
25	土壤力学及基础工程	7	6	7	93	62	10	8	13						3	3					
26	建筑生产经济与组织与计划	7	6	7	113	96		8	9						2	5					
27	保安及防火技术		7		34	34										2					

续表

顺序	课程	学期分配			时数 合计	时间分配 讲授	实验	练习及讨论	设计及作业	第一学期 1	第二学期 2	第三学期 3	第四学期 4	第五学期 5	第六学期 6	第七学期 7	第八学期 8	第九学期 9	第十学期 10	第十一学期 11	第十二学期 12
		考试	考查	设计及作业						18周	14周	18周	14周	17周	14周	17周					
28	金属工学		4		62	30		62													
29	体育		3.4		62			62		(2)	(2)	2	2								
30	暖气通风	6		6	42	28		7	7						3						

次序	选修课程	总计钟点		合计																	
		数目	课程	16						(48)	(48)	31	33	32	32	30					
			设计及作业									9	11	8	9	9					
			考试									0	2	4	4	6					
			考查									5	4	5	5	5					
												4	10	5	3	4					

[资料来源：《教学计划表（含统计分析）》，清华大学校史研究室：《清华大学史料选编》（第六卷第三分册），北京：清华大学出版社，2009 年，第 805～812 页]

观原因,虽添设了一些革命政治课,并进行了教学方法的改变等,但整体进程滞缓。1951 年 11 月,全国工学院院长会议召开,以华北、华东、中南三地区为重点,拟定工学院的调整方案,随之在全国范围内进行了大规模院系调整,并深入推动了课程改革的进展。就院系调整与课程改革的关系,教育部高等教育司副司长张宗麟在《改革高等工业教育的开端》中曾谈道:"课程改革,虽然做了不少工作,但是实际上几乎还没摸着边;有的可以说还没有动手,或者还在无计划的与自发的状态中。……但在院系未经初步调整以前,这些情况是不大可能转变的。……在人力分散与浪费的情况下,要想改革课程及教学内容,那是不够条件的,……二年来的课程改革运动收获不多,原因在此。"①此次工学院的调整较之前小范围的院系或系科调整而言,是一次从量变到质变的根本性高等教育改革步骤,"之所以说它是带根本性质的改革,是因为它不仅把几个学校同一类的师资和设备合理集中在一起,使人力物力发挥更大的效率,同时根据苏联的制度,把过去的教学制度、教学组织、教材内容和教学方法等一律加以根本改革,走向了具有高度计划性与组织性的教学制度。"②

1952 年大规模院系调整后,清华大学从综合性大学转变为一所多科性工业大学,系统的教学改革也随之展开。院系调整前清华大学设置院系仿效英美实行"通识教育",院系调整后则学习苏联工科大学教育模式,设立专业,从国家建设需要出发培养相关技术人才。《人民日报》曾发表社论评价:"专业的设置是院系调整与课程改革的中心环节。旧的高等教育制度的传统是从设系出发,根据系拟订课程,所设课程庞杂笼统,不可能培养出切合实际需要的专门人才来。在这次院系调整中则是从实际需要出发,即根据国家建设的需要,根据专业拟订教学计划,每种专业明确规定培养何种专门人才,几种性质相近的专业合组成系,成为一个教学行政单位。这样就使我们高等学校培养某种专门人才的目的性更加明确,并从制度上把它固定下来,克服过去高等教育脱离实际、系科重复、浪费人力物力的混乱现象。"③对于院系调整后进行的教学改革及其成效,刘

---

① 赵京:《1949—1955 年高校课程改革研究》,《现代大学教育》,2011 年第 1 期。

② 金富军:《新中国初期院系调整中的清华大学》,《科学时报》,2010 年 9 月 28 日。

③ 《做好院系调整工作,有效地培养国家建设干部》,《人民日报》,1952 年 9 月 24 日第 1 版。

仙洲在清华大学院系调整工作总结中也提出："在这一次院系调整以前，中央教育部对于高等教育，至少是对于和这一次工作有关的，曾作过两次改进工作：一次也是院系调整，一次是课程改革。……过去的两次改进工作，方针虽说都是很正确的。但是因为当时学校的各方面仍被资产阶级思想统治，课程方面又缺少适当的参考资料，所以结果都没有多大成就。"①"这次的院系调整和从前大不相同了。……它不仅是把几个学校同一类的师资和设备合理的集中在一起，使人力物力都发挥更大的效率，同时要根据苏联的制度，把过去不合理的教学制度、教学组织、教材内容和教学方法等一律加以根本改革。就是把以往具有半殖民地性的教学制度一律改掉。走向具有社会主义性和具有高度计划性与组织性的苏联教学制度。所以这一次的院系调整工作，不仅是量的改变，同时更是质的改变。不仅是形式的改变，同时更是精神的思想的改变，是我国高等教育的一种根本的改革。"②

1952年10月，清华大学校党委指出："学校由院系调整转入教育改革。过去以政治改革为中心，现在要以教学为中心。"③院系调整后，为了适应大规模经济建设对技术人才的迫切需求，清华大学立即开展了以"学习苏联教育先进经验"为主要内容的教学改革，如印发苏联教学计划等参考资料，邀请苏联专家福民、哈尔滨工业大学高应炳教授等来校座谈，翻译苏联教学大纲，等等。④ 该年，清华大学参照苏联高等工业学校五年制教学计划，制定了本校各专业教学计划，包括专业培养目标、修业年限、教学学历表、学时分配、教学进程计划等。⑤ 对于教学改革的进展情况，1952年11月何东昌在《清华大学关于学习苏联先进教育经验取得初步成效的报告》中提出："全校教师热情地投入了紧张的学习苏联、改革教学的运动，五个月的时间内，经过讨论专业设置、俄文学习、翻译教材和教研组的设立，全校的面貌继思想改造运动后又发生了巨大的变化，无论在教学制度、教学内容、方法及组织各方面，都有着显著的不同。这些改革目前已

---

①② 刘仙洲：《京津高等学校院系调整清华大学筹备委员会第一阶段工作总结及第二阶段工作总结》（1952年8月7日），清华大学档案，全宗号2，目录号校办1，案卷号52002。

③ 清华大学校史研究室：《清华大学一百年》，第198页。

④ 金富军：《新中国初期院系调整中的清华大学》，《科学时报》，2010年9月28日。

⑤ 金富军：《五十年代教学改革中的清华》，《清华人》，2008年第4期。

经显示出了初步的效果。"①在报告中，何东昌充分肯定了专业设置对教学的有益性，"专业设置使教育与祖国工业建设需要相密切结合，因此师生的教学和学习任务与经济建设的联系就更加明确起来，大大地启发了师生的爱国主义热情。开始时有些学生不愿意念铸造专业，有一个实习回来的女学生介绍了工厂中因铸造技术落后造成大量废品的情形，要求学习铸造专业的人数立刻激增。房屋建筑专业有的学生经常注意《人民日报》基本建设的报道，把它记在笔记本上作为学习资料。教师授课中普遍地开始联系到工业建设来鼓励学生学习热情"。② 他进一步指出了学习苏联教学计划的适应性，"就苏联专家带来的各专业的教学计划看。我们知道苏联的教学制度，不只是注重'专'，同时他们一样的注重基本课程的基础。他们一般的都是五年制。每一种专业，前两年甚至前两年半的课程都是些基本课程。但是对于每一种专业总有三四门或四五门专业课程，所占的时数是比较多的。再加他们的高度计划性的教学方法和理论确能与实际相结合的实习制度，使学生一毕业就能担负工程师的任务。这正是我们所最应当采取的。因为不但合于以往我产业部门的要求，(只是不能快)，也合于我们教育工作的同人们的看法。所以这一次的院系调整，在方针上说，虽说仍旧是要彻底贯彻过去的'教师和设备合理的集中'，和课程合理的改革，两方面的正确政策，但环境上和条件上已经是比从前好的多了。"③

对于教学计划的实施，高等教育部曾强调："教学计划是教学工作的基本大法"，"学校在执行高等教育部批准的统一教学计划时，不得随意变动"④。由于中苏高校学制的差异，以及改革要求过高、过急等多种原因，导致各高校在实施过程中存在着忙乱现象，师生负担过重。例如，"清华调查了218位教师，有128人每天工作8至10小时，40人在10小时以

---

① 何东昌：《清华大学关于学习苏联先进教育经验取得初步成效的报告》(1952年11月)，陈大白：《北京高等教育文献资料选编》(1949—1976)，第115页。

② 何东昌：《清华大学关于学习苏联先进教育经验取得初步成效的报告》(1952年11月)，陈大白：《北京高等教育文献资料选编》(1949—1976)，第116页。

③ 刘仙洲：《京津高等学校院系调整清华大学筹备委员会第一阶段工作总结及第二阶段工作总结》(1952年8月7日)，清华大学档案，全宗号2，目录号校办1，案卷号52002。

④ 王宗光：《上海交通大学史》(第五卷 1949—1959)，上海：上海交通出版社，2016年，第45页。

上"。"清华因师资不够,用了 52 个刚念完二年级的学生当助教,他们边学边教,因而特别繁忙";"清华一年级学生因为功课过重,一般不看报,不重视政治课,也不运动。有的半夜 3 点钟就起床读书。学生普遍感觉身体疲乏,精神紧张"。"清华改得最大:104 种课程,31 种完全采用苏联教材(其中只有 9 种有现成的中译本),30 种部分采用苏联教材;教学组织与教学方法也全面地改革了(把全校教师组织到 38 个教研组里);并大部增设了辅导课(但是没有一点经验,起的作用很小)"。①

针对教学改革中各校存在的忙乱现象,1952 年 11 月 9 日,中共北京市委组织部学校支部工作科在关于北京市高等学校院系调整后的一些问题和解决的意见中指出:"当前教育改革是处在一个新旧交替的时期。……教育改革必须有计划地有步骤地来进行,不能操之过急。教育改革必须要根据当前的主客观条件,提出当前迫切要做的而且是可以做得到的任务,要分别轻重缓急,不能百废俱兴。必须明确告诉大家,先搞什么、再搞什么、将来搞什么,并向着什么方向前进,还有当前改革范围多大,达到什么程度为止,多久时间完成,都必须要具体交代明白。"②12 月 25 日,中共北京市委就北京高等学校教学改革中的问题和解决意见向中央并华北局报告:"北京专科以上学校教育改革的计划,必须按照主客观条件,有计划、有步骤地来进行","中心问题是教学思想、教学材料、教学方法的改革。这是一个较长时期的艰苦工作。要确定轻重缓急和先后的步骤。"③在报告中,北京市委进一步提出,"学习苏联是当前迫切的要求,但必须有少数带头的干部和基本教材,必须与中国实际情况相结合。……应根据当前的人力、物力、时间等条件,订出个切实可行的,教师能教,学生能懂,并逐渐做到能结合当前中国实际情况的教学计划。改革面过宽而力不胜

---

① 《中共北京市委组织部学校支部工作科关于北京市高等学校院系调整后的一些问题和解决的意见》(1952 年 11 月 9 日),陈大白:《北京高等教育文献资料选编》(1949—1976),第 112~113 页。

② 《中共北京市委组织部学校支部工作科关于北京市高等学校院系调整后的一些问题和解决的意见》(1952 年 11 月 9 日),陈大白:《北京高等教育文献资料选编》(1949—1976),第 114~115 页。

③ 《中共北京市委关于北京高等学校教学改革中的问题和解决意见向中央并华北局的报告》(1952 年 12 月 25 日),陈大白:《北京高等教育文献资料选编》(1949—1976),第 119 页。

任的须将计划加以紧缩,功课分量过重师生都负担不了的应该减轻,进程过快的必须放缓。新教材必须经过教师适当的理解和消化过程,他们才能教授,才能把学生教懂。"①1953 年 1 月 14 日,中央批示:"兹将北京高等学校在教学改革中情况和问题通报如后,这个问题可能带普遍性,值得各地严重注意。"②2 月新学期开始时,中共北京市高等学校委员会书记李乐光向各高校党组织布置上半年工作,要求必须改正学习苏联的方法,"应有准备有步骤地正确学习苏联"。③ 根据教学改革稳步前进的精神,1953 年下半年起,高教部开始组织或委托高等院校分工制订或修订统一的各专业教学计划。④

该时期,清华大学仅在 1953 年就连续举行了 7 次教学研究会对教学计划、教学大纲、教研组、教学方法等相关问题进行广泛、深入的讨论,并在苏联专家的指导下首先进行了修订教学计划与教学大纲的工作。例如,1953 年 2 月 6 日第 1 次教学研究会,讨论制订教学计划问题,土木工程系主任张维作《关于与苏联专家萨多维奇一同修改教学计划的经过的报告》,苏联专家萨多维奇作《关于修订教学计划的报告》⑤;1953 年第 2 次教学研究会,讨论关于推广修订教学大纲的经验,苏联专家杰门节夫作了《关于修订教学大纲的报告》⑥;等等。院系调整后,清华大学参照苏联高等工业学校五年制教学计划,制定了本校各专业教学计划,将全校课程划分为公共课程、基础理论课程、技术基础课程及专业课程四种类型。⑦其中,公共课程包括马克思主义政治理论课(哲学、中国革命史、马克思列宁主义基础、政治经济学等)、体育、外语等,基础理论课程主要包括高等数学、普通物理、普通化学、理论力学、材料力学等,技术基础课程主要有

---

① 《中共北京市委关于北京高等学校教学改革中的问题和解决意见向中央并华北局的报告》(1952 年 12 月 25 日),陈大白:《北京高等教育文献资料选编》(1949—1976),第 119 页。

② 《中共北京市委关于北京高等学校教学改革中的问题和解决意见向中央并华北局的报告》(1952 年 12 月 25 日),陈大白:《北京高等教育文献资料选编》(1949—1976),第 118 页。

③ 李乐光:《关于当前北京市高等学校工作的讲话提纲》(1953 年 2 月),陈大白:《北京高等教育文献资料选编(1949—1976)》,第 123 页。

④ 王宗光:《上海交通大学史》(第五卷 1949—1959),上海:上海交通出版社,2016 年,第 45 页。

⑤⑥ 朱俊鹏:《清华大学教育工作讨论会历史沿革》,https://news. tsinghua. edu. cn/info/1023/71169. htm。

⑦ 方惠坚、张思敬:《清华大学志》(上册),第 142 页。

画法几何与工程画、机械制图、机械原理与机械零件、电工基础、电子学等，以及专业课程。① 相较之前，1953 年修订后的教学计划特点是："1. 加强基础课，课程体系明确划分为基础理论课、技术基础课和专业课。2. 增加实践教学环节，在教学计划中确定了讲课、辅导（习题课）、实验、考试考查、课程设计、生产实习、毕业设计等一系列教学环节，建立了新的教学秩序。3. 增设马克思主义政治理论课程。"② 1953 年制定（修订）的土木工程系工业及民用建筑专业教学计划见表 6-5。从表中可见，学生在一二年级主要学习公共课程和基础理论课程，第三年后则主要学习专业技术课程。

同时，政治理论课程贯穿 4 年之中，第一年开设中国革命史、第二年开设马克思主义基础、第三年开设政治经济学、第四年开设辩证唯物论及历史唯物论。到 1954 年，全校 21 个专业都有了教学计划。③

清华大学的学制原为 4 年制，学习苏联教学经验初期由于机械照搬 5 年制课程，致使师生负担过重。1953 年 3 月 31 日，蒋南翔在向习仲勋、杨秀峰、中宣部、北京市委并中央的报告中，提出希望立即将清华大学的学制由四年制改为五年制。5 月 31 日，蒋南翔再次向中央报告："现在我国高等工业学校的学制一般为四年，根据苏联的经验，要培养具有高度质量的工程师，四年的学习期限是不够的；将来我国高等工业学校的学制，必须学习苏联的榜样，有计划有步骤地逐渐改为五年制。同时现在就须选定适当学校，首先典型试验，以便及早取得创办五年制高等工业学校的经验，将来好向其他学校推广。清华大学过去的基础较好，同时又靠近中央的领导，是具有较好条件来试办'五年制'的学校之一。"④ 6 月，经中央文教委员会和高等教育部批准，清华大学本科学制除建筑系建筑学专业学制为六年外，其他改为五年。⑤

1954 年至 1956 年，清华大学相继召开了第 8 次、第 9 次和第 10 次教学研究会，就提高教学质量、总结教学改革经验及今后任务等进行了讨论。此外，为促进理论与实际相结合，提升人才培养质量，该时期高等院校根据中央政府及教育部要求，加强了与业务部门的联系。⑥ 例如，清华

---

①②③④⑤　金富军：《五十年代教学改革中的清华》，《清华人》，2008 年第 4 期。

⑥　《首都各院校加强与业务部门联系，提高教学质量，解决了生产上的一些问题》（《北京日报》，1954 年 7 月 8 日），陈大白：《北京高等教育文献资料选编（1949—1976）》，第 187 页。

表6-5 土木工程系工业及民用建筑专业教学计划(1953年制定(修订))

时间分配表(按周)

学年	理论教学	考试期间	教学实习	生产实习	毕业实习	毕业论文	假期	总计
I	34	7	3				8	52
II	34	7		3			8	52
III	32	7		8			5	52
IV	27	7		9			9	52
V	12	4			5	17	5	43
总计	139	32	3	20	5	17	35	251

教学进程计划

顺序	课程	学期分配			时数					学年及学期分配											
		考试	考查	设计及作业	合计	讲授	实验	练习及讨论	设计及作业	1学年		2学年		3学年		4学年		5学年		6学年	
										第一学期	第二学期	第三学期	第四学期	第五学期	第六学期	第七学期	第八学期	第九学期	第十学期	第十一学期	第十二学期
										18周	14周	18周	14周	17周	14周	17周	18周	19周	20周	21周	22周
1	2	3	4	5	6	7	8	9	10	11	12	13	14	15	16	17	18	19	20	21	22
1	中国革命史		2		102	68		34		3	3										
2	马列主义基础	4	3		102	68		34				3	3								

373

续表

顺序	课程	学期分配			时数					学年及学期分配											
						时间分配				1学年		2学年		3学年		4学年		5学年		6学年	
		考试	考查	设计及作业	合计	讲授	实验	练习及讨论	设计及作业	第一学期	第二学期	第三学期	第四学期	第五学期	第六学期	第七学期	第八学期	第九学期	第十学期	第十一学期	第十二学期
										18周	14周	18周	14周	17周	14周	17周	18周	19周	20周	21周	22周
1	2	3	4	5	6	7	8	9	10	11	12	13	14	15	16	17	18	19	20	21	22
3	政治经济学	6	5		128	96		32						4	4						
4	辩证唯物论及历史唯物论	7			60	45		15								4					
5	俄文	1.2	3.4.5		312			312		6	4	4	2								
6	高等数学	1.2.3.4	1.2.3.4		360	180		180		8	5	4	4								
7	普通化学	2	1.2		102	52	50			3	3										
8	物理学	2.3.4	2.3.4		216	116	50	50			6	4	3								
9	建筑技术概论	一			36	36				2*											
10	画法几何	1	1		108	54		54		6											

(*暂改习俄文)

续表

顺序	课程	学期分配			时数					学年及学期分配											
						时间分配				1学年		2学年		3学年		4学年		5学年		6学年	
		考试	考查	设计及作业	合计	讲授	实验	练习及讨论	设计及作业	1 第一学期	2 第二学期	3 第三学期	4 第四学期	5 第五学期	6 第六学期	7 第七学期	8 第八学期	9 第九学期	10 第十学期	11 第十一学期	12 第十二学期
										18周	14周	18周	14周	17周	14周	17周	周	周	周	周	周
11	工程画	一	2		81			80			5										
12	绘画		3		54			54				3									
13	测量学	1	2		81	52	24	10		3	2										
14	理论力学	2.3.4	2.3.4		184	100		84	12		4	4	3								
15	材料力学	3.4	3.4	3.4	188	96	16	64				6	5								
16	结构力学	5.6	5.6	5.6	174	84		60	30					5	6						
17	弹性及塑性力学	7	一		60	45		15								4					
18	工程材料	4	3.4		120	50	70					4	3								
19	机器零件	4	4		64	32		32					4								

顺序	课程	学期分配			时数					学年及学期分配											
		考试	考查	设计及作业	合计	讲授	实验	练习及讨论	设计及作业	1学年		2学年		3学年		4学年		5学年		6学年	
										1 第一学期 18周	2 第二学期 14周	3 第三学期 18周	4 第四学期 14周	5 第五学期 17周	6 第六学期 14周	7 第七学期 17周	8 第八学期 周	9 第九学期 周	10 第十学期 周	11 第十一学期 周	12 第十二学期 周
20	电工学及房屋配电	5	5		72	45	27							4							
21	热工概论	5	一		54	39	5	10						3							
22	水力学	5	5		72	36	20	16						4							
23	建筑机械及施工技术	5.6	4.5.6	5.6	224	156	15	28	24				2	6	6						
24	建筑学（包括住宅区计划）	6.8.9	5.6.7.8.9	5.6.7.8.9	322	202	20	20	80					4	5	4	4	6			
25	暖气及通风	7	7	7	60	40	10		10						4						
26	给水及下水	6	6	6	70	45	5	10	10						5						

续表

顺序	课程	学期分配			时数					学年及学期分配											
						时间分配				1学年		2学年		3学年		4学年		5学年		6学年	
		考试	考查	设计及作业	合计	讲授	实验	练习及讨论	设计及作业	1 第一学期 18周	2 第二学期 14周	3 第三学期 18周	4 第四学期 14周	5 第五学期 17周	6 第六学期 14周	7 第七学期 17周	8 第八学期	9 第九学期	10 第十学期	11 第十一学期	12 第十二学期
27	钢结构及焊工	6.8	7.8	7.8	176	126	20	10	20						4	4	5				
28	钢筋混凝土结构	8.9	7.8.9	8.9	153	108	5	5	35							3	4	5			
29	木结构	8	7.8	7.8	108	85	10		13							4	4				
30	石结构	7	一		60	50										4					
31	建筑工业经济学	8.9			24	24											2			目前暂时合开	
32	建筑组织与计划		9	9	108	88		10	10								3	6			
33	建筑结构架设及结构物试验	9	一		72	50	12	10	10									6			

续表

顺序	课程	学期分配			时数					学年及学期分配											
		考试	考查	设计及作业	合计	时间分配				1学年		2学年		3学年	4学年			5学年		6学年	
						讲授	实验	练习及讨论	设计及作业	1 第一学期 18周	2 第二学期 14周	3 第三学期 18周	4 第四学期 14周	5 第五学期 17周	6 第六学期 14周	7 第七学期 17周	8 第八学期	9 第九学期	10 第十学期	11 第十一学期	12 第十二学期 周
34	工程地质学	8			60	36	12	12									5				
35	基础工程	9	9	9	95	56	10	15	15								2	6			
36	保安及防火技术	9	一		36	36												3			
37	体育		1.2.3.4		136			136		2	2	2	2								
38	工厂实习		一		84			84													
次序	选修课程	总计钟点			4523	2406	382	1476	259	33	34	36	34	32	30	31	29	32			
		数目	课程							8	9	10	11	8	6	8	8	6			
			设计及作业							5	7	1	1	3	4	4	4	4			
			考试							5	6	6	7	5	6	4	6	6			
			考查							5	7	9	9	7	4	5	5	4			

[资料来源：《教学计划表（含统计分析）》，清华大学校史研究室：《清华大学史料选编》（第六卷第三分册），北京：清华大学出版社，2009年，第813~821页]

大学一年中从产业部门获得的数百种参考资料,这对进一步了解业务部门及国家建设对人才的需求、更明确专业培养目标等具有重要作用。"清华大学建筑系民用建筑设计教研室的教师们最初看见新盖的房子设计都较简单,就怀疑是不是培养的人才只要能设计这样简单的房屋就可以了,后来和中央设计院等单位取得了密切联系,知道建筑部门正在学习苏联经验,设计复杂的民用房屋建筑群,因此明确了应当使学生具备哪些知识才能,以符合实际的需要。"①反之,学校也帮助生产部门解决了一些具体技术问题。如,"清华大学机械制造系讲师钟寿民帮助北京某汽车修配厂解决了因切屑拥塞而发生拉刀被拉断的问题,使停产一年的拉刀恢复了生产;动力系主任庄前鼎和教授董树屏、副教授冯俊凯等协助哈尔滨发电厂试行'风压分层燃烧法'成功;水利系水力学教研组为水利部进行了官厅水库的模型试验,现在又为某水电站进行调压塔流量纹数测量试验,水纹机尾水管试验"。②

自 1952 年院系调整后,清华大学以教学改革为重点,积极学习苏联先进教育经验,修订教学计划,翻译苏联教材等,理论与实际相结合,学生的独立自主能力得到显著提高。据 1955 年 4 月蒋南翔校长介绍,"最近这一学期的考试结果,全部成绩优秀和良好的学生,达到全校学生的 70%(1953 年为 40%)。在实践中证明,在学业水平上,他们比教学改革前的学生提高很多。例如机械制造系四年级学生在毕业实习中,为沈阳第一机床厂、风动工具厂、上海柴油机厂、榆次经纬纺织机械厂等完成了 200余项中等复杂程度的技术设计工作(如设计夹具、刀具、机床附件、专题研究等)。在过去,这些工作要在大学毕业以后经过相当时期的见习,才能独立完成的。"③但不可否认,由于摒弃了清华原有的英美式教育模式,机械搬用苏联经验,致使学生负担过重,且专业划分过细、培养模式单一等弊端严重。④正如蒋南翔所说:"我们在学习苏联的工作上还有缺点,比较严重的缺点就是形式主义。有这样的情况:在形式上,已采用了苏联高

①② 《首都各院校加强与业务部门联系,提高教学质量,解决了生产上的一些问题》(《北京日报》,1954 年 7 月 8 日),陈大白:《北京高等教育文献资料选编(1949—1976)》,第 188 页。

③ 蒋南翔:《清华大学怎样执行"培养学生全面发展"的教育方针——在高教部召开的高等工业院校、综合大学院校长座谈会上的发言》(1955 年 4 月),陈大白:《北京高等教育文献资料选编(1949—1976)》,第 232 页。

④ 清华大学校史研究室:《清华漫话》,2009 年,第 61 页。

等学校的某些新制度、新课程、新教材，但在实际内容上，却改变很少，行的是老一套，讲的是旧内容。也有这样的情况：认为学习苏联可以不考虑和研究中国的实际情况；可以不顾时间、地点和条件，只要把苏联现成的规章制度照搬过来，就可在中国学校中同样加以推行。这种不实事求是的做法，自然就不能获得良好的结果。为了使我们的工作能够获得更快的进步，学习苏联的形式主义的倾向，是应该防止和克服的。"①

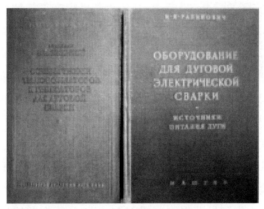

机械系教师潘际銮20世纪50年代给学生讲课时所用的参考书

（清华大学校史馆提供）

工物系学生使用的俄文教学参考书

（清华大学校史馆提供）

---

① 《蒋南翔在第一届全国人民代表大会上第一次会议上的发言》（1954年9月25日），陈大白：《北京高等教育文献资料选编（1949—1976）》，第195~196页。

三、贯彻党的教育方针(1958—1966)

20世纪50年代后期,随着中苏关系的恶化及社会主义建设经验的逐步积累,党和国家提出了独立自主、自力更生发展国民经济的战略和目标。与此相适应,高等院校开始纠正机械照搬苏联模式存在的弊端,探索切合中国实际的自主教育模式。该时期,清华大学积极贯彻党的教育方针,实施教育和生产劳动相结合,进行"真刀真枪"的毕业设计,经过"调整、巩固、充实、提高",培养了大批"又红又专,全面发展"的优秀人才。

(一)"真刀真枪"毕业设计

新中国建立初期,高等院校在学习苏联经验的过程中普遍存在机械照搬,致使学生学习负担过重且存在专业划分过窄等问题。1957年2月27日,毛泽东在最高国务会议第十一次扩大会议讲话中提出:"我们的教育方针,应该使受教育者在德育、智育、体育几方面都得到发展,成为有社会主义觉悟的有文化的劳动者。"[①]1958年8月13日,毛泽东视察天津大学时又发表重要讲话:"高等学校应抓住三个东西:一是党委领导;二是群众路线;三是把教育和生产劳动结合起来","以后要学校办工厂,工厂办学校","学生要勤工俭学,教师也要搞",这成为高等院校开展教育革命的重要指导方针。[②]9月19日,中共中央、国务院发布关于教育工作的指示,提出"党的教育工作方针,是教育为无产阶级的政治服务,教育与生产劳动结合","在一切学校中,必须把生产劳动列为正式课程。每个学生必须依照规定参加一定时间的劳动"。[③]全国高校积极响应中央号召,开展了教育与生产劳动相结合的教育革命。

1952年院系调整后清华大学按所设专业开展了教学改革,1958年贯彻执行党中央的教育方针再次进行了更深刻的教育革命,"第一个重要步骤就是坚决地把生产劳动引进学校,使生产劳动成为学校教学计划的一

---

① 《关于正确处理人民内部矛盾的问题》,《人民日报》,1957年6月19日第3版。
② 毛泽东:《毛泽东同志论教育工作》,北京:人民出版社,1958年,第67页。
③ 《中共中央、国务院关于教育工作的指示》(1958年9月19日),陈大白:《北京高等教育文献资料选编(1949—1976)》,第406页。

个素要组成部分"①,大力推动校办工厂和校内基地建设。1958 年,全校掀起勤俭办学、勤俭生产、勤工俭学的"三勤"热潮,广大师生相继参加了十三陵水库修建、百花山植树、西湖游泳池修建等大型义务劳动②,"在实际的劳动过程中解决了思想问题。很多学生在劳动以后,总结自己的思想收获,深深地体会到'劳动创造世界','劳动人民勤劳勇敢,大公无私','知识分子不与工农相结合则将一事无成'等名言,的确是颠扑不破的真理。热爱劳动的风气开始形成,劳动光荣的观念开始树立。"③清华大学将生产劳动正式纳入教学计划,同时在部分系开始试行半工半读制度。如机械制造、铸工、焊接、水工等专业抽调学生百余人,以工读班(即"长工班")的形式进行了半工半读试共学试点。1958 年 8 月,蒋南翔在《党的教育方针促进了高等学校的革命》一文中谈道:"自从党中央强调指出学校进行生产劳动的重要意义,清华大学根据中央的指示,在整风运动和反右派斗争的思想基础上,积极开展了勤工俭学运动,开展了轰轰烈烈的生产劳动。现在在学校不但有教师和学生每天在教室里上课和下课,而且还有成批的'学生工人'每天在车间或工地'上工和下工'。从前冷冷清清的实验室、实习工厂,已变成热热闹闹的生产场所。半年以来,全校已设计和制造了 500 多种产品,其中有很多品种达到国内或国际先进水平。例如机械制造系铸工车间用球墨铸铁试制成铁轨,最近经过实际试车运行,证明性能良好。制造这种铁轨不需要炼钢和轧钢设备,造价低廉,如果在地方铁路中广泛推行,可以节省大量钢材。"④教育和生产劳动结合,除了学生到校外去参加工农业劳动,学系还结合自身的特点和需要建立工厂和农场。1958 年 7、8 月份,"全校开工投入生产和正在筹建中的工厂、车间、设计公司、工程公可共达六十一个,一座三立方公尺的小型高炉,在三个星期内突击完成,现已正式出铁,发电容量二千瓩的我国第

---

① 蒋南翔:《清华大学的教育革命——在第二届全国人大第二次会议上的发言(节录)》(1960 年 4 月 10 日),陈大白:《北京高等教育文献资料选编(1949—1976)》,第 497 页。

② 清华大学校史研究室:《清华漫话》,第 67 页。

③ 《中共北京市高等学校委员会召开宣传工作会议总结"双反"思想改造的主要收获》,陈大白:《北京高等教育文献资料选编(1949—1976)》,第 383 页。

④ 蒋南翔:《党的教育方针促进了高等学校的革命》(1958 年 8 月),中国高等教育学会、清华大学:《蒋南翔文集》(下卷),北京:清华大学出版社,1998,第 707 页。

一座实验性的燃料综合利用发电厂,是利用学校后面一个破旧的小庙作厂房的,已于八月初旬着手安装发电机组,将在十月一日以前正式发电。"①

贯彻教育与生产劳动相结合的方针,促使教学内容、教学方法等进行了相应的改变。"1. 在教学计划中规定了生产劳动时间,理工科大体上是实行'一、三、八'制度,每年劳动三个月。……有几个学校如清华等校实行三学期制,学生两个学期学习,一个学期劳动。……2. 结合生产劳动,采取群众路线的办法,编写了很多新的教学大纲和教材。如清华大学半年来编写教材94种,教学大纲400多份。机械系铸工专业四年级70多个学生在参加铸工劳动以后,用了半个月的时间到4个城市50多个工厂里进行关于铸工方面的调查研究工作,向工人学习了很多宝贵经验,回校后审查和改编了8门铸工专业的课程。3. 在教学方法上,突破了单纯'先生讲、学生听'的旧传统,实行实践、参观、调查研究、讲授、鸣放、辩论、总结的方法,还请了生产能手和有经验的干部传授经验。"②教学方法的改革进一步提升了教学质量,如"清华大学汽车拖拉机专业,过去因为不大注意结合生产劳动,结果是学了'汽车构造学',还多加了实习,却不会自己拆装汽车。原来过去的实习,不是参加生产劳动,只不过是摆了一台做样子的发动机,甚至螺丝钉也事先由工人拧松,然后学生'演习'一遍,这种教学方法自然收不了多大成效,贯彻教育和生产劳动相结合的方针后,他们一边学习'汽车构造学',一边直接参加生产劳动。现在不仅对'汽车构造学'理解得深刻,而且能熟练地修理各种汽车,最后还根据丰富的实际经验,写成一本《汽车理学》。"③"实践证明:认真贯彻执行教育与生产劳动相结合的方针后,教育质量不是降低了,而是大大提高了,例如过去大学一年级学生,由于'空间概念'不明确,学习'投影几何'常常感到困难,不少人把'投影几何'称为'头痛几何'。但是,当同学们参加了制造各种生产成品的劳动以后,他们对于学习'投影几何'就不再感到'头痛'

① 蒋南翔:《党的教育方针促进了高等学校的革命》(1958年8月),中国高等教育学会、清华大学:《蒋南翔文集》(下卷),第707~708页。

② 《中共北京市高等学校委员会办公室关于北京市高等学校贯彻教育方针的情况的简报》(1958年11月19日),陈大白:《北京高等教育文献资料选编(1949—1976)》,第410页。

③ 杨述、彭珮云:《贯彻党的教育方针中的几个问题》(1959年1月12日),陈大白:《北京高等教育文献资料选编(1949—1976)》,第421页。

而是感到容易理解了。'机械零件'是一门重要的技术基础课程,当同学们在机械工厂参加了生产劳动以后,他们不但在学习这门课程之前,就掌握了不少课本中的内容,甚至有人能够自行设计某些机械零件,因而大大提高了这门课程的教学质量。"①

1959年1月,清华大学召开第12次教学研究会,讨论总结贯彻党的教育方针的经验和体会。校长蒋南翔在总结报告中指出:"1958年工作中最主要之点是教学、生产和科学研究工作的三结合。"②清华大学在贯彻"教育与生产劳动相结合"方针的过程中,创造性提出教学、科研、生产三结合,进行"真刀真枪"做毕业设计,形成了独具特色的宝贵经验。③ 所谓"真刀真枪"做毕业设计,即"结合生产任务,以承担和完成某项实际生产或科研任务,作为学生毕业设计的课题。"④例如,1958年清华大学水利系师生接受了密云水库的设计建设任务,"水利系毕业班('水8班')为骨干,承担密云水库潮河部分的设计工作,这既是他们的毕业设计,也是该项工程设计的初步方案。在参加设计建造的过程中,带队教师使每个同学都有机会参加整个水库的搜集原始资料、规划、初步设计、技术设计、施工设计和专题研究等各个主要部分的工作。通过这种方式,学生锻炼成为了'精一通多'的多面手。"⑤该年8月24日,在学校举办的本届毕业生红专跃进展览会上,"真刀真枪"进行毕业设计的做法受到周恩来总理的充分肯定。⑥ 1959年9月9日,密云水库成功拦洪后,毛泽东到密云水库听取张光斗等专家的汇报,称赞道:"你们的工作搞得不错! 清华大学水利系师生负责密云水库设计,体现了教育与生产劳动相结合,能理论联系实际,又能向工农学习,真正提高了教育质量,提高了教师水平,方向正确,是高等工程教育的好经验。"⑦此外,建筑系师生参加了人民大会堂、

① 蒋南翔:《清华大学的教育革命——在第二届全国人大第二次会议上的发言(节录)》(1960年4月10日),陈大白:《北京高等教育文献资料选编(1949—1976)》,第497页。
② 朱俊鹏:《清华大学教育工作讨论会历史沿革》,https://news.tsinghua.edu.cn/info/1023/71169.htm。
③④ 清华大学校史研究室:《清华漫话》,第68页。
⑤ 王孙禺、刘继青:《中国工程教育:国家现代化进程中的发展史》,第266页。
⑥ 清华大学校史研究室:《清华漫话》,第69页。
⑦ 徐京跃、张宗堂、吴晶、李江涛:《殷殷关怀润清华 切切嘱托催奋进——党中央关心清华大学发展纪事》,《光明日报》,2011年04月26日第1版。

表6-6　土木工程系工业与民用建筑专业(房4,1958年9月入学)教学计划

时间分配表(按周)

学年	理论教学	考试	教学实习	生产实习	毕业设计	劳动	整风	假期	合计
Ⅰ	31	4	8					6	49
Ⅱ	37.5	4				2		8.5	52
Ⅲ							9.5		52
Ⅳ							8		52
Ⅴ	31	3		8.9		1		8	52
Ⅵ	14	1		8	21			2	46
总计	172	18	8	17	21	25	25	42	303

教学过程计划

课程学期分配

序号	课程	学期分配			学时数					第1学期 13周		第2学期 13/5周		第3学期 16周		第4学期 21.5周		第5学期 16.5周		第6学期 20.5周		第7学期 18周		第8学期 19+1周		第9学期 12周		第10学期 15+4周		第11学期 4+10周		第12学期 20周	
		考试	考查	设计作业	总计	讲课	实验	练习	设计作业	内	外	内	外	内	外	内	外	内	外	内	外	内	外	内	外	内	外	内	外	内	外	内	外
1	2	3	4	5	6	7	8	9	10	11	12	13	14	15	16	17	18	19	20	21	22	23	24	25	26	27	28	29	30	31	32	33	34
1	形势与任务				74					2		2										1		1		1		1		1			
2	中国革命史	2			52							2																					

续表

序号	课程	学期分配			学时数					课程学期分配																							
		考试	考查	设计作业	总计	讲课	实验	练习	设计作业	第1学期		第2学期		第3学期		第4学期		第5学期		第6学期		第7学期		第8学期		第9学期		第10学期		第11学期		第12学期	
										13周		13/5周		16周		21.5周		16.5周		20.5周		18周		19+1周		12周		15+4周		4+10周		20周	
										内	外	内	外	内	外	内	外	内	外	内	外	内	外	内	外	内	外	内	外	内	外	内	外
1	2	3	4	5	6	7	8	9	10	11	12	13	14	15	16	17	18	19	20	21	22	23	24	25	26	27	28	29	30	31	32	33	34
3	马列主义基础		7.8		337									3		2				(54)		3	3	3	3	3	3	3	3				
4	体育		1~4		137					02		02/02		02		02																	
5	第一外语	2	1.3.4.6.7.9.10.11		315					04		04/06		04		03				(54)			3				3		3		3		
6	高等数学	1.2.3	4		354					7		6/8		5		3																	
7	普通化学		1.2		91					4		3																					
8	普通物理	3.4	2		218							4		5		4																	

续表

序号	课程	学期分配 考试	学期分配 考查	学期分配 设计作业	学时数 总计	讲课	实验	练习	设计作业	第1学期内(13周)	外	第2学期内(13/5周)	外	第3学期内(16周)	外	第4学期内(21.5周)	外	第5学期内(16.5周)	外	第6学期内(20.5周)	外	第7学期内(18周)	外	第8学期内(19+1周)	外	第9学期内(12周)	外	第10学期内(15+4周)	外	第11学期内(4+10周)	外	第12学期内(20周)	外
1	2	3	4	5	6	7	8	9	10	11	12	13	14	15	16	17	18	19	20	21	22	23	24	25	26	27	28	29	30	31	32	33	34
9	理论力学		3.4		123									5		2																		
10	材料力学	4	6		128											2	4																	
11	结构力学	6.7	8		225															(78)		5	5	3	2	5	7						
12	弹性及塑性力学	9			60															(42)													
13	建筑工程概论		1.2		65								3		2																			
14	画法几何与工程画	2	1.3		188						4		4/4		4																			
15	测量学	2	1		91						4		(39)																					

续表

课程学期分配 / 学时数 / 学期分配

序号	课程	考试	考查	设计作业	总计	讲课	实验	练习	设计作业	第1学期 内	第1学期 外	第2学期 内	第2学期 外	第3学期 内	第3学期 外	第4学期 内	第4学期 外	第5学期 内	第5学期 外	第6学期 内	第6学期 外	第7学期 内	第7学期 外	第8学期 内	第8学期 外	第9学期 内	第9学期 外	第10学期 内	第10学期 外	第11学期 内	第11学期 外	第12学期 内	第12学期 外
1	2	3	4	5	6	7	8	9	10	11	12	13	14	15	16	17	18	19	20	21	22	23	24	25	26	27	28	29	30	31	32	33	34
										13周		13/5周		16周		21.5周		16.5周		20.5周		18周		19+1周		12周		15+4周		4+10周		20周	
16	建筑材料	4	5.6		79											5		(28)		(40)													
17	电工学及电子学基础	4	6.7		129													(39)		5		5											
18	金属工学及焊接		8		38																	2	1										
19	热工学		8		38																	2	1										
20	机械零件及建筑机械	8	7		129																	4	3	3									
21	建筑施工技术	8	9		123	99			24									(12)						3	2	2.5	2.5	(集中一周设计)					

续表

序号	课程	学期分配			学时数					课程学期分配																							
		考试	考查	设计作业	总计	讲课	实验	练习	设计作业	第1学期 13周		第2学期 13/5周		第3学期 16周		第4学期 21.5周		第5学期 16.5周		第6学期 20.5周		第7学期 18周		第8学期 19+1周		第9学期 12周		第10学期 15+4周		第11学期 4+10周		第12学期 20周	
										内	外	内	外	内	外	内	外	内	外	内	外	内	外	内	外	内	外	内	外	内	外	内	外
1	2	3	4	5	6	7	8	9	10	11	12	13	14	15	16	17	18	19	20	21	22	23	24	25	26	27	28	29	30	31	32	33	34
22	建筑施工组织规划	10		10	141	45			96																			3	3	(集中四周设计)			
23	建筑工业经济				30	30												(4)															
24	建筑学	6.7.8.9.	10	8.10	205	111			94											(26)		2	2	1(3)	1(6)	2.5	2.5	0(2.5)	0(2.5)				
25	给水排水		11		30	30																2	2							3	3		
26	暖气通风		11		30	30																								3	3		
27	钢筋混凝土及砖石结构	6.7.9.10	8	8.10	324	204			120											(52)		4	4	1(2.5)	1(2.5)	2	2	0(2.5)	0(2.5)	(集中三周设计)			

续表

序号	课程	学期分配			学时数					课程学期分配																								
		考试	考查	设计作业	总计	讲课	实验	练习	设计作业	第1学期		第2学期		第3学期		第4学期		第5学期		第6学期		第7学期		第8学期		第9学期		第10学期		第11学期		第12学期	
										13周		13/5周		16周		21.5周		16.5周		20.5周		18周		19+1周		12周		15+4周		4+10周		20周	
										内	外	内	外	内	外	内	外	内	外	内	外	内	外	内	外	内	外	内	外	内	外	内	外
1	2	3	4	5	6	7	8	9	10	11	12	13	14	15	16	17	18	19	20	21	22	23	24	25	26	27	28	29	30	31	32	33	34
28	木结构	3	9.10	10	48	24			24																					4(4)	48		
29	钢结构	10	11	11	140	100			40																	2	2	4	5				
30	结构检验		10		30	15	15																					11	3				
31	工程地质与地基基础	10	9		105	81	24																			32	5	3	3				
32	工程结构专题	11			30	30																						3	3	3	2		
33	英语（加选）结构施工力学		10.11		95	95																						③	③	③②	④③		
34																																	
	学习总时数				4087+95					30		30/20		28		20.5						24	25	24.5	24	23	23	21+③	25+③	19+③+23+④+②	③	33	34

（集中一周设计）

［资料来源：《教学计划表（含统计分析）》，清华大学校史研究室：《清华大学史料选编》（第六卷第三分册），北京：清华大学出版社，2009年，第828～830页］

革命历史博物馆、中国美术馆等国庆 10 周年十大建筑及国家大剧院、科技馆的工程方案设计。1960 年蒋南翔在第二届全国人大第二次会议上的发言中说道："清华大学通过毕业设计的工作,两年来为国家完成了相当数量的实际生产和科学研究任务,其中如密云水库、电子计算机程序控制机床、微型汽车和首都若干重要建筑工程的设计等许多项目,都达到比较先进的科学技术水平,和具有相当重要的国民经济意义。毕业生的政治、业务水平和独立工作能力也都有显著的提高。他们到了工作岗位以后,一般都能立即负责一定的工程技术任务。"①可以看出,这种以教学、科研、生产三结合为内容的"真刀真枪"毕业设计,既促进了理论与实践相结合,提升了师生解决实际问题的能力,为国家重大工程建设锻炼和输送了优秀人才,同时又取得了生产和科研成果并推动了一批新学科的建设,这一模式在全国理工科院校逐步得以推广。②

真刀真枪做好毕业设计,为密云水库提出多快好省的方案

（清华大学校史馆提供）

（二）"调整、巩固、充实、提高"

1958 年 9 月下旬,为了响应党中央关于动员 2 万名师生支援钢铁生

---

① 蒋南翔:《清华大学的教育革命——在第二届全国人大第二次会议上的发言(节录)》(1960 年 4 月 10 日),陈大白:《北京高等教育文献资料选编(1949—1976)》,第 498 页。

② 王孙禺、刘继青:《中国工程教育:国家现代化进程中的发展史》,第 266 页。

学生在综合机械厂进行生产实习

（清华大学校史馆提供）

自己制造实验仪器

（清华大学校史馆提供）

产的号召，清华组织 237 名师生分赴河南、河北等地，参加采矿、选矿及化
验分析工作。10 月 24 日，学校召开全校师生员工炼钢动员大会，随后开
始了为时一个月的土炉炼钢，这一方面使师生更加增强了劳动观点，但另
一方面由于过多的劳动安排也一度打乱了正常的教学秩序。① 面对生产
劳动过多对高校教学工作带来的严重影响，1958 年 9 月时任中共中央总
书记邓小平在视察东北时指出："学生参加社会服务和生产劳动，无论如

① 清华大学校史研究室：《清华漫话》，第 68 页。

何不应当削弱学校的基础课程"①,"大学的最重要的任务,就是要结合教学内容全力做好尖端科学技术的研究和试验。"②10月至11月,教育部部长杨秀峰和国务院第二办公室代主任张际春在视察西南地区时也指出:"学校要合理安排炼钢和教学任务,进一步做好教育和生产劳动相结合的工作;教学、生产、科研要紧密结合,不要放松基础课程,还要攻尖端科学。"③12月22日,中共中央批转教育部党组《关于教育问题的几个建议》,指出:"自贯彻党的教育方针以来,产生了某些劳动时间过长,忽视教学质量的现象",并对全日制学校的教育与劳动时间做了详细的安排。《建议》要求:"安排生产劳动,要注意尽量与教学结合。要保证教师的时间。教师主要劳动是教学,参加体力劳动以不妨害教学为原则。"④对于教学要不要与生产劳动相结合,当时有些高校陆续开展了相关讨论,一些报刊也组稿进行研讨。

1959年3月22日,国务院全体会议第八十六次会议通过《国务院关于全日制学校的教学、劳动和生活安排的规定》,对高等学校每年的教学、劳动和假期的时间进行了具体要求,"(1)高等学校每年的教学、劳动和假期的时间,由于学校的性质和修业年限不尽一致,不能强求一律。……(2)各类高等学校的各专业的教学总时数由教育部另行规定。安排教学时数的时候,注意不要削弱基础课。(3)高等学校学生的学习时间,包括自习在内,每天要有九小时左右。每周(按六天学习计算)要有54小时左右。(4)在高等学校中,科学研究工作必须安排在教育计划之内,并且应该注意与教学和生产劳动结合。……"⑤

---

① 武英杰:《邓小平视察沈阳市北关区》,《党史纵横》,2004年第8期。

② 王永义:《匡亚明教育思想与实践考论》,《中国矿业大学学报(社会科学版)》,2015年第4期。

③ 《杨秀峰:书香门第中的共产党员 无产阶级革命家》,http://lishi-2020. xilu. com/20150819/1000010000863999_2. html。

④ 刘光:《新中国高等教育大事记》,长春:东北师范大学出版社,1990年,第142页;王孙禹、刘继青:《中国工程教育:国家现代化进程中的发展史》,第282页。

⑤ 《国务院关于全日制学校的教学、劳动和生活安排的规定》(1959年3月22日国务院全体会议第八十六次会议通过),陈大白:《北京高等教育文献资料选编(1949—1976)》,第428页。

如何更好地将教学与生产劳动相结合，促进学生德智体全面发展，是高等院校面临的一个重要问题。学习苏联教育经验初期，为减轻师生负担，清华大学曾于1953年将本科4年制改为5年制(建筑学专业学制为6年)。① 这一时期，清华大学再次延长学制，从1958—1959学年度开始实行本科6年学制，其中1958年以前入学的学生实行过渡计划，建筑系和新技术专业的系科修业年限为6年，其他系科为5年半。② 同时，学校加强基础课教学，如1959年成立基础课教研组与基础课委员会，加强对数学、物理、化学、外语等基础课的领导。清华大学党委自1960年冬以来，"在教学上注意了'少而精'的原则，把教学内容分别轻重缓急，突出主要，减少次要，集中力量把主要内容教好学好，使全校从去年开展教学改革以来所取得的主要成绩能够进一步巩固、充实、提高，而师生的负担又不致过重"。③ 例如，"电机系在讲授电工学的时候，根据'少而精'的原则，核定了教学大纲，不但减轻了师生的负担，而且讲课效果更好了。教师们说：'以前老怕备课不充分，现在重点突出，备课材料充实，讲课有底。'学生们也很欢迎，他们过去常常因为内容多来不及复习；教师答疑时，学生们由于钻研不够提不出问题，现在不仅能够按时完成作业、复习，而且主动要求教师辅导，学习的积极性、主动性提高了"。④ 1961年，中共北京市委大学科学工作部通过对清华、北大、师大等八所高等学校的教学质量进行调查，提出："这几所学校对基础课的教学一般是重视的。在1959年以后，都注意到努力提高基础课的教学质量，做得比较好的是清华大学。"⑤

1961年1月14日，中共中央召开八届九中全会，正式批准对国民经济实行"调整、巩固、充实、提高"八字方针。同样，教育领域也贯彻执行

---

①② 清华大学校史研究室：《清华漫话》，第61页。

③ 《提高教学质量 丰富课余生活 促进身心健康 清华大学全面抓工作抓思想抓生活》，《人民日报》，1961年1月26日第4版。

④ 《提高教学质量 丰富课余生活 促进身心健康 清华大学全面抓工作抓思想抓生活》，《人民日报》，1961年1月26日第4版。

⑤ 《中共北京市委大学科学工作部关于八所高等学校的教学质量的调查材料》(根据清华、北大、师大、农大、北医、钢铁、京工、外贸八所学校的材料整理)(1961年8月20日)，陈大白：《北京高等教育文献资料选编(1949—1976)》，第571页。

"八字方针",开始进行调整整顿,"主要原则是压缩高等教育事业发展规模,提高教育质量"。① 2 月 7 日,中共中央批转中央文教小组提出的《关于一九六一年和今后一个时期文化教育工作安排的报告》,要求"当前文化教育工作必须贯彻执行调整、巩固、充实、提高的方针",集中力量办好全国 64 所重点高等学校,"现有全日制学校必须切实保证教学时间,劳动时间应有所控制"。② 6 月 19 日,中共中央发布关于全国重点高等学校劳动安排的几项规定,要求"全日制学校必须以教学为主,对教学、劳动、生活作合理的安排,保证有足够的教学时间"。③ 为了保证教育质量,中央对全国重点高等学校的劳动安排规定,"必须按照 1959 年 5 月国务院《关于全日制学校的教学、劳动和生活安排的规定》办理,即高等学校学生每年生产劳动时间一般规定为两个月至三个月,不得任意增加劳动时间。平时和假期,学生在校内外参加的生产劳动、生产实习、社会公益劳动、其他体力劳动等,都应计算在劳动时间之内"。④

为建立高校正常教学秩序,1961 年 9 月 15 日中共中央批准试行《教育部直属高等学校暂行工作条例(草案)》(简称《高教六十条》),教育部副部长、清华大学校长蒋南翔参与主持起草该《条例》,清华大学何东昌、高景德参加了起草工作。⑤《高教六十条》包括总则、教学工作、生产劳动、研究生培养工作、科学研究工作、教师和学生、物资设备和生活管理、思想政治工作、领导制度和行政组织、党的组织和党的工作等十章。《条例(草案)》规定,"高等学校的基本任务,是贯彻执行教育为无产阶级的政治服务、教育与生产劳动相结合的方针,培养为社会主义建设所需要的各种专门人才。"高等学校学生的培养目标除德育要求外,还要"掌握本专业所需要的基础理论、专业知识和实际技能,尽可能了解本专业范围内科学的新发展;具有健全的体魄。"《条例(草案)》要求,高等学校"必须正确

---

① 王孙禺、刘继青:《中国工程教育:国家现代化进程中的发展史》,第 283~284 页。

② 《中共中央批转中央文教小组〈关于一九六一年和今后一个时期文化教育工作安排的报告〉》(1961 年 2 月 7 日),http://www.china.com.cn/guoqing/2012-09/12/content_26747116.htm。

③④ 《中共中央关于全国重点高等学校劳动安排的几项规定》(1961 年 6 月 19 日),陈大白:《北京高等教育文献资料选编(1949—1976)》,第 548 页。

⑤ 清华大学校史研究室:《清华大学一百年》,第 257 页。

处理教学工作与生产劳动、科学研究、社会活动之间的关系。生产劳动、科学研究、社会活动的时间应该安排得当，以利教学。"①《高校六十条》系统地总结了中华人民共和国成立以后高等教育的经验和教训，规定了高等学校的方针、任务和有关政策，纠正了教学改革中存在的偏差，对我国教育事业的发展产生了重要影响。

该时期，清华大学认真总结经验与教训，对教学工作进行了调整整顿。1961年5月，学校通过《关于制定教育计划的若干规定》，提出"清华大学的培养目标为：培养红专结合、体魄健全的能创造性地解决科学技术问题和不断推动生产前进的工程师"，要求学生"不仅学好知识，而且重要的是培养能力"，规定了修订教学计划应遵循"德、智、体全面发展，以教学为主的教学生产和科研相结合，理论联系实际"三个原则。② 同时，为了改善教学秩序，进一步提升学生培养质量，学校针对劳动过多造成的影响，采取了"填平补齐"的方法，"按教学计划要求，对各班级缺少的课程进行补课"，课程包括数学、物理、化学、理论力学和材料力学等基础理论课，及专业基础课和毕业设计等。③1962年8月，蒋南翔在清华大学党委工作会议讲话中提出了"三阶段 两点论"，即："第一阶段是老清华，第二阶段是一九五二年学苏，第三阶段是一九五八年以后。每个阶段好的都应保留，有缺点都应想办法克服，肯定成绩，克服缺点，推陈出新，加以分析，再加以综合，在这个意义上可以说是新阶段。过去贯彻党的教育方针时，在群众中也出了不少毛病，现在我们总结过去，肯定好的，去掉缺点，重新综合一个比过去更为完备的经验，当然也不会一点缺点也没有，这是螺旋形上升，我们应该有意识地摸索新经验，开辟新的门径。第一阶段：以学习美国为主；第二阶段：以学习苏联为主，苏联是社会主义国家，因此我们的方向对了，提高了一步；第三阶段：一九五八年中央提出要创造我们自己的教育方针，教育为无产阶级政治服务，教育与生产劳动相结合。这个方针是对的。在实际工作中，铸九，水八，真刀真枪搞毕业设计；工程

① 《中华人民共和国教育部直属高等学校暂行工作条例（草案）》，陈大白：《北京高等教育文献资料选编（1949—1976）》，第578~579页。
②③ 清华大学校史研究室：《清华漫话》，第72页。

物理系依靠苏联的参考资料,自己摸索搞起了反应堆;无线电系也搞起来了。应该承认有新的经验,但劳动过多,考试关不严,招生有问题,以学术批判为中心的教育革命,破体系,斗争批判过宽,这些是缺点。有经验,也有毛病、粗糙的地方,也有问题比较严重的地方。我们做过的好的要有勇气坚持,不合适的也要有勇气来否定。需要比较彻底地总结工作,应该是三阶段,两点论。"①要求对清华的历史"一分为二"地看问题。从贯彻"高教六十条"开始,清华大学在以往的基础上,开始有意识地摸索和创造第四阶段的经验②。

1962年5月24日到6月13日,教育部召开高等工业学校教学工作会议,根据《教育部直属高等学校暂行工作条例(草案)》精神,讨论修订相关教学文件。"为了贯彻'少而精'的原则,这次会议决定在教学工作方面采取了以下三个原则性措施:一是削减总学时和周学时的时数,把五年制教学计划的总学时一般控制在3,200以下,学时每周课内外学习的时间,一般按48小时左右来安排,这就需要按照课程的主次轻重,重新安排教学计划,适当削减非主要课程的时数,而保证完成本专业培养目标所必需的主要课程有足够的教学时间。二是明确各门课程的基本要求,精选教学内容,删减次要部分,使学生学了以后能够消化。三是适当地增加习题、实验、绘图、运算、作业等基本技能训练的时间"。③根据上述精神,对机械制造工艺及其设备、发电厂电力网及电力系统、基本有机合成、工业与民用建筑、无线电技术和精密机械仪器等六个专业的教学计划进行了修订,并复审了外国语、高等数学、物理、化学等四门公共课程与基础课程和理论力学、机械原理、电工基础等17门基础技术课程的教学大纲。④会议还讨论了《关于编写高等工业学校基础课程和基础技术课程教材的

---

① 蒋南翔:《三阶段 两点论——在清华大学党委工作会议上的讲话(摘要)》(1962年8月26日),中国高等教育学会、清华大学:《蒋南翔文集》(下卷),第812~813页。

② 蒋南翔:《三阶段 两点论——在清华大学党委工作会议上的讲话(摘要)》(1962年8月26日),中国高等教育学会、清华大学:《蒋南翔文集》(下卷),第812页。

③④ 《教育部关于高等工业学校教学工作会议纪要》(1962年6月28日),陈大白:《北京高等教育文献资料选编(1949—1976)》,第633页。

几项原则(草案)》等。① 政策出台后,各高校根据规定展开以提高教学质量为中心的教学改革工作,工科院校的教学改革基本上围绕加强师资培养、加强实践性教学环节和基础技能训练、抓教材建设等方面进行。②

为了在教学中贯彻"少而精"这一精神,1962 年秋季后清华大学在广泛调查研究的基础上,针对教学内容和学生学习负担的矛盾再一次修订教学计划,"更加突出了主要课程,设置了加选课程,适当削减了课内学时,提高了课外学时的比例,把每周上课平均 26~27 小时减到 23 小时左右,这样,中等程度学生的实际学习负担就可以从每周 60 小时减到 51 小时,同时使教学质量提高一步"。③ 1963 年 2 月,清华大学召开第十四次教学研究会,何东昌作了《教学工作总结报告》,着重总结了"少而精"教学思想讨论中的思想认识问题、几点经验,提出今后教学工作的意见。④ 1965 年 3 月,根据毛主席 1964 年"春节指示"精神,清华大学举行第十五次教学研究会,何东昌作了《关于当前教学改革工作的几点意见》的报告,指出:"现阶段教学改革的中心任务,是在毛主席教育思想和党的教育方针指导下,把'四个改革'(学制、课程、教学方法、考试的改革)落实到教研组和人","使学生在德育、智育、体育诸方面得到生动活泼和主动的发展"。⑤ 该时期,清华大学的学制再次调整,如 1964 年入学的学生学制从 6 年压缩为 5 年半,从 1965 年招收新生起学制又改为 5 年制。⑥ 1965 年制定(修订)的五年制土木建筑系工业与民用建筑专业教学计划见表 6-7。同时,根据教育部要求,清华大学承担了 50 余种统编教材的编写,并编印了数百种讲义,"教材建设初步满足了教学需求,1963 年全校开课教材配备率从 1960 年的 58% 提高到 97%。"⑦

---

① 《教育部关于高等工业学校教学工作会议纪要》(1962 年 6 月 28 日),陈大白:《北京高等教育文献资料选编(1949—1976)》,第 633 页。

② 王孙禺、刘继青:《中国工程教育:国家现代化进程中的发展史》,第 289~291 页。

③ 《清华大学党委关于贯彻"少而精"原则改进教学工作的报告》(1963 年 4 月 15 日),陈大白:《北京高等教育文献资料选编(1949—1976)》,第 670 页。

④⑤ 朱俊鹏:《清华大学教育工作讨论会历史沿革》,https://news. tsinghua. edu. cn/ info/1023/71169. htm。

⑥ 清华大学校史研究室:《清华漫话》,第 72 页。

⑦ 清华大学校史研究室:《清华漫话》,第 72~73 页。

表6-7 1965年制定(修订)的土木建筑系工业与民用建筑专业五年制教学计划

教学学历表(总周数分配)

学年	理论教学	考试	生产实习	金工劳动	毕业设计	军训	农业劳动	公益劳动	假期	机动	合计
一	35	3				4		2	7	1	52
二	34	3		2		1		1	6	1	52
三	31	3			2		7		8	1	52
四	26	2	15					1	7	1	52
五	13	1			23		6	1	2	1	47
六											
总计	139	12	15	2	23	6	13	5	30	5	255

教学进程计划(课程学时分配)

序号	课程	学时数					各学期课内学时数(学时/周)											
		总计	讲课	实验	练习与讨论	设计	1	2	3	4	5	6	7	8	9	10	11	12
1	形势教育	139	139				1	1	1	1	1	1	1	1	1		1	
2	中国革命史	62	62				2	1.5										
3	政治经济学	62	62								2	2						
4	哲学	70	70										2.5	3				
5	体育	174			174		2	2	1	1	1	1	1	1	1			

续表

序号	课程	学时数					各学期课内学时数（学时/周）											
		总计	讲课	实验	练习与讨论	设计	1	2	3	4	5	6	7	8	9	10	11	12
6	外文	262	190		262		4	4	4	3								
7	高等数学	309	190		119		7	6	4									
8	普通物理	218	121	61	36			3.5	6	3								
9	普通化学	57	19	38			3											
10	画法几何与工程画	129	28.5		100.5		3	4.5										
11	理论力学	132	71		61				4.5	3								
12	材料力学	135	75	15	45					4.5	4.5							
13	测量学	42	21	21						3								
14	建筑材料	63	28	35						4.5								
15	结构力学	166	105		61						5	4						
16	弹性与塑性力学	66	49.5		16.5								4		2			
17	电工学	97.5	60	30	7.5							6.5						
18	机械零件	41	25	8	8								2.5					
19	建筑学	97.5	32			65.5					5.5			(1)				

续表

序号	课程	学时数					各学期课内学时数（学时/周）											
		总计	讲课	实验	练习与讨论	设计	1	2	3	4	5	6	7	8	9	10	11	12
20	建筑施工技术	85	49.5			35.5							4	(2)				
21	木结构	39	13			26									3			
22	钢结构	41	41										2.5		3			
23	砖石与钢筋混凝土结构	313.5	61.5		7.5	244.5							7	1	(12)	(6)		
24	地基基础	97	48.5	22.5		26						2						
25	给水排水与暖气通风	32	32												2	6		
26	结构检验	41	8	33										2.5				
	周学时数						22	22.5	20.5	23	21	21.5	21	22	19			
	总学时数	2970.5	1411.5	263.5	898	397.5												

[资料来源：方惠坚，张思敬：《清华大学志》（上册），北京：清华大学出版社，2001年，第116~117页]

第三节　力破时艰,取得科研硕果

新中国成立初期,在中共中央的大力支持下,清华大学高瞻远瞩、审时度势,创办了原子能、无线电等一批高新技术专业,积极参与"两弹一星"等重大工程,不仅使学校自身学科建设迈向了新的高度,培养了大批"又红又专"的高精尖技术领军人才,而且在核科学等方面取得了丰硕的科研成果,在打破国际技术垄断、推动我国国防现代化事业和国民经济建设中发挥了重要作用。

一、努力恢复科研工作(1949—1952)

教学与科研工作的开展离不开科学实验及相应的科研仪器设施。虽然解放初期仍然时局动荡,但清华大学克服种种困难,在教学实验设备方面仍有所增加。例如,"电机系于卅七年十二月初收到美国麻省理工大学赠送的机器一批,其中有直流机十三部,自二月初起开始装置,于三月初开始应用。此批机器系由本校教授钟士模先生在美时,商承麻省理工大学电机系主任 Dr. H. L. Hazen 捐赠者";"化工系亦在此期间,设计了一套流体输送的实验器械,二套传染的实验器械,一套喷雾干燥设备,一具间隔干燥器,安装了压碎机五架,混和机二架,奥氏连续过滤机、板框式压滤机、开莱式滤器各一架,接好了水管和空气管蒸馏器的分流塔。干燥方面有一架真空干燥箱,并另装了一套小型干燥实验器械。工业化学方面有一套制香皂的设备,一套制甘油的器械,一具化学反应器,其他能自动开关调节的锅炉等等,曾于三月二十八日举行了一次展览。在本校历史最短的化工系,现在已渐渐完备起来"。①

新中国成立初期,由于国家财政比较困难,清华大学对房舍和设备只能作必需的补充。例如,1949 年学校在制订的《清华大学 1950—1953 年的发展计划》中拟定对原土木馆、机械馆、水力馆、工程科学馆及金工厂、

---

① 冯友兰:《解放期中之清华》,清华大学校史研究室:《清华大学史料选编》(第四卷),第 87 页。

化工馆、营建馆、航空馆等进行修建或扩充。① 该计划后来未能实现。1949 年至 1952 年院系调整前,清华大学工学院实验室基本没有变化。同时,清华教授仍保留学术休假制度,进行著书立说和参加社会实践,如该时期休假的有机械系李辑祥等。

二、"向高级科学进军"(1952—1966)

"一五计划"开始后,随着大规模经济建设、工业建设的进行,所产生的技术问题也日渐凸显。这一时期,清华大学贯彻教学、科研、生产三结合,以国家急需和赶超世界先进水平为目标,在物质条件极端匮乏的情况下,努力克服困难,取得了丰硕的先进科技成果,锻炼和培养了一大批优秀的科研领军人才。

(一) 科研设施大幅改善

1952 年由于院系的大规模调整,清华大学实验室从 44 个减少为 16 个,其中工学院的航空工程系及其实验室并入了北京航空学院,化学工程系及其实验室并入了北京石油学院。② 院系调整后,清华大学转变为多科性工业大学,按课程设立实验室及适当开展一些科学研究工作。至 1954 年上半年,新建的实验室有公差及技术测量、施工、机床、水力枢纽等 18 个及新开出 31 门实验课。③ 同时,校长蒋南翔提出,"为迎接今后大规模的和较高级的科学研究,现在必须在建立新型实验室、充实图书资料、加强和产业部门联系等方面作好准备工作"。④

为推动高校科研工作进展,1954 年 8 月 20 日,高等教育部在关于清华大学工作决定中要求扩充实验设备及进行必要的基本建设,"清华大学现有实验设备,除了新近购置建设的部分以外,一般已较陈旧,不能适应当前新的教学工作的需要。高等教育部批准清华大学今后三年(1955 年

---

① 《清华大学 1950—1953 年的发展计划》(1949 年),清华大学档案,目录号校办 1,案卷号 49012。

② 陈旭、贺美英、张再兴:《清华大学志》(第一卷),第 187 页。

③ 蒋南翔:《清华在院系调整以来做了些什么工作》(1954 年 5 月),中国高等教育学会、清华大学:《蒋南翔文集》(上卷),北京:清华大学出版社,1998 年,第 514 页。

④ 蒋南翔:《清华在院系调整以来做了些什么工作》(1954 年 5 月),中国高等教育学会、清华大学:《蒋南翔文集》(上卷),第 516 页。

至 1957 年)设备费 1000 至 100 亿元(包括额定设备费及重点设备费)。清华大学除应充分使用现有设备外,并需注意扩充新的实验设备,有计划地以最新的科学成就及仪器设备来装备全校的各种实验室、资料室、实习工厂等,藉以满足最先进的教学工作和科学研究工作的需要。随着各种新的实验室的建立,还须配备必要的实验员、练习生、技工、绘图员等教学辅助人员"。①

1956 年 2 月 8 日,蒋南翔在清华大学第十次教学研究会上的报告中指出,"实验室是高等工业学校的命脉,对教学工作和科学研究工作的发展关系重大。我们必须将建立实验室列为全面规划的重要项目之一"②,并对做好基本建设和实验室的建立工作提出了具体详细的要求。1953 年至 1957 年,学校兴建了水力枢纽、新水利馆、铸工实验室、压力加工实验室、焊接金相实验室、土木施工实验室、汽车实验室、高压实验室等建筑及实验室,到 1957 年底清华大学共有 66 个实验室。③ 同时,清华大学陆续招收了数百名中专、高中生当实验员,有些实验室还加强了技术工人队伍,到 1964 年达 558 人。"这批人过去统称'教辅人员',1962 年,清华实行'实验工程师'制度,确认其中一些有技术和技能人员为工程技术人员,享受相应的待遇,实验室专职技术队伍逐步形成。这项制度的实施对加强实验室的管理和提高科学实验的工作效率起到了重要作用。"④经过第一个五年计划的建设,清华大学实验室水平得到了很大提升,"教学实验由演示型转变为操作型。教学实验的内容得到很大的充实和提高,一般都有实验指示书。教师和实验技术人员经常研究教学方法,有效地提高了学生的实际动手能力和实验水平。有些实验室也适当地开展了一些科学研究工作。如焊接实验室研究了电渣焊、熔剂切割等国际上的最新技术。"⑤

1958 年,清华大学贯彻教育与生产劳动相结合的教育方针,广大师生

---

① 《高等教育部关于清华大学工作的决定》(1954 年 8 月 20 日),陈大白:《北京高等教育文献资料选编(1949—1976)》,第 191 页。

② 蒋南翔:《清华大学三年来教学改革的基本总结和今后的任务——在清华大学第十次教学研究会上的报告》(1956 年 2 月 8 日),中国高等教育学会、清华大学:《蒋南翔文集》(上卷),第 637 页。

③⑤ 陈旭、贺美英、张再兴:《清华大学志》(第一卷),第 187 页。

④ 陈旭、贺美英、张再兴:《清华大学志》(第一卷),第 188 页。

以极大热情纷纷投入建厂、建实验室的劳动之中。1961年6月30日,蒋南翔在清华大学教师大会上的讲话中谈了三年来的估计和问题,曾说:"这三年来我们学校的基本建设和物质设备,发展得也比较迅速。我们大家算一算就可以知道,我们的实验设备最近三年来发展的速度和过去比较起来,不是长一点,也不是长一倍二倍,而是长十倍二十倍。"①

  1952年到1964年,清华大学实验室建设获得快速发展,其数目由16个增加到85个,实验室房屋使用面积由0.80万平方米增加到5.4万平方米,仪器设备总值由250万元增加到3570万元,在实验室工作的教师由几十人增加到658人,实验技术人员和实验室工人由几十人增加到558人。② 同时,"为适应院系调整后清华大学成为一所多科性工业大学教学改革的需要,图书馆对馆藏结构进行调整和改造。重点采集工科类图书特别是俄文图书,积极采集马列主义经典著作、革命书刊和进步文艺作品"③,至1966年清华大学图书馆"馆藏发展到135万余册,是解放前的三倍半"④。此外,这一时期清华大学在其他基础设施方面也都取得了很大进展。

水力学模型实验

(清华大学校史馆提供)

---

① 《三年来的估计和问题——在清华大学教师大会上的讲话》(1961年6月30日),中国高等教育学会、清华大学:《蒋南翔文集》(下卷),北京:清华大学出版社,1998年,第755页。
② 陈旭、贺美英、张再兴:《清华大学志》(第一卷),第188页。
③④ 方惠坚、张思敬:《清华大学志》(上册),第580页。

材料力学实验室

（清华大学校史馆提供）

高压实验室

（清华大学校史馆提供）

（二）清华大学与新中国的原子能事业

新中国成立后，国际形势异常严峻。清华大学主动请缨创办新技术产业，广大师生在极其艰苦的条件下团结一致、奋发图强，在核科学、电子学、计算机等方面取得了令世界瞩目的科研成果，为新中国科技发展做出了重大贡献，培养了一批科技领军人才。

1."吹响向科学进军的号角"

1952年院系调整后，因部分教师外调，加之学生人数大量增加，致使教学任务繁重，因此，一方面没有精力，另一方面也缺乏开展大规模解决生产重大问题的科研条件，"但结合提高教学质量，准备新课，清华的教师们已进行了数量不少的初步的科学研究工作"。[1] 例如，"大量翻译苏联教材，这不但解决了当时迫切的教材问题，而且也把苏联最新的科学技术介绍到中国来"。[2] "有的教研组在工作计划中列入修订科学名词，阅读有关科学著作，收集资料，作读书专题报告；有的教师下厂实习，收集材料，开出了新的课程；全校和产业部门已订立了四个技术互助合同"。[3] 一些老教师已开始了较高级的科学研究工作，如水利系教授为企业部门审查设

---

[1] 蒋南翔：《清华在院系调整以来做了些什么工作》（1954年5月），中国高等教育学会、清华大学：《蒋南翔文集》（上卷），第515页。

[2] 清华大学校史研究室：《清华漫话》，第62页。

[3] 蒋南翔：《清华在院系调整以来做了些什么工作》（1954年5月），中国高等教育学会、清华大学：《蒋南翔文集》（上卷），第515页。

计,水利实验室开展官厅水库冲刷模型试验;动力系教师为企业部门解决煤的分层燃烧问题;刘仙洲副校长进行中国工程发明史方面的研究;等等。①

1953 年 7 月 3 日,在清华大学第六次校务委员会扩大会议上,蒋南翔校长提出从下学期开始学校应初步开展科学研究,同时开始培养副博士研究生。为了给水利系学生提供实验基地,经苏联专家高尔竞柯建议,1953 年 8 月 17 日高教部批准在清华校园内兴建小型水利枢纽,于 1956 年 4 月 1 日发电,成为学校教学的重要设施及进行科学研究的试点和示范工程项目。② 在学校的大力推动下,1954 年夏全校共有 167 名教师参加科学研究,占教师总数的 24.5%;有科研任务的教研组 30 个,占教研组总数的 65.7%。③ 为进一步打开科研工作局面,1954 年秋教务处下设科学研究科,并成立了以副校长刘仙洲为主任的科学研究工作委员会,开始组织各系有计划地进行科学研究工作。1955 年 2 月,科学研究工作委员会第四次会议决定成立机械制造、动力机械、电机、无线电、水利、土木、建筑、数学力学、物理化学、政治理论等 10 个分委员会。④ 此外,蒋南翔校长提出:"一个学校不可能孤立地完成一切任务,因此必须建立学校与学校间、学校与企业间、学校与科学研究机构间的联系和合作,彼此支援,共同前进。"⑤该时期,清华大学与科学院的合作有相当发展,"双方已经合办了两个研究机构,有七位教授担任了中国科学院的学部委员,还有几位教授兼任了科学院的工作,为科学院培养了一些青年研究人员。同时科学院也有研究人员到清华来兼课和指导我校研究生在科学院实习,我校的部分教授经常出席科学院组织的学术会议,这对中国科学院的工作同样也对开展我校科学研究的工作都是有帮助的。"⑥

---

① 蒋南翔:《清华在院系调整以来做了些什么工作》(1954 年 5 月),中国高等教育学会、清华大学:《蒋南翔文集》(上卷),第 515~516 页。

② 鲍鸥:《苏联专家与新清华的建设——中苏交流史微观透视》,《中俄关系的历史与现实(第二辑)》,《中国社会科学院近代史研究所会议论文集》,2008 年。

③④ 清华大学校史研究室:《清华漫话》,第 62 页。

⑤ 蒋南翔:《清华大学三年来教学改革的基本总结和今后的任务——在清华大学第十次教学研究会上的报告》(1956 年 2 月 8 日),中国高等教育学会、清华大学:《蒋南翔文集》(上卷),第 618 页。

⑥ 蒋南翔:《清华大学三年来教学改革的基本总结和今后的任务——在清华大学第十次教学研究会上的报告》(1956 年 2 月 8 日),中国高等教育学会、清华大学:《蒋南翔文集》(上卷),第 619 页。

"一五"计划期间，一方面我国经济建设取得了快速发展，急需大量科技人才；一方面国际局势错综复杂，缺乏外援。1955年，党中央决定加强科学研究工作，次年开始制定十二年规划，这一战略的基本思想是"必须按照可能和需要，把世界科学的最先进的成就，尽可能迅速地介绍到我国的科学部门、国防部门、生产部门和教育部门中来，把我国科学界所最短缺而又是国家建设所最急需的门类尽可能迅速地补足起来，使12年后，我国这些门类的科学和技术水平，可以接近苏联和其他世界大国。"[①]几经讨论修改，1956年12月22日，中共中央批准了《1956～1967年科学技术发展远景规划纲要（修正草案）》（简称《十二年科技发展远景规划》），在全国掀起"向科学进军"的热潮。在十二年科技发展远景规划中，原子能的和平利用、电子学中的新技术超高频技术、半导体技术、电子计算机技术、电子仪器和遥控技术、生产过程自动化和精密仪器等被确定为重点任务。

响应国家加快科技发展的号召，1956年2月8日，蒋南翔在清华大学第十次教学研究会上的报告中提出要大力开展科学研究，争取十二年内各已设专业能在选定的专业方向上指导生产，推进科学。要求："（1）各教研组按照国家的需要和统一规划，并结合教学工作的需要，订出科学研究方向和具体计划。（2）加强马克思列宁主义的思想指导，学习苏联的先进科学和苏联高等学校开展科学研究的经验，同时也注意吸收世界各国有用的科学知识。（3）开展学术讨论，规定每年举行一次全校的科学讨论会，各系和教研组应经常举行科学讨论会。（4）加强科学工作的力量。要求完成教学任务的教师，尽量进行科学研究工作。（5）保证领导科学研究工作的教授、副教授一定的时间和其他条件。（6）实行学位制度，大力培养青年教师和研究生，有计划地培养副博士，使教研组形成科学研究的基地。（7）与科学院和产业部门取得密切联系与合作。（8）准备相应的物质条件，如实验室、图书资料等。"[②]8月3日，蒋南翔、杨述、宋硕在北京市第二次党代表大会上再次提出加强高等学校的科学研究工作，"过去几年

---

① 周恩来：《关于知识分子问题的报告（之二）》，《人民日报》，1956年1月30日第2版。
② 蒋南翔：《清华大学三年来教学改革的基本总结和今后的任务——在清华大学第十次教学研究会上的报告》（1956年2月8日），中国高等教育学会、清华大学：《蒋南翔文集》（上卷），第634页。

来,高等学校集中力量进行了教学改革,这是完全必要的,它为广泛地开展科学研究创造了思想基础和物质条件。近年来各校先后开展了一些科学研究工作,有些学校也取得了一定的成绩,但是总的说来开展得很不够。多数学校由于教学任务繁重,有研究能力的教师忙于开设新课,培养新师资,难以抽出很多时间来进行科学研究工作。另外,全国科学研究的规划没有制订出来,在学校里进行科学研究的物质条件(如仪器设备等)比较缺乏,也增加了进行科学研究工作的困难。也有少数学校虽然开展科学研究的条件比较好,因为领导上抓得不紧,科学研究工作也开展得不够好。"①并强调,"形成学术上自由讨论的风气,是开展科学研究工作的必要条件。过去在学术论争上存在着简单化的倾向,以致有些老教师不敢发表学术上的意见。中央最近提出'百家争鸣'的方针,这是发展科学研究工作的重要关键之一"。② 9 月 15 日至 27 日,中国共产党第八次全国代表大会召开,蒋南翔作为八大代表出席了这次重要会议,他在发言中说:"如果我们长时期内不能依靠本国培养的专家来独立解决工业建设中的重要关键问题,如果我国的科学技术水平长时期内远远落在世界各个工业先进国家之后,那就将给我国社会主义的建设事业带来严重的后果。科学技术的落后,意味着工业建设和国防建设的不能独立。我国的高等教育,应该而且必须成为提高全国科学技术水平上的有力杠杆。"③

　　在中央的支持及学校上下的共同努力下,该时期清华大学的科研工作取得了较快进展。1956 年 4 月,清华大学召开第一次科学讨论会,10个分委员会共举行 37 次讨论会,选读论文 130 余篇,同时举办了科学工作展览会。1956 年 8 月,学校成立科学研究处,高景德任处长,下设科学研究科、研究生科、实验室科。教师从事科学研究工作的人数和科学研究的题目,也逐年在增加。1954 年—1955 年度提出课题 39 个,参加教师151 人;1955—1956 年度提出课题 106 个,参加教师 254 人,其中:教授 41

---

① 《关于高等教育工作中的几个问题》(1956 年 8 月 3 日),中国高等教育学会、清华大学:《蒋南翔文集》(下卷),第 662 页。

② 《关于高等教育工作中的几个问题》(1956 年 8 月 3 日),中国高等教育学会、清华大学:《蒋南翔文集》(下卷),第 663 页。

③ 史轩:《向高级科学进军》,《科学时报》,2011 年 1 月 10 日 B4 版。

人（占教授总数 82%）、副教授 33 人（占副教授总数 75%）、讲师 66 人（占讲师总数 42%）、助教 114 人（占助教总数 20%）。① 1956 年底，全校科研课题达 124 个，参加科研的教师达 300 多人。②

为提升教师的科研水平，当时学校选派部分教师到外校或在清华脱产进修，如 1954 学年度上学期送哈尔滨工业大学等校进修（听苏联专家课）的教师有 25 人，1957 年全校在国内脱产进修的教师有 47 人（其中赴外校 38 人，在清华力学班、自动化班等处进修 9 人）。③ 20 世纪 50 年代中期以后，响应中央向科学进军的号召，学校组织教师制订进修提高的计划，自 1959 年至 1966 年全校共有 66 名教师进行了在职研究生学习。另外，从 1962 年起恢复教授轮休制度，刘仙洲、梁思成、张子高、章名涛、施嘉炀、杨式德等先后轮休，集中时间进行研究。④ 学生参加科学研究方面也有较大发展，如 1954 年全校已成立了 14 个科学技术研究小组，参加者包括 32 个班，240 余学生，"他们在各有关教研组的指导下，进行着对教学和国民经济具有一定意义的四十六个科学题目的研究，并已获得了一定成绩。水工结构科学技术小组，分别研究了官厅水库、荆江分洪、润河集等工程中的问题，并提出了改进意见。电传水位计小组设计一种较精确的跳动式水位计，经水利部、铁道部派人研究，认为很有应用价值。施工科学小组，设计制造了一种砌砖机，很得萨多维奇专家的赞赏"。⑤

至 1965 年底，清华具有试验化工厂、土建设计院、水利设计院、高坝结构及水力学研究室、电工研究室、无线电电子学研究室和工程化学研究室等 7 个研究设计单位；参加科学研究的教师、实验员、技术工人共 1045 人（不包括试验化工厂），其中教师 758 人（折合全时从事科学研究的教师 556 人）。1965 年承担的科学研究项目 117 项，其中 102 项是结合国家十年规划进行的，占研究项目总数的 85%。⑥

---

① 陈旭、贺美英、张再兴：《清华大学志》（第一卷），第 651 页。
② 陈旭、贺美英、张再兴：《清华大学志》（第一卷），第 619 页。
③④ 陈旭、贺美英、张再兴：《清华大学志》（第二卷），第 52 页。
⑤ 蒋南翔：《清华在院系调整以来做了些什么工作》（1954 年 5 月），中国高等教育学会、清华大学：《蒋南翔文集》（上卷），第 519 页。
⑥ 陈旭、贺美英、张再兴：《清华大学志》（第一卷），第 619~620 页。

表6-8　1954—1965年科研项目、经费与研究人员情况统计表

年份	科研项目				经费（万元）	研究人员				
	小计	国家项目	合作项目	自选项目		小计	教授	副教授	讲师	助教
1954	39		15			167	28	22	29	88
1955	106		43			254	41	33	66	114
1956	124				30	300				
1957	167					338		53	87	198
1958	902									
1959	309									
1960	200									
1961	120									
1962	154	17	66	71	213.7	585	47	62	128	348
1963	151	103	22	26	326	582				
1964	128	100	15	13	340.8	792		110	191	491
1965	117	99	74	6	685.6	930		83	185	662
小计	2517									

说明：1957年至1961年因资料不全，缺统计数据。

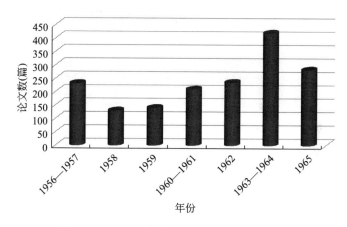

图6-1　1956—1965年清华大学发表论文数量分布图

[资料来源：方惠坚、张思敬：《清华大学志》(上册)，北京：清华大学出版社，2001年，第391页]

2."用我们的双手开创祖国原子能事业的春天!"

1958年春,在"破除迷信、解放思想、走自己的社会主义建设之路"的精神鼓舞下,全国掀起技术革新和技术革命高潮,高等学校也开展了教育革命,努力贯彻"教育为无产阶级政治服务,教育与生产劳动相结合"的教

育方针。学校积极开展勤工俭学和校内外社会生产实践活动，并结合工矿企业的技术问题进行科学研究。如水利系师生承接了京郊密云水库、三家店水库和昌平县八条沟的水利规划与设计任务，进行"真刀真枪"的毕业设计，并在全校得到推广，使教学、科学研究、生产实践有机地结合在一起，取得了良好的效果。其据统计，1958 年全校共完成科研任务 902 项，其中直接为生产服务的 404 项；高新科技研究 80 项，基本理论研究 7 项。自制科学仪器设备 392 台，编写教材 19 种，撰写论文 130 篇。① 取得的一些重大科研成果，如研制成电子计算机控制的程序控制铣床、200 周波交流计算台、500 万电子伏特电子感应加速器、球墨铸铁铁轨、燃料综合利用试验电厂、钣极电渣焊等。②

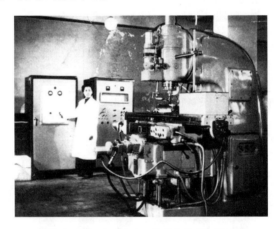

研制成功我国第一台电子管数字程序控制铣床

（清华大学校史馆提供）

1960 年，北京市委确定"北京的工业要向高、大、精、尖方向发展的方针，要求工业交通要配合科研，科研要为工业交通服务。"③特别强调，"高等学校的科研任务很多，要作统一安排，要有重点。与尖端技术有关的要为'两弹'服务，过尖端科学关，首先要过材料关、元件关、精密仪器仪表关。"④

---

① 陈旭、贺美英、张再兴：《清华大学志》（第一卷），第 619 页。
② 方惠坚、张思敬：《清华大学志》（上册），第 328 页。
③ 吴子牧：《1960 年北京高等学校的工作》（1960 年 1 月 18 日），陈大白：《北京高等教育文献资料选编（1949—1976）》，第 485 页。
④ 吴子牧：《1960 年北京高等学校的工作》（1960 年 1 月 18 日），陈大白：《北京高等教育文献资料选编（1949—1976）》，第 485 页。

蒋南翔校长一直十分关注最新科学技术的发展,注意学校的科学研究向高、新、专、精方向深入,以适应世界科学技术发展趋势和学校事业的发展。1955 年他亲自率团去苏联考察高新技术的发展状况,并在上报中央的《高等教育考察团访苏报告》中提出,在清华大学设立培养原子能干部等新专业的意见。之后,清华大学设置了工程物理、自动控制、工程数学力学等一批高新技术专业,并迅速得到发展。1958 年,"为了贯彻党中央教育与生产劳动相结合的方针,培养合格的原子能科学技术干部",清华大学开始了筹建"以屏蔽试验反应堆为中心项目的原子能方面的教学实习、科学研究和生产联合基地的工作"。① 9 月 15 日,清华大学向北京市委刘仁、郑天翔呈交报告:"原子反应堆是原子能事业发展水平主要标志之一,我国第一个重水型原子反应堆是苏联设计、苏联供应全套器材并在苏联专家指导下安装的。堆建成了,但我们自己得到的实际经验并不完整。我们想主要依靠自己的力量在学校附近建造一个比较简单和安全的实验游泳池反应堆,建成后可以为清华和北京其他学校有关专业的师生提供一个方便的科学研究和实习的场所(每班可容纳工作和实习 40~50 人,一天四班),而且通过设计和建造,不仅可以使原子能专业的教师学生得到系统的锻炼,而且也可以使机械制造、自动控制、电子仪表、热工、土建等各方面的干部熟悉建造原子堆的要求。因此建造一个堆,对清华的干部培养和科学研究工作将会起很大的促进作用,为今后设计和建造更复杂的原子堆做好准备条件。""此外,这个堆每年还能生产几百居里左右的放射性同位素供应北京市有关学校、机关和工农业的需要。"②这一计划得到了北京市委领导的充分肯定,在地址选择、材料供应、水电交通等方面提供了大力支持③。该年 11 月 23 日,周恩来总理和陈毅副总理陪同外宾到清华视察,陈毅欣然题词"向高级科学进军",使全校师生在发展原子能等科技高峰的道路上备受鼓舞。

反应堆初选址清华东北角"后八家村",但由于基础黄土层松软、周边

① 《关于继续建造屏蔽试验反应堆的报告》,清华大学档案,全宗号 2,目录号党办 1,案卷号 59095。

② 《清华大学给北京市委刘仁、郑天翔的报告》,清华大学档案,全宗号 2,目录号党办 1,案卷号 58048。

③ 刘惠莉、冯茵、徐振明:《我国第一座屏蔽试验原子反应堆在北京落成》,《北京党史》,2008 年第 2 期。

面积较小、距北京市区过近等原因,后改建昌平虎峪村①。"建造原子反应堆是一项复杂的科学技术任务,涉及原子核物理、热物理、自动控制电子学、金属材料、机械制造、特种焊接等十几种专业的新技术、新工艺,其中有 37 项技术关键需要突破,有 67 种专用仪器设备需自行研究试制"。②而当时承担建堆任务的工物系等师生平均年龄仅 23 岁半,"没有苏联专家指导,只有新转行来的青年讲师一人与助教十余人,加上一百多名学生,大多数人连反应堆是什么样子都没见过"③,其难度可想而知。面对国外技术封锁、国内尚处于起步阶段的情形,他们在毛主席提出的"解放思想,破除迷信,敢想敢干"的伟大号召鼓舞下,立志"用我们的双手开创祖国原子能事业的春天",不畏艰险、迎难而上,攻克一个个技术难题,朝着原子能先进科学技术的大门迈进。1964 年 10 月 1 日,清华大学屏蔽试验反应堆临界运行成功,这是我国第一座自行设计、自行建造的原子反应堆。"随着反应堆的建造,清华大学一共成长了 12 个原子新专业,建立了21 个实验室,开出了 51 门新学科新技术课程,接纳了校内外 900 余人在反应堆上进行实习培训,安排了 600 多名学生在反应堆上进行真刀真枪的毕业设计,开拓了学校内的物理、化学、土木、建筑、机械、力学、冶金、材料、电子、控制等新的学科发展方向,建成先进的原子能方面教学、科研、生产三结合基地"。④ 在 1965 年 11 月高教部举办的直属高等学校科学技术研究成果展览会上,清华大学 70 多项成果参展,其中屏蔽试验反应堆得到朱德、邓小平、陈毅等中央领导的充分肯定⑤。另外,试验原子反应堆的建造使师生在实践中得到磨练,培养了他们吃苦耐劳、坚韧不拔的意志品质,提升了独立思考和解决问题的工作能力,可谓"建堆又建人"⑥,许多参与的师生日后成为核工业部门的骨干,为我国原子能事业做出了重大贡献。

---

① 刘惠莉、冯茵、徐振明:《我国第一座屏蔽试验原子反应堆在北京落成》,《北京党史》,2008 年第 2 期。

② 钱锡康等:《理工结合 又红又专——清华大学工程物理系建系 60 周年人才培养纪实》,北京:清华大学出版社,2016 年,第 90 页。

③ 钱锡康等:《理工结合 又红又专——清华大学工程物理系建系 60 周年人才培养纪实》,第 91 页。

④⑤ 刘惠莉、冯茵、徐振明:《我国第一座屏蔽试验原子反应堆在北京落成》,《北京党史》,2008 年第 2 期。

⑥ 钱锡康等:《理工结合 又红又专——清华大学工程物理系建系 60 周年人才培养纪实》,北京:清华大学出版社,2016 年,第 226 页。

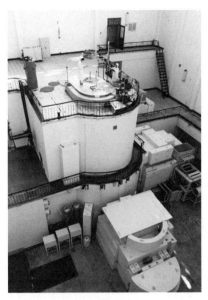

清华大学屏蔽试验反应堆

（清华大学校史馆提供）

建设屏蔽试验反应堆初期工地上的年轻人

（清华大学校史馆提供）

第四节　教工队伍规模与结构逐步调整

新中国成立初期,清华大学根据国家建设需要对院系设置进行了小范围调整,以理工为重点,延聘师资,拟扩充院系设置。1952年全国院系调整中,清华大学由综合性大学转变为多科性工科大学,随着部分院系的调出和并入,师资队伍的规模与结构发生了很大变化。院系调整后,清华大学"两种人会师",团结老教授、培养新师资,教师队伍迅速得到扩充。同时,根据党的知识分子政策,新中国成立初期通过加强政治学习、土地改革、"三反""五反"运动等,提升了教师的思想政治觉悟,推动了院系调整、课程改革等的顺利实施,但后期由于"反右"斗争的扩大化,使教师队伍受到了严重冲击。

一、师资队伍规模的调整及思想改造(1949—1952)

如前文所述,新中国成立初期,各院校根据国家经济建设的需求对院系设置进行了调整,但仍是局部和小范围的。清华大学基本上还是按照自身计划向综合性大学发展,该时期新聘了诸多知名学者来校任教。其中工科院系,如1949年新聘教授土木系张光斗,建筑系林徽因,电机系闵乃大等。[1] 1950年新聘教授电机系孙绍先、常迥,机械系郑兆益,化工系武迟、侯祥麟,航空系沈元,采矿系卢焕云等。[2] 1951年新聘教授营建系高庄,机械系宋镜瀛,航空学院林士谔、徐迺祥、黄逢昌、马恩春、王洪星、梁炳文、程本蕃,采矿系卢焕云、燕春台,化工系恽魁宏等。[3] 同年,厦门大学、北洋大学、西北工学院三校航空系并入清华大学改设航空学院,经教育部批准,三校原有教学人员可由清华大学继续延聘,包括厦门大学教授林士谔、程本蕃、宋懿昌、黄逢昌,讲师阮孟光,助教连淇祥、刘龄德、黄俊钦、张启先、谢希文;北洋大学教授王洪星,副教授张开敏、荆广生、张承煦、张桂联,助教杨应辰、俞公治、高镇同、张能扬;西北工学院教授徐迺祥、梁炳文、吴云书、马恩春,讲师高为炳(在哈工大学习),助教荣湘涛、白师贤、叶祖荫、张性原等。[4]

同时,清华大学根据国家经济建设需求对人才培养规模进行了调整,如1949年学校制订的1950—1953年发展计划中提出,"计划在十五年左

① 清华大学校史研究室:《清华大学一百年》,第181页。
② 清华大学校史研究室:《清华大学一百年》,第188页。
③ 清华大学校史研究室:《清华大学一百年》,第193页。
④ 《中央人民政府教育部致清华大学函》(1951年7月28日),清华大学档案,全宗号2,目录号校办1,案卷号510025。

右发展成一个能容纳二万学生的综合性大学，……为了适应国家对于经济建设干部的大量需要，将以理工为主，作急速的数量上的扩充"。① 学生数量的大幅增长对师资也提出了相应要求，"这两个时期的发展，根据我们的原则，必需在原有基础上自行设法培养师资。所以我们将注意研究生和讲教助的培养，在初期的发展里，我们将以本校现有的师资为核心，补充上少数现尚缺乏的师资和大量的年青师资来进行教学"。②据统计，1949 年 6 月清华大学工学院有教师 113 人③，1950 年 4 月为 380 人（专任）④，1952 年 2 月为 195 人（专任）⑤。

清华原为利用美国超收的部分庚款建立的一所留美预备学校，因此解放前主要仿效英美的办学模式，而且多数教师具有留美经历，深受西方教育思想的影响。新中国成立后，鉴于一些教师思想认识的根深蒂固，以及解放前后局势的不稳定等因素，院系整顿与调整进程缓慢，当时对公立大学的方针是维持原校，先接管然后逐步加以必要与可能的改造。如中共中央针对中共北平市委关于大学的处理方案中特别提到："清华教授中门户之见甚深，该校进步教授虽主张调整合并，但他们占少数，将该校理工以外各院系合并他校及将他校理工院系并入该校，都要审慎地取得多数同意之后来办理。"⑥

1950 年 6 月 6 日，毛泽东在中共七届三中全会的报告中提出："有步骤地谨慎地进行旧有学校教育事业和旧有社会文化事业的改革工作，争取一切爱国的知识分子为人民服务。在这个问题上，拖延时间不愿改革的思想是不对的，过于性急、企图用粗暴方法进行改革的思想也是不对的。"⑦要求"全党应在一九五零年的夏秋冬三季，在和各项工作任务密切

---

①② 《清华大学 1950—1953 年的发展计划》(1949 年)，清华大学档案，全宗号 2，目录号校办 1，案卷号 49012。

③ 《清华大学各院系教职员统计表》(1949 年 6 月)，清华大学校史研究室：《清华大学史料选编》(第五卷下册)，北京：清华大学出版社，2005 年，第 704 页。

④ 《国立清华大学 1950 年 4 月份教师人数统计表》(1950 年 4 月 25 日)，清华大学校史研究室：《清华大学史料选编》(第五卷下册)，第 709 页。

⑤ 《清华大学教职工名册》，清华大学校史研究室：《清华大学史料选编》(第五卷下册)，第 727~736 页。

⑥ 《中共北平市委关于大学的处理方案向中央并华北局、总前委的请示》(1949 年 3 月 10 日)，陈大白：《北京高等教育文献资料选编(1949—1976)》，第 8 页。

⑦ 毛泽东：《为争取国家财政经济状况的基本好转而斗争》(六月六日在中国共产党第七届第三次中央全体会议上的报告)，《人民日报》，1950 年 6 月 13 日第 1 版。

地相结合而不是相分离的条件之下，进行一次大规模的整风运动，用阅读若干指定文件，总结工作，分析情况，展开批评和自我批评等项方法，提高干部和一般党员的思想水平和政治水平，克服工作中所犯的错误，克服以功臣自居的骄傲自满情绪，克服官僚主义和命令主义，改善党与人民的关系。"[1]与此同时，中华人民共和国成立之后的第一次高等教育会议于1950年6月1日—9日在北京召开。马叙伦在《开幕词》中对改革旧的高等教育提出了整顿措施，其中包括"有计划有步骤地改造与培养高等学校的师资"。他指出，"教师是改造和加强高等教育的关键。各地解放后，大多数教师要求进步，认真参加学习特别是政治学习，使教育建设中出现了新气象，使高教改革充满了光明的希望。为了解决师资数量不足和质量不高的困难，应采取各种步骤，加强教师的政治和业务学习。"[2]此次会议讨论通过，后经政务院会议通过的《教育部关于实施高等学校课程改革的决定》中对教师加强政治学习、提高师资质量及培养新师资等进行了规定。[3]

为提高广大教师的思想政治觉悟，推动高等教育的改革，从1951年9月起中共中央逐步在全国高校开展了一次教师思想改造学习运动。[4] 这次思想改造运动首先从北京高校中发起。该年9月29日，周恩来受党中央委托，为京津高校3000余名教师作了《关于知识分子的改造问题》的报告，阐明了知识分子进行首先改造的必要性。10月23日，毛泽东在政协第一届全国委员会第三次会上的开会词中指出："在我国的文化教育战线和各种知识分子中，根据中央人民政府的方针，广泛地开展一个自我教育和自我改造的运动，这同样是我国值得庆贺的新气象"，"思想改造，首先是各种知识分子的思想改造，是我国在各方面彻底实现民主改革和逐步实行工业化的重要条件之一"。[5] 12月31日，教育部作出关于京津高等学校教师学习及反贪污反浪费反官僚主义运动的指示："京津高等学校的思想改

---

① 毛泽东：《为争取国家财政经济状况的基本好转而斗争》（六月六日在中国共产党第七届第三次中央全体会议上的报告），《人民日报》，1950年6月13日第1版。

② 《第一次全国高等教育会议与高等教育改革》，http://mip. jiyan. net/lishi/201901/4013_2. html。

③ 《教育部关于实施高等学校课程改革的决定》（1950年7月28日政务院第四十三次政务会议通过），陈大白：《北京高等教育文献资料选编（1949—1976）》，第53页。

④ 赵京：《1949—1955年高校课程改革研究》，《现代大学教育》，2011年第1期。

⑤ 毛泽东：《三大运动的伟大胜利》，《毛泽东选集》（第5卷），北京：人民出版社，1977年，第49页。

造学习运动三个月来,由于各校负责人和全体教师的努力,已收到显著的成绩。为了达到这次学习运动的预期目的,而不致在下学期拖延时间太长,影响教学计划和其他工作,决定寒假期间集中精力与时间进行学习,并将寒假延长一周。……反贪污、反浪费、反官僚主义运动是当前的主要政治任务,各校教职员工都应积极参加。"①1952年1月,党中央下达限期发动"三反"运动的指示,采用群众运动的方式,使思想改造运动进一步升级。②

清华大学在被接管后,积极响应中央号召,逐步开展教学改革及整顿院系,但由于"清华教授中门户之见甚深"③,阻力较大,"清华大学教师中资产阶级思想,向来是十分严重的。经过三年的政治学习,教师们虽然有了很大进步,但是资产阶级思想在某种程度上却一直相当顽强地控制着学校的领导,影响清华大学的改造"。④ 通过土改、抗美援朝、"三反"运动等,激发了教职工的爱国热情,提高了他们的思想觉悟,在很大程度上为院系调整扫清了思想障碍。例如,清华大学的一位学员谈道:"我们要站在无产阶级的立场上去分析问题、处理问题。这是在我们的政治课上,开宗明义就已讲过的。可是我们却不知道如何才能把这些理论贯穿到实践中去,所以把理论变成了教条,把马列主义变成了空洞乏味的东西。"通过土改学习,他认为自己学到了"活的马列主义",解决了过去政治课中许多想不通的问题。⑤

二、"团结百分百,两种人会师"(1952—1966)

1952年全国进行大规模院系调整,"待专业系科的设置确定后,中央人民政府教育部根据各校各种专业教学计划的需要,进行统一的师资调配。"⑥在这次调整中,"北京大学,清华大学两校调至外校和其他地区的教师达一百三十余人"⑦,其中清华大学工学院教师也进行了大的变动,

① 《教育部关于京津高等学校教师学习及反贪污反浪费反官僚主义运动的指示》(1951年12月31日),陈大白:《北京高等教育文献资料选编(1949—1976)》,第95页。

② 王孙禺、刘继青:《中国工程教育:国家现代化进程中的发展史》,第229页。

③ 《中共北平市委关于大学的处理方案向中央并华北局、总前委的请示》(1949年3月10日),陈大白:《北京高等教育文献资料选编(1949—1976)》,第8页。

④ 王孙禺、刘继青:《中国工程教育:国家现代化进程中的发展史》,第229~230页。

⑤ 赵京:《1949—1955年高校课程改革研究》,《现代大学教育》,2011年第1期。

⑥⑦ 《全国高等学校院系调整基本完成》(1952年9月24日),《人民日报》,1952年9月24日第1版。

一些原有师资外调到各个专门学院，如航空学院被调整到北京航空学院，采矿系调出至北京矿业学院，部分人员调至北京钢铁学院。再有，土木系董若允调山西大学，机械曹国惠、土木系殷之书、电机系徐昇祥调军委工程学院，土木系张泽熙、关崧如调中央铁道部或唐山铁道学院，采矿系燕春台、王丙戌调天津中国矿业学院，化工系恽魁宏调天津大学，机械系黄作宾、土木系祝彤、电机系褚秦祥调北京地质学院，化工黄乙武、机械系嵇铢调北京军事后勤学院，建筑系高庄、常沙娜、李宗津调北京中央美术学院，化工系赵锡霖、采矿卢焕云调钢铁工业学院，化工系侯祥麟调燃料工业部石油局。[①] "由于准备工作充分，教师的思想觉悟在'三反'与思想改造运动后普遍提高，经过动员报告说明了人事调配的原则，提出初步调配方案交各校酝酿，教师们一致认为调配方案合情合理，表示服从分配和调动"。[②]

虽然在院系调整中北京大学工学院及燕京大学一部分工科系等调入清华，但其师资并未完全调入，因此，"某些工程系科的教师不仅没有增加，反而有所削弱。如原机械工程系机械零件方面有 6 位教授，在调整中被抽出去 5 位。"[③]据统计，1952 年新聘教授有石油系傅鹰、张锦、王槼、甘怀新、白家祉、朱亚杰，建筑系赵正之，土木系金涛、李颂琛、杨曾艺、杨式德，水利系黄万里，机械系李西山、曹继贤、邹致圻，电机系王宗淦、陈克元、艾维超、余谦六、程式，力学教研组杜庆华。[④] 同时，"院系调整给清华大学教师队伍带来的另一大变化就是组建教研组。1952 年，全部教师按公共理论课、公共技术课、专业课三大类分为 36 个教研组。教研组是苏联大学中教师组织的主要形式，每组设主任一人，直接领导教学工作"。[⑤]1952 年清华大学各系及各教研组负责人见表 6-8。

---

① 刘仙洲：《京津高等学校院系调整清华大学筹备委员会第一阶段工作总结及第二阶段工作总结》（1952 年 8 月 7 日），清华大学档案，目录号校办 1，案卷号 52002。

② 《全国高等学校院系调整基本完成》（1952 年 9 月 24 日），《人民日报》，1952 年 9 月 24 日第 1 版。

③ 黄江涛：《建国初期清华大学院系调整的探析》，《科技与企业》编辑部：《决策论坛——决策科学化与民主化学术研讨会"论文集》（上），2017 年。

④ 清华大学校史研究室：《清华大学一百年》，第 197 页。

⑤ 黄江涛：《建国初期清华大学院系调整的探析》，《科技与企业》编辑部：《决策论坛——决策科学化与民主化学术研讨会"论文集》（上），2017 年。

表 6-8 清华大学各系及各教研组负责同志名单

(1952 年 10 月 11 日)

一、公共教研组(由教务处领导)

俄文	李相崇	物理	徐亦庄
数学	赵访熊	化学	张子高
体育	马约翰	新民主主义论 教学研究指导组	刘弄潮
力学	杜庆华		

二、机械制造系

系主任	李酉山(离校)	副系主任	邹致圻
教学秘书	李民范	工程画	褚士荃
金属工学	郭世康	金属切削加工	金希武
热处理铸造 及延压加工	王遵明	机械零件及机械原理	郑林庆

三、动力机械系

系主任	庄前鼎	热功学	王补宣
热力设备	董树屏	汽车与内燃机	宋镜瀛

四、土木系

系主任	张维	上下水道	陶葆楷
公路	王国周	工程测量	李庆海
土壤基础及 工程地质	陈梁生	钢筋混凝土结构,工程 材料	吴柳生
结构力学, 钢木结构	杨式德	教学秘书	王和祥

五、水利工程系

系主任	张任	水力学	夏震寰
水文及水 力利用	施嘉炀	水工结构	张光斗
教学秘书	张仁		

六、电机工程系

系主任	章名涛	基本电工	钟士模
电力机械	艾维超	发电及输配电	黄眉
电工学	唐统一 宗孔德(副)	教学秘书	王遵华

续表

七、建筑系

系主任	梁思成	副系主任	吴良镛
建筑设计	张守仪	建筑史	赵正之
工程技术	张昌龄	美术	宋泊
教学秘书	李德耀		

八、无线电工程系

系主任	孟昭英	无线电基础	常迥
教学秘书	吴佑寿		

九、石油工程系

系主任	曹本熹	石油工业及加工	武迟 甘怀新（副）
石油机械	白家祉	化学（分析、物理、有机等）	傅鹰
教学秘书	骆正愉	钻采	暂缺

［资料来源：《清华大学各系及各教研组负责同志名单》(1952 年 10 月 11 日)，清华大学档案，目录号校办 1，案卷号 52005］

　　经过思想改造、院系调整，"大多数教师初步树立了为人民服务的观点，认识了为国家培养人才的光荣任务，一般都努力改进教学、积极学习苏联先进科学知识与教学经验。……许多教师在接触了苏联教材之后，都承认苏联科学的优越性，放下了架子，愿意虚心向苏联学习。过去很有威望的老教授，如张光斗，在讲课前先在教研组里试教，并能够诚恳地接受大家对他提出的意见"。① 但由于改造过急、学校变动较大，造成教师的极为忙乱，"在调查的清华大学 218 位教师中，每天工作 8 至 10 小时有128 人，10 小时以上有 40 人"，"教师经常开夜车准备课程。有些教师两个礼拜不看报纸，没有时间去听苏联专家的报告。在参加欢迎苏联代表团的大会上，还有人带着讲义去准备功课。有不少教师一到晚上就打瞌睡。……清华因师资不够，用了 52 个刚念完二年级的学生当助教，他们

---

　　① 《中共北京市委组织部学校支部工作科关于北京市高等学校院系调整后的一些问题和解决的意见》(1952 年 11 月 9 日)，陈大白：《北京高等教育文献资料选编》(1949—1976)，第 112 页。

边学边教,因而特别繁忙。"①

院系调整后一批教师调离,造成师资严重匮乏,这一情况大大制约了学校的发展。1953年2月10日,在华北区高等学校负责人座谈会上,高教部副部长杨秀峰提出:"师资缺乏是一个严重问题,大家都很关心。怎样解决呢?除改造提高现有教师外,培养新师资是更重要的问题。……除于今年暑假后适当增加助教外,还须设法减轻助教的行政事务工作,使其有一定的学习进修的时间。有计划、有明确要求地在苏联专家或是在先进的本国教授的带领下,大量培养研究生,除非无培养前途经本部批准得中途分配其他工作外,各校不得改变研究生的学习计划。我们还必须打破资历观点,着重德才条件,大胆提拔先进有为的教师,帮助他们进步。能教课的助教有步骤地使其担任讲课的工作,有成绩的讲师应提升为副教授,以至教授。"②同月,中共北京市高等学校委员会书记李乐光部署各高校上半年工作时,要求"改造旧的教师,培养新的教师","改变目前有少数教授的悲观情绪和干部对他们的不正确看法(做法、态度),进一步贯彻中央教育改造知识分子的方针"。③改造的措施之一就是加强政治学习,"从今年起准备有系统的学习。内容:中国革命运动史;马列主义基础;政治经济学;辩证唯物论。"④同时,"培养新教师,是主要的方面。必须有新生力量没有新的便不能改造旧的。要形成力量,占领阵地"。⑤

蒋南翔出任清华大学校长后非常注重加强师资,他指出教师"是学校中最宝贵的财富","108将(学校当时教授、副教授108人)是学校的稳定因素"。⑥针对当时院系调整后师资力量不足的情况,蒋南翔采取了"一

---

① 《中共北京市委组织部学校支部工作科关于北京市高等学校院系调整后的一些问题和解决的意见》(1952年11月9日),陈大白:《北京高等教育文献资料选编》(1949—1976),第112~113页。

② 杨秀峰:《提高教师质量是提高教学质量的中心环节》(1953年2月10日),陈大白:《北京高等教育文献资料选编(1949—1976)》,第122页。

③④ 李乐光:《关于当前北京市高等学校工作的讲话提纲》(1953年2月),陈大白:《北京高等教育文献资料选编(1949—1976)》,第123页。

⑤ 李乐光:《关于当前北京市高等学校工作的讲话提纲》(1953年2月),陈大白:《北京高等教育文献资料选编(1949—1976)》,第124页。

⑥ 方惠坚、张思敬:《清华大学志》(上册),第480页。

是团结改造清华原有的教师，一是有计划地大胆放手地培养新的师资"①
的策略。因此，1952年院系调整后，在加强教学改革和提高科研水平的同
时，清华师资队伍建设也有很大提高。② 如1953年新聘教授无线电系吴
国璋，建筑系戴志昂、关广志、王之英、土木系王兆霖、张典。③ 1955年新
调入教授动力系吴仲华，土木系陈祖东。④ 1956年，中科院学部委员、华
东水利学院教授黄文熙任清华大学水利系教授，新任教授还有电机系高
景德。⑤ 1957年，新到校教授有工物系汪家鼎。⑥ 1959年，新到校教授化
工系程耀椿。⑦ 1960年，新到校教授化工系徐日新。⑧ 1955年至1957年，
清华教授钱伟长、刘仙洲、张维、张光斗、孟昭英、黄文熙、章名涛、梁思成、
吴仲华等9人被选聘为中国科学院学部委员。⑨ 除新聘教授外，该时期很
多课程由讲师特别是助教等年轻教师担任。

　　总体来说，这一时期清华大学的教师主要由老教师和青年教师两部
分人组成，"老教师大多在业务上有较高成就，新教师大多为新留校的党
团员。"⑩为提高教师的质量，蒋南翔校长针对新、老教师的不同特点，提
出"两种人会师"，"即党员教师要努力钻研业务，提高学术水平，成为教
授；同时要帮助非党教授、副教授提高政治思想觉悟，吸收其中合乎条件
的人入党"。⑪ 1954年3月10日，蒋南翔在各大区学校教育处长会上的
讲话中指出，清华大学教学改革工作主要依靠三方面的力量来进行，其中
之一即依靠原有的教师，"院系调整后，清华有讲师以上教师一百多人，一
般的业务上比较好，是学校中的主要教学力量。对老教师要团结百分之

　　① 《向习仲勋、杨秀峰、中宣部、北京市委并中央的报告》(1953年3月31日)，中国高
等教育学会、清华大学：《蒋南翔文集》(上卷)，第457页。
　　② 清华大学校史研究室：《清华漫话》，第62页。
　　③ 清华大学校史研究室：《清华大学一百年》，第208页。
　　④ 清华大学校史研究室：《清华大学一百年》，第217页。
　　⑤ 清华大学校史研究室：《清华大学一百年》，第228页。
　　⑥ 清华大学校史研究室：《清华大学一百年》，第234页。
　　⑦ 清华大学校史研究室：《清华大学一百年》，第248页。
　　⑧ 清华大学校史研究室：《清华大学一百年》，第254页。
　　⑨ 陈旭、贺美英、张再兴：《清华大学志》(第一卷)，第52页。
　　⑩ 清华大学校史研究室：《清华漫话》，第62页。
　　⑪ 方惠坚、张思敬：《清华大学志》(上册)，第480页。

百(除反革命外),而不是团结多数或少数的问题"。① 1955年,蒋南翔亲自介绍我国工程教育界的老前辈刘仙洲入党,并在《人民日报》《北京日报》发表了《共产党是先进科学家的光荣归宿》一文,在知识界、教育界引起强烈反响。此后,梁思成、张子高、张维、张光斗等30多位知名老教师陆续入党,成为"又红又专"的典范。② 到1965年底,清华教师中党员比例已达50%以上。同时,为减轻教师过重的负担、克服学校中的忙乱现象,清华大学根据国家需要及自身实际情况,于1953年修订了教学计划和教学大纲,减少学时和教学的分量,努力贯彻"面向同学,保证学时""各按步伐,共同前进"的口号。③

1954年8月20日,高等教育部颁布关于清华大学工作的决定,"为了使清华大学能应付今后日益繁重的教学任务,本部将根据教师工作量标准,逐年配备必要的师资。清华大学则应首先带头贯彻这一标准,精打细算,充分发挥潜力,使每个教师教学工作量逐年提高。并保证于1957年开始抽出一部分开课教师并自1958年起每年培养能够开课的教师不得少于50人,以支援其他学校。"④并规定:"甲、清华大学的师资补充,以留本校毕业生为原则。此外还须从其他较好的高等学校毕业生中,分批补充基础课程(包括俄文、政治理论课)和某些专业课程的教师。乙、原由清华大学派赴留苏的研究生,回国后,仍回原校任教,清华大学并可从留苏的大学毕业生中分配一部分为师资。丙、清华大学可在该校1956年毕业研究生中留师资40人。清华大学的行政干部也很缺乏,特别是人事工作干部、教学行政干部和总务工作干部亟须补充,高等教育部决定商同中央人事部设法调配。"⑤清华大学在注重团结老教授的同时,"十分重视对青年教师的培养,要求他们努力向科学进军,向老教师学习;努力钻研业务

---

① 《依靠什么力量来进行教改工作》(1954年3月10日),中国高等教育学会、清华大学:《蒋南翔文集》(上卷),第511页。
② 清华大学校史研究室:《清华漫话》,第62页。
③ 蒋南翔:《正确地学习苏联,稳步前进——在清华大学教学研究会上的报告(摘要)》(1953年8月31日),《新清华》,1953年9月14日。
④⑤ 《高等教育部关于清华大学工作的决定》(1954年8月20日),陈大白:《北京高等教育文献资料选编(1949—1976)》,第191页。

提高学术水平，尽快成长为学校教学、科研岗位上的中坚力量。占全校教师一半人数的年轻党团员教师，逐步成为建设清华的新生力量，在教学、科研、学生工作和管理岗位上发挥着越来越大的作用。"①从1956年开始，学校陆续设置了电子计算机、自动控制、核物理、反应堆、计算数学、塑料等新技术专业，通过"在战斗中成长"，培养了一批新技术专业的教师。②如1963年10月12日，新华社讯《北京高等学校青年教师迅速成长》提出："北京各高等学校发扬艰苦创业的精神，克服技术上物质上的重重困难，几年来建立起一大批新的学科和新的专业。青年教师和老教师一起积极参加了这项工作。解放初期，清华大学工学院只有机械工程、土木工程等六个系；目前，新设的系科已经比那时增加了一倍。从1952年以来这个学校先后建立的许多新专业，已经为国家培养出了数以千计的工业技术人才。参加这些新专业开创工作的青年教师，也有30多人晋升为副教授。大多数青年教师成为这些新专业的教学和科学研究的主要力量。……由于各学校贯彻执行了党的'教育为无产阶级政治服务、教育与生产劳动相结合'的方针，这批青年教师在成长的过程中受到了全面的锻炼。清华大学水利系过去只有三位教师参加过小型水坝工程的设计和施工。从1958年以来，这个系的大多数教师都参加了水坝工程的设计。许多教师在这中间受到了实际的锻炼，积累了许多新的技术资料，丰富了教学内容。"③另外，一些中青年党员教师和干部，坚持政治与业务"两个肩膀挑担子"，得到迅速成长。

蒋南翔提出要团结100%的教师，帮助老教授进步，积极培养青年教师，通过实现"两种人会师"，精心培育和迅速成长了一支新老结合、又红又专的师资队伍。除了自身培养，派遣留学生也是新中国人才发展战略的重要组成部分。据统计，"文革"前清华共计派出留学、进修人员149人，派往的国家以苏联为主，兼有捷克、民主德国、意大利、瑞典、英国、丹麦、朝鲜等国。其中，清华派往苏联或捷克进修的教授有5人：水利系施嘉炀、夏震寰，土建系杨曾艺，机械系邹致圻，动力系宋镜瀛。还有曹起

---

①　清华大学校史研究室：《清华漫话》，第62页。

②　陈旭、贺美英、张再兴：《清华大学志》（第二卷），第52页。

③　《学习政治 钻研业务 联系实际 全面锻炼北京高等学校青年教师迅速成长》，《人民日报》，1963年10月12日第2版。

王遵明教授和青年教师一起研究球墨铸铁的球化剂问题

（清华大学校史馆提供）

机械系李酋山教授在教研组指导青年教师研究教学问题

（清华大学校史馆提供）

骧、邢家鲤、滕藤、应纯同、刘广均、李惟信、黄克智、王和祥、王先冲、杨秉寿、周炳琨、江剑平、高葆新、南德恒、汪国瑜、周昕、于震宗、徐世璞、李民强、马善定等也去苏联或捷克留学进修。高景德在苏联攻读学位，由于论文成绩优异，获列宁格勒加里宁工学院博士学位。获苏联副博士学位的有 36 人：机械系刘庄、刘家浚、傅家骧、周家宝、任家烈；精仪系邬敏贤、严普强、冯铁苏；工化系李成林、傅依备、周其庠；自控系吴麒、章燕申、李三立、金兰、林行良；动力系蒋孝煜、钱振为、沈幼庭、黄世霖、倪维斗；力学系贾书惠、周力行、徐秉业；电机系王选民、吴维韩；水利系张宪宏、叶焕庭、惠士博、费祥俊；土建系沈聚敏、陆赐麟、朱畅中、童林旭、王占生。这一时期出国留学进修的清华教师，回国后绝大多数成为各系教学、科研和党政骨干。①

①　陈旭、贺美英、张再兴：《清华大学志》（第一卷），第 871 页。

通过大量切实可行的工作，学校的师资力量得到了很大改观，至 1952
年 7 月清华大学工学院共有教师 155 人①，1956 年底工科各系共有教师
715 人②。从 1956 年开始，随着一批年轻教师的成长，学校教师队伍发展
很快。1965 年 5 月工科各系共有教师 1729 人③，以讲师、助教等人数较
多，师资储备后劲很足。该时期，历经各种政治运动和思想教育，清华大
学教师的社会主义思想觉悟获得了大大提高。"教授、副教授除了少数以
外，在政治上、业务上都有较大的进步，有一部分上解放前在学术上没有
什么成就，解放后学习了苏联的先进科学技术，参加了工农业生产实践，
开展了科学研究工作，现在已经成为水平较高的专家"。④ 但同时，反右
斗争的扩大化、反右倾、"拔白旗、插红旗"、批判"党内资产阶级专家"、在
学术业务领域开展"兴无灭资"斗争等，对教师队伍造成了很大伤害。学
校在党的教育方针指导下，及时力争纠正偏差，总结经验，力图尽量减小
所带来的损失，沿着社会主义道路的正确方向前行。⑤

第五节 "红色工程师的摇篮"

为满足新中国成立后经济建设对各项人才的迫切需求，清华大学的
学生规模得到扩充。该时期，清华大学服务于国家经济建设、国防建设及
尖端科学技术发展，秉持"又红又专"的育人理念，培养了大批思想过硬、
专业过硬的高质量工程科技人才，被誉为"红色工程师的摇篮"。

一、学生数量小规模增长，积极开展思想政治教育（1949—1952）

新中国成立初期，清华大学积极服务于国家建设需要，以理工院系为
重点，拟扩充院系、增大学生数量。但由于客观因素，清华大学原定的综
合性大学院系调整计划未能实施，工科学生规模相对于之前略有扩充。
同时，为加强学生思想改造，该时期学校结合政治运动积极开展思想教
育，厚植爱国主义情怀。

---

① 方惠坚、张思敬：《清华大学志》（上册），第 495 页。
② 方惠坚、张思敬：《清华大学志》（上册），第 496 页。
③ 方惠坚、张思敬：《清华大学志》（上册），第 496~497 页。
④ 《中共北京市委大学科学工作部关于高等学校教师队伍的调查材料》（1961 年 8 月
26 日），陈大白：《北京高等教育文献资料选编（1949—1976）》，第 574 页。
⑤ 清华大学校史研究室：《清华漫话》，第 68 页。

（一）学生类型与规模

1. 本科生

1949 年,清华大学的招生仍沿用旧制,在北京、上海设立考点单独招生,主要面向高中毕业生。1950 年 5 月 26 日,教育部颁布高等学校 1950 年度暑期招考新生的规定,"在高校单独招生的基础上自本年度起试行由各大行政区分别实行全部或局部的联合或统一招生的办法,规定国文、外国语、政治常识、数学、中外历史、中外地理、物理、化学为各系科共同必考科目(外国语允许免试),各校可根据系科的性质,分别加试其他科目,对有 3 年以上工龄的产业工人、参加工作 3 年以上的革命干部及革命军人、兄弟民族学生、华侨学生从宽录取"。① 当年,清华大学参加华北区联合招生,招生对象也根据规定进行了调整。1951 年,清华大学仍参加华北区联合招考,对工农青年、革命干部免试外语。② 据统计,1949 年工学院一年级新生 420 人、毕业 83 人,1950 年一年级新生 546 人、毕业 240 人,1951 年一年级新生 375 人、毕业 288 人。③

新中国成立之初百废待举,当时的工业状况急需大批工科人才充实到各条工业战线中。清华大学根据国家经济建设需要,曾对各院系本科生培养规模进行了调整。如 1949 年制订的《清华大学 1950—1953 年的发展计划》中拟定:"本大学计划在十五年左右发展成一个能容纳二万学生的综合性大学,发展计划所根据的原则是:'密切配合国家的经济建设和文化建设的需要,尽量经济地和合理地利用本校原有的物质和师资的基础。'根据这个原则,从我国经济恢复到经济建设高潮的时期内,本大学为了适应国家对于经济建设干部的大量需要,将以理工为主,作急速的数量上的扩充。"④在计划中,共分 4 个学院 22 个学系,其中工学院 7 系、学生 1660 人,是人数最多的学院,其次为理学院 8 系、学生 660 人,文学院 4 系、学生 340 人,法学院 3 系、学生 290 人,另有 20 个研究所研究生 50 人,

① 《中央人民政府教育部发布高等学校一九五零年度暑期招考新生的规定》,《福建政报》,1950 年第 5 期。

② 陈旭、贺美英、张再兴:《清华大学志》(第一卷),第 149 页。

③ 《1949—1952 年度清华大学录取新生名单、毕业学生院系统计表》,清华大学校史研究室:《清华大学史料选编(第五卷)》(下册),第 815~960 页。

④ 《清华大学 1950—1953 年的发展计划》(1949 年),清华大学档案,全宗号 2,目录号校办 1,案卷号 49012。

因此"本大学的重心是在理工两学院，这两院的学生占全校学生的 77%。系数占全校的 68%。所以本大学的初步发展，以理工为主，来和经济建设的发展配合，也是很合理自然的。"① 该计划拟在今后三年每年学生人数增加约一千人，理工学院几占全部的 80%，见表 6-9。② 但因为全国院系调整，这一计划未能实施。

表 6-9　1950—1953 年各学院拟定学生人数

新生总数	文	理	法	工	研
1950 夏 1070	120（11%）	270（24%）	110（10%）	545（53%）	25（2%）
1951 夏 1700	150（9%）	350（20%）	150（20%）	1000（59%）	50（3%）
1952 夏 1550	150（9%）	300（20%）	150（9%）	900（59%）	50（3%）
1953 夏 1900	150（8%）	380（20%）	170（9%）	1100（58%）	100（5%）

［资料来源：《清华大学 1950—1953 年的发展计划》（1949 年），清华大学档案，目录号校办 1，案卷号 49012］

2. 恢复招收研究生

1950 年，清华大学制定了研究生培养方案，明确以培养高等工业院校师资为目标，教学计划包括政治理论课、俄文、业务课三类，同时将生产实习列入教学计划。③ 这一时期，工学院研究生规模较小，如 1950 年招生 8 人④，1951 年招生 15 人⑤，1951 年仅毕业 1 人⑥，1952 年毕业 2 人⑦。

（二）思想政治教育

新中国成立前后，为改造原有大学生的亲美崇美思想，开展了系列思

---

①② 《清华大学 1950—1953 年的发展计划》（1949 年），清华大学档案，全宗号 2，目录号校办 1，案卷号 49012。

③ 陈旭、贺美英、张再兴：《清华大学志》（第一卷），北京：清华大学出版社，2018 年，第 406 页。

④ 《国立清华大学 1950 年度录取转学生研究生名单》（1950 年 10 月 17 日重印），清华大学校史研究室：《清华大学史料选编》（第五卷下册），第 844 页。

⑤ 《1951 年度录取研究生名单》，清华大学校史研究室：《清华大学史料选编》（第五卷下册），第 860~861 页。

⑥ 《清华大学 1951 年度毕业学生人数统计表》，清华大学校史研究室：《清华大学史料选编》（第五卷下册），第 905~906 页。

⑦ 《清华大学 1952 年暑期毕业学生名单》，清华大学校史研究室：《清华大学史料选编》（第五卷下册），第 922~960 页。

想政治教育工作。为加强全校师生为社会主义建设服务的思想,清华大学遵照中央及教育部门的指示并结合自身的实际情况对其课程进行了改革,积极开设政治理论课。如1949年8月30日召开有学生代表参加文法学院教员座谈会,发动本校教员担任大课教学工作,会上推定10位教员加上学生代表组成"共同必修课委员会",费孝通任召集人。① 9月23日,"共同必修课委员会"扩大成为"辩证唯物论与历史唯物论教学委员会",简称"大课委员会"(政治经济学课程则另外成立一个教学委员会专门负责)。② 10月5日,华北大学文工队来清华大学演出五幕剧"思想问题",作为公共政治课的思想动员,费孝通在演出晚会的报告中宣布:"辩证唯物论与历史唯物论一课正式开始。"10月17日,首由吴晗讲授《辩证唯物主义与历史唯物论》的引论,此后费孝通、吴景超、任华等分别作大课演讲。根据"师生互助,教学相长"的大课教学原则,清华大学学生会也积极参与到大课教学与组织之中,发挥了重要作用。例如,1949年11月15日通过的《清华大学学生会半年工作计划》:"参加大课委员[会],反映同学的情况,帮助计划政治课。学生会的各项课外活动应尽可能的联系政治学习的内容。并举办学习报、学习园地、演讲等来结合政治课学习"③,各班班会"在政治学习方面负责地协助班教员开展工作,保证同学充分的自学,搞好班会和小组的讨论,开展团结友爱实事求是的批评与自我批评"④。对于大课,"清华全体学生一律参加这项学习,估计人数在二千五百左右"⑤。1952年4大课委员会撤销,并于"本学期已正式成立新民主主义论教研组,负责新民主主义论的教学工作"。⑥ 自1952年春,全校进行新民主主义论的系统学习,胡华、郭大力、孙定国、胡绳、陈家康等著名

---

① 《大课的第一阶段》,大课委员会、教职联、学生会:《清华学习》,第2期,1949年10月25日。

② 清华大学校史研究室:《清华大学史料选编》(第五卷上册),第197页。

③④ 《清华大学学生会半年工作计划》(一九四九年十一月十五日第二次首席代表会议通过),清华大学档案,全宗号2,目录号党11,案卷号010。

⑤ 《大课的第一阶段》,大课委员会、教职联、学生会:《清华学习》,第2期,1949年10月25日。

⑥ 清华大学校史研究室:《清华大学史料选编》(第五卷上册),第278页。

理论家曾来校讲学或作专题报告。① 但 1952 年下半年，清华大学文、法学院调离，相应的文科师资也大部分被调出，政治课的教学任务由留下的少数教师承担。

此外，理论和实践相联系是中国共产党思想政治教育的优良传统。1950 年 10 月，教育部明确规定，高校思想政治教育"用系统的理论知识联系实际，实事求是地正确解决问题。"②遵循这一原则，新中国成立初期高校对学生进行的政治思想教育主要是结合抗美援朝、镇压反革命、土地改革、"三反""五反"等政治运动来进行的。③ 例如，1950 年抗美援朝战争爆发，高校纷纷开展以此为主题的爱国主义教育，发动学生到校外宣传，朝鲜战场上志愿军的英勇事迹使学生深受教育，踊跃报名参军。④ "抗美援朝，保家卫国"也迅速在清华大学掀起热潮。电机系学生钱家骝（1953）回忆："入学时，班上只有三名中国共产党员，他们是林英、董文达和刘洒泉。新民主主义青年团团员也不多，不会超过 25%。毕业时，则绝大多数都是党团员了。1950 年底，在抗美援朝运动中，我班曾分别到石景山钢铁厂、石景山发电厂、丰台黄土岗村和天桥等地参加宣传。1951 年暑假，部分同学在北京基建工地打工，为志愿军捐献飞机大炮。班上一些团员去京郊农村建立新民主主义青年团。1950 年底到 1951 年中，同学们响应号召，积极参军参干。我班先后有楼英崑、陈书鹄、田尧、程穆、吴辅仁、袁曾慰、程建宁、周曾德、周幼威、彭文怡、马文彬、马启平、张德江、张元良等 14 名同学光荣加入中国人民解放军。"⑤在土地改革运动中，清华、北大800 余名师生分赴西北、中南、西南参加土改工作，在实践中"同学们认识到了劳动人民的光荣伟大，马克思主义的群众观点和阶级立场得以树立。"⑥

---

① 方惠坚、张思敬：《清华大学志》（上册），第 231 页。

② 吴小妮：《新中国成立初期的思想政治理论课建设》，《光明日报》，2019 年 09 月 06日第 11 版。

③ 《关于学校的政治思想教育工作问题》（1953 年），中国高等教育学会、清华大学：《蒋南翔文集》（上卷），第 497 页。

④ 吴小妮：《新中国成立初期的思想政治理论课建设》，《光明日报》，2019 年 09 月 06日第 11 版。

⑤ 钱家骝（1953）：《我们的电 53 班/无 53 班》，《清华校友通讯》，复 47 期。

⑥ 吴小妮：《新中国成立初期的思想政治理论课建设》，《光明日报》，2019 年 09 月 06日第 11 版。

二、"又红又专,全面发展"(1952—1966)

全国大规模院系调整后,清华大学进入发展的新阶段。该时期学校确立了又红又专和德、智、体全面发展的培养目标,为社会培养出大批优秀工业建设人才,在国家政治、经济、教育、工业、科技等领域发挥了重要作用。

(一) 学生培养类型的多样性和规模的迅速扩大

1. 本科生

新中国成立之初,薄弱的工业状况急需大批科技人才充实到各条工业战线中。但当时国内工程技术人员及教学科研人员极其匮乏,如"1952年底全国总人口近5.75亿人,其中科技人员仅42.5万人,全国平均每万人口中不到7个半科技人员"。① 同时,在这些科技人员中,高端的科学研究人员所占比例仅2%左右,这与建设强大的新中国极不相称,如何快速、有效地培养工程技术人才及高端科研人员成为一项迫切的重要任务。在1952年全国院系调整中,清华大学由综合性大学转变为一所多科性工业大学,随着北京大学、燕京大学、察哈尔工业大学等校工科院系的并入,学生也进行了相应的调整。例如,1952年3月6日,燕京、北大、清华就院系调整相关问题呈报教育部:"兹经北大、燕大、清华等三校调查计划小组一九五二年二月四日扩大会议中对于三校的建筑、土木、化工等三系同学集中在清华上课问题交换意见,初步商定:北大化工系二年级拟在燕大上课;三、四年级到清华;燕大化工系四年级炼油组同学九人到清华;三校土木系二、三年级全在清华上课;北大建筑系一、二、三、四年级及建筑专修科一年级同学全来清华。"②3月25日,获教育部批准。③ 6月25日,教育部关于察哈尔工业学院水利系调整问题批复察哈尔省文教

---

① 金富军:《蒋南翔校长与新技术专业设立》,《清华人》,2008年第5期。
② 《燕京、北大、清华三校呈教育部函》(1952年3月6日),清华大学档案,目录号校办1,案卷号52001。
③ 《中央人民政府教育部对北大、燕大、清华三校呈报的批复》(1952年3月25日),清华大学档案,目录号校办1,案卷号52001。

厅："察哈尔工业学院水利系现在一年级学生一〇六人,调至清华大学水利系学习。"①

8月9日,中央人民政府教育部致函清华大学关于采矿系调整问题的指示中,决定分别在清华大学、中国矿冶学院、北京钢铁学院设立石油、采煤、采金属有关的专业,"京、津、唐三地原有的采矿系的师资、学生、设备、图书等,应按照上述三类的分工,予以调整。调整方案如下:(一)清华大学及天津大学采矿系一年级学生,按其志愿分为采金属及采石油两组,采石油组调整至清华大学,采金属组调整至北京钢铁学院。(二)清华大学采矿系二年级学生、天津大学采矿系二年级学生及三年级春班学生,应按原来组分别调整至各有关学校。即采煤组调整至中国矿冶学院,采金属组至北京钢铁学院,采石油组至清华大学……"②

8月16日,教育部致函清华大学下发关于京津唐各高等学校化工系调整的通知,决定将清华大学、北京大学、燕京大学、天津大学、南开大学、唐山铁道学院六校的化学工程系进行全面调整,"根据国家目前对石油方面干部的需要及现有学生的情况,决定于暑假后在清华大学设立石油方面的专业,其各年级学生的来源,由清华大学石油系科研究组和各校化工教学组根据下列原则,商洽具体调配:(1)暑假后清华大学设立石油炼制专业(石油及天然气工业)二年级、三年级学生各一班,每班均以五十人为原则。学生来源,首先考虑天津大学的石油炼制系志愿继续学石油的学生(据了解,现在一年级约有二十一人,二年级约有二十人);及清华大学现有化工系二年级石油组学生(约二十人);其余空额,可考虑自北京大学、清华大学、燕京大学及唐山铁道学院的化工系相当年级学生中补充。(2)暑假后清华大学设立石油机械专业二年级、三年级学生各一班,每班以五十人为原则,三年级学生来源,首先考虑天津大学机械系志愿学石油机械的学生(据了解约三十人),二年级学生来源,可动员北京大学、燕京大学、清华大学化工系相当年级的学生补充。"③

---

①②③ 《中央人民政府教育部给察哈尔省文教厅的批复》(1952年6月25日),清华大学档案,目录号校办1,案卷号52001。

　　由于其他学校学生的并入,1952 年院系调整后清华大学工科学生人数得到很大扩充,该年一年级新生人数达 1779 人①。正如何东昌所提出:"大规模经济建设即将开始了,这对于高等学校,特别是高等工业学校,提出了严重的迫切的培养技术人才的任务。为了迎接这个任务,自 7 月起,清华大学在中央人民政府教育部领导下进行了院系调整和教育改革的工作。由于集中了清华、北大、燕京等校的工学院师资,新生人数比去年三校工学院招生总数增加了两倍"。② 但同时,学生数量的猛增也给刚刚经历院系调整的学校教学、生活等带来了很大压力,"清华因师资不够,用了52 个刚念完二年级的学生当助教,他们边学边教,因而特别繁忙。……清华旧生宿舍原设计住两个人,现在住五个人。……吃饭问题也很严重,因为饭厅不够,清华、师大学生要分两批吃饭。"③

　　1954 年 8 月 20 日,高等教育部在下发的关于清华大学工作决定中指出,"清华大学总的任务是:努力学习苏联的先进教学经验,不断提高教学质量,开展科学研究工作,更有效地为祖国培养忠于社会主义建设事业的具有高度科学技术水平的体魄健全的工业建设干部。……清华大学应在保证教学质量的前提下适当扩充招生人数,至 1958 年,使全校本科学生达到 1 万人左右。清华大学最后的发展规模,本科学生以 1.3 万人为限。"④9 月 25 日,蒋南翔校长在第一届全国人民代表大会第一次会议上也提出:"以清华大学为例,解放以前,全校学生只有二千余人。现在清华大学有学生五千五百人,相当解放以前学生人数的两倍半。再过几年,清华大学的学生将发展到一万以上,就是说,那时的学生人数将为解放前的

---

① 《1949—1952 年度清华大学录取新生名单、毕业学生院系统计表》,清华大学校史研究室:《清华大学史料选编》(第五卷下册),第 815~960 页。

② 何东昌:《清华大学关于学习苏联先进教育经验取得初步成效的报告》(1952 年 11月),陈大白:《北京高等教育文献资料选编(1949—1976)》,第 115 页。

③ 《中共北京市委组织部学校支部工作科关于北京市高等学校院系调整后的一些问题和解决的意见》(1952 年 11 月 9 日),陈大白:《北京高等教育文献资料选编(1949—1976)》,第 113~114 页。

④ 《高等教育部关于清华大学工作的决定》(1954 年 8 月 20 日),陈大白:《北京高等教育文献资料选编(1949—1976)》,第 190~191 页。

五倍。现在全国其他高等学校,同样也都以很大的规模在迅速发展。"①
这一时期,为适应社会发展对人才的迫切需求,清华大学学生人数得到了
大幅度提升,如"在教学改革以前,在校学生共三千一百人,而其中工学院
学生只有一千八百人",至1956年初学生"已达六千六百人,三年中我校
共毕业学生二千零五十四人,相当于清华解放前工学院二十多年的毕业
生(八百二十)的两倍半。"②蒋南翔也感叹:"这样的发展速度,在我们学
校的历史上,是从来没有过的。"③

　　1956年后,清华为培养原子能干部添设了一系列新专业,学生人数也
得到进一步扩充。1949年至1965年清华大学本科招生及毕业人数变化
趋势可如图6-2所示。从该图中可以看出,该时期清华大学本科招生及
毕业人数总体处于一个较高的水平,特别是1952年之后一年级新生人数
基本保持在1400～2800人之间,其中1958年人数最多,达2700多人;
1964年毕业人数最多,超2400人。同时,这一时期经过"真刀真枪"毕业
设计、"两弹一星"工程等的磨练,清华大学在人才培养上成效显著,如工
程物理系自1956年成立至1966年的10年中,"培养的学生中已经有院
士10人,将军11人,省部级以上干部11人。这些数字,不要说一个系,就
是对一个大学也是少有的"。④

　　2. 研究生

　　1953年11月27日,高等教育部发布《高等学校培养研究生的暂行规
定(草案)》,要求"凡聘有苏联专家(或人民民主国家的专家)或师资条件
较好的高等学校均应担负培养研究生的任务,其目的为培养高等学校师
资和科学研究人才。研究生毕业后应能讲授所学专业的一、二门课程并
具有一定的科学研究能力。"⑤为进一步培养高级研究型人才,该年7月清

---

　　① 《在第一届全国人民代表大会第一次会议上的发言》(1954年9月25日),中国高
等教育学会、清华大学:《蒋南翔文集》(上卷),第540页。

　　②③ 蒋南翔:《清华大学三年来教学改革的基本总结和今后的任务——在清华大学第
十次教学研究会上的报告》(1956年2月8日),中国高等教育学会、清华大学:《蒋南翔文
集》(上卷),第613页。

　　④ 《对清华大学1965届现象的回顾与思考》,http://cd. qq. com/a/20100427/002830.
htm。

　　⑤ 王宗光:《上海交通大学史》(第五卷1949—1959),上海:上海交通大学出版社,
2016年,第59页。

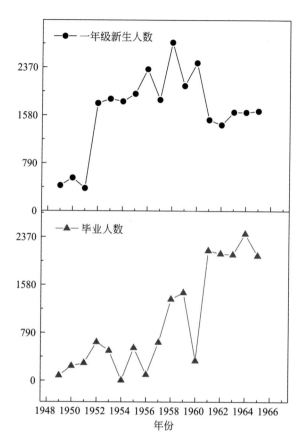

图 6-2　1949 年—1965 年清华大学工科院系本科生一年级新生及毕业生人数变化曲线图

[资料来源:《1949—1952 年度清华大学录取新生名单、毕业学生院系统计表》,清华大学校史研究室:《清华大学史料选编(第五卷)》(下册),北京:清华大学出版社,2005 年,第 815～960 页;方惠坚、张思敬:《清华大学志》(上册),北京:清华大学出版社,2001 年,第 222 页]

华大学决定"初步开展科学研究,开展培养研究生工作。"[①]1956 年 8 月,学校成立了研究生科并制定培养研究生暂行办法,由苏联专家和校内外有指导能力的教授担任指导教师。[②] 1957 年,学校受中国科学院和高教部委托创办工程力学研究班,招收高等理工科四年级以上学生,学制二年至二年半,两届共 396 名,为我国培养了第一批高级航空航天和火箭技术

---

① 清华大学校史研究室:《清华大学一百年》,第 205 页。
② 陈旭、贺美英、张再兴:《清华大学志》(第一卷),第 407 页。

人才。1958 年又创办自动控制研究班，只办了一届，招收学生 90 人。[1]
自 1959 年，清华大学正式招收三年制研究生[2]。

　　1963 年 1 月 14 日至 21 日，教育部在北京召开高等学校研究生工作会议。蒋南翔在会上发表讲话，对于培养研究生的重要意义，他指出："研究生的直接培养目标，是作科学研究人员和高等学校的师资，实际上也就是选拔国家科学文化上的'登山队'，为攀登科学高峰培养优秀的后备军。……如果我们不能主要依靠自己来培养在科学文化方面的'登山队'，那么严格说来就是教育不能独立，科学文化不能独立。当然，这还将给我国的经济建设和国防建设带来严重后果。因此，培养研究生的问题，实际上是关系到我国教育独立和学术独立的大问题，我们必须十分重视。"[3]对于提高研究生的质量，蒋南翔强调必须抓紧四个基本环节：保证招收最优秀的学生；严格遴选导师；在总结教学经验的基础上，逐步制订比较适合需要的培养方案；建立科学的管理工作。[4] 这次会议进一步明确了培养研究生工作的重要性，对研究生的培养目标、培养原则和方法等主要问题取得了一致的认识，并讨论修订了《高等学校培养研究生工作暂行条例（草案）》，于该年 4 月由教育部颁布试行。

　　根据这次会议和文件的精神，清华大学加快了培养研究生的步伐，到 1963 年 4 月全校有 8 个系 51 个一般专业和 26 个机要专业制定了研究生培养方案，后又制定发布了《清华大学研究生工作暂行细则》。[5] 1953 年至 1965 年，清华大学招收研究生人数如图 6-3 所示。由图可见，该时期研究生平均年招收约 76 人，但每年人数变动较大，其中以 1961 年和 1953 年相对较多，而 1958 年、1960 年则偏少。就毕业去向而言，"清华大学作为多科性工业大学，50—60 年代的研究生教育主要是为高等工业院校培养师资，和为科学研究部门培养研究人员，少数毕业生到生产设计部门"。[6]

---

①　陈旭、贺美英、张再兴：《清华大学志》（第一卷），第 407 页。
②　方惠坚、张思敬：《清华大学志》（上册），第 246 页。
③　蒋南翔：《在高等学校研究生工作会议上的讲话（摘要）》（1963 年 1 月 14 日），中国高等教育学会、清华大学：《蒋南翔文集》（下卷），第 830~831 页。
④　蒋南翔：《在高等学校研究生工作会议上的讲话（摘要）》（1963 年 1 月 14 日），中国高等教育学会、清华大学：《蒋南翔文集》（下卷），第 832~835 页。
⑤　陈旭、贺美英、张再兴：《清华大学志》（第一卷），第 407 页。
⑥　方惠坚、张思敬：《清华大学志》（上册），第 299 页。

这些高层次的研究型人才对提高师资队伍质量、增强我国尖端技术的竞争力起到了至关重要的作用。

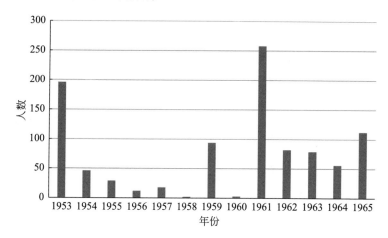

图 6-3 1953 年—1965 年清华大学研究生招生人数分布图

[资料来源:方惠坚、张思敬:《清华大学志》(上册),北京:清华大学出版社,2001 年,第 263~264 页]

3. 专修科学生

解放初期,国家急需各方面专业人才。1949 年 5 月,根据刘仙洲教授的提议,清华大学第三次校务委员会讨论了开办专修科事宜,并成立专门委员会。该年 11 月,清华大学接受中央农业部委托开办了农田水利专修科。翌年,又陆续开办了二年制的水利专修科等。① 1951 年 11 月,全国工学院院长会议要求,"今后工学院招收新生应有二分之一以上是专修科学生。"②据此精神,清华大学在 1952 年院系调整后设立了 15 个二年制专修科,计划招收专修科学生 810 人③,其中动员一部分入学新生入专修科,专修科名称及学生人数见表 6-10。④ 1953 年,在校专修科学生人数达 835人。为集中精力搞好五年制本科,1953 年 7 月高教部决定清华大学停招

①　方惠坚、张思敬:《清华大学志》(上册),第 211 页。
②　《中央人民政府教育部召开全国工学院院长会议 拟定明年高等工业教育院系调整方案》,《人民日报》,1951 年 11 月 13 日第 3 版。
③　方惠坚、张思敬:《清华大学志》(上册),第 212 页。
④　方惠坚、张思敬:《清华大学志》(上册),第 211 页。

专修科。到1954年暑假，大多数专修科在学生毕业后停办，仅有水利和房屋建筑两个专修科各一个班延至1955年初结束。①

表6-10　1952年院系调整后清华大学设立的专修科及学生规模人数

所属系名	专修科名称	学生人数	所属系名	专修科名称	学生人数
机械制造系	金工工具专修科	60	水利工程系	水利专修科	150
	铸造工程专修科	60		水力发电与水利专修科	60
动力机械系	热力发电厂检修专修科	30	建筑系	建筑设计专修科	60
	暖气通风专修科	30	电机工程系	发电厂电机专修科	60
土木工程系	工业及民用房屋建筑专修科	90		输配电专修科	60
	上水道及下水道专修科	30	石油工程系	石油厂机器及装备专修科	60
	测量专修科			石油及天然气凿井专修科	30
				石油及天然气储运专修科	30
		合计	810		

[资料来源：陈旭、贺美英、张再兴：《清华大学志》（第一卷），北京：清华大学出版社，2018年，第402页]

4. 留学生

解放后，高校在国家教育主管部门计划招生方案的指导下进行外国留学生培养。1950年，由教育部安排，清华大学接受捷克、波兰、匈牙利、保加利亚、罗马尼亚五个东欧国家的33名留学生进入学校学习，这是新中国接受的第一批外国留学生。这批留学生主要是学习中国语文课程，定名为"清华大学东欧交换生中国语文专修班"。该专修班于1952年院系调整时转入北京大学。自1953年至1966年，清华大学共入校各类外国留学生200名（见表6-11），历年在校留学生人数见表6-12。为使这些学生尽快适应，"清华大学特地给外国留学生开设了许多小班课，指定教师对他们的实验、课程设计、生产实习直到毕业设计等活动给予指导。在

---

① 方惠坚、张思敬：《清华大学志》（上册），第212页。

动力机械系学习的印度尼西亚留学生沙佐诺在毕业前,曾由教师带领到一个热力发电厂去实习。经过一个半月的现场观察和实际操作,沙佐诺获得了良好的成绩。后来,他在教师指导下,进行了一座二十万瓩半露天电厂的毕业设计,从厂房布置到设备装置受到了一次全面的训练。"①他们中的大多数掌握了所学的专业知识,达到了教学大纲所规定的基本要求,回国后在实际工作中很好地发挥作用。

表6-11　1953年—1966学年度入学的各类外国留学生人数统计表

学年度	本科	普通进修	研究生	合计	累计	学年度	本科	普通进修	研究生	合计	累计
1953	5			5	5	1960	20	3		23	78
1954	4			4	9	1961	9			9	87
1955	15			15	24	1962	6			6	93
1956	14			14	38	1963	15	5		20	113
1957	2	2		4	42	1964	1	4		5	118
1958	6	1	1	8	50	1965	25	3		28	146
1959	5			5	55	1966	52		2	54	200

[资料来源:陈旭、贺美英、张再兴:《清华大学志》(第一卷),北京:清华大学出版社,2018年,第961页]

表6-12　1953年—1966年外国留学生在校生人数统计

年份	人数	年份	人数
1953	5	1960	61
1954	7	1961	41
1955	22	1962	39
1956	36	1963	53
1957	40	1964	52
1958	45	1965	73
1959	47	1966	93

[资料来源:陈旭、贺美英、张再兴:《清华大学志》(第一卷),北京:清华大学出版社,2018年,第961页]

---

①　《近四十国留学生在北京愉快勤奋地学习 他们得到中国教师热忱指导认真帮助,同中国学生建立了亲密的友谊,积极增进中外文化交流》,《人民日报》,1964年1月5日第1版。

5. 工农速成中学

建国之初，为推动社会经济发展，改善工农受教育状况，教育界适时提出了"为工农服务，向工农开门"的方针，并借鉴苏联教育经验，创办了工农速成中学，以提高广大工农干部及工农群众的文化水平，培养新型工农知识分子。如 1950 年 12 月 4 日，中央人民政府政务院发布《关于举办工农速成中学和工农干部文化补习学校的指示》，要求"在全国范围内有计划有步骤地举办工农速成中学和工农干部文化补习学校"①。其后，中央及地方相继举办了工农速成中学。1951 年 3 月 26 日，教育部令清华大学"附设工农速成中学一所。一九五一年下半年设立四个班，招收学生一百六十名"。该年暑假清华大学附设工农速成中学开始招收首届学员，并于 9 月正式开学。为规范工农速成中学的教学，1953 年 9 月 15 日高等教育部、教育部联合下发了《工农速成中学第一二三类教学计划（修订草案）》。同年，清华大学附设工农速成中学实施第二类工科教学计划，改学制为四年。1955 年 7 月，教育部和高教部联合发出《关于工农速成中学停止招生的通知》，"决定工农速成中学自一九五五年秋季起停止招生"②。

清华大学附设工农速成中学是我国成立较早的工农速成中学之一，至 1954 年先后共招收四届学生，1955 年根据教育部的指示停止招生，1958 年最后一届学员毕业，学员共计 1189 人，其中 903 人毕业、52 人肄业、567 人进入大学。据不完全统计，清华大学附设工农速成中学的学生在科学技术及生产单位担任高级工程师、技术领导工作的 59 人；担任高校讲师、副教授、教授、中专校长的 39 人；从事企业、机关管理工作的 40 人，有的还担任省、市、地局级领导。那些没有上大学而经过四年的文化学习达到普通高中文化程度的学生，大多数分配到国家机关或厂矿企业，后来担任党委书记、厂长、处长、局长、中小学书记、校长、教师、医院院长等。

（二）坚持"又红又专"和德智体全面发展的教育方针

院系调整后，清华大学在蒋南翔校长的领导下，贯彻"又红又专，全面

① 周恩来：《关于举办工农速成中学和工农干部文化补习学校的指示》，《人民教育》，1951 年第 1 期。
② 《教育部、高等教育部关于工农速成中学停止招生的通知》，《中华人民共和国国务院公报》，1955 年第 11 期。

发展"的教育方针,不但重视学生的专业学习,而且注重开展文体活动,培养学生多方面才能、锻炼学生自主能力,为国家输送了一大批德才兼备、体魄健全的红色工程师。

1. "红专结合"的育人思想

"又红又专,全面发展"是蒋南翔校长倡导的办学方针。如 1953 年 8 月 31 日,蒋南翔在清华大学教学研究会上的报告中指出,下年度的工作的重点之一是贯彻培养全面发展人才的方针,"为此,就要把学生的基础打好,提高质量。"①并对"基础"进一步说明,"基础课的概念应包括马列主义课程、体育课、语文课和自然科学课程"。②1956 年,蒋南翔在《略论高等学校的全面发展的教育方针》一文中对全面发展教育方针的基本要求、高等学校怎样实现全面发展的方针、全面发展和因材施教的关系问题等进行了论述。③ 1962 年,在清华大学的迎新大会上,蒋南翔明确提出:"一个人的成就对社会主义、对国家、对人民的贡献,政治因素在某种情况下起决定的因素。我们学校是社会主义大学,要培养红色工程师、社会主义的建设者,要求又红又专,这一点是绝不能动摇的。"④1963 年 1 月 14 日,蒋南翔在高等学校研究生工作会议上的讲话中又提出:"研究生负有将来攀登科学高峰的任务,社会主义国家的研究生也就要和社会主义国家的登山队员、航空员一样,必须是又红又专的。首先,对于研究生在政治上要有严格的要求,这是很明显的。……但是,在强调红的前提下,对于研究生的业务必须提出严格要求,这一点丝毫也不能含糊"。⑤ 同年 9 月 21 日,蒋南翔在和研究生谈又红又专问题时再次指出:"在提高业务水平的同时,还必须特别抓紧思想工作。……研究生要自觉地努力提高自己的马列主义觉悟,并把它变为业务学习上的动力。指导教师和教研组在指

①② 《蒋南翔校长在教学研究会上的报告摘要》,《新清华》,第 10 期,1953 年 9 月 14 日第 1 版。

③ 蒋南翔:《略论高等学校的全面发展的教育方针》(1956 年暑期),中国高等教育学会、清华大学:《蒋南翔文集》(下卷),第 674~685 页。

④ 刘旭红:《杰出的教育家蒋南翔》,《清华人》,2008 年第 1 期。

⑤ 蒋南翔:《在高等学校研究生工作会议上的讲话(摘要)》(1963 年 1 月 14 日),中国高等教育学会、清华大学:《蒋南翔文集》(下卷),第 831 页。

导业务学习的同时,应该加强思想教育,提高思想性;党和团的组织在抓思想工作的同时,也要全面关心研究生的培养;只有两方面互相配合,才能共同培养出又红又专的人才。"①当时,对学生政治思想教育工作,一是结合学习期间各个教学环节全面进行思想工作,如新生入学后的专业教育、帮助学生克服学习上的困难等;二是通过正规的政治课程向学生进行比较系统的马列主义教育,如中国现代革命史、马列主义基础、政治经济学等;三是结合同学的日常生活进行共产主义的道德品质的教育,如学习志愿军座谈会、开展群众性义务劳动等。②

1965年毕业生大会上,蒋南翔提出在"红"的方面有三种境界或比喻成"上三层楼",即:"第一层楼是爱国主义,即爱我们伟大的中华人民共和国;第二层楼是社会主义,即愿意为社会主义服务,拥护社会主义制度;第三层楼是树立共产主义世界观。"③他鼓励清华同学在政治思想上永不停步,争取沿着三个台阶不断前进,最终树立共产主义的世界观。"三个台阶"思想为高校德育工作提供了一个"各按步伐,共同前进"的正确思路,至今仍有深刻的影响。蒋南翔校长不仅提出了一系列正确的指导方针和口号,而且亲自做学生工作,提出并组织科学登山队、文体代表队、政治辅导员"三支代表队",对学生因材施教④,引导学生"又红又专",德智体美全面发展。1980年,邓小平同志在讲到加强政治思想工作时提到:"清华大学提出一个很重要的问题,就是学生从到学校第一天起,就要对他们进行政治思想工作。他们这样做很见效,现在学校风气很好。清华大学的经验,应当引起全国注意。又红又专,那个红是绝对不能丢的。"⑤

2. "双肩挑"政治辅导员制度

"又红又专"在清华大学政治辅导员制度上有着鲜明的体现。1953

① 蒋南翔:《做攀登科学高峰的登山队——和研究生谈又红又专问题(摘要)》(1963年9月21日),《新清华》,第681期,1963年11月3日第1、4版。

② 蒋南翔:《清华大学怎样执行"培养学生全面发展"的教育方针——在高教部召开的高等工业院校、综合大学院校长座谈会上的发言》(1955年4月),陈大白:《北京高等教育文献资料选编(1949~1976)》,北京:首都师范大学出版社,2002年,第232~234页。

③ 《要做到思想过硬、业务过硬、身体过硬——在清华大学毕业生大会上的讲话(节录)》(1965年6月2日),中国高等教育学会、清华大学:《蒋南翔文集》(下卷),第857页。

④ 《刘冰口述访谈:清华工作的经验教训》,清华大学档案信息网,2017年8月3日。

⑤ 邓小平:《加强政治思想工作》(1980年3月12日),陈大白:《北京高等教育文献资料选编:1977—1992》,第175页。

年4月3日,清华大学就关于抽调少数高年级学生担任脱产政治辅导员向高等教育部、人事部报告:"为了加强对学生的政治思想教育,保证学习任务的完成,并减少学生中党团员骨干的社会工作至政务院规定的每周六小时的限度,我们拟根据1952年政务院批准的全国工学院院长会议决议设立政治辅导员制度。办法是:挑选学习成绩优良,觉悟较高的党团员担任辅导员,其学习年限延长一年,学科则相应减少,每周进行二十四小时工作,这样,并可培养辅导员成为比一般学生具有更高政治质量及业务水平的干部。""我们考虑了当前工作的需要,拟抽调三年级学生25人,预计在1954年秋完全恢复正常学习,1955年毕业。1954年如尚需辅导员,可再酌量挑选。"[1]这一报告获高等教育部和人事部批准,开创了由高年级学生担任半脱产的政治辅导员制度。[2]他们一边从事专业学习、一边从事学生思想政治工作,"两个肩膀挑担子",被形象地称为"双肩挑"。此后,学校每年从高年级学生党员中选拔一批辅导员,后来也抽调一些青年教师或研究生中的党员担任。[3] 这些辅导员不仅要政治觉悟高,还要业务素质好,必须"又红又专"。如1953年从三年级学生中首次选拔政治辅导员时,蒋南翔曾亲自逐个审查学习成绩,不是优良的就不要[4]。第一批政治辅导员、清华大学党委原副书记滕藤也回忆说,"当时实行5分制,要求辅导员的学习成绩平均4分以上",可见对专业素质要求非常严格。[5]

从1953年至1966年,清华大学共选拔培养了682名辅导员。"实践证明,'双肩挑'政治辅导员制度,是清华加强学生工作的创举和成功探索。这些经过学生工作锻炼的辅导员,不仅补充和形成了一支符合学校工作特点的党政干部队伍,而且为国家建设的各个方面输送了一大批又红又专的高质量的骨干人才。在当选中共十六届中央委员或候补委员的

①② 《清华大学关于抽调少数高年级学生担任脱产政治辅导员向高等教育部、人事部的报告》(1953年4月3日),陈大白:《北京高等教育文献资料选编(1949—1976)》,第126~127页。

③ 清华大学校史研究室:《清华漫话》,第75页。

④ 刘克选、方明东:《北大与清华——中国两所著名高等学府的历史与风格》,北京:国家行政学院出版社,1998年,第536页。

⑤ 刘业帆:《清华大学辅导员制度的特点及其启示》,《北京师范大学电子版》,第417期,2018年3月15日第03版。

22 名清华校友中,胡锦涛、吴邦国等 7 名曾担任过政治辅导员。"①邓小平
对此给予了充分的肯定,"在学校工作的干部,本身要懂行,最主要的经
验是这个。清华过去从高年级学生和青年教师中选出人兼职做政治工
作,经过若干年的培养,形成了一支又红又专的政治工作队伍,这个经
验好"。②

3. "争取为祖国健康工作五十年"

清华素有重视重视体育的传统。新中国成立后,清华大学在培养同
学全面发展的工作中,对于同学的体育锻炼给予了充分重视。③ "除了在
大学一、二年级按照教学计划设有体育课程以外,从一九五三年起,还在
全校普遍推行了劳卫制的体育锻炼,提出了'锻炼身体,劳动卫国'、'人
人锻炼,天天锻炼'的口号。这种具有明确目的性的锻炼制度,使同学能
将锻炼身体同建设祖国、保卫祖国的崇高目的联系起来。……在一九五
三年通过北京市劳卫制标准的人数为百分之七十九,其中有百分之十的
同学通过全国劳卫制的第一级标准。一九五四年通过北京市劳卫制标准
的人数为百分之八十四,其中有百分之二十的同学通过了全国劳卫制的
第一级标准。……另外,一部分不能参加正规劳卫制锻炼的体弱同学,也
组织了体育锻炼小组,在体育教师和校医院的特殊指导下,进行适合于他
们身体条件的锻炼。每天下午四五点钟以后,全校各个运动场所,都沸腾
起体育锻炼的热潮。由于群众性的体育运动的开展,使同学的健康情况
一般有了改进。根据校医院的统计,每年肺结核的发病率由一九五二年
的百分之二点五,降低到一九五四年的百分之零点四。"④

为提高体育水平,学校自 1954 年成立 8 个体育代表队起到 1959 年已
增加到 38 个代表队,包括田径、体操、游泳、举重、篮球、排球、足球等一些

① 清华大学校史研究室:《清华漫话》,第 75~76 页。
② 《邓付主席谈清华问题时的指示》(1978 年 6 月 23 日),清华大学档案,全宗号 2,目
录号党 1,案卷号 78010。
③ 蒋南翔:《清华大学怎样执行"培养学生全面发展"的教育方针——在高教部召开的
高等工业院校、综合大学院校长座谈会上的发言》(1955 年 4 月),中国高等教育学会、清华
大学:《蒋南翔文集》(上卷),第 550 页。
④ 蒋南翔:《清华大学怎样执行"培养学生全面发展"的教育方针——在高教部召开的
高等工业院校、综合大学院校长座谈会上的发言》(1955 年 4 月),中国高等教育学会、清华
大学:《蒋南翔文集》(下卷),第 550~551 页。

广为普及的体育项目,以及冰球、摩托车、航海、舰艇、射击等一些较为冷门的项目,代表队总人数达 450 多人。从 1954 年到 1965 年,在体育教师的专门指导下,清华各体育代表队共培养出国家级运动健将 11 人,培养一级运动员 20 余名。在 1959 年至 1966 年间举办的 6 届北京市高校运动会上,清华大学连续取得 6 次男子团体第一名、5 次女子团体第一名的骄人成绩。① 1957 年,蒋南翔校长提出"争取健康地为祖国工作五十年"的口号,响彻清华园。如今,这一口号成为清华文化的一部分,成为激励全校师生积极参加体育锻炼的动力,及一代清华人为国奉献的人生奋斗目标。②

4. 活跃的学生文艺社团

清华学生的课外文艺活动一直十分活跃。1952 年院系调整中,文学院调出,但所幸的是担负全校音乐艺术教学的音乐室被保留下来。1952 年至 1966 年,各种文艺社团,如合唱团、舞蹈队、军乐队、民乐队、弦乐队、剧艺社等获得较大发展,不仅在校内为广大同学演出,还多次为党和国家领导人、各界群众公演。如 1958 年 10 月曾到政协礼堂为中央领导和政协委员作整场演出;1959 年 4 月,一百多团员在上海交大礼堂与和平剧场公演;1964 年 10 月,清华合唱队 100 多人参加了在人民大会堂举行的大型音乐舞蹈史诗《东方红》的演出;等等。③ 清华学生文艺社团对丰富学生生活、提升学生文艺素养起到了十分重要的作用。④

综上所述,新中国成立初期,中央教育部对高等教育即进行院系调整,但鉴于各种因素,主要是维持原状,进行小范围改革。1952 年全国大规模院系调整则是一次根本性改革,为清华大学工科发展提供了良好契机,培养了大批杰出的工业建设人才,他们听从祖国召唤,奋斗在各行各业、各条战线,在社会主义建设事业中做出了不可磨灭的贡献。但不可否认,文理科院系及师资的调离造成了清华大学整体学科设置失衡,不利于学校的长远发展。正如蒋南翔所言:"一九五二年全国高等学校的院系调整有很大成绩,但是有某些措施是不够妥当的。……我们认为学习苏联

---

① ② 清华大学校史研究室:《清华漫话》,第 78 页。

③ 方惠坚、张思敬:《清华大学志》(上册),第 628~637 页。

④ 清华大学校史研究室:《清华漫话》,第 79~80 页。

经验进行院系调整在总的方面是对的,这使我国高等教育更加适应社会主义建设的需要,但当时没有更多地考虑到不要破坏我国原有的基础和传统,对于我国过去学习英美资产阶级的方法办了几十年教育,其中某些有用的经验也没有采取批判的态度来吸收,而有一概否定的倾向。工科和理科是有密切联系的,当代最新的技术科学都需要坚实的理论基础,美国著名的麻省理工学院就是把工科和理科办在一起的,如果个别学校如清华大学参考他们的经验,兼办理科与工科,未尝没有好处。"[1]正是基于上述思想认识,蒋南翔一方面着眼于世界科学技术发展趋势,一方面结合国家重大战略需求,从 1955 年起陆续建立了新技术专业及新系,并有意识地发展应用理科,在一定程度上弥补理学院调整出去的不足,为以后的学科布局打下了根基。

---

① 金富军:《面向工业化建设的院系调整》,《清华人》,2008 年第 3 期。

"文革"时期清华大学工科的变动

"文化大革命"期间，清华大学正常的教学、科研工作秩序被完全打乱，该时期系科设置变动较大。但广大师生同心协力，克服种种困难，在"逆境"中取得了一定成果。

第一节 "文革"前期清华大学工科的停顿

1966年5月，中共中央政治局扩大会议在北京举行，于5月16日通过了《中国共产党中央委员会通知》(即《五·一六通知》)，此后，"文化大革命"全面展开，学校也开始半停课进行文化革命运动。6月13日中共中央、国务院决定将高等学校招生工作推迟半年①，后又相继暂停研究生招生工作②，以及推迟选拔、派遣留学生工作③。至此，学校已陷于全面停课状态。清华大学也被迫停课参加运动，6月8日北京新市委工作组进校，蒋南翔校长和大批干部被批斗。7月29日，工作组撤销。

1966年8月8日，中国共产党八届十一中全会通过《关于无产阶级文化大革命的决定》，即《十六条》，规定："在各类学校中，必须贯彻执行毛泽东同志提出的教育为无产阶级政治服务、教育与生产劳动相结合的方针，使受教育者在德育、智育、体育几方面都得到发展，成为有社会主义觉悟的有文化的劳动者。学制要缩短。课程设置要精简。教材要彻底改革，有的首先删繁就简。学生以学为主，兼学别样。也就是不但要学文，也要学工、学农、学军，也要随时参加批判资产阶级的文化革命的斗争。"④清

---

① 《中共中央、国务院关于高等学校招生工作推迟半年进行的通知》(1966年6月13日)，陈大白：《北京高等教育文献资料选编(1949—1976)》，第881页。

② 《高等教育部关于暂停1966年、1967年研究生招生工作的通知》(1966年6月27日)，陈大白：《北京高等教育文献资料选编(1949—1976)》，第881~882页。

③ 《高等教育部关于推迟选拔、派遣留学生工作的通知》，陈大白：《北京高等教育文献资料选编(1949—1976)》，第882页。

④ 《中共中央关于无产阶级文化大革命的决定》(1966年8月8日通过)，陈大白：《北京高等教育文献资料选编(1949—1976)》，北京：首都师范大学出版社，2002年，第887页。

华大学自工作组撤离之后,由以各系学生为主的校文革临时筹委会主持学校运动和日常工作,后又成立红卫兵组织,全校停课闹革命。① 1967 年 10 月底,根据中央《关于大、中、小学校复课闹革命的通知》,清华大学开始复课。②

第二节 "文革"中期清华大学工科的恢复

1968 年 7 月 22 日,毛泽东在《从上海机床厂看培养工程技术人员的道路(调查报告)》上批注:"大学还是要办的,我这里主要说的是理工科大学还要办,但学制要缩短,教育要革命,要无产阶级政治挂帅,走上海机床厂从工人中培养技术员的道路。要从有经验的工人农民中间选拔学生,到学校几年以后,又回到生产实践中去。"③7 月 27 日,工宣队进驻清华,接管了学校的全部领导权④,于 31 日宣布"教职员工在校内恢复一切正常活动"⑤。1969 年 5 月,清华开始试办校办厂车间,包括"无线电系半导体专业师生员工组成'五七'教育革命排,生产平面晶体三极管;工物系办起'727'工厂晶体车间,生产碘化钠晶体;工化系办医用同位素车间"。⑥ 6 月—7 月,"根据工宣队负责人传达的周恩来总理对水利系教育革命的指示精神,水利系派调查小组赴河南三门峡、河北岳城、浙江新安江、湖北丹江口等水库进行调查。之后水利系师生员工 200 余人在工宣队带领下到三门峡去参加水库改建、黄河踏勘调查及举办教育革命试点班"。⑦后于 1970 年 5 月,工宣队又决定将水利系迁到三门峡。⑧

1969 年 8 月 15 日,北京市召集有关局、厂会议布置清华师生下厂劳动问题。⑨8 月 21 日,工宣队和校革委会发出《关于我校师生下厂进行教育革命的几项要求》,要求师生"在工人阶级领导下,积极参加生产劳动,

① 《"文化大革命"期间的清华大学》,http://xs. tsinghua. edu. cn/docinfo/board/boarddetail. jsp? columnId＝00301&parentColumnId＝003&itemSeq＝5759。
② 清华大学校史研究室:《清华大学一百年》,北京:清华大学出版社,2011 年,第 291 页。
③ 《从上海机床厂看培养工程技术人员的道路(调查报告)》,《人民日报》,1968 年 7 月 22 日第 2 版。
④ 方惠坚、张思敬:《清华大学志》(上册),第 96 页。
⑤ 清华大学校史研究室:《清华大学一百年》,第 293 页。
⑥⑦⑧⑨ 清华大学校史研究室:《清华大学一百年》,第 296 页。

老老实实接受工农兵再教育,做工农兵的小学生,在三大革命实践中,彻底改变旧思想。"①10月,大批教职员被派往江西鲤鱼洲农场劳动"接受再教育",不少人染上血吸虫病,身心受到严重损害。② 此外,为了三线建设战备需要,1965年中央批准将清华大学等四所院校迁出部分专业至三线地区建设建立分校(院)。经蒋南翔校长选定四川绵阳龙山下涪江边的青义灯塔公社为校址,开始修建清华大学绵阳分校。1970年春,无线电系几百名教职员工进入绵阳分校。

　　"文革"爆发后,高等院校招生工作全面停顿。1970年3月,北京大学、清华大学向中央呈交关于招生(试点)的请示报告,"广大革命师生员工经过三年无产阶级文化大革命的锻炼,特别是'七二七'以后,在宣传队的带领下,高举党的九大团结胜利的旗帜,活学活用毛泽东思想,深入三大革命运动实践,与工农兵相结合,接受再教育,提高了阶级斗争和路线斗争觉悟,精神面貌有了很大变化"。③ 同时提出,"一年来,通过教育革命的实践,初步积累了有关招生、课程设置、教材改革、教学方法以及建立'三结合'教师队伍等方面的经验,建立了部分教学、科研、生产三结合的基地。目前已具备了招生的条件"。④清华、北大拟定于上半年开始招生,共计4100名。⑤关于具体招生意见,《报告》提出,大学的培养目标是:"遵照毛主席'我们的教育方针,应该使受教育者在德育、智育、体育几方面都得到发展,成为有社会主义觉悟的有文化的劳动者'的教导,培养高举毛泽东思想伟大红旗、无限忠于毛主席、无限忠于毛泽东思想无限忠于毛主席的革命路线的全心全意为社会主义革命和社会主义建设服务的有文化科学理论、又有实践经验的劳动者。"⑥各专业分别二年至三年,学习内容包括:"遵照毛主席'以学为主,兼学别样,即不但学文,也要学工、学农、学军,也要批判资产阶级'的教导,紧密结合三大革命运动实践,设置:以毛主席著作为基本教材的政治课;实行教学、科研、生产三结合的业务课;以备战为内容的军事体育课。文、理、工各科都要参加生产劳动。"⑦6月27日,

---

　　① 清华大学校史研究室:《清华大学一百年》,第296页。

　　② 方惠坚、张思敬:《清华大学志》(上册),第5页。

　　③④⑤⑥ 《北京大学、清华大学关于招生(试点)的请示报告》,陈大白:《北京高等教育文献资料选编(1949—1976)》,第934页。

　　⑦ 《北京大学、清华大学招生(试点)具体意见(修改稿)》(1970年5月27日)陈大白:《北京高等教育文献资料选编(1949—1976)》,第934页。

获中共中央批准。1970年下半年，清华大学开始招收"工农兵学员"，学制三年（连同补习文化课共三年半），共六届，培养本科毕业生13671人，专科生2682人。"工农兵学员来到学校，'上大学，管大学，用毛泽东思想改造大学'，把学校的教育革命推向了一个新的阶段。"[①]但招收的工农兵学员均系推荐入学，文化程度参差不齐，如1970年招收学员2842名，"其中小学258名（占总数9.1%），初中1935名（占68.1%），高中535名（占18.5%），中专109名（占3.8%），上过大学的7名（占0.2%）"[②]，给教学带来了极大困难。这一时期，广大师生力克时艰，教师认真教书，学生刻苦学习。

工农兵新学员入学

（清华大学校史馆提供）

1970年8月各系为第一届工农兵学员制订初步教学计划，1971年3月各系又作了修订。"一般为：毛泽东思想课占总时间的20%，学农、学军各占5%，学文学工占70%（其中学工15%，设计科研20%，业务理论课35%）。业务理论课教学时间课内外约2300小时，其中数学课300小时（初等数学150小时，高等数学150小时），土建、机械类专业未设物理课"[③]。《1971—1973年清华大学教学、科研、生产工作规划》（初稿）中，提

① 《在贯彻党的教育方针的斗争中培养工农兵学员》（清华大学教育革命情况汇报）（1971年7月），陈大白：《北京高等教育文献资料选编（1949—1976）》，第958页。
②③ 清华大学校史研究室：《清华大学一百年》，第299页。

出"开门办学,大力发展厂校挂钩,根据对口、就近、长期、稳定的原则,建立与校外工厂及科学院等科研单位的全面协作","目前实行厂校挂钩的基本形式是,固定挂钩,互为基地,工厂是学校的生产实践基地,学校是工厂的研制试验基地;工地办学,实行教学、科研、施工三结合;走出去,请进来,开展科研生产协作;设立校外办学点,短期下厂劳动实习。"①1971年制定的教学计划贯彻了"始终以阶级斗争为主课"的工农兵学员入校后办学指导思想②,具体见表7-1。

表7-1 1971年制定的部分专业教学计划与学时比例(三年制)

	房屋建筑专业		汽车专业		计算机专业	
	学时	百分比(%)	学时	百分比(%)	学时	百分比(%)
毛泽东思想	1218	20	1354	20	1400	20
学军课	288	5	338	5	350	5
学农课	192	3	338	5	350	5
学工课	198	3	2378	35	2600	38
基础课(含专业基础)	1140	18.5	960	14	750	11
专业课	3100	50.5	1400	21	1450	21
总计	6136	100	6768	100	6900	100

[资料来源:方惠坚、张思敬:《清华大学志》(上册),北京:清华大学出版社,2001年,第119页]

1970年,"根据清华大学专业体制调整方案,全校拟定设置三厂、七系、一连、一个基础课和两个分校,即试验化工厂、汽车厂、精密仪器及机床厂;电力工程系、自动化系、化学工程系、土木建筑工程系、水利工程系、工程物理系、工程力学数学系;机修连、基础课、四川绵阳分校、江西分校(试验农场)。"③其中,"汽车厂由冶金系、动力系的汽车专业和综合机械厂、设备机械厂组成,计划生产中(小)型军用汽车,年产500至1000辆,人员逐步扩大到1500人,带动汽车、铸造、锻压、焊接、金属热处理5个专业的教学。"④专业方面变动较大,"当时,将原动力机械系的锅炉、燃气轮

① 清华大学校史研究室:《清华大学一百年》,第300页。
② 方惠坚、张思敬:《清华大学志》(上册),第119页。
③ 方惠坚、张思敬:《清华大学志》(上册),第69页。
④ 清华大学校史研究室:《清华大学一百年》,第297页。

机等专业与原电机工程系的电机、发电、高压等专业合并成立电力工程系;将原电机工程系的电器、工业企业自动化专业与原动力机械系的热能动力装置专业中的热力设备自动化专门化及热工测量专业等合并成立工业自动化系;将冶金系与原农业机械系的汽车拖拉机专业、精密仪器及机械制造系的机械制造专业和机械厂合并,成立清华大学汽车制造厂"。[①]同年,"又经调整,将工程力学数学系计算数学专业的一部分转入自动控制系,组建计算机软件专业,又将无线电电子学系留在北京的电视专业和半导体车间并入自动控制系,其系名改为电子工程系。"[②]此外,"土木建筑工程系改为建筑工程系,工程化学系改称化学工程系,工程力学数学系改为工程力学系"。[③] 至 1970 年底,清华大学本部设电力工程系、机械制造系、精密仪器系、水利工程系、建筑工程系、电子工程系(电子厂)、工业自动化系(后改称自动化系)、工程物理系、化学工程系、工程力学系等 10个系。1969 年开始,水利系师生陆续到河南三门峡水库进行"开门办学",1970 年水利系迁往三门峡,1972 年又迁回,保留了水利系三门峡办学基地。

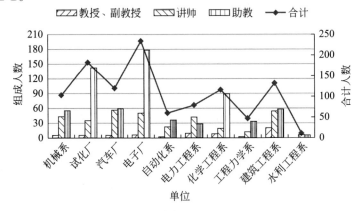

图 7-1　1971 年 5 月清华大学工科各处(校内)教师人数及组成结构分布图

[资料来源:方惠坚、张思敬:《清华大学志》(上册),北京:清华大学出版社,2001 年,第 497页;注:未包括 1970 年留校的 800 多新教师及江西农场、四川分校、水利系三门峡基地教师]

---

① 方惠坚、张思敬:《清华大学志》(上册),第 69 页。
② 方惠坚、张思敬:《清华大学志》(上册),第 69 页。
③ 方惠坚、张思敬:《清华大学志》(上册),第 69 页。

第三节 "文革"后期清华大学工科的发展

1971 年 4 月 15 日至 7 月 31 日,全国教育工作会议在北京举行,会议提出"教育必须突出无产阶级政治,用政治统帅业务,把转变学生的思想放在首位。要坚持以学为主的原则,上好政治课和社会主义文化课,保证教学时间和质量。要把学文和兼学别样结合起来,坚持理论和实践的统一。工农兵学员在学习过程中仍要参加实践,在实践的基础上着重向理论方面学习。要重视基础理论课教学。反对单纯学理论和轻视理论学习的两种偏向。要发扬艰苦奋斗的作风,继承抗大的革命传统。"①

1971 年 9 月,林彪集团反革命政变被粉碎,周恩来主持中央日常工作,政治、经济、外交等方面工作有了新的转机。② 鉴于工农兵学员基础较为薄弱,1972 年何东昌主持学校教改组工作后,根据周恩来关于加强基础理论等指示,着手整顿教学秩序,修订教学计划,对 1970 年入学的工农兵学员中文化程度低的学员集中补习数学等基础课,对 1972 年入学的学员试行半年预科以补习文化基础,并增加系统理论教学学时。③ 如 1972 年3 月 31 日,校教改组提出《第二届学员教学计划安排意见》,4 月 5 日校常委会上原则通过。《意见》规定,"增加半年、810 学时补习文化基础,基础课实行统一组织领导;3 年半共 186 周中安排教学周 143 周(占总周数76%);在 5434 个教学学时中,建议理论课教学与实践环节(包括设计、科研等)的比例为 2∶1。据此各系制订的第二届学员教学计划中,业务课理论教学时间增加 1/2,即由第一届的 2300 学时增到 3600~3900 学时。"④此外,1972 年全校有 30 个专业、约 1400 多名师生到 40 多个工厂、工地和科研单位进行现场教学和实习劳动,到校外工厂、工地调研、学习和劳动的教职工达 10510 人次。⑤

---

① 陈大白:《北京高等教育文献资料选编(1949—1976)》,第 965 页。
② 《60 大事件之 1960—1969》,http://www.360doc.com/content/10/0912/03/867749_52997814.shtm。
③ 方惠坚、张思敬:《清华大学志》(上册),第 119 页。
④ 清华大学校史研究室:《清华大学一百年》,第 302 页。
⑤ 清华大学校史研究室:《清华大学一百年》,第 304 页。

此外,1971 年 8 月 15 日,当时下放汽车厂劳动的蒋南翔在讨论会上作《关于高等学校的培养目标和校办工厂的意见》的发言,他指出:"对于理工科大学的清华大学来说,它的培养目标,'应该而且必须注意到它区别于技工学校、中等技术学校的特殊要求'。清华大学现在所存在的问题,是'对特殊性的要求有所忽视'、'对于'专',没有提出明白的、确定的要求,甚至回避这个问题','生怕一提出对于教学质量的应有的严格要求,就将被视为'穿新鞋走老路',上纲上线','如果理工科大学只学中专水平的科学技术知识',那么理工科大学'只是起了中等技术学校的作用'。还指出:教学、科研、生产三结合,应当是'以学为主,以办学为轴心的三结合',而'实行厂带专业','这是实行以办厂为轴心的三结合','设想清华汽车厂带动铸工、锻压、汽车、焊接、金相五个专业,这是不现实的'。'就以汽车专业来说,也不能由清华汽车厂来完全带动'。"①1973 年 2 月,校教改组发出《关于校内新工人业务培训的试行意见》,"对现有新工人(即新教师)850 人进行培训,培训方案除试办研究班外,要求全校开设共同课程(高等数学、物理、工程力学、电工基础、电子学、机械设计),各系开专业基础课,在二三年内,1964 年入学的 70 届毕业生每人安排1000 小时左右,1965 年入学的 70 届 00 字班毕业生每人安排 1600 小时左右进行培训。"②

除加强理论学习外,这一时期学校还要求强化理论研究,如 1973 年 4月开展关于加强理论研究讨论会,提出:"清华大学的科学研究,基本是从1958 年开始的。过去在原子能、电子技术、水利、化工、焊接、计算机程序控制机床等方面虽取得一定成果,但是由于反革命修正主义路线、洋奴哲学、爬行主义的破坏,1960 年以后一些项目下马,工程技术上照搬外国多,忽视独创性的理论研究;即使有些理论工作,也因严重'三脱离',成效不大。这些教训是深刻的。1968 年 7 月 27 日工人阶级登上上层建筑,在毛主席的无产阶级革命路线指引下,清华大学教育革命蓬勃地开展起来,科学研究也在 1970 年以后逐步开展。通过不断批判×××、林彪反革命修正

---

① 清华大学校史研究室:《清华大学一百年》,第 301 页。
② 清华大学校史研究室:《清华大学一百年》,第 304 页。

主义路线,提高了广大师生员工的路线觉悟,以较少的人力、物力,较快地取得了 48 项成果和阶段成果。知识分子与工农相结合,广大教师深入实践,为理论研究创造了有利的条件。如建工系厂方结构空间作用研究小组等,在深入现场取得第一手资料的基础上,理论上总结出较符合实际的新结论。"①并进一步强调,"目前大多数专业结合解决工程技术问题进行一些专题理论研究,是必要的,但要进一步克服只搞产品研制,忽视理论研究的现象。近代技术发展表明,基础学科和技术学科理论的发展,可以引起生产上重大的技术改革。在这方面学校开展工作很少,要有重点地加强。全校专业按主要学科基础可分八类,即电子和自动化,核能利用,机械及力学,建筑结构,化工化学,材料科学,热工技术,电磁技术。要根据我国社会主义建设的需要和科学技术发展在这些方面选择重点学科研究方向,例如计算机科学和数字控制技术,抗震抗爆结构的力学,黄河泥沙的冲淤问题等。考虑到材料的更新对促进科技发展有广泛的影响,我校又有六个材料方面的专业,拟创造条件在材料科学的基础理论方面选择个别重点进行研究。要尽可能使专题研究、技术学科和基础理论的研究相互结合起来,并重视长远起作用的课题。……此外,发展新的实验技术和编写反映国内外科学技术新成就的教材也应作为理论研究的重要内容。……学校专业设置,过去受苏联影响,理工机械分家,有些专业分工过细、面窄,不适应科学技术的新发展。今后拟按以工为主,理工结合的原则,逐步增设个别理科专业。并在专业中积极慎重地进行革新内容、放宽专业口径的试验。……工科理论研究力量较弱,应选拔一些又红又专的教师侧重向理论方面提高。要注意加强新教师的培养,并选拔少数出国进修。每个教研组要定方向,定要求"。② 该年,清华大学制定关于安排"以学为主,兼学别样"的试行意见,规定 3 年半共 182 周,教学活动(学文、学工) 142 周,占 68%③,如表 7-2 所示。

---

① 《清华大学关于加强理论研究讨论纪要》(1973 年 4 月 11 日),陈大白:《北京高等教育文献资料选编(1949—1976)》,第 989~990 页。

② 《清华大学关于加强理论研究讨论纪要》(1973 年 4 月 11 日),陈大白:《北京高等教育文献资料选编(1949—1976)》,第 990 页。

③ 方惠坚、张思敬:《清华大学志》(上册),第 119 页。

表 7-2　1973 年教学计划各类活动安排

	周数	百分比(%)	一年级	二年级	三年级	第七学期
教学活动(包括学工)	142	78	41 周	38 周	40 周	23 周
学农	4	2.2	1		3	
学军(包括拉练、民兵教育)	3	1.7		3		
战备施工	2	1.1		2		
入学教育、期中和毕业总结	3	1.7	1	1		1
建校劳动	2	1.1	1		1	
机动	7	3.8	2	2	2	1
节假日	19	10.4	6	6	6	1
总计	182	100	52	52	52	26

[资料来源：方惠坚、张思敬：《清华大学志》(上册)，北京：清华大学出版社，2001 年，第 120 页]

这一时期，许多教师虽身处逆境，但在重重困难和巨大压力下，坚持开展科学研究，并取得优秀成果。如 1973 年，"机械系教授潘际銮和其他教师合作，研制成'节能逆变焊机'。这种焊机节省材料、省电、电弧稳定。""1974 年在工厂开门办学时，根据工厂需要，将旋转直流焊机改装成'脉冲钨极氩弧焊机'，把交流焊机改装成'脉冲稳弧焊机'，不仅满足了生产需要，而且为 1984 年获国家发明一等奖的'新型 MIG 焊接电弧控制法(QH-ARC 法)'的研制作了理论和技术上的准备。"[①]

再如 1974 年，高景德在《清华、北大理工学报》第 1 卷第 1 期上发表科学论文《与串联电容相连的异步电动机的自激区》。"高景德在受到批判、打击的情况下，仍努力钻研业务，他发展和深化了电机复数分量法的理论和方法，创造性地研究了串联电容引起的交流电动机自激的课题，写出《串连电容引起的电动机自激》一书(1978 年，科学出版社出版)。应用他发展的理论和方法，为江西、青海、山西等地的电力系统和石油化工厂解决了若干重要技术问题"。[②]

---

① 清华大学校史研究室：《清华大学一百年》，第 306 页。
② 清华大学校史研究室：《清华大学一百年》，第 309 页。

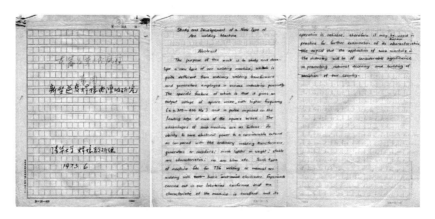

潘际銮等《新型逆变焊接电源的研究》手稿

（清华大学校史馆提供）

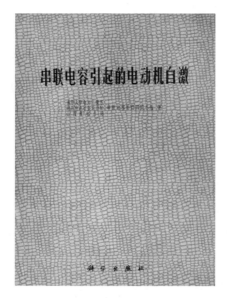

高景德《串联电容引起的电动机自激》

（清华大学校史馆提供）

　　1975 年，"水利系教授钱宁在郑州召开的黄河泥沙研究工作协调会上，做《黄河流域不同地区来水来沙对下游河道冲淤的影响》的报告。这是 1974 年钱宁在参加治黄规划中组织清华、黄委会、水电部第 11 工程局的教师和技术人员，分析黄河下游 103 次洪峰造成的淤积量的资料得出的成果,从黄河中游43万平方公里的水土流失区中,找出了造成下游淤积量占80%的10万平方公里的粗泥沙产区,第一次明确重点集中治理黄河中游粗泥沙来源区。这项成果是治黄认识上的一个重大突破,后来获1982年国家自然科学二等奖"。①

此外,1974年上半年,"全校一、二年级105个班中,先后有96个班(占总数91%)3147名学员,及735名教职工,共计3882人到校外84个工厂工地、农村、部队开门办学。同时结合128项典型产品和典型工程,20多项专题研究,109项技术革新开展教学活动"。② 1975年3月24日,"清华农村分校在大兴县团河清华农场开学。分校设农机、农电、农水、农建4个专业,学制暂定一年,学习过程为半工半读、勤工俭学。招收社来社去学员近500人。学习朝阳农学院经验,与有关生产队建立固定联系,实行开门办学,'几上几下'、'社来社去',毕业后继续当农民"。③ 1975年3月31日,"本校业余大学举行欢迎新学员大会。新学员1500多名来自北京市140多个工厂及本校校办厂。设有机械、自动化、汽车、化工等10个专业,学制分别为半年、一年或两年,每周学习时间为两个晚上、一个下午"。④1975年,电子系计算机专业一年级计42班学员,到电子仪器车间实行半工半读,工人、学员、教师混合编班,在干中学习。⑤该年新增了一些专业,如"建筑工程系增设抗震工程专业,水利系增设治河泥沙专业,电子工程系增设微电机专业,工程物理系增设重同位素分离专业。全校10个系和绵阳分校共有52个本科专业。"⑥1975年清华大学专业设置见表7-3。此外,1975年下半年还接受了来自"阿尔巴尼亚、柬埔寨、新西兰、巴勒斯坦、菲律宾、塞内加尔、苏丹、多哥、民主也门等9个国家21名留学生入学,分别到建工系、电子系、精仪系、自动化系、水利系的有关专业学习"。⑦

---

① 清华大学校史研究室:《清华大学一百年》,第309页。
② 清华大学校史研究室:《清华大学一百年》,第308页。
③④⑤ 清华大学校史研究室:《清华大学一百年》,第310页。
⑥ 方惠坚、张思敬:《清华大学志》(上册),第74页。
⑦ 清华大学校史研究室:《清华大学一百年》,第311页。

表 7-3　1975 年清华大学专业设置表

系名	专业名称
精密仪器系	机床设计与制造 光学仪器 陀螺仪及导航仪器
工程物理系	反应堆材料 反应堆工程 反应堆控制 射线测量及方法 放射化工 放射性污物处理 重同位素分离 加速器
机械制造系	汽车设计 铸造工艺及设备 锻压工艺及设备 焊接工艺及设备 金属材料
工业自动化系	工业自动化 热工量测自动化 可控硅元件
电力工程系	电力系统及自动化 电机 高电压技术及设备 锅炉 燃气轮机
化学工程系	高分子合成材料 基本有机合成 化学工程 非金属材料
工程力学系	流体力学(试办射流技术) 工业热工 固体力学(试办机械强度及振动)
建筑工程系	建筑学 房屋建筑 地下建筑 暖气通风 工业给水及废水处理 抗震工程
水利工程系	水利工程建筑 水电站动力机械 治河泥沙 农田水利
电子工程系	电子计算机 计算数学 无线电技术 微电机 陀螺导航及控制系统 自动控制元件
四川绵阳分校	雷达 激光 多路通讯 电真空器件 半导体器件

[资料来源:方惠坚、张思敬:《清华大学志》(上册),北京:清华大学出版社,2001 年,第 74~75 页]

　　综上所述,历时十年的"文化大革命"动乱,给清华带来了深重的灾难。1976 年"四人帮"的粉碎,标志着"文化大革命"结束,国家发展进入了一个新的历史时期。清华经过拨乱反正、恢复整顿迅速走上准确轨道,伴随着改革开放的号角,开始了伟大变革时代的新征程。

8

改革开放后清华大学工程教育的快速发展

改革开放以来,清华大学着眼世界科技发展和国家现代化建设需要,主动适应时代要求,提出建设世界一流大学的目标,不断调整、优化学科设置,实现由多科性工业大学到以工科为主体,兼有理科、管理学科和人文学科的新型综合性大学的转变。其中,按照"理工结合、文理渗透"的发展战略,结合学科特点,对工科院系进行较大调整,积极推进教育教学、人事制度、科研体制等方面的深化改革,以改革促发展,构建了多层次、多类型的工程教育人才培养体系。

第一节 改革开放后清华大学工科院系的沿革历程

清华大学工程学系自 20 世纪 20 年代成立,历经发展,特别是 1952 年院系调整后,成为学校的优势学科,为社会发展培养了大批工程技术人才。改革开放以来,清华大学继续发挥工科优势,并结合社会发展需求和自身实际,通过实施"211 工程"、"985 工程"及"双一流"建设,不断调整学科发展方向,促进工科与理科、文科、艺术学科等的交叉融合,提高学校整体办学水平,加快迈向世界一流大学的步伐。

一、恢复与调整工科布局(1977—1993)

十年"文革"动乱给中国社会的发展带来了严重破坏,也进一步拉大了中国与世界的差距。改革开放新时期,各项工作的重心开始转移到经济建设上来,但科技人才的匮乏在很大程度上制约了现代化建设,尽快恢复和发展高等教育成为当务之急。该时期,邓小平等中共中央领导对教育问题给予高度关注,作出一系列重大战略决策,为新时期中国教育改革与发展指明了方向。如 1977 年 5 月 24 日,邓小平在同中央两位同志的谈话中提出:"我们要实现现代化,关键是科学技术要能上去。发展科学技术,不抓教育不行。靠空讲不能实现现代化,必须有知识,有人才。……科研人员美国有一百二十万,苏联九十万,我们只有二十多万,还包括老弱病残,真正顶用的不很多。"①8 月 4 日,邓小平主持科学和教育工作座谈会,他在讲话中指出:"要实现四个现代化,要赶超世界先进水平,究竟从何着手?看来要从科研和教育着手。一讲科研,就离不开教育。现在科研人员后继乏人。科研人员来源可以从生产单位直接选拔、培养,但大量的还是靠大学,特别是尖端科学和理论方面的人才。所以要把大学办好。"②1978 年 4 月 22 日至 5 月 16 日,全国教育工作会议在北京召开,邓小平就提高教育质量、加强革命秩序和纪律、教育事业同国民经济发展要求相适应和尊重教师劳动等问题发表讲话。同年 12 月 18—22 日,具有伟大历史意义的中共十一届三中全会在北京召开,确定全党工作重心转移到经济建设上来及全面改革开放的战略决策,对高等教育事业的发展提出了新的要求、提供了新的机遇。

现代化建设进程及经济产业结构转型的加快,电子通信、计算机等新技术产业快速兴起,对高等教育提出了新的要求。为加快科技人才的培养,1977 年 10 月 28 日至 11 月 16 日,教育部召开重点高等学校应用科学和新技术学科规划会议,制订了机械学、电子学、土木建筑、化学工程学、材料科学和工程热物理等 14 门应用科学与新技术学科规划草案。为适应未来科技发展和社会对人才培养的需要,清华大学从 20 世纪 80 年代初开始不断进行学科布局与结构调整,加强学科建设。其中,工科院系的结构及其建制、名称等发生了较大改变。如 1978 年原动力机械系部分从电力工程系中分出,改名为热能工程系,机械制造系改名为机械工程系,精密仪器及机械制造系改名为精密仪器与机械学系,化学工程系恢复工程化学系名称;同年,学校决定撤销四川绵阳分校,在校本部恢复无线电电子学系,整个回迁工作至次年 5 月完成;1979 年,电子工程系改名为计算机工程与科学系;1980 年,工程化学系改名为化学与化学工程系,决定建筑工程系分为建筑系、土木与环境工程系,决定成立汽车工程系(原热

---

① 邓小平:《尊重知识 尊重人才》(1977 年 5 月 24 日),《邓小平同志论教育》,北京:人民教育出版社,1990 年,第 24 页。

② 《邓小平在科学和教育工作座谈会期间(8 月 4 日~7 日)的讲话和插话》,冷溶、汪作玲:《邓小平年谱(1975~1997)》(上),中央文献出版社,2004 年,第 172 页。

能工程系所属汽车专业、内燃机专业属汽车工程系)，电力工程系名称恢
复为电机工程系；1984 年，学校决定将计算机工程与科学系改名为计算机
科学与技术系；等等。① 至 1985 年初，工科方面共有 15 个系，"新兴技术
专业比重较大，包括计算机，信息系统与控制技术，微电子学，光电子学，
核能与应用，新型材料和生物工程技术等。传统工程专业中计算机的应
用已普及，在加强理论基础和新兴技术专业结合两方面进行更新。"②

　　1985 年 5 月 15 日—20 日，中共中央、国务院在北京召开全国教育工
作会议，讨论了《中共中央关于教育体制改革的决定（草案）》，研究了实
行教育体制改革的步骤和措施。5 月 27 日，中共中央颁布《关于教育体
制改革的决定》，指出："党的十二届三中全会关于经济体制改革的决定，
为我国社会生产力的大发展，为我国社会主义物质文明和精神文明的大
提高，开辟了广阔的道路。今后事情成败的一个重要关键在于人才，而要
解决人才问题，就必须使教育事业在经济发展的基础上有一个大的发
展。""教育必须为社会主义建设服务，社会主义建设必须依靠教育。社会
主义现代化建设的宏伟任务，要求我们不但必须放手使用和努力提高现
有的人才，而且必须极大地提高全党对教育工作的认识，面向现代化、面
向世界、面向未来，为 90 年代以至下世纪初叶我国经济和社会的发展，大
规模地准备新的能够坚持社会主义方向的各级各类合格人才。"③第一次
全国教育工作会议的召开及《中共中央关于教育体制改革的决定》的颁
布，明确了教育改革的目标、规定了相应的发展方针和策略，使我国高等
教育事业的发展进入了一个新的阶段。根据国家的教育发展战略，按照
学校"着重提高，在提高中发展"的方针，1985 年 8 月在清华大学第七次
党代会上李传信代表上届党委作题为《巩固整党成果，深入改革，着重提
高，加快学校建设》的工作报告，提出建设世界一流大学的奋斗目标："从
现在起的十年，是清华大学逐步进入世界第一流著名大学的行列，成为高

---

　　① 清华大学校史研究室：《清华大学一百年》，北京：清华大学出版社，2011 年，第 69~
370 页。

　　② 《清华大学近几年工作简况》(1985 年 3 月 15 日)，陈大白：《北京高等教育文献资
料选编（1977—1992）》，北京：首都师范大学出版社，2008 年，第 480 页。

　　③ 中共中央关于教育体制改革的决定(1985 年 5 月 27 日)。陈大白：《北京高等教育
文献资料选编（1977—1992）》，第 491~492 页。

水平的具有中国特色的社会主义大学的重要发展阶段。"①这是第一次在学校正式重要文件中明确建设"世界一流大学"是学校的长远战略目标。为实现这一奋斗目标,学校在中央的方针、政策指引下,积极解放思想、转变观念,不断深化改革,提高办学水平和效益。1988年,制订了《清华大学综合改革与建设方案》,提出建设世界一流大学的长远目标需要分阶段地逐步实现,"本世纪末,要建成高水平的以理工为主的综合大学,使一些重点学科和重点实验室达到国际水平,把清华大学建设成为我国培养高级专门人才和发展科学技术文化的重要基地之一"。并强调,"今后五年(1989~1993),是实现学校发展目标的一个重要阶段"。② 该时期,为推动世界一流大学的阶段性发展,建设一流学科,清华大学对工科等院系的设置进行了较大调整,同时将一些工科系和专业组建相应的学院,以加强学科大类的建设。例如,1985年10月,决定将化学与化学工程系分为化学系、化学工程系;1988年,成立建筑学院,下设建筑系、城市规划系及城市规划研究所、建筑技术科学研究室、建筑历史与文物建筑保护研究室;同年9月,学校将分散在机械工程系、化学工程系、工程物理系中的金属材料、无机非金属材料、核材料科学三个专业组成材料科学与工程系,并将三个专业合并为材料科学与工程一个专业,把专业内的界限进一步淡化;11月,校务会议通过水利工程系改名为水利水电工程系;1989年3月,学校通过将电机工程系改为电机工程与应用电子技术系,无线电电子学系改为电子工程系。③

二、凝练重点、优化结构,建设工科优势学科群(1994—2011)

1992年9月,学校在关于抓住有利时机、进一步深化改革的意见中指出:"我国的经济建设和改革开放进入了一个加快发展的新阶段。我们要深刻领会和全面落实今年初邓小平同志视察南方的重要谈话和3月中共中央政治局全体会议的精神,抓住当前有利时机,进一步解放思想,加快

---

①　李传信:《巩固整党成果,深入改革,着重提高,加速学校建设——在中国共产党清华大学第七次代表大会上的工作报告》(1985年8月21日),清华大学档案,目录号党办,案卷号85031。

②　《清华大学综合改革与建设方案》(1988年11月),《清华大学一览》,1986年。

③　清华大学校史研究室:《清华大学一百年》,第377~404页。

学校各项工作的改革步伐，为实现清华大学事业发展总目标，力争在较短的时间内有一个大的进展，上一个新的台阶。"①再次对加强学科建设提出了明确要求，"大力抓好学科建设，要巩固和发展一批重点学科在国内的领先地位，选择十个左右水平高、基础好的学科点给予重点支持，使其尽快接近和达到国际先进水平。同时，要认真研究现代化建设急需的学科和一些新兴学科的布点"。②

　　1992 年 10 月 12 日—18 日，中国共产党第十四次全国代表大会在北京举行，确定了 90 年代我国改革和建设的主要任务，提出"必须把教育摆在优先发展的战略地位，努力提高全民族的思想道德和科学文化水平，这是实现我国现代化的根本大计"。③ 为了实现党的十四大所确定的战略任务，促进教育更好地为社会主义现代化建设服务，1993 年 2 月 13 日中共中央、国务院印发了《中国教育改革和发展纲要》，提出："为了迎接世界新技术革命的挑战，要集中中央和地方等各方面的力量办好 100 所左右重点大学和一批重点学科、专业，力争在下世纪初，有一批高等学校和学科、专业，在教育质量、科学研究和管理方面，达到世界较高水平。"④根据《中国教育改革和发展纲要》，同年 7 月 15 日国家教委发布《关于重点建设一批高等学校和重点学科点的若干意见》，决定设置"211 工程"重点建设项目，即面向 21 世纪，重点建设 100 所左右的高等学校和一批重点学科点，并做了具体规划。⑤ 8 月，清华大学结合学习贯彻党的十四大精神，在学校暑期党政干部会上提出了有时间期限的建设世界一流大学的奋斗目标："到 2011 年，清华大学建校 100 周年，争取把清华大学建成世界一流的具有中国特色的社会主义大学。"⑥同时，制定了两步走的战略

---

　　①　《清华大学关于抓住有利时机　进一步深化改革的意见》（1992 年 9 月），陈大白：《北京高等教育文献资料选编（1977—1992）》，第 982 页。

　　②　《清华大学关于抓住有利时机　进一步深化改革的意见》（1992 年 9 月），陈大白：《北京高等教育文献资料选编（1977—1992）》，第 983 页。

　　③④　《中共中央国务院印发〈中国教育改革和发展纲要〉》，《人民日报》，1993 年 2 月 27 日第 2 版。

　　⑤　《国家教委关于印发〈于重点建设一批高等学校和重点学科点的若干意见〉的通知》（教重［1993］3 号 1993 年 7 月 15 日）。

　　⑥　清华大学校史研究室：《清华大学一百年》，第 442 页。

部署:"第一步是 2001 年建校 90 周年,使学校的发展适应国家改革和发展的要求,各项工作上一个台阶,为建设世界一流大学奠定坚实的基础。第二步从 2001 年到 2011 年,学校要在几个可比因素方面能够跃居世界一流大学的行列。"①1995 年 12 月,国家计委、国家教委、国家财政部组织预审,同意清华大学"211 工程"可行性研究报告,为学校的快速发展带来了新的机遇。

随着建设世界一流大学进程的持续开展,清华大学不断明晰办学定位,1995 年借鉴国外著名大学办学经验的基础上,根据国情和学校实际,提出了建设"综合性、研究型、开放式"大学的办学模式。② 其中综合性,即实现综合性的学科布局,推进学科的综合发展。这一时期,"为了适应社会主义市场经济的需要,学校对原有的工科专业拓宽面向,调整部分面向过窄、分类不当或设置重复的专业,使专业数从 51 个减为 35 个,建立了一批新兴专业和学科,并注意发挥学校多学科的综合优势,用高技术武装和改造现有专业,走理工结合、跨系、跨学科联合的道路,提高工科的学术水平和承接重大工程的能力"。③ 同时,在进行校系学科建设规划的基础上,筹建核工程与核技术应用、信息科学与工程、能源工程、生命科学与工程、材料科学与工程等学科群,经过若干年努力后可以使某些"学科群"接近或达到世界先进水平。④

1996 年 4 月 10 日,国家教委印发《全国教育事业"九五"计划和 2010 年发展规划》的通知,提出"今后 15 年教育发展的基本指导思想是:根据国民经济和社会发展规划和科教兴国战略切实落实教育优先发展的战略地位,深入推进教育体制改革,优化教育结构,提高教育质量和办学效益,

① 清华大学:《在"三个面向"的指引下推动学校的改革与发展——在北京市纪念"三个面向"题词发表十五周年大会上的发言》(1998 年 9 月 25 日),陈大白:《北京高等教育文献资料选编(1993—1999)》,第 710 页。

② 《贺美英教育文集》编辑组:《贺美英教育文集》,北京:清华大学出版社,2019 年,第 52 页。

③ 清华大学:《明确目标 深化改革 加快建设一流大学的步伐(在全国教育会议上的经验交流材料)》(1994 年 6 月 15 日),陈大白:《北京高等教育文献资料选编(1993—1999)》,第 171 页。

④ 清华大学:《明确目标 深化改革 加快建设一流大学的步伐(在全国教育会议上的经验交流材料)》(1994 年 6 月 15 日),陈大白:《北京高等教育文献资料选编(1993—1999)》,第 171 页。

使教育发展与未来我国社会和经济发展需要相适应。"①其中，"在学科结构上，重点应用学科、有针对性的发展新兴学科和边缘学科，优先保证国家重点产业、教育和国防军工单位对人才的需求。"②根据这一要求，"九五"期间，清华大学以国家现代化建设重大需求为导向，继续加强工程技术学科的群体优势，重点组建"信息科学与技术、核能与核技术、能源工程、先进制造、材料科学与工程等学科群以及一批重点学科的建设规划"，"以便促进学科的交叉、联合，发挥多学科的群体优势；同时，使这些学科群和重点学科成为学校高层次人才培养以及承担国家重大科研项目的重要基地"。③

1998年5月4日，中共中央总书记、国家主席江泽民在庆祝北京大学建校100周年大会上提出："为了实现现代化，我国要有若干所具有世界先进水平的一流大学。这样的大学，应该是培养和造就高素质的创造性人才的摇篮，应该是认识未知世界、探求客观真理、为人类解决面临的重大课题提供科学依据的前沿，应该是知识创新、推动科学技术成果向现实生产力转化的重要力量，应该是民族优秀文化与世界先进文明成果交流借鉴的桥梁。"④同年，教育部制定《面向20世纪教育振兴行动计划》，决定实施"985工程"，重点支持若干所高等学校建设世界一流大学。根据这一指示精神，清华大学在总结已有进展的基础上，于1998年底制定了创建世界一流大学的框架规划，经教育部批准，1999年正式开始实施。此后，学校进一步调整完善学科建设及其结构。如工科学科设置方面，1998年10月决定热能工程系和工程力学系进入机械工程学院⑤；1999年4月，决定成立环境科学与工程研究院⑥；12月，决定在热能工程系空调教研组

---

① 《国家教委关于印发〈全国教育事业"九五"计划和2010年发展规划〉的通知》（1996年4月10日），陈大白：《北京高等教育文献资料选编（1993—1999）》，第419页。

② 《国家教委关于印发〈全国教育事业"九五"计划和2010年发展规划〉的通知》（1996年4月10日），陈大白：《北京高等教育文献资料选编（1993—1999）》，第420页。

③ 清华大学：《有关"九五"期间改革与发展的思路（北京高校领导干部会议经验交流材料）》（1996年2月10日），陈大白：《北京高等教育文献资料选编（1993—1999）》，第397页。

④ 江泽民：《在庆祝北京大学建校一百周年大会上的讲话》（1998年5月4日），《人民日报》，1998年5月5日第1版。

⑤ 《清华大学校务会议公告》，第184期。

⑥ 《清华大学校务会议公告》，第193期。

和建筑学院建筑技术研究所的基础上组建建筑技术科学系,隶属建筑学院①;2000年1月,决定在土木工程系和水利水电工程系的基础上成立土木水利学院②,下辖土木工程系和水利水电工程系,同时筹建工程管理系③;4月,决定成立建设管理系,隶属土木水利学院④;8月,决定成立工业工程系,隶属于清华大学机械工程学院,原属于精密仪器系的工业工程专业以及教师并入工业工程系。⑤

进入21世纪后,在"985工程"支持下,清华大学获得了快速发展,并不断探索新时期办学新思路。2001年4月29日,在清华大学90周年校庆上江泽民总书记提出:"大学应该成为科教兴国的强大生力军。要继续提高高等教育的质量,加快高等教育事业的发展,努力在全国建设若干所具有世界先进水平的一流大学。清华大学提出要建设成世界一流大学。希望你们向着这个目标不懈努力。一流大学应该坚持正确的办学思想,注重形成优秀的办学传统,形成鲜明的办学风格,发展优势学科,努力建设一支高素质、高水平的教师队伍,为国家和民族的兴旺发达做出贡献。一流大学应该站在国际学术的最前沿,紧密结合先进生产力的发展要求,依托多学科的交叉优势,努力进行理论创新、制度创新、科技创新,特别要抓好科技的源头创新,并推动科技成果加速转化为现实生产力。"⑥此次大会上,校长王大中郑重宣示:"清华大学确立了建设综合性、研究型、开放式的世界一流大学的奋斗目标,争取在2011年,即建校一百周年之际,使清华大学跻身于世界一流大学行列。"⑦2002年11月,党的十六大确立了2020年全面建设小康社会的奋斗目标。在学习十六大精神的过程中,清华大学校领导班子结合国家发展战略,重新审视学校改革和发展的阶段目标,于2003年初步拟定"三个九年、分三步走"的总体发展规划,即:

---

① 《清华公报》,1999年。
②③ 《清华大学校务会议公告》,第205期。
④ 《清华大学校务会议公告》,第207期。
⑤ 《清华大学校务会议公告》,第225期。
⑥ 江泽民:《在庆祝清华大学建校九十周年大会上的讲话》(二〇〇一年四月二十九日),《人民日报》,2001年4月30日第1版。
⑦ 吴敏生、吴剑平、孙海涛:《跨越世纪清华梦——王大中校长十年启示录》,北京:清华大学出版社,2015年,第42页。

"1994—2002 年,调整结构,奠定基础,初步实现向综合性的研究型大学的过渡;2003—2011 年,重点突破,跨越式发展,力争跻身世界一流大学行列;2012—2020 年,全面提高,协调发展,努力在总体上建成世界一流大学。"①

2001 年 10 月,教育部《关于做好普通高等学校本科学科专业结构调整工作的若干原则意见》特别提出,"国家未来发展急需的高新技术类专业人才、高层次经营管理人才供给不足,面向地方经济建设的应用型人才培养薄弱等。而这些问题的解决,要求高等学校以积极发展高新技术学科和应用学科为重点,努力形成与国家经济、科技和社会发展相适应的人才培养体系。高等院校应拓宽基础,加强素质教育和能力培养。"②改革开放以来,为培养适应社会发展的宽口径人才,清华大学在减少专业的同时,不断增设经济发展所需的学科专业。特别是进入新世纪以来,清华大学在适时创建新兴技术学科的同时,不断加强学科的交叉与融合,提高学科整体水平。③ 如 2004 年 3 月,决定成立微电子与纳电子学系,隶属信息科学技术学院④;4 月,决定成立航天航空学院,下设航天航空系、工程力学系、航空技术研究中心,机械工程学院工程力学系划转航天航空学院,并根据需要进行调整⑤;2007 年 11 月,决定将航天航空系更名为航空宇航工程系⑥;2010 年 12 月,决定成立交叉信息研究院⑦;2011 年 1 月,决定成立环境学院,同时撤销环境科学与工程系建制,下设环境工程系、环境科学系、环境规划与管理系。⑧

经过多年探索和努力,清华大学在学科建设和综合实力方面取得了显著提升。2002 年至 2004 年开展的第一轮国家一级学科评估中,清华大

① 清华大学校史研究室:《清华大学一百年》,第 595 页。
② 王孙禺、刘继青:《中国工程教育:国家现代化进程中的发展史》,北京:社会科学文献出版社,2013 年,第 362 页。
③ 王大中:《建设世界一流大学的战略思考与实践》,《行胜于言——清华大学改革与发展纪实》编写组:《行胜于言——清华大学改革与发展纪实》,北京:清华大学出版社,2011 年,第 6 页。
④ 《清华大学校务会议公告》,第 275 期。
⑤ 《清华大学校务会议公告》,第 278 期。
⑥ 《清华大学校务会议公告》,第 368 期。
⑦ 《清华大学校务会议公告》,第 444 期。
⑧ 《清华大学校务会议公告》,第 445 期。

2004 年 5 月 18 日,航天航空学院成立

(清华大学校史馆提供)

学有 13 个一级学科排名第一,其中工科有 11 个,包括建筑学、水利工程、机械工程、光学工程、仪器科学与技术、动力工程及工程热物理、电气工程、电子科学与技术、信息与通信工程、力学、核科学与技术;2006 年至2008 年开展的第二轮国家一级学科评估中,清华大学有 12 个一级学科排名第一,其中工科有 10 个,包括建筑学、环境科学与工程、电气工程、电子科学与技术、信息与通信工程、控制科学与工程、计算机科学与技术、力学、材料科学与工程、核科学与技术。此外,在国际学科评估中,部分工科也获得了较高的评价。如 2006 年,工业工程系接受以美国工程院院士、密歇根大学教授 Don B. Chaffin 为组长、6 名国际工业工程领域的权威学者组成的评估专家组的评估,"评估报告认为,以美国近 150 所高校工业工程领域的教育和研究水平为参照,清华大学工业工程系的本科教育达到了全美前 20 名的水平。……在不长的时间内,工业工程系取得如此跨越式的发展,正是清华大学本科专业建设的一个缩影。"①再如 2010 年,计算机科学与技术开展国际评估,以图灵奖获得者 John Hopcroft 教授任主席的国际评估专家委员会认为,"清华大学的计算机科学与技术学科已经

① 《建设高水平本科专业》,《行胜于言——清华大学改革与发展纪实》编写组:《行胜于言——清华大学改革与发展纪实》,第 48 页。

崛起成为世界级(world-class)的计算机科学研究与教学机构之一"。①

三、实现内涵式发展,构建世界一流工科(2012—2020)

进入新百年,清华大学深入研究总结百年办学理念和经验,继续推进"三个九年,分三步走"总体发展战略,提出"将世界一流、中国特色、清华风格统一在办学实践中"。2014 年,经中央全面深化改革领导小组批准,清华大学在全国高校中率先启动综合改革,坚持把改革作为加快"双一流"建设的强大动力,走高质量内涵式发展道路。该年 11 月,在清华大学教职工第八届、工会会员第二十次代表大会开幕式上,陈吉宁校长作题为《深入贯彻十八大和十八届三中、四中全会精神,全力推进综合改革,加快转变学校发展模式》的报告,要求深化学校综合改革要着力解决 4 个问题,首先即是怎样把一流大学建设和国家战略有机结合起来,以及在大众化阶段用什么模式建设一流大学等。②

2015 年 11 月,国务院发布《统筹推进世界一流大学和一流学科建设总体方案》,推动实现我国高等教育内涵发展。2017 年 10 月,党的十九大报告指出,"建设教育强国是中华民族伟大复兴的基础工程,必须把教育事业放在优先位置,深化教育改革,加快教育现代化,办好人民满意的教育。……加快一流大学和一流学科建设,实现高等教育内涵式发展。"③党和国家的战略决策和对教育的高度重视,为清华大学加快世界一流大学建设提出了新的要求和新的动力。2017 年,在中共清华大学第十四次党员代表大会上,校党委书记陈旭作题为《扎根中国大地 聚力改革创新 为迈入世界一流大学前列而奋斗》的工作报告,按照党和国家的要求,紧密结合自身的发展使命,进一步提出了与"三个九年,分三步走"战略紧密衔接的中长期发展目标,即:到 2020 年,一批学科达到世界一流

① 清华大学计算机科学与技术系,http://www. cs. tsinghua. edu. cn/publish/cs/4742/index. html。

② 《清华大学教职工第八届、工会全员第二十次代表大会顺利召开》,清华大学新闻网,https://sslvpn. tsinghua. edu. cn/info/1181/,DanaInfo=www. tsinghua. edu. cn,SSL+51020. htm。

③ 习近平:《决胜全面建成小康社会 夺取新时代中国特色社会主义伟大胜利——在中国共产党第十九次全国代表大会上的报告》(2017 年 10 月 18 日),《人民日报》,2017 年10 月 28 日第 1 版。

水平,若干学科进入世界一流前列,基本建成具有中国特色的现代大学治理体系,学校综合实力、办学质量显著提升,为实施"四个全面"战略布局、实现"第一个百年"奋斗目标做出突出贡献,达到世界一流大学水平;到2030年,更多优势学科进入世界一流学科前列,部分学科达到世界顶尖水平,服务国家战略的能力更加突出,在国际学术领域的地位显著提升,治理体系更加成熟完善,形成具有鲜明中国特色、清华风格的高等教育思想和办学模式,迈入世界一流大学前列;到2050年前后,办学声誉获得世界公认,成为学术大师荟萃、全球学子向往的学术殿堂,为实现"第二个百年"奋斗目标和中华民族伟大复兴的中国梦、为促进人类文明进步做出重大贡献,成为世界顶尖大学。①

同年,《清华大学一流大学建设高校建设方案》正式发布。在"双一流"建设中,学校着力构建"学科领域—学科群—学科"三个层次的学科建设体系,制定分类分层次的学科发展途径。根据学校目前不同门类学科的发展模式和发展需求,形成了工程科学与技术、自然科学、人文社会科学与艺术和生命科学与医学四个学科领域。其中工程科学与技术学科领域,"以服务国家创新驱动发展战略为导向,统筹协调国家重大需求和前沿基础研究,加强具有突破性、颠覆性的重大技术研究和创新,不断推动工科领域的建设水平再上新台阶,建成一批国家一流学科,扩大优势学科在国际上的影响力。加快学科内部结构调整,协调好学科传统优势方向和新兴前沿方向的关系,处理好原始创新基础研究与高水平应用研究的关系,建设高水平的科研团队;探索院、系、研究所不同层级的发展模式,通过校-地、校-企合作,促进成果转化"。② 学校根据已有学科的基础和国家学科发展趋势,集成学科领域内相近的学科,突出优势学科,形成20个相互支撑、协同发展的学科群,共涉及48个学科。其中工科学科群包括建筑学科群,土木水利学科群,核科学技术与安全学科群,环境学科群,计算机学科群,机械、制造与航空学科群,仪器与光学学科群,材料与化工学科群,电子信息科学与技术学科群,管理科学与工程学科群,健康

---

① 陈旭:《扎根中国大地 聚力改革创新 为迈入世界一流大学前列而奋斗——在中国共产党清华大学第十四次党员代表大会上的报告》,2017年7月6日。
② 《清华大学一流大学建设高校建设方案》(2017年12月28日)。

科学与工程学科群等。同时,学校还建设 8 个自身具有很强的竞争力且学科知识体相对独立的学科,其中工科 4 个,包括电气工程、力学、动力工程与工程热物理、控制科学与工程等。①

进入新百年来,在国家的大力支持和学校师生的共同努力下,清华大学工科建设较取得了更大进步。如在 2016 年教育部组织第四轮一级学科评估中,清华大学 54 个学科参评,37 个学科获评 A 类,21 个学科获评 A⁺,A⁺ 中工科 15 个,包括力学、机械工程、仪器科学与技术、材料科学与工程、动力工程及工程热物理、电气工程、控制科学与工程、计算机科学与技术、建筑学、水利工程、核科学与技术、环境科学与工程、城乡规划学、风景园林学、管理科学与工程等。同时,根据学科建设和发展的需要,学校聘请国际知名学者对学科发展、师资队伍、人才培养、科学研究等进行评估,并根据评估考核结果对队伍、资源投入进行及时动态调整,推动学科的更新和发展。学校持续保持出色的学科声誉,已经有若干学科达到世界一流水平。如美国新闻与世界报道大学学科排名(2021)清华大学排名世界前 10 的学科数 11 个,其中工程学科排名 1、化学工程排名 1、电气与电子工程排名 1、土木工程排名 2、能源与燃料排名 2、纳米科学与纳米技术排名 2、机械工程排名 3、材料科学排名 3、计算机科学排名 4 等。QS 世界大学学科排名(2021)清华大学排名世界前 10 的学科数 4 个,其中土木与结构工程排名 7、环境科学排名 8、建筑学排名 8、材料科学排名 10 等。

为加快"双一流"建设,持续增强工科的影响力和引领性,2019 年 1 月学校发布《清华大学关于持续深化改革提升工科发展水平的实施意见》,正式推出以创新学术思想和引领技术发展为核心的工科发展计划。②《意见》针对工科目前的状况,提出:"尽管清华工科在整体上已具备较强实力和国际影响力,但仍存在着诸如原创性、颠覆性的重大技术创新成果不足,前沿基础研究深度不够,响应新兴产业发展变革不够迅速,工程研究虚化,工科人才实践教育弱化,工科队伍学术评价标准单一,团队建设机制有待完善,科研成果转化能力不强,国际化办学水平有待提高

---

① 《清华大学一流大学建设高校建设方案》(2017 年 12 月 28 日)。
② 《清华大学关于持续深化改革 提升工科发展水平的实施意见》(清校发〔2019〕1 号)。

等问题和挑战。"①强调,"清华工科发展要准确把握新时代国家建设的形势要求,以服务国家重大战略需求、推动世界前沿科技创新、培育高水平工程科技人才为核心使命,贯彻新发展理念,深度参与国家创新驱动发展战略,并发挥重要的引领作用,不断增强工科的创新能力和社会服务能力"。②并要求清华大学工科要紧抓综合改革和双一流建设的契机,在学科发展、人才培养、队伍建设、平台建设、产学研合作、国际交流等方面持续发力,深化体制机制改革,进一步完善工科建设体系,全面提高人才培养能力等。③同时,根据学校建设世界一流大学的中长期发展目标,《意见》提出了工科发展的阶段目标,即:2020 年,工科整体达到世界一流水平,若干学科进入世界前列;完善工科持续发展的体制机制,基本形成适应经济社会与工程科技发展需要的学科专业新格局;产出一流学术成果,示范引领新时代的工程教育。2030 年,工科整体进入世界一流前列,部分学科达到世界顶尖水平;服务国家战略需求的能力进一步提升,在若干重要工程科技领域引领全球发展;成为世界工程科学与技术的创新发源地之一,成为具备全球胜任力的工程科技人才培养和成长的摇篮。2050 年,工科整体达到世界顶尖水平,实现全球引领,形成具有中国特色的工科发展模式;为建成世界顶尖大学,解决全球重大发展问题,为实现中华民族伟大复兴的中国梦,做出清华工科的贡献。④为实现阶段性目标,其发展思路是落实"工科+"(Engineering +)的整体发展思路,以提升工科发展水平为主要目标,以工程基础研究、学科交叉和工程教育为着眼点,以创新融合为手段,努力推动工程科技人才培养和重大技术突破,强化工科服务国家经济建设的能力。⑤根据学校工科的发展目标,2019 年 4 月在汽车工程系基础上成立车辆与运载学院,这是"清华大学在'双一流'建设中迈出的坚实一步,将支撑我国从汽车大国向出行强国迈进"。⑥

---

① ② ③ ④ ⑤ 《清华大学关于持续深化改革 提升工科发展水平的实施意见》(清校发〔2019〕1 号)。

⑥ 《清华大学车辆与运载学院成立大会举行》,https://news. tsinghua. edu. cn/info/1003/18920. htm。

2019 年 4 月 27 日，车辆与运载学院成立仪式

（清华大学校史馆提供）

第二节 构建多层次、多类型工程教育人才培养体系

人才培养是学校的根本任务。改革开放以来，清华大学主动适应社会发展对科技人才的需要，研究高等工程教育规律，以培养创新精神和实践能力为重点，深入推进教学改革，不断修改完善培养方案和课程设置，全面提高工程技术人才培养质量。

一、持续深化教学改革，不断提高本科生培养质量

"一流大学和一流学科建设的关键在于培养一流的人才，本科教育是培养一流人才最重要的基础，也是最能体现学校传统和特色的地方。一流本科教育是一流大学的底色，没有本科教育水平的提升，就很难实现建设世界一流大学的目标"。① 改革开放以来，清华大学不断探索教育教学模式改革，强调厚基础、强实践、求创新，实施因材施教，提升工科学生的人文素养，促进通识教育与专业教育、个性化培养的有机结合，努力培养卓越工程人才。

---

① 邱勇:《一流本科教育是一流大学的底色》,《光明日报》,2016 年 06 月 21 日第 13 版。

(一) 恢复教学秩序,推动教学计划改革(1977—1993)

"文革"结束后,高等院校拨乱反正,逐步恢复教学秩序。1977 年 9 月,教育部组织召开高等学校工科基础课程教材座谈会,专题研究工科恢复教学秩序的具体事项,包括组织统一编写工科基础课的教材,工科大学的培养目标、专业设置、制订教学计划、加强基础理论教学等问题。① 1978 年 4 月 22 日至 5 月 16 日,全国教育工作会议在北京召开,邓小平就提高教育质量、教育事业同国民经济发展要求相适应等问题发表讲话,明确提出:"为了培养社会主义建设需要的合格的人才,我们必须认真研究在新的条件下,如何更好地贯彻教育与生产劳动相结合的方针。"②同年 9 月,教育部印发《关于高等学校理工科教学工作若干问题的意见》,对本科学制、学时等进行了相关规定。此后,教育部相继制定多项措施加强工科院校教学改革。如 1980 年初,教育部委托部分直属高等工业学校拟定了《教育部关于直属高等工业学校修订本科教学计划的规定(草案)》,提出新的培养目标:"高等工业学校应当培养德、智、体全面发展的高级工程技术人才",具体为高级工程技术人才、高级技术科学人才和高级管理工程人才。"新的培养目标由原来的培养工程师转变为获得工程师的基本训练,突出了夯实基础、专业内容少而精的思想"。③ 4 月 28 日,教育部又发出《关于编审高等学校理工科基础课和技术基础课教材的几项原则(试行草案)》《高等学校理科教材和工科基础课程教材编审委员会暂行工作条例(实行草案)》等。

根据教育部关于直属高等工业学校修订本科教学计划的规定,1980 年 11 月 22 日清华大学校务会议原则通过《关于稳步进行教学改革提高教学质量的几点意见》,要求尽快修订好教学计划,"适当扩大专业面,改变专业口径过窄的情况。进行课程结构的改革,适当减少必修课程,增加选修课程。课程安排和内容上要做到基本理论、实验技术、计算技术和外语这三者的学习和运用不断线"。④ 面对改革开放新形势对人才培养提

---

① 王孙禺、刘继青:《中国工程教育:国家现代化进程中的发展史》,第 335 页。
② 《邓小平在全国教育工作会议上的讲话》(1978 年 4 月 22 日),《邓小平同志论教育》,人民教育出版社,1990 年,第 62~63 页。
③ 王孙禺、刘继青:《中国工程教育:国家现代化进程中的发展史》,第 334 页。
④ 清华大学校史研究室:《清华大学一百年》,第 341 页。

出的新要求,学校根据学科专业特点,提出在本科教学中要打好四个基础:"①自然科学基础,主要指数学、物理、化学、生物、力学等方面的基础知识;②工程技术基础,主要指各类专业和不同学科的技术基础及专业基础课程,以及制图、设计、工艺等工程基本功训练;③人文社会科学知识基础,主要指马克思主义基本理论、文史、法律、经济、管理等方面的基础知识;④语言基础,指汉语和外国语。"①经过初步整顿和调整,学校教学工作逐步恢复,1980 年开始制定规范的教学计划,于次年秋开始执行,并全面试行有计划培养与按学分累计成绩的办法。②根据《清华大学本科教学基本方案》要求,学制为 5 年,学生在校时间 252 周,其中假期 48 周(每年暑假 7 周、寒假 4 周),一般每周课内总学时 18~22,课内外总学时 48,每周至少 4 个晚上为学生自习时间,5 年课内总学时应不超过3200。③如精密仪器系机械制造工艺、设备及自动化专业指导性教学计划见表 8-1。

前章曾介绍,1952 年院系调整后清华大学学习苏联教育经验,将全校课程设置划分为公共课程、基础理论课程、技术基础课程及专业课程。改革开放后,学校根据世界科技发展和国家社会经济建设的需要,在继承历史教学经验的基础上,对课程结构逐步进行更新,将上述四种类型课程中分为必修课、限(指)定性选修课和任选课。其中,必修课占总学时 70%~75%,又分为校定必修课和系定必修课,"校定必修课为政治理论课(共 3 门)、体育、第一外语、微积分、线性代数、普通物理、普通物理实验、普通化学、法律基础、军事理论等,共 12 门;系定必修课由各系自定"。④ 限定性选修课约占 15%~20%,"由各系规定课目,学生按限定条件选修,可以从若干门课程中选修几门达到规定学分,也可以从若干组课程中选择一组,或从每课组中各选修几门"。⑤任选课平均约占总学时的 5%~10%,在教师指导下由学生选修。⑥由表 8-1 可见,精密仪器系机械制造工艺、设备及自动化专业第一、二年主要开设公共课程和基础课程,如英语、数学、

①②③ 陈旭、贺美英、张再兴:《清华大学志》(第一卷),第 176 页。
④⑤⑥ 陈旭、贺美英、张再兴:《清华大学志》(第一卷),第 216 页。

表8-1　1980年制定的精密仪器系机械制造工艺、设备及自动化专业指导性教学计划

第一学期		第二学期		第三学期		第四学期	
中国革命史(1)	2-0-2	中国革命史(2)	2-0-2	体育(3)	0-2-0	体育(4)	0-2-0
体育(1)	0-2-0	体育(2)	0-2-0	大学英语(3)	4-0-4	大学英语(4)	4-0-4
大学英语(1)	4-0-4	大学英语(2)	4-0-4	常微分方程 线性代数	6-0-12	概率与数理统计	3-0-5
数学分析(1)	4-2-10	数学分析(2)	4-2-10			理论力学(1)	3-1-6
专业概论(1)	0.5-0.5-1	专业概论(2)	0.5-0.5-1	普通物理(2)	3.5-0.5-6	普通物理(3)	2.5-0.5-5
实验化学	0.5-2.5-3	普通物理(1)	2.5-0.5-5.5	普通物理实验(1)	0-1.5-2	普通物理实验(2)	0-1.5-2
工程制图(1)	2-2-4	工程制图(2)	2-2-5	工程制图(3)	1-2-3	金属工艺学	5-0-4
				计算机语言及程序(1)	2-0.5-2.5		
				〈金工实习8周〉			
合计	22/24	合计	22/27	合计	23/29.5	合计	22.5/26

第五学期		第六学期		第七学期		第八学期	
政治经济学(1)	2-0-2	政治经济学(2)	2-0-2	哲学(1)	2-0-2	哲学(2)	2-0-2
体育(5)	0-1-0	体育(6)	0-1-0	体育(7)	0-1-0	体育(8)	0-1-0
普通物理实验(3)	0-1.5-2	材料力学(2)	3-1-6	机械零件	4-1-6	测试技术	2.5-0.5-5.5
工程材料	3.5-0.5-4	应用电子学	3.5-1.5-7	控制工程基础	2-0.5-3.5	机械零件课程设计	0-4-5
理论力学(2)	3-1-6	机械原理	5-1-8	液压传动	2-0.5-2.5	机床(概论部分)	2-0-2
材料力学(1)	2-1-5	指定选修课	2-0-2	互换性与技术测量	2-1.5-4	机械制造工艺学	4-0.5-4.5
电路与控制	4-1-6						

续表

第五学期

指定选修课	2-0-2
合计	22.5/27

第六学期

合计	20/25

第七学期

金属切削原理及刀具	3-0.5-3.5
指定选修课	0-2-2
合计	22/23.5

第八学期

经济管理概论	2-0-2
指定选修课	2-0-2
合计	19.5/21.5

指定选修课

组别	课程	学时
第一组	精密加工技术	1-0.5-1.5
第二组	复杂刀具设计	2-0.5-2.5
	机床（设计部分）	2.5-0.5-3
	机床性能及试验	1.5-0.5-2
第三组	机床数字控制	1.5-0.5-2
	机器智能控制基础	1.5-0.5-3
第四组	摩擦学	3-0.5-3.5
	机构动力学	2-0.5-3.5
	齿轮啮合原理	2.5-0.5-3
第五组	测试信号的分析与处理	2.5-0.5-3

第九学期

机械制造课程设计	0-5-5
机械设计课实践	1-4-5
指定选修课	8.5-0.5-9
任选课	2.5-0.5-3
〈实习6周〉	
合计	22/22

第十学期

毕业设计	〈实习3周〉

本专业开设及推荐的任选课

课程	学时	课程	学时
机床的噪声	1.5-0-1.5	机床数控专题	1.5-0.5-2
计算图（诺谟图）	1-0-2	设计学	2-1-3
机床的振动	2-0-2	计算机绘图	1.5-0.5-2
量测电路	1.5-1.5-3	微处理机应用	1.5-0.5-2
液压系统特性分析	2-0-2	特种工艺	1.5-0-1.5
振动理论及其应用	2.5-0.5-2.5		
工艺过程优化及自适应控	1-0.5-1.5		

续表

第九学期		第十学期		指定选修课	
集成电路在控制与量测中的应用	2-0-2			机械系统动态测试与分析	2.5-0.5-3
		计算机辅助曲面设计	2-0.5-1.5	计算机控制基础	1.5-0.5-3
		计算机辅助机械设计	2-0.5-1.5	机器智能控制基础	1.5-0.5-2

毕业设计及实习　/74

总计:3280/470;其中:必修课 2962/361,指定选修课 276/30,任选课 42/5,毕业设计及实习 /74

注:指定选修课可按下述方式选修:①选第四或第五组中的一组;②选第一、第二、第三组中的两组;③科技英语选读(1,2)(周学时均为2-0-2)和专业英语阅读(1,2)(周学时均为0-2-2)为指定选修。

[资料来源:陈旭、贺美英、张再兴:《清华大学志》(第一卷),北京:清华大学出版社,2018年,第177~179页]

物理、化学、工程制图、力学等；第三年主要开设专业基础课，如材料力学、电路与控制、机械原理及指定选修课；第四年主要开设专业技术课程，如机械制造工艺学、液压转动等；第五年主要是毕业设计、实践及指定选修课、任选课等。政治课则分年级开设，如一年级为中国革命史、三年级为政治经济学、四年级为哲学。为加强学生的文化素质，该时期学校逐步为理工类学生开设了人文科学、社会科学及艺术等方面的选修课。精密仪器系机械制造工艺、设备及自动化专业课内总学时为3280，其中必修课约占90%、限定选修课约占8.4%、任选课约占1.3%，均于学校教学基本方案的要求有所差距，学生的专业课程仍相对较重。

1984年4月16日，何东昌在北京高等学校改革座谈会上的讲话中提出："工科教育过去基本上成功的，但外语水平低，经济管理知识教育很差，创造能力不够。现在又产生一个新的问题，实际动手能力差。这些都是不适应的地方。还有专业窄，知识面不够宽。"[①]1985年4月25日，在北京市高校改革工作座谈会上，清华大学副校长方惠坚在介绍教学改革情况时也提出："学校培养工作中主要缺陷是学生的能力不足。在校期间表现为自学能力和实践能力差，毕业后工作期间表现为适应能力和科研能力不够。在教学过程中表现为，学生习惯于听会，不习惯于学会；教师习惯于把学生讲懂，不善于启发引导学生学懂。在培养过程中对优秀人才的培养注意不够。原教学计划的问题是：专业内容狭窄，教学内容偏旧，课内学时偏多，培养模式单一。"[②]清华大学曾于1982年2月至4月召开"文革"后的第一次教学讨论会，即第十六次教学讨论会，提出要总结"文革"后四年的教育工作，对课程改革、教学实践环节等组织专题讨论和交流。1984年2月，清华大学召开第十七次教学讨论会，提出本科教学要遵循"拓宽专业、加强基础、注重实践、培养能力、增强适应性"的思想积极进行改革。针对教学工作存在的问题，该时期学校逐步恢复理科、文科，增设经管学科，实行理工结合、文理渗透；同时，对原有工科类专业采取合并过窄专业、扩大共同基础、分设学科方向等方法拓宽专业。

---

① 何东昌：《在北京高等学校改革座谈会上的讲话》(1984年4月16日)，陈大白：《北京高等教育文献资料选编(1977—1992)》，第407页。

② 中共北京市委教育工作部办公室：《北京市高校改革工作座谈会情况综述》(1985年4月25日)，陈大白：《北京高等教育文献资料选编(1977—1992)》，第483页。

1984 年 4 月,教育部颁布《印发试行〈关于高等工程教育层次、规格和学习年限调整改革问题的几点意见〉的通知》,要求"必须对现有高等工程教育的层次、规格和学习年限进行调整和改革",并提出合理确定高等工程教育层次、规格和学习年限的具体原则,调整、改革的目标等。① 根据这一通知,该年 8 月部属高等工业学校第三次专题研究会上,清华大学、天津大学等六院校提交《修订工科本科教学计划的原则和规定》讨论稿,经讨论修改形成《关于全国普通高等学校修订工科本科教学计划的原则和规定(建议稿草案)》,拟提交同年 11 月召开的高等工程教育第三次专题研究会。但后因形势变化而暂时搁置,由各工科院校参考建议稿,根据自身实际先行修订教学计划。②

自 20 世纪 80 年代中期开始,清华大学以培养德、智、体全面发展的高级科学研究人员、高级工程技术人员、高级工程管理人员为教育目标,从开展教学讨论入手,统一教学改革思想,修订教学计划,实施系列改革措施。如 1985 年修订的教学计划,新增设一批必修课程,约占总学时15% ,主要为三个方面:"一是计算机知识,从增设计算机语言、程序设计等课到开设计算机应用专题课,约 300 学时,一般工科专业学生上机时数达 200 小时左右。二是人文社科知识和经济管理知识,全校共开出 88 门任选课(人文类 51 门、经济贸法类 12 门、社科类 25 门)。三是外语知识,除一、二年级的基础外语外(主要以英语为第一外语),增加了三年级的外语限选课(包括科技外语,报刊阅读,听说课,第五和第六级英语,德、日、法、俄第二外语等),四年级的专业外语阅读。"③同时,相应减少原有必修课程,自 1985 级入学开始实施学分制,逐年增大选修课比例(占总学时比例提高至 20% ~30%),提高学生选课的自由度。④ 此外,为促进跨系选课和加强实践教育,学校改"一学年两学期制"为"一学年三学期制",即"两个 18 周(含期末考试 2 周)以上课为主的秋季、春季学期和一个6 周(后改为 5 周)以实践教学为主的夏季学期;并将 1 学时由 50 分钟

---

① 《关于高等工程教育层次、规格和学习年限调整改革问题的几点意见》,《高教战线》,1984 年第 6 期。
② 王孙禺、刘继青:《中国工程教育:国家现代化进程中的发展史》,第 348 页。
③ 陈旭、贺美英、张再兴:《清华大学志》(第一卷),第 216~217 页。
④ 陈旭、贺美英、张再兴:《清华大学志》(第一卷),第 180 页。

改为 60 分钟(1988 年恢复 1 学时为 50 分钟)。"①其中,夏季学期实践活动主要结合实际生产、设计和科研任务,坚持"真刀真枪"的毕业设计(论文)训练。

1988 年 5 月 17 日至 9 月 10 日,清华大学召开第 18 次教学讨论会,议题为"深化教学改革,提高学生全面素质"。此次教学讨论会针对工科专业方面,提出"减少专业、拓宽基础、柔性设置"(即"少、宽、柔")的原则,"'减少专业'是指,系内要办宽口径专业,一个系办 1~2 个专业,可设置一定数量的专业方向;'拓宽基础'是指,展宽系或学科大的共同基础,重点是技术基础,也包括人文、外语、经管等方面的基础知识;'柔性设置'是指,在高年级的专业课分组、选修有一定柔性,学生选择专业方向人数有一定灵活性,适应社会需求"。② 1989 年,学校对工科专业结构进行了重点调整,"在普遍拓宽专业面的基础上,合并一批学科内容相近的专业"。③ 例如,"电机工程系的发电(电力系统以及自动化)、高压(高电压技术及其信息处理)和电机(电机及其控制)三个专业的学科都很强,在国内都处于领先的地位。全系教师多次讨论,统一认识,将三个专业合并为'电气工程及其自动化'一个专业,明确了'强电与弱电相结合、软件与硬件相结合、元件与系统相结合、信息与能量相结合'的专业建设方向,拓宽了专业技术基础,加强了反映新技术的课程,使传统专业进一步适应科学技术发展,增强优势。电气工程及其自动化专业的改革建设,在全国高校引起重大反响"。④同样,"机械工程系在原铸造、锻压、焊接、金属材料四个专业的基础上进行调整,合并为机械工程一个专业";"自动化系也将自动控制、生产过程自动化、工业仪表自动化三个专业合并调整为自动控制、生产过程自动化两个专业,继而在 1993 年,进一步拓宽专业口径,增加专业弹性,全系只设一个自动化专业"。⑤

---

① 陈旭、贺美英、张再兴:《清华大学志》(第一卷),第 180 页。

② 《建设高水平本科专业》,《行胜于言——清华大学改革与发展纪实》编写组:《行胜于言——清华大学改革与发展纪实》,第 51 页。

③④ 《建设高水平本科专业》,《行胜于言——清华大学改革与发展纪实》编写组:《行胜于言——清华大学改革与发展纪实》,第 51~52 页。

⑤ 《建设高水平本科专业》,《行胜于言——清华大学改革与发展纪实》编写组:《行胜于言——清华大学改革与发展纪实》,第 52 页。

1990年,为适应市场经济需要及提高学生全面素质,学校对本科教学计划再次进行调整,要求:"①加强思想品德教育,马克思主义理论课和人文社会科学课程占课内总学时的(14~15)%;②拓宽专业面,增强学生的适应性,一个系只设1~2个专业,一个系或专业前3~3.5年基础性课程尽量打通,提倡设置弹性专业方向;③加强基础,提高学生思想、文化、科学素养,各类基础、技术基础和专业基础课程学时比例不作调整,增设人文社会科学课程,由任选改为分组限选;④加强实践,理论教学与实践环节的时间比例安排仍保持7∶3;⑤多种形式因材施教,试行双学位制、校优秀生制和二级工培训制;⑥推进课程体系、内容与方法改革,重点抓好课程系列(数学、外语、物理、机械设计、力学、计算机、经管、人文)改革。"①根据要求,此次修订的本科教学计划在课程总体结构上落实"拓宽"的原则,"公共基础课学时门数有所增加,加强了人文社科和计算机方面的课程。增设了人文社科限选课,将其分为历史与文化、文学与艺术、人生观与道德、经济管理四组。为拓宽专业面,技术基础课有所展宽,如大多数工科专业增设了计算机文化基础、计算机技术基础,计算机应用基础等课。有的电类专业如电机系增加了机械热工方面的课程。专业课面展宽,门数增多,每门课学时减少,任选课中普遍增强了跨专业的互选课程"。② 至1992年,教学计划修订完成,工科专业均按5年制制定,如机械设计与制造专业指导性教学计划见表8-2。

此外,自1989—1990学年度汽车系、计算机系、电子系等部分班级试点进行培养过程与生产劳动、实践相结合,学生利用数月至一年参与工程、产品或课题的生产设计开发工作;1991年,学校首次举办"机械设计大奖赛",进一步培养学生实践动手能力及创新意识。③ 1992年5月8日至6月26日,清华大学召开第19次教学讨论会,"深化教育体制改革,改进教学管理运行机制"。会后,学校明确了教学改革的重点,即整体优化培养过程、改革教学内容体系和方法,并提出进一步深化改革的意见:"大力推动教育同生产劳动相结合,当前要特别加强'学、研、产'三结合,并贯

---

① 陈旭、贺美英、张再兴:《清华大学志》(第一卷),第180页。
② 陈旭、贺美英、张再兴:《清华大学志》(第一卷),第217页。
③ 陈旭、贺美英、张再兴:《清华大学志》(第一卷),第134页。

表 8-2　机械设计与制造专业指导性教学计划（1992 年修订版）

	课程名称	学分数	总学时	各学期课内周学时分配								
				一	二	三	四	五	六	七	八	九
校定必修课	中国革命史	4	64	2	2							
	当代资本主义	2	32					2				
	中国社会主义建设	2	32						2			
	马克思主义哲学原理	4	64								2	2
	英语	16	256	4	4	4	4					
	法律基础	2	32	2								
	军事理论	2	32		2							
	体育	6	192	2	2	2	2	2	2			
	普通化学	4	56	3.5								
	普通物理	9	144		5	4						
	普通物理实验	4	80			2.5	2.5					
	微积分	12	192	6	6							
	线性代数	3	56			3.5						
系定必修课	计算机文化基础	3	48	3								
	计算机软件技术基础	4	64		4							
	画法几何及机械制图	8	128	4	4							
	概率与数理统计	3	48				3					
	理论力学	8	128			4	4					
	材料力学	5	80				3	2				
	工程材料	3	48				3					
	材料力学实验	2	40					2.5				
	机械原理	4	64					4				
	机械设计	5	80						5			
	互换性与技术测量	3	48						3			
	金属工艺学	3	48			3						

续表

教学进程计划

类别	课程	学分	学时									
系定必修课	机械制造原理与工艺	4	64								4	
	机械原理课程设计	2	32							2		
	电工技术	4	64					4				
	电子技术(1)	4	64						4			
	电子技术(2)	4	64							4		
	微机原理及应用	4	56							3.5		
	技术经济概论	2	32								2	
	计算机辅助机械设计	7	104				2.5		2	2		
	机床及数控机床概论	2	32							2		
	金属切削原理与刀具	2	32							2		
	制造系统	2	32								2	
	控制工程基础	3	48							3		
	电路专题	1	16							1		
	测试技术	3	48							3		
	机电控制工程	3	48								3	
	文献检索与利用	2	32							2		
	专业英语阅读	4	64							2	2	
限定性选修课		14	224					2	2	2	3	5
任选课		30	480							7	7	16
夏季学期		24	20 周									
毕业设计		20	20 周	安排在第十学期								
总计		265	3592	26.5	29	25.5	27.5	20.5	25.5	24	25	21

夏季学期安排

学年	内容	周数	学分	备注
1	金工实习	4	4	
	公益劳动	1	1	
2	军训	4	2	

教学进程计划

夏季学期安排

学年	内容	周数	学分	备注
3	机械设计课程设计	3	3	
	电路专题	2.5	3	每周2学时
	电子工艺实习	1.5	2	每周半天
4	生产实习	4	4	
	机械制造工艺课程设计	4	4	每周一天

限定性选修课

序号	课程名称	总学时	学期分配	周学时	学分
1	典型机械(1)	48	8	3	3
2	典型机械(2)	48	8	3	3
3	典型机械课程设计(1)	80	9	5	5
4	典型机械课程设计(2)	80	9	5	5
5	第二外语	128	8	4,4	8
6	外语选修	64	8	2,2	4
7	人文社会科学	64	4,5	2,2	2

任选课

序号	课程名称	总学时	学期分配	周学时	学分
1	机械性能实验	32	7	2	2
2	机械振动	40	9	2.5	3
3	机械最优化设计	48	9	3	3
4	集成电子电路	32	9	2	2
5	仿真技术	56	9	3.5	4
6	数控与机器人技术	48	8	3	3
7	计算机控制基础	48	9	3	3
8	摩擦学原理	48	8	3	3
9	监控技术与质量保障	48	9	3	3
10	机构设计	48	9	3	3
11	设计方法学	48	7	3	3
12	控制系统设计与实验	48	9	3	3
13	可靠性设计	48	7	3	3
14	测试信号分析与处理	48	7	3	3

续表

教学进程计划				
任选课				
序号	课程名称	总学时	学期分配	周学时	学分
15	机械系统故障诊断	32	7	2	2
16	光电技术基础	24	7	1.5	2
17	现代设计技术专题	16	7	1	1
18	智能控制	48	8	3	3
19	现代控制概论	48	8	3	3
20	液压传动	48	8	3	3
21	光电技术实验	32	8	2	2
22	现代制造技术专题	16	8	1	1
23	有限元与弹力基础	56	9	3.5	4
24	机构动力学	48	9	3	3
25	控制元件及接口技术	48	9	3	3
26	现代控制技术专题	16	9	1	1
27	工程数学	56	5	3.5	4
28	项目管理	32	9	2	2

说明:除所列课程外,还可选修全校性任选课,最低需选满30分。

[资料来源:陈旭、贺美英、张再兴:《清华大学志》(第一卷),北京:清华大学出版社,2018年,第184~187页]

彻到培养过程之中,全面提高毕业生的素质,努力适应经济建设需要,这不仅是教学改革的重要方面,而且使学校进一步深化改革的重要组成部分。学校要花大力气落实校内、外实践基地建设,结合相应的教学环节,组织研究生和高年级本科生参加企业的技术改造与技术创新、参加地区的高技术产业的形成与发展。① 为了提高学生的实践能力,该时期学校重点加强本科教学实践基地投资建设,改善一批教学实验室条件,充实金工实习装备,建立电子工艺实习基地等,"建立一批相对稳定的校外实践基地,通过多种形式的厂—校结合,使学校成为工厂人才培养和科技协作的

① 《清华大学关于抓住有利时机 进一步深化改革的意见》(1992年9月),陈大白:《北京高等教育文献资料选编(1977—1992)》,第982~983页。

基地,工厂成为学生劳动实习和从事各种实践教学活动的基地"。①

1993 年 10 月,学校根据国家发布的《中国教育改革和发展纲要》的精神,结合学校实际情况,制定了《关于加强本科教学工作的若干措施》(简称"25 条"),提出:深化教学改革,增强学生学习主动性;加强领导,增加教学投入;优化教学队伍,改善教师待遇;严格管理,保证教学质量;改革招生办法,保证生源质量;等等。该年修订的电气工程及其自动化专业教学进程计划见表 8-3。可以看出,这一时期学校一方面注重加强学生在马克思主义理论及人文社会科学方面课程的学习,另一方面强调拓宽学生的基础理论知识、培养学生的实践动手能力等。该年秋季学期,由电机、电子、计算机、自动化等四个电类系新生中选拔组建了两个电类基础实验班,这是"文革"后首次进行的实验班形式的人才培养模式改革的探索。② 此外,学校批准力学系、工物系从 1993 级部分学生开始试行本科和硕士生的 4+2 衔接培养,1992 级部分学生作为过渡参与。此前,核研院已先期在 1989 年、1990 年从各系本科 4 年级学生中招收工程硕士班(共2 个班 25 人),进行"本—硕"衔接培养试验。③ 通过 1980 年至 1993 年间的四次教学计划修订,清华大学克服了以往教学计划安排偏死、偏多及部分内容相对陈旧的状况。④

表 8-3 电气工程及其自动化专业教学进程计划(1993 年修订)

课程编号	课程名称	学分数	总学时	各学期课内周学时分配								
				一	二	三	四	五	六	七	八	九
校定必修课												
062B0101-2	中国革命史	4	64	2	2							
062B0201	当代资本主义	2	32					2				
062B0202	中国社会主义建设	2	32					2				
062B0301-2	马克思主义哲学原理	4	64							2	2	

① 王孙禺、刘继青:《中国工程教育:国家现代化进程中的发展史》,第 349 页。
②③ 陈旭、贺美英、张再兴:《清华大学志》(第一卷),第 135 页。
④ 陈旭、贺美英、张再兴:《清华大学志》(第一卷),第 176 页。

课程编号	课程名称	学分数	总学时	各学期课内周学时分配								
				一	二	三	四	五	六	七	八	九
校定必修课												
064B0101-4	英语	16	256	4	4	4	4					
054B0501	法律基础	2	32		2							
209B0001	军事理论	2	32	2								
072B0001-6	体育	6	192	2	2	2	2	2	2			
044B0102	普通化学	4	56	3.5								
043B0211,23	普通物理	9	144		5	4						
043B0311-2	普通物理实验	5	80			2.5	2.5					
042B0001-2	微积分	12	192	6	6							
042B0005	线性代数	4	56			3.5						
系定必修课												
042B0012	场论与复变函数	3	48				3					
042B0011	概率与数理统计	3	48						3			
042B0014	计算方法	4	56							3.5		
013B0113-4	工程制图与机械基础	8	128	4	4							
033B0608	工程力学	4	64					4				
054B0601	技术经济概论	2	32								2	
151B0101	金工实习	3						16天				
022B2201	FORTRAN语言	2	32	2								
022B1225.27	电路原理	8	128			4	4					
022B1221.23	电磁测量	4	64			1	3					
022B1217	电磁场	4	64					4				
022B0667.69	电机学	7	112					3	4			
025B0202	模拟电子技术基础	6	88				5.5					
025B0201	数字电子技术基础	6	88					5.5				
022B2303	微机原理与应用	4	64							4		

课程编号	课程名称	学分数	总学时	各学期课内周学时分配								
				一	二	三	四	五	六	七	八	九
校定必修课												
022B2205	软件技术基础	4	56								3.5	
022B1219	信号与系统	3	48					3				
022B0231	自动控制原理	4	64							4		
限定性选修课		23	352					2	5	9	6	
任选课		23	200								8	15
人文社科限选		8	128	2	2	2		2				
夏季学期		17	19周									
毕业设计		20	20周									
总计		242	3096	26	27	23	26	22	25	18	21	15

（1）夏季学期安排

学年	内容	周数	学分	备注
1	军训	4	2	
2	电子工艺实习	2	2	
	公益劳动	1	1	
	计算机实践	2	2	
3	认识实习	1	1	
	电子专题实践	3	3	
	热工学	1	1	
4	生产实习	5	5	

（2）限定性选修课

分组	序号	课程编号	课程名称	总学时	学期分配	周学时	学分
A	1	064B0107-8	科技英语（1）（2）	64	5,6	2,2	4
	2	064B0659-60	英美文学（1）（2）	64	5,6	2,2	4
	3		第二外语（1）（2）	128	5,6	4,4	8
	4	064B0507-8	俄语提高班（1）（2）	64	5,6	2,2	4
	5	064B0207-8	日语提高班（1）（2）	64	5,6	2,2	4
	6	064B0111-2	英语六级阅读（1）（2）	64	5,6	2,2	4
	7	064B0113-4	英语六级后（1）（2）	64	5,6	2,2	4

分组	序号	课程编号	课程名称	总学时	学期分配	周学时	学分
B	1		人文社会科学	128	2,3,4,6	2,2,2,2	4
C	1	022B2207	优化原理	48	7	3	3
	2	022B0233	可靠性原理	48	7	3	3
	3	022B0671	随机信号分析	48	7	3	3
	4	022B0445	现代电磁测量	48	7	3	3
D	1	022B0201	电力系统稳态分析	48	6	3	3
	2	022B0203	电力系统暂态分析	48	7	3	3
	3	022B0673	电力电子技术	48	7	3	3
	4	022B0661	电力传动与控制	56	8	3.5	4
	5	022B0401	电绝缘及测试技术	48	7	3	3
	6	022B0405	电器原理及应用	40	8	2.5	3

说明:①A、C组,每人每组必选一门;

②B组共四类,每人每类必修一门;

③D组为专业选修课,每人选修五门;

④对C、D组课程允许超额选修,学分计入任选课学分。

(3)方向任选课组

分组	序号	课程编号	课程名称	总学时	学期分配	周学时	学分
A	1	022B0209	电力系统继电保护	48	8	3	3
	2	022B0247	电力系统自动装置	32	9	2	2
	3	022B0207	发电厂工程	48	9	3	3
	4	022B0211	发电系统实验	32	9	2	2
	5	022B0213	继电保护设计	16	9	1	1
B	1	022B0421	电场数值分析及应用	48	9	3	3
	2	022B0409	过电压及其防护	48	8	3	3
	3	022B0451	绝缘诊断技术	48	8	3	3
	4	022B0403	现代试验技术专题	64	9	4	4
C	1	022B0601	电机设计(1)	64	9	4	4
	2	022B0609	电机电磁场	64	9	2.5	3
	3	022B0605	电机过渡过程	40	9	2.5	3
	4	022B0613	电机量测	32	9	2	2
	5	022B0611	电机控制系统	40	9	2.5	3

续表

分组	序号	课程编号	课程名称	总学时	学期分配	周学时	学分
D	1	022B0605	电机过渡过程	40	9	2.5	3
	2	022B1001	电力电子系统的微机控制	32	9	2	2
	3	022B1003	电力电子系统的建模与仿真	32	8	2	2
	4	022B1005	现代变流技术	32	8	2	2
	5	022B0611	电机控制系统	40	9	2.5	3

说明：A、B、C、D组，每人必须选其中一组的四门课程，并任选一门其他组课程；

A组为电力系统及其自动化方向；

B组为高电压技术及其信息处理方向；

C组为电机及其控制方向；

D组为电力电子技术方向。

(4)任选课

序号	课程编号	课程名称	总学时	学期分配	周学时	学分	备注
1	022B2213,15	英语听力训练	64	1,2	2,2	4	
2	022B9005-6	专业英语	64	7,8	2,2	4	
3	022B2223	科技英语听力与写作	40	7	2.5	2	
4	022B0443	物理与技术的新发展(英语)	40	8	2.5	2	
5	022B0235	最优控制原理与应用(英语)	32	9	2	2	
6	022B2219,17	计算机语言(C,PASCAL)	48	6	3	3	
7	022B2221	计算机辅助绘图	48	8	3	3	
8	022B0227	通讯与信息技术	48	9	3	3	
9	022B0821	医学模式识别	48	8	3	3	
10	022B0677	新能源利用	40	9	2.5	2	
11	022B0101	文献检索	16	9	1	1	
12	022B0242	电力系统调度自动化与经济运行	32	9	2	2	
13	022B2231	现代电工技术讲座	32	8	2	2	
14	022B0205	电力系统动态学	32	9	2	2	

序号	课程编号	课程名称	总学时	学期分配	周学时	学分	备注
15	022B0419	电气工程中的数理统计	32	9	2	2	
16	022B0425	强电流脉冲放电技术	32	9	2	2	
17	022B0663	机辅电机优化设计	32	9	2	2	
18	022B0621	电机技术的新发展	32	9	2	2	
19	022B2229	电磁兼容性原理	32	9	2	2	
20	022B0615	微电机	32	8	2	2	
21	033B0525	工程动力学	48	8	3	3	
22	022B2227	计算机文化基础	16	8	4	4	
23	023B0417	激光与激光技术	64	8	4	4	
24	022B0603	电机设计（2）	32	9	2	2	

说明：①每人至少选 22 学分，在限定性选修课 C、D 组和方向任选课组中超过规定选修学分数，可计入任选课学分；②连续两年达不到开课人数的任选课将自动那个从教学计划中删除。

[资料来源：方惠坚、张思敬：《清华大学志》（上册），北京：清华大学出版社，2001 年，第 129~133 页]

（二）实施通识教育基础上的宽口径专业教育（1994—2011）

1994 年 6 月 14 日，江泽民在全国教育工作会议上提出："教育与生产劳动相结合是坚持社会主义教育方向的一项基本措施。……学生适当参加一些物质生产劳动，应成为一门必修课，不是可有可无，这一点务必要充分认识和高度重视。为了落实教育与生产劳动相结合的原则，要从几个方面做好工作。一是学校要结合自己的实际情况把这件事列入教学计划，统筹安排。二是各级教育部门要进行具体指导和督促检查。三是各级党委和政府要加强领导。四是有关方面要积极支持和配合，为学生参加生产劳动提供必要条件。"①清华大学于 1985 年开始探索试行学分制，1994 年全面推行，"在更大的范围内，根据学生的基础、才能、志趣、特长进行因材施教；可以充分调动学生的积极性，让他们的才能和创造性得以

---

① 江泽民：《在全国教育工作会议上的讲话》（1994 年 6 月 14 日），《人民日报》，1994 年 6 月 20 日第 1 版。

充分发挥。"①为满足全面推行学分制的需要，1994年再次对教学计划进行调整。此次调整，工科五年学制的课内学时由3500调至3200左右，学分为220(含毕业设计)，理论教学与实践的周数比为7∶3。② 同时，为加强学生实践能力和创新意识培养，清华大学对传统的实践性教学环节进行了改革试验，形成了具有自身特色的实践教学模式。如1996年开始实施"大学生研究训练(Students Research Training，简称SRT)"计划，组织学生课外参加各种科学研究工作。③

　　1995年11月6日至1996年1月4日，学校召开第20次教学讨论会，围绕"为21世纪中国现代化建设培养更多全面发展的各类高层次人才"这一主题，重点讨论了工科系分批试点本硕贯通培养、加强工程类硕士研究生培养等，并研究制定了《工科专业统筹规划本科——硕士培养计划的工作意见》(试行方案)、《加速工科类型研究生培养的若干措施》、《加速推进课程结构及内容体系方案改革》等改革措施及实施方案。其中本科—硕士统筹培养方案共6年，本科阶段为4年(建筑学专业5年)，分基础学习、提高学习和论文工作三个阶段，"学生在三年级末，根据本人志愿、学习成绩与综合能力，按照三个方向分流：①直接进入本科—硕士统筹培养方案，第四年结束时，完成从本科到研究生学籍转换的审定和转换；②按照学科交叉培养复合型人才的原则，同时攻读第二学士学位；③不进入本科—硕士统筹培养，也不攻读第二学士学位的学生，按四年计划年限完成学士学位，本科毕业。"④根据安排，工科院系分两批进入统筹培养计划：第一批试点系为电子、计算机、自动化、机械、精仪、电机、化工等七个系的1996级学生，已入学的1995级比照执行(工程物理系、工程力学系在原1993级试点的本科—硕士4+2培养方案基础上，也转入新的统筹计划运行)；其余的第二批进入，即1997级进入统筹培养，1996级比照实行，1995级不进入。各工科院系制定本—硕统筹培养方案，同时为便

　　① 清华大学：《在"三个面向"的指引下推动学校的改革与发展——在北京市纪念"三个面向"题词发表十五周年大会上的发言》(1998年9月25日)，陈大白：《北京高等教育文献资料选编(1993—1999)》，第709页。

　　② 陈旭、贺美英、张再兴：《清华大学志》(第一卷)，第191页。

　　③ 陈旭、贺美英、张再兴：《清华大学志》(第一卷)，第340页。

　　④ 陈旭、贺美英、张再兴：《清华大学志》(第一卷)，第191页。

于安排课程和指导选课,配套制定了指导性教学计划。①

面临世纪之交,清华大学于 1997 年 10 月至 1998 年 3 月开展教育思想大讨论,明确新形势下学校的培养目标为"高素质、高层次、多样化、创造性"人才。1998 年 7 月,学校根据教育部新的《普通高等学校本科专业目录》要求调整相应专业,按照"横向拓宽、纵向贯通"的原则制定了宽口径培养目标。2000 年 11 月 9 日至 2001 年 12 月 31 日,学校召开第 21 次教育工作讨论会,主题为"把握新世纪的全球变革趋向,以国家振兴为己任,加速教育创新,开创人才培养和教育工作的新局面"。② 各系根据这一改革思路,不断完善学分制,制定新的培养方案,实行本硕统筹培养,"按照'分阶段、有统筹'的教学进程安排,从比较狭窄的专业对口教育转向'在通识教育基础上的宽口径专业教育'。"③如土木工程专业本硕统筹本科阶段培养方案(2000 级)见表 8-4。

表 8-4 土木工程专业本硕统筹本科阶段培养方案(2000 级)

一、基本学分学时:本科培养阶段总学分 201,其中课程总学分 168,夏季学期实践环节 18 学分,学士学位综合论文训练 15 学分。

二、课程设置与学分分布(课名后的数字单位为学分)

(一)体育、外语公共课程 20 学分(其中必修 16,限选 4)

1. 体育 8 学分(其中:必修 4,限选 4)

2. 外语 12 学分[其中:英语(1)、(2)、(3)各 3,清华大学英语水平考试Ⅰ为 3;通过清华大学英语水平考试Ⅰ者,其英语(1)、(2)、(3)课程记为通过,并一次获满 12]

(二)人文社会科学基础课 22 学分(其中必修 19、限选 2、任选 1)

毛泽东思想概论	3(必修)	邓小平理论概论	3(必修)
马克思主义经济学原理	3(必修)	马克思主义哲学原理	3(必修)
思想道德修养	2(必修)	军事理论	2(必修)
法律基础	2(必修)	可持续发展与环境保护概论	1(必修)
文献检索与利用	2(必修)	人文限选课(2 门)	2(限选)

① 陈旭、贺美英、张再兴:《清华大学志》(第一卷),第 191 页。
② 陈旭、贺美英、张再兴:《清华大学志》(第一卷),第 398 页。
③ 陈旭、贺美英、张再兴:《清华大学志》(第一卷),第 137 页。

二、课程设置与学分分布(课名后的数字单位为学分)

(三)自然科学基础课 38 学分(其中必修 33、限选 5)

1. 数学 22 学分(其中必修 17、限选 5)

微积分(1)	5(建议必修)	微积分(2)	5(建议必修)
几何与代数(1)	3(建议必修)	几何与代数 B(2)	2(建议必修)
计算方法	4(建议必修)	数理方程引论	2
随机数学方法	3	复变函数引论	2
概率论	3	数理统计	3
离散数学及优化方法	3	模糊数学	3
最优化方法	4	高等微积分(1)	5(必修替代课)
高等微积分(2)	5(必修替代课)	高等微积分(3)	5(必修替代课)
高等代数与几何(1)	4(必修替代课)	高等代数与几何(2)	4(必修替代课)
数值分析与算法	3(必修替代课)	几何与代数 A(2)	3(必修替代课)

2. 物理 13 学分(必修)

大学物理(1)	5	大学物理(2)	4
物理实验(1)	2	物理实验(2)	2

3. 化学 3 学分(必修)

大学化学 B	2	大学化学实验 B	1

(四)工程技术基础课 76 学分(其中必修 63，限选 5，选修 8)

1. 计算机技术类(限选 5~6 学分)

计算机文化基础	2	计算机软件技术基础	3
计算机语言与程序设计	3	计算机网络与应用	3
面向对象程序设计	3	网络应用程序设计与开发	3

2. 专业技术基础课(其中必修 63 学分，选修>8 学分)

(1)下列课程中必修 54 学分

土木工程概论	1	工程制图基础	3
土木工程计算机绘图	2	工程结构 CAD 技术基础	2
房屋建筑学	3	测量	4
工程地质	2	建筑材料	3

二、课程设置与学分分布(课名后的数字单位为学分)

(四)工程技术基础课 76 学分(其中必修 63,限选 5,选修 8)

2. 专业技术基础课(其中必修 63 学分,选修>8 学分)

(1)下列课程中必修 54 学分

理论力学 B(1)	3	理论力学 B(2)	3
材料力学(1)	4	材料力学(2)	2
结构力学(1)(中/英)	4	结构力学(2)(中/英)	2
水力学	3	土力学	4
钢结构(中/英)	3	钢筋混凝土结构(中/英)	4
结构试验	2	水工钢筋混凝土	4(必修替代课)
工程力学(1)	4(必修替代课)	理论力学 A(1)	3(必修替代课)
工程力学(2)	3(必修替代课)	理论力学 A(2)	4(必修替代课)
工程力学(3)	3(必修替代课)		

(2)下列课程中选修 9~10 学分,其中必修 4 学分

建筑施工	4(必修)	工程项目管理	3
建筑工程技术经济	2	经济法与建设法规	3
工程合同管理与合同法	3	建筑经济学	2
土木工程施工合同(英)	2	建筑监理概论	2
物业管理	2		

(3)下列课程中选修 8~9 学分

弹性力学	4	塑性力学	2
计算力学	3	实验力学概论	2
弹性力学与有限元基础	2	定性结构力学	1
断裂力学	2	结构稳定	2
交通工程导论	2	结构可靠度	2
岩石力学	2	建筑设备(暖通)	2
建筑设备(给排水)	2	电工与电子技术	4
建筑设计(1)	3	建筑设计(2)	3
土木工程信息技术	2		

(五)专业课 12 学分(限选 6~7,选修 6~7)

1. 在下列课程中限选 6~7 学分

结构矩阵分析(中/英)	2	结构概念设计	2

二、课程设置与学分分布(课名后的数字单位为学分)

(五)专业课 12 学分(限选 6~7、选修 6~7)

1. 在下列课程中限选 6~7 学分

钢结构工程	1	高层建筑及结构抗震	3
基础工程(中/英)	2	桥梁工程	3
公路工程	2	地下结构	2

2. 在下列课程中选修 6~7 学分

土木工程进展	2	混凝土规范介绍	1
地震工程概论(贯通课)	2	钢-混凝土组合结构(贯通课)	2
特殊混凝土结构	2	建筑事故分析与处理	2
钢桥	2	混凝土桥	3
灾害及其对策	1	铁道工程概论	1
航空港工程概论	1	新型建筑材料	1
试验数据处理	2	城市交通规划与管理	2
智能交通系统(ITS)概论	2		

3. 其它建议选修课

GPS 卫星定位原理及应用	2	地理信息系统原理及应用	2
数字摄影测量与数字概论	2	建筑装饰材料	2
人居环境与新材料开发	2	摄影测量	2
房地产导论	2	建筑环境	1
工程安全与安全管理	2	涉外经济法	2
交通经济学	3	交通规划理论	3

(六)实践环节 必修 18 学分

集中军训	2	认识实习	1(1 周)
建筑设计概论	1.5(1.5 周)	测量实习	2(2 周)
工程地质实习	0.5(0.5 周)	砌体结构误程设计	2(2 周)

续表

二、课程设置与学分分布(课名后的数字单位为学分)			
(六)实践环节　必修18学分			
施工实习	4(5周)	混凝土结构设计	3(4学时/周,8周)
钢结构课程设计	2(3学时/周,8周)		
要求:实践环节包括专业认识、基本技能、工程实践和专业训练,对增强工程感性认识、学习基本理论以及专业知识的具体应用具有重要作用。应了解各项实践环节的目的和具体要求,综合运用所学习的知识,完成必要的计算、绘图或现场工作,提交必要的工作成果。			
(七)学士学位综合论文训练　15学分(必修,时间为12~15周)			
综合论文训练:包括文献调研、科研、软件开发等几种形式,也可以对SRT工作进一步完善,通过综合论文训练,初步掌握研究工作、软件开发技术和科技论文写作的基本方法,应提交研究论文和报告。对于贯通培养的学生,其工作内容可与硕士论文相结合。			

[资料来源:陈旭、贺美英、张再兴:《清华大学志》(第一卷),北京:清华大学出版社,2018年,第192~194页]

　　2003年后,信息学院、机械学院、航天航空学院等相继实施大类培养方案。为进一步加强学科交叉与融合,新的培养方案对课程结构及学分比例重新整合,框架见表8-5。课程总学分从170压缩至140,课程门数从70多门压缩至40门左右,集中实践环节学分为30;课程总学时不超过2240,平均周学时20左右。第一、二年开设共同的基础课程,第三、四年开设专业基础及专业课程,其中人文社会科学、数学与自然科学基础课程各占1/4,并规划了10个文化素质教育课组,要求学生覆盖6个课组中选修13学分。[①] 如表8-6为2006级机械大类本科生培养方案。

　　2002年8月,校务会议讨论通过《清华大学2001—2005年教育改革与发展纲要》(简称"40条"),从教育改革的目标和思路、人才培养的基本格局、优化培养方案等方面提出了"十五"期间学校教育教学改革的方向。[②] 2004年,学校召开主题为"加强实践教育,培养创新人才"的第22次教育工作讨论会,进一步加强和完善实践教育。次年10月,校务会议通过《清华大学关于加强实践教育的若干意见》。[③] 为探索多样化拔尖创

---

① 陈旭、贺美英、张再兴:《清华大学志》(第一卷),第199页。
② 陈旭、贺美英、张再兴:《清华大学志》(第一卷),第137页。
③ 陈旭、贺美英、张再兴:《清华大学志》(第一卷),第138页。

表 8-5　理工科专业培养方案框架（2002 年制订）

总门数：约40，总学分:170	理论课程（140 学分）	人文社科类课程（25%，35 学分）	政治理论课(5 门,14 学分)	统筹硕士培养方案
			外语(目标管理,4 学分)	
			体育(4 学分)	
			文化素质教育课程(6 个课组,13 学分)	
		自然科学基类课程（25%,35 学分）	数学类	
			物理类	
			化学、生物类	
		专业相关课程（50%,70 学分）	技术基础课	
			专业基础课	
			专业方向课(按研究生学科方向整合)	
	集中实践环节（30 学分）	夏季学期实践（15 学分）	军事理论与技能训练	
			基础技能训练:金工实习、电子工艺实习、计算机基础实习	
			专题研究训练:专题实验、课程设计、SRT 训练	
			工程(社会)实践:认识实习、生产实习、专业实习、社会实践、社会调查	
		综合论文训练(15 学分)		

［资料来源:陈旭、贺美英、张再兴:《清华大学志》(第一卷),北京:清华大学出版社,2018 年,第 199 页］

表 8-6　机械大类本科培养方案（2006 级）

一、基本学分学时:本科生培养方案总学分 170 左右,其中春秋学期课程总学分 140 左右,夏季学期实践、实验和综合论文训练等实践环节共计 30 学分左右。

二、课程设置与学分分布(课名后的数字单位为学分)

(一)人文社会科学类课程 35 学分

1.思想政治理论课程 (共 4 门 14 学分)

思想道德修养与法律基础	3	中国近现代史纲要	3
马克思主义基本原理	4		
毛泽东思想、邓小平理论和"三个代表"重要思想概论			4

2.体育 4 学分(第 1~4 学期必修,每学期 1 学分;第 5~8 学期为体育专项,不设学分,其中第 5~7 学期为限选,第 8 学期为任选)

二、课程设置与学分分布(课名后的数字单位为学分)

(一)人文社会科学类课程 35 学分

3. 外语 4 学分(目标管理,外语水平考试 I 4 学分)

4. 文化素质课程 13 学分(在八个课组中选修,其中必须包含 2 门文化素质核心课程)

(二)自然科学基础类课程 36 学分

1. 数学 7 门 ≥21 学分

必修课 5 门 16 学分

微积分(1)	3	微积分(2)	3
微积分(3)	4	几何与代数(1)	4
几何与代数(2)	2		

在下列课程中选修 ≥5 学分

随机数学方法	3	概率论与数理统计	3
数理方程引论	2	复变函数引论	2

2. 物理 12 学分(大学物理中、英文均可选修,但同名课程不得中英文同选)

大学物理 B(1)	4	大学物理(1)(英)	4
大学物理 B(2)	4	大学物理(2)(英)	4
物理实验 A(1)	2	物理实验 A(2)	2

3. 生物与化学类 3 学分

大学化学 A	3	大学化学实验 B	1
现代生物学导论	2	现代生物学导论实验	1

(三)信息技术基础课程 10 学分

1. 电工电子类课程

电工技术与电子技术(1)	4	电工技术与电子技术(2)	4
电工与电子技术	4	电工技术	3
电子技术	4		

2. 计算机应用基础类

计算机文化基础	2	计算机程序设计基础	3
实用软件技术基础	3	计算机硬件技术基础	3

3. 信号与系统基础

信号与系统	4		

(四)机械大类核心课程(36~40 学分)

1. 设计与制造类 4 门 12 学分

机械设计基础 A(1)	3	制造工程基础(二选一)	3
机械设计基础 A(2)	3	制造工程基础(二选一)	3
机械设计基础 A(3)	3		

二、课程设置与学分分布（课名后的数字单位为学分）

（四）机械大类核心课程（36～40学分）

2. 力学与材料类　3门　11学分

材料力学	4	理论力学	4
工程材料A	3		

3. 热学与流体类课程　3门　11学分

工程热力学	4	流体力学（二选一）	4
传热学	3	流体力学（二选一）	3

4. 测量检测与控制工程基础　2门　6学分

测量与检测技术基础（二选一）	3	控制工程基础（二选一）	3
测量与检测技术基础（二选一）	3	控制工程基础（二选一）	3
热工过程参数测试与控制	4		

（五）专业方向课（24学分）

1. 机械工程及自动化专业课组（机械工程系）

（1）技术基础及专业基础课程　7学分

材料加工工程概论	1	工程材料基础	3
材料加工原理	3		

（2）专业课程　10学分

机电控制系统实践	2	机械系统微机控制	3
材料加工工艺	3	材料加工系列实验	2

（3）专业选修课程　5学分

课组Ⅰ		课组Ⅱ	
有限元分析	2	无损检测与评估	3
制造过程管理信息系统	2	人工智能在机械加工中应用	2
现代材料分析技术	3	液压传动与控制	2
激光加工概论	2	机器人工程基础及应用	2
特种加工工艺	2	检测技术探索与创新实验	2
工艺过程仿真	2	功率电子技术及应用	2
复合材料	2	信号处理	3
激光加工技术基础	2	机械系统计算机仿真	2
快速成型技术	2	控制工程基础系列实验	1

（4）任选课程　2学分

系统工程学	2	质量管理学	2
科研思维方法	2	科技商务	2
产品设计与开发	2	航空航天材料及其应用基础	2
生命体的人工制造	1	文献检索与利用（理工类）	1
生物材料工程与器件	2	其他院系课程	

二、课程设置与学分分布(课名后的数字单位为学分)

(五)专业方向课(24学分)

课组Ⅰ		课组Ⅱ	
2. 机械工程及自动化专业课组(精密仪器与机械学系)			
(1)专业必修课　5门　10学分			
现代设计技术	3	现代制造技术	3
机械系统课程设计	2	光学工程基础	2
(2)专业选修课　5门　10学分			
机械振动学	2	摩擦学原理与应用	2
产品数据管理(PDM)技术	2	工业产品造型设计	2
机械创新设计	2	机械故障诊断学基础	2
精密与特种制造	2	绿色制造概论	2
制造系统	2	生产系统规划与设计	2
液压传动与控制	2	制造过程设计与自动化	2
数字控制技术	2	机器人技术与应用	2
光电检测技术	2	微机电系统技术	2
固体光电子技术导论	2	学生在导师指导下课跨专业选修4学分	
3. 测控技术与仪器专业课组(精密仪器与机械学系)			
(1)专业限选课(选择仪器或光学类　4门　12学分)			
仪器类		光学类	
精密仪器设计技术基础	3	光电仪器设计技术基础	3
精密仪器设计实践	2	光电仪器设计实践	2
精密仪器设计	3	光电仪器设计	3
光学工程基础	4	光学工程基础	4
(2)专业选修课(选择仪器类或光学类　5门　10学分,在导师指导下可跨专业选修2学分)			
仪器类		光学类	
测试电路与系统	2	激光技术及应用	2
微机电系统技术	2	光电技术实验	2
模拟电路设计与实践	2	现代光学设计	2
固体光电子技术导论	2	固体光电子技术导论	2
精密测控与系统	2	光电检测技术	2
光盘存储及应用技术	2	光电子及光子学	2
VHDL及其机电系统应用	2	微光学	2

续表

二、课程设置与学分分布(课名后的数字单位为学分)			

(五)专业方向课(24学分)

4. 微机电系统工程专业课组(精密仪器与机械学系)

(1)专业课 6门 14学分

微机电系统机械学	3	微纳米工程材料	3
微纳制造导论	2	微纳米测量与测试技术	2
微机电系统设计	2	光学工程基础	2

(2)专业选修课 3门 6学分(学生在导师的指导下可跨专业选修2学分)

光盘存储及应用技术	2	系统芯片设计实践	2
微结构光电子学	2	微系统控制	2
微电子器件与电路	3	微系统及其应用技术	2
微型传感器	2	微型机电系统前沿	1
固体光电子技术导论	2		

5. 能源动力系统及自动化专业课组(热能工程系)

(1)技术基础课 2门 7学分

燃烧理论	4	应用流体力学	3
制冷技术原理	3	动力系统建模与仿真	3

(2)专业课 8学分(要求在3类课组中交叉选修,即:$A_i+B_i+C_j(i\neq j)$ 或 $\sum C_j+B_i$(B类任选一门))

A类			
热力设备传热与流体动力学	4	动力机械及工程原理	4
流体机械原理及设计	4		

B类			
热能工程课程设计	2	动力机械及工程课程设计	2
流体机械课程设计	2		

C类			
热能工程基础	2	动力机械及工程基础	2
流体机械基础	2		

(3)专业选修课≥10学分

热工实验技术及数据处理	2	受压容器强度	2
联合循环系统	2	热力涡轮机装置	2
热能动力系统	2	弹性力学与有限元	2
流体机械系统仿真与控制	2	液力传动	2

二、课程设置与学分分布(课名后的数字单位为学分)

（五）专业方向课(24学分)

5.能源动力系统及自动化专业课组(热能工程系)

（3）专业选修课≥10学分			
专业英语阅读	2	多相流动基础	2
可再生能源及其利用技术	2	现代热物理测试及分析技术	2
高新科技中的传热学及应用	2	工程声学基础	2
先进控制系统	2	热力系统综合自动化技术	2
动力系统监测与诊断原理	2	制冷技术原理	2
风机原理及设计	2	燃料电池发电技术基础	2
煤炭转化原理机煤化工技术	2	燃气轮机燃烧理论机装置	2

6.车辆工程专业课组(汽车工程系)

（1）专业限选课15学分			
汽车构造(1)	2	汽车构造(2)	2
汽车试验学(1)	1	车试验学(2)	1
汽车发动机原理	3	汽车理论	3
发动机设计	3	底盘设计	3
车身设计	3		

（2）专业选修课 6学分			
汽车工程概论	1	汽车及其动力发展前沿	2
汽车电子与控制	3	美术	2
汽车噪声控制	2	有限元分析基础	2
汽车电器	1	液压原理	2
汽车安全性与法规	1	电子工艺实习B	2
机械CAD技术基础	3	现代汽车制造技术及管理	2
质量工程	2	振动分析基础	2
内燃机燃料供给	2	内燃机增压与增压技术	2
多媒体设计表达	2	汽车营销学	3
智能交通系统	2	燃料电池发动机	2

（3）任选课 4学分

（六）实践环节

军事理论与技能训练	3	大一外语强化训练	2

1.机械工程系 29学分

金工实习B(集中)	3	现代制造系统概论及实验	2
专题训练	3	机械设计课程设计	3
生产实习	3	综合论文训练	15

续表

二、课程设置与学分分布（课名后的数字单位为学分）

（六）实践环节

2. 精密仪器与机械学系　29学分

机械基础实践	3	金工实习C（集中）	2
电路系统设计与实践	2	机械设计综合训练（制造、测试专业）	4
微机电器件与系统（微机电专业）	2	微机电器件设计与仿真实验（微机电专业）	2
生产实习与社会实践	3	综合论文训练	15

3. 热能工程系　26学分

金工实习C（集中）	2	机械设计基础课程设计	2
专业认识实习	3	生产实习（含组织参观等）	4
SRT、科技竞赛（任选）	2~4	综合论文训练	15

4. 汽车工程系　28学分

金工实习A	4	机械设计综合训练	4
生产实习	2	汽车结构拆装实习	2
汽车驾驶实习	1	综合论文训练	15

[资料来源：陈旭、贺美英、张再兴：《清华大学志》（第一卷），北京：清华大学出版社，2018年，第199~204页]

新人才培养模式和机制，信息学院于2006年春季学期启动软件科学实验班教改工作，由图灵奖获得者、清华大学高等研究中心教授姚期智亲自设计、主持并承担教学工作，联合微软亚洲研究院共同合作培养。① 同时，"学校鼓励建立交叉学科专业，或在原有专业中设立交叉学科专业方向，建设一批理工、工程与管理、工程与艺术等形式多样的交叉专业或方向，促进交叉复合型创新人才培养。如工程管理专业体现了工程与管理的结合，被产业界普遍认同；汽车造型与车身设计是机械设计与艺术设计等专业交叉形成的汽车工程新兴专业方向"。②

为贯彻党中央关于提高高等教育质量的要求，2009年5月学校发布了《清华大学关于进一步加强本科教育教学工作促进拔尖创新人才成长

---

① 陈旭、贺美英、张再兴：《清华大学志》（第一卷），第138页。

② 《建设高水平本科专业》，《行胜于言——清华大学改革与发展纪实》编写组：《行胜于言——清华大学改革与发展纪实》，第57页。

的若干意见》(简称"新 25 条"),从树立科学质量观、营造良好的学习氛围、优化培养过程、强化因材施教、加大教学队伍建设力度、重视教学条件建设、完善质量保障体系等六个方面提出了 25 条措施。① 同年 7 月,以"清华新百年人才培养的使命与战略"为主题,学校召开第 23 次教育工作讨论会。在讨论会期间,学校在实施的实验班办学经验的基础上,进行人才培养模式综合改革。2009 年,清华大学推出"清华学堂人才培养计划",将办学优势转化为人才培养优势,计算机科学实验班、钱学森力学班等成为首批项目。同时,学校提出要以实施国家"卓越工程师教育培养计划"为契机,研究和推动新时期工程教育改革,努力培养"研究型、管理型、创新型、国际型"的工程领域的后备帅才。② 2010 年,学校在全部工科院系中启动"卓越工程教育改革计划",并入选教育部"卓越工程师教育培养计划"。③

(三) 建立通识教育与专业教育相融合的本科教育体系(2012—2020)

进入新百年,面对新形势,2013 年至 2014 年召开的第 24 次教育工作讨论会确定了"价值塑造、能力培养、知识传授"三位一体培养模式,把价值塑造放在第一位。为实现这一人才培养目标,学校持续深化教育教学改革,构建多类型人才培养体系,给学生成长提供更加自由广阔的空间。2017 年 2 月,教务处讨论通过《关于修订本科培养方案和指导性教学计划的工作意见》,对指导思想、基本原则、总体框架、课程设置、编制要求、学分计算方法等提出了明确意见。同年,学校开始全面推行大类招生和大类培养,按照招生专业分类,工科包括建筑类,土木类、环境、化工与新材料类,机械、航空与动力类,能源与电气类,电子信息类,计算机类,自动化与工业工程类等。此外,学校推动第二学位、辅修和交叉学科认证课程项目,截至 2020 年共设置第二学士学位专业达 18 个,包括机械工程等;设置辅修专业达 14 个,包括海洋科学与工程、工业工程、统计学、计算机应用、人工智能创新创业、数据科学与技术、化学工程与工业生物工程、核工程与核技术等。

---

① 陈旭、贺美英、张再兴:《清华大学志》(第一卷),第 138 页。
②③ 陈旭、贺美英、张再兴:《清华大学志》(第一卷),第 139 页。

2018 年 3 月至 9 月，为"践行'三位一体'教育理念，全面建设一流人才培养模式"，学校召开第 25 次教育工作讨论会。经过半年的讨论，对于"三位一体"的认识进一步深化，在推进大类培养和通识教育方面进一步形成共识，形成 37 项行动方案，主要分为课程建设、培养模式和培养环节、教学支撑体系三个部分。2019 年 1 月，学校发布《清华大学关于持续深化改革 提升工科发展水平的实施意见》，强调要提升工程教育，"继承和发扬学校工程教育的优秀传统，落实'三位一体'教育理念，创新适应新时代要求的工程科技人才培养模式。坚持立德树人，在传授知识的同时，强化实践创新能力培养和训练，加强工程教育中的价值塑造，突出工程伦理教育"。① 根据学校要求，各工科院系进一步调整培养方案，促进通识教育与专业教育的融合。如表 8-7 为 2019 年土木水利学院土木、水利与海洋工程专业本科培养方案。学生在第一学年按照大类的培养方案进行学习，大一结束前根据本人兴趣及各所属院系的具体情况，按照学校相关规定，通过双向选择，进入土木水利与海洋工程宽口径专业或者建筑环境与能源应用工程专业，大二下学期土木水利与海洋专业学生选择专业方向。

表 8-7　2019 年土木水利学院土木、水利与海洋工程专业本科培养方案

课程设置与学分分布		
1. 校级通识教育 44 学分		
（1）思想政治理论课 15 学分		
思想道德修养与法律基础 3 学分	中国近现代史纲要 3 学分	马克思主义基本原理 4 学分
毛泽东思想和中国特色社会主义理论体系概论 4 学分	形势与政策 1 学分	
（2）体育 4 学分		
（3）外语（一外英语学生必修 8 学分，一外其他语种学生必修 6 学分）		
（4）文化素质课 13 学分		
（5）军事理论与技能训练 4 学分		
军事理论 2 学分	军事技能 2 学分	

———————————

① 《清华大学关于持续深化改革　提升工科发展水平的实施意见》（清校发〔2019〕1 号）。

课程设置与学分分布		
2. 数理科学基础类课程 33 学分		
(1) 数学类 20 学分		
1) 必修 17 学分		
概率论与数理统计 3 学分	微积分 A(1) 5 学分	微积分 A(2) 5 学分
线性代数 4 学分		
2) 限选 3 学分		
数值分析(土木工程方向推荐) 3 学分	运筹学(工程管理、交通方向推荐) 3 学分	数学实验 2 学分
数理方程导论(建环方向推荐) 4 学分	数值分析与算法 3 学分	
(2) 物理 6 学分 必修		
大学物理 4 学分	物理实验 A(1) 2 学分	
(3) 计算机类课 5 学分 限选		
计算机语言与程序设计 3 学分	计算机程序设计基础 3 学分	数据库技术及应用 3 学分
数据库 2 学分	数据结构与算法分析 2 学分	
(4) 自然科学基础课 2 学分 限选		
大学化学 B 2 学分	大学化学实验 B 1 学分	现代生物学导论 2 学分
现代生物学导论实验 1 学分	环境学导论 2 学分	
3. 大类平台课程 34 学分		
(1) 大类必修课程 24 学分 必修 10 门		
土木、水利与海洋工程概论 1 学分	理论力学 4 学分	材料力学 3 学分
流体力学 3 学分	工程图学基础 2 学分	建筑材料(中/英) 2 学分
工程地质 2 学分	工程经济学 2 学分	测量学 3 学分
工程项目管理(1) 2 学分		
(2) 大类发展课程(不少于 6 学分) 限选		
城市与交通 2 学分	数据科学 2 学分	人工智能 2 学分
智能建造 2 学分	工程建设法律基础 3 学分	海洋资源与能源 2 学分
城市与水 2 学分	生态水工学 2 学分	全球变化与中国水资源 2 学分
国际河流水安全 2 学分		

续表

课程设置与学分分布		
3. 大类平台课程 34 学分		
(3) 大类实验实践课程 4 学分 必修		
大类认识实习 1 学分	建筑材料实验 1 学分	工程计算机制图 2 学分
4. 专业课程		
(1) 专业主修课程(25 学分) 必须		
动力学基础 1 学分	土力学(1) 3 学分	结构力学(1) 4 学分①
结构力学(1)(英) 4 学分②	钢结构(1) 3 学分③	钢结构(1)(英) 3 学分④
土木工程 CAD 技术基础 3 学分	混凝土结构(1) 3 学分	基础工程 2 学分⑤
基础工程(英) 2 学分⑥	建筑学基础 2 学分	建筑施工技术 2 学分
房屋建筑学 2 学分		
(2) 夏季学期和实践训练 10 学分		
必修 10 学分		
测量实习 2 学分	施工实习 4 学分	综合课程设计(混凝土、钢、木、砌体结构) 4 学分
任选部分		
结构设计大赛(结构设计与应用)(建议至少参加一次) 2 学分	经审查可替代 Project 的 SRT 2~3 学分	国家大学生创新性实验计划 1~3 学分
(3) 综合论文训练 15 学分 必修		
综合论文训练(设计实习/科研实践) 15 学分 注:其他专业可视学分安排,将此部分处理成专业设计/训练课程		
工程管理方向(50 学分)		
(1) 专业必修课程 25 学分 必修		
工程项目管理(2)(中) 2 学分⑦	工程项目管理(2)(英) 2 学分⑧	工程估价 2 学分

---

① 与结构力学(1)(英)二选一。
② 与结构力学(1)二选一。
③ 与钢结构(1)(英)二选一。
④ 与钢结构(1)二选一。
⑤ 与基础工程(英)二选一。
⑥ 与基础工程二选一。
⑦ 与工程项目管理(2)(英)二选一。
⑧ 与工程项目管理(2)(中)二选一。

续表

课程设置与学分分布

工程管理方向(50学分)

(1)专业必修课程 25 学分 必修

工程合同管理(英)2 学分 先修工程建设法	建设项目 HSE 1 学分	建筑施工组织 2 学分
建筑施工技术 2 学分	房地产开发经营与管理 2 学分	房地产价格理论与估价方法 2 学分
城市与房地产经济学 2 学分	房地产导论 2 学分	房屋建筑学 2 学分
结构力学(1)(中)(1/2)2 学分	混凝土结构(1)2 学分	

(2)夏季学期和实践训练 10 学分

1)项目设计类课程 必修 4 学分

综合课程设计(1)2 学分 先修施工技术组织和造价①	综合课程设计(2)(工程项目决策策划+实施策划)2 学分②	国际比较视野下的可持续城镇化(英文)2 学分

2)专业实习实践类课程 必修 6 学分

测量实习 2 学分	施工实习 4 学分	

3)研究训练或创新活动类课程 任选

结构设计大赛(结构设计与应用)2 学分	建设工程与管理创新竞赛 2 学分	SRT 2~3 学分

(3)综合论文训练要求 15 学分

交通工程方向(48学分)

(1)专业主修课程(23学分)必须

交通工程 2 学分	交通规划 2 学分	城市规划与交通 2 学分
道路工程 2 学分	交通基础设施管理原理及应用 2 学分	桥梁工程 2 学分
交通分析与交通设计 2 学分	绿色交通系统 2 学分	交通信息与控制 2 学分
系统工程导论 2 学分	土木规划学 1 学分	结构力学(1)(中)(1/2)2 学分

(2)实践训练(10学分)必修

1)项目设计类课程,必修 2 学分

城市与交通设计概论 1 学分	交通系统仿真实践 2 学分	

---

① 与综合课程设计(2)(工程项目决策策划+实施策划)二选一。

② 与综合课程设计(1)二选一。

513

课程设置与学分分布		
交通工程方向(48 学分)		
(2)实践训练(10 学分)必修		
2)实习类课程,必修 7 学分		
测量实习 2 学分	海外名师课程 1 学分	交通专业实习 4 学分
3)研究训练或创新活动类课程 任选		
交通科技竞赛 2 学分	经审查可替代 Project 的 SRT 1~3 学分	
(3)综合论文训练(15 学分)必修		
综合论文训练(设计实习/科研实践) 15 学分		
水利科学与工程方向(50 学分)		
(1)专业主修课程(26 学分)		
1)专业平台课(20 学分)必修		
结构分析 3 学分	钢筋混凝土 3 学分	河川水力学 3 学分
水文学原理与应用 3 学分	水力学 3 学分	水工建筑学 3 学分
水资源规划与管理 2 学分		
2)专业限选课(从以下两个课组中任选 6 学分)		
水利工程课组 6 学分		
基础工程 2 学分	岩石力学 2 学分	水利工程施工 2 学分
水利科学课组 6 学分		
流域生态水文学 2 学分	水环境学 2 学分	河流动力学 2 学分
(2)夏季学期实践训练 9 学分		
必修课程 9 学分		
地质实习 1 学分	测量实习 1 学分	生产实习 3 学分
水利工程综合设计 4 学分		
任选课程		
经审查可替代实习的"闯世界"项目、科技竞赛等 2~3 学分		
(3)综合论文训练 15 学分 必修		
综合论文训练(设计实习/科研实践) 15 学分		
海洋科学与工程方向(48 学分)		
(1)专业主修课程(26 学分)必修		
物理海洋学 3 学分	海洋气象水文学 3 学分	海洋地质学 2 学分

课程设置与学分分布		
海洋科学与工程方向(48学分)		
(1)专业主修课程(26学分)必修		
海洋环境学2学分	海洋探测技术及遥感3学分	结构分析3学分
结构动力学2学分	海洋土力学3学分	海洋工程3学分
海岸工程2学分		
(2)夏季学期和实践训练7学分		
必修7学分		
地质实习1学分	测量实习1学分	生产实习3学分
海洋工程综合设计2学分		
任选		
经审查可替代实习的"闯世界"项目、科技竞赛等3学分		
(3)综合论文训练15学分 必修		
综合论文训练(设计实习/科研实践)15学分		
5.辅修专业方向与自由选修课程(10学分)		
(1)大类内部辅修专业方向课程(大类交叉课程)(6学分)		
1)土木工程方向辅修课组		
钢结构(1)(1/2)2学分	基础工程(中/英)2学分	混凝土结构(1)2学分
2)建设管理方向辅修课组		
工程估价2学分	工程合同管理(英)2学分	房地产开发经营与管理2学分
3)交通工程方向辅修课组		
交通规划2学分	道路工程2学分	交通信息与控制2学分
4)水利科学与工程方向辅修课组		
水文学与水资源管理2学分	水利信息化与智能水利工程2学分	生态水利工程2学分
5)海洋科学与工程方向辅修课组		
海洋遥感2学分	海洋岩石工程2学分	海岛开发与保护2学分
(2)大类内部自由选修课程(任选/包括各方向辅修课组课程)(4学分)		
1)土木工程推荐课组		
结构力学(2)(中)2学分	结构力学(2)(英)2学分	弹性力学及有限元基础2学分
建筑设计概论(1/2)1学分	钢结构(2)2学分	混凝土结构试验1学分

课程设置与学分分布		
5. 辅修专业方向与自由选修课程(10学分)		
(2)大类内部自由选修课程(任选/包括各方向辅修课组课程)(4学分)		
1)土木工程推荐课组		
地震工程概论 1 学分	结构试验 2 学分	结构矩阵分析(1/2) 2 学分
结构矩阵分析(英)(1/2) 2 学分	高层建筑 2 学分	桥梁工程 2 学分
混凝土结构(2) 2 学分	结构美学 2 学分	遥感概论 2 学分
海绵城市导论 1 学分	土木工程材料前沿 1 学分	地下结构 2 学分
结构可靠度 2 学分	定性结构力学 1 学分	工程结构事故分析与处理 2 学分
结构火灾安全及其对策 2 学分	工程结构加固原理及典型案例分析 3 学分	计算结构力学概论 1 学分
GPS 卫星定位原理及应用 2 学分	地下空间开发利用概论 1 学分	现代土木工程材料与工程应用 2 学分
建筑设计(1) 3 学分	建筑设计(2) 3 学分	土木与生态工程 2 学分
结构概念设计 2 学分	建筑信息模型技术基础 2 学分	卓越工程师培养:因材施教(1)(1/4) 1 学分
卓越工程师培养:因材施教(2)(1/4) 1 学分	卓越工程师培养:因材施教(3)(1/4) 1 学分	卓越工程师培养:因材施教(4)(1/4) 1 学分
2)工程管理推荐课组		
建设管理研究方法论（英）2 学分	全球建设工程与管理实践(英) 3 学分	职业道德、领导力与反腐败(英) 1 学分
经济学原理 4 学分	管理学基础 2 学分	会计学原理 3 学分
企业管理基础 2 学分	社会调查与研究方法 2 学分	工程哲学 2 学分
建筑学基础 2 学分	建筑信息模型技术基础 2 学分	土力学(1) 2 学分
基础工程 2 学分	工程结构事故分析与处理 2 学分	地下空间开发利用概论 1 学分
土木工程与防灾减灾 1 学分	建筑设计概论(1/2) 1 学分	建筑设计(1) 3 学分
城市规划原理 2 学分	建筑设备 2 学分	绿色建筑与可持续发展 1 学分
建筑节能导论 2 学分	绿色建筑的评价标准与技术策略 2 学分	数值分析与算法 3 学分

续表

课程设置与学分分布		
5. 辅修专业方向与自由选修课程(10学分)		
(2)大类内部自由选修课程(任选/包括各方向辅修课组课程)(4学分)		
2)工程管理推荐课组		
数据挖掘:方法与应用 3 学分	机器学习概论 2 学分	数据库技术及应用 2 学分
卓越工程师培养:因材施教(1)1 学分	卓越工程师培养:因材施教(2)1 学分	卓越工程师培养:因材施教(3)1 学分
卓越工程师培养:因材施教(4)1 学分		
3)交通工程推荐课组		
未来交通 2 学分	城市规划原理 2 学分	交通运输系统概论 2 学分
经济学原理 4 学分	心理测量学 3 学分	社会调查与研究方法 3 学分
工程哲学 2 学分	物流与供应链管理 3 学分	物流网络系统规划 3 学分
现代人因工程 3 学分	智能交通系统 2 学分	交通规划与控制 3 学分
人工智能导论 2 学分	数据库技术及应用 3 学分	机器学习概论 2 学分
数据挖掘:方法与应用 3 学分	数值分析与算法 3 学分	土木工程 CAD 技术基础 3 学分
结构中的技术与艺术 1 学分	土木工程与防灾减灾 1 学分	灾害及其对策 2 学分
地下空间开发利用概论 1 学分	土木与生态工程 2 学分	工程师的科学思想与方法 1 学分
卓越工程师培养:因材施教(1)1 学分	卓越工程师培养:因材施教(2)1 学分	卓越工程师培养:因材施教(3)1 学分
卓越工程师培养:因材施教(4)1 学分		
4)水利科学与工程推荐课组		
环境水力学 2 学分	环境水文学 2 学分	城市水环境工程 2 学分
水资源系统工程 2 学分	农田水文与灌溉排水 2 学分	治河防洪工程 2 学分
河床演变学基础 2 学分	水工模型试验 1 学分	海岸科学与工程概论 2 学分
海啸与风暴潮 2 学分	中国水文化专题 1 学分	水资源基础 3 学分
计算流体力学 3 学分	计算河流及河口海岸动力学 2 学分	海岸科学与工程概论 2 学分

课程设置与学分分布		
5. 辅修专业方向与自由选修课程(10学分)		
(2)大类内部自由选修课程(任选/包括各方向辅修课组课程)(4学分)		
4)水利科学与工程推荐课组		
结构力学(2) 2学分	结构可靠性设计2学分	岩石力学2学分
结构动力学2学分	水工结构实验原理与认识2学分	地下洞室工程2学分
城市岩土工程2学分	钢结构2学分	港口工程3学分
航运工程2学分	公路工程2学分	桥梁工程2学分
交通工程2学分	弹性力学及有限元基础3学分	水工模型试验1学分
工程灾害学2学分	遥感基本原理与实践2学分	水利大数据原理与实践2学分
治河防洪工程2学分	河流模拟概论2学分	
5)海洋科学与工程推荐课组		
环境与地球科学概论2学分	生态学原理2学分	全球变化生态学2学分
计算河口海岸动力学2学分	结构可靠性设计2学分	港口工程2学分
遥感基本原理和方法3学分	海洋动力环境模拟3学分	海洋环境评价与保护3学分
航运工程2学分	船舶工程概论2学分	项目管理概论2学分

(资料来源:《2019本科培养方案》,清华大学招生办公室)

此外,为加强基础学科拔尖创新人才选拔培养,推进完善以通识教育为基础、通识教育与专业教育相融合的本科教育体系,2020年清华大学成立日新书院、致理书院、未央书院、探微书院、行健书院。其中,未央书院负责强基计划数理基础科学(含工程衔接方向)专业的人才培养,数理基础科学专业的工程衔接方向具体包括建筑环境与能源应用工程、土木水利与海洋工程、环境工程、机械工程、测控技术与仪器、能源与动力工程、工业工程、电气工程及其自动化、微电子学、软件工程、工程物理、材料科学与工程,"将数理基础与清华大学众多世界一流的工程类专业方向有机融合,可在帮助学生打下坚实的数理基础后,引导学生在工程衔接方向的关键与前沿领域进行应用和拓展"。① 未央书院"通过书院制、理+工双学士学位、科教协同以及本—硕—博衔接等创新型培养模式,打造清华大学人才培养的'新特区'",课程设置主要包括:1.校级通识教育课程包括思想政治理论课、军事课、体育课、外语课、写作课、通识选修课组等;2.专业教育课程包括数理核心课程(如高等微积分、线性代数、数学物理方法、概率论,基础物理学、基础物理实验、量子力学等)、自然与工程基础科学课程(包括化学、生物、材料、信息、工程基础等相关方向课程)、专业领域课程(聚焦新能源、新材料、集成电路、能源互联网、基础软件、基础设施建设与管理、新型城镇化、生态环境保护、智能制造、供应链与物流管理、交通运输、卫生医疗和国家安全等关键领域)、实践训练课程、综合论文训练;3.综合论文训练要求既有一定理论深度又有专业领域衔接方向的工程背景。②

二、建立高层次人才培养体系,提升研究生培养水平

"世界一流大学不仅要有一流的本科教育,还要有一流的研究生教育。研究生教育中,博士生教育的质量关系到一所大学的高度。"③根据世界科技发展趋势和国家现代化建设的需要,结合自身实际,清华大学不断创新工科院系研究生培养模式,推进研究生分类培养、发展特色研究生项目等,培养大批高层次复合型工程技术人才。

(一)硕士生的培养和课程

1978 年,清华大学恢复研究生教育,13 个系、厂、部的 55 个专业招收了研究生,并在校内恢复试行在职研究生制度。④ 1979 年,学校根据教育部相关文件精神,制定《清华大学研究生培养工作的几点意见(修改草案)》,规定研究生的培养目标为:"具有社会主义觉悟,比较熟悉马列主

①② 《清华大学强基计划招生专业培养方案——未央书院》,清华大学本科招生网,http://www.join-tsinghua.edu.cn/publish/bzw2019/12157/2020/20200507163002620124258/20200507163002620124258_.html。

③ 邱勇:《一流博士生教育体现一流大学人才培养的高度》,《光明日报》,2017 年 12 月 05 日第 6 版。

④ 陈旭、贺美英、张再兴:《清华大学志》(第一卷),第 407 页。

义,具有系统而坚实的理论基础、专业知识、科学实验技能,一般懂得两门外语,至少熟练地掌握一门外语,能独立进行科学研究,身体健康的科学研究和高校教学人员。"①一般学制为2年,实行学分制,可根据国家需要、学校实际条件和学生自愿择优选拔部分原2年制毕业研究生为4年制研究生,在导师指导下从事科学研究。②该时期招收的研究生,主要包括"文革"前在读研究生和毕业大学本科生、"文革"期间的"工农兵学员"等,学校针对他们基础和能力的差异开设了不同层次的课程,其中半数以上的课程可以达到研究生水平,少数课程则是补大学课程的性质,还有些课程包含部分大学课程的内容。这一阶段共开设16门公共课及100多门专业基础课和专业课(见表8-8)。③

表8-8 各系开出的专业基础课和专业课程数统计表

开课系	课程门数	开课系	课程门数
工程物理系	11门	试验化工厂	5门
基础课	21门	力学系	33门
自动化系	6门	电子工程系	14门
机械系	13门	精密仪器系	7门
水利系	7门	化学工程系	16门
无线电系	9门	建筑工程系	29门
电机工程系	11门	热能工程系	8门

[资料来源:陈旭、贺美英、张再兴:《清华大学志》(第一卷),北京:清华大学出版社,2018年,第467页]

1981年,我国建立学位制度,明确规定了硕士生、博士生课程学习和论文等方面的培养要求。同年12月,学校校务会议通过《清华大学攻读硕士学位研究生培养工作暂行规定》,要求"硕士生的培养方式,应采取理论学习和科学研究包括参加工程实际、社会实践工作相结合的办法"。④1982年11月,校长工作会议又通过《关于攻读硕士学位研究生参加教学

---

① ② 陈旭、贺美英、张再兴:《清华大学志》(第一卷),第407页。
③ 陈旭、贺美英、张再兴:《清华大学志》(第一卷),第467页。
④ 陈旭、贺美英、张再兴:《清华大学志》(第一卷),第468页。

实践的暂行规定》。根据学校相关要求,各系(所)于1984年进行培养方案的第一次全面修订。"学校确立按二级学科设课的原则,并在全校开设了一系列近代应用数学课程,为数学系以外的研究生创造了学习适度的数学基础知识的条件。各系据此逐步配套开设专业的学位课程及选修课程,建立了较为完善的课程体系"[①]。1985年,学校开始加强面向研究生的实验课程建设,同年进行研究生社会实践试点工作,1987年社会实践列为硕士研究生的必修课。

在此基础上,1988年全校对培养方案进行第二次修订,"新的培养方案以提高研究生的全面素质、适应社会主义建设事业的需要为基点,增加了社会实践作为培养过程的必修环节,进一步拓宽了专业基础和专业覆盖面,减少了学位课程的学分数要求,提出了多模式、多渠道培养研究生;教学实践可由系(所)根据培养计划要求和学校教学工作的需要,自行确定是否列入个人培养计划;缩短了硕士生的修业年限——由原来的2~3年过渡到2~2.5年"[②]。在课程方面,新培养方案的改进主要为:"学位考试课程一般为5~6门,45~60学分,而考试课程所得总学分不得低于60学分。除马克思主义理论课和第一外国语课外,基础理论和专业学位课共3~4门。理工科专业研究生一般应选修一门数学类课程作为基础理论课,在条件允许时也应加强近代物理基础课的学习。"[③]可见,新培养方案要求加强理工科研究生的数理基础知识。此外,强调减少课堂授课,增加实验学时,组织学生深入社会调查等,培养研究生的自学能力。同时,又制定了工程类型硕士生的相应培养方案,课程设置原则为:"加强工程应用的理论基础,拓宽技术基础,扩大和加深专业知识,提高测试技术及应用计算机技术能力。规定课程学习不少于45学分,允许有一门学位课程可在经清华大学研究生院同意的其他院校学习,并承认其取得的学分。"[④]

根据学校组织安排,1990年16个工科系在对近500门课程进行教学质量普查的基础上对研究生培养方案再次进行修订。为拓宽学生的知识面,课程方面增加了一门专业基础学位课;同时,根据科技发展趋势,学位

---

①②③④ 陈旭、贺美英、张再兴:《清华大学志》(第一卷),第469页。

课中开设了软件工程系列课,加大了计算机软件方面内容的比重。要求攻读硕士学位的研究生在校学习期间所获得的学位课学分应不少于 23 学分,考试学分(含学位课)不少于 28 学分。① 1994 年,学校对硕士生培养方案进行第四次全面修订,"在已有的二级学科设置课程的基础上,进一步拓宽研究生的知识域和专业面;注意做好本科-硕士-博士衔接培养的课程设置规划,并对不同层次课程的教学内容和教学方法进行必要的调整;注意强化实践环节,加强能力训练"。②

国家经济建设和科技的快速发展,除持续需要高水平学术型人才外,也日益需要高层次应用型人才。为适应这一需求,1984 年清华大学与西安交大等 11 所院校提出《关于培养工程类型硕士研究生的建议》,并试点培养。③ 此后,学校根据国家发展需要不断创新研究生培养模式,在全国率先进行了多项探索和改革。例如,1996 年工程硕士首批试点;1997 年学校新增 11 个工程领域,开始制订工程硕士专业学位培养方案(补充 1997 年工程硕士培养方案);同年,为发挥高校与企业的优势,清华大学先后在洛阳空空导弹研究院、上海自动化仪表股份有限公司等单位建立 24 个工程硕士培养工作站④;1998 年,全国唯一全日制工程硕士试点采取与"工程硕士培养工作站"共同培养方式。⑤ 1998 年,学校提出修订培养方案的建议,要求进一步精简课程、调整基本学分要求、增大选课自由度。⑥ 同时,为了贯彻因材施教的教育方针,充分体现"利用外语教学综合环境,提高研究生外语应用能力"的指导思想,研究生院和外语系在 1994 年共同制订了英语教学改革方案,并在电子系、电机系、计算机系、自动化系、生物系和微电子所进行试点。1999 年,英语教学改革进一步扩大范围,2000 年开始全面实施。⑦ 2004 年,为适应时代变化和社会需要,推进两年制硕士研究生培养。⑧

2006 年,学校召开第 23 次教书育人研讨会暨工程硕士教育十周年研

---

① 陈旭、贺美英、张再兴:《清华大学志》(第一卷),第 469 页。
② 陈旭、贺美英、张再兴:《清华大学志》(第一卷),第 473~474 页。
③④⑤ 陈旭、贺美英、张再兴:《清华大学志》(第一卷),第 475 页。
⑥⑦ 陈旭、贺美英、张再兴:《清华大学志》(第一卷),第 474 页。
⑧ 陈旭、贺美英、张再兴:《清华大学志》(第一卷),第 475 页。

讨会,主题为"面向企业自主创新,积极深入工程一线,多方位培养复合式应用型工程人才"。[①] 该年学校再次修订硕士生培养方案,要求硕士生在学期间获得学位需要求学分不少于 23(其中考试学分不少于 17),其中公共必修课程 5 学分,学科专业课程不少于 16 学分,必修环节 2 学分。学位课学分内只允许包含 2 学分外语课程学分。[②] 除学位课程外,学生可根据个人兴趣,经导师同意后选修学科以外的其他课程。相对而言,工科各系的学分要求较高,如计算机系要求攻读硕士学位研究生期间,需获得学位学分不少于 27,其中公共必修学分 5,必修环节 2,学科专业要求学分不少于 20(见表 8-9)。2009 年,学校在近 20 个院系 6 个专业学位开设全日制硕士专业学位研究生培养项目,同时在一批应用型学科开展学术应用型的改革试点项目,如"环保工程师"等,"应用型项目的特点是培养方案上强化实践能力培养和职业素质培养;组织实施上按项目实施并成立项目指导委员会。项目的开展推进硕士定位向应用型为主转型,调整全校硕士生的培养结构,探索清华大学高素质、高层次、多样化、创造性的专业应用型和复合式人才培养的新模式。"[③]此外,学校突破学科壁垒,设置交叉学科学位项目,培养创业型高端人才。例如,2009 年"学校组织美术学院、计算机系、新闻学院共同设立信息艺术设计学科交叉硕士学位项目,形成招生、培养、学位'多个入口,一个过程,多个出口'的培养模式。按交叉学科人才培养的规律和要求,设置交叉学科研究生核心课程,并与招生入口系的培养要求相衔接。"[④]

表 8-9 2009 年计算机科学与技术系攻读硕士学位研究生培养方案

1. 公共必修学分(5 学分)	
马克思主义理论课程	
自然辩证法 2 学分	社会主义与当代世界 1 学分
第一外国语(基础部分) 2 学分	

① 陈旭、贺美英、张再兴:《清华大学志》(第一卷),第 409 页。
② 陈旭、贺美英、张再兴:《清华大学志》(第一卷),第 474 页。
③④ 陈旭、贺美英、张再兴:《清华大学志》(第一卷),第 475 页。

2. 必修环节(2学分)	
文献综述与选题报告(必修) 1学分	学术活动(必修) 1学分
3. 学科专业要求学分(≥20学分)	
(1)基础理论课(≥3学分)	
组合数学 3学分	算法与算法复杂性理论 3学分
计算几何 3学分	基础泛函分析 4学分
最优化方法 4学分	现代优化算法 4学分
高等数值分析 4学分	应用近世代数 3学分
随机过程 4学分	应用随机过程 4学分
不确定规划 4学分	
(2)学科专业课(≥17学分,可用基础理论课代替)	
微计算机系统设计 3学分	高等计算机系统结构 3学分
计算机网络体系结构 3学分	人工智能原理 3学分
计算机控制理论及应用 3学分	软件工程技术和设计 3学分
分布式数据库系统 3学分	知识工程 3学分
计算语言学 2学分	多媒体计算机技术 3学分
计算机图形学 3学分	数字系统自动设计 3学分
智能控制 3学分	计算机视觉 3学分
数据安全 3学分	语音信号数字处理 3学分
VLSI 设计基础 3学分	计算机辅助几何造型技术 3学分
计算机网络中的形式化方法与协议工程学 3学分	计算机支持的协同工作 CSCW 3学分
面向对象技术与应用 3学分	超大规模集成电路布图理论与算法 3学分
工程数据库设计与应用 3学分	数字图像处理 3学分
分布式多媒体系统与技术 3学分	并行计算 3学分
高级编译及优化技术 2学分	计算机网络和计算机系统的性能评价 3学分
微型计算机系统接口技术设计与实践 3学分	人工智能(仅限本科为非计算机专业的学生) 2学分
计算智能及机器人学 3学分	高等数值算法与应用 3学分
计算机视觉专题 3学分	随机信号的统计处理 3学分
模式识别 3学分	现代优化算法设计与实践 3学分

续表

3. 学科专业要求学分(≥20 学分)	
(2) 学科专业课(≥17 学分,可用基础理论课代替)	
高性能路由器体系结构与高速信息网络技术 3 学分	计算机科学与工程中的并行编程技术 3 学分
下一代互联网 3 学分	网格计算 3 学分
计算机网络前沿研究 3 学分	软件项目管理 3 学分
宽带交换网与 Qos 控制技术 3 学分	算法分析与设计 2 学分
计算理论导论 3 学分	无线网络与移动计算 3 学分
小波分析及其工程应用 3 学分	网络系统的建模与分析 3 学分
网络存储技术 3 学分	计算机系统性能测试 2 学分
信息检索的前沿研究 2 学分	流媒体技术 2 学分
数据挖掘:理论与算法 2 学分	计算生物学 3 学分
信息隐藏和数字水印技术 2 学分	计算机网络安全技术 2 学分
计算机网络管理 2 学分	人工智能基础理论选讲 2 学分
高等理论计算机科学(上) 4 学分	高等理论计算机科学(下) 4 学分
高级操作系统 2 学分	互联网路由算法与协议 2 学分
可信计算平台与可信网络连接 2 学分	计算机专业英文论文写作与投稿 1 学分
网络测量与分析技术 2 学分	高性能计算实验 3 学分
导师认可的其它专业的研究生课程(可跨一级学科)≤5 学分	

（资料来源：《2009 年硕士生培养方案》，清华大学计算机科学与技术系，http://www.cs.tsinghua.edu.cn/publish/cs/4843/index.html）

2014 年 10 月，在第 24 次教学讨论会闭幕会上，学校发布《清华大学关于全面深化教育教学改革的若干意见》，提出"优化人才培养战略布局，进一步形成学术型人才与专业型人才培养并重的格局。……根据学科特点明确学术型硕士的培养定位，或作为博士生培养的补充与准备阶段，或培养应用型人才"。[①] 该时期，工科院系将学术型硕士的培养定位为"培养硕士生具有社会责任感、具有科学精神和职业道德，具备相关学科领域的基础理论和专业知识，具备从事学术研究工作和解决相关工程问题的

---

① 《清华大学关于全面深化教育教学改革的若干意见》（清校发〔2014〕29 号）。

能力,并在所在学科领域取得有价值的成果"①。如 2020 级水利水电工程系硕士研究生培养方案见表 8-10。此外,该时期学校探索新的培养模式,建设一批满足国家和社会需求的高水平特色学位项目,如数据科学与工程专业硕士项目、能源互联网专业硕士学位项目、网络信息安全全日制工程硕士专业学位项目、核电工程与管理国际人才培养专业硕士学位项目、"智能制造"交叉学科专业硕士学位项目、"电子信息创新创业"全日制工程硕士项目、航空发动机专业硕士(全日制)培养项目、"超精密技术"专业硕士培养项目等。

表 8-10　2020 级水利水电工程系硕士研究生培养方案

(1)公共必修课程(不少于 5 学分)	
中国特色社会主义理论与实践研究 2 学分	自然辩证法概论 1 学分
硕士生英语 2 学分	第一外语类
中国概况课	
(2)学科专业课(不少于 16 学分)	
A. 基础理论课(不少于 4 学分)	
以下任选一门必修	
张量分析 4 学分	数值分析 A 4 学分
偏微分方程数值解 4 学分	应用随机过程 4 学分
最优化方法 4 学分	数值分析 4 学分
B. 专业课	
除罗列的课程外,学生可选择相关学科的研究生课程。	
软件工程技术和设计 3 学分	断裂力学 3 学分
弹塑性力学 4 学分	有限元及变分法基础 3 学分
结构动力学 3 学分	地理信息系统原理及应用 3 学分
学术规范与土木水利工程伦理(A) 1 学分	河床演变学 2 学分
现代水资源规划 4 学分	多孔介质流体动力学及其应用 4 学分
高等水文学 3 学分	高等土力学 2 学分
高等土力学 4 学分	高等水工结构 4 学分
环境流体力学 3 学分	计算流体力学 3 学分

---

　　① 　清华大学水利水电工程系,http://www.civil.tsinghua.edu.cn/he/213.html。

续表

(2)学科专业课(不少于16学分)	
河流动力学 2 学分	工程流体力学基础 3 学分
工程流体力学专题 3 学分	水利专业英语 1 学分
量纲分析及相似原理 2 学分	气象水文学 2 学分
非线性计算力学 2 学分	计算动力学 4 学分
钢筋混凝土有限元 3 学分	河工模型试验 2 学分
岩土与结构工程数值方法 3 学分	实验应力分析 3 学分
水质模拟 2 学分	地下结构工程 2 学分
渗流力学与计算分析 3 学分	河流综合管理 3 学分
环境岩土工程 2 学分	土动力学与土工抗震工程 2 学分
生态水文学 3 学分	水沙两相流动力学 1 学分
浅水流动的特性与数值模拟 3 学分	现代遥感水文学 2 学分
岩土工程仿真 2 学分	岩体结构工程仿真分析及并行计算 3 学分
世界流域规划与管理比较 2 学分	计算河流及河口海岸动力学(2) 2 学分
治河方略概论 2 学分	土体渗流理论与工程应用 2 学分
环境水文地质 2 学分	水力压裂技术导论 2 学分
泥石流动力机理与风险控制(英) 2 学分	智能建造前沿 2 学分
相关学科的研究生课程	
(3)必修环节(不少于2学分)	
文献综述与选题报告 1 学分	学术活动 1 学分
(4)学术与职业素养课程(不少于1门1学分)	
英文科技论文写作与学术报告 1 学分	学术规范与土木水利工程伦理(A) 1 学分
(5)大数据项目相关课程	
参与此项目的硕士生,选修相关课程不低于 10 学分,可以替代总计不超过 6 学分的 2-3 门本学科专业课。具体课程信息以开课院系发布为准。	
大数据分析(B) 3 学分	数据伦理 1 学分
大数据科学与应用系列讲座 1 学分	大数据系统基础(A) 3 学分
大数据管理与创新 2 学分	大数据分析(A) 3 学分
数据思维与行为 2 学分	大数据系统基础(B) 3 学分
大数据治理与政策 2 学分	

(资料来源:《水利水电工程系硕士研究生培养方案》,清华大学水利水电工程系,http://www.civil.tsinghua.edu.cn/he/213.html)

（二）博士生的培养和课程

1981年之前清华大学曾选拔部分原2年制毕业研究生为4年制研究生[①]，相当于博士生的培养。1981年，清华大学正式招收博士生，根据国家的学位条例及其暂行实施办法，于1982年制定了《清华大学攻读博士学位研究生培养工作试行办法》，重点培养博士生独立从事科学研究的能力，结合科研课题的需要进行有关课程的学习。后又根据社会需求及研究生生源构成等因素的变化，于1984年、1987年、1991年对培养办法进行了修订。到1992年，全校63个博士点制定了"博士生培养要求"，规定博士生课程至少应取得20学分（论文除外），包括现代科学技术革命与马克思主义（含哲学论文）3学分，第一外国语5学分（基础部分4学分、专业部分1学分），第二外国语4学分，学科综合4学分（基础理论2学分、专业知识2学分），辅修课1~3学分，文献综述与选题2学分，学术活动与学术报告1学分。[②] 其中，为拓宽博士生的学术视野，启迪创新思维，1990年学校开设了5门博士生辅修课程，第二年增加到9门，第三年至11门，主要邀请校内外专家介绍学科前沿动态。[③]此外，对于入学前工龄不满4年的研究生，要求在读期间至少参加一次以科技服务为主、为期一个月的社会实践。[④]

1994年，学校召开博士生培养工作研讨会，提出"要理工结合，文理渗透，发挥工科优势。同时要加强理科、经管、文科建设。没有一流的理科，不可能建成一流的工科"，强调"不能培养一般的工程技术人才，而应培养出高层次的复合型人才"。[⑤] 同年，根据博士生课程教学情况调查报告，规定博士生培养方案中普博生至少修20学分，直博生至少修36学分。为了提高博士生的基础理论水平，根据当时博士点的学科情况，第二外国语不再作为博士学位课程，而增设一门数学课作为博士生的必修课；同时根据培养直博生的需要，数学系专门为直博生开设"高等数值分析"

---

① 陈旭、贺美英、张再兴：《清华大学志》（第一卷），第407页。

②③④ 陈旭、贺美英、张再兴：《清华大学志》（第一卷），第472页。

⑤ 陈旭、贺美英、张再兴：《清华大学志》（第一卷），第408页。

课程,并在教学和考核方式等方面进行了改革。① 此外,为加强学生对学科前沿领域的了解,1994 年学校 29 个重点学科开出 32 门反映国际最新理论、最新技术的学位课程。

2005 年 12 月,清华大学成立由校长主持的研究生教育改革小组,针对研究生招生类型与规模、培养质量等方面存在的问题进行研讨,分析原因、找出差距并提出培养目标和建议和措施。② 据此,2006 年对博士生培养方案进行了修订,要求普博生及论文博士生在攻读博士学位期间,需获得学位课程学分不少于 10,其中公共必修课程 4 学分,必修环节 5 学分;直博生在攻读博士学位期间,需获得学位课程学分不少于 28,其中公共必修课程 6 学分,学科专业课程学分不少于 17,必修环节 5 学分;提前攻博生的学分要求同直博生。③ 同时,各学科可根据基本要求,结合本学科特点对课程设置和学分要求作更严格的规定。如计算机学科要求普博生攻读博士学位期间,需获得学位学分不少于 18,其中公共必修学分 4,学科专业要求学分不少于 9,必修环节 5;直博生攻读博士学位期间,研究生需获得学位学分不少于 34,其中公共必修学分 6,学科专业要求学分不少于 23,必修环节 5。2010 年计算机学科博士培养方案见表 8-11。

表 8-11　2010 年计算机学科博士培养方案

一、普博生修读科目及学分要求	
1. 公共必修课程(4 学分,考试)	
现代科学技术革命与马克思主义 2 学分	博士生英语(或其他语种) 2 学分
2. 学科专业要求课程(≥9 学分)	
直博生课程(其中至少一门基础理论课程,不包括已修的硕士课程)	
3. 必修环节(5 学分)	
文献综述与选题报告 1 学分	资格考试 1 学分
学术活动与学术报告 2 学分	社会实践 1 学分

---

① 陈旭、贺美英、张再兴:《清华大学志》(第一卷),第 477 页。
② 陈旭、贺美英、张再兴:《清华大学志》(第一卷),第 478 页。
③ 陈旭、贺美英、张再兴:《清华大学志》(第一卷),第 477 页。

续表

一、普博生修读科目及学分要求

4. 与学科专业要求无关的任选课程

为了扩大知识面，可由导师指定或研究生本人自选如下课程。列入个人培养计划，可记非学位课程学分。

(1)跨一级学科的其他专业课程

(2)选修人文、社科、经济、管理、环境类课程或信息类学科的前沿课程

5. 自学课程

涉及与研究课题有关的专门知识，由导师指定内容系统地自学，可列入个人培养计划。学分另记。

6. 补修课程

凡在本门学科上欠缺硕士层次业务基础的博士研究生，一般应在导师指导下补修有关课程。补修课可记非学位课程学分。

二、直博生修读科目及学分要求

1. 公共必修课程(6学分)

(1)马克思主义理论课程(4学分)

自然辩证法 2 学分	现代科学技术革命与马克思主义 2 学分

(2)第一外国语(2学分)

博士生英语 2 学分	或其他语种

2. 学科专业课程(≥23学分)

(1)基础理论课(≥5学分)

组合数学 3 学分	算法与算法复杂性理论 3 学分
计算几何 3 学分	基础泛函分析 4 学分
最优化方法 4 学分	现代优化算法 4 学分
高等数值分析 4 学分	应用近世代数 3 学分
随机过程 4 学分	应用随机过程 4 学分
不确定规划 4 学分	我校数学系开设的课程编号以"7""8""9"开头的所有课程

(2)学科专业课(≥18学分,可用基础理论课代替)

微计算机系统设计 3 学分	高等计算机系统结构 3 学分
计算机网络体系结构 3 学分	人工智能原理 3 学分
计算机控制理论及应用 3 学分	软件工程技术和设计 3 学分
分布式数据库系统 3 学分	知识工程 3 学分
计算语言学 2 学分	多媒体计算机技术 3 学分

二、直博生修读科目及学分要求	
2. 学科专业课程（≥23 学分）	
（2）学科专业课（≥18 学分，可用基础理论课代替）	
计算机图形学 3 学分	高级编译及优化技术 2 学分
数字系统自动设计 3 学分	智能控制 3 学分
计算机视觉 3 学分	数据安全 3 学分
语音信号数字处理 3 学分	VLSI 设计基础 3 学分
计算机辅助几何造型技术 3 学分	计算机网络中的形式化方法与协议工程学 3 学分
计算机支持的协同工作 CSCW 3 学分	面向对象技术与应用 3 学分
超大规模集成电路布图理论与算法 3 学分	工程数据库设计与应用 3 学分
数字图像处理 3 学分	分布式多媒体系统与技术 3 学分
并行计算 3 学分	计算机网络和计算机系统的性能评价 3 学分
微型计算机系统接口技术设计与实践 3 学分	人工智能（仅限本科为非计算机专业的学生选）2 学分
计算智能及机器人学 3 学分	计算机视觉专题 3 学分
ATM 交换技术与 B-ISDN 原理 3 学分	随机信号的统计处理 3 学分
模式识别 3 学分	网络高性能计算与超级服务器 3 学分
现代优化算法设计与实践 3 学分	高性能路由器体系结构与高速信息网络技术 3 学分
计算机科学与工程中的并行编程技术 3 学分	下一代互联网 3 学分
网格计算 3 学分	计算机网络前沿研究 3 学分
软件项目管理 3 学分	宽带交换网与 QoS 控制技术 3 学分
无线网络与移动计算 3 学分	小波分析及其工程应用 3 学分
网络系统的建模与分析 3 学分	网络存储技术 3 学分
计算机系统性能测试 2 学分	信息检索的前沿研究 2 学分
流媒体技术 2 学分	数据挖掘：理论与算法 2 学分
计算生物学 3 学分	信息隐藏和数字水印技术 2 学分
计算机网络安全技术 2 学分	计算机网络管理 2 学分
人工智能基础理论选讲 2 学分	高等理论计算机科学（上）4 学分

续表

二、直博生修读科目及学分要求	
2. 学科专业课程（≥23学分）	
（2）学科专业课（≥18学分，可用基础理论课代替）	
高等理论计算机科学（下）4学分	高级操作系统 2学分
互联网路由算法与协议 2学分	可信计算平台与可信网络连接 2学分
计算机专业英文论文写作与投稿 1 学分	网络测量与分析技术 2学分
高性能计算实验 3学分	导师认可的其它专业的研究生课程（可跨一级学科）
3. 必修环节（5学分）	
文献综述与选题报告 1学分	资格考试 1学分
学术活动与学术报告 2学分	社会实践 1学分
4. 与学科专业要求无关的任选课程	
为了扩大知识面，可由导师指定或研究生本人自选如下课程。列入个人培养计划。可记非学位课程学分。 （1）跨一级学科的其他专业课程； （2）选修人文、社科、经济、管理、环境类课程。	
5. 自学课程	
与研究课题有关的专门知识，可由导师指定内容系统地自学，并列入个人培养计划。学分另记。	
6. 补修课程	
凡在本门学科上欠缺本科层次业务基础的研究生，一般应在导师指导下补修有关课程。补修课可记非学位课程学分。	

（资料来源：《2010 年计算机学科博士培养方案》，清华大学计算机科学与技术系，http://www.cs.tsinghua.edu.cn/）

2014 年以来，清华大学先后召开了第 24 次、第 25 次教育工作讨论会，确立了价值塑造、能力培养、知识传授"三位一体"的教育理念和人才培养模式。在发布的《清华大学关于全面深化教育教学改革的若干意见》中进一步明确，"博士学位教育着重培养具有国际竞争力的高层次学术创新人才，专业学位教育主要培养具有职业素养、创业精神的高层次专门人才"。[①]《意见》要求博士生招生要加强对学术志趣的考察，推行"申请入

[①] 《清华大学关于全面深化教育教学改革的若干意见》（清校发〔2014〕29 号）。

学-学科博士招生委员会全面考核决定录取"的方式,"培养过程应贯穿加强基础理论、拓宽跨学科知识和国际视野、提升创新能力的原则"。① 同时提出,"专业学位教育要更加面向市场,培养目标和方案的制订应吸纳行业专家参与,制定适应培养目标的学位论文形式和标准,推动建立以职业胜任力为导向的评价体系。探索学科特色与行业需求相结合、理论知识与专业实际相结合的多样化培养模式"。②

此后,清华大学实施了博士生培养改革系列举措。2016 年 7 月,学校将《攻读博士学位研究生培养工作规定》修订工作列入《制度建设五年任务分解方案(2016—2020 年)》,2017 年 1 月正式启动修订。2019 年 4 月,清华大学公布修订后的《攻读博士学位研究生培养工作规定》,明确了博士生的培养目标以及学习年限、培养方案、培养过程等。③ 其中规定:"博士生在学期间学术创新成果达到所在学科要求,方可提出学位申请","一方面,鼓励依据学位论文以及多元化的学术创新成果评价博士生学术水平,不以学术论文作为唯一依据,激励博士生开展原创性、前沿性、跨学科研究。另一方面,由各学科制定学术创新成果要求,不再设立学校层面的统一要求,尊重学科特点和差异。"④2020 级水利水电工程系博士研究生培养方案见表 8-12。

表 8-12　2020 级水利水电工程系博士研究生培养方案

普博生和论文博士课程	
1.学位课程与环节(不少于 12 学分)	
(1)公共必修课(不少于 4 学分)	
中国马克思主义与当代 2 学分	博士生英语 2 学分
第一外语类	中国概况课
(2)学科专业课(不少于 2 学分)	
A.必修课(不少于 1 门 2 学分)	
水利工程学科前沿系列讲座 2 学分	

①②　《清华大学关于全面深化教育教学改革的若干意见》(清校发〔2014〕29 号)。
③④　清华大学修订《攻读博士学位研究生培养工作规定》,https://baijiahao.baidu.com/s? id=1631655152545901716&wfr=spider&for=pc。

续表

普博生和论文博士课程

1.学位课程与环节(不少于12学分)

(2)学科专业课(不少于2学分)

B.专业课

软件工程技术和设计 3 学分	张量分析 4 学分
断裂力学 3 学分	弹塑性力学 4 学分
高等数值分析 4 学分	偏微分方程数值解 4 学分
应用随机过程 4 学分	最优化方法 4 学分
有限元及变分法基础 3 学分	结构动力学 3 学分
地理信息系统原理及应用 3 学分	河床演变学 2 学分
现代水资源规划 4 学分	多孔介质流体动力学及其应用 4 学分
高等水文学 3 学分	高等土力学 2 学分
高等土力学 4 学分	高等水工结构 4 学分
环境流体力学学分	计算流体力学 3 学分
河流动力学 2 学分	工程流体力学基础 3 学分
工程流体力学专题 3 学分	水利专业英语 1 学分
量纲分析及相似原理 2 学分	气象水文学 2 学分
非线性计算力学 2 学分	计算动力学 4 学分
河工模型试验 2 学分	岩土与结构工程数值方法 3 学分
实验应力分析 3 学分	水质模拟 2 学分
地下结构工程 2 学分	渗流力学与计算分析 3 学分
河流综合管理 3 学分	环境岩土工程 2 学分
土动力学与土工抗震工程 2 学分	生态水文学 3 学分
水沙两相流动力学 1 学分	浅水流动的特性与数值模拟 3 学分
现代遥感水文学 2 学分	岩土工程仿真 2 学分
岩体结构工程仿真分析及并行计算 3 学分	世界流域规划与管理比较 2 学分
计算河流及河口海岸动力学(2) 2 学分	治河方略概论 2 学分
土体渗流理论与工程应用 2 学分	环境水文地质 2 学分
水力压裂技术导论 2 学分	泥石流动力机理与风险控制(英) 2 学分
智能建造前沿 2 学分	相关学科的研究生课程

(3)必修环节(不少于5学分)

社会实践 1 学分	学术活动与学术报告 2 学分
文献综述与选题报告 1 学分	资格考试 1 学分

普博生和论文博士课程	
1. 学位课程与环节(不少于 12 学分)	
(4) 学术与职业素养课程(不少于 1 学分)	
英文科技论文写作与学术报告 1 学分	学术规范与土木水利工程伦理(B) 1 学分
学术与职业素养课	
直博生课程	
1. 学位课程与环节(不少于 28 学分)	
(1) 公共必修课(不少于 5 学分)	
自然辩证法概论 1 学分	博士生英语 2 学分
中国马克思主义与当代 2 学分	第一外语类
中国概况课	
(2) 必修环节(不少于 5 学分)	
社会实践 1 学分	学术活动与学术报告 2 学分
文献综述与选题报告 1 学分	资格考试 1 学分
(3) 学科专业课(不少于 17 学分)	
A. 任选一门必修(不少于 4 学分)	
"数值分析 A"限提前攻博生,这些课程任选一门必修。	
张量分析 4 学分	高等数值分析 4 学分
数值分析 A 4 学分	偏微分方程数值解 4 学分
应用随机过程 4 学分	最优化方法 4 学分
B. 专业课(不少于 11 学分)	
软件工程技术和设计 3 学分	断裂力学 3 学分
弹塑性力学 4 学分	有限元及变分法基础 3 学分
结构动力学 3 学分	地理信息系统原理及应用 3 学分
河床演变学 2 学分	现代水资源规划 4 学分
多孔介质流体动力学及其应用 4 学分	高等水文学 3 学分
高等土力学 2 学分	高等土力学 4 学分
高等水工结构 4 学分	环境流体力学 3 学分
计算流体力学 3 学分	河流动力学 2 学分
工程流体力学基础 3 学分	工程流体力学专题 3 学分
水利专业英语 1 学分	量纲分析及相似原理 2 学分
气象水文学 2 学分	非线性计算力学 2 学分
计算动力学 4 学分	钢筋混凝土有限元 3 学分
河工模型试验 2 学分	岩土与结构工程数值方法 3 学分

直博生课程

1. 学位课程与环节(不少于 28 学分)	
(3)学科专业课(不少于 17 学分)	
B. 专业课(不少于 11 学分)	
实验应力分析 3 学分	水质模拟 2 学分
地下结构工程 2 学分	渗流力学与计算分析 3 学分
河流综合管理 3 学分	环境岩土工程 2 学分
土动力学与土工抗震工程 2 学分	生态水文学 3 学分
水沙两相流动力学 1 学分	浅水流动的特性与数值模拟 3 学分
现代遥感水文学 2 学分	岩土工程仿真 2 学分
岩体结构工程仿真分析及并行计算 3 学分	世界流域规划与管理比较 2 学分
计算河流及河口海岸动力学(2) 2 学分	治河方略概论 2 学分
土体渗流理论与工程应用 2 学分	环境水文地质 2 学分
水力压裂技术导论 2 学分	泥石流动力机理与风险控制(英) 2 学分
智能建造前沿 2 学分	相关学科的研究生课程
C.必修课(不少于 1 门 2 学分)	
水利工程学科前沿系列讲座 2 学分	
(4)学术与职业素养课程(不少于 1 学分)	
学术规范与土木水利工程伦理(B) 1 学分	学术与职业素养课

(资料来源：《水利水电工程系博士研究生培养方案》，清华大学水利水电工程系，http://www.civil.tsinghua.edu.cn/he/213.html)

此外，为服务国家创新驱动发展战略，2018 年清华大学面向国家重点行业、地区、创新型企业，设计开启清华大学创新领军工程博士项目，"首期招收 135 名工程博士，来自国电、国网、中航、中建、中铁、中核等国家重点行业企业和中兴、腾讯、百度等创新性企业"。[①] 2019 年开启创新领军工程博士未来健康交叉培养项目、创新领军工程博士粤港澳大湾区项目，录取 235 名工程博士。2020 年又开启创新领军工程博士长三角项目和创新领军工程博士重点领域项目。创新领军工程博士生的基本修业年限为 3~4 年，最长修业年限 8 年，要求总学分不少于 12 学分。[②]

---

①② 《创新领军工程博士项目》，清华大学研究生院，https://www.tsinghua.edu.cn/yjsy/info/1036/1068.htm。

第三节　面向国际学术前沿与国家战略需求，推动科技创新新局面

改革开放后，清华大学积极恢复科研工作，面向国民经济建设主战场，逐渐形成了以应用研究为主体、基础研究和技术开发为两翼的发展格局。进入新世纪，进一步确立"顶天、立地、树人"的科研宗旨，面向世界学术前沿开展探索研究，为国家和社会发展解决实际问题，并将科研活动与人才培养紧密结合，为立德树人的根本任务服务。新百年以来，学校不断深化科研体制机制改革，建立健全开展前沿研究和服务国家战略有机结合的科研管理模式，大力提升自主创新水平，努力推动学术研究由跟踪向引领跨越，为建设科技创新强国和创建世界一流大学做出突出贡献。在学校的科研工作中，工科院系作为一支主力军，始终密切关注世界科技发展动向，面向国家经济建设实际需要，开展应用基础理论和工程建设关键技术的研究，整体科研水平不断提高。

一、科研工作恢复正常秩序(1977—1984)

为尽快恢复科研工作，推动国家经济建设，1977年7月29日，邓小平在同教育部几位负责人谈教育工作时指出："要抓一批重点大学。重点大学既是办教育的中心，又是办科研的中心。高等学校的科学研究，应纳入国家规划。重点学校首先要解决教员问题。清华、北大要恢复起来。要逐步培养研究生。"[①]8月4日，邓小平在主持科学和教育工作座谈会，就如何使科学研究搞得更快更好进行研究和讨论，他在讲话中强调："这个世纪还有二十三年，要实现四个现代化，要赶超世界先进水平，究竟从何着手？看来要从科研和教育着手。一讲科研，就离不开教育。现在科研人员后继乏人。科研人员来源可以从生产单位直接选拔、培养，但大量的还是靠大学，特别是尖端科学和理论方面的人才。……过几年后，大学要重点培养研究生。这样做，研究人员成长得快。这是个方针问题。这样

---

① 冷溶、汪作玲：《邓小平年谱(1975~1997)》(上)，北京：中央文献出版社，2004年，第167页。

出人才会快些。……高等学校特别是重点大学,必须搞科研,要承担相当
多的科研项目,规划中要明确。大学不要办那么多厂,而是要多办些研究
室,要出科研成果,这是大学的任务。"①8 月 8 日,邓小平在科学和教育工
作座谈会上又提出,"高等学校,特别是重点高等院校,应当是科研的一个
重要方面军,这一点要定下来。……科学院和大学可以多搞一些基础科
学,但也要搞应用科学,特别是工科院校。"②1978 年 3 月 18 日—31 日,中
共中央、国务院在北京隆重召开全国科学大会,标志着我国科技工作经过
"十年动乱"后迎来了"科学的春天"。邓小平在开幕式上发表重要讲话,
明确指出"科学技术是生产力","必须打破常规去发现、选拔和培养杰出
的人才","把尽快地培养出一批具有世界第一流水平的科学技术专家,作
为我们科学、教育战线的重要任务。"③此次大会通过了《1978—1985 年全
国科学技术发展规划纲要(草案)》。

根据中央相关精神及经济发展需要,"文革"结束后,清华大学拨乱反
正,科研工作迅速恢复,蓬勃发展。1977 年 11 月,学校召开全校科学技术
大会,掀起向科学技术现代化进军的热潮。1978 年 11 月 5 日,刘达在科
学技术大会上提出,"清华大学作为一个重点学校,责任十分重大,我们的
任务一是要出人才,培养出大批高质量的又红又专的建设人才,应该有世
界一流水平的科学家和工程师;二是要出科学成果"。④ 他还指出,"科学
研究是高等学校十分重要的一项工作。衡量一个大学的水平有两条重要
标准:一条是培养大批具有世界先进水平的又红又专的人才,另一条是搞
出一批具有国内和世界先进水平的科学研究成果,这两方面是互相促进
的。清华大学要办成高水平的社会主义理工科大学,科研非搞上去不
可"。⑤并提出三个阶段的奋斗目标:"第一阶段,3 年内治乱反正,大力整
顿恢复和发展被迟、谢严重破坏了的科研工作。第二阶段,从 1981 年到
1985 年,全校学生的学习质量要达到世界先进水平,研究生力求接近世界

---

① 《邓小平在科学和教育工作座谈会期间(8 月 4 日～7 日)的讲话和插话》,冷溶、汪
作玲:《邓小平年谱(1975～1997)》(上),北京:中央文献出版社,2004 年,第 172～173 页。

② 邓小平:《关于科学和教育工作的几点意见》(1977 年 8 月 8 日),邓小平:《邓小平
文选》(第二卷),北京:人民出版社,1994 年,第 53 页。

③ 邓小平:《在全国科学大会开幕式上的讲话》(1978 年 3 月 18 日),《人民日报》,
1978 年 3 月 22 日第 1 版。

④⑤ 清华大学校史研究室:《清华大学一百年》,第 323 页。

先进水平,科技成果一部分赶超世界先进水平。第三阶段,即今后15年,清华要为形成具有我国特色的无产阶级教育制度提供经验,科研成果大部分要接近、达到或超过世界先进水平。"①1978年12月至1979年1月,清华大学恢复中断了12年的科学讨论会,总结建国以来学校科研工作经验和教训,指导制定科研规划和计划,进一步推动学校科研工作。1980年和1981年,又连续召开了第9次、第10次科学讨论会。

在国家大力支持及学校自身努力下,改革开放后清华大学科研规模和水平有了很大提高。1978年3月,在全国科学大会上清华大学屏蔽实验用原子反应堆、XPK-01型数控铣床和102型测量机、DJS-100系列数字计算机(130机)等74项研究成果或合作研究成果获奖。② 1981年,精仪系、基础课、自动化系共同研制成功的"双频激光自动补偿装置"荣获1980年国家发明三等奖,这是清华大学荣获的第一项国家发明奖。③ 1982年10月,国家科委召开的全国科技奖励大会在人民大会堂举行,张光斗、高景德、吴佑寿等13位教授被聘请为发明评选委员会委员。此次大会上,清华大学共计获8项国家发明奖,其中,双频激光自动补偿装置、FG密栅云纹版及制造工艺、QH-5非接触式电涡流调频式位移振动测量仪、层叠式气源发生器等获三等奖,交流偏置式气桥双张检测器、斜孔塔板等获四等奖。④

随着改革开放与经济体制的转变,清华大学一批高新技术科研成果投用于生产。如20世纪70年代,"在国务院重大装备办和一机部重矿局的领导和支持下,清华大学与国内多家单位合作开始了我国预应力钢丝缠绕技术的研发,在预应力钢丝缠绕理论上取得了突破,与北京特殊钢厂合作研制成功我国首台15MN(1500吨)热等静压机,与太原重型机器厂合作研制成功我国第一台热模锻水压机和第一台橡皮囊压机等"。⑤ 再

① 清华大学校史研究室:《清华大学一百年》,第323页。
② 清华大学校史研究室:《清华大学一百年》,第324页。
③ 《双频激光自动补偿装置荣获国家发明奖》,《新清华》,第825期,1981年3月2日第2版。
④ 《在全国科学技术奖励大会上我校十一项科研成果受奖励》,《新清华》,第853期,1982年11月17日第2版。
⑤ 陈旭、贺美英、张再兴:《清华大学志》(第三卷),第124页。

如，精密仪器与机械学系 1976 年至 1980 年获奖项目中有多项成果得以推广应用，"其中生产最多的当属集成电路专用设备 ZFJ-1-2 及 ZFJ-1-3 型自动分步重复照相机。该产品在国内生产了 200 多台，每台售价为 5.5 万元至 7.5 万元。此外，还有紫外曝光机、图形发生器和双频激光干涉仪等均有一定批量的生产"。"80 年代以后，肌电控制两自由度前臂假肢、AE 刀具监控仪、电涡流传感器、GMT-CNC 数控系统、光盘技术应用等得到较大的推广，取得较好的经济效益和社会效益"。① 又如 1980 年代，电子工程系开始研究开发微波电路的 CAD 软件，并在国内外推广使用。②

二、面向国民经济建设主战场，注重提高科研水平和质量（1984—1995）

1984 年 4 月 16 日，何东昌在北京高等学校改革座谈会上提出："关于科学研究，国务院领导同志提出理工科要面向经济建设，要合理安排基础研究、应用研究和开发研究的关系。"③1985 年 3 月 13 日，中共中央发出《关于科学技术体制改革的决定》，要求"应当按照经济建设必须依靠科学技术、科学技术工作必须面向经济建设的战略方针，尊重科学技术发展规律，从我国的实际出发，对科学技术体制进行坚决的有步骤的改革"。④《决定》进一步强调，"高等学校和中国科学院在基础研究和应用研究方面担负着重要的任务。产业部门的研究机构，也要根据需要加强应用研究。各方应当密切合作，人员相互兼职，开展合作研究，联合建立实验室或研究机构。基础研究、应用研究应当同人才的培养密切结合。有条件的高等学校也可以建立一些确有特色的精干的研究机构"。⑤

1984 年至 1991 年，清华大学相继召开第 11 次、第 12 次及第 13 次科学讨论会，贯彻落实面向国民经济主战场，注重提高科研水平和质量，大力加强应用研究，有重点地进行发展研究，积极而有选择地进行基础研

---

① 陈旭、贺美英、张再兴：《清华大学志》（第三卷），第 147 页。

② 陈旭、贺美英、张再兴：《清华大学志》（第三卷），第 237 页。

③ 何东昌：《在北京高等学校改革座谈会上的讲话》（1984 年 4 月 16 日），陈大白：《北京高等教育文献资料选编（1977—1992）》，第 408 页。

④⑤ 《中共中央关于科学技术体制改革的决定》（1985 年 3 月 13 日），《人民日报》，1985 年 3 月 20 日第 1 版。

究,选定目标多层次、多形式、多渠道地开展技术转移和发展区域经济等服务工作。该时期,清华大学经教育部批准及学校自建多个自然科学研究机构,其中多为工科研究机构,如核能技术研究所、微电子学研究所、化学工程与应用化学研究所、水利水电科学研究所、电工研究所、材料科学研究所、无线电电子学研究所、计算机工程与科学研究所、工程力学研究所;学校自建的科学研究机构有精密仪器及机械学研究所、热能工程与热物理研究所、汽车研究室、机械工程研究所、自动化科学与技术研究所、工程物理研究所、环境工程研究所、结构工程研究所、建筑研究所等。① 1992年9月,清华大学在进一步深化改革的意见中提出:"充分重视科技成果转化为生产力。切实抓好我校工程研究中心的建设工作,投入必要的人力和物力,各系要争取承接重要的技术改造项目以及工程设计、工程评价项目等,积极进入国民经济主战场、进入大企业集团,为大中型企业振兴作出贡献。"②

在"科教兴国"战略和科研工作必须面向经济建设方针指导下,清华大学从国家需要和学校实际出发,确立了"一个主体(面向经济建设主战场的应用研究)、两个侧翼(基础研究和开发研究)"的科研工作总体布局③,并取得了系列突出成就。如1984年,清华大学荣获国家发明奖9项,等于前五年荣获国家发明奖的总和,包括一等奖:新型MIG焊接电弧控制法(机械系潘际銮等),自适应和数字电可控非相参频率捷变雷达系统(无线电系茅于海等);二等奖:反光型密栅云纹栅版F-FG版(机械系叶绍英等);三等奖:煤粉预燃室燃烧器(热能系徐昶常等),细晶封接合金(机械系马莒生等),同位素低含沙量仪(水利系张训时等);四等奖:偏振差动式高分辨力激光测速仪(水利系孙厚钧等),连续变刚度支承装置(精仪系冯冠平等),共振搅拌反应器(化学化工系亓平言等)。④ 其中,潘际銮教授等完成的"新型MIG焊接电弧控制法(QH-ARC法)的研究",在

---

① 清华大学校史研究室:《清华大学一百年》,第365页。
② 《清华大学关于抓住有利时机　进一步深化改革的意见》(1992年9月),陈大白:《北京高等教育文献资料选编(1977—1992)》,第983页。
③ 方惠坚、张思敬:《清华大学志》(上册),第7页。
④ 《清华大学一九八四年获国家发明奖项目》,《新清华》,第890期,1984年12月30日第1版。

当时"是一项具有国际先进水平的重大发明，已转产天津，并向瑞典出口技术，在欧洲获得专利，西方报刊评论认为'这种先进技术向高度工业化国家出口，这是发展中国家——中国在贸易上的一个转折点'"①；无线电电子学系茅于海教授等完成的"自适应频率捷变雷达系统"，高水平地解决了我国现有雷达对抗有源干扰问题，对国防建设做出了重大贡献。② 另外，吕崇德教授等完成的"大型火电机组模拟培训系统"、王大中教授等完成的"5兆瓦低温供热试验堆"分别获1985年和1992年国家级科技进步一等奖，其中"5兆瓦低温供热试验堆，是世界上第一座投入运行的具有安全性的一体化自然循环壳式供热堆，也是世界上第一座使用新型水力驱动控制棒的反应堆，我国在低温核供热领域已跨入世界先进行列"③；徐旭常教授等发明的《带火焰稳定器的煤粉燃烧器》和方鸿生教授等发明的《中高碳空冷锰硼贝氏体钢》，获1989年由国家专利局和世界知识产权组织首次颁发的两项中国发明创造金奖。④ 再如，1986年至1995年，土木系"结构抗爆抗震研究""底层大空间上层大开间大模板高层建筑技术""掺F矿粉混凝土的研究""混凝土设计规范（GBJ1089）"等9个项目获国家科技进步二等奖、三等奖；"20世纪90年代初，机械系在国内率先开展了快速成形技术的研究，结合了多种快速成形工艺，研制了多功能快速成形制造系统——M-RPMS，并获2002年国家科技进步二等奖"；1991年至1995年，汽车系"承担了沙漠重型运输车、汽车发动机电控汽油喷射、沙漠车用内燃机应用陶瓷材料抗磨损和电动汽车等国家攻关课题"；"1993年以后，电子工程系在光通信、无线通信、网络技术、集成电路、图像、语音、微波、导航、遥感等领域都取得了大量成果，其中卫星接收、第三代移动通信、文字识别、长距离光传输、数字电视传输技术、集成电路设计技术（三次获奖）及我国新一代网络等代表性成果获国家科技进步二等奖，大容量高速光网络成为我国实验网的基础设施"；等等。⑤ 还有一些

---

① 《中共北京市委教育工作部关于印发清华大学一份汇报材料的通知》（1985年4月22日），陈大白：《北京高等教育文献资料选编（1977—1992）》，第480~481页。

② 《中共北京市委教育工作部关于印发清华大学一份汇报材料的通知》（1985年4月22日），陈大白：《北京高等教育文献资料选编（1977—1992）》，第479~482页。

③ 方惠坚、张思敬：《清华大学志》（上册），第12页。

④ 方惠坚、张思敬：《清华大学志》（上册），第11~12页。

⑤ 陈旭、贺美英、张再兴：《清华大学志》（第三卷），第46、124~125、169、233页。

成果在国际上获得了高度评价,如 1993 年吴良镛院士主持设计的菊儿胡同改造工程获联合国"世界人居奖";1994 年吴澄院士领导完成的计算机集成与制造系统获美国制造工程师学会设立的"大学领先奖"①;以及吕崇德教授获 1996 年国际仿真学会"突出贡献奖";等等。

　　1993 年 2 月,中共中央、国务院印发《中国教育改革和发展纲要》,提出:"高等学校科学技术工作要认真贯彻国家对科学技术工作的方针,坚持'科学技术是第一生产力'的思想,坚持面向经济建设,坚持同教学相结合。要根据不同条件,大力开展技术开发、推广应用和咨询服务,兴办科技产业,使科技成果尽快转化为现实生产力。要加强基础科学和应用科学的研究,组织精干力量承担国家科技攻关项目和发展高新技术任务。要有计划地建成一批国家重点实验室和工程研究中心,促进相关学科的科研水平进入世界先进行列。"②面向国民经济主战场,清华大学进一步密切与企业之间的合作,促进科研成果的转化,取得了良好的社会效益。例如,20 世纪 80 年代初至 90 年代初,电机系先后开辟出一批跟踪国际先进水平、面向国家经济建设主战场的科研方向,包括电力系统分析与控制、电力系统运筹学、电站自动化、柔性交流输配电、过电压和绝缘配合、有机外绝缘等,取得的大批科研成果被广泛推广和应用于电力系统运行、电工制造行业之中。③ 再如,电子工程系"1983 年研制成 500 兆赫透射式声学显微镜分辨率 2 微米, 1991 年研制成用于材料内部成像的智能化 150 兆赫反射式声学显微镜,获 1992 年国家发明三等奖。该类显微镜已成为实用化的设备, 正式提供研究生产单位使用,并出口到新加坡"④;"1980 年代中期,无线电电子学系在薄膜技术及真空管太阳能集热器创新性研究成果的基础上,与校外企业联合建立了太阳能电子厂,生产太阳能集热器及其装置;1992 年与北京玻璃仪器厂合资,成立清华阳光公司,进一步扩大太阳能集热器及其装置的生产规模,形成了产、学、研结合的

---

　　① 王大中:《建设一流大学 培养一流人才 创造一流成果》(1997 年 10 月),《北京高等教育》,1997 年第 5 期。
　　② 《中共中央国务院印发〈中国教育改革和发展纲要〉》,《人民日报》,1993 年 2 月 27 日第 2 版。
　　③ 陈旭、贺美英、张再兴:《清华大学志》(第三卷),第 205 页。
　　④ 陈旭、贺美英、张再兴:《清华大学志》(第三卷),第 237 页。

中心,清华阳光成为一个知名品牌,产品在国内外市场上占有相当比例".①

三、"顶天、立地、树人"（1995—2011）

1995年5月6日,中共中央、国务院做出《关于加速科学技术进步的决定》,提出科教兴国的战略。"科学技术是第一生产力,是经济和社会发展的首要推动力量,是国家强盛的决定性因素。为大幅度提高社会生产力,增强综合国力,提高人民生活水平,确保我国现代化建设三步走战略目标的顺利实现,必须大力发展科学技术,加速全社会的科技进步".②"实施科教兴国战略,是全面落实科学技术是第一生产力思想的战略决策,是保证国民经济持续、快速、健康发展的根本措施,是实现社会主义现代化宏伟目标的必然抉择,也是中华民族振兴的必由之路。十一届三中全会以后,党的工作重点转移到以经济建设为中心,实施科教兴国战略,是这一转移的进一步深化和向更高阶段的发展,必将使生产力产生新的飞跃".③5月26日至30日,中共中央、国务院在北京召开全国科学技术大会。江泽民在大会上发表讲话,指出,"党中央、国务院决定在全国实施科教兴国战略,是总结历史经验和根据我国现实情况所作出的重大部署。没有强大的科技实力,就没有社会主义的现代化。科教兴国,是指全面落实科学技术是第一生产力的思想,坚持教育为本,把科技和教育摆在经济、社会发展的重要位置,增强国家的科技实力及向现实生产力转化的能力,提高全民族的科技文化素质,把经济建设转移到依靠科技进步和提高劳动者素质的轨道上来,加速实现国家的繁荣强盛。这是顺利实现三步走战略目标的正确抉择。实施科教兴国战略,必将大大提高我国经济发展的质量和水平,使生产力有一个新的解放和更大的发展".④

---

① 陈旭、贺美英、张再兴:《清华大学志》(第三卷),第237页。
②③ 《中共中央 国务院关于加速科学技术进步的决定》(1995年5月6日),《人民日报》,1995年5月22日第1、2版。
④ 江泽民:《江泽民在全国科学技术大会上的讲话》(1995年5月26日),《人民日报》,1995年6月5日第1版。

经过改革开放后的系列改革与发展,清华大学科研水平在20世纪90年代有了很大的提升,"但是,与世界一流大学相比,与国家经济科技发展的现实需求相比,清华的科研工作还存在着很大差距,如科研经费与世界一流大学差距悬殊、缺乏重大原创性研究成果、大量科研成果难以转化应用等。"①针对存在的问题,1996年2月学校提出:"'九五'期间,要抓好科研基地建设,并进一步巩固和提高我校原有的三大科研基地(核研院、微电子所和CIMS研究中心)的基础上,建设好信息网络、洁净煤技术、光盘技术等5~6个工程中心及15个国家重点实验室的建设。充分发挥国家重点实验室在高水平科技攻关方面的作用;同时,在科研方面,进一步加强学校与地方、企业的科技合作,加速科技成果的转化和科技产业的发展。"②1997年至2003年,清华大学又召开第14次和第15次科研工作讨论会,要求改革创新,努力开创学校科技工作的新局面。2003年11月,科技部批准清华信息科学与技术国家实验室(筹)依托清华大学建设,这是第一批5个立项建设的国家实验室之一,"实验室以国家目标为引导,整合清华信息学科群的优势资源,集成了学校在信息领域的三个国家重点实验室(智能技术与系统、微波与数字通信、集成光电子学)和三个教育部重点实验室(普适计算、生物信息学和信息系统安全),实现了顶层统筹和资源集中"。③

"高水平的科学研究是学科建设的载体,也是新兴学科发展的动力"。④ 在"211工程"和"985工程"实施中,学校根据现有学科发展状况、国家需求和科技发展趋势,确定了四种类型的校级重点科研项目,其中包括:①以原创性创新为主要目标的基础研究,如"天然煤污染防治与生态优化""纳米材料与结构"等十几项重点基础研究项目;②"以战略高技术

---

① 《行胜于言——清华大学改革与发展纪实》编写组:《行胜于言——清华大学改革与发展纪实》,第213页。

② 清华大学:《有关"九五"期间改革与发展的思路(北京高校领导干部会议经验交流材料)》(1996年2月10日),陈大白:《北京高等教育文献资料选编(1993—1999)》,第396~398页。

③ 《加强国家级科研基地建设,融入国家科技创新体系》编写组:《行胜于言——清华大学改革与发展纪实》,第249~250页。

④ 《面向国家战略需求,组织重大项目科技攻关》编写组:《行胜于言——清华大学改革与发展纪实》,第217~218页。

及重大攻关为目标的科技创新研究,如'高温气冷反应堆'、'密集波分复用光纤网络'、'清华1号卫星'、'有机电致发光材料'等十几项重点攻关项目";③以研究社会与经济发展的重大理论和改革为目标的宏观战略研究,如"全球气候变化与我国中长期能源可持续发展战略"、"黄河断流的成因及对策"等十几项重点软科学研究项目;④"以推动产业进步和高技术产业发展为目标的重大科技成果转化项目,如'大型集装箱检测系统'、'电子陶瓷元件'等十几项重点成果转化项目。"①同时,2007年至2009年学校召开第16次科研工作讨论会,通过了《清华大学关于进一步提高科研质量和水平的若干意见》,提出要解放思想、勇于创新,深化科研管理体制和评价激励机制的改革,优化科技资源配置,努力实现科研质量和水平的跨越发展。此次会议将清华大学科研宗旨由"顶天、立地"拓展为"顶天、立地、树人",更加强调清华的科研工作要与人才培养结合在一起。所谓顶天,即面向世界学术前沿开展探索研究;立地,即为国家和社会发展解决实际问题;树人,即科研活动要坚持育人为本、立德树人。

在这一理念指导下,各院系科研工作取得了重大进展。例如,机械系以"211工程"、"985工程"一期工程建设为契机,针对国家在制造、能源、运输、航空航天等领域的重大需求,以构建"成形制造模拟仿真创新平台"为龙头,基于已有的基础,积极参与国家重点行业和重点工程建设,解决本学科所面向的产业及行业的前沿技术需求。②再如,电子工程系在建设一流大学"985工程"一期任务中,一批具有重要意义的和前瞻性、交叉性的科研项目启动,承担的"高速光通信网络""新一代无线通信技术"等研究课题取得了一些突破性进展,还积极参加了信息学院的"集成电路设计""人机交互""高速互联网"及"复杂系统研究""纳米技术"等基础研究课题。③又如,1994年至2010年"电机系紧紧依托电力系统及大型发电设备安全控制和仿真国家重点实验室、电力电子工程研究中心、生物医学工程研究所以及与国内外著名大学和企业建立的联合研究所,瞄准国际前沿基础理论问题,面向国民经济建设重大和战略需求,开拓新的科研

---

① 《面向国家战略需求,组织重大项目科技攻关》编写组:《行胜于言——清华大学改革与发展纪实》,第217~218页。
② 陈旭、贺美英、张再兴:《清华大学志》(第三卷),第125页。
③ 陈旭、贺美英、张再兴:《清华大学志》(第三卷),第220页。

方向,积极开展产学研合作",承担了"我国电力大系统灾变防治和经济运行重大科学问题的研究""提高大型互联电网运行可靠性的基础研究"等大批科研项目,并新开辟了电力系统非线性控制理论、广域监测和控制保护理论、调度自动化理论和技术、电力市场运营理论、智能电网能量管理与运行控制等科研方向。① 还有,自动化系积极调整科研指导思想和科研布局,在传统优势研究方向与新兴、交叉学科方向相结合,服务国民经济主战场与前沿学科研究相结合,民用科学技术研究与国防科学技术研究相结合的思想指导下,"不仅在控制理论与工程、企业信息化与集成制造系统、模式识别与智能系统、系统工程等传统优势方向的研究规模不断扩大,研究水平不断提高,在交叉学科和新兴研究领域也得到了快速发展,如:生物信息、智能网络系统、宽带网数字媒体、智能交通系统、现代检测技术、量子控制和服务科学等。"②

学校在加强基础研究和高技术研究的同时,把科研工作的重点放在面向国民经济建设的主战场,加强与地区和企业的合作,大力促进科技成果向现实生产力的转化。例如,清华大学先后与北京、河北、广东、江西、江苏、云南等省市及40多个地区签订了全面合作协议,成立了"大学与企业合作委员会"。③ 另外,自1992年清华大学开始尝试与国内外企业建立联合研究机构,"截至2009年年底,在运行的校企联合科研机构共计85个。其中,与国内企业联合机构56个,涉外联合机构29个。其中超过一半的涉外联合机构是与世界500强企业联合建立的。无论是国内还是涉外联合科研机构,其合作领域都主要分布在信息、机械制造、能源环境等方面。"④清华大学与企业联合科研机构在服务社会方面不断探索和尝试,取得了有效成果。例如:"清华大学(机械系)—中国二十二冶集团有限公司重型装备成形制造工程研究所完成了校'985工程'二期学科建设

① 陈旭、贺美英、张再兴:《清华大学志》(第三卷),第206~207页。

② 陈旭、贺美英、张再兴:《清华大学志》(第三卷),第270页。

③ 清华大学:《在"三个面向"的指引下推动学校的改革与发展——在北京市纪念"三个面向"题词发表十五周年大会上的发言》(1998年9月25日),陈大白:《北京高等教育文献资料选编(1993—1999)》,第708页。

④ 《加强企业联合科研机构建设,实现大学服务社会职能》编写组:《行胜于言——清华大学改革与发展纪实》,第258页。

重点项目'多功能金属成形实验平台—40MN/64MN多向模锻液压机'的设计任务,并将清华的预应力钢丝缠绕技术应用于包头、西安和上海的多个国家重大工程项目中。清华大学(电子系)—安徽中科大讯飞信息科技有限公司语音技术实验室基于语音识别领域的各项技术集成的电话和嵌入式识别引擎性能已经超过国际上规模最大、技术最先进的语音识别公司的中文引擎。清华大学(汽车系)—武汉元丰汽车零部件有限公司汽车电控技术研究所完成了三代液压ABS产品的开发,产品成本降低三分之一,配合完成了年产55万套ABS生产线的技术方案制定、投标文件技术支持、工艺方案制定和生产线调试等工作。清华大学(信研院)—香港应用科技研究院多媒体广播与通信联合实验室因在数字电视终端设备认证测试平台项目中的杰出工作,被香港软件行业协会授予'2009香港信息及通讯科技奖:最佳协同合作优异证书(大中华市场及最具创意项目)'。清华大学—大金研究中心的高性能换热管测定、离心风机叶片设计、高压冷媒动力回收和干式管壳式换热器等研究成果被成功应用于大金公司研究、开发的项目上。"①

　　此外,工程物理系"1996年开始对大型集装箱检查系统进行成果转化,1997年与同方公司共同组建'威视技术股份有限公司',成功实现了集装箱检测成果的产业化,探索出了'带土移植、回报苗圃'的新模式","目前已推出了固定式、车载移动式、组合移动式系列集装箱检查系统、整装列车不停运检测系统、液体安检系统等技术和产品。超过400套集装箱检测系统系列产品在我国各主要口岸及100多个国家和地区运行,成为反走私的先进设备和手段,使中国自有知识产权的高科技成套设备进入国际市场"。② 航天航空学院"科技成果多以软件、高科技产品等形式得到推广应用。例如:模态综合技术理论及应用的计算机程序,ADINA结构—热力分析有限元通用程序,层叠式气源发生器,人工心脏瓣膜性能检测技术和装置,大速差同向射流稳定技术及其燃烧器,大型电子玻璃熔窑模拟技术,地下低温热源开发利用技术以及获国家星火奖的高技术产品

---

　　① 《加强企业联合科研机构建设,实现大学服务社会职能》编写组:《行胜于言——清华大学改革与发展纪实》,第258~259页。
　　② 陈旭、贺美英、张再兴:《清华大学志》(第三卷),第342页。

等都得到推广应用,取得了很好的经济效益。'管壳式换热器强度设计规范'领先国际同类规范 15 年,上千企业采用;热法磷酸余热回收技术已向国内 16 个企业进行了技术转让,在新建的 28 套装置上采用,近 3 年利用本发明技术投产的项目新增产值已超过 5.13 亿元,年新增的上缴利税已达 7309 万元,年节支 3939 万元。依据传热强化场协同理论设计研发了系列换热器,年产值超过 1 亿元,利税超过 1000 万元,高效换热设备的应用已超过 600 家,产生了良好的节能效果"。① "化工系的科研面向我国化学工业可持续发展的要求及其相关资源、能源,材料和环境问题,积极开展高分子材料、微介观结构与界面行为、多相反应和分离工程、生物催化与生物转化、光电信息材料与纳米材料等现代化学工程学科基本理论和关键技术研究,推进其在新能源、材料制造、化学品生产、生物质资源转化、绿色化工过程、生态工业园区及化工安全生产中的应用。高速湍动床反应器、碳纳米管大规模制备技术、高效萃取工艺装备、渗透汽化和纳滤技术、生物柴油、生物法生产 1—3 丙二醇、微结构反应器、聚合反应加工和光电信息材料等 20 余项具有自主知识产权的新设备、新工艺、新技术相继通过成果鉴定,为新时期化工产业的发展做出了贡献"。②

四、深化科研体制改革　引领科研创新突破(2012—2020)

2016 年 4 月 7 日,清华大学第 17 次科研工作讨论会闭幕,发布《清华大学关于深化科研体制机制改革的若干意见》,标志着清华大学科研体制机制改革正式启动。此后,清华大学积极深化科研体制改革,大力提升科研创新水平。工科院系的重大科研创新举措,主要体现为如下几个方面:其一,构建学科交叉研究体系。建立若干校级交叉研究平台,通过教师跨院系兼职、交叉学位授予制度和设立促进交叉学科研究专项基金等举措,着力打破学科壁垒,切实推动全校跨学科交叉研究。如,2017 年 9 月,成立智能无人系统研究中心、智能网联汽车与交通研究中心和柔性电子技术研究中心 3 个跨学科交叉研究中心。2017 年 12 月 15 日,清华大学脑与智能实验室、未来实验室正式揭牌成立。2018 年 6 月 28 日,清华大学

---

① 陈旭、贺美英、张再兴:《清华大学志》(第三卷),第 325 页。
② 陈旭、贺美英、张再兴:《清华大学志》(第三卷),第 359 页。

人工智能研究院揭牌成立,研究院以"一个核心、两个融合"作为发展战略,在人工智能的基础理论和基本方法上开展源头性和颠覆性创新。2018年9月26日,清华大学大数据研究中心成立。

其二,服务国家重大战略需求。服务国家战略,进一步加强面向国家重大需求和重大科研任务的协同攻关,解决"卡脖子"硬核问题,加快前沿科技突破创新。例如,2016年3月20日,由核研院主持设计的全球首座模块式高温气冷堆示范工程(HTR-PM)首台主设备压力容器在山东荣成石岛湾核电站顺利吊装就位,标志着中国四代核电技术向工业实现迈进一大步。2017年6月25日,"长城工程科技会议"第三次会议在清华大学召开,启动筹建"清华大学军民融合国防尖端技术实验室"。2018年12月18日,成立实体性航空发动机研究院,是清华大学在新时代深度参与创新驱动发展战略实施、响应国家先进战略技术发展战略的重大举措。2019年1月9日,教育部"燃气轮机省部共建协同创新中心"在清华成立。由清华大学协同中国重燃开展燃气轮机科技攻关研究和应用基础研究,属于教育部"珠峰计划"的重要组成部分。

其三,推动国际科研合作。依托各类国际合作联合实验室和合作联盟,建设跨学科、跨领域的国际化研究平台,积极推进和提升国际科研合作开放创新能力。例如,2016年2月11日,激光干涉引力波天文台(LIGO)探测到引力波信号,作为其在中国大陆的唯一成员,清华大学研究团队做出了重要贡献。再如,车辆与运载学院与美国能源阿岗国家实验室和密西根大学牵头共建的中美清洁汽车联盟开展了10年联合研究,被科技部誉为政府间科技合作研究的旗舰项目,建立的动力电池安全实验室已成为包括美国、日本、韩国、德国、英国等全球范围科学家和企业工程技术人员共同开展学术合作的开放研究平台。

改革开放以来,清华大学不断深化科研体制改革,取得了丰硕的科研成果,在国家重大战略服务方面做出了重要贡献。据统计,1980年至2019年全校累计获国家级科技三大奖共591项,其中国家科学技术进步奖352项、国家技术发明奖157项。新形势下,为大力推动科技创新,2019年1月清华大学发布《关于持续深化改革 提升工科发展水平的实施意见》,进一步提出要促进多层次学科交叉。"学科交叉是研究跨越学科边界的复杂问题的迫切需要,是获得高水平创新成果的重要途径,对于大学和学科的未来发展具有重要意义。学校着力从资源配置、管理体系、平台建设、文化氛围等方面破除学科交叉的障碍,创新学科交叉的组织模式和运行机制,不断提高人才培养能力和原始创新能力。"就推动学科交叉的措施,《意见》提出:其一,推动脑与智能实验室、未来实验室等校级交叉机构的建设与发展,强化信息、机械等学科的优势,在类脑技术、人工智能等领域产出突破性、颠覆性的重大成果;其二,建立一批跨院系交叉研究机构,围绕国家重大战略需求和国际科学前沿,承担国家重大项目,促进原始创新交叉研究成果的产生。同时,《意见》提出要推动产学研合作。"进一步完善产学研合作模式,提升清华工科在科技创新、成果转化、社会服务等方面的水平,增强服务国家战略需求和社会经济发展的能力,探索新时期工科发展的新方式"。① 具体为:其一,加强与重点行业企业的合作,实现产学研深度融合。围绕国家产业发展的重大需要,结合学校学科发展,积极推动学校与国内外战略性行业和新兴科技领域的龙头企业建立战略合作关系,在发展规划、产业升级、科技创新、人才培养和实践教学等方面展开全方位实质性合作。其二,完善成果转化体制机制,推动科技成果尽快转化为现实生产力。学校鼓励教师安心从事教学科研工作,支持科研成果的应用。建立专业化队伍,为教师提供校企合作对接、知识产权评估等服务,规范成果转化的全过程管理。推动重大技术创新成果走向应用,建立重大项目发展的支撑平台。依托科研院、技术转移研究院、地方院、派出院,加强自主研发技术成果的孵化转化。②《关于持续深化改革 提升工科发展水平的实施意见》的发布,为今后工科院系科研工作的发展提出了新的要求和方向。

2020 年 3 月 13 日,主题为"创新科研模式,建设世界一流大学创新体系"的清华大学第 18 次科研工作讨论会开幕。校长邱勇作题为"自强创新,引领未来,为建设世界科技强国贡献清华力量"的主旨报告,对过去五年的科研改革成效给予了充分肯定,同时也指出了存在的问题和挑战,强调"大学是长寿命机构,追求学术、开展科研工作是大学的生命线,科教融合是大学的本质特征和独特优势,宽松的学术氛围、门类齐全的学科、跨

---

①② 《清华大学关于持续深化改革 提升工科发展水平的实施意见》(清校发〔2019〕1 号)。

地域跨文化的人才群体决定了大学在国家创新体系中不可替代的核心地位。科研创新需要勇气和自信。在创新的时代,基础与应用之间没有界限,学科交叉是常态。要处理好'博'与'专'的关系,'博'建立在'专'的基础上,只有对某一学科有深入研究后,才能实现与其他学科的有效交叉。"①邱勇校长在报告中进一步提出,"学校要继续推动社会科学与自然科学的结合,推动艺术与科学的结合;要推动科学、技术、经济、社会的一体化发展,加快人工智能技术创新、产业应用、社会治理的协同推进;要建立高效的创新体系,为提高国家创新体系整体效能作出积极贡献"。②第18次科研工作讨论会持续半年,以多种形式广泛调研、深入讨论、征集意见建议,为学校各学科、院系进一步明确新时期科研工作的战略目标、发展路径和改革方案。

表 8-13　清华大学为第一完成单位的国家科技奖励一等奖(1984—2019)

项目名称	获奖时间及奖项	负责人
自适应和数字电可控非相参频率捷变雷达系统	1984 年国家技术发明奖一等奖	茅于海
新型 MIG 焊接电弧控制法(QH-ARC 法)	1984 年国家技术发明奖一等奖	潘际銮
大型电机组模拟培训系统	1985 年国家科学技术进步奖一等奖	吕崇德
中国古代建筑理论及文物建筑保护的研究	1987 年国家自然科学奖一等奖	梁思成
5 兆瓦低温供热试验堆	1992 年国家科学技术进步奖一等奖	王大中
加速器辐射源移动式集装箱检查系统系列的研制及产业化	2003 年国家科学技术进步奖一等奖	康克军
10 兆瓦高温气冷实验反应堆	2006 年国家科学技术进步奖一等奖	王大中
大型高能工业 CT 系统	2010 年国家技术发明奖一等奖	康克军
公共安全应急平台	2010 年国家科学技术进步奖一等奖	范维澄

①② 《创新科研模式,建设世界一流大学创新体系——清华大学第十八次科研工作讨论会开幕》,清华大学新闻网,https://news.tsinghua.edu.cn/info/1002/75669.htm。

项目名称	获奖时间及奖项	负责人
有机发光显示材料、器件与工艺集成技术和应用	2011 年国家技术发明奖一等奖	邱勇
大跨建筑钢-混凝土组合结构新技术及其应用	2012 年国家技术发明奖一等奖	聂建国
立体视频重建与显示技术及装置	2012 年国家技术发明奖一等奖	戴琼海
清华大学辐射成像创新团队	2013 年国家科技进步奖（创新团队）	康克军
大型结构与土体接触面力学试验	2013 年国家技术发明奖一等奖	张建民
网络计算的模式及基础理论研究	2014 年国家自然科学奖一等奖	张尧学
DTMB 系统国际化和产业化的关键技术及应用	2016 年国家科技进步奖一等奖	杨知行
600MW 超临界循环流化床锅炉技术开发、研制与示范工程	2017 年国家科技进步奖一等奖	吕俊复
量子反常霍尔效应的实验发现	2018 年国家自然科学奖一等奖	薛其坤
脑起搏器关键技术、系统与临床应用	2018 年国家科学技术进步奖一等奖	李路明
复杂电网自律-协同自动电压控制关键技术、系统研制与工程应用	2018 年国家科学技术进步奖一等奖	孙宏斌
清华大学工程结构创新团队	2018 年国家科学技术进步奖（创新团队）	聂建国

（资料来源：根据清华大学新闻网等整理）

第四节 坚持"引进与培养"并重，建设高水平教师队伍

清华大学工程学系自 20 世纪 20 年代创办以来，一直注重延聘名师，加强师资队伍建设。特别是 20 世纪 50 年代院系调整后，工科各系师资队伍得到极大扩充。但"文革"期间，由于受到"四人帮"的迫害，师资队伍元气大伤。改革开放以来，清华大学工科院系不断深化人事制度改革，创新教师队伍建设体制机制，遵循引进与培养并重的方针，加强青年教师队伍建设，改善队伍规模与结构，努力建设一支与世界一流大学、世界一流学科相适应的高水平教师队伍。

一、改善师资队伍结构，提高教师业务水平（1977—1993）

"文革"时期，知识分子遭到严重迫害，师资队伍后继乏人。改革开放初期，面对高等院校师资队伍力量较为薄弱的局面，邓小平提出"要加强学校的教师队伍，科研系统有的人可以调出来搞教育，支援教育。"①1978年2月11日，中共北京市委科学教育部发布关于印发北京市大学教育工作座谈会材料的通知，其中附件二《关于加强教师队伍建设的几点意见》提出："深揭狠批'四人帮'的罪行，正确执行党的团结、教育、改造知识分子的政策，采取积极措施，加速教师队伍的建设，是高速度发展高等教育，早日实现四个现代化的一项极其重要的任务。"②《意见》要求，"教师每周至少必须有 5/6 的时间用在教学和科研工作上"，"努力提高教师的业务水平"，"各院校要在调查研究的基础上，制订教师培养提高的规划。要注意充分发挥老教师的作用，鼓励他们发挥自己的专长，在教学、科研和培养青年教师、带研究生方面作出成绩。""在教学第一线担负主要教学任务的中、青年教师，应是培养提高的重点"。③《意见》还提出，"要有步骤地慎重地调入教师或选留毕业生，不断充实和加强教师队伍"。④ 1979 年 6 月 26 日，北京市革命委员会发布关于转发《国务院批转国家科委 教育部 农林部关于高等学校科学研究工作会议的报告》的通知，也提出要大力提高师资水平，"学生质量的高低在很大程度上取决于教师的思想政治水平和业务水平。要引导教师坚持又红又专的方向，正确处理工作与进修的关系。学校要全面规划、统筹安排，组织教师进修。当前，要充分利用国内外一切有利条件，通过多种途径，尽快地在各个重要自然科学和社会科学领域内培养出学术领导人，以解决青黄不接、后继乏人的问题。这是高等

---

① 邓小平：《教育战线的拨乱反正问题》（一九七七年九月十九日），中共中央文献研究室：《邓小平同志论教育》，北京：人民教育出版社，1990 年，第 53 页。

②③ 《中共北京市委科学教育部关于印发北京市大学教育工作座谈会材料的通知》（1978 年 2 月 11 日），陈大白：《北京高等教育文献资料选编：1977—1992》，第 58 页。

④ 《中共北京市委科学教育部关于印发北京市大学教育工作座谈会材料的通知》（1978 年 2 月 11 日），陈大白：《北京高等教育文献资料选编：1977—1992》，第 59 页。

学校建设'两个中心'的一个关键。"①

十年"文革"浩劫使清华大学的师资队伍受到了严重损伤,急需加以整顿和提高。如1978年5月30日,蒋南翔在对清华大学的调查报告中提出:"清华的教师队伍经过迟群、谢静宜一伙的长期摧残,大伤元气。表面看来,这支队伍已由一九六五年的两千五百多人增加到近三千九百人,但实际上质量大大下降,力量大大削弱了。原有的正教授七十六人,因死亡、退休已减员三分之一。其他老年教师多体弱多病,难以坚持全时工作。新增加的青年教师业务基础差,大多数不仅不能胜任教学、科研工作,还要牵制一批骨干教师的力量为他们补课。现在教学、科研的担子绝大部分压在中年教师身上。这批教师处于承先启后的地位。继承老一辈的学术专长,培养下一代的师资力量,要靠他们。他们又是清华今后向世界先进水平进军的'第一梯队',是办好学校的希望所在。但是,这批骨干力量目前困难很多。过去迟、谢说他们政治上业务上都有'资本',把他们当作'最危险的人物',不断地加以打击,使他们的积极性受到很大挫伤,思想搞乱了,队伍分裂了。业务上的荒疏也是相当惊人的。"②针对存在的问题,蒋南翔强调:"从今后二十三年实现科学技术现代化、赶超世界先进水平的长远目标来考虑,现在需要下大决心狠抓教师队伍的整顿和提高。在调动老教授、老专家的积极性的同时,特别要加强对中年教师的工作。……另外,要抓紧从新招收的研究生及本科学生中培养和选拔新的师资,加速教师队伍的充实和更新。特别要重视研究生的培养工作,这应当成为今后清华师资的主要来源。"③

"文革"结束后,清华大学坚持解放思想、实事求是的思想路线,复查并陆续平反了一批冤假错案。1978年,学校开始调整"文革"期间结构失衡、过度膨胀的教职工队伍,"至1983年,共调出2000余

---

① 《北京市革命委员会关于转发〈国务院批转国家科委 教育部 农林部关于高等学校科学研究工作会议的报告〉的通知》(1979年6月26日),陈大白:《北京高等教育文献资料选编:1977~1992》,第143页。

② 蒋南翔:《对清华大学的调查报告》(1978年5月30日),中国高等教育学会、清华大学:《蒋南翔文集》(下卷),第906页。

③ 蒋南翔:《对清华大学的调查报告》(1978年5月30日),中国高等教育学会、清华大学:《蒋南翔文集》(下卷),第907~908页。

人,主要是青年工人、部分复员军人和'文化大革命'后期留校的青年教师"。① 同年,清华大学恢复职称评定,首批提升 18 名教授,工科院系有龙驭球(土)、张宪宏(水)、潘际銮(机)、陈南平(机材)、程宏(热)、冯俊凯(热)、萧达川(电)、唐统一(电)、吴佑寿(无)、李志坚(无微)、张礼(工物)、黄克智(力)、滕藤(化工)、朱永(贝睿)(核)、郑维敏(自经),其中朱永(贝睿)、吴佑寿、潘际銮、龙驭球、李志坚、黄克智等 6 人后来当选为中国科学院或中国工程院院士。

经过调整,工科各系教师队伍结构发生了很大变化,如 1981 年共有教师 1991 人,其中教授 64 人、副教授 295 人、讲师 866 人、教员 20 人、助教 746 人;1983 年共有教师 1810 人,其中教授 65 人、副教授 374 人、讲师 767 人、教员 3 人、助教 601 人。② 该时期,教授人数基本没有变化,副教授人数增幅较大,其他则呈下降趋势。"中年教师(指解放后到'文化大革命'前大学毕业的教师)占教师总数的 62.4%,他们是学校工作的主力和骨干。教学方面,讲课教师绝大部分是中年教师。基础课教研部的讲课教师中,中年教师占 85%;电力系 37 门专业基础课和专业课,讲课教师中中年教师也占 85.7%。科学研究方面,全校 200 多项科研项目的主要负责人,89% 是中年教师。党政工作方面,目前担负教研组主任和支部书记以上职务的中年教师有 343 人;全校 14 个系的正副系主任中,中年教师占 76.8%;855 个教研组正副教研组主任 264 人中,中年教师占 94%。这就是说,目前学校教学、科研和组织领导工作的重担,主要落在中年教师身上。"③因此,刘达校长指出:"今后若干年内,学校工作能不能有较快地发展和提高,很大程度上将取决于这部分人的政治、业务水平和身体状况,取决于他们的潜力和才智能否充分发挥,身体能否保持健康。因此,我们在学校贯彻落实党的知识分子政策,在当前和今后的一个时期内,也要相应地把重点放在这部分中年教师身上。"④

---

① 清华大学校史研究室:《清华大学一百年》,第 328 页。

② 《清华大学教职工人数月报表》(1981 年),清华大学档案,全宗号 2,目录号 259,案卷号 81033;《清华大学教职员工人数月报表》(1982 年),清华大学档案,全宗号 2,目录号校5,案卷号 82055;《清华大学教职员工人数月报表》(1983 年),清华大学档案,全宗号 2,目录号校5,案卷号 83049。

③④ 刘达:《重视中年教师的问题》(1979 年 9 月),《人民教育》,1979 年第 9 期。

党的十一届三中全会以后，在党和国家尊重知识、尊重人才的方针指导下，清华大学安排因"文革"没有完成大学学习的年轻教师"回炉"进修，加强他们对英语、计算机语言等课程知识的学习。同时，1978 年 6 月 23 日，邓小平在听取方毅、蒋南翔、刘西尧、刘达等汇报清华大学工作时，对派遣留学生工作作出了重要指示，"我赞成留学生的数量增大，主要搞自然科学。……要成千上万地派，不是只派十个八个"。① 当年我国向美国派遣了新时期第一批留学人员 50 名，其中清华大学教师 9 名，包括化工系曹小平和崔国文、无线电系彭吉虎、工物系张育曼和赵南明、计算机系郑衍衡、自动化系李衍达、水利系张楚汉、机械系柳百成，他们学成返校后在各自的岗位上做出了突出贡献。②

到 1984 年底，全校已有 1000 余人次出国进修、学习、参加国际会议、访问、考察、实习等，其中学习一年以上的有 300 多名，绝大多数是学校业务工作中的骨干。例如，1979 年学校首批洪堡学者过增元教授在工程热物理研究方面取得多项重要成果，后当选为中国科学院院士。再如，"中年副教授王大中去西德于利希核中心反应堆发展研究所进修二年，在中小型高温气冷堆的设计研究中，提出新堆芯概念和设计方案，获得设计发明专利权，还由德方向美、苏等六国进行了专利登记，回国后主持低温核供热的试验工作"；"计算机系中年讲师张钹，1980 年到美国进修人工智能，回国两年多来，他单独开设或与其他教师合作讲授了"专家系统"等三门新课程，发表了八篇有关人工智能的论文，与安庆师范学院教师张铃合作的论文《逐次 SA^* 搜索及其计算复杂性》，在 1984 年欧洲第六届人工智能会议上，作为中国学者，第一次获得最佳论文奖"。③ 1991 年 1 月，中宣部、国家教委、国务院学位委员会和人事部联合召开表彰大会，清华有六位中青年教师作为"有突出贡献的留学回国人员"受到表彰，其中包括胡东成、刘西拉、冯冠平、江亿等。

① 《邓付主席谈清华问题时的指示》(1978 年 6 月 23 日)，清华大学档案，全宗号 2，目录号党 1，案卷号 78010。

② 陈旭、贺美英、张再兴：《清华大学志》(第一卷)，第 871~872 页。

③ 《清华大学近几年工作简况》(1985 年 3 月 15 日)，陈大白：《北京高等教育文献资料选编(1977—1992)》，第 481 页。

　　1983年2月7日，中共北京市委工作部发布关于教育改革的初步意见，要求"学校管理改革的中心是改变吃大锅饭现象，充分调动知识分子的积极性"，"现在许多学校人浮于事，人才积压，'该出去的出不去，该进来的进不来'，骨干教师稳不住，'合格的不稳定，稳定的不合格'。脑力劳动者的待遇偏低，再加上平均主义，多劳不能多得，大大影响了知识分子的积极性。学校管理改革就要为解决这些问题打开一条路子。在整个教育、人事、劳动、工资制度未改革前，可先对学校教职工队伍实行定编，确定工作责任"。[①] 1984年，清华大学进行职称制度改革，每年定期进行教师职称晋升评聘工作，并注意选拔和培养优秀中青年骨干。1985年至1991年清华大学工科院系教师人数及组成结构可如图8-1所示。可以看出，这一时期教师总人数在2000人至2400人间，其中副教授人数较以前有了显著增加，教授人数也呈上升趋势，讲师人数则逐年下降。例如，1985年教授165人、副教授600人、讲师1179人、助教266人、教员3人，1993年教授532人、副教授911人、讲师489人、助教194人。

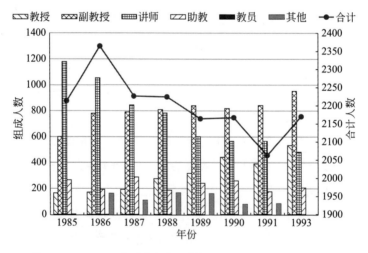

图8-1　1985—1991年清华大学工科院系教师人数及组成结构分布图

[资料来源：《清华大学教职员工人数月报表》(1985—1991年)，

清华大学档案 目录号259 案卷号略]

---

　　① 《中共北京市委工作部关于教育改革的初步意见》(1983年2月7日)，陈大白：《北京高等教育文献资料选编(1977—1992)》，第343页。

1983年3月和1984年5月,李政道教授曾两次给国家领导人写信,建议在我国建立博士后科研流动站、实行博士后制度。"在国内某些学术水平较高、科研条件较好的高等学校和研究机构,建立'博士后科研流动站',选拔一些在国内外取得博士学位的优秀青年,到这里从事一定时期的科研工作,不属于这些单位编制内的正式职工,在其获得固定工作岗位之前处于流动状态。……这样做有利于造就适应现代化建设和当代科学发展的高水平科研人才;有利于促进人才流动,使科研、教学队伍始终保持朝气蓬勃的活力;有利于学术交流,博采众长,避免在学术上出现'近亲繁殖'的现象;有利于取得博士学位的人员和用人单位都有更多的机会相互挑选,以使人尽其才,才尽其用"。① 1985年7月,国务院正式批准实行博士后制度。11月,清华大学力学、电子学与通信、化学工程与工业化学、电工、土木、水利、自动控制、金属材料等成为全国首批设站学科,1986年3月首批8名博士后进站。此后,动力工程及工程热物理、仪器仪表、计算机科学与技术、材料科学与工程(机非金属和金属材料合并)、机械工程、管理科学与工程、原子能科学与技术、建筑学、电子科学与工程、光学工程、环境科学与工程、土木工程等先后设站。博士后作为学校科学研究的生力军、教师补充的后备队伍,培育出一大批英才。如中国优秀博士后获得者材料系孙庆平、化工系魏飞、土木系聂建国、水利系张扬军、力学系李俊峰、电子系王永良、汽车系欧阳明高、精仪系尤政、电机系宋永华等。

作为综合改革的重要组成部分,1991年学校制定《清华大学深化校内管理改革方案》,要求"调整理顺机制,优化队伍结构,健全聘任制度,严格考核考评,提高办学效益,逐步改善待遇"。② 1992年9月,清华大学在进一步深化改革的意见中提出要加强教职工队伍建设,措施包括:适当增加教师的比重,提高新补充教师的层次,逐步优化师资队伍的结构;通过各种渠道吸引国内外的优秀人才,补充师资队伍;选拔培养优秀中青年骨干,保证队伍新老交替顺利进行,为其成长创造条件;逐步扩大流动编制的规模,改善博士后的工作和后勤保障条件;等等。③ 此外,为提升教师学

---

① 《国务院批转国家科委 教育部 中国科学院〈关于试办博士后科研流动站报告〉的通知》(1985年7月5日),陈大白:《北京高等教育文献资料选编(1977—1992)》,第500页。

② 《转换观念,深化人事制度改革》,《行胜于言——清华大学改革与发展纪实》编写组:《行胜于言——清华大学改革与发展纪实》,第293页。

③ 《清华大学关于抓住有利时机 进一步深化改革的意见》(1992年9月),陈大白:《北京高等教育文献资料选编(1977—1992)》,第983~984页。

术水平,1992 年学校实行新的学术休假制度,副教授以上在校工作满 4 年,可休假半年从事学术论著、学术交流、工程实践、教材编写等进修提高(包括出国进修做访问学者)。① 1993 年,清华大学进一步深化人事制度改革,实施《选拔和培养跨世纪学术带头人及全面提高教师队伍水平的若干措施》,着力建设结构合理、高效精干的高水平教师队伍。至 1993 年底,清华大学工科院系(所)共有教师 2200 多人②,其组成结构见图 8-2。由图中可以看出,该时期工科院系师资队伍中教授及副教授人数已占有较大的比重。

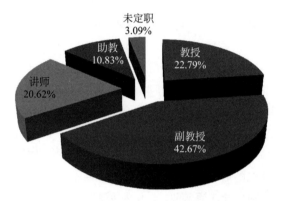

图 8-2　1993 年底清华大学工科院系教师组成结构分布图

[资料来源:方惠坚、张思敬:《清华大学志》(上册),北京:清华大学出版社,2001 年,第 484~485 页]

二、建设高水平教师队伍(1994—2011)

1993 年,清华大学明确提出具有时间期限的建设世界一流大学奋斗目标,及“三个九年,分三步走”战略。自 1994 年,清华大学正式步入建设世界一流大学的第一个九年阶段。当时学校领导提出,“要建设世界一流大学,必须从教职工队伍特别是教师队伍入手,高水平的教师队伍不仅是建设一流大学的基础,而且是一流大学的重要标志”。③ 该年 9 月 20 日,校务会议通过《关于加速跨世纪优秀青年学术骨干成长的若干措施》,指

① 陈旭、贺美英、张再兴:《清华大学志》(第二卷),第 53 页。
② 方惠坚、张思敬:《清华大学志》(上册),第 484~485 页。
③ 《实施人才战略,建设高水平教师队伍》,《行胜于言——清华大学改革与发展纪实》编写组:《行胜于言——清华大学改革与发展纪实》,第 316 页。

出"为在21世纪初把我校建成世界一流的具有中国特色的社会主义大
学,建设一支忠诚教育事业、业务精湛、结构合理、高效精干、充满活力的
教师队伍,特别是选拔和培养跨世纪的学术带头人和学术骨干,无疑是实
现这一目标最重要的基础"。① 学校成立了"人才引进与选培领导小组",
研究和制订引进海内外优秀人才及加速校内优秀中青年学术骨干成长的
政策、规划和工作计划;落实各种形式、各种渠道的海内外优秀人才的引
进工作;落实学校有关加强青年学术骨干队伍建设的具体措施。② 如
1995年实施学术新人奖,1996年实施青年教师教学优秀奖,1998年实施
骨干人才支持计划、骨干人才派出计划,2006年实施基础研究青年人才支
持计划、中青年领军人才支持计划等。

　　为全面贯彻落实全教会精神和《面向21世纪教育振兴行动计划》,推
动高等教育的改革与发展,1999年8月16日教育部发布关于新时期加强
高等学校教师队伍建设的意见,提出:"高校教师队伍建设在取得较大进
展的同时,仍然存在许多问题和困难:教师队伍的整体素质亟待进一步提
高;师德建设仍是薄弱环节;教师队伍的结构仍不尽合理;高水平的学科
带头人紧缺,骨干教师队伍新老交替的形势严峻;教师的生活工作条件仍
待进一步改善;教师队伍管理的法制建设任务还十分艰巨;教师资源的合
理配置和充分利用、用人制度改革、教师队伍结构调整和整体素质的提高
还受到许多因素的制约,现行教师队伍管理体制、运行机制和相关政策不
能适应新时期高等教育改革与发展的需要。"③该年,清华大学进一步深
化人事制度与分配制度改革,实施岗位津贴制度,切实提高教师待遇;加
大对青年骨干的支持和派出进修教师的资助,启动"骨干人才支持计划"
和"骨干人才派出计划"。同时,学校落实"985计划",推出了一系列人才
引进和智力引进的举措,如1998年实施百名人才引进计划、百名高级访
问学者计划,2001年实施讲席教授制度,2006年实施杰出教授引进支持
计划。通过学校双百计划、教育部长江学者计划、国家千人计划等引进海

---

　　① 《实施人才战略,建设高水平教师队伍》,《行胜于言——清华大学改革与发展纪
实》编写组:《行胜于言——清华大学改革与发展纪实》,第317页。

　　② 陈旭、贺美英、张再兴:《清华大学志》(第三卷),第54页。

　　③ 《教育部关于新时期加强高等学校教师队伍建设的意见》(1999年8月16日),陈
大白:《北京高等教育文献资料选编(1993—1999)》,第809页。

内外优秀人才，形成了杰出人才聚集的教师队伍。如美国工程院院士、普渡大学教授萨文迪受聘担任清华大学讲席教授、工业工程系主任；美国工程院院士、哈佛大学何毓琦教授受聘清华大学讲席教授，组建讲席教授组，担任自动化系智能网络中心主任；等等。

此后，学校对于师资队伍建设又制订了一系列方针政策，如 2002 年 8 月校务会议通过《清华大学教育教学改革四十条》，其中提出："以规范教师队伍、完善专业职务聘任制为契机，加强优秀人才的引进与培养，建设高水平的师资队伍"作为"十五"期间学校教改及发展的主要目标之一，并要求"教授作为研究型大学的学术和教学骨干，必须成为承担课程教学任务尤其是本科和研究生学科基础课程教学任务的主体；同时，为了促进年青教师教学经验的累积和教学水平的提高，各类专业课程教学应该适度增加年青教师的比例。"①该年，清华大学深化人事制度改革，实行人员分类管理，按岗位职责划分教师职务系列。2006 年，学校通过了《清华大学关于加强"十一五"期间人才引进工作的意见》，后又讨论通过了《清华大学高层次人才队伍建设计划实施办法》，坚持引进和培养相结合的方针，实施杰出教授引进支持计划、基础研究青年人才支持计划和中青年领军人才支持计划。②

经过系列人事制度改革措施，清华大学工科院系的师资队伍规模与结构得到了很大改善，1998—2011 学年度清华大学工科院系教师人数及组成结构可如图 8-3 所示。该时期教师中以教授、副教授人数居多，形成了阶梯型人才队伍结构。其中大多具有博士学历，例如 2010 年土水学院共计教师 136 人，其中博士学历 119 人，占 87.5%；机械学院共计教师 367 人，其中博士学历 317 人，占 86.4%；信息学院共计教师 426 人，其中博士学历 360 人，占 84.5%；电机系共计教师 91 人，其中博士学历 77 人，占 84.6%；工物系共计教师 87 人，其中博士学历 79 人，占 90.8%；等等。③

---

① 《清华大学教育教学改革四十条—经 2001~2002 学年度第 19 次校务会议讨论通过—》(2002 年 8 月 14 日)，《清华公报》，2002 年。
② 陈旭、贺美英、张再兴：《清华大学志》(第二卷)，第 55 页。
③ 陈旭、贺美英、张再兴：《清华大学志》(第一卷)，第 76~78 页。

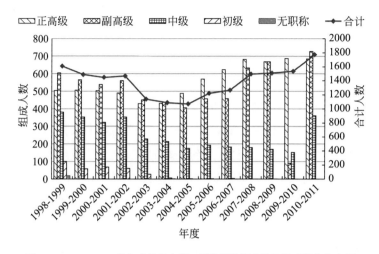

图 8-3 1998—2011 学年度清华大学工科院系教师人数及组成结构分布图
[资料来源:《清华大学普通高等学校基层报表和研究生基层报表及普通高等学校基本
工作状态数据库》(1998—2011 学年度),清华大学档案,全宗号 2 目录号 252 案卷号略]

三、深入实施教师人事制度改革,努力开创人才工作新局面(2012—2020)

党的十八大以来,党和国家高度重视人才工作,"今天,党和国家事业发展对高等教育的需要,对科学知识和优秀人才的需要,比以往任何时候都更为迫切。……人才培养,关键在教师。教师队伍素质直接决定着大学办学能力和水平。建设社会主义现代化强国,需要一大批各方面各领域的优秀人才。这对我们教师队伍能力和水平提出了新的更高的要求"。① 改革开放后,清华大学不断深化人事制度改革,引进和培养杰出人才,建设了一支高水平师资队伍,但与世界一流大学相比,人才队伍整体水平和管理体制还存在一定差距。2011 年,清华大学召开全校人才工作会议,确定人才强校战略为新百年发展的核心战略,制定发布《清华大学关于加强人才队伍建设的若干意见》,要求加大培养力度,促进青年人才快速成长,积极引进、汇聚学术大师和领军人才。2013 年,学校实施《清

---

① 习近平:《在北京大学师生座谈会上的讲话》(2018 年 5 月 2 日),《人民日报》,2018 年 5 月 3 日第 2 版。

华大学关于深化人事制度改革、加强教师队伍建设的若干意见》，全面启动人事制度改革。2014年，经中央全面深化改革领导小组批准，清华大学的综合改革在全国高校中率先启动，主要以人事改革为突破口，为全面提升人才工作质量打下坚实基础。人事制度改革目标，即建立"标准明确、权责清晰、评价公正、流动有序"的教师管理制度，形成与世界一流大学相适应的教师队伍建设体系。随后，工科、理科、文科院系根据各自特点制定相应改革方案，其中工科改革方案主要强调有利于服务国家重大战略需求。2016年院系完成改革方案制定工作，2017年基本完成过渡，全校按照新的教师管理体制进行聘任与管理。工科院系按照新的管理体制突出岗位职责，分教研、研究、教学系列。

2019年1月，学校发布关于持续深化改革、提升工科发展水平的实施意见，对建设一流师资队伍进一步提出要求。《实施意见》指出，"师资人才队伍是工科发展的关键要素，要继续探索和完善与工科特点相适应的人才队伍建设模式"。① 具体为：其一，提升工科教师队伍整体水平。"引导和鼓励教师从事高水平研究工作，主动承担国家工程科技重大、前沿项目，为国家社会解决重大工程技术问题。鼓励教师积极参与工程实践，加强与行业企业的交流合作。"其二，加强工科团队建设，完善工科研究系列教师队伍管理制度。"不断创新团队组织形式，围绕国家发展重大战略、重大问题和重大工程的需要组建高水平创新研究团队。推进重大项目的组织管理模式创新，支持优秀教师和学术团队为国家承担更多的重大科研任务，提高原始创新和集成创新水平。完善研究系列教师引进、评价激励与流动模式，充分发挥研究系列教师在团队中的积极作用。"其三，制定实施《实践教师岗位设置和聘任办法》，多种形式聘请在工业界相关专业领域行业经验丰富、技术水平高的专家参与实践类教学和科研工作，建立高水平的实践教学队伍。其四，加强工程师队伍建设。"根据承担重大研究计划、重大仪器项目等重点科研平台的切实需求，建设一支具备高水平专业技能的工程师队伍"。②

①② 《清华大学关于持续深化改革 提升工科发展水平的实施意见》（清校发〔2019〕1号）。

第五节　人才培养规模与质量大幅提升

人才培养一直是清华大学的根本任务。改革开放以来,清华大学根据社会发展的需要,从自身实际出发,逐步调整完善学科结构、加强师资队伍、改革教学内容及方法,实行"产、学、研"相结合,不断探索卓越工程师培养模式,为国家输送了大批本科生、研究生、留学生、专科生等多层次、多类型优秀人才。

一、培养"高素质、高层次、多样化、创造性"的本科拔尖创新人才

(一) 逐步恢复招生,提升人才培养质量(1977—1993)

改革开放以后,鉴于国家科技发展的迫切需要,党和政府非常注重人才培养。如邓小平提出:"我们要实现现代化,关键是科学技术要能上去。发展科学技术,不抓教育不行。靠空讲不能实现现代化,必须有知识,有人才。……抓科技必须同时抓教育。从小学抓起,一直到中学、大学。……要经过严格考试,把最优秀的人集中在重点中学和大学。"[①]1977年8月,邓小平在人民大会堂主持召开科学和教育工作座谈会,果断决策恢复中断10年的高考制度。当年,清华大学制订招生计划,建工系、水利水电工程系、机械制造系、电机系等恢复招生。其中建工系建筑结构工程专业招生本科生27人,环境工程专业招生本科生35人,学制四年半;水利系农田水利和水力机械专业各招生1个班,学制为五年;机械制造系铸造专业招收32人;电机系招收1个电工师资班,学制为四年半;工程力学系流体力学、固体力学和工程热物理专业及化工系等也恢复招收本科生,学制五年。[②]

1978年4月13日,邓小平提出"大学生人数要大量增加","大学生的比例也有个结构问题,要研究。……研究社会结构,开辟什么新的领域,与教育很有关系。培养人,中心是把基础打好,然后干哪一行都

---

①　邓小平:《尊重知识,尊重人才》(1977年5月24日),《邓小平文选》(第二卷),北京:人民出版社,1994年,第40页。

②　陈旭、贺美英、张再兴:《清华大学志》(第三卷),第34、53、110、187、303页。

行"。① 6 月 23 日，邓小平在听取方毅、蒋南翔、刘西尧、刘达等关于清华大学的情况汇报时指示："重点学校规模应该逐步扩大，将来要扩大一倍，象中国这样大国，有三、五百万大学生，决不算多。将来清华应发展到两万学生，研究生至少二、三千。"②自 1978 年后，清华大学建工系建筑学专业，环境工程专业，电机系电力系统专业、电机专业、高电压技术专业，机械系锻压专业、焊接专业、金属材料专业，水利系水工结构、农田水利、水力机械专业等相继招生，工科各系本科学生规模有较大幅度的增长。如机械系 1977 年招生 32 人，此后每年本科生招生人数大约 120 人左右；自动化系 1977 年招生本科生 137 人，1979 年达 158 人，此后基本在 150 人左右。③ 1981 年，我国大学实行学位制，清华大学为首批授予学士学位的高等学校之一。据统计，1985 年至 1993 学年度基本在 1700~1950 人之间。

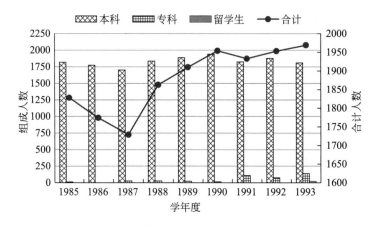

图 8-4　1985—1993 年度清华大学工科院系本科生(含转专生)毕业人数及变化曲线图

(资料来源：《清华大学一览》，1985—1993 年)

由上图可见，该时期清华大学还招生有专科生和留学生。1978 年，清华大学招收 7 个专修(专科)班共 215 人，学制二年，于 1980 年毕业，其中

　　① 邓小平：《大学生人数要大量增加》(1978 年 4 月 13 日)，《毛泽东、邓小平、江泽民论教育》，北京：中央文献出版社，2002 年，第 136 页。

　　② 清华大学党委办公室：《党委向邓小平同志汇报学校工作提纲及邓小平同志谈清华问题时的指示》，清华大学档案，全宗号 2，目录号党 1，案卷号 78010。

　　③ 清华大学档案全宗号 2，目录号 254，案卷号 81004、81005；陈旭、贺美英、张再兴：《清华大学志》(第三卷)，第 114~115、263 页。

建筑工程系建筑专修班1(建筑学)20人、建筑专修班2(建筑结构、建筑设备)40人,电子工程系电子计算机维护运行专修班31人、计算机程序设计专修班31人,自动化系电子仪器专修班33人,工程物理系加速器专修班29人;1988年,清华大学专科学制三年,招收半工半读、走读生;1993年开始实行自费、全日制教学,仍招收走读生,大专班每年计划招收14个班约420人,包括委托培养生,其中土木工程系工业与民用建筑专业招生59人,水利水电工程系城市建设工程专业招生25人,机械工程系机械电子工程专业(1)招生27人,精密仪器及机械学系机械电子工程专业(2)招生32人,热能工程系空调工程及动力控制专业招生29人,汽车工程系汽车工程专业招生24人、内燃机专业招生31人,电机工程与应用电子技术系电气与电子技术专业招生30人,电子工程系通信技术专业招生31人,自动化系自动化专业招生30人、办公自动化专业招生30人。[1] 该时期,留学生人数较少。

除扩大学生规模外,清华大学更注重提升人才培养的质量。1979年2月19日,校党委召开党支部书记以上干部会,刘达就学校贯彻党的十一届三中全会精神、党的工作着重点转移作重要讲话,指出:"就全国来说,重点转移到四个现代化建设上","这是全党全国具有重大历史意义的战略转移"。学校的重点是"按照学校的规律办事",就是"以为四个现代化培养又红又专的高质量人才为重点","重点高等学校应以提高为主,要保证质量,要培养高质量的人才"。[2] 1982年7月15日至19日,中共清华大学委员会第六次代表大会,林克同志代表党委作工作报告,明确提出:"要坚持'一个根本,两个中心,三方面结合'(必须把培养人作为根本任务,建设好教育、科研两个中心,实行教学、科研、生产三结合)的办学指导思想。"[3]改革开放之初,根据邓小平"三个面向"的指示及中央"教育为社会主义经济建设服务,教育与生产劳动相结合,培养德智体全面发展的社会主义建设者和接班人"的方针,"清华大学作为国家重点理工科大学,主要

① 　陈旭、贺美英、张再兴:《清华大学志》(第三卷),第403页。
② 　清华大学校史研究室:《清华大学一百年》,第328~329页。
③ 　陈旭、贺美英、张再兴:《清华大学志》(第二卷),第641页。

培养又红又专的高级工程技术、科学研究人才"。① 专业知识方面，要求学生"掌握本专业所需要的比较宽厚的基础理论知识和必需的基本技能；受到严格的实验训练；具有一定的专业知识，并对与本专业有关的科学技术新发展有一般的了解；获得工程设计和科学研究的初步训练；培养较强的自学能力；能运用一种外语阅读本专业书刊"。② 1990 年开始的本科教学计划调整中，工科五年制本科培养目标相对于之前有所改变，除培养高级工程技术人才、高级科学研究人才外，增加了培养高级工程管理人才。对学生专业知识的掌握也相应发生了变化，即："工科学生业务上应获得工程师的基本训练。掌握本专业所需要的比较宽厚的基础知识；具有一定的经济管理、人文社会科学知识和专业知识；对本专业有关的科技新发展有所了解，掌握本专业必需的制图、设计、工艺、运算、实验和计算机应用等基本技能，受到比较严格的工程训练和初步的科学研究方法训练；具有较强的独立学习获取知识的能力、运用知识、创造知识的能力。"③

随着人才培养目标的变化，20 世纪 80 年代中期到 90 年代初，学校相继召开教学讨论会，开展教学改革，修订本科生的教学计划，主要针对工科专业，提出了"减少专业、拓宽基础、柔性设置"（即"少、宽、柔"）的原则，"放宽专业口径，更新教学内容，扩大知识面。减少必修课程的时数，实行学分和选课制，增加教学的灵活性。教学方法也在逐步改革，注意开展启发式、研究讨论式教学。增加自学时间，加强实践锻炼，培养学生的独立工作能力和创新精神"。④ 该时期，为加强学生的实践能力，学校开设了"工程操作技术"选修课，实行因材施教，即"学生在教师和工人的指导下参加顶岗生产劳动，并按照国家行业主管部门颁布的技术工人等级标准进行专业性工种培训。每个选课学生在一年期限内参加近 400 小时的生产劳动，按要求完成一定数量和一定复杂程度的产品生产。由学校劳动部门的考工委员会参照国家规定的二级技术工人等级标准，对学生进行工艺知识和操作技能两方面的严格考核（工艺知识考核高于二级技

---

① 《清华大学本科教学基本方案》(1980 年)，清华大学档案。
②③ 陈旭、贺美英、张再兴：《清华大学志》（第一卷），第 162 页。
④ 《清华大学近几年工作简况》(1985 年 3 月 15 日)，陈大白：《北京高等教育文献资料选编(1977—1992)》，第 480 页。

工标准),达到标准的学生,可以获得学分及劳动人事部门颁发的相应工种的技术工人等级证书。这一措施对培养既懂理论又懂实践、既懂技术又懂工艺、既能动脑又能动手的工程应用型高等技术人才,对带动广大学生注意锻炼动手能力,树立重视实践、特别是工程实践的好学风,有着重要的作用"。[①] 工程操作技术选修课自 1986 年 7 月开始试点。第一批接纳热能系、汽车系 85 级学生共 6 人,在机械厂进行车工培训;1987 年 1 月接纳精仪系、机械系 85 级学生共 36 人,分别在设备厂、机械厂进行车、钳、铣、铸、锻五个工种的培训。经过一年培训后,两批共有 35 人达到标准。1988 年在原有基础上,扩大了招收人数及培训工种,在机械厂增加了焊工,在计算机工厂及仪器厂开设了电子装接工,在后勤电管科开设内外线电工,车队开设汽车维修工等 4 个工种。[②] 此外,为进一步实施因材施教,探索拔尖创新人才培养新模式,1993 年清华大学在电类四个系集中优秀学生试办基础实验班,"校系共同组织,选派优秀教师按大类组织教学,加强数理和外语基础,加强实验能力,两年后分流回系,共举办了三届。这是'文革'后的第一次探索"。[③]

(二)加强素质教育,培养拔尖创新人才(1994—2020)

20 世纪 90 年代开始,学校通过跟踪调查毕业生及听取用人单位意见,认识到"仅仅重视知识和能力的培养是远远不够的,还必须强调一个最重要的、更带有根本性的东西——素质。……素质教育主要包括四个方面:思想道德素质、文化素质、业务素质和身体心理素质。其中,文化素质处于基础性地位,将加强文化素质教育作为切入点和突破口,对促进人才全面素质的提高有重要先导意义"。[④] 1995 年,清华大学成为首批全国文化素质教育试点院校之一。同年 12 月,学校制定了《清华大学"九五"事业发展规划》,明确提出:"在人才培养方面,要保持和发展清华本科生

①　陈旭、贺美英、张再兴:《清华大学志》(第一卷),第 335~336 页。

②　陈旭、贺美英、张再兴:《清华大学志》(第一卷),第 336 页。

③　《建设高水平本科专业》,《行胜于言——清华大学改革与发展纪实》编写组:《行胜于言——清华大学改革与发展纪实》,第 57 页。

④　《人才培养理念的深化与文化素质教育》,《行胜于言——清华大学改革与发展纪实》编写组:《行胜于言——清华大学改革与发展纪实》,第 42~43 页。

教育优势,加强德育和创新能力、实践能力培养,进一步提高学生的全面素质。"①1996 年,在北京高校领导干部会议上,关于"九五"期间改革与发展的思路,清华大学再次提出:"将继续遵循党中央和国务院提出的'以提高教育质量和办学效益为重点','走内涵发展为主的道路'的重要方针,根据我国经济、科技以及社会发展对高层次人才的需求趋向,在实施国家'211 工程'建设的过程中,努力把清华大学建成我国培养高层次人才的重要基地之一。""面向国家现代化建设需要,加强高层次人才的培养,主要从两个方面努力。一方面是,在人才培养过程的各个阶段,加强学生的德育,注重人才全面素质,特别是政治思想和道德素质、人文素质、身心素质以及业务素质的全面提高。……加强高层次人才培养的另一方面,就是对我校现有的本科和硕士生教学计划进行统筹考虑,减少课程重复,增加综合训练和工程实际训练。"②

　　1997 年,清华大学将文化素质教育作为全校暑期干部会的重要议题,开展教育思想大讨论。根据党和国家的人才总体战略以及学校发展定位,提出培养面向 21 世纪的"高素质、高层次、多样化、创造性"的人才。1999 年初教育部批准清华成为首批国家大学生文化素质教育基地之一。2000 年,在清华的第 21 次教育工作讨论会期间,文化素质教育受到学校高度重视,确定了"通识教育基础上的宽口径专业教育"的人才培养模式。③ 这一时期,在学校领导及全校师生的共同努力下,清华大学工科院系学生受到了良好的文化素质教育,其人才培养质量得到了显著提升。据统计,1994 年至 2000 年清华大学工科院系共计培养本科毕业生约14000 人,另有部分专科生、留学生,如图 8-5 所示。

　　由图 8-5 可以看出,2000 年本科学生毕业人数较之前有大幅提升。该年,工学科招生 2532 人、毕业 2928 人;在校工学科学生 8927 人,其中电子工程系本科生最多,1075 人;其次为土木水利学院、精密仪器与机械学

---

① 清华大学校史研究室:《清华大学九十年》,第 458 页。

② 清华大学:《有关"九五"期间改革与发展的思路(北京高校领导干部会议经验交流材料)》(1996 年 2 月 10 日),陈大白:《北京高等教育文献资料选编(1993—1999)》,第396 页。

③ 《〈新人文讲座〉等高端讲座成为清华学生必修课》,http://www.tsinghua.edu.cn/publish/news/4205/2011/20110225232143859177126/20110225232143859177126_.html。

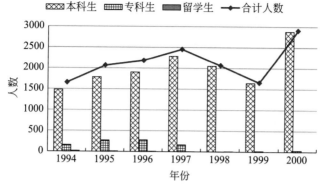

图 8-5 1994—2000 学年度清华大学工科院系本科生毕业人数及变化曲线图
(资料来源:《清华大学一览》,1994—1996 年;《清华大学年鉴》,1998—2001 年;
《清华大学统计资料汇编》,2000—2002 年;注:1998 年 8 月 11 日,教育部批复,
清华大学除建筑学专业外,原 5 年制本科改为 4 年制①)

系、计算机科学与技术系、自动化系、电机工程与应用电子技术系、工程物理系、建筑学院,均在 500 人以上;另有化学工程系、机械工程系、材料科学与工程系、汽车工程系、热能工程系、工程力学系、环境科学与工程系等,分别 300 人至 500 人间。② 同时,1999 年后应用技术学院、计算机软件工程专业、电子科学与技术专业等开始招生第二学士学位生。2004 年开始,除工程物理系核工程专业隔年招收第二学位定向生外,其他专业不再对外招第二学士学位生。③ 2001 年工学科招生本科学生相对较多,达 2891 人,后逐年减少,至 2010 年基本控制在每年 2000 余人,在校本科学生约 8000~10000 人。2000 年至 2011 年清华大学工学科本科生招生及在校人数可如图 8-6 所示。此外,2000 年以后,为适应国际化发展的需要,清华大学留学生人数相对有所增长。如环境系自 2001 年至 2010 年共招收本科留学生 28 人;机械系自 1998 年至 2010 年共招收本科留学生 39 人;精仪系自 1994 年至 2010 年共招收本科留学生 58 人;工业工程系自 2001 年至 2010 年共招收本科留学生 37 人;化工系自 1985 年至 2010 年共招收本科留学生 34 人;等等。④ 这些留学生主要来自韩国、日本、美国、德

① 清华大学校史研究室:《清华大学一百年》,第 516 页。
② 《清华大学统计资料简编》,2000 年。
③ 陈旭、贺美英、张再兴:《清华大学志》(第一卷),第 143 页。
④ 陈旭、贺美英、张再兴:《清华大学志》(第三卷),第 92、115、147、176、361 页。

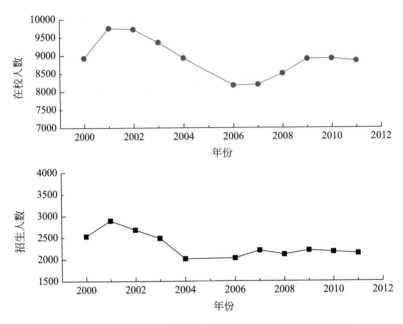

图 8-6　2000—2010 年清华大学工科本科生招生与在校人数分布图

(资料来源：《清华大学统计资料简编》,2000—2011 年)

国、澳大利亚、瑞典、越南、马来西亚、尼泊尔、朝鲜等国家。

2002 年 8 月,校务会议通过《清华大学 2001—2005 年教育改革与发展纲要》(简称"40 条"),再次明确了"高素质、高层次、多样化、创造性"的人才培养目标。为实现这一人才培养目标,学校积极推进"落实通识教育基础上的宽口径专业教育","即实施人文素养与科学精神相结合的通识教育,完成学科交叉和综合背景下的宽口径专业教育和个性化培养,以探索和研究的教育方式使学生学会认知和创造。"①如 2006 年春季学期,学校开设"软件科学实验班","以注重基础科学、注重国际学术交流和实践环节为特色,结合姚期智教授在国外多年的理论研究与教学经验和微软亚洲研究院的资深专家的实践经验,选拔和培养在理论计算机科学方面有兴趣和潜质的优秀学生,探索在国内培养世界顶尖计算机科学人才模式",首批面向校内招生 59 人,后纳入年度招生计划。② 2009 年,学校

① 陈旭、贺美英、张再兴:《清华大学志》(第一卷),第 163 页。
② 陈旭、贺美英、张再兴:《清华大学志》(第一卷),第 338 页。

发布《清华大学关于进一步加强本科教育教学工作,促进拔尖创新人才成长的若干意见》,作为措施之一,推出"清华学堂人才培养计划",实施因材施教和个性化培养,构筑人才培养特区,其中工科方面包括计算机班(首席教授姚期智)和钱学森力学班(首席教授郑泉水)。①

进入新百年后,在新的历史形势下清华大学探索形成价值塑造、能力培养、知识传授"三位一体"的教育理念和人才培养模式,致力培养健全人格、宽厚基础、创新思维、全球视野和社会责任感的拔尖创新人才。所谓"器识为先,文艺其从",只有树立了正确的价值观,知识和能力才能更大地发挥效用,个人成长才能找到正确的发展方向。学校大力推进标杆课、精品课建设,将思政课程落实到每一门课程之中。"在正确的价值引导下,给学生自由、宽广的成长空间,让学生成为学习的主人,自主学习、多样成长、全面发展。"②同时,学校全面推行本科大类招生与培养,大力加强通识教育、创新创业教育,创新人才培养体系趋于完善。该时期,工学科招生人数每年基本在 2200 人左右,在校人数 9000 人左右。2011 年至2019 年工学科招生和在校人数见图 8-7。

2019 年 1 月,学校发布《清华大学关于持续深化改革 提升工科发展水平的实施意见》,强调提升人才培养能力,"坚持人才培养根本任务,创新工程人才培养模式,面向国家发展和产业需求,培养具有健全人格、宽厚基础、创新能力、全球视野和社会责任感的顶尖工程科技人才,引领新时代工程教育发展。"③具体包括:其一,加强工程伦理教育。"在工程教育中加强工程伦理教育,贯穿培养全过程;探索在线课堂、案例教学、小班研讨等多种授课形式,加强工程伦理课程的教学效果;积极开展工程伦理教育论坛、工作坊、研讨会等活动,加强工程伦理教育的研讨和宣传,提升学生的工程伦理素养、工程伦理意识和社会责任感。"其二,加强学生实践创新能力培养。"以专业核心理论课为基础,建设挑战性学习课程,提高课程挑战度;注重创新创业能力和动手实践能力培养,继续建设 iCenter、x-lab 等校级创新基地;加快建设校外工程实践基地,拓展校外基地实践

①　《建设高水平本科专业》,《行胜于言——清华大学改革与发展纪实》编写组:《行胜于言——清华大学改革与发展纪实》,第 58 页。

②　罗鑫、刘苗苗:《清华大学校长邱勇:大学的卓越之道》,澎湃新闻,2020 年 01 月 04 日。

③　《清华大学关于持续深化改革 提升工科发展水平的实施意见》(清校发〔2019〕1 号)。

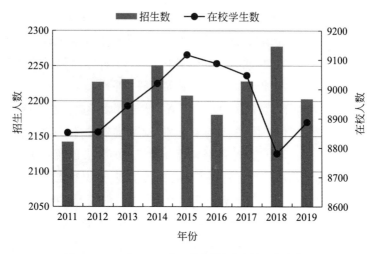

图 8-7　2011 年—2019 年工学科招生和在校人数分布图

（资料来源：《清华大学统计资料简编》,2011—2019 年）

课程并完善运行管理模式,提升工科学生动手解决工程实践问题的能力；探索实施学生海外深度实践项目,扩大学生到国外一流学校或机构开展暑期实习的机会。"等等。①

二、建立高层次人才培养体系,提高研究生培养水平

"文革"结束后,百废待兴,针对科研人员后继乏人的情况,邓小平于1977 年 8 月 4 日主持科学和教育工作座谈会时提出:"科研人员来源可以从生产单位直接选拔、培养,但大量的还是靠大学,特别是尖端科学和理论方面的人才。所以要把大学办好。……大学要办的活一点。有些青年成绩好,没毕业就可以当研究生,好的班也可以全班转入研究生。过几年后,大学要重点培养研究生。这样做,研究人员成长得快。这是个方针问题。这样出人才会快些。"②该年 10 月,国家正式恢复研究生招生工作。1978 年,清华大学恢复招收研究生(含校内在职研究生),当年共录取 365名。其中,建工系建筑学专业录取研究生 21 名；土木工程学科共招收研究生 49 名,其中 3 名为四年制研究生,1981 年转为博士生；环境工程专业

---

① 《清华大学关于持续深化改革 提升工科发展水平的实施意见》(清校发〔2019〕1 号)。

② 《邓小平在科学和教育工作座谈会期间(8 月 4 日~7 日)的讲话和插话》,《邓小平年谱(1975~1997)》(上),中央文献出版社,2004 年,第 173 页。

招生硕士研究生 16 名,招收放射性废物处理工程研究生 5 名;等等。① 这些学生多是"文革"前入学的大学毕业生,还有一部分是"文革"中入学的毕业生。1979 年 1 月,清华大学明确研究生分为二年制和四年制两种,一般学习 2 年毕业,然后根据国家需要、学校培养条件和本人自愿,择优选拔少数人作为四年制研究生。②

1978 年 6 月 23 日,邓小平在听取方毅、蒋南翔、刘西尧、刘达等关于清华大学的情况汇报时曾指示将来清华大学"研究生至少二、三千"。③ 1981 年,清华大学经国务院批准为首批可授予博士、硕士学位的单位,并正式招收博士生。首批批准清华可授予博士学位的学科、专业共 31 个,其中工科 28 个,包括城市规划与设计,水力学及河流、海岸动力学,金属材料及热处理,压力加工,岩土工程,水工结构工程,铸造,焊接,机械学等;可授予硕士学位的学科、专业 60 个,其中工科 55 个,包括建筑历史与理论,城市规划与设计,建筑设计,建筑技术科学,结构工程,环境工程,工程测量,岩土工程,工程水文及水资源等。④

1983 年 5 月 27 日,胡乔木在硕士及博士学位授予大会上提出:"今天世界上的科学技术正在突飞猛进,科学技术对提高经济效益所起的作用日益增大。我们要发展生产力,振兴国民经济,当然不能不依靠科学的发展和科学人才的培养。社会主义精神文明的建设,也迫切需要大批专门人才。从这个意义上说,能不能独立自主地培养社会主义现代化建设所需要的各方面的人才,特别是像博士、硕士这样的高级专门人才,是关系到整个社会主义建设成败的一个关键问题,也是关系到国家教育事业独立完整地发展的关键问题。……独立自主地培养高级专门人才,要根据社会主义现代化建设的需要,在确保质量的前提下,适当地加快数量的发展,积极为九十年代经济振兴和社会发展作好必要的人才准备。"⑤1984

① 陈旭、贺美英、张再兴:《清华大学志》(第三卷),第 9、34、85 页。

② 《国务院学位委员会关于下达首批博士和硕士学位授予单位的通知》(1981 年 11 月 25 日),陈大白:《北京高等教育文献资料选编(1977—1992)》,第 252 页。

③ 清华大学党委办公室:《党委向邓小平同志汇报学校工作提纲及邓小平同志谈清华问题时的指示》,清华大学档案,全宗号 2,目录号党 1,案卷号 78010。

④ 陈旭、贺美英、张再兴:《清华大学志》(第一卷),第 412~413 页。

⑤ 胡乔木:《走独立自主培养高级专门人才的道路——在博士和硕士学位授予大会上的讲话》(1983 年 5 月 27 日),《人民日报》,1983 年 5 月 28 日第 1 版。

年 1 月,经学校申报,教育部和国务院的学科评议组评审,国务院批准,第二批批准清华大学可授予博士学位的学科、专业 8 个,其中工学 7 个;可授予硕士学位的学科、专业 5 个,其中工学 4 个。[①] 同时,按照中央提出的"高级专门人才的培养基本上立足于国内"的指导方针,以及学校"着重提高,在提高中发展"的办学指导思想,1984 年清华大学成立研究生院,成为教育部第一批试办研究生院单位之一,标志着清华大学高层次人才培养工作迈进了一个新的阶段。在研究生院成立前的几年,学生招生人数规模较小,如 1978 年建筑学院招生硕士研究生 21 人,1979 年招生 10 人,1980 年和 1981 年仅招生 2 人;1978 年土木系招生硕士研究生 18 人,1979 年和 1980 年均招生 4 人,1981 年招生 5 人。研究生院成立后,招生人数逐步增加,如 1985 年建筑学院招生硕士研究生 38 人,此后至 20 世纪 90 年代中期每年招生硕士研究生多在 20-30 人;1985 年土木系招生 41 硕士研究生人、博士研究生 7 人,此后至 20 世纪 90 年代中期每年招生硕士研究生多在 30 多人、博士研究生约 10 人左右;等等。[②] 1978—1993 年土木系研究生招生人数见图 8-8。

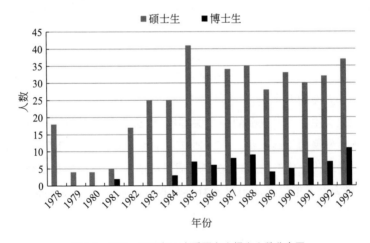

图 8-8　1978—1993 年土木系研究生招生人数分布图

［资料来源:陈旭、贺美英、张再兴:《清华大学志》(第三卷),北京:清华大学出版社,2018 年,第 45 页］

---

① 陈旭、贺美英、张再兴:《清华大学志》(第一卷),第 414~415 页。
② 陈旭、贺美英、张再兴:《清华大学志》(第三卷),第 9、45 页。

根据经济、社会、生产发展的需要,清华大学不断创新研究生培养模式,在全国率先进行了多项探索和改革。如1984年,推荐应届本科生免试直接攻读硕士学位、选拔在学硕士生提前攻读博士学位、接受用人单位委托培养研究生;1985年,已录取硕士研究生先行工作,学校保留入学资格;1986年,与国外学校联合培养研究生;同年,在一些国家重点企业选拔部分技术骨干,施行论文博士生制度;1987年,开始定向培养研究生制度;1991年,试行在应届本科毕业生中招收直接攻读博士学位的"直博生";等等。其中,为了更好地面向国民经济主战场,为科研和生产第一线培养高层次人才,1984年清华大学与西安交通大学等11所高校向教育部提出"关于培养工程类型硕士生的建议",获得同意并开展试点工作。后根据1986年国家教委《关于加强培养工程类型工学硕士研究生工作的通知》,学校加强了工程类型硕士的培养,为厂矿企业、工程建设等单位输送了更多的高级专门人才,至1993年共培养工程类型硕士生约500人。同时,为了进一步提高博士生的全面素质,促进教师队伍结构的调整,经过试点,学校从1989年开始实行助教博士生制度。上述这些改革措施不仅大大改善了生源结构,也为国家重点企业培养了一批高层次的业务骨干。1981年至1993年授予工学硕士5800多人、博士700多人,如图8-9所示。

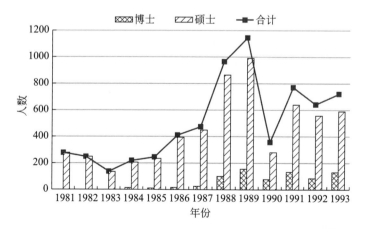

图8-9　1981—1993年授予工学硕士、博士学位人数及变化曲线图

[资料来源:方惠坚、张思敬:《清华大学志》(上册),北京:清华大学出版社,2001年,第283页]

　　一批走上工作岗位的研究生，在教学、科学研究和国民经济各条战线上做出了突出的贡献。据 1993 年底不完全统计，固体力学博士点已毕业的 55 名博士生中，有 10 人聘为正高级技术职务，30 人被聘为副高级技术职务，2 人被评定为博士生导师，有 10 人先后获得全国青年科技奖、霍英东教育基金奖及有突出贡献的中国博士称号。[①] 1991 年，清华培养的 46 位博士、硕士获得全国首次评选的"做出突出贡献的中国博士、硕士学位获得者"称号，其中有岑章志、冯世平、关志成、李德杰、康克军、林文漪、陆达、倪以信、区智明、张新泉等。[②] 他们在工作中表现了年青一代科学工作者的创造精神，如焊接专业博士生区智明在导师潘际銮教授指导下完成的论文，在荣获国家发明一等奖的"新型 MTG 焊接电弧控制法"研制过程中发挥了重要作用。[③]

　　自恢复研究生招生以来，清华大学不断探索改革培养模式，其人才培养质量得到了社会的广泛认可。但不可否认还存在一定问题，如 1992 年 5 月召开的第 19 次教学讨论会上，"学校既肯定成绩，又指出了培养人才工作中的不足：学生的全面素质，尤其是思想素质还存在不适应，还须为进一步提高教育质量而努力"。[④] 同年 9 月，清华大学提出进一步深化改革的意见，"今后几年要把提高博士生的培养质量，作为学校培养高层次人才和多出高水平科研成果的一个主要着力点。加强博士点的建设，扩大博士生的招生规模，争取 1995 年招生达到 400 人"。[⑤] 1994 年 6 月，学校再次提出："我校在本科人才培养质量上，可以与国际上一流大学相媲美。然而，研究生特别是博士生教育的整体质量和水平与世界一流大学相比还有不小的差距，这与学校的学术水平、师资力量、物质条件及

---

　　① 陈旭、贺美英、张再兴：《清华大学志》（第一卷），第 510 页。

　　② 陈旭、贺美英、张再兴：《清华大学志》（第一卷），第 510~511 页。

　　③ 《清华大学近几年工作简况》（1985 年 3 月 15 日），陈大白：《北京高等教育文献资料选编（1977—1992）》，第 480 页。

　　④ 中共清华大学委员会：《加强党的建设　促进学校的改革与发展（党的建设和思想政治工作先进普通高等学校事迹材料）》（1993 年 7 月 25 日），陈大白：《北京高等教育文献资料选编（1993—1999）》，第 74 页。

　　⑤ 《清华大学关于抓住有利时机 进一步深化改革的意见》（1992 年 9 月），陈大白：《北京高等教育文献资料选编（1977—1992）》，第 982 页。

教学培养经验都有关。因此,今后更要注重提高培养高层次人才的质量。"①

1995 年 12 月,清华大学制定"九五"事业发展规划,要求"发展研究生教育,特别是博士生教育,适当增加数量,重点提高质量。扩大工程类型硕士生培养,为大中型企业培养更多骨干人才。到 2000 年,争取有一批工科专业培养的工学博士接近国际一流大学水平"。② 1996 年,作为首批试点高校之一,清华大学开始招收工程硕士研究生③,录取 26 名,这些学生在校学习一年学位课程后到企业结合工程技术项目完成论文工作。"工程硕士专业学位的设立,是为了满足国民经济发展和国有大中型企业改革对工程人才的迫切需求。清华的工程硕士培养始终主动侧重服务于重点企业、西部地区和国防、军工部门,将工程硕士培养定位于面向企业自主创新,瞄准国际工程前沿,培养高层次工程技术和工程管理人才"。④ 1999 年,对 1995 级实行工科专业本科生—研究生统筹培养试点系的学生进行分流,参加试点的有 9 个系:机械系、精仪系、电机系、电子系、计算机系、自动化系、化工系、工物系、力学系,录取直硕生、工程硕士生 698 人。2000 年,全校工科专业都进行了分流。⑤ 1994 年至 2000 年清华大学工学硕士毕业 5000 多人、博士毕业 1600 多人,如图 8-10 所示。

2002 年,学校在教学改革四十条中进一步提出:"重点学科要适度扩大博士研究生规模;进一步发挥工程硕士培养工作站的积极作用,发展专业学位教育。"⑥2004 年,根据国家大力发展集成电路产业的要求,微纳电子系联合深圳研究生院开始招收 IC 设计方向工程硕士研究生,第一年录

---

① 清华大学:《明确目标 深化改革 加快建设一流大学的步伐(在全国教育会议上的经验交流材料)》(1994 年 6 月 15 日),陈大白:《北京高等教育文献资料选编(1993—1999)》,第 171 页。

② 清华大学校史研究室:《清华大学九十年》,第 458 页。

③④ 《开展专业学位研究生培养》,《行胜于言——清华大学改革与发展纪实》编写组:《行胜于言——清华大学改革与发展纪实》,第 124 页。

⑤ 陈旭、贺美英、张再兴:《清华大学志》(第一卷),第 455 页。

⑥ 《清华大学教育教学改革四十条—经 2001~2002 学年度第 19 次校务会议讨论通过》(2002 年 8 月 14 日),《清华公报》,2002 年。

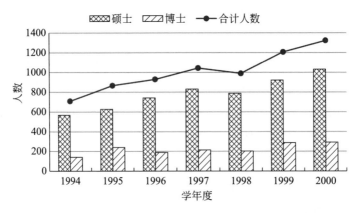

图 8-10　1994—2000 年清华大学工学硕士、博士毕业人数及变化曲线图

（资料来源：《清华大学一览》，1995—1996 年；《清华大学年鉴》，1998—2001 年）

取 54 人，在深圳和北京校本部培养，至 2010 年共录取 573 人。[①] 2006 年，"为调整结构，提高生源质量，开始在法律硕士、软件工程硕士、电子与通信工程领域（IC 设计）工程硕士三个可招收应届本科毕业生的专业学位，除通过联考、统考招生外，还通过推荐免试方式从校内外优秀应届本科毕业生中招收部分直硕生"。[②] 从 2009 年开始，美术学院、计算机系、新闻与传播学院"在艺术学一级学科下，自设'信息艺术设计'二级交叉学科，面向国家创意产业发展的需求，培养具有国际眼光的艺术与设计复合型创新人才，采用推荐免试和全国硕士生招生统一考试方式联合招收培养硕士研究生。该项目的教学特色在于文理交叉、艺术与技术结合，培养具有艺术、技术、传媒等综合知识背景的人才"。[③] 2002 年至 2011 年工学硕士生、博士生及工程硕士、建筑学硕士人数变化趋势如图 8-11 所示。此外，各系还培养留学生，如环境系自 2000 年至 2010 年招生硕士留学生 26 人、博士留学生 10 人；等等。[④]

　　同时，随着国际交流合作的日益密切，清华大学逐渐加强国际化研究生培养。例如，"清华—亚琛工业大学硕士生联合培养项目由中德双方教

①②　陈旭、贺美英、张再兴：《清华大学志》（第一卷），第 453 页。

③　陈旭、贺美英、张再兴：《清华大学志》（第一卷），第 457 页。

④　陈旭、贺美英、张再兴：《清华大学志》（第三卷），第 95 页。

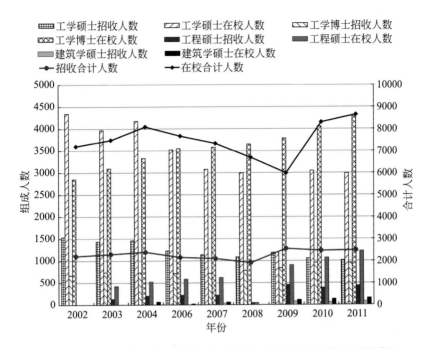

图 8-11 2002—2011 年工学硕士、博士及工程硕士、建筑学硕士人数及变化曲线图

(资料来源:《清华大学统计资料汇编》,2000—2007 年;

《清华大学统计资料简编》,2008—2011 年)

育部门共同推动,在工业工程和汽车工程两个学科实施。该项目于 2002 年启动,双方院系共同制订联合培养方案,采用英文共同授课,每年互派 30 名学生,交换 3~5 名教师进行教学交流和科研合作。实施 8 年来全校有 179 名硕士生赴亚琛工大进行学习和交流,亚琛工大有 148 名研究生来清华攻读硕士学位"。① 再如,"清华大学通过与法国巴黎矿校 (ENSMP)、里昂国立应用科学学院(INSA de Lyon)合作开办中法环境能源高级管理硕士项目,使学校能借鉴法国的工程师培养经验,促进工程教育体制的完善,提升工程管理人才培养水平,有利于相关院系形成自主培养高级工程管理人才的能力,同时有助于培育工程领域人才新的发展方向。项目自 2007 年正式启动实施,清华大学热能系、核研院和环境系分别

—————————————

① 《研究生的国际化培养》,《行胜于言——清华大学改革与发展纪实》编写组:《行胜于言——清华大学改革与发展纪实》,第 157 页。

作为项目能源和环境方向的牵头院系,3年共招收和培养清华硕士生28名,留学生44名。2008年起美国宾夕法尼亚大学(U. Penn)加入该项目"。①

进入新百年后,研究生招生规模较之前有所变化,其中硕士研究生招生人数略有下降,如2011年之前每年基本在1000~1500人左右,2011年之后每年基本在800~1000人左右;而博士研究生招生人数则有较大增加,如2011年之前每年均不足1000人,2011年之后由1000余人递增到1500余人;特别是工程硕士、工程博士人数增加较快,如2011年招生工程硕士400多人,工程博士10余人,而2019年增长至工程硕士近千人、工程博士200多人;各类研究生招生人数由2011年2000多人增至2019年3000多人,在校人数由2011年8000多人增至2019年10000多人。2011年至2019年各类工科研究生招生人数、在校人数见图8-12。

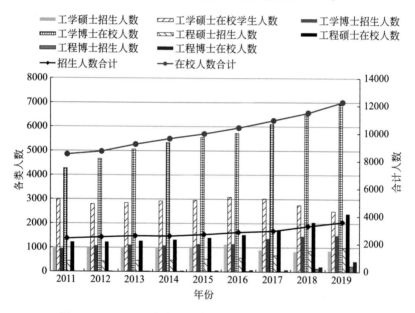

图8-12　2011—2019年各类工科研究生招生人数、在校人数分布图

[资料来源:《清华大学统计资料简编》(2011—2019年度)]

2019年初,学校发布《清华大学关于持续深化改革 提升工科发展水平的实施意见》,要求:其一,创新工科研究生项目制培养模式。"积极响

---

① 《研究生的国际化培养》,《行胜于言——清华大学改革与发展纪实》编写组:《行胜于言——清华大学改革与发展纪实》,第158~159页。

应国家重点工程领域、产业和区域的人才需求,设立高质量的专业学位硕士培养项目,加大力度吸引行业、企业及相关协会等社会力量参与专业学位教育。办好创新领军工程博士项目并适度扩大规模,培养具有国际先进水平的科技创新领军人才,服务国家创新驱动发展战略。探索创新领军工程博士项目中心运行模式,理顺跨院系教育项目中心运行和管理中学校、院系和导师的责权利。创新招生和培养模式,提升国际化办学能力,吸引高质量、多元化国际学生,打造工程教育国际品牌。规范研究生培养项目的全生命周期管理,根据国家需求和项目质量动态调整项目设置和教育资源配置。完善工程类硕士生和博士生培养项目制的招生计划配置和调整方案,加强学校和院系对项目的统筹管理"。① 其二,创新工科研究生学术评价机制。"按照分类培养、多元评价的原则,推动各学科结合不同类型人才培养项目的培养目标,制定体现学科特色和水平的多元化学术评价标准和程序,促使研究生的选题与国家重大需求相结合,注重考察学术创新成果的科学价值、技术突破和社会贡献"。②

综上,改革开放后,为加速推进国家现代化建设步伐,培养科学技术人才,党中央高度重视教育特别是高等教育的恢复和发展。面对新的形势,在国家的大力支持下,清华大学紧紧围绕创建世界一流大学的奋斗目标,积极探索,努力实践,继续发挥工科优势,在学科建设、教学改革、队伍建设、科研开发、人才培养等方面都取得了新的进展、取得了突出成就,在国家现代化建设中发挥着重要带头和引领作用。面对世界新一轮科技革命和产业变革以及我国经济发展方式转变的重大历史机遇,遵循党和国家加快建设创新型国家的战略部署,"清华工科将紧抓综合改革和双一流建设契机,在学科发展、人才培养、队伍建设、平台建设、产学研合作、国际交流等方面持续发力,深入探索工科发展规律,持续深化体制机制改革,进一步完善工科建设体系,全面提高人才培养能力,建立科学的工科人才评价体系,激发各系列教师队伍的协同创新活力,产出重大原创性成果,全方位提升清华工科综合实力和国际竞争力,继续加强对未来工程学科发展的引领性作用,为国家发展、人民幸福和人类文明进步作出重要贡献"。③

①②③ 《清华大学关于持续深化改革 提升工科发展水平的实施意见》(清校发〔2019〕1号)。

参 考 文 献

一、档案、报刊及资料汇编

1.清华大学档案、中国第一历史档案馆档案、中国第二历史档案馆档案、云南省档案、北洋政府档案、西南联合大学档案。

2.《清华周刊》《清华副刊》《北京大学日刊》《教育杂志》《政治官报》《政府公报》《教育部公报》《申报》《科学》《环球》《福建商业公报》《浙江省政府公报》《中华教育界》《民主报》《进步》《东方》《留美学生年报》《江苏教育公报》《行政院公报》《汕头市政公报》《中央周刊》《教育旬刊》《江西教育旬刊》《教育通讯周刊》《福建教育通讯》《华年》《清华校刊》《清华大学二十周年纪念刊》《清华机工月刊》《清华学校校刊》《国立清华大学校刊》《国立中正大学校刊》《国立同济大学旬刊》《中国教育报》《光明日报》《人民教育》《人民日报》《中央日报周刊》《人民清华》《新清华》《中国经济时报》《青年月刊》《北洋周刊》《工程季刊》《南开大学周刊》《南开周刊》《中华读书报》《中华图书馆协会会报》。

3.《清华同学录》《校友文稿资料选编》《清华校友通讯》《清华大学一览》《清华公报》《清华校务会议公告》《清华信息通报》《学校简报》《学校发文》《每日动态信息》《各单位简报》《清华大学年鉴》《清华大学统计资料汇编》《清华大学统计资料简编》。

4.中国人民政治协商会议浙江省委员会文史资料研究委员会:《浙江文史资料选辑》(第五辑),杭州,浙江人民出版社,1963。

5.刘真:《留学教育——中国留学教育史料》,第1册,台北,"国立"编译馆,1980。

6.秦孝仪:《总统蒋公思想言论总集》(16卷),中国国民党中央党史委员会,1984。

7. 王文俊、梁吉生等:《南开大学校史资料选(1919-1949)》,天津,南开大学出版社,1989。

8. 北洋大学-天津大学校史编辑室:《北洋大学-天津大学校史资料选编(二)》,天津,天津大学出版社,1996。

9. 朱有瓛:《中国近代学制史料》,第 3 辑上册,上海,华东师范大学出版社,1990。

10. 中国第二历史档案馆:《中华民国史档案资料汇编》,第 3 辑(教育),南京,江苏古籍出版社,1991。

11. 清华大学校史研究室:《清华大学史料选编》(第1-6 卷),北京,清华大学出版社,1991—2009。

12. 王学珍、江长仁、刘文渊:《国立西南联合大学史料》(第1-6 卷),昆明,云南教育出版社,1998。

13. 中国第二历史档案馆:《中华民国史档案资料汇编》,第 5 辑、第 3 编、教育(一),南京,江苏古籍出版社,2000。

14. 陈大白:《北京高等教育文献资料选编(1949—1976)》,北京,首都师范大学出版社,2002。

15. 苏云峰:《清华大学师生名录资料汇编(1927—1949)》,台北,"中央研究院"近代史研究所,2004。

16. 陈大白:《北京高等教育文献资料选编(1977—1992)》,北京,首都师范大学出版社,2008。

17. 陈大白:《北京高等教育文献资料选编(1993—1999)》,北京,首都师范大学出版社,2008。

18. 顾良飞:《清华大学档案精品集》,北京,清华大学出版社,2011。

二、论　著

1. 徐仲迪、章之汶、孙坊翻译:《美国退还庚子赔款余额经过情形》,上海,商务印书馆,1925。

2. 张廷金:《科学的工厂管理法》,上海,商务印书馆,1931。

3. 蒋中正:《中国之命运》,南京,正中书局,1943。

4. 胡适:《胡适留学日记》,上海,商务印书馆,1947。

5. 陈东原：《第二次中国教育年鉴》（第一编），上海，商务印书馆，1948。

6. 毛泽东：《毛泽东同志论教育工作》，北京，人民出版社，1958。

7. 王树槐：《庚子赔款》，台北，"中央研究院"近代史研究所，1974。

8. 毛泽东：《三大运动的伟大胜利》，《毛泽东选集》（第5卷），北京，人民出版社，1977。

9. 罗香林：《梁诚的出使美国》，台北，文海出版社，1979。

10. 清华大学校史编写组：《清华大学校史稿》，北京，中华书局，1981。

11. ［美］卡扎米亚斯、马西亚拉斯，福建师范大学教育系等译：《教育的传统与变革》，北京，文化教育出版社，1981。

12. 唐际清、张伯苓：《学府纪闻：国立南开大学》，台北，南京出版有限公司，1981。

13. 冯友兰：《三松堂自序》，北京，生活·读书·新知三联书店，1984。

14. 吴大猷：《回忆》，北京，中国友谊出版社，1984。

15.《交通大学史》编写组：《交通大学校史（1896—1949年）》，上海，上海教育出版社，1986。

16. 李喜所：《近代中国的留学生》，北京，人民出版社，1987。

17. 山西大学校史委：《山西大学史稿（1902—1984）》，太原，山西人民出版社，1987。

18. 北京大学校友联络处：《笳吹弦诵情弥切——国立西南联合大学五十周年纪念文集》，北京，中国文史出版社，1988。

19. 赵赓飏：《梅贻琦传稿》，台北，邦信文化资讯公司，1989。

20. 钱三强：《重原子核三分裂与四分裂的发现》，北京，科学技术文献出版社，1989。

21. 中共中央文献研究室：《邓小平同志论教育》，北京，人民教育出版社，1990。

22.《邓小平同志论教育》，北京，人民教育出版社，1990。

23. 黄新宪：《中国留学教育的历史反思》，成都，四川教育出版社，1991。

24. 刘一凡：《中国当代高等教育史略》，武汉，华中理工大学出版社，1991。

25. 李喜所：《近代留学生与中外文化》，天津，天津人民出版社，1992。

26. 任之恭著,范岱年等译:《一位华裔物理学家的回忆录》,太原,山西高校联合出版社,1992。

27. 电机工程与应用电子技术系:《清华大学电机系建系 60 周年纪念文集》,1993。

28. 何宇、张闻博:《西南联合大学叙永分校建校五十周年纪念集(1940—1944)》,叙永,四川省叙永县印刷厂,1993。

29. 黄延复:《梅贻琦教育思想研究》,沈阳,辽宁教育出版社,1994。

30. 邓小平:《邓小平文选》,第 2 卷,北京,人民出版社,1994。

31. 高奇:《中国教育史研究·现代分卷》,上海,华东师范大学出版社,1994。

32. 邓小平:《邓小平文选》(第二卷),北京,人民出版社,1994。

33. 吴宓著,吴学昭整理:《吴宓自编年谱》,北京,生活·读书·新知三联书店,1995。

34. 田正平:《留学生与中国教育近代化》,广州,广东教育出版社,1996。

35. 张家治等:《化学教育史》,南宁,广西教育出版社,1996。

36. 中国科学技术协会:《中国科学技术专家传略-理学编·化学卷 1》,北京,中国科学技术出版社,1996。

37. 清华大学土木工程系:《辉煌七十秋:清华大学土木工程系》,北京,清华大学出版社,1996。

38. 中国高等教育学会、清华大学:《蒋南翔文集》,北京,清华大学出版社,1998。

39. 鲁静、史睿:《清华旧影》,北京,东方出版社,1998。

40. 毛泽东:《毛泽东文集》,第 6 卷,北京,人民出版社,1999。

41. 方惠坚:《高景德纪念文集》,北京,清华大学出版社,1999。

42. 齐家莹:《清华人文学科年谱》,北京,清华大学出版社,1999。

43. 李喜所、刘集林:《近代中国的留美教育》,天津,天津古籍出版社,2000。

44. 黄延复:《二三十年代清华校园文化》,桂林,广西师范大学出版社,2000。

45. 赵新林、张国龙:《西南联大:战火的洗礼》,上海,上海教育出版社,2000。

46. [加]许美德著,许洁英译:《中国大学 1895—1995:一个文化冲突的世纪》,北京,教育科学出版社,2000。

47. 顾毓琇:《百龄自述》,南京,江苏文艺出版社,2000。

48. 中央档案馆:《共和国雏形:华北人民政府》,北京,西苑出版社,2000。

49. 黄延复、贾金悦:《清华园风物志》,北京,清华大学出版社,2001。

50. 谢长法:《借鉴与融合:留美学生抗战前教育活动研究》,石家庄,河北教育出版社,2001。

51. 方惠坚、张思敬:《清华大学志》,北京,清华大学出版社,2001。

52. 苏云峰:《从清华学堂到清华大学(1911—1929)》,北京,生活·读书·新知三联书店,2001。

53. 苏云峰:《从清华学堂到清华大学 1928—1937:近代中国高等教育研究》,北京,生活·读书·新知三联书店,2001。

54.《情系清华:清华电机系 50·51 级毕业五十周年纪念集》,北京,清华电机系 1950/51 级,2001。

55. 虞和平:《中国现代化历程》(第 2 卷),南京,江苏人民出版社,2001。

56. 清华大学校史研究室:《清华大学九十年》,北京,清华大学出版社,2001。

57. 清华大学电机系:《清华电机系七十周年系庆纪念集》,2002。

58. 陈旭:《往事 真情 厚望:清华大学电子工程系建系五十周年纪念文集》,北京,出版者不详,2002。

59. 中华人民共和国教育部、中共中央文献研究室:《毛泽东 邓小平 江泽民论教育》,北京,中央文献出版社、人民教育出版社、北京师范大学出版社,2002。

60. 黄延复:《图说老清华》,武汉,长江文艺出版社,2002。

61. 孙敦恒:《清华国学研究院史话》,北京,清华大学出版社,2002。

62. 张光斗:《我的人生之路》,北京,清华大学出版社,2002。

63. 潘懋元:《中国高等教育百年》,广州,广东高等教育出版社,2003。

64.《清华大学人文社会科学学院建院十周年纪念集》,2003。

65. 王政挺:《留学备忘录》,杭州,浙江人民出版社,2003。

66. 全国普通高校"两课"教育教学调研工作领导小组:《普通高校思想政治教育课程文献选编(1994—2003)》,北京,中国人民大学出版社,2003。

67. 冷溶、汪作玲:《邓小平年谱(1975~1997)》(上),北京,中央文献出版社,2004。

68. 史贵全:《中国近代高等工程教育研究》,上海,上海交通大学出版社,2004。

69. 程新国:《庚款留学百年》,上海,东方出版中心,2005。

70. 西南联大研究所:《西南联大研究》,北京,中国大百科全书出版社,2005。

71. 孙宏云:《中国现代政治学的展开:清华政治学系的早期发展(一九二六至一九三七)》,北京,生活·读书·新知三联书店,2005。

72. 西南联大研究所:《西南联大研究》(第一辑),北京,中国大百科全书出版社,2005。

73. 杨立德:《西南联大的斯芬克司之谜》,昆明,云南人民出版社,2005。

74. 谢长法:《中国留学教育史》,太原,山西教育出版社,2006。

75. 曲士培:《中国大学教育发展史》,北京,北京大学出版社,2006。

76. 西南联合大学北京校友会:《国立西南联合大学校史:一九三七至一九四六年的北大、清华、南开》,北京,北京大学出版社,2006。

77. 清华大学校史研究室:《清华漫话》,北京,清华大学出版社,2006。

78. 李喜所:《中国留学史论稿》,北京,中华书局,2007。

79. 《轻舟已过万重山:清华大学机电系一九五二级》,北京,清华大学,2008。

80. 中国电气工程高等教育100周年纪念委员会:《百年回眸——中国电气工程高等教育100周年》,西安,西安交通大学出版社,2008。

81. 史际平、杨嘉实、陶中源等:《家在清华》,济南,山东画报出版社,2008。

82. 张雁:《西方大学理念在近代中国的传入与影响》,杭州,浙江大学出版社,2009。

83. 闻黎明:《抗日战争与中国知识分子:西南联大的抗战轨迹》,北京,社会科学文献出版社,2009。

84. 王守泰等：《民国时期机电技术》，长沙，湖南教育出版社，2009。

85. 清华大学建筑技术科学系：《土木工程馆的风云变迁》，北京，清华大学出版社，2009。

86. 清华大学校史研究室：《清华漫话（二）》，北京，清华大学出版社，2009。

87. 闻黎明：《抗日战争与中国知识分子：西南联合大学的抗战轨迹》，北京，社会科学文献出版社，2009。

88. 冯友兰等：《联大教授》，北京，新星出版社，2010。

89. 王昊：《近代中国大学校长的文化选择》，天津，天津教育出版社，2010。

90. 江渝：《西南联大：特定历史时期的大学文化》，成都，电子科技大学出版社，2010。

91.《行胜于言——清华大学改革与发展纪实》编写组：《行胜于言——清华大学改革与发展纪实》，北京，清华大学出版社，2011。

92. 清华大学航天航空学院编辑组：《重建学科伟业 再创航空辉煌——清华大学航空宇航学科发展历程》，北京，清华大学出版社，2011。

93. 清华大学校史研究室：《清华大学一百年》，北京，清华大学出版社，2011。

94. 王天骏：《文明梦：记第一批庚款留美生》，北京，清华大学出版社，2012。

95. 陈青之：《中国教育史》，北京，东方出版社，2012 年。

96. 清华大学电机系：《清华电机系八十周年纪念文集》，北京，2012。

97. 王孙禺、刘继青：《中国工程教育——国家现代化进程中的发展史》，北京，社会科学文献出版社，2013。

98. 魏全凤：《大师之大 西南联大与士人精神》，苏州，苏州大学出版社，2013。

99. 李越、刘超、叶赋桂：《世纪清华：学人、学术与教育》，北京，清华大学出版社，2013。

100. 吴敏生、吴剑平、孙海涛：《跨越世纪清华梦——王大中校长十年启示录》，北京，清华大学出版社，2015。

101. 王宗光：《上海交通大学史》，上海，上海交通大学出版社，2016。

102. 钱锡康等:《理工结合 又红又专——清华大学工程物理系建系 60 周年人才培养纪实》,北京,清华大学出版社,2016。

103. 陈丹、葛能全:《钱三强传》,北京,中国青年出版社,2017。

104.《贺美英教育文集》编辑组:《贺美英教育文集》,北京,清华大学出版社,2019。

三、论 文

1.《工业教育谈》,《江苏》,1903 年第 1 期。

2.《教育通论绪论》,《江苏》,1903 年第 3 期。

3.《教育通论绪言》,《江苏》,1903 年第 4 期。

4. 令飞:《科学史教篇》,《河南》,1908 年第 5 期。

5.《无线电》,《丽泽随笔》,1910 年第 1 期。

6. 冯亨嘉:《中国铁道建设的展望》,《钱业月报》,1911 年第 1 期。

7. 戴志骞:《清华学校图书馆概况》,《图书馆学季刊》,1926 年第 1 卷第 1-4 期。

8. 苏宗固:《本届清华同学选择学科旨趣》,《旅行杂志》,1929 年第 3 卷第 8 号。

9. 萨本栋:《教部令清华继续考选留学生以后》,《独立评论》,1933 年第 59 期。

10. 梁守槃:《清华的生活》,《光华附中理科专号》,1934 年第 2 卷第 6 期。

11. 龚家麟:《清华大学的学生生活》,《独立评论》,1935 年第 196 号。

12. 顾毓琇:《清华的工程人才——为清华二十四周年纪念作》,《国立清华大学 24 周年纪念特刊》副刊号外,1935 年 4 月 29 日。

13. 李书田:《四十年来之中国工程教育》,《北洋理工季刊》,1936 年第 4 卷第 2 期。

14.《二十四年度各大学及独立学院招生办法》,《时代教育(北平)》,1936 年第 1 卷第 2 期。

15. 唐炯炎:《清华大学学生生活》,《青年月刊》,1937 年第 4 卷第 1 期。

16. 王幸福:《清华大学一瞥》,《现代青年》,1937 年第 7 卷第 6 期。

17. 陈立夫:《三十年来之工程教育》,《高等教育季刊》,1942 年第 1 卷第 4 期。

18.《大课的第一阶段》,大课委员会、教职联、学生会:《清华学习》,第 2 期,1949 年 10 月 25 日。

19. 钱俊瑞:《高等教育改革的关键》,《教师学习》,第 1 期,1951 年 10 月 30 日。

20.《教育部、高等教育部关于工农速成中学停止招生的通知》,《中华人民共和国国务院公报》,1955 年第 11 期。

21.《悼蔡方荫先生》,《土木工程学报》,1964 年第 1 期。

22.《中共中央关于召开全国科学大会的通知》,《广东农业科学》,1977 年第 6 期。

23.《关于高等工程教育层次、规格和学习年限调整改革问题的几点意见》,《高教战线》,1984 年第 6 期。

24. 黄新宪:《退还庚子赔款与清末留美学生的派遣》,《教育科学》,1987 年第 4 期。

25.《中国空气动力学发展史》编辑委员会:《建国前中国空气动力学的发展》,《中国科技史料》,1987 第 8 卷第 2 期。

26. 李守郡:《试论美国第一次退还庚子赔款》,《历史档案》,1987 年第 3 期。

27.《中国空气动力学发展史》编辑委员会:《建国前中国空气动力学的发展》,《中国科技史料》,第 8 卷(1987)第 2 期。

28.《中国空气动力学发展史》编辑委员会:《建国前中国空气动力学的发展》,《中国科技史料》,第 8 卷(1987)第 2 期。

29. 唐纪明:《美国退还庚子赔款与清华学校》,《清华大学教育研究》,1989 年第 2 期。

30. 李茂山:《钢铁新材料专家——曹荫之》,《兵器材料科学与工程》,1989 年第 4 期。

31. 何绍勋:《何杰(1888～1979)》,《中国地质》,1990 年第 7 期。

32. 季云飞:《美国"退还"部分庚子赔款事件述评》,《南京政治学院学报》,1990 年第 3 期。

33. 梁碧莹:《"庚款兴学"与中国留美学生》,《贵州社会科学》,1991 年第 12 期。

34. 易果然：《从学者到政治活动家——记九三学社中央副主席陈明绍》，《民主与科学》，1991 年第 4 期。

35. 郭予：《曹乐安》，《水利天地》，1991 年第 1 期。

36. 李茂山：《著名材料科学家——陈南平》，《兵器材料科学与工程》，1992 年第 12 期。

37.《沉痛悼念饶辅民同志》，《制冷学报》，1992 年第 3 期。

38. 李衍达、李崇荣、王普：《为中国的科学教育事业奉献一切——记中国科学院学部委员常迥教授》，《清华大学教育研究》，1993 年第 2 期。

39.《焊接专家潘际銮》，《中国机械工程》，1993 年第 4 卷第 1 期。

40. 刘文渊、欧阳军喜：《旧中国高等工程教育纲要》，《高等工程教育研究》，1993 年第 2 期。

41. 李建国：《美国退还庚子赔款目的评析》，《贵州师范大学学报（社会科学版）》，1993 年第 1 期。

42. 汪鸿振：《朱物华教授传略》，《电工教学》，1993 年第 3 期。

43.《纪念我国水电事业的先驱者——张昌龄同志》，《水力发电》，1994 年第 10 期。

44. 崔京浩、袁驷、辛克贵、须寅：《厚重勤奋是吾师——贺龙驭球教授当选为中国工程院院士》，《工程力学》，1995 年第 3 期。

45. 傅洁茹：《美国退还部分庚款及其用于留学教育的经过》，《历史教学》，1995 年第 2 期。

46. 李宜华：《追求光明与真理的使者——记原上海圣约翰大学校长涂羽卿博士》，《教师博览》，1996 年第 12 期。

47. 刘平：《"戏剧应该敏锐地反映时代"——论洪深抗战时期的戏剧创作》，《剧本》，1996 年第 2 期。

48. 松茂：《记造纸专家隆言泉教授》，《纸和造纸》，1996 年第 5 期。

49. 曹建中：《仪器仪表和计量测试领域的著名专家——唐统一》，《自动化博览》，1996 年第 5 期。

50. 李友唐：《谈庚子赔款和清华学堂》，《北京社会科学》，1997 年第 3 期。

51. 张静：《美国"退还"庚款和在华"兴学"论析》，《天津师大学报》，

1997 年第 6 期。

52. 薛天祥、沈玉顺：《50 年代院系调整与 90 年代联合办学比较分析》，《上海高教研究》，1997 年第 8 期。

53. 周全华：《"文化大革命"中的"教育革命"》，中共中央党校博士学位论文，1997 年。

54. 杨晓段、陈鸿林：《微波波谱研究的先驱者——任之恭教授》，《现代物理知识》，1997 年第 3 期。

55. 徐鲁航：《"庚款留美"学者在推动中国政治民主化进程中的作用》，《汕头大学学报（人文科学版）》，1997 年第 13 卷第 2 期。

56. 第一历史档案馆：《清游美学务处档案史料》，《历史档案》，1997 年第 3 期。

57. 王海军：《试论美国庚子赔款的"退还"》，《山东师大学报（社会科学版）》，1998 年第 5 期。

58. 詹道江：《一代宗师——深切怀念刘光文教授》，《水文》，1998 年第 5 期。

59. 姜良芹：《抗战时期高校教师工资制度及生活状况初探》，《南京师大学报（社会科学版）》，1999 年第 3 期。

60.《沉痛悼念何庆芝教授》，《航空学报》，1999 年第 4 期。

61. 段丽华、韩国海：《略论我国 50 年代院系调整》，《辽宁教育学院学报》，1999 年第 16 卷第 6 期。

62. 金更欢、黄朝文：《面向 21 世纪高校复合型人才培养的思考》，《广东教育学院学报》，1999 年第 4 期。

63. 张学思：《严谨的科学态度是事业成功的保障——访原中核总建工局总工程师吴世英同志》，《中国核工业》，1999 年第 5 期。

64.《王希季传略》，《航天返回与遥感》，2000 年第 21 卷第 4 期。

65.《袁随善同志生平》，《上海造船》，2000 年第 1 期。

66. 张荣华：《"文化大革命"时期的石油高等教育》，《石油大学学报（社会科学版）》，2001 年第 16 卷第 1 期。

67. 江泽民：《在清华大学建校九十周年大会上讲话》（二〇〇一年四月二十九日），载《清华大学教育研究》，2001 年第 2 期。

68. 黄广军：《岩土工程专家—记中科院院士卢肇钧》，《铁道知识》，

2001 年第 2 期。

69. 陈永庆:《吴全德——"吴氏理论"的创造者》,《今日浙江》,2001 年第 15 期。

70. 张荣华:《"文化大革命"时期的石油高等教育》,《石油大学学报(社会科学版)》,2001 年第 16 卷第 1 期。

71.《建国初期全国高等学校院系调整文献选载(一九五一年——一九五三年)》,《党的文献》,2002 年第 6 期。

72. 李茂山:《曹荫之同志逝世》,《兵器材料科学与工程》,2002 年第 5 期。

73. 李琦:《建国初期全国高等学校院系调整述评》,《党的文献》,2002 年第 6 期。

74. 杨慧中、方光辉、纪志成:《顾毓琇先生在科学技术上的创新开拓》,《江南大学学报(人文社会科学版)》,2003 年第 2 卷第 1 期。

75.《杨南生——他从神秘王国走来》,《中国航天报》,2003 年 09 月 19 日。

76. 贝克钦:《列强退还中国的庚子赔款及其用途》,《史海钩沉》,2003 年第 2 期。

77. 王晶:《浅论西南联合大学人才成就成因》,《首都师范大学学报(社会科学版)》,2004 年增刊。

78. 李杨:《五十年代的院系调整与社会变迁——院系调整研究之一》,《开放时代》,2004 年第 5 期。

79. 彭方雁:《春天的气息:首届大学文科发展研讨会综述》,《学术界》,2004 年第 1 期。

80. 陈矩弘:《"文化大革命"时期福建教育革命研究》,福建师范大学硕士学位论文,2004。

81. 卢强、韩英铎、刘卫东、梅生伟:《电力系统及发电设备安全控制和仿真国家重点实验室》,载《中国基础科学》,2004 年第 5 期。

82. 张婷:《侯德榜——中国化学工业的先驱》,《大众科技报》,2004 年 11 月 02 日。

83. 洪友士:《郑哲敏先生的主要经历与成就——祝贺郑哲敏先生八十华诞》,《祝贺郑哲敏先生八十华诞应用力学报告会——应用力学进展论文集》,2004 年。

84. 武英杰:《邓小平视察沈阳市北关区》,《党史纵横》,2004 年第 8 期。

85. 陈述彭:《缅怀微波先驱——吕保维院士》《地球信息科学》,2005 年第 3 期。

86. 张尔安:《少壮别却飘泊日 化作啼鹃带血归——记中国科院院士、著名化工专家余国琮教授》,《民主》,2005 年第 3 期。

87. 涂俊才:《庚子赔款与中国教育》,《华中农业大学学报(社会科学版)》,2005 年第 4 期。

88. 陆冰:《适应社会发展需要 着力培养复合型人才》,《南京工业大学学报(社会科学版)》,2005 年第 3 期。

89. 陈超群:《清华大学工学院的创建》,清华大学硕士学位论文,2005 年。

90.《创新、和谐、光彩老人——中国第一汽车集团公司老科技工作者、长春市劳动模范、高级工程师吕彦斌》,《第二届中国老年人才论坛论文集》,2006 年。

91. 金富军:《清华创办的背景与经过》,《清华人》,2006 年第 2 期。

92. 金富军:《摇曳多变的清华学校时期》,《清华人》,2006 年第 3 期。

93. 金富军:《一波三折的改办大学之路》,《清华人》,2006 年第 4 期。

94. 姚成福:《西南联大办学理念辨析》,《社科纵横》,2006 年第 21 卷第 1 期。

95. 代洪臣:《国民政府时期科学教育思想研究(1927—1949)》,华东师范大学硕士论文,2006。

96. 费麟:《清华记忆:忆梁思成先生的言传身教》,《建筑创作》,2006 年第 10 期。

97. 杨永生:《谈谈基泰》,《建筑创作》,2007 年第 3 期。

98. 陈明绍:《我对北京城市建设工作的一些回忆》,《北京党史》,2007 年第 2 期。

99. 翟亚军:《大学学科建设模式研究》,中国科学技术大学博士论文,2007 年。

100. 金富军:《清华大学初期的校长更迭风波》,《清华人》,2007 年第 1 期。

101. 金富军:《迅速崛起的国立清华大学》,《清华人》,2007 年第 2 期。

102. 金富军:《刚毅坚卓的西南联合大学(一)》,《清华人》,2007 年第 3 期。

103. 金富军:《刚毅坚卓的西南联合大学(二)》,《清华人》,2007 年第 4 期。

104. 金富军:《波澜壮阔的学生爱国运动》,《清华人》,2007 年第 5-6 期。

105. 贺金林:《抗战胜利后国民政府教育复员研究》,中山大学博士学位论文 2007 年。

106. 毛为勤:《＜留美学生季报＞研究》,华东师范大学硕士学位论文,2007。

107. 郭宗礼:《中美庚款兴学论析(1904—1929)》,山东师范大学硕士学位论文,2007 年。

108. 蒋国杰:《留学生与西方科学管理思想在中国的传播》,《徐州师范大学学报(哲学社会科学版)》,2007 年第 33 卷第 3 期。

109. 中科院工程热物理研究所:《追忆我国工程热物理学科创始人吴仲华》,《大众科技报》,2007 年 7 月 26 日。

110.《沉痛悼念王国周先生》,《建筑结构》,2008 年第 4 期。

111. 金富军:《复员之后的国立清华大学》,《清华人》,2008 年第 1 期。

112. 金富军:《迎接中华人民共和国诞生》,《清华人》,2008 年第 2 期。

113. 金富军:《面向工业化建设的院系调整》,《清华人》,2008 年第 3 期。

114. 金富军:《五十年代教学改革中的清华》,《清华人》,2008 年第 4 期。

115. 金富军:《蒋南翔校长与新技术专业设立》,《清华人》,2008 年第 5 期。

116. 金富军:《培养社会主义合格接班人》,《清华人》,2008 年第 6 期。

117.《王国周先生生平简介》,《钢结构工程研究(七)——王国周先生纪念文集》,2008。

118. 周燕:《孟少农:中国汽车工业的"垦荒牛"》,《纵横》,2008 年第 9 期。

119. 刘惠莉、冯茵、徐振明：《我国第一座屏蔽试验原子反应堆在北京落成》，《北京党史》，2008 年第 2 期。

120. 金富军：《"文化大革命"期间的清华大学》，《清华人》，2009 年第 1 期。

121. 金富军：《拨乱反正踏上新的征程》，《清华人》，2009 年第 2 期。

122. 金富军：《昂首阔步迈向世界一流大学》，《清华人》，2009 年第 3 期。

123. 《鲍国宝：紧急送电进北平》，《瞭望东方周刊》，2009 年第 39 期。

124. 严文清：《国民政府时期高校内部治理结构的主要特色——以清华大学、西南联合大学为例》，《湖北第二师范学院学报》，2009 年第 26 卷第 9 期。

125. 刘家仁、陈履安：《贵州地学先驱谌湛溪》，《地质学史论丛(5)》，2009 年 9 月 26 日。

126. 谢长法：《留美学生顾毓琇的教育思想与实践》，《徐州师范大学学报(哲学社会科学版)》，2009 年第 35 卷第 6 期。

127. 《沉痛悼念汪家鼎先生》，《化工学报》，2009 年第 9 期。

128. 吴洪成、于洋：《创造中国现代高等教育奇迹的西南联合大学：理念、措施及启示》，《黑龙江高教研究》，2010 年第 7 期。

129. 王孙禺、刘继青：《从历史走向未来：新中国工程教育 60 年》，《高等工程教育研究》，2010 年第 4 期。

130. 邱隆、陈传岭：《中国近代计量学的奠基人——吴承洛》，《中国计量》，2010 年第 8 期。

131. 余玮：《"素质教育"的倡导者何东昌》，《文史春秋》，2010 年第 3 期。

132. 李强：《我所知道的张鎏教授》，《中华魂》，2010 年第 2 期。

133. 《黄宏嘉教授传略》，《电气电子教学学报》，2010 年第 32 卷第 3 期。

134. 赵京：《1949—1955 年高校课程改革研究》，《现代大学教育》，2011 年第 1 期。

135. 刘继青：《清华大学早期工程教育的发展及其外来影响》，《高等工程教育研究》，2011 年第 1 期。

136. 王雄：《"习而学"：茅以升工程教育思想研究》，《高等工程教育研究》，2011 年第 4 期。

137. 李亚明、朱俊鹏、杨舰：《我国近代首次中外交换留学生制度的考察——国立清华大学与德国交换留学生制度的缘起、实施经过及成果》，《清华大学教育研究》，2011 年第 3 期。

138. 鹏飞、杨震：《桃李芬芳 耄耋重新——清华大学庆祝王补宣院士 90 寿辰》，《太阳能》，2012 年第 22 期。

139. 郑康妮：《中央陶瓷试验场与<中央陶瓷实验场工作报告>初步研究》，《中国陶瓷》，2012 年第 48 卷第 3 期。

140. 朱邦芬：《"中国的脊梁"和"万人敌"——纪念萨本栋先生》，《物理》，2013 年第 11 期。

141. (美) 渠昭：《抗战中建设的滇缅空军基地》，《世纪》，2013 年第 2 期。

142. 徐铮：《西南联大工学院的通识教育》，《学园》，2013 年第 9 期。

143. 中国医疗器械杂志编辑部：《深切悼念本刊原主任编委、顾问蒋大宗教授》，《中国医疗器械杂志》，2014 年第 3 期。

144.《深切缅怀曹传钧教授》，《航空动力学报》，2014 年第 3 期。

145. 王大勇：《汤楷孙：我国石油储运工程专业奠基人》，《中国石油大学报》，2014 年第 7 期。

146. 邹乐华：《近代化进程中的中国工程师学会研究》，上海交通大学博士学位论文，2014。

147. 王大勇：《汤楷孙：我国石油储运工程专业奠基人》，《中国石油大学报》，2014 年第 7 期。

148. 中国医疗器械杂志编辑部：《深切悼念本刊原主任编委、顾问蒋大宗教授》，《中国医疗器械杂志》，2014 年第 3 期。

149. 王甘棠：《新中国核计划始末》，《百年潮》，2014 年第 12 期。

150. 葛能全：《原子弹与脊梁》，《科学文化评论》，第 11 卷第 6 期（2014）。

151. 张书练：《机械制造和精密计量专家梁晋文》，《中国计量》，2015 年第 10 期。

152. 李红惠、王运来：《民国时期国立清华大学学术休假制度的历史考察》,《现代大学教育》,2015 年第 6 期。

153.金富军:《清华大学留美公费生考试制度考察》,《清华大学学报（哲学社会科学版）》,2015 年第 3 期（第 30 卷）。

154.《钟香驹教授在京逝世》,《纸和造纸》,2015 年第 5 期。

155.杨安:《风高范远 千载余情——纪念曹本熹院士诞辰 100 周年》,《中国石油大学报》,2015 年 3 月 14 日。

156.王永义:《匡亚明教育思想与实践考论》,《中国矿业大学学报（社会科学版）》,2015 年第 4 期。

157.曲铁华:《民国时期留学教育政策的特征及现实启示——基于政策文本的分析》,《河北师范大学学报（教育科学版）》,2016 年第 18 卷第 1 期。

158.《科技与企业》编辑部:《"决策论坛——决策科学化与民主化学术研讨会"论文集》（上）,2017。

159.胡新民:《"两弹一星"为何能在中国成功》,《党史博采》,2018 年第 12 期。

160.王义遒:《七十年大学变革亲历记》,《北京教育（高教）》,2019 年10 期。

161.仲维畅:《中国现代水利科学先驱许先甲》,清华校友网资料。

162.《李鹗鼎》,中国工程院院士馆资料。

163.史际平:《李诗颖教授的清华情》,清华校友网资料。

164.朱俊鹏:《清华大学教育工作讨论会历史沿革》,清华新闻网资料。

后　记

　　2012 年清华大学电机系建系 80 周年之际,作者曾着手汇集和整理相关资料,编著清华大学电机工程系发展简史。在此过程中发现,近年来学校的一些工科院系结合自身周年系庆活动分别出版了相关系史或汇编了纪念文集、纪念画册等,但将工程学科作为一个整体研究对象的成果尚不多见,遂萌发了编著清华大学工程教育发展史的计划。在后续的几年中开始查阅相关史料,构思框架结构,也常因其他工作而被搁置,如此断断续续,直至近期最终完稿付梓。

　　清华大学作为我国高等工程教育的重要基地,百十余年来在教学、科研、师资队伍、人才培养等诸方面取得了卓越成就,为社会培养了大批优秀工程技术人才,在国家建设中发挥了重要作用。其工程学科在复杂多变的外部环境及学校自身办学理念等多重因素交互推动下发生了广泛而深刻的变化,从最初的科目设置逐步发展为系统化的院系创办,跌宕起伏的发展历程不仅再现了学科的自我发展轨迹,而且其发展特征及历史影响对正确认识工程教育与社会发展的相互关系及其在近代社会中的重要地位提供了丰富的研究视角。

　　本书综合研究了清华大学多个工科院系发展史,力争从系统层面上针对清华大学工程教育的发展历程进行论述,揭示清华大学工程教育与国内外经济、政治、文化等因素,特别是与国家工业化进程间的互动关系,以期更好地总结清华大学工程教育发展的历史经验,试图从多学科交叉、多门类交融中寻找出更为客观、全面的学科发展规律。

　　由于我们的阅历、水平、时间以及资料来源渠道有限,加之工科作为学校的主干学科,一百多年来有诸多变迁,许多问题的探讨还待深化。因此,本书的写作与梳理难免挂一漏万;一些资料的出处还要进一步考证和落实,内容还需不断修改和深化。有疏漏和不妥之处,望海涵谅解并盼指教,以便日后尽快修正。

在此,感谢学校档案馆、校史馆、图书馆、出版社等有关院系和单位的大力支持;感谢范宝龙、卢小兵、冯茵、王向田、刘惠莉、金富军、薛建团、孟然、陈晓姝、朱俊鹏、代红、沙俊平、薛四新、石磊、马庆洲、梁斐等老师给予的极大帮助!

作 者

2022 年 5 月于清华大学